经以济世
转德润身
贺教育部
人文社科项目
心主立项

季羡林
九十有八

教育部哲学社会科学研究重大课题攻关项目
"十三五"国家重点出版物出版规划项目

协同创新的理论、机制与政策研究

COLLABORATIVE INNOVATION: THEORY, MECHANISMS AND POLICIES

朱桂龙 等著

中国财经出版传媒集团
经济科学出版社
·北京·

图书在版编目（CIP）数据

协同创新的理论、机制与政策研究／朱桂龙等著．－－北京：经济科学出版社，2024.7
教育部哲学社会科学研究重大课题攻关项目"十三五"国家重点出版物出版规划项目
ISBN 978-7-5218-3219-8

Ⅰ.①协… Ⅱ.①朱… Ⅲ.①产学研一体化－研究－中国 Ⅳ.①G640

中国版本图书馆 CIP 数据核字（2021）第 248346 号

责任编辑：孙丽丽　胡蔚婷
责任校对：隗立娜　郑淑艳
责任印制：范　艳

协同创新的理论、机制与政策研究
朱桂龙　等著
经济科学出版社出版、发行　新华书店经销
社址：北京市海淀区阜成路甲 28 号　邮编：100142
总编部电话：010-88191217　发行部电话：010-88191522
网址：www.esp.com.cn
电子邮箱：esp@esp.com.cn
天猫网店：经济科学出版社旗舰店
网址：http://jjkxcbs.tmall.com
北京季蜂印刷有限公司印装
787×1092　16 开　31 印张　600000 字
2024 年 7 月第 1 版　2024 年 7 月第 1 次印刷
ISBN 978-7-5218-3219-8　定价：125.00 元
(图书出现印装问题，本社负责调换。电话：010-88191545)
(版权所有　侵权必究　打击盗版　举报热线：010-88191661
QQ：2242791300　营销中心电话：010-88191537
电子邮箱：dbts@esp.com.cn)

课题组主要成员

首席专家： 朱桂龙
主要成员： 樊 霞　许 治　温敏瑢　何 悦　李兴耀
　　　　　　贾建林　王萧萧　杨小婉　袁剑锋　王东辉

总　序

哲学社会科学是人们认识世界、改造世界的重要工具,是推动历史发展和社会进步的重要力量,其发展水平反映了一个民族的思维能力、精神品格、文明素质,体现了一个国家的综合国力和国际竞争力。一个国家的发展水平,既取决于自然科学发展水平,也取决于哲学社会科学发展水平。

党和国家高度重视哲学社会科学。党的十八大提出要建设哲学社会科学创新体系,推进马克思主义中国化、时代化、大众化,坚持不懈用中国特色社会主义理论体系武装全党、教育人民。2016年5月17日,习近平总书记亲自主持召开哲学社会科学工作座谈会并发表重要讲话。讲话从坚持和发展中国特色社会主义事业全局的高度,深刻阐释了哲学社会科学的战略地位,全面分析了哲学社会科学面临的新形势,明确了加快构建中国特色哲学社会科学的新目标,对哲学社会科学工作者提出了新期待,体现了我们党对哲学社会科学发展规律的认识达到了一个新高度,是一篇新形势下繁荣发展我国哲学社会科学事业的纲领性文献,为哲学社会科学事业提供了强大精神动力,指明了前进方向。

高校是我国哲学社会科学事业的主力军。贯彻落实习近平总书记哲学社会科学座谈会重要讲话精神,加快构建中国特色哲学社会科学,高校应发挥重要作用:要坚持和巩固马克思主义的指导地位,用中国化的马克思主义指导哲学社会科学;要实施以育人育才为中心的哲学社会科学整体发展战略,构筑学生、学术、学科一体的综合发展体系;要以人为本,从人抓起,积极实施人才工程,构建种类齐全、梯队衔接的高校哲学社会科学人才体系；要深化科研管理体制改革，发挥高校人才、智力和学科优势，提升学术原创能力，激发创新创造活力，建设中国特色新型高校智库；要加强组织领导、做好统筹规划、营造良好学术生态，形成统筹推进高校哲学社会科学发展新格局。

哲学社会科学研究重大课题攻关项目计划是教育部贯彻落实党中央决策部署的一项重大举措，是实施"高校哲学社会科学繁荣计划"的重要内容。重大攻关项目采取招投标的组织方式，按照"公平竞争，择优立项，严格管理，铸造精品"的要求进行，每年评审立项约40个项目。项目研究实行首席专家负责制，鼓励跨学科、跨学校、跨地区的联合研究，协同创新。重大攻关项目以解决国家现代化建设过程中重大理论和实际问题为主攻方向，以提升为党和政府咨询决策服务能力和推动哲学社会科学发展为战略目标，集合优秀研究团队和顶尖人才联合攻关。自2003年以来，项目开展取得了丰硕成果，形成了特色品牌。一大批标志性成果纷纷涌现，一大批科研名家脱颖而出，高校哲学社会科学整体实力和社会影响力快速提升。国务院副总理刘延东同志做出重要批示，指出重大攻关项目有效调动各方面的积极性，产生了一批重要成果，影响广泛，成效显著；要总结经验，再接再厉，紧密服务国家需求，更好地优化资源，突出重点，多出精品，多出人才，为经济社会发展做出新的贡献。

作为教育部社科研究项目中的拳头产品，我们始终秉持以管理创新服务学术创新的理念，坚持科学管理、民主管理、依法管理，切实增强服务意识，不断创新管理模式，健全管理制度，加强对重大攻关项目的选题遴选、评审立项、组织开题、中期检查到最终成果鉴定的全过程管理，逐渐探索并形成一套成熟有效、符合学术研究规律的管理办法，努力将重大攻关项目打造成学术精品工程。我们将项目最终成果汇编成"教育部哲学社会科学研究重大课题攻关项目成果文库"统一组织出版。经济科学出版社倾全社之力，精心组织编辑力量，努力铸造出版精品。国学大师季羡林先生为本文库题词："经时济世　继往开来——贺教育部重大攻关项目成果出版"；欧阳中石先生题写了"教育部哲学社会科学研究重大课题攻关项目"的书名，充分体现了他们对繁荣发展高校哲学社会科学的深切勉励和由衷期望。

伟大的时代呼唤伟大的理论，伟大的理论推动伟大的实践。高校哲学社会科学将不忘初心，继续前进。深入贯彻落实习近平总书记系列重要讲话精神，坚持道路自信、理论自信、制度自信、文化自信，立足中国、借鉴国外，挖掘历史、把握当代，关怀人类、面向未来，立时代之潮头、发思想之先声，为加快构建中国特色哲学社会科学，实现中华民族伟大复兴的中国梦做出新的更大贡献！

教育部社会科学司

前　言

科技创新是提高社会生产力和综合国力的战略支撑，在新一轮科技革命和产业变革的背景下，越来越多的国家正实现从生产要素导向、投资导向向创新导向转变，以创新驱动发展已经成为世界主要国家优先考虑的战略目标。党的十八大对实施创新驱动发展战略做出了重要部署，明确提出更加注重协同创新的战略方针。

近年来在各级政府的直接推动下，一些协同创新探索不断涌现，如科技部"产业技术创新战略联盟"、广东省"省部、省院产学研合作计划"、中科院"知识创新工程""创新2020计划"，教育部"2011计划"等。协同创新为国家重大工程实施和企业技术创新能力的提升提供了有益支撑，但与我国经济、科技和社会发展现实需要，高校、科研机构所肩负的战略职责，以及企业和产业创新能力提升对协同创新的需求相比，我国协同创新发展还面临很多亟待解决的问题：

（1）在宏观层面上，国家创新系统对经济发展支撑依旧存在"两张皮"现象。我国科技投入高速增长，科技快速发展，成果丰硕，但支撑创新活动和产业发展的效果并不突出。2017年我国研发经费投入总量为1.75万亿元，比上年增长11.6%，研发经费投入强度（研发经费与国内生产总值之比）为2.12%，已达到中等发达国家水平，居发展中国家前列。然而，在国家强劲的研发投入情况下，我国很多产业在核心技术创新上并未取得显著进步，尤其在许多技术革命频发的基础性行业，如集成电路、基础软件、汽车发动机、液晶面板中，核心技术仍然严重依赖外国，甚至战略性新兴产业仍然没有摆脱"高端产业，低端技术"的发展路径。

（2）在中观层面上，国家创新系统内部的高校、科研机构、企业创新系统各自独立运行，三者之间基于利益驱动的自愿协同创新机制尚未成型。协同创新关键是实现知识创新系统协同，形成高校、科研机构之间创新资源要素有效融合，发挥系统合力，实现科学前沿引领；实现技术创新系统协同，建立有效的产学研合作机制，解决和支撑行业发展共性技术与关键技术。通过协同创新解决创新主体的"生产关系"问题，更好地释放创新要素的"生产力"。但基于我国现实情境，一方面，以企业为主导的技术创新系统忽视了创新主体目标与合作目标的差异，缺乏解决差异的整体方案。另一方面，以高校、科研机构主导的知识创新系统，面临创新主体目标一致性的协同基础与现实难以协同的问题。再者，技术创新系统和知识创新系统相互割离，长期处于"封闭"状态，导致有效的协同动力机制和长效合作机制未能形成。

（3）在微观层面上，知识创新系统内部科研团队"单打独斗"的科研模式仍然普遍存在。科研团队并非单纯的研究组织，还具备社会经济组织的特征，是一个开放的系统，科研团队成员具有异质性，以及"1+1＞2"的效应，决定了相互之间呈非线性作用；同时，科研团队的创新能力和创新效益受到内外因素的影响，发挥好这些因素会使团队向"有序"发展，然而，错误地使用这些因素会导致团队更加"无序"甚至解体。因此，如何解决高校、科研机构内部条块分割、封闭运行、创新资源分散、研究重复，整体运行效率不高的问题，从而更好地利用科研团队强化科技对经济发展的支撑力度，是协同创新亟待解决的重要课题。

基于上述分析，本书拟在总结我国协同创新模式及其演化基础上，直面中国协同创新发展的现实情景，基于能力结构视角，构建基础性共性技术和应用性共性技术发展导向下的技术创新系统，为我国解决科技与经济相互脱节的关键问题和提升企业自主创新能力提供重要突破口；围绕当前我国产学研合作当中面临的知识创新系统和技术创新系统的协同难问题，从创新能力结构视角，研究不同创新主体差异化目标导向下的协同创新模式、动力机制与长效机制，构建我国协同创新理论及政策研究框架，推动协同创新提供理论基础与解决思路。

摘 要

协同创新是国家创新系统建设的关键环节和突破口,是我国创新体系发展的内在客观需要。推动创新型国家建设,不仅需要关注创新主体的能力建设,更重要的是推动创新主体之间的有效协同。伴随着经济发展,我国国家创新体系建设取得了长足进展,但在关注主体能力提升的同时,却忽视了对主体间协同的推进,而这种忽视制约了创新系统整体效能的提升。如我国缺少能够引领发展的产业,多数产业缺少核心技术,处于价值链低端;高校和科研机构原始创新水平不高,多数学科尚处于跟踪阶段。另外,高校、科研机构、企业的创新系统各自独立运行,长期处于"封闭"状态,高校、科研机构、企业之间基于利益驱动的自愿协同创新机制尚未成型;在高校、科研机构内部,条块分割、封闭运行、创新资源分散、研究重复,整体运行效率不高,科技对经济发展的支撑力度亟待提高。

本书基于对我国协同创新现实情景的理解和现有理论研究的基础上,从宏观、中观及微观三个层次构建了协同创新理论分析框架。宏观层面的协同创新是要实现创新系统与经济系统相互融合,最终解决科技经济"两张皮"问题,是国家推行协同创新的终极目标;中观层面的协同创新是指企业、大学、科研院所之间建立起有效的合作互动机制,实现"1+1+1>3"的协同增值效应;微观层次的协同创新是指科研团队要改变"单打独斗"的科研模式,使得创新资源和要素突破科研团队的壁垒,充分释放彼此在"人才、智慧、资本、信息、技术"等创新要素上的活力。总体结构由五个篇章组成:(1)协同创新总论。(2)产学研协同创新。(3)高校协同创新。(4)科研团队协同创新。(5) 协同创新政策体系与设计。以下分别就五个篇章研究成果做简要介绍。

协同创新总论篇深刻剖析了协同创新要义，并在归纳和总结现有协同创新研究成果的基础上，提出了一个协同创新"前因后果"的理论分析框架，并按照微观、中观和宏观三个层次对协同创新进行剖析。每个层次的前因包括外在动因和内在动因两个维度；协同模式是指微观、中观和宏观三个层次的互动机制、模式特征等；协同效应是指各个层次的互动带来的合作绩效及合作主体自身的绩效。该"前因后果"的思路对于学术界深入认识协同创新及继续开展协同创新的相关研究具有重要的指导意义和参考价值。

产学研协同创新篇凝练总结了中国协同创新模式及其演化的过程；基于文献计量和科学计量对中国产学研协同创新发展研究做了深入剖析；从能力结构视角，分析了产学研协同主体参与协同创新的动因与影响因素，提出了基于能力结构视角的产学研合作创新SCP理论框架（能力结构—合作行为—合作绩效），并在此基础上，实证探究了影响产学研合作绩效的因素。构建了基础性共性技术和应用性共性技术发展导向下的技术创新系统协同创新合作模式、动力机制与长效机制。SCP理论框架为解决我国产学研协同创新的现实问题，以及构建中国情境产学研合作理论开辟了一个可实现途径。

高校协同创新篇重点讨论了教育部认定协同创新中心及省级协同创新中心的组建特征及差异；协同创新中心认定前后的运行效果；高校在协同创新改革工作中的实施方案及改革重点，以及如何进一步促进我国协同创新中心的发展，形成"多元、融合、动态、持续"的协同创新模式，准确定位了高校协同创新在创新链上的角色，真正建立高校可持续创新机制与体制，为深化高校协同创新改革提供借鉴。

科研团队协同创新篇直面微观层面科研团队的协同问题，分析了我国高校科研团队建设现状，并以重大科研项目为例，探讨其科研项目团队合作中主要存在的问题，深刻揭示了我国科研团队建设现状与不足；基于高校科研团队合作困境产生的原因和重大科研项目团队合作困境生成的内在逻辑进行分析，从逻辑上演绎了重大科研项目合作困境生成机理；进一步重点探究科研团队合作程度的影响因素，并刻画了关键角色配置对科研团队合作质量的影响。为构建科研团队协同创新机制设计提供实践和理论的基础，对于大科学科研团队效能的提升和科技管理部门完善科研管理体系有重要参考意义。

协同创新政策体系及设计研究篇系统梳理了我国协同创新政策的提出和发展历程，基于政策文本计量的研究方法探究了现有协同创新政策体系的特征、问题及原因，形成了基于"证据"分析的政策体系科学认识，进一步构建了我国协同创新政策体系框架，分别从宏观、中观和微观三个层面给予政策建议，为优化和改进我国协同创新政策体系提供重要决策参考。

无疑，本书对于研究解决现阶段我国协同创新发展的重大现实问题和理论问题，纠正我国产业——企业技术体系结构失衡，建立我国企业自主创新和产业内生成长技术路径，实现知识创新和技术创新、科技教育与经济的紧密结合与良性互动等，均具有重大理论价值和实践指导意义。

Abstract

　　Collaborative innovation is the key link and breakthrough of national innovation system construction, which is the intrinsic objective need of the development for China's innovation system. In order to promote the construction of innovation-oriented country, it is necessary not only to focus on the construction of innovation subject capacity, but also to promote effective cooperation among the innovation subjects. Along with economic development, China has made great progress in the construction of national innovation system, while focusing on the improvement of subject ability, it neglects the promotion of inter-subjectivity, which restricts the improvement of the overall efficiency of the innovation system. For example, China lacks the industry that can lead the development. Most industries lack core technology and are at the low end of the value chain. The original innovation level of universities and research institutions is not high, and most subjects are still in the tracking stage. On the other hand, the innovation systems of universities, scientific research institutions and enterprise operate independently and are in a "closed" state for a long time. The voluntary collaborative innovation mechanism between and among universities, scientific research institutions and enterprises is not yet formed. Universities and scientific research institutions exists the phenomenon of block segmentation, closed operation, innovative resource dispersion, research duplication, and low overall operation efficiency. There is a need to improve the support strength of science and technology for economic development.

　　Based on the existing theoretical research and understanding of collaborative innovation practice in China, this book constructs the framework of collaborative innovation theory analysis from the macro, meso and micro levels. At the perspective of macro, the purpose of collaborative innovation is to realize the integration of innovation system and economic system, and finally solve the problem of "two skin problems" of science and technology economy, which is the ultimate goal of the country to promote collaborative innovation. From the perspective of meso-level, the collaborative innovation is an effective cooperative interaction mechanism established by enterprises, universities and research institutes to realize the synergistic effect of "1 + 1 + 1 > 3". At the micro level, the collaborative innovation is a scientific research team that changes the research mode of "single fight", breaks through the barrier of innovation resources and elements, and releases the vitality of each other in "talent, intelligence, capital, information, and technology" and other innovative elements. Overall structure of the book is composed of five chapters: (1) pandect of collaborative innovation; (2) university-industry collaborative innovation; (3) collaborative innovation of higher educational institutions; (4) collaborative innovation of scientific research teams; (5) research on collaborative innovation policy system and design. The research results of five chapters are briefly introduced as follows.

Pandect of collaborative innovation profoundly dissected the importance of collaborative innovation, and on the basis of summarizing the achievements of collaborative innovation, putting forward a theoretical framework for collaborative innovation "causality", and then analyzing collaborative innovation according to the micro, middle and macro levels. In the analysis process, the causes of each level include external and internal motivation; the cooperative mode refers to the interaction mechanism and pattern characteristics of micro, middle and macro levels; the synergistic effect refers to the cooperation performance and cooperation subject's own performance during all levels of interaction. The thought of "causality" has important guiding significance and reference value for the academic community to know more about collaborative innovation and to carry on the research of collaborative innovation.

The section of university-industry collaborative innovation summarizes collaborative innovation model and its evolution in China, makes an in-depth analysis of university-industry collaboration through literature measurement and scientific measurement; proposes an innovative SCP framework based on the perspective of capability structure. The SCP theoretical framework opens up a feasible way to solve the practical problems of university-industry collaborative innovation in China, and it is conducive to the construction of the theory of university-industry cooperation based on Chinese context.

The section of collaborative innovation of higher educational institutions mainly analyzes the characteristics and differences of collaborative innovation center and provincial collaborative innovation center identified by the ministry of education. The operation effect of collaborative innovation center is also been analyzed. The implementation plan and the key point of reform in collaborative innovation, and How to further promote the development of collaborative innovation center in China? Which has formed a collaborative innovation model of "diversity, integration, dynamics and persistence", located the role of universities collaborative innovation in innovation chain. This is conducive to the establishment of sustainable innovation mechanism and system in universities, so as to provide reference for deepening the innovation reform of universities.

The section of collaborative innovation of scientific research teams faces the collaborative problem of scientific research team at the micro-level and analyzes the present situation of research team in Chinese universities. Taking the major research project as an example, this part discusses the main problems in the cooperation of the research project team, and reveals the current situation and shortage of the research team in China. The reasons for the cooperation dilemma and the mechanism of the cooperation dilemma of major scientific research projects is deduced logically. A further discussion focuses on the influencing factors of the cooperation degree of scientific research team, and depicts the influence of key role configuration on the quality of scientific research team cooperation. In a word, this part provides the basis of practice and theory for the design of collaborative innovation mechanism of scientific research team. It is of great significance to improve the efficiency of scientific research team and improve the scientific research management system.

In the last part, this book thoroughly combed the development course of collaborative innovation policy in China, explored the characteristics, problems and causes of the collaborative innovation policy system, and forms a scientific understanding of the policy system. And then built the framework of collaborative innovation policy system of China from the macro, meso and micro levels respectively, in order to provide policy advice for optimizing and improving collaborative innovation policy system.

Undoubtedly, this book has great theoretical value and practical guiding significance for Chinese collaborative innovation development at the present stage. Such as solving the major practical problems and theoretical problems of collaborative innovation; correcting the imbalance of the enterprise technical system; building the technological path of enterprise independent innovation and industrial endogenous growth; realizing the technology innovation, education and the economy close union and the benign interaction.

目 录

第一篇 协同创新总论 1

第一章 创新驱动型经济与协同创新 3
第一节　创新驱动发展的瓶颈　3
第二节　协同创新现状　5
第三节　协同创新理念的提出　6

第二章 协同创新的内涵与层次 8
第一节　协同创新的内涵　8
第二节　协同创新的层次　12

第三章 协同创新的障碍 18
第一节　微观层次　18
第二节　中观层次　20
第三节　宏观层次　22

第四章 协同创新理论框架 25
第一节　微观层次　27
第二节　中观层次　32
第三节　宏观层次　37
第四节　总结与展望　40

第二篇 产学研协同创新　43

第五章 中国产学研协同创新发展模式、特点与现实情景　45
　　第一节　产学研在国家整体发展战略中的定位与功能　46
　　第二节　国家创新体系中的产学研定位与功能　49
　　第三节　中国产学研发展模式与特点　51
　　第四节　本章小结　53

第六章 基于文献计量的产学研协同创新理论梳理　54
　　第一节　产学研合作国际研究知识基础　55
　　第二节　中国产学研合作创新研究现状　63
　　第三节　本章小结　68

第七章 基于科学计量的中国产学研合作情境研究　70
　　第一节　微观组织层面：产学研合作网络结构特征及演化规律研究　70
　　第二节　区域层面：产学研合作网络知识辐射与知识流动研究　86
　　第三节　宏观系统层面：产学研合作创新系统协同效率研究　94
　　第四节　不同研究领域的产学研协同创新特征研究　109
　　第五节　本章小结　133

第八章 基于能力结构视角的产学研合作创新研究　140
　　第一节　企业技术能力结构的定义与内涵　140
　　第二节　企业技术能力结构的维度和演化：案例研究　142
　　第三节　企业技术能力结构与产学研合作创新的关系研究　149
　　第四节　能力结构匹配与产学研合作技术类型选择研究　167
　　第五节　本章小结　176

第九章 产学研合作创新绩效研究　179
　　第一节　企业层面：企业主体差异与产学研合作绩效　179
　　第二节　合作伙伴层面：合作伙伴特质与产学研合作绩效研究　183
　　第三节　行业层面：行业差异性与产学研合作绩效　192

第四节　政府层面：政府研发投入对产学研合作绩效的作用　197
第五节　区域层面：多维临近性对产学研合作创新绩效的影响研究　198
第六节　本章小结　207

第三篇

高校协同创新　209

第十章 ▶ 协同创新中心组建分析　211

第一节　教育部认定协同创新中心组建分析　211
第二节　省级协同创新中心组建分析　226
第三节　协同创新中心组建过程中存在的问题分析　234

第十一章 ▶ 协同创新中心合作网络的创新活动分析——以教育部认定协同创新中心为例　237

第一节　协同创新中心认定前后合作情况　239
第二节　协同创新中心合作网络结构特征　244
第三节　协同创新中心认定前后合作广度与深度的演化　245
第四节　协同创新中心认定前后合作紧密程度和中心度的分析　250
第五节　协同创新中心合作网络的创新活动评价总结　252

第十二章 ▶ 高校协同创新改革的文本研究——以广东省为例　256

第一节　关键词提取与规范化　257
第二节　数据分析　257
第三节　"三位一体"创新能力提升分布情况　260
第四节　八项体制机制改革分布情况　266
第五节　结论与政策建议　269

第十三章 ▶ 高校协同创新中心组织模式与运行机制　272

第一节　高校协同创新中心组织模式　272
第二节　国内协同创新中心组织模式创新　277
第三节　国外协同创新组织模式启示　282
第四节　高校协同创新中心运行机制　289
第五节　教育部认定协同创新中心典型案例分析　299

第四篇

科研团队协同创新 309

第十四章 ▶ 科研团队协同创新现状 311

- 第一节 科研团队内涵的界定 311
- 第二节 高校科研团队合作存在的问题分析 313
- 第三节 重大科研项目团队协同现状分析 315
- 第四节 本章小结 320

第十五章 ▶ 科研团队合作困境研究 321

- 第一节 高校科研团队合作困境原因分析 321
- 第二节 重大科研项目合作困境原因分析 325
- 第三节 本章小结 332

第十六章 ▶ 高校科研团队合作影响因素研究 334

- 第一节 高校科研团队合作影响因素分析 334
- 第二节 高校科研团队角色配置对合作质量的影响 348
- 第三节 本章小结 363

第十七章 ▶ 科研团队协同创新机制设计 365

- 第一节 科技管理部门：完善科研管理体系 365
- 第二节 高校科研团队：构建利益共享的学术生态 368
- 第三节 科研项目团队：建立良好合作规则规避合作困境 371
- 第四节 本章小结 373

第五篇

协同创新政策体系及设计研究 375

第十八章 ▶ 协同创新政策的发展历程、内涵与特征 377

- 第一节 协同创新的政策语境 377
- 第二节 协同创新政策概念的提出与发展历程 379

第三节 协同创新政策的相关概念　383

第四节 协同创新政策的基本要素　385

第五节 本章小结　390

第十九章 基于文本计量的我国协同创新政策研究　391

第一节 我国协同创新政策总体分析　391

第二节 我国产学研协同创新政策分析　413

第三节 我国高校协同创新政策分析　429

第四节 本章小结　432

第二十章 我国协同创新政策体系设计和建议　434

第一节 协同创新政策体系框架构建　434

第二节 协同创新政策设计建议　438

参考文献　444

Contents

Part 1
Pandect of Collaborative Innovation   1

Chapter 1   Innovation-driven Economy and Collaborative Innovation   3

    1.1   Innovation-driven Development Bottleneck   3

    1.2   Collaborative Innovation Status   5

    1.3   The Idea of Collaborative Innovation   6

Chapter 2   The Connotation and Level of Collaborative Innovation   8

    2.1   Collaborative Innovation Connotation   8

    2.2   The Level of Collaborative Innovation   12

Chapter 3   Obstacles to Collaborative Innovation   18

    3.1   Micro-level   18

    3.2   Meso-level   20

    3.3   Macro Level   22

Chapter 4   Collaborative Innovation Theory Framework   25

    4.1   Micro-level   27

    4.2   Meso-level   32

    4.3   Macro Level   37

    4.4   Summary and Prospect   40

Part 2
University – Industry Collaborative Innovation   43

Chapter 5   Development Mode, Characteristics and Realistic Situation of University-industry Collaborative Innovation in China   45

5.1   Position and Function of University-industry Collaboration in the Overall National Development Strategy   46

5.2   Orientation and Function of University-industry Collaboration in the National Innovation System   49

5.3   The Development Mode and Characteristics of Chinese University-industry Collaboration   51

5.4   Chapter Summary   53

Chapter 6   Combing the Theory of University-industry Collaboration Based on Literature Metrology   54

6.1   Knowledge Base of International Research on University-industry Collaboration   55

6.2   Current Situation of Research on University-industry Collaboration in China   63

6.3   Chapter Summary   68

Chapter 7   Research on the Situation of University-industry Collaboration in China Based on Scientific Metrology   70

7.1   Microstructure: Characteristics and Evolution of University-industry Collaborative Network Structure   70

7.2   Interregional Dimension: Knowledge Radiation and Knowledge Flow in University-industry Collaborative Networks   86

7.3   Macro-system Level: Research on Synergy Efficiency of University-industry Collaborative Innovation System   94

7.4   Research on the Characteristics of University-industry Collaboration in Different Research Areas   109

7.5   Chapter Summary   133

Chapter 8 Research on the Innovation of University-industry Collaboration from the Perspective of Competence Structure   140

    8.1 Definition and Connotation of Enterprise Technical Capability Structure   140

    8.2 Dimensions and Evolution of Enterprise Technical Competency Structure: Case Study   142

    8.3 Research on the Relationship between the Structure of Enterprise's Technical Capability and the Innovation of University-industry Collaboration   149

    8.4 Research on the Matching of Competency Structure and the Selection of Technology Types of University-industry Collaboration   167

    8.5 Chapter Summary   176

Chapter 9 Performance on Innovation of University-industry Collaboration   179

    9.1 Enterprise Level: Corporate Entity Differences and University-industry Collaboration   179

    9.2 Partner Level: Research on Cooperation Performance of University-industry Collaboration under the Perspective of Matching   183

    9.3 Industry Level: Industry Differences and Performance of University-industry Collaboration   192

    9.4 Government Level: the Effect of Government R&D Investment on the Performance of Innovation of University-industry Collaboration   197

    9.5 Regional Level: Influence of Multi-dimensional Neighborhood on Innovation Performance of University-industry Collaboration   198

    9.6 Chapter Summary   207

Part 3
Collaborative Innovation of Higher Educational Institutions   209

Chapter 10 Analysis on the Collaborative Innovation Center Formation   211

    10.1 Analysis on the Construction of Collaborative Innovation Centers Recognized by MOE   211

    10.2 Analysis on the Construction of Collaborative Innovation Centers Recognized by Provincial   226

10.3 Analysis on the Bottlenecks of the Construction of Collaborative Innovation Centers　234

Chapter 11　Cooperation Network Analysis of Collaborative Innovation Center—Taking the First Collaborative Innovation Centers that Identified by the MOE as an Example　237

11.1 The Difference and Transformation before and after the Establishment of Collaborative Innovation Centers　239

11.2 The Structure Characteristics of the Cooperation Network of Collaborative Innovation Centers　244

11.3 The Evolution of Cooperation Breadth and Depth before and after the Establishment of Collaborative Innovation Centers　245

11.4 The Analysis of Degree of Cooperation before and after the Establishment of Collaborative Innovation Centers　250

11.5 Evaluation Summary of the Cooperation Network of Collaborative Innovation Center　252

Chapter 12　Text Study on the University Collaborative Innovation Reform—a Case of Guangdong Province　256

12.1 Keyword Extraction and Standardization　257

12.2 Data Analysis　257

12.3 The Distribution of Trinity Innovation Improvement　260

12.4 The Distribution of Eight Reform of Institutional Mechanism　266

12.5 Conclusions and Policy Recommendations　269

Chapter 13　Organization Mode and Operation Mechanism of Collaborative Innovation Center　272

13.1 Organization Mode of Collaborative Innovation Center　272

13.2 Innovation of Organization Models of National Collaborative Innovation Center　277

13.3 The inspiration of Foreign Organization Mode of Collaborative Innovation　282

13.4 Operating Mechanism of Collaborative Innovation Center　289

13.5 Typical Case of MOE Collaborative Innovation Center　299

Part 4
Scientific Research Team Collaboration Innovation　309

Chapter 14　The Current Situation of Scientific Research Team Collaboration Innovation　311

14.1　Definition of Scientific Research Team　311

14.2　Analysis of the Collaboration Problems in University Scientific Research Team　313

14.3　Analysis of Collaboration Situation in Major Scientific Research Project Team　315

14.4　Chapter Summary　320

Chapter15　Research on the Collaboration Dilemma of Scientific Research Project Team　321

15.1　Analysis on the Causes of the Collaborative Dilemma in University Scientific Research Team　321

15.2　Analysis of the Causes of Collaborative Dilemma in Major Scientific Research Project Team　325

15.3　Chapter Summary　332

Chapter 16　Research on the Impacts of University Scientific Research Team Collaboration　334

16.1　Analysis of the Impacts in University Scientific Research Team Collaboration　334

16.2　The Effect of Role Configuration on Collaboration Quality in University Scientific Research Team　348

16.3　Chapter Summary　363

Chapter 17　Design of Collaboration Innovation Mechanism in Scientific Research Team　365

17.1　Science and Technology Management Department: Perfect Scientific Research Management System　365

17.2　University Scientific Research Team: Constructing the Academic Ecology of Pooling-of-interest　368

17.3　Scientific Research Project Team: Construct Effective Cooperation Rules to Avoid Cooperation Dilemma　371

17.4　Chapter Summary　373

Part 5
Research on Collaborative Innovation Policy System and Design　375

Chapter 18　The Development Course, Connotation and Characteristics of Collaborative Innovation Policy　377

18.1　The Policy Context of Collaborative Innovation　377

18.2　The Development History of Collaborative Innovation Policy　379

18.3　Related Concepts of Collaborative Innovation Policy　383

18.4　Basic Elements of Collaborative Innovation Policy　385

18.5　Chapter Summary　390

Chapter 19　Research on Collaborative Innovation Policy Based on Text Bibliometric　391

19.1　Overall Analysis of Collaborative Innovation Policy in China　391

19.2　Analysis of University-industry Collaborative Innovation Policy in China　413

19.3　Analysis of University Collaborative Innovation Policy in China　429

19.4　Chapter Summary　432

Chapter 20　Research on Collaborative Innovation Policy System Design and Recommendations　434

20.1　Framework of Collaborative Innovation Policy System　434

20.2　Recommendations for Collaborative Innovation Policy Design　438

References　444

第一篇

协同创新总论

第一章

创新驱动型经济与协同创新

第一节 创新驱动发展的瓶颈

改革开放 40 多年以来，我国经济发展取得了举世瞩目的成就。自从 2006 年确立建设创新型国家发展战略以来，我国经济发展方式谋求由要素驱动转向创新驱动已经探索了 10 年，但是经济增长仍旧过度依赖于"要素驱动"和"投资驱动"，经济转型升级仍然任重道远。在 2016 年，我国的 GDP 增长率约为 6.7%，创 26 年来新低。我国经济呈现下行态势愈加明显，已进入"新常态[①]"，面临经济转型调整之痛。

要实现我国经济结构的调整，转变经济发展模式，就必须充分利用知识、技术、企业组织制度和商业模式等创新要素对现有资本、劳动力、物质资源等有形要素重新组合，以创新的知识和技术改造物质资本，提高劳动者素质和科学管理。各种物质要素经过新知识和新发明的介入及组合提高了创新能力，形成了内生性增长，从而实现经济发展由"要素驱动"和"投资驱动"逐渐转向"创新驱动"。

由于创新驱动可在相对减少物质资源投入的基础上实现经济增长（洪银兴，

---

① "新常态"一词，最早源于 2004 年美国人罗杰·麦克纳米在 *The New Normal: Great Opportunities in a Time* 一书中提出"new normal"的概念，认为经济面临太多的不确定性因而难以再塑辉煌。

2013），不仅能解决效率问题，更为重要的是依靠知识资本、人力资本和激励创新制度等无形要素实现要素的新组合，使科学技术成果在生产和商业上的应用和扩散。创新驱动对经济发展的推动，并不是单项和简单的线性过程。它涉及产业、产品、技术创新，也涉及制度、创新平台和战略等多层面。

创新一直是推动经济与社会发展的关键力量，近些年来，我国在实施创新驱动发展的战略前提下，不断丰富创新机制，如开放创新、自主创新、协同创新等，扩宽创新路径和形式，如商业模式创新、金字塔底层创新等。如图1-1所示，根据创新的程度划分，可分为渐进创新、重大创新、突破式创新；根据创新的性质分为技术创新和非技术创新，技术创新包含产品创新、工艺（流程）创新，非技术创新包含模式创新和服务创新。

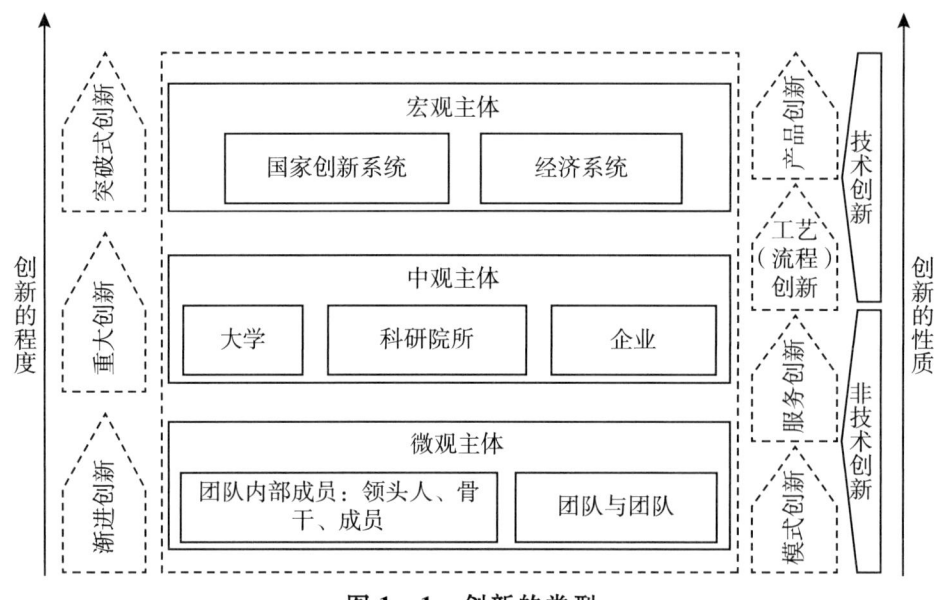

图 1-1 创新的类型

从本质上讲，创新驱动是一个复杂、多层面创新的协同和联动的过程。因此，要实现创新驱动，就必须要大力进行协同创新，实现知识创新和技术创新的高度融合。通过建立协同创新机制，积极地培育不同个体或组织在共同目标、内在动力、资源共享、风险共担等方面进行多方位交流和多样化协作，从而达到创新对经济驱动的目的（毕新华和李建军，2015）。

第二节 协同创新现状

协同创新是实现创新驱动的关键突破口,但在国家创新系统中各层面协同创新仍存在许多不足。在宏观层面上,国家创新系统对经济发展支撑依旧存在"两张皮"① 现象;在中观层面上,国家创新系统内部的高校、科研机构、企业创新系统各自独立运行,以企业为主导的技术创新系统和以高校、科研机构为主导的知识创新系统的问题仍然相互割离;在微观层面上,知识创新系统内部科研团队"单打独斗"的科研模式仍然普遍存在。

一、国家创新系统与经济系统的"两张皮"

改革开放40多年以来,我国教育、科技、经济快速发展,创新活动日益活跃,整体创新能力显著提升,科技与经济的联系越来越紧密。但是从科技进步对经济发展的实际促进作用的角度来观察,发现我国科技经济"两张皮"现象仍然存在(周元等,2015)。主要体现在于我国科技投入高速增长,科技快速发展,成果丰硕,但支撑创新活动和产业发展的效果并不突出。2016年,我国研发经费投入超过1.5亿元,比10年前增加了6倍多,占GDP比重(研发经费投入强度)2.1%,已达到中等发达国家水平,居发展中国家前列。然而,在国家强劲的研发投入情况下,我国很多产业在核心技术创新上并未取得显著进步,尤其在许多技术革命频发的基础性行业,如集成电路、基础软件、汽车发动机、液晶面板中,核心技术仍然严重依赖外国(程鹏和柳卸林,2010),甚至战略性新兴产业仍然没有摆脱"高端产业,低端技术"的发展路径(申俊喜,2012)。整体而言,中国的许多产业还没有形成与制造能力相对称的技术创新能力(柳卸林,2002)。这构成了中国自主创新进程中的一个悖论:研发投入的快速增长并没有促进产业核心技术创新能力的同步增长(柳卸林和何郁冰,2011)。

---

① 科技与经济"两张皮"的提法始于20世纪80年代的科技体制改革,其背景是在计划经济体制下,科研单位和生产单位分属于两个不同体系,各自接受政府指令完成自己的任务,相互之间结合不紧密。因此,当时提出"两张皮"问题,主要是解决计划经济时代遗留下来的科研机构和企业相脱离的问题。

二、产业、大学与科研机构相互割离

新中国成立后，中央政府考虑到原有的科教模式难以支撑百废待兴的建设局面，决定学习苏联科教模式。在苏联科教模式的长期影响下，我国高校、科研机构、企业创新系统各自独立运行，处于"封闭"状态，高校、科研机构、企业之间基于利益驱动的自愿协同创新机制尚未成型；在高校、科研机构内部，创新资源分散、研究重复，整体运行效率不高，大学与科研机构对产业发展的支撑力度亟待提高。

第三节 协同创新理念的提出

当今，在新一轮科技革命和产业变革的背景下，越来越多国家的经济发展正加快迈入从生产要素导向阶段、投资导向阶段向创新导向阶段转变，以创新驱动经济的发展已经成为世界主要国家优先考虑的战略目标（谈力和李栋亮，2016），而协同创新则成为创新驱动得以实现的重要环节。要实现协同创新，就必须打破学科、组织、体制、机制的樊篱，突破部门、区域、行业甚至国别的界限，最大限度地集成和汇聚各创新主体的人才、资金、技术、设备、信息等创新资源与要素，促进教育、科研、产业等不同分工系统资源的优化配置、深度融合、协同攻关以及在创新链中知识创新主体与技术创新主体的有效对接，最终实现在科教领域的"创新驱动"。为此，2011年我国在科教领域开始推行以提升科教资源效率为目的的"协同创新"伟大工程。

2011年4月24日，胡锦涛在清华大学百年校庆大会上发表重要讲话，明确提出"要积极推动协同创新，通过体制机制创新和政策项目引导，鼓励高校同科研机构、企业开展深度合作，建立协同创新的战略联盟，促进资源共享，联合开展重大科研项目攻关，在关键领域取得实质性成果"。为了贯彻胡锦涛在清华大学百年校庆上的重要讲话精神，2012年3月，教育部、财政部联合下发了《关于实施高等学校创新能力提升计划的意见》（2011协同创新计划）。"2011计划"明确提出打破分散封闭，加强协同创新，大力推进学校与学校、学校与科研院所、学校与产业界，以及学校与区域发展、国际合作的深度融合；建成一批2011协同创新中心，逐步成为具有国际重大影响的学术高地、行业产业共性技术的研发基地、区域创新发展的引领阵地和文化传承创新的主力阵营；推动知识创新、技术创新、区域创新的战略融合，支撑国家创新体系建设。"2011 计划"的实施方式是协同，目的是实现创新，而承载协同创新的载体是协同创新中心。相比于"985"工程、"211"工程，"2011 计划"更加重视体制机制创新。"2011 计划"的使命是融合高校内外部的创新要素，提升高校乃至国家的创新能力，重在高校的体制机制改革。推进高校建立协同创新模式，也将带动与推进"211"工程和"985"工程的实施，激发高水平大学建设的整体合力。

中国政府之所以提出协同创新，实质上是基于对过去科技发展"要素驱动型"的矫正，是国家发展战略转型在科教领域内的体现。协同创新不仅是政府意志，更重要的也是我国创新体系发展的内在客观需要。自从改革开放 40 多年以来，中国经济社会发展迅速，取得了举世瞩目的巨大成就。然而，当前我国经济的发展仍依靠"要素驱动"和"投资驱动"。这种由投资带动的要素驱动增长方式不可避免而且正在遇到资源和环境不可持续供给的制约。要实现可持续发展，我国必须要走上创新驱动发展的路子，必须要依靠知识资本、人力资本和激励创新制度等无形要素的新组合，实现科学技术成果在生产和商业上的应用和扩散，创造新的增长要素，实现了经济驱动由外生转向内生。由于协同创新为科学技术成果的转化和扩散提供了相应的机制和路径，因此协同创新是实现创新驱动的一个不可或缺的重要载体。

第二章

协同创新的内涵与层次

第一节 协同创新的内涵

"协同"一词自古有之。根据《汉语大词典》的释义,"协"字有"和睦、合作、协调、汇集、汇合、联合、协助"等意思,"协同"则表示"相互配合、协调一致地行动"。在学术界,著名学者安索夫(Ansof I)首次对协同进行定义,主要是指各独立组成部分进行简单汇总而形成的企业群整体的业务表现,尤其是子公司之间的协同(Ansoff I. H., 1965)。后来,德国著名理论物理学家哈肯(Hermann H.)将协同定义为:各个系统及其内部各要素之间互相协作形成一个区别于系统内部原有体系的新结构和特征,他进一步指出若在一个系统内各种要素不能很好地协同,系统将无法发挥整体性功能而终至瓦解(哈肯,1995)。此后,日本的战略专家伊丹敬之对协同进行了比较严格的界定,他在《启动隐形资产》一书中把安索夫的协同概念分解成了"互补效应"和"协同效应"两部分,认为协同是一种发挥资源最大效能的方法(孙冰和赵健,2011)。随着协同理论在创新研究中的引入,我国一些学者从社会学、管理学、经济学等层面对协同进行了尝试性研究(解学梅和刘丝雨,2013)。比较典型的是彭纪生对技术协同创新的内涵、协同度、协同创新模式以及协同架构进行的系统研究(纪生,2000)。

此后，学者们基于不同的视角对协同创新进行探讨，包括创新要素全面协同（郑刚，2006）、协同创新体系（陈晓红和解海涛，2006）、协同创新内涵和机理（陈劲和阳银娟，2012）等。

  协同创新是技术创新模式从封闭转向开放的必然结果，是系统科学思想在创新系统顶层设计活动中的必然体现，是对美国学者切萨布鲁夫（Chesbrough）的"开放式创新"和埃茨科瓦茨（Etzkowitz）的"三螺旋"理论的进一步提升（杨林和柳洲，2015）。近年来，国内外学者对协同创新的内涵提出各自的见解。最早是由 MIT 斯隆中心研究员格洛尔（Gloor）给出的定义，即"由自我激励的人员所组成的网络小组形成集体愿景，借助网络交流思路、信息及工作状况，合作实现共同的目标"（Gloor P. A.，2006）。后来有研究者以企业为创新主体，提出了横向协同创新与纵向协同创新的概念。横向协同主要是指与竞争对手、研究机构、大学合作，而纵向协同是指与供应商和客户之间的合作；另外，还有部分学者从产学研三位一体的合作模式出发，认为产学研协同创新是一个输入输出系统，科研成员通过投入大量的人、财、物，通过沟通、交互从而产生协同效应，最终转变为创新输出绩效（侯二秀和石晶，2015）。陈劲认为协同创新的先期基础是协同制造，协同创新是企业、政府、知识生产机构（大学、研究机构）、中介机构和用户等为了实现重大科技创新而开展的，从知识增值为核心的，大跨度整合的创新组织模式（陈劲，2012）。陈劲和阳银娟（2012）认为，协同创新是将各个创新主体要素进行系统优化、合作创新的过程（陈劲和阳银娟，2012）。赵立雨（2012）从创新网络的角度指出，协同创新是一个复杂的系统工程，是创新网络中各种创新要素的有效整合和创新资源在创新网络内的无障碍流动，在技术创新网络扩张过程中，需要用系统的观念考虑各种问题（赵立雨，2012）。刘丹和闫长乐（2013）则进一步从复杂网络的角度强调，协同创新是在创新逐步转向系统化、网络化范式的背景下应运而生的，是通过系统内成员的密切合作与众多创新要素的协同作用，完成创新生态系统内技术或产品从创新产生至技术扩散的整个过程（刘丹和闫长乐，2013）。还有研究者认为协同创新有广义和狭义之分，狭义的协同创新即两个或两个以上的企业组织共同开展技术创新或产品研发活动而形成的合作关系；广义的协同创新是指两个或两个以上的组织参与，并涉及知识共享和技术转移活动，而形成的合作关系（侯二秀和石晶，2015）。我们将国内外学者对协同创新的定义进行汇总，如表 2-1 所示。

表 2-1 协同创新内涵的界定

视角	具体定义	相关文献
网络视角	协同创新是一个复杂的系统工程,是创新网络中各种创新要素的有效整合和创新资源在创新网络内的无障碍流动,在技术创新网络扩张过程中,需要用系统的观念考虑各种问题	赵立雨(2012)
	协同创新网络是由企业和客户、供应商、中介机构等通过形成垂直或水平的关联节点所构成	侯二秀和石晶(2015)
	中小企业协同创新网络主要来自异质的参与者,包括企业、大学、研究机构和中介组织	侯二秀和石晶(2015)
微观(个体)视角	协同创新是由多个科研人员组成网络小组,通过网络平台交流思想和技术等,从而实现共同目标	彼特·格洛尔(Peter Gloor, 2005)
	协同创新是指多个参与者基于研发合作,为了提升创新绩效而进行的协同过程	佩尔绍德(Persaud A, 2005)
中观(组织)视角	协同创新是企业、政府、知识生产机构(大学、研究机构)、中介机构和用户等为了实现重大科技创新而开展的大跨度整合的创新组织模式	陈劲(2012)
	协同创新主张以国家意志的引导和机制安排,促进大学、研究机构、企业发挥各自能力、整合资源,实现各方优势互补,加快技术推广应用和产业化	张在群(2013)
	从国内外的实践看,协同创新多为组织(企业)内部形成的知识(思想、专业技能、技术)分享机制	王树国(2011)

资料来源:笔者整理所得。

学者们分别从不同的角度界定协同创新的内涵,深化了对协同创新的理解与认识。但我们认为,协同创新既是一个学术概念,更是一个政治概念,对协同创新内涵的理解,既需要从学术角度去阐述,也需要从决策者为什么要提出协同创新理念的背景去阐述。我国之所以提出协同创新,是因为想通过协同创新来打破学科、组织、体制、机制的樊篱,突破部门、区域、行业甚至国别的界限,最大限度地集成和汇聚各创新主体的人才、资金、技术、设备、信息等创新资源与要素,促进教育、科研、产业等不同分工系统资源的优化配置、深度融合、协同攻关以及在创新链中知识创新主体与技术创新主体的有效对接。

我们在借鉴近一二十年来也相继出现众多理论流派的观点，如创新网络理论、创新系统理论、三螺旋创新理论、创新集群及创新环境理论等（李祖超和梁春晓，2012），以及现有学者对协同创新的研究以及理解国家政府之所以推行协同创新意图的基础之上，试图对协同创新的内涵提出自己的见解。我们认为需要从宏观、中观及微观三个层次去理解什么是协同创新。如图2-1所示。从宏观的角度去理解协同创新内涵时，教育、科技与经济等主体的有效协同是产生创新的重要基础，也是协同创新追求的终点。从中观的角度来理解协同创新的内涵时，产学研三方相互交叠、互相依赖并彼此推动，大学需要通过自身的变革实现在产学研合作的引领作用，产生"1+1+1>3"的非线性效用。当从微观的角度来理解协同创新的内涵时，科研团队成员发挥各自的能力和优势并有效合作，实现优势互补与合作共赢。

因此，我们认为微观层次，即是科研团队内部及科研团队之间的协同创新，是构筑协同创新系统的基础和基本单元；中观层次的协同创新，即是以企业为主导的技术创新系统和以大学、科研机构为主导的知识创新系统之间的协同，是协同创新的途径和手段；而宏观层次的协同创新，即是国家创新系统与经济系统的紧密结合是协同创新追求的终极目标。

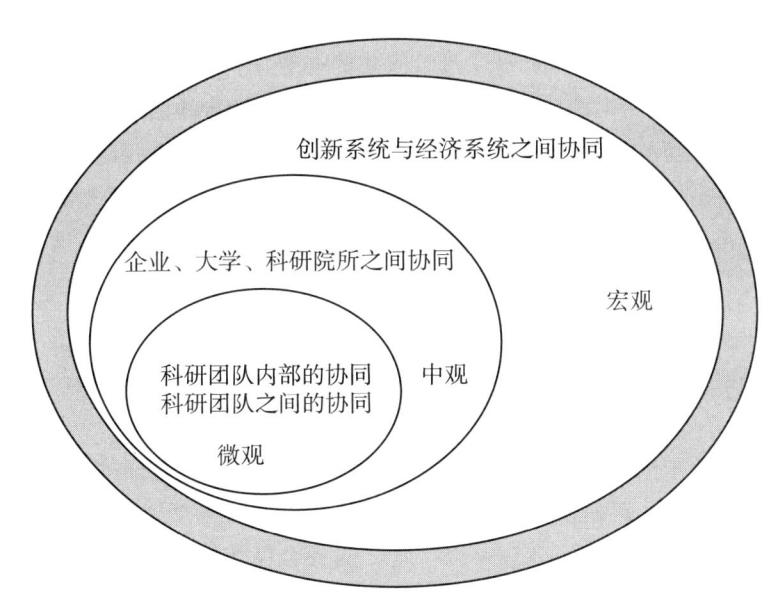

图 2-1 协同创新内涵示意图

第二节　协同创新的层次

协同创新并不是过去简单的产学研结合，更不仅仅是一个项目，而是一个系统工程，要求系统内各要素和子系统之间相互配合，从而集成大大超越原有功能总和的新功能。但要发挥这种功效，就必须在两个方向发力。在横向上，协同创新要求创新主体不再以某一科研问题为单纯目标，而是在围绕科研项目攻关的同时，突破创新主体间的壁垒，充分释放彼此间"人才、资本、信息、技术"等创新要素的活力，达到了科学（知识创新）和技术创新互动结合。在纵向上，要求理顺研发、生产和市场间的纽带关系，重视研发项目的实际价值，提升科技成果转化率。而这一切实现的前提是必须建立长期有效的协同创新动力机制和体制等。在协同创新系统中，产学研各方的功能和作用都是双向的，任何强调其中一方而忽视另一方的做法，都会使系统受到破坏，其协同的整体效应将大大削弱，关键是利益共享、风险分担，主要涉及投入和收益分配两个方面。这就是构筑并完善一个透明的利益共享机制，使产学研各方在透明的制度框架下建立互利互惠的利益机制。这是产学研协同创新得以成功的必要条件。

在教育部"2011 计划"的影响下和协同思想的指导下，我国各级政府开始主动营造协同创新的环境，并在区域、产业和组织等微观、中观和宏观层面，积极协调各创新主体间的关系，并通过技术、制度、组织、市场、文化、管理等要素之间的协同活动，构成不同的创新要素协同模式，从而使组织要素彼此耦合，获得整体放大效应（刘丹和闫长乐，2013）。

一、微观层面：科研团队协同合作

我国当前处于创新驱动型经济，国家社会经济发展越来越依赖于科技协同创新成果的智力支持。科研团队层面的良好合作，使科技创新研究由自闭转向互动协作，保证更高层面的协同创新得以实现，为社会经济发展提供优质的科技协同创新成果。因此，本节对科研团队协同创新的内涵和功能进行论述，以期为微观层面的协同创新认识提供一些参考。

（一）科研团队协同创新的内涵

"大科学"时代，科学研究对象的复杂性越来越高，来自经济和社会发展中的实践问题也常常需要多学科的知识才能够有效地解决。科学技术的综合化发展要求科研人员必须放弃"小科学"时代单打独斗的科研方式,转而应用集体智慧,采取团队合作的方式。科研团队是大科技时代科技创新的组织保证,可以有效提高科技创新效率(柳洲和陈士俊,2007)。为此,科研团队应建立起协同机制,改变"单打独斗"的科研模式,使得创新资源和要素突破创新主体间的壁垒,充分释放彼此在"人才、智慧、资本、信息、技术"等创新要素上的活力,从而实现深度融合与合作,提高创新效率和能力。

科研创新团队既有一般团队的特点,如包括清晰的目标、相关的技能、相互的信任、统一的承诺、恰当的领导、良好的沟通等,也有其独有的特征,主要体现在以下两个方面:一方面,"创新"是高校科研创新团队的本质特征,创新就是创造促进社会进步和个人利益实现的具有独创性的活动;另一方面,"科研"是高校科研创新团队的主要任务(谢耀霆,2015)。

此外,科研团队的协同包括两类,第一类是指科研团队内部的协同,即是团队成员之间的协同合作,第二类是指科研团队的外部协同,即是团队与团队之间的合作,如图2-2所示。

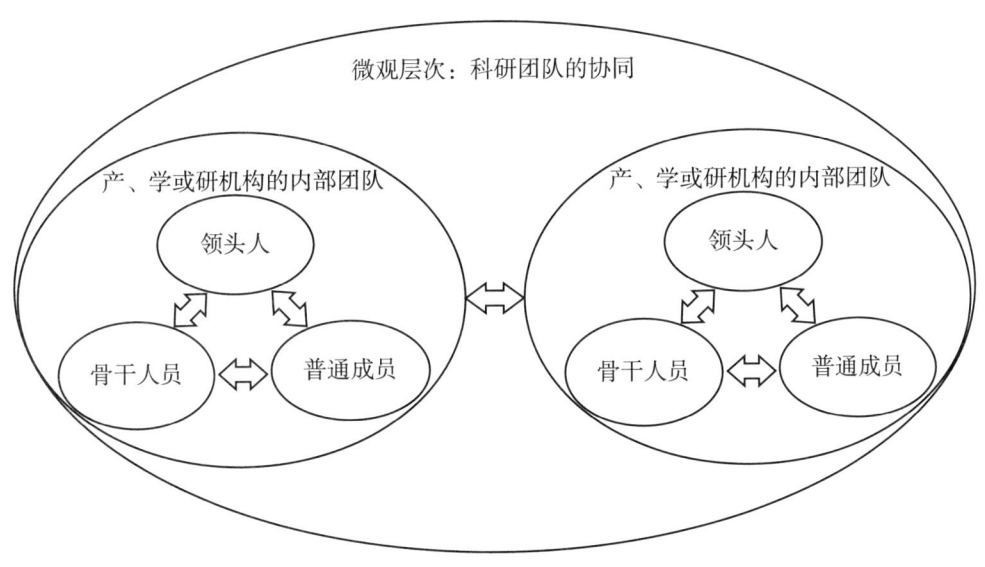

图2-2 科研团队的协同

(二)科研团队的协同功能

我国当前的创新驱动型经济,国家社会经济发展越来越依赖于科技协同创新成果的智力支持。科研团队层面的良好合作,使科技创新研究由自闭转向互动协作,让每个人的专长在合作的互动中更好地产生协同创新的绩效(程鹏和柳卸林,2010),完成涉及国家长远发展的科技、民生、文化、社会等领域的重大课题任务,为生产实践提供科研协同创新成果支持。此外,学科交叉研究在当代中国已经得到广泛的应用。开展学科交叉研究,或者单一学科的研究涉及学科交叉问题,必须有一个宽阔的学术视野或是科学方法,才能在科学或学术的殿堂里有所创新和建树(毕新华和李建军,2015)。大部分学者的学术创新都要"站在巨人肩膀上",通过合作创新来实现。再次,科研团队是鼓励学科交叉建队的"先行军",它让参与的人员从自闭的学术研究和科研创造中解放出来,通过有效互动和科研的协同创新,以集体智慧的"竞相涌流",产出符合生产力发展的科研成果。最后,在全面深化改革的新时期,发展科研团队,不仅可以打破科研上的自闭研究,还可以鼓励在科研上展开互动,为实现科研协同创新培养合作型人才,为实现我国产业升级建设提供科技支持和人才支持,为实现科研协同创新提供有力保障(薛玉香,2014)。

二、中观层面:产学研协同

在新常态时期,我国的经济增长方式将由要素和投资驱动向创新驱动转变,这是经济发展客观规律的要求,也是基于我国现实经济的考虑。实现创新驱动型经济增长方式的一个很重要途径,就是企业、大学和科研院所要实现协同创新,实现"1+1+1>3"的协同增值效应。本节对产学研协同的内涵和功能进行阐述,以加深对中观层面协同创新的理解。

(一)产学研协同创新的内涵

协同创新的关键是实现产学研协同创新,即是指各方达成一般性资源共享协议,实现单个或若干项目合作,开展跨机构跨组织多项目协作。其目前的主要运作形式就是产学研协同创新,是指企业、大学、科研院所三个基本主体投入各自的优势资源,发挥各自的能力,在政府、科技服务中介机构、金融机构等相关主体的协同支持下,共同进行技术开发的协同创新活动(周正等,2013),形成企业、大学和科研院所之间创新资源要素的有效融合,发挥系统合力,实现科学前沿引领,如图2-3所示。其中科研院所与大学属于知识创新体系,而经济主体企业则属于技术创新体系。建立有效的产学研合作机制,实现知识创新体系和技术创新体系之间的协同,是解决和支撑行业发展共性技术与关键技术的关键。通过协同创新解决创新主体的"生产关系"问题,更好地释放创新要素的"生产力"。

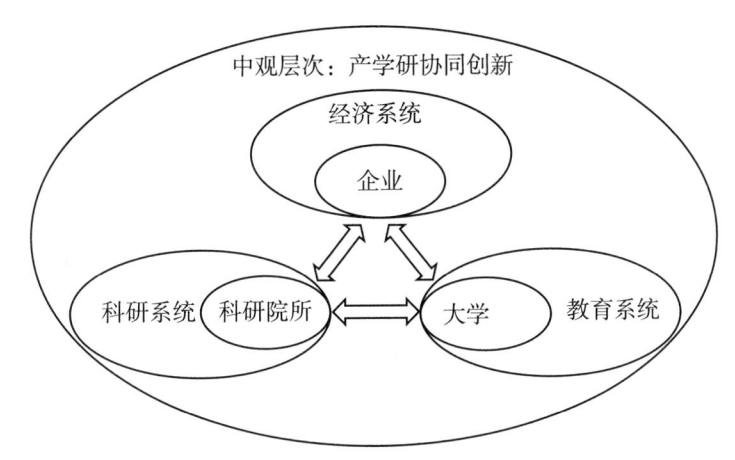

图 2-3 企业、大学和科研院所的协同

(二) 产学研的协同功能

知识创新是以大学和科研院所为主体的创新，创新成果表现为科学新发现和理论新突破。而技术创新则是以企业为主体的创新，表现为新产品、新工艺和新商业模式的产生。知识创新和技术创新的协同，就是实现科学和技术的互动和融合。在高度信息化的时代，知识和技术之间的界限变得日益模糊和交融，实现两者的协同创新，既可以为抢占科技发展的前沿提供必要的资金保障，又可以使研发的新技术具备商业化和产业化的优势。当前发展中存在着大学、科研院所与企业之间的二元断裂状态，不仅创新驱动的质量和层次较低，而且创新驱动对经济发展的可持续性影响也较弱，而通过协同创新和建立类型多样的协同创新中心可以有效地解决知识创新体系和技术创新体系中的问题，实现两者的有机协同和集成。企业通过参与协同创新中心可以积极吸纳外部资源和技术能力，克服仅仅依赖企业自身力量进行技术创新的短板。尤其在知识经济时代，任何技术力量雄厚的企业都无法从其内部创造出技术创新所需要的全部知识和技术，也不可能拥有创新所需的全部资源和技术。通过协同创新，不同主体能够实现同步的最佳优化。

三、宏观层面：科技、教育和经济有机融合

经济、教育和科技三大系统是彼此开放的系统。推进教育、科技与经济之间的融合，突破各个系统间的壁垒，提高协同效率，最终解决科技经济"两张皮"问题，是国家推行协同创新的最终目标。在此，我们对宏观层面的协同创新内涵及功能进行剖析。

(一) 科技、教育和经济协同的内涵

科研、教育和经济之间的协同是指在各自内部和对外开放条件下科教系统与经济系统相互依存、相互适应、相互促进、共同发展的状态和过程,并且形成决定这种状态和过程的内在的、稳定的运行机制(魏津瑜和白冬冬,2015)。这种协调发展具有互动性、开放性、多样性和递进性等特点。同时,它具有四方面内涵,分别是目标一致、功能耦合、结构优化和效益统筹(朱李鸣,1994)。它们之间的协同实质上是国家创新系统和经济系统的协同和集成。这两大系统并不是孤立的,如图2-4所示,科技进步通过科技投入和科技产出共同影响着经济增长,而经济增长又反作用于国家创新系统,国家创新系统与经济系统在对立统一中实现协调发展(魏津瑜和白冬冬,2015)。

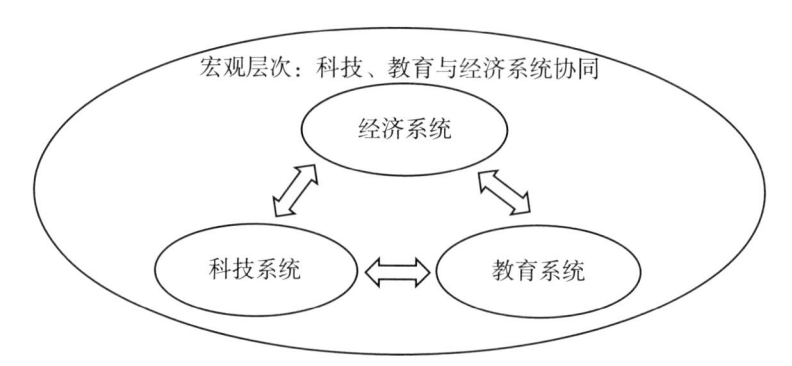

图2-4 科技、教育和经济的协同

(二) 科技、教育和经济的协同作用

在过去相当长的时期里,科研、教育远离经济。而在现代,明显的趋势是科学创造的知识直接与经济结合,直接成为生产和经济增长的要素,从而经济增长的决定性因素由技术转向知识。例如新材料研究领域、信息研究领域、计算机研究领域、清洁能源研究领域、生物工程研究领域等高科技研究领域的成果和新的发现迅速创造新的产业从而直接转化为生产力。在这场无声的革命中,经济发展直接依赖于知识的创新、传播和应用,知识密集型产品的比例大大增加,知识型产业取代传统产业占据主导地位,生产知识并把知识转化为技术和产品的效率即知识生产率,取代劳动生产率成为衡量经济增长能力的主要指标。从这一意义上说,现在大学和科研机构所从事的科学研究(包括基础研究)不再远离经济。

科技进步促进经济发展,体现在科技进步促进产业结构、消费结构、贸易结构合理化、产业技术结构高度化、产业结构开放度的提高,产业组织结构优化

等；经济发展促进科技进步，体现在发达的经济为科技进步提供大量的人力、物力、财力，合理的消费结构、资源结构又对科技进步起导向和选择作用，从而加速科技进步带来的科技成果数量的增长和质量的提高。它们之间的有效互动解决了长期以来困扰我国科技发展和经济发展的重要体制性问题：科技与经济"两张皮"现象。因此，将把经济建设转移到依靠科技进步和提高劳动者素质上来，推进教育、科技与地区经济协同发展系统的形成和运行，实现其高水平协同发展，应成为"协同创新"的一个重要组成部分。

第三章

协同创新的障碍

"协同创新"(collaborative innovation)是把协同的思想引入创新过程,指创新过程中各创新要素在发挥各自作用,提升自身效率的基础上,通过机制性互动产生效率的质的变化,带来价值增加和价值创造。

近年来在各级政府的直接推动下,一些协同创新探索不断涌现,如科技部"产业技术创新战略联盟"、广东省"省部、省院产学研合作计划"、中科院"知识创新工程""创新2020计划"、教育部"2011计划"等。虽然取得了不少成绩,但在微观、中观和宏观的不同层面上仍存在一些障碍或制约因素。

第一节 微 观 层 次

近年来由于国家及地方政府不断加大科技资源投入,并出台各种科技政策加强科研团队建设,科研团队在科技创新方面取得了很大成就和明显的成效,为我国经济建设和社会发展起到了重要的支撑作用。但是,目前我国科研团队整体建设水平仍需提高,很多科研团队建设流于形式,没有建立完善的科研团队管理制度,团队内部的"单打独斗"现象还比较严重,团队之间普遍缺乏有效合作,导致没能形成有效的技术知识互补,影响重大科研任务执行的效率与效果。究其原因,团队内部协同和团队之间协同主要存在的障碍如下:

(1)科研团队内部协同主要存在的障碍包括:具体体现在:第一,成员分工机制：大多数科研创新团队组建前缺少充分的筹备和计划，所以对于团队成员的组成、特点、角色安排和任务分工等缺乏系统设计。第二，资源调配机制：如何根据项目进度、角色任务和成长需求对已有的资源进行调配，团队普遍缺乏科学的动态机制。第三，绩效评价机制：科研创新团队对成员的业绩考核通常采用指标量化的方式，并以此作为成员利益分配的依据。这样不仅忽略了成员的任务负担和过程贡献，也忽略了研究创新的时间性和累积性效应，使其始终疲于完成SCI论文、发明专利的数量，加重了个人急于求成的浮躁心态，也阻碍了团队高水平创新性成果的培育。第四，潜能激励机制：单一的量化评价体系不仅影响了团队成员的直接利益和成长需求，也打击了成员持续研究的积极性。同时，团队负责人较少关注成员的发展规划和培训设计，阻碍了成员创新潜能的激发和挖掘。第五，文化培育机制：团队文化作为无形的精神资源可以激发成员的合作意识和奉献精神，可以有效地平衡团队整体与成员个人利益、团队长远规划和短期目标的矛盾，是引导成员不懈努力的灵魂。然而，科研创新团队的成员分工、资源分配、绩效评价、潜能激励的现状不仅不利于团队文化的自发形成，团队本身也疏于对文化的培育。

（2）科研团队之间协同主要存在的障碍包括：①团队之间缺乏有效的合作规则。在当今大科学时代，跨学科交叉科研合作已成为必然，尤其是重大科研项目任务为共同目标集聚在同一平台上的跨学科、跨院校团队研究，不同课题组成员之间存在较大的知识基础与知识结构的差异。如果科研团队之间不建立有效合作规则，就可能阻碍科研团队在合作过程中发挥其自身积极性，同时也会影响相互之间的合作能否顺利进行。然而，经过本书调研发现，"不同科研团队之间相对独立，相互之间合作意愿不高，缺乏积极性"的人数达到占比65%，认为项目负责人缺乏有效协调手段的比例为45%，认为"在项目研究过程中缺乏对合作的制度性规定"比例为35%。由此可知，缺乏有效合作规则成为科研团队之间有效合作较为突出的障碍。②团队之间缺乏有效沟通机制。有效沟通机制有助于科研团队从团队外部及时获取信息、研发设施等资源，从而达到有效的技术知识互补目标要求，从而提升科研任务执行的效率与效果。然而，本课题组发现科研团队之间缺乏有效的沟通机制。通过调研统计结果显示，18%的科研人员认为"科研团队之间几乎没有交流"，49%的科研人员认为"科研团队之间在研究过程中有一些交流，但交流的效果有待改进"。因此，这表明我国科研团队在合作中缺乏交流，充分暴露了科研团队之间缺乏有效沟通机制的问题。

第二节 中观层次

推进产学研合作是各国政府增强企业创新能力的共同行动，同时也是国家创新体系建设的关键环节和突破口，更是后发国家实现技术重点突破、产业跨越式发展的重要成功经验。从我国改革开放初期的"星期六工程师"，到1992年原国家经贸委、国家教委和中科院等部门共同组织实施的"产学研联合开发工程"，再到现阶段建设以企业为主体、市场为导向的产学研合作技术创新体系，以及积极推动协同创新等，与经济和科技发展相伴随，我国产学研合作取得了长足发展，为国家重大工程实施和企业技术创新能力的提升提供了有益支撑。但是，我国产学研合作创新发展还面临很多亟待解决的问题，诸如企业尚未真正成为技术创新主体，自主创新能力不强；各合作主体创新力量自成体系、分散重复，整体运行效率不高；创新资源配置方式、评价制度等体制机制不完善等，都阻滞了产学研合作创新水平的全面提升。通过总结我国以往产学研合作的发展实践面临的问题，以及近年来一些新探索存在的困境，发现产业与大学、科研院所之间的协同存在的障碍主要体现在：

（1）我国企业的应用性共性技术能力严重偏弱，导致难以有效吸收高校和研究机构提供的基础性共性技术，造成产学研合作效率低下。共性技术作为产品技术或企业专有技术发展的基础和依托，一般可划分为基础性共性技术（Basic Generic Technology）和应用性共性技术（Applied Generic Technology）（Tassey G，2005；李纪珍，2006，2011）。基础性共性技术是带有领域特征的基础性技术，具有公共属性，以社会供给为主；应用性共性技术则是具有较明确的产业应用目标的系统技术，由于其直接支撑企业专有技术的发展，因此其兼具公共和私有两种属性且更多体现为私有属性。计划经济时代，我国的行业科研院所担负着应用性共性技术研发和供给的职能，因其独立于企业，一直存在着研发的技术在企业应用转化衔接不畅的问题。1998年开始的行业科研机构企业化转制，直接结果是我国行业科研院所承担的应用性共性技术供给职能被大大削弱（刘民义，2009）。由于未能面对应用性共性技术重构新的供给体系和组织体系，在这之后的一段时期，我国应用性共性技术供给缺失现象非常严重；另外，改革开放以来，我国相当多的产业发展走的是外源型制造发展模式，产业发展的关键核心技术来源于国外。这也是现今我国企业在应用性共性技术能力方面弱的根本原因。而应用性共性技术能力弱是导致当前我国产业核心技术空心化的根源，也是企业自主创新能力和吸收能力弱的根本所在。同时，应用性共性技术能力弱也严重制约了我国产学研协同创新的技术水平层次与质量，而协同创新制约了企业自主创新能力提升的效率。因此，提升企业应用性共性技术能力迫在眉睫。本质而言，由于应用性共性技术与企业自有技术紧密相连，其更多表现为私有属性。因此，在国外此类技术基本上由企业自主发展，社会供给仅是一种补充。我国企业在应用性共性技术的发展现状表明，现今如果单纯依靠企业自身来解决应用性共性技术的发展既不现实，也不可行。通过产学研协同创新，加强应用性共性技术能力建设，是提升我国企业自主创新能力，成为解决科技与经济相互脱节的关键和突破口。

（2）大学、科研院所及其主管部门缺乏保障产学研合作目标实现的制度及相关政策设计。大学、科研院所及其主管部门忽视了合作主体目标与合作目标的差异，没有从大学能力结构与产学研合作目标的匹配性来推动产学研协同创新。大学、科研院所与企业在文化、社会职能以及组织特征方面存在明显不同，同时不同类型的大学、大学内不同的学科，在人才培养、科学研究等方面的定位与目标也是不同的，例如根据办学类型与科研能力结构，我国大学大致可分为研究型大学、教学研究型大学、教学型大学等类型，其中研究型大学就是我国创建世界一流大学和高水平大学的主力军。虽然这种差异是客观存在的，但如果不同能力结构水平的高校或学科在产学研合作中，能够结合自身能力结构水平有针对性地开展不同形式的产学研合作，则有可能有效降低这种差异对主体目标实现的干扰。但现实中，不同类型的大学、大学内部能力水平迥异的不同学科，对产学研合作往往不加区分，在企业的牵引下，热衷于企业产品层面的合作，导致产学研合作更多是高校老师个人利益得到了实现，但组织目标，尤其是组织的长期目标，如学科建设、高水平科学研究却难以得到有效保证。有效的产学研合作一定是建立在合作主体双赢的基础上，产学研合作重心下移对组织目标可能的侵蚀，势必导致高校很难将产学研真正纳入实质性框架范畴，也很难在评价体系中给予产学研合作有效支持。为此，高校应根据自己的发展定位，结合自身能力结构水平来确定合作重点，实现能力结构与合作目标匹配，形成不同类型大学产学研协同创新专业化分工格局，差异化发展。在高校内部也需要根据不同学科能力结构水平，制定差异化产学研激励导向，如对于科研实力强的优势学科，做出相应的制度安排，通过评价体系等改革，抑制个体对于产品层面产学研合作的冲动，引导其研究力量聚焦于国家和行业发展急需的重点领域和重大需求，围绕国家科技发展战略和学科前沿。同时，要创新高校科研组织形式，如在面向产业的协同创新中心组建过程中，需要结合应用性共性技术的特点，建立可持续发展、充满活力和各具特色的科研组织模式，形成一支多学科交叉融合稳定的专业队伍。

（3）缺乏有效的协同动力机制以及长效合作机制。为解决企业应用性共性技术缺失，近年来各级政府多采取事前资助方式，引导大学、科研院所与企业组建各种类型的产学研创新联盟。但由于缺乏相应的制度设计，使得政府对产学研的资助，不仅没有发挥杠杆效应，反而成为企业、高校无偿获取资源的"公共地"，甚至容易助长企业创新投入的惰性，陷入"资助创新，不资助不创新"的困境中，固化了企业对政府资助的预期，而这一局面进一步加剧企业不愿意对产学研联盟有效投入的意志。由于企业对联盟没有必要投入，企业参与产学研共同研发将退化为联盟中大学、科研院所与企业的"技术交易"，缺乏实质合作。同时，企业也没有动力参与对联盟有效治理机制的建立，无法形成有效的研发合作和知识转移机制，结果导致联盟未能形成自我发展的良性循环，甚至成为获取和分割政府资源的同盟，也就不可能在协同创新中积累支撑企业可持续发展的应用性共性技术能力，最终使得政府的种种努力陷入低水平均衡陷阱。为此，在政府产学研专项资助中，需要将企业对产学研联盟的实质性投入作为获得资助的前提条件。同时，各级政府设立的产学研联盟资助计划，应由目前的事前资助为主，转向事前资助与事后补贴并重，灵活引用创新券政策与各种研发税收激励手段，激励企业对产学研联盟加大投入，积极参与联盟的治理，让联盟真正形成系统合力，弥补企业应用性共性技术缺失的短板，为企业自主创新能力提升提供有力支撑。

（4）大学和科研院所的学科建设与科研方向脱离产业发展需要。在现实的大学发展过程中，很多学科的设立与建设是围绕大学现有人才或"招生计划"而展开的，大学的科研方向往往围绕课题经费或论文发表而展开，这就造成了中国大学在"国际高水平论文发表数量、专利数量等方面的高速发展"与"知识协同创新绩效以及自主创新能力发展速度缓慢"的严重不匹配现象。因此，大学和科研院所要提升知识转化创新绩效、推动创新生态系统建设，其学科建设与科研方向应适当围绕区域产业发展方向展开，确保学科发展与科研方向对本区域相关产业的发展能够起到引领作用或与所在区域支柱产业发展方向较为一致，从而推动"知识创新、技术创新与产业发展的战略融合，支撑国家创新体系建设"（王凯，2016）。

第三节 宏观层次

宏观层次协同存在障碍表现为国家创新系统与经济系统相互脱节，市场需求不能立即反馈到知识创新上，知识创新不能为技术创新提供良好的服务，科研成

果市场转化率低,两大系统之间出现"两张皮"现象。通过考究,发现存在的障碍如下:

(1) 创新模式与市场需求不匹配。一般而言,按照创新路径的差异,创新存在两种基本模式。第一种模式可称之为"成果转化"模式,创新的起点在研究机构,创新的动力来源于创新链的上游,从大学、研究院所的实验室成果向应用环节逐步演进来推动创新活动,最终实现企业竞争力的提升。这种路径表现为一种自上而下的方向性。在这种模式下,科学家掌握着创新的方向。第二种模式可称之为"市场激励(推动)"模式。创新活动的起点在企业,企业在产品开发过程中形成对技术的需求,并将这种需求向创新链的上游传递,通过产学研合作的方式实现创新的目标,表现为一种自下而上的方向性特征(周路明,2011)。

从实践上看,新中国成立以后的几十年时间里,实行的主流模式就是上述第一种模式,即"基础研究→应用研究→技术开发利用(试验发展)"的路径。这种模式主导了国内创新实践的绝大部分时间和地区,长期以来的重心都是促进科研机构进行技术发明,然后促进发明的转化。但是这种模式最大的弊端是科研机构不了解市场,所从事的基础研究及创造的知识并不是市场所需要的知识,产业化路径不清晰,知识市场价值低,而且这个过程是一个漫长而充满风险的成果转化过程,难以引起产业界的兴趣,这为科技与经济脱节的"两张皮"问题埋下了伏笔。

为此,我国应该通过改变创新实践模式来解决"两张皮"问题,深圳创新模式提供了很好的经济思路,即市场需求→应用研究→基础研究。这种模式以企业为创新主体、市场为导向、利益为纽带、产学研相结合、科技中介组织为桥梁,政府引导和服务的创新模式。技术研发的方向由企业家根据市场利益需求选择而不是政府选择或科学家选择,创新路径从市场出发逐步向创新链的上游推进,以市场为导向形成对自主创新的需求,通过满足这些需求达到技术能力的提升,然后进入新的螺旋式创新循环。

(2) "市场换技术"政策问题。中国实施了30多年的"市场换技术"政策,虽然较好地解决了当初遇到的"资金换技术"的困难,也极大地促进了国内投资和出口创汇,但在政策实施过程中也付出了出让大量国内市场的代价,尤其是并没有引进先进技术和提高中国企业的技术创新能力。跨国公司的技术锁定战略及国内企业的自身功利性短期利益考虑,不注重引入技术的消化吸收,落入"引进—落后—再引进—再落后"的怪圈。国内很多企业对技术引进这条路径的严重依赖,导致自身对R&D上游技术研发需求不足,这也是很多企业远离那些在R&D上游从事研发工作的科研院所和大学的主要原因之一,最终出现了科技与经济"两张皮"问题。

为了破解"两张皮"问题，应该要鼓励国内产业界形成自主创新氛围，为了避免再次陷入"引进—落后—再引进—再落后"的怪圈，产业界应该要对引进的技术逆向反求，在产品开发过程中形成对技术的需求，并将这种需求向创新链的上游传递，通过加强与科技界的结合来实现创新的目标，从而实现科技和经济之间有效协同。

（3）渐进式改革的弊端。改革开放40多年来，资源、能源、资本等要素市场并未放开，尤其是土地、利率等要素价格仍由政府控制，价格明显偏低，甚至因为招商引资需要可以实行零地价，导致非创新业务的报酬率明显高于创新报酬率时，企业创新意愿不足，资本逐利性使资金、人才大量向房地产、资源、资本市场流动，从而抑制了企业创新行为。此外，出于对国有企业的保护和增强国家经济控制力等方面的考虑，市场又没有开放，这就直接造成了行业垄断。一般来讲，国有企业的绝对垄断会带来两个方面的后果，一是由于市场竞争而产生的激励效果显著减弱。二是对该领域的其他创新者的创新行为有抑制作用。面对巨大的垄断力量，具有创新活力的民营企业很难突破市场壁垒。

为此，进一步建立完善的市场机制。建议尽快启动土地、资本、资源、能源等要素的市场改革，建立真实反映供求关系、资源稀缺程度、环境损害成本的生产要素和资源市场价格形成机制，尽可能减少非生产性获利机会，通过完善的市场竞争机制，将创新主体的利益动机传导到创新活动上来。即要想获得最大利益或者取得市场竞争优势，就必须努力创新，如果取得创新成果，就能通过市场机制获得垄断利润，真正建立以市场利益为导向的创新机制。此外，进一步深化国有企业改革。尽可能使国有企业退出竞争性领域，切断政府通过国有企业干预创新活动的可能，保证市场机制在创新活动中的有效性。就相关经验看，世界上还没有一个国家是通过国有企业走上创新型发展道路的。

第四章

协同创新理论框架

协同创新是指多个独立且目标趋同的主体共同协作，技术和知识共享互补、相互配合，实现收益共享的一种创新模式，其本质就是一种管理的创新。协同创新的优势主要表现为三个方面：第一，能够充分发挥协同主体间各要素的共享、互补，提高创新效率；第二，加强各协同主体间的相互配合并形成一个整体，建立协同机制，改变"单打独斗"的科研模式；第三，把创新作为首要任务，在各种资源的有效整合下，增强创新驱动力，为实现可持续发展提供保障（丁洪，2013）。

关于协同创新的研究，许多学者都认为应该沿着整合和互动两个维度进行剖析，如塞拉诺和费雪（Serrano and Fischer，2007）通过整合维度和互动维度对协同创新体系进行了分析，其中整合维度包括知识、资源、行为和绩效，而互动维度包括创新主体之间的互惠知识分享、资源优化配置、行为的最优同步以及系统的匹配度。陈劲等（2012）也提出协同创新是将各个创新主体要素进行系统优化、合作创新的过程，协同创新可以从整合以及互动两个维度来分析。但是就现有研究来看，存在着以下两个问题：一是没有深入地诠释整合和互动维度是如何促进协同创新绩效提升的，对于这个过程的研究不足，协同创新绩效产生的机理缺乏深层次剖析（林健和王亚洲，2013）；二是目前的研究都基于中观、微观层面，缺乏宏观视角。

我们在现有研究及创新领域众多理论流派（例如全面创新管理理论、创新网络理论、创新系统理论、三螺旋创新理论、创新集群及创新环境理论）的基础上，试图对协同创新的理论框架提出自己的见解。由于协同是比较宏观的概念，容易导致创新主体不知从何入手实现协同创新（邱栋和吴秋明，2013）。宏观层面的协同是合作者在微观层面诸多要素的立体式协调的综合反映，即大量微观要素协调最终产生宏观协同，因此我们将协同创新的理论框架，分成微观、中观及宏观三个层次。在微观层面，指科研团队内部及相互之间形成的知识（思想、专业技能、技术）共享机制，特点是参与者拥有共同目标、内在动力、直接沟通，依靠现代信息技术构建资源平台，进行多方位交流、多样化协作（张力，2011）；在中观层面，企业、大学、科研院所三个基本主体投入各自的优势资源，发挥各自的能力，在政府、科技服务中介机构、金融机构等相关主体的协同支持下，共同进行技术开发的协同创新活动（严雄，2007）；在宏观层面，协同创新是特定区域或产业的知识创新体系与技术创新体系的结合与互动，促使科技教育与经济的融合发展（周正等，2013）。

鉴于协同创新包含微观、中观和宏观三个层次，我们在综合国内外学者专家相关研究的基础上，对协同创新各个层次的"前因后果"进行归纳，如图4-1所示。每个层次的前因包括外在动因和内在动因两个维度；协同模式是指微观、中观和宏观三个层次的互动机制、模式特征等；协同效应是指各个层次的互动带来的合作绩效及合作主体的自身绩效。现有文献主要都是围绕着协同创新的各个层次及各个层次的前因后果展开研究分析。

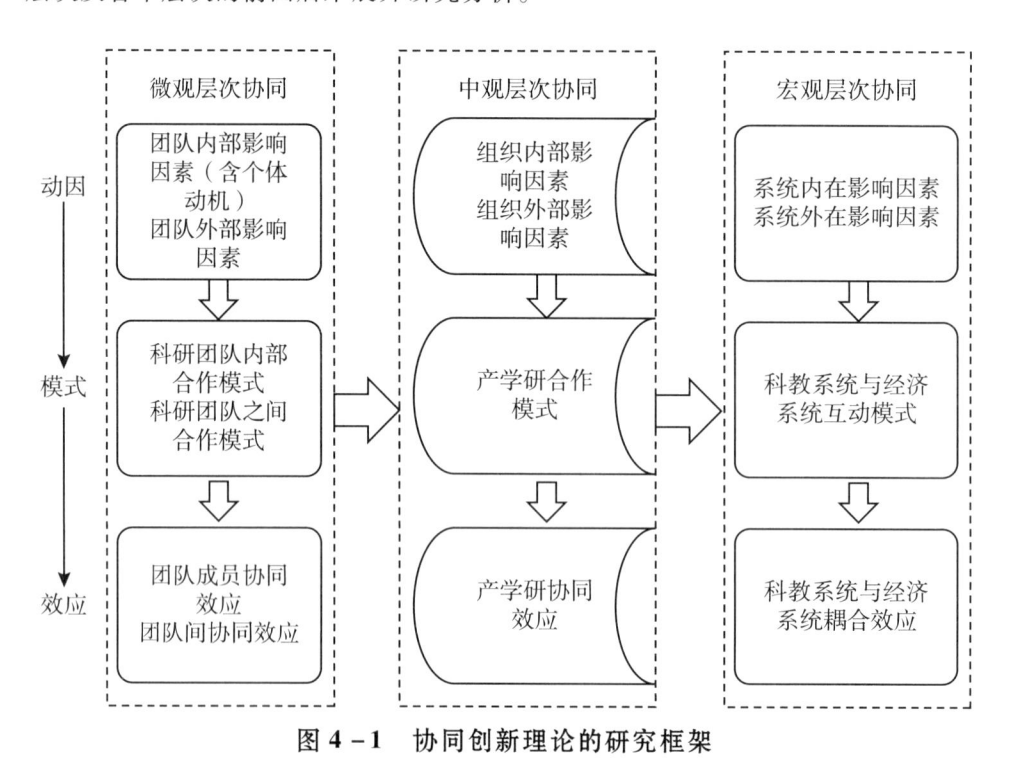

图 4-1 协同创新理论的研究框架

第一节 微 观 层 次

科研团队是大科学时代最基本的科研组织形式，建设高水平的科研团队也是我国教育、科技管理部门、高校、科研机构的重要抓手，如国家自然科学基金设立的"创新研究群体科学基金"、教育部实施的"长江学者和创新团队发展计划"等，在多数研究型大学中也都有相应的学术团队支持计划。在此背景下，科研团队是国内科技管理领域长期关注的热点（许治，2015）。我们在过去学者研究的基础上，从动因、模式和效应三个方面对微观层面的协同创新进行剖析，如图4－2所示。

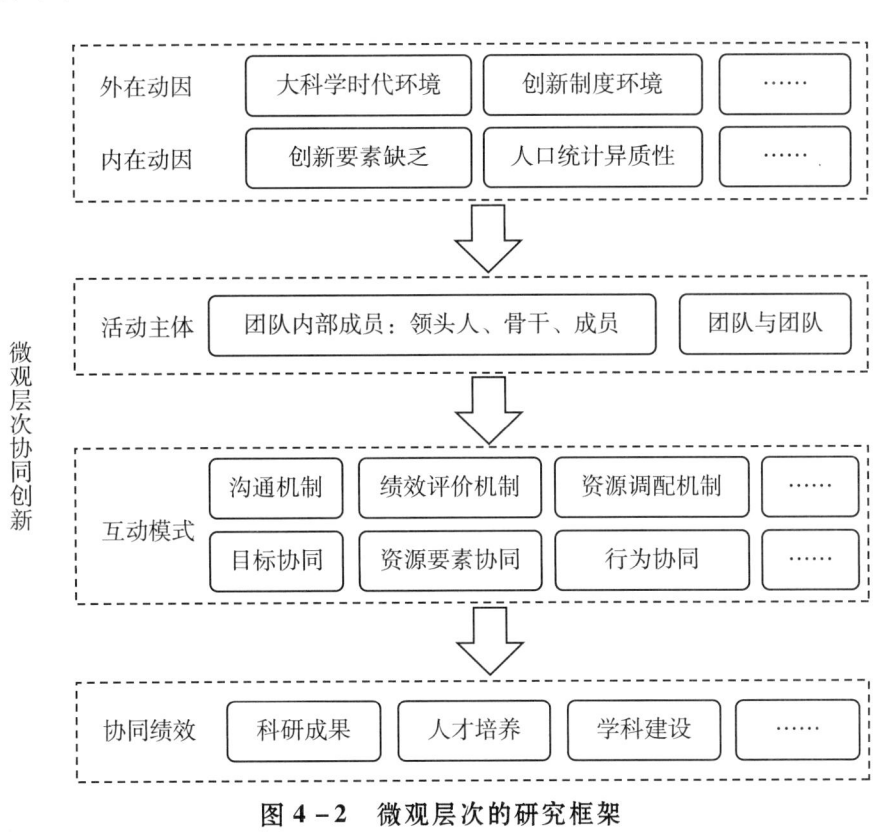

微观层次协同创新

外在动因：大科学时代环境、创新制度环境、……
内在动因：创新要素缺乏、人口统计异质性、……

活动主体：团队内部成员：领头人、骨干、成员；团队与团队

互动模式：沟通机制、绩效评价机制、资源调配机制、……；目标协同、资源要素协同、行为协同、……

协同绩效：科研成果、人才培养、学科建设、……

图4－2 微观层次的研究框架

一、主体

协同知识创新团队应该包括团队领导者、骨干人员及普通团队成员。团队领导者在协同知识创新团队内居主导地位，对团队目标的完成负主要责任，拥有对团队成员的支配权、考核权和任免权，所有的团队成员都在其领导下开展工作。骨干人员拥有渊博的知识，且是独特核心知识的拥有者，他们对团队目标有着深刻的认识和理解，在某专业领域内能够与思维创造者一起解决团队成员所遇到的关键问题。普通团队成员占协同团队人数中的大多数，是协同知识创新的主力军。他们思维灵活，善于将显性知识内隐化，同时能够将内隐知识结合团队目标进行创造性突破升级。团队内部的领导者、骨干人员及普通团队成员保持密切联系，以及与不同团队间的协同合作，有助于共享知识，并不断地创造新知识，从而最终实现团队的目标。

二、动因

（一）外在动因：综合国内外学者专家的相关研究，可以得到科研团队组建和运行模式受到科研团队外部各种因素的影响，包括大科学时代环境、创新制度环境等方面

（1）在当今"大科学时代"环境背景下，随着技术创新学科交叉程度不断提高，光靠个人研究力量很难满足科学研究需要，跨学科交叉科研合作已成为必然。尤其是重大科研项目需要跨学科团队成员组成，联合攻关才能完成重大科技项目攻关。因此"大科学时代"环境是诱发科研团队组建和协同创新的一个很重要的外部因素之一。

（2）创新制度环境。创新制度环境也是会影响科研团队协同创新的很重要的外部诱因之一。创新制度是指知识产权制度、政府资助制度、科研人才的聘用制度、激励制度、分配制度等激励创新的制度总和。知识产权制度通过市场来决定创新的回报，激励科研团队进行投资的动力是创新成果所带来的垄断利润，如果创新成功将获取垄断利润，因此可以最大程度激发团队的创新投入；政府资助制度在激励创新的同时避免了由于知识产权保护所造成的垄断，激励科研团队进行投资的动力是团队可能会得到的政府资助，创新成功后以边际成本出售创新成果。科研人才的聘用制度、激励制度、分配制度、知识创新与技术创新为其提供

保障，对团队成员起到激励和约束的作用。聘用制度为科研团队及时输送优秀人才，有助于团队成员安心投入到创新过程中，保障团队规模和结构合理；激励制度的公平性、长期性能鼓励团队成员持续开展创新性研究，创造学术氛围；分配制度对团队成员的认可能够激发团队成员的创新热情，提高整个科研团队的创新绩效。

（3）信息环境。科研团队是一个复杂的系统，需要协调者和中间人这样的角色来传递信息，科技中介机构是衔接大学科研团队各创新主体的重要纽带，是科技与经济联系的桥梁。科技中介在鉴别技术成果或信息的过程中更加专业及高效，可将企业需求信息和最新资源动态整合及时反馈给大学科研团队，不仅为大学科研团队搜寻信息节约成本，而且有助于团队负责人把握研究应用的方向，并将团队科研成果进行有效转化与推广。

（4）技术环境。技术环境是指团队外部的企业、科研院所以及其他高校为科研团队提供学习和创新所需的技术便利条件。主要来源于技术购买、技术转让与合作研发三种技术合作。科研团队通过与其他创新主体的技术合作，可以促进技术交流，获取研究所需的科研资源，为科研人员提供学习机会；同时，科研团队通过技术合作可以促进技术成果的有效转移和技术技能的有效推广，提升团队创新绩效。

（二）内在动因：科研人员之所以组建科研团队并加强协同创新，除了受到外部各种因素的影响外，还会受到内部因素的影响。包括获取互补创新资源来支撑科研活动、人口统计方面的特征等因素

（1）获取创新资源的需要：学科交叉研究在当代中国已经得到广泛的应用。开展学科交叉研究，或者单一学科的研究涉及学科交叉问题，需要各种创新资源，包括宽阔的学术视野或科学方法，才能在科学或学术的殿堂里有所创新和建树。因此，科研团队内部合作及相互合作有助于整合互补性资源，尤为重要的是通过有效互动，让参与的人员从自闭的学术研究和科研创造中解放出来，以集体智慧的"竞相涌流"，产出符合生产力发展的科研成果。

（2）科研团队异质性：异质性团队往往能激发各类不同想法的碰撞，所制定的决策往往具有全面、创新、质量高的优点。当前我国科学研究中跨学科、跨学院、跨地区合作日渐增多，科研团队异质性利于实现知识融会、知识共享和技术创新。同时，人口统计异质性可能不利于团队内成员合作，降低合作意愿，容易诱发团队内的合作障碍。因此，科研团队异质性也是影响科研团队运行和协同的主要因素之一（侯二秀，2016）。

三、互动模式

（一）团队层次之间的协同受到各项互动机制的影响，例如沟通机制、绩效评价机制、资源调配机制等

（1）沟通机制：团队之间有效沟通的前提是建立起有效的沟通机制。然而，没有建立团队内部的有效沟通机制是我国科研团队普遍存在的现象，科研团队成员技术信息沟通不足，会导致成员对自身在团队中的定位认识不清。科研团队成员工作中缺少沟通，对科研团队整体目标实现状况认识不足，团队成员价值观不够协调一致，将会影响团队成员对整体的认同力、减低合作效率。

（2）绩效评价机制：高校科研创新团队对成员的业绩考核通常采用指标量化的方式，并以此作为成员利益分配的依据。这样忽略了成员的任务负担和过程贡献，忽略了研究创新的时间性和累积性效应，使其始终疲于完成 SCI 论文、发明专利的数量，加重了个人急于求成的浮躁心态，也阻碍了团队高水平创新性成果的培育。

（3）资源调配机制：如何根据项目进度、角色任务和成长需求对已有的资源进行调配，团队普遍缺乏科学的动态机制。尤其是对获批政府资源的二次分配，团队往往由负责人独自决定，而且以一次性分配为主，缺乏对后续研究的预见和储备。在资源的具体使用过程中也缺乏监管，严重影响了资源配置的效率和效益。

（二）科研团队能否有效实现协同创新，需要在团队目标、资源要素、行为等方面进行协同

1. 目标的协同

目标层协同是实现宏观协同的精神基础，起到引导、促进协同的重要作用。目标协同首先要求合作者的目标不冲突；其次，合作者目标应是互益的，合作者能基于合作伙伴来制定和调整目标。为了实现目标协同，合作者应将自己的目标充分、明确地告知合作伙伴，并获得相互认可。在一些科研合作中，科研人员相互戒备，并没有坦诚自己的真实目标，导致在任务分配、资源分配、利益分配过程中出现分歧，无法达到协同状态。

2. 资源的协同

资源层协同是实现协同创新的保障条件，包括：（1）人力资源协调。合作各方人员能够相互认可、有效协作。因此，科研人员及其与创新相关的其他工作人

员的沟通、交流和多次合作，是促进人力资源协调的重要途径。相关研究发现，创新人才在产学研联盟内部的适当流动并不会明显降低主体的创新能力，反而有利于增进合作者的协调程度。因此，创新主体应以开放的态度看待创新人才流动。（2）财力资源协调。合作各方共同制定资金投入计划，保障资金到位，促进合作伙伴之间的合理流动。目前，产学研合作存在资金投入难以落实和合理流动等问题，使财力资源协调成为产学研合作的一个瓶颈。（3）物力资源协调。合作者的软硬件设备能够顺畅对接、充分共享，其中关键的是合作者技术和设备的兼容性。技术和设备的兼容性越高，合作创新效率就越高，也越容易实现协同。（4）信息资源协调。需要合作者之间的信息充分共享，信息传递和反馈速度快。信息不对称的合作通常是低效合作，协同创新必然要求信息的充分交流。一方面，创新主体要愿意将内部资料与合作伙伴分享；另一方面，合作者之间应建立便捷的沟通渠道，保证即时交流。

3. 行为的协同

协同创新要通过运营过程来实现，运营层协同是以目标层和资源层协同为基础，也是目标层和资源层协同的行为表现，主要包括：（1）研发协调。合作者在研发过程中相互协作，能够保障研发过程的同步性和顺畅性。促进研发协调的有效办法是应用多学科设计优化技术，在充分考虑各个子系统特长的基础上寻求协同优化，改变子系统表面合作实则各自为战的情况。（2）交易协调。创新主体在进行资源或成果交易时，能够充分利用合作者的共有条件，充分考虑合作者利益，最终以较低的成本进行直接交易。如以集体采购换取较低的价格，通过合作者的采购渠道获得自身难以直接采购的产品，在转化或销售时共享销售渠道等。交易协调使合作者的交易范围大幅扩大，并将部分市场交易成本转化为内部交易成本，能极大降低创新成本。（3）成果分配协调。由合作者共同制定分配方案，成果分配时顾及各方利益，令合作各方都相对满意。成果分配是创新主体实现自身目标的重要手段，也是影响协同创新的重要因素。成果分配应根据合作者的投入情况进行分配，关键是制定合理、量化的投入评价标准，使合作者的投入得到相互认可。

四、协同绩效

一般团队绩效模型把团队绩效定义为团队成果性绩效（也就是产出性绩效，主要是团队任务产出）和成长性绩效（非产出绩效，包括工作满意度、顾客满意度、技术、知识、技能的提升等）两类。我们将科研团队界定为大学和科研院所内部的科研团队，它们进行协同创新的最终绩效主要体现在科研成果、人才培养及学术建设的状况。因此,往往使用这三个维度来对科研团队取得的学术绩效进行评价。

第二节 中观层次

中观层次协同创新是指产学研协同合作,企业、大学和科研院所各方以资源共享或优势互补为前提,以共同参与、共享成果、共担风险为准则,为共同完成一项技术创新所达成的分工协作的契约安排,以企业为技术需求方、以大学/科研院所为技术供给方的研发合作是主要形式(鲁若愚,2002)。我们在过去学者研究的基础上,从动因、模式和效应三个方面对中观层面的协同创新进行剖析,如图4-3所示。

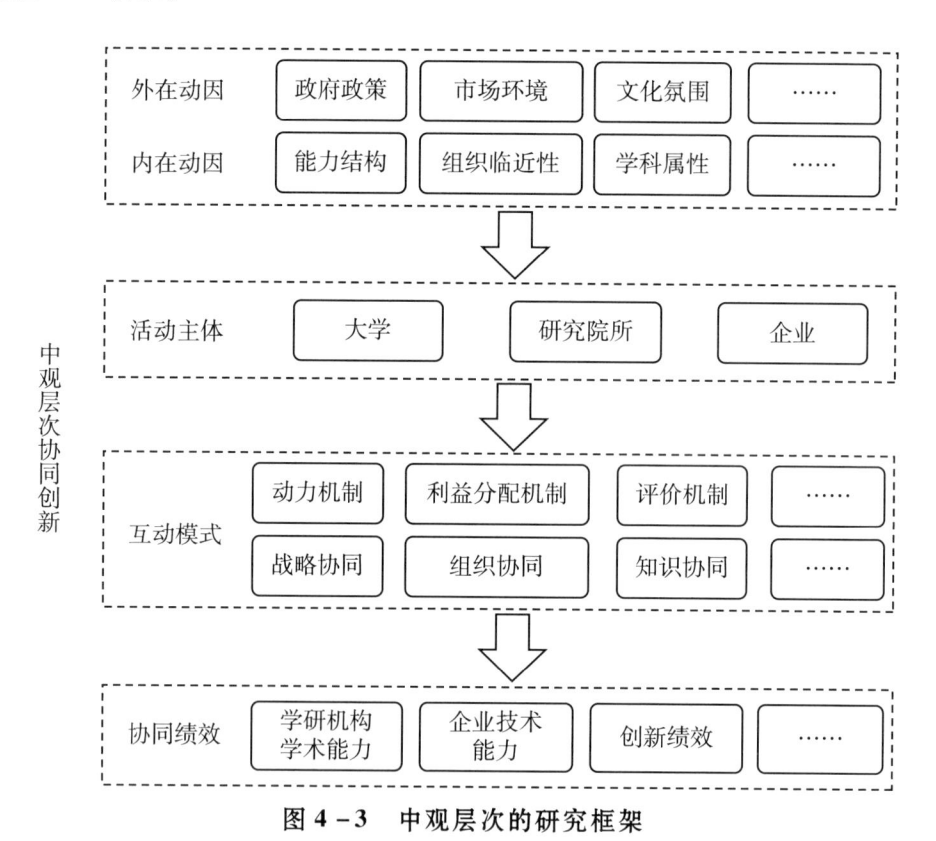

图4-3 中观层次的研究框架

一、主体

中观层次的协同创新是指企业、大学、科研院所等主体为了实现科技创新而突破创新主体间的壁垒,充分释放彼此间"人才、资本、信息、技术"等创新要素活力而实现的深度合作。有学者认为企业和学研机构两类属于不同领域的行为主体,通过相互影响产生协同作用,进而提升各自发展潜能的合作过程(Masahiko A.,2012)。约翰森(Johnsen)和福德(Ford)认为协同创新是不同组织的知识和技术整合的结果,组织间的关系影响创新的互动和互补效应(Johnsen T. and Ford D.,2000)。企业、大学、科研院所等主体协同与融合,实现创新系统内不同节点的有效连接和整个系统的结构优化(王海花等,2014)。

二、动因

(一)外在动因

(1)政府政策。政策因素是指国家和地方政府为了推动产学研合作发展,出台的规范创新主体行为、鼓励创新主体合作的政策和措施的总和。一般而言,政府政策对产学研合作的影响,主要体现在协同创新的投入和产出两个方面。在投入方面,政府的主要政策应由如下政策体系构成:鼓励合作的直接和间接财政资助政策;鼓励合作的信贷和税收优惠政策;人才交流与流动政策;推动合作的组织创新政策等。在产出方面,政策手段有:知识产权制度保护下的利益分配制度;成果转让制度等。这些政策因素都可能对产学研合作采取的模式产生影响。

(2)市场环境。市场环境会对产学研合作行为产生较大的影响。从资源的互补性来看,高校、科研院所是科学技术的研发主体,在纵向渠道获取经费有限的情况下,迫切需要与企业合作来满足自身的科研经费需求。此外,科技创新驱动经济增长的实质是科技成果转化为生产力,而高校的很多科研成果躺在实验室被"冷冻",运用商业化手段使这些被"冷冻"的科研成果转化为生产力,需要高校、科研院所与企业合作来实现。对于企业而言,企业通过与高校或科研机构合作可获得外部的技术支持,突破自身研发资源不足、研发经费短缺的局面;企业通过与高校、科研院所进行有效的资源整合,在技术、知识、营销、管理等方面进行优势合作,可以缩短创新时间、提高信息质量、增加信息占有量,及时将创新成果投向市场,从而有利于增强企业在市场上的竞争地位,提高企业的经济效益。因此，高校、科研院所具有与企业合作的内在需求，而企业为了实现可持续的卓越发展也需要与高校、科研院所合作，两者相互合作的内在需求提高了产学研合作的稳定性，为产学研的长期合作提供了保障。因此，企业与高校、科研院所的合作需求成为协同创新的驱动要素之一。

（3）文化氛围。协同创新是一个复杂的系统工程，它不是一个简单的"1 + 1 = 2"的过程，要真正使具有不同利益追求、不同背景、不同身份的创新要素形成一股强大的合力，需要形成一个各个创新主体都能够认同的文化价值基础。因此，一个地区、一个部门、一个单位的制度文化是否适应协同创新，决定了能否为协同创新创造一个良好的环境。

（二）内在动因

（1）能力结构。企业技术能力结构是技术结构对企业能力的一种外化，指技术结构的三种不同技术及其连接方式所整体表现出来的一种能力分布状态。这种能力分布状态是一种系统和结构化的能力，外显于企业整合内外部资源，以开发产品设计和制造技术（专有技术）、应用性共性技术和基础性共性技术的实际效果。改革开放以来，我国相当多的产业发展走的是外源型制造发展模式，产业发展的关键核心技术来源于国外。这也是现今我国企业在应用性共性技术能力方面较弱的根本原因。而应用性共性技术能力弱是导致当前我国产业核心技术空心化的根源，也是企业自主创新能力和吸收能力弱的根本所在。同时，也严重制约了我国产学研协同创新的技术水平层次与质量制约了企业自主创新能力提升的效率。因此，能力结构是影响产学研合作层次很重要的内在原因之一。

（2）组织临近性。现有研究发现组织临近性（地理临近性、技术临近性、社会临近性）因素会对产学研合作产生影响。例如国外的经济地理学者们强调组织间的空间集聚效应，他们认为地理临近性的存在保证了组织之间面对面交流的频繁发生，因此可能会对组织之间的合作产生一定的影响。此外，以法国临近学派为代表的研究者指出了组织临近性的存在，他们认为其他多种维度的临近性在促进组织之间创新和互动的过程中与地理临近性一样重要。由此可知，组织临近性是影响产学研协同的内在因素之一。

三、互动模式

1. 团队层次之间的协同受到各项互动机制的影响，例如包括动力机制、利益分配机制、评价机制等

（1）动力机制。产学研协同创新动力机制的建立是提升产学研核心竞争力和整体协同创新能力的实际需要，也是国家创新驱动发展的战略选择。当前，我国产学研协同创新推进缓慢，实际效果欠佳，究其原因大多归结于产学研协同创新动力机制的缺失，使得协同创新的动力不足，除政府政策推动不到位、支持引导不够等外部动力不足之外，也有来自产学研协同创新内部动力不足、激励不够等问题（周正等，2013）。

（2）利益分配机制。高校与企业、科研院所对技术研发存在不同的价值追求，对待合作的利益分配及合作的目标都不同。因此在产学研合作过程中要建立其合理的利益分配机制。然而，在当前产学研合作过程中，一方面，一些科研项目的前期合作协议不全面，随着研究的深入及阶段性成果的取得，容易出现三方人员的责任、权利、义务及福利待遇等问题的偏差，导致在成果归属权、成果转让及申报获奖方面发生矛盾。例如，高校教师在企业兼职过程中出现的技术成果剩余权分歧，即双方合作契约中未明确规定的衍生成果及其收益的归属分歧，尤其是对"职务发明"的认定及归属更是存在严重争议。另一方面，利益分配的不协调，制约着产学研合作的积极性，阻碍了高校科技成果的迅速转化和经济效益获取。

（3）评价机制。创新评价贯穿于创新驱动发展战略的整个实施过程，缺少了评价机制整个实施过程就无法正常运行下去。符合科学研究规律的科研评价机制是调动组织参与产学研合作积极性的指挥棒。应该因地制宜地设定不同的评价体系，采用多种科技成果评价方式，在考核标准方面更注重对科研成果质量方面的考核，鼓励科技成果通过市场竞争、生产实践以及学术上的百家争鸣等多种方式得到评价和认可。

2. 科研团队能否有效实现协同创新，需要在战略、组织、知识等方面进行协同

（1）战略协同。产学研的深度合作需要战略协同，企业、大学或科研院所由于在创新过程中的定位、资源和能力、发展目标上存在着差异，形成了不同甚至是潜在对立的组织文化和行为准则（柳洲和陈士俊，2007）。在产学研合作中，企业通常具有明显的利润导向，注重合作带来的经济价值；大学或科研院所则是科研导向，考虑合作是否有利于学术研究。这种价值观的分歧影响着各方对合作利益的评价及合作范围和模式的选择（谢耀霆，2015），造成大学或科研院所提供的科技成果与市场脱节，而企业则过多地干预大学研究（陈劲，2012）。因此，大学或科研院所应从战略上重视如何将知识研发服务于企业，积极开展科技成果转化，为企业培养所需的科技和管理人才；企业则应更关注如何准确地提出知识需求，为大学或科研院所参与创新提供资金和物力上的支持，并友好沟通知识产权和项目收益上的归属。

（2）知识协同。知识协同是产学研协同创新的核心，属于知识管理的协同化发展阶段，是知识在合作组织间的转移、吸收、消化、共享、集成、利用和再创造（杨林和柳洲，2015）的过程，本质上是企业、大学或科研院所各自拥有的隐性知识与显性知识的相互转换和提升过程（Ansoff I. H. ，1965）。知识协同包含着多个反馈与回路，是各种知识流在创新主体头脑中的风暴式重组，其理论逻辑类似于野中（Nonaka）提出的知识创造 SECI 过程（朱李鸣，1994），包括社会化（隐性知识之间的交流，如人员互动）、外在化（隐性知识转化为显性知识，如专利许可）、整合化（显性知识之间的交流，如共同发表论文）和内在化（显性知识转化为隐性知识，如对外部信息的内化学习）四个阶段。施瓦辛格等（Schartinger et al. ）和泰奇（Tassey G，2005）根据知识互动的正式化程度、隐性知识的转移、人员接触方式等区分了专利许可、联合研发、共同参与会议、学术创业、非正式研讨、通过项目培训学生、人员互流等 16 种知识协同形式。

（3）组织协同。产学研协同创新涉及不同利益目标的创新主体，是一种独特的混合型（hybrid）跨组织关系（林健和王亚洲，2013），单个组织无法取得合作的全部控制权，需要有新的管理技能和组织设计能力。传统的产学研合作常常表现为大学研究人员与企业研究者之间组成的个体性网络，这类合作大多以项目合作为主，规模很小，产生的效应也小，因此需要在更高的层次上构建一个跨边界的组织机构。近几十年来，根据产学合作目标、范围和方式的不同，各国在实践中已摸索出了许多组织模式，典型的有产学合作研发中心、科学园、技术工业区、工程研究合作中心、合作研究中心、孵化器、共建研发中心或实验室、合资创办企业、共同承担国家的计划项目，以及政府的生产力促进中心、产业联络办公室、技术转移办公室、社会上的科技推广服务机构等。这些新型的组织模式能创造出更大型的、跨学科的、探索性的合作研究项目，克服传统的产学合作研究项目中由于非正式的、私人方式形成的合作模式所存在的某些局限。

四、协同绩效

如上面所提及的，绩效可以分为成果性绩效和成长性绩效。鉴于此，我们认为产学研合作绩效在成长性绩效上包括大学或科研院所通过与企业合作后学术能力水平的提升，企业参与产学研合作后技术能力水平的提升。此外，在成果性绩效上，主要体现创新绩效，包括论文发表数量、专利申请数量、新产品数量等方面。此外，财务绩效也是衡量产学研合作绩效的重要指标之一。

第三节 宏观层次

科学技术是人类社会进步的主要标志，是生产力发展的重要动力。纵观人类文明的发展史，科学技术的每一次重大突破，都会引起社会生产力的深刻变革和人类社会的巨大进步。教育的创新和发展成为各强国兴盛的重要原因。战后东亚新兴工业化国家和地区经济高速增长的主要原因之一，就是拥有一支受过一定基础教育、素质较高的熟练的劳动力队伍。1994年初，联合国教科文组织发表的《世界科学报告》提出，"没有科学知识的传播就不会有经济的持续发展"。此后，许多国家纷纷将加速科技发展、抢占科技和产业的制高点作为其发展战略的重要内容。教育是立国之本，科技是强国之路（秋石，2004）。要实现现代化，必须实施协同创新战略，实现科技、教育和经济系统之间的有效协同。

协同创新在宏观层次主要体现为教育、科技与经济之间的协同。我们在过去学者研究的基础上，从动因、模式和效应三个方面对宏观层面协同创新进行剖析。如图4-4所示。

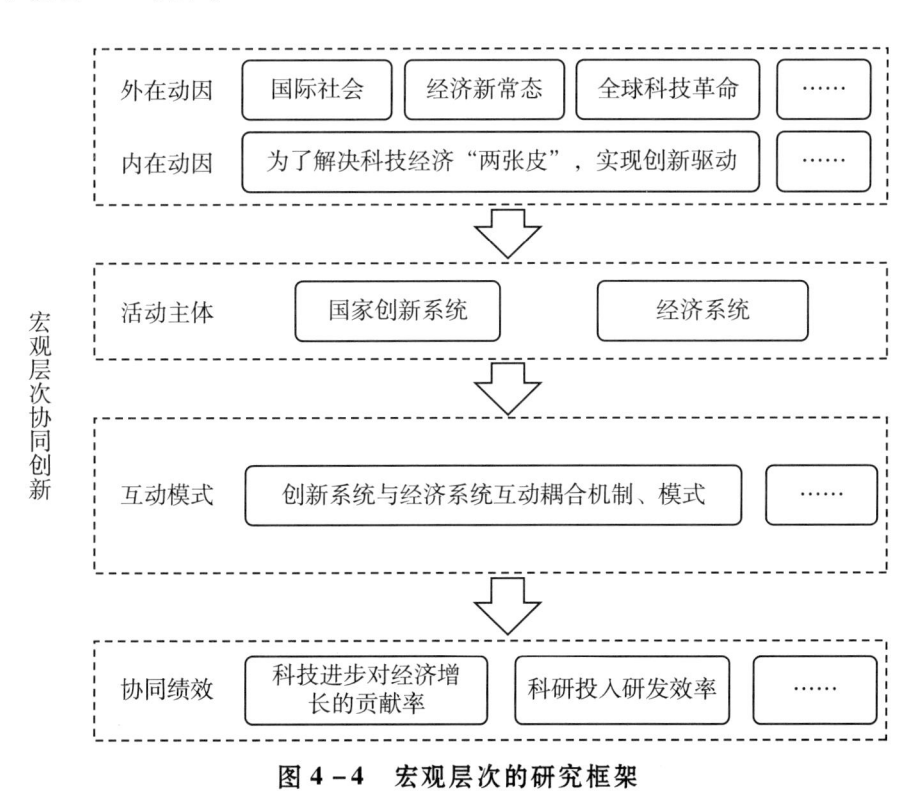

图 4-4　宏观层次的研究框架

一、主体

教育、科技与经济均是人类创新和发展系统的重要组成部分，其具有互依互存、互促互进的内在联系。要实现其协同发展，则必须形成一个有机的、具有耗散结构的系统，且构成该系统的各个组成部分（子系统）——教育、科技与经济，在一定条件下互动合作，使整个系统的结构状态转变到另一种更具优势的优化结构状态（彭未名和王颖，2004）。

知识创新即以教育、科技系统为主体的创新，其创新成果即科学新发现。技术创新则是以经济系统为主体的创新。知识创新和技术创新的协同，就是教育、科技与经济之间的协同。两者协同就可以既有能力抢占科技发展的制高点，又可以使研发的新技术具有商业化和产业化价值。这样，它们之间的协同就构成了国家创新体系。国家创新体系的核心问题就是解决好知识创新系统和经济系统之间的协同和集成问题，从而从根源上解决科技与经济的"两张皮"现象。

二、动因

（一）外在动因

（1）国际环境。当今，在新一轮科技革命和产业变革的背景下，越来越多国家的经济发展正加快迈入从生产要素导向阶段、投资导向阶段向创新导向阶段转变的过程，以创新驱动经济的发展已经成为世界主要国家优先考虑的战略目标（谈力和李栋亮，2016）。例如，德国提出了工业4.0、美国提出再工业化战略，力图通过建立相应标准从而确立在世界上的经济核心地位，以此构建有利于自身的贸易规则、继续主导国际经济秩序。在此情形下，我国为了应对国际社会带来的挑战，实施创新驱动政策。但是要实现创新驱动的一个重要前提，就是必须要大力推动协同创新，实现国家创新系统和经济系统的高度融合。

（2）经济新常态。自从改革开放30多年以来，中国经济改革取得了举世瞩目的巨大成就。当前我国经济的发展仍然依靠传统的"要素驱动"和"投资驱动"，被锁定在传统的粗放型经济增长模式。尤其近年来，我国经济增长速度持续下滑。在2016年，我国的GDP增长率约为6.7%，创26年以来新低。我国经济呈现下行态势愈加明显，已进入"新常态"，面临经济转型调整之痛。在此情形下，我国应如何面对经济乏力带来的不良影响？既能摆脱粗放式发展的增长限制，又能通过转型发展在新的世界经济格局中寻求一席之地，从而实现"两个一百年"奋斗目标，完成现代化强国梦（黄剑和黄卫平，2015）。要实现我国经济发展模式的转变和经济结构的调整，就必须要实现创新驱动。实施创新驱动既是坚持科学发展的本质要求，也是转变经济发展方式的必由之路，更是当前我国推动经济社会发展的战略举措。而要实现创新驱动的一个很重要的途径就是实施协同创新，解决科技经济"两张皮"问题。

（3）全球科技革命。世界科技发展正孕育着新的革命性突破，信息、生物、新能源、纳米等前沿技术领域呈群体突破的态势，以智能、绿色和普惠为特征的新产业变革蓄势待发，科技创新将从根本上改变全球竞争格局和国民财富的获取方式（毕新华和李建军，2015）。越来越多高新技术的研究和开发需要以科学为基础，而高新技术的进一步开发与应用也促进了科学的发展和进步，两者必须融合才能共同推动社会文明进步。因此，科学与技术融合的需要，成为协同创新的驱动要素之一。

（二）内在动因

改革开放40多年以来，我国教育、科技、经济快速发展，创新活动日益活跃，整体创新能力显著提升，科技与经济的联系越来越紧密。但是从科技进步对经济发展的实际促进作用来观察，我国科技经济"两张皮"现象仍然存在（周元等，2015）。最明显体现在我国科技投入高速增长，科技快速发展，成果丰硕，但支撑创新活动和产业发展的效果并不突出，并未取得中国产业核心技术创新的显著进步。在许多技术革命频发的基础性行业，如集成电路、基础软件、汽车发动机、液晶面板，核心技术仍然严重依赖外国（周元等，2015）。甚至在战略性新兴产业，仍然没有摆脱"高端产业，低端技术"的发展路径（申俊喜，2012）。整体而言，中国的许多产业并没有形成与制造能力相对称的技术创新能力（柳卸林，2002）。这构成了中国自主创新进程中的一个悖论：研发投入的快速增长并没有带来产业核心技术创新能力的同步增长（柳卸林，2002）。为了彻底解决这个"悖论"，需要积极推动国家创新系统与经济系统的融合，实现协同创新。

三、互动模式

创新系统与经济系统互动耦合机制的建立。首先，是知识创新体系建设。涉及基础研究、前沿技术研究和社会公益技术研究。由于原创性技术一般都是来源于科学的新发现即知识创新成果，知识创新也就有顶天立地的要求，一方面要瞄准处于国际前沿的科学问题；另一方面要瞄准国民经济发展的现实课题，为此需要实施国家科技重大专项，从科学思想上突破重大技术瓶颈，为技术创新提供科学思想。其次是知识创新与技术创新衔接机制建设。创新所要求的要素的新组合不仅仅是企业对已有要素的组合，而是要对创新的三方面工作（科学发现工作，对发明成果进行转化工作，采用新技术）进行新组合。这就是对知识创新和技术创新的新组合，加快科技成果向现实生产力的转化，促使创新系统与经济系统形成良好互动机制。

四、协同绩效

国家创新系统与经济系统的融合，最终体现为国家创新系统通过科技投入和科技产出共同影响着经济增长，而经济增长又反作用于国家创新系统，国家创新系统与经济系统在对立统一中实现协调发展。鉴于此，我们使用科技进步对经济增长的贡献率来衡量国家创新系统与经济系统的协同程度。此外，用科研投入研发效率来衡量创新系统内部的科研投入到产生的转化效率，用于反映国家创新系统内部的协同程度。

第四节　总结与展望

我们在归纳和总结现有协同创新研究成果的基础上，提出了一个协同创新前因后果的理论分析框架，并按照微观、中观和宏观三个层次对协同创新进行剖析。我们认为，三个不同层次的协同创新在外在动因和内在动因的同时影响下，形成了相应的协同互动模式，在不同的互动模式下，产生不同的协同绩效，如图4-5所示。该前因后果的思路对于未来学术界深入认识协同创新及继续开展协同创新的相关研究具有重要的指导意义和参考价值。在此，我们对协同创新的相关研究及未来展望进行阐述。

首先，微观层次协同创新研究既可以分别对科研团队合作的动因、模式特征及绩效进行剖析，也可以对科研团队合作的动因对协同模式及绩效的影响机理进行分析。在动因方面，包括对科研人员的内在动机、团队氛围、规则制度、政策等方面进行研究，以及对这些内在、外在动因如何影响科研团队的合作模式进行分析。在协同模式方面，主要对科研团队的协同合作模式、动力机制等方面进行研究，以及科研团队的协同对绩效的影响。在协同绩效方面，主要对科研团队协同取得的绩效进行评价。

图 4-5 协同创新理论的研究框架

其次,中观层次协同创新的研究既可以分别对产学研合作的动因、模式特征及绩效进行剖析,也可以对产学研合作的动因对合作模式及绩效的影响机理进行分析。在动因方面,包括对影响产学研合作的内在动因,例如,合作主体的能力结构(包括企业的技术能力结构及大学或科研院所的学术能力结构)、合作动机,外在动因(包括科教政策、经济政策)展开研究,以及对这些内在、外在动因如何影响到产学研的合作模式。在协同模式方面,主要对产学研的协同合作模式、动力机制等方面进行研究,以及产学研合作对绩效的影响。在协同绩效方面,主要对产学研合作取得的绩效进行评价。

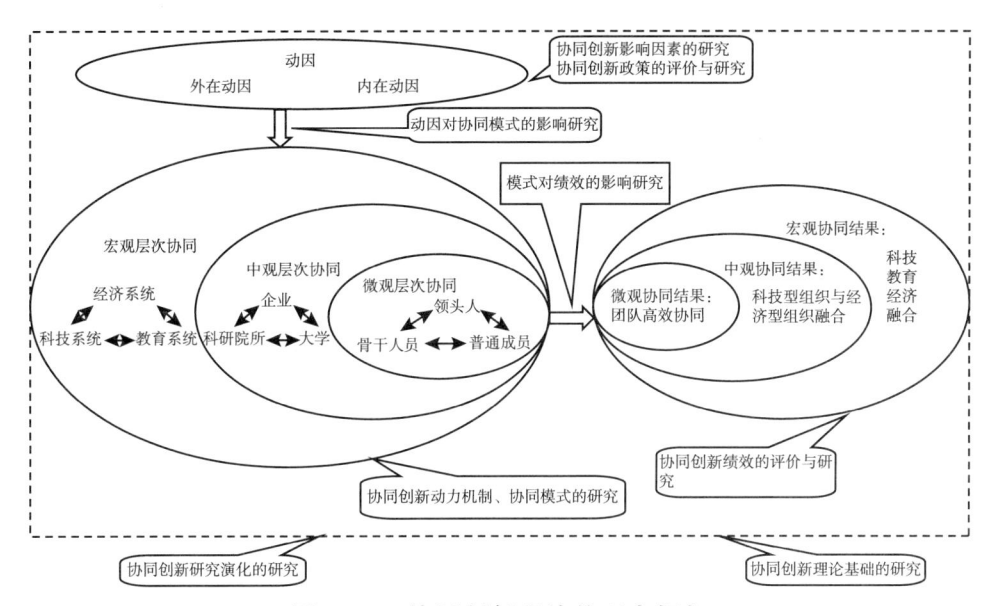

再次,宏观层次协同创新的研究既可以分别对创新系统与经济系统协同的动因、模式特征及绩效进行剖析,也可以对各个因素对创新系统与经济系统协同模式及绩效的影响机理进行分析。在动因方面,包括对影响创新系统与经济系统协同的各种因素,例如,创新政策、社会环境氛围进行研究,以及这些因素如何影响到创新系统与经济系统协同。在协同模式方面,主要对创新系统与经济系统耦合动机机制及模式等方面进行研究,以及创新系统与经济系统协同对绩效的影响。在协同绩效方面,主要对创新系统与经济系统协同取得的绩效进行评价。

最后,除了以上对协同创新各个层次的动因、模式及绩效进行研究外,还可以从综述的视角,采取文献计量或知识图谱等方法对现有涉及协同创新的相关研究进行分析其研究演化及知识基础,以揭示该领域的研究脉络,有助于学术界对协同创新相关研究进行深入了解。

第二篇

产学研协同创新

第五章

中国产学研协同创新发展模式、特点与现实情景

从改革开放初期民间自行兴起的"星期六工程师",到1992年原国家经贸委、国家教委和中科院等部门共同组织实施"产学研联合开发工程",再到现阶段建设以企业为主体、市场为导向的产学研合作技术创新体系,以及积极推动协同创新重大项目,产学研合作已从民间合作上升到国家战略的重大高度,对经济和科技的发展做出了不可或缺的贡献,为国家重大工程的实施和企业技术创新能力的提升提供了有益支撑。但当前产学研合作的发展与社会经济需求仍存在较多缺口,产学研发展现状与国家战略发展目标存在较大落差,产学研主体的定位和作用不尽如人意,各方面创新资源和政策不完善,评价制度等体制机制不完善等,阻滞了产学研合作创新水平的全面提升。

为进一步分析中国产学研协同创新的发展模式、特点及现实情境,本章节内容主要从宏观国家发展战略及国家创新系统角度出发,剖析产学研协同创新发展的时代背景、战略地位和发展趋势,挖掘产学研合作在国家创新系统中的定位与功能;从中观产学研协同创新体系角度出发,梳理产学研各阶段的合作模式及特点,展现产学研合作的发展历程,挖掘其存在的问题和困境;从微观产学研合作主体角度出发,找寻制约产学研协同创新发展的症结。

第一节 产学研在国家整体发展战略中的定位与功能

改革开放以前,在计划经济体制的制约下,我国的科技体系与经济体系分离,形成了政府下达任务,大学和科研院所从事研究开发活动,随后由政府将相关成果转移给企业的技术转移机制。该机制在特定的历史时期能发挥集中力量办大事的优势,例如"两弹一星"的成功以及新中国工业体系的建立。这一时期产、学、研三者合作的定位是一种政府支配下的技术转移机制,其功能是体现出科学技术的力量,在短时间内发挥集中力量办大事的优势,但缺乏可持续性和自主性,计划手段的弊端也愈发显现。

改革开放以后,我国进行经济体制和科技体制的双重改革,注重市场在资源配置中的基础性作用。产学研作为连接企业和学研机构的桥梁,越来越受到政府部门的重视,特别是科技成果转化和技术革新等技术创新活动。同时政府也积极推动产学研合作政策和法规的制定和完善工作,为产学研合作创新过程奠定法律基础和保障,逐步形成有中国特色的产学研合作政策和法规体系。按照我国经济体制改革的进程和产学研在国家创新体系建设中所发挥的作用,大致把产学研合作政策的发展划分为四个时期:科技面向经济战略发展时期、科技体制改革时期、科教兴国时期以及建设创新型国家时期(见图 5-1)。

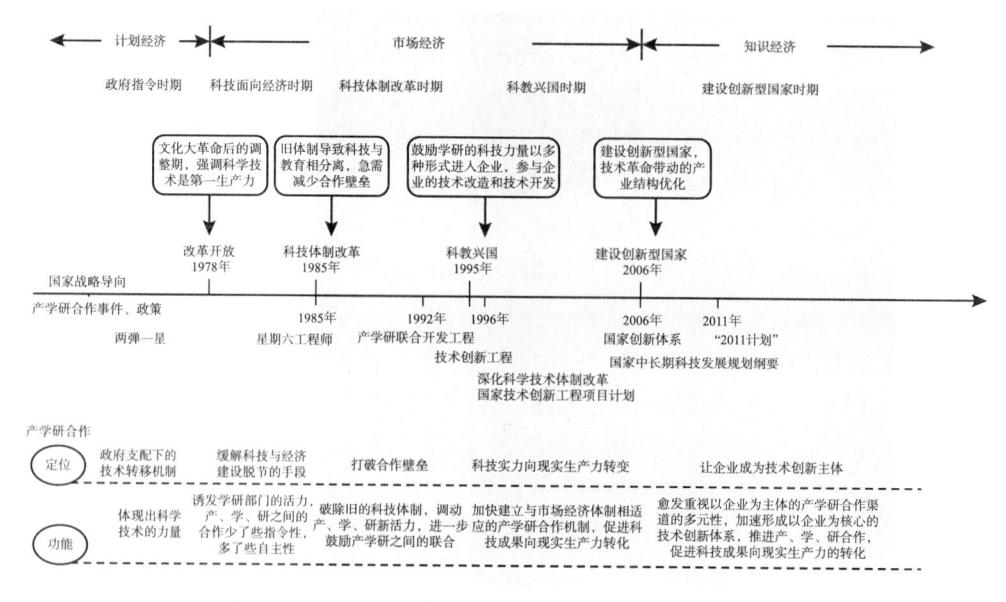

图 5-1 产学研在国家整体发展中的定位与功能

1978年改革开放的提出揭开了中国由计划经济体制向市场经济体制转变的序幕，1978~1984年是科技面向经济战略发展时期，该时期处于"文化大革命"后的调整期，提倡科学技术是第一生产力，强调"科技必须面向经济"的战略方针。这一阶段的政策中，并未真正出现"产学研"这一概念，1978年的科技大会，1982年提出的"科技必须面向经济"的战略方针，皆强调了科学技术的重要性，在这一时期，产学研合作的定位是缓解科技与经济建设脱节的手段，其功能是诱发学研部门的活力，产学研之间的合作少了些指令性，多了些自主性，为科技体制改革指明了方向，迈出了探索产学研合作的第一步。尽管在科技发展新方针的指引下，全国科技之风兴起，每年多达几千项，但遗憾的是，这些科技成果的实用性和推广性极差，能成功转化应用的成果寥寥无几。此时，科研成果由国家包购包销，合作缺乏自主性的问题仍无法解决。

1985~1994年是科技体制改革时期。以往的科技体制中，高等教育并没有被纳入，高校仅负责教育职能，并未在科技创新中发挥作用，科研成果基本上在各类科研院所中产生，科技和教育显现出明显的分离状态。同时，在旧的科技体制下，由于科研成果的长期无偿性和公有性，大大削弱了科研人员的研发积极性，科技创新成效很低。为此，破除旧的科技体制，进行科技体制改革势在必行。1985年《中共中央关于科学技术体制改革的决定》明确提出，必须强化企业的技术吸收和开发能力，促进科技成果的商品化，主张调整科学技术系统的组织结构，开拓技术市场等多个重要理念。1987年的"863计划"以及1988年的"火炬计划"皆尝试以高校与科研院所为研发基地，发展高科技，创造政策环境，促进高技术的商品化、产业化和国际化。1992年《产学研联合开发工程》的颁布是一项里程碑式的举措，它是中央政府第一次针对产学研活动的专门性政策。同年的《国家中长期科学技术发展纲领》，1994年的《关于高等学校发展科技产业的若干意见》等皆对产学研合作进行了相关的规定和指导。值得一提的是，1993年的《科学技术进步法》对产学研合作的相关规定是我国第一次以法律形式提出鼓励产学研之间的联合和协作。在这一时期，产学研各方逐步打破禁锢，探求多种合作的方式，产学研合作的定位是打破科学与教育的合作壁垒，其功能是破除旧的科技体制，调动产学研新活力，进一步鼓励产学研之间的联合，主要模式包括成果转让、技术服务、技术开发。但科研力量并未真正融入企业，仅停留在技术外包形式上。

1995~2005年是科教兴国时期，这一阶段党中央提出了有关产学研合作的方针政策：1995年提出继续推动产学研合作，鼓励高等学校和研究院所的科技力量以多种形式进入企业，参与到企业的技术改造和技术开发中来，如1995年的《关于加速科学技术进步的决定》，鼓励科研院所、高等学校的科技力量以多种形式进入企业，参与企业的技术改革和技术开发；同年的"技术创新工程"，更是逐步建立以企业为主体，政府引导和动员全社会各方面力量积极融入的技术创新体系；1996年深化科学技术体制改革，以及同年的国家技术创新工程项目计划，皆提出建立以企业为主体，产学研相结合的技术开发体系。1997年党的十五大提出，产学研合作，在宏观上要注重科技和教育体制的改革，促进科教同经济的融合，在微观上要注重高等学校和研究院所与企业的全方位合作，积极推动产学研合作发展的道路。1999年，《关于加强技术创新、发展高科技、实现产业化的决定》强调在技术创新中，企业要有主人翁精神，要明确自身的主体地位和重要作用，进一步发挥市场机制的基础性作用。同年，《关于加强技术创新、发展高科技、实现产业化的决定》指明了科研院所的改革和发展方向，实现部分科研院所企业化转制。2000年，《关于加速实施技术创新工程以形成以企业为中心的技术创新体系的意见》提出逐步形成以企业为主体、学研机构积极参与，共同攻关、通力合作，互信互惠的产学研联合机制。2005年党中央的"十一五"规划建议同样强调促进企业为主体的产学研合作体制。在这一时期，产学研合作政策的发展方向逐步从如何在市场经济体制下形成产学研的有效合作机制，转向如何促进以企业为主体的产学研合作转变，政策体系也逐步完善。产学研的合作定位是科技实力向现实生产力转变，其功能是建设多元性的产学研合作渠道，更快更好地建立与市场经济体制相适应的产学研合作机制，加快产学研合作成果的商业化转换。

2006年至今是建设创新型国家时期，这一阶段，国家明确了建立以企业为主体、市场为导向、产学研结合的技术创新体系。2006年，全国科学技术大会通过了《中共中央国务院关于实施科技规划纲要增强自主创新能力的决定》（以下简称《决定》），《决定》提出产学研合作体系是建设创新型国家的突破口，产学研合作的地位被提到了前所未有的战略高度。2009年，《国务院关于发挥科技支撑作用促进经济平稳较快发展的意见》提倡高等院校和研究机构需进一步服务企业，支持与企业进行联合研究与开发活动，加强技术、人才、能力等的引进和培养。2012年，国家提出高校"2011计划"，旨在突破高校内外部机制体制的壁垒，调动人才资源活性，推进高等学校与高等学校、科研院所、行业企业、地方政府以及国际社会的广泛交流，推动产学研多层次合作。这一时期，政策更重视企业的技术创新需求，引导企业更深入参与技术创新全过程，进一步确立了企业的主体地位。产学研合作的定位是明确企业为技术创新主体，其功能是完善以市场为导向、企业为核心、产学研合作的技术创新体系，加快创新型国家建设。

第二节 国家创新体系中的产学研定位与功能

1996年,经济合作与发展组织在其年度报告中明确界定了国家创新体系的定义,即国家创新体系是由不同参与者和机构的共同体进行大量互动作用后的整体体系,其本质是在科技发展、技术突破与实践方面,由企业、政府和学术界共同交流并相互关系的系统,具体表现为如下子体系:(1)建设以企业为主体的技术创新体系;(2)建设科学研究与高等教育有机结合的知识创新体系;(3)建设军民结合、寓军于民的国防科技创新体系;(4)建设各具特色的优势区域创新体系;(5)建设社会化、网络化的科技中介服务体系。由此可见,企业、学术界(产学研)是国家创新体系的重要组成要素,是国家创新体系的微观基础和结构核心。产学研三者在国家创新体系中密不可分。

从宏观层面上看,广义的国家创新体系除了核心要素基础产学研三方外,还包括政府、中介机构、政策法规、宏观经济环境等组成要素(刘海峰,1999),是由一定的宏观环境(政治、经济、文化、政策、法规、制度等)等影响,反映国家战略发展方向。从宏观上看产学研的定位,即产学研合作是按照市场规律和科技发展规律,以技术创新、科学创新、制度创新为手段,以科技成果商品化和产业化为导向,并最终取得经济效益和社会效益的创新机制。其功能主要表现为培养高层次的研究型人才,满足社会经济发展需求,完善国家创新法律体系等。

从中观层面上看,国家创新体系包括了企业(产)、高等学校(学)、研究院所(研)在内的社会互动体系。产学研合作在该层次的定位是,通过各主体的相互联系和交流,形成相互作用的立体网络系统,让企业、高校和科研院所发挥各自的优势,提高创新效率,扩大创新范围。在功能上,产学研互动体系的运行,已经成为保证国家创新体系高效运转的社会互动机制。

从微观层面上看,国家创新体系实质上是高等学校、研究院所以及企业三者间进行知识、技术、信息等资源的吸收、互补、重组和再造的过程,是知识传递、知识吸收、知识转化和知识重组,进而获得技术、知识等创新的可持续合作链条。在此层面上,产学研合作的定位是将异质知识的互补性和创造性发挥到极致,发挥产学研在微观知识基础上的合作优势(樊霞等,2011)。其功能上要实现科学创新体系、技术创新体系以及知识传播体系相结合,促进知识的传播、创造和应用。

从静态要素基础上看,在国家创新体系当中,知识创新是国家创新体系的基础,而高等院校和研究院是知识创新的来源和根基,但同时,也离不开企业的实践经验积累和沉淀;技术创新是国家创新体系的关键,而技术创新的前进方向需要企业的经验引导,其后续发展需要学研的技术支撑,即强调技术创新体系是以企业为主体,产学研相结合的系统。在开放式创新环境下,积极推动大学与产业间多层次、多维度的产学研合作,已成为后发国家谋求技术突破和产业发展的重要手段和机遇。同时,随着国家创新体系的发展,大学和科研机构作为创新子系逐渐衍生出第三项职能,即推动经济发展。通过产学研合作,获取教学和科研赖以发展的资源,同时提升企业绩效、促进经济增长,已经成为学研机构与企业合作的关键驱动力(刁丽琳,2011)。因此,牢牢把握产学研合作在国家整体创新体系中的战略定位和战略高度具有重要意义。

从动态要素匹配上看,产学研合作是动态发展的过程,是多要素动态匹配和相互作用的过程,其作为国家创新体系的要素基础,有效促进了国家创新体系的创新流动和循环,具体表现为以下几个方面:

一是产学研合作促进国家创新体系中知识的创新流动和循环。产学研三者之间的知识碰撞、技术交流和能力挖掘是创新产生的源泉和动力,国家创新体系需要的不仅仅是创新,它更需要创新知识、创新技术、创新能力的溢出效应和可持续发展。产学研合作可以实现科学、技术、人才等的优化配置,能促进各类创新在国家创新体系网络中的流动、循环和深度运用,能进一步拓宽和挖掘创新的边界和外延。只有当一个创新推动另一个创新甚至多个创新的产生和发展时,国家创新体系的动态网络才能逐步构建和强大起来。

二是产学研合作促进国家创新体系中主体要素的配合和灵活变动。产学研合作主体,一般而言常默认为企业。但在实际创新过程当中,在某些特殊的时期,在产学研合作中发挥引导和关键作用的主体会由于外部环境的变化而动态变化,即会随创新过程的操作、运行、调控等因素影响而发生动态变化。但在技术发展的前端,即处于科技活动的研究与发展阶段时,高等院校和研究机构才是发挥主导作用的合作主体,此时,只有研发活动取得成果和突破,才有产学研合作的前提和后续创新成果转化和产学研合作取得成功的可能。因此,辩证地看待和认识产学研合作的主体,灵活地匹配产学研三者在国家创新体系中的地位和作用,适应外部环境灵活地创造主体变位的实现条件,发挥合作主体的主导作用尤为重要。

第三节　中国产学研发展模式与特点

合作模式作为产学研合伙关系在合作过程中的反应，其实质是合作关系构建中合作结构与利益分配方式的制度安排。米利亚尼（Giuliani，2009）认为，产学研合作关系作为一种跨组织的现象，其根本动机在于获取互补性优势资源。如何设计一种合理的跨组织模式来确保资源禀赋的有效流动，是实现合作持续性与稳定性的基础。国外学者对产学研合作模式的设计大多基于发达国家情境下，且模式呈现多样化。例如，在研究韩国企业时发现，产学研合作通常关注短期项目，以解决问题为目的，其贡献主要体现在流程创新，对产品创新的作用比较小。福赫勒和长斯曼（Veugelers and Cassiman，2005）针对韩国和比利时的产学研合作模式研究时发现，合作项目通常只关注技术的流程创新，项目形式呈现短、平、快的特点；伊欧姆和李（Eom and Lee，2010）分析了韩国产学研合作对企业创新绩效的影响，发现企业规模与研发强度对合作绩效的影响不大，而参与国家级研发计划对绩效的影响较为显著。同时，并非任一合作模式都对技术能力有积极的影响，合作模式的选择需要与企业技术发展阶段相匹配。从研究趋势来看，国外仍聚焦于国家科技园、工程研究中心、新技术企业孵化器等典型模式的研究，而在研究层面上则逐步深入到各主体间的微观合作机理，致力于完善不同模式下的治理机制。

相较于国外而言，国内学者一直在探索适合我国现实国情的产学研合作组织模式，较为常见的有以下几种模式类型。

1. 基于产学研合作紧密程度进行模式划分

基于不同主体间产学研合作的紧密程度进行划分，由松散到紧密可以划分为技术转让、委托研究、联合攻关、内部一体化、共建基地、共建实体六种模式（鲁若愚，2012）。其中，技术转让是指产学研某一方或两方将使用权转让给另一方或两方的行为，其中转让的内容可以是专利技术、技术秘密、专利许可等无形资产等，一般而言，高校和研究院所通常为出让方，企业为受让方。委托研究是指将科研任务委托外包给受托方进行，科研成果供委托方享有的行为，具体表现为对新产品、新工艺、新技术的探索和研发，一般而言，高校和研究院所为受托方，企业为委托方。联合攻关与上述的两种合作方式不同，任务的完成需要产学研三方共同努力和协作，其合作通常以科研课题为依托，多方运用各自的优势和才能，共同攻关，联合开发出有效的解决方案。在实践中，联合攻关模式既可能是市场的自发行为，也可能是政府引领的合作攻关行为。内部一体化是指在高等院校或科研院所内部，通过创办企业的形式，将产学研自身的科技实力转化为生产力，将科研成果商业化的过程。共建科研基地是高等院校、研究院所与企业共同投入资金、人才和设备的建设活动，投入资源的类别和数量由产学研三方协商决定，具体建设的基地包括联合实验室、技术中心、科研机构等。研发实体是指产学研各方通过出资或技术入股的形式组建研发实体，进行技术开发或技术经营。共建科研基地、共建实体是目前产学研合作最为紧密的一种形式，通过产学研三方不同的社会作用和拥有的不同资源，将三者的优势力量聚合在一起，发挥学研的学科优势和基础研发能力，利用企业技术开发、转让和市场灵敏度优势，通过通力合作实现互惠共赢，同时通过跨领域、跨职能、跨学科的合作，进一步促进技术创新的萌芽。

2. 基于不同的合作发起者进行模式划分

基于合作发起者的产学研合作模式主要有四种，分别是政府组织型合作模式、企业拉动型合作模式、大学和科研机构推动型合作模式以及共同主导型合作模式。其中，政府组织型模式的特点是政府为主导，学研发挥核心作用，企业积极参与；企业拉动型模式的特点是企业为主导，承担更多的研发和成果转化的风险，学研围绕企业的需求进行技术创新活动，属于参与者的角色，而大学和科研机构推动型模式则与之相反，学研处于主导地位，决定合作对象及研发内容；共同主导型模式的特点是产学研三方处于平等的地位，以利益为纽带，以契约为依据，发挥各自在资金、设备、技术、人才和市场的优势，共同促进技术创新。

3. 基于不同的人才培养方式进行模式划分

在产学研人才培养方面包括人才联合培养与人才交流等模式。人才联合培养与人才交流是指高等院校、研究院所与企业之间，通过开展企业实习、人才培训、咨询顾问等活动，由大学教授或科研人员到企业进行知识宣传、技术培训和提供管理咨询活动，企业为大学生提供实习机会和交流平台，使得产学研三者在知识、人才方面得到充分的互动和交流，促进产学研各方的知识交流和知识创新。

不同的产学研合作模式代表着不同合作关系的紧密程度，由此对企业技术能力的要求是不一样的。具体而言，在产学研合作的初级阶段，产学研合作一般体现为松散的技术转让的合作模式，选择这一形式主要源于其权责分明、容易操作的优点，基于该模式的产学研合作过程中，企业一般对自身技术需求非常明确，且所关注的一般是成熟的科技成果，学研方注重成果产业化的成效，企业则注重技术的经济价值。但该模式一般为一次性转让，多关注产品技术，位于产业链的中下游。随着产学研合作模式的扩大以及合作层次的深入，企业与高校的合作形式也由松散的技术转让模式向产学研合作联盟共建实验室或共建实体等紧密型合作模式演进。具体而言，共建科研基地是高等院校、研究院所与企业共同投入资金、人才和设备的建设活动，投入资源的类别和数量由产学研三方协商决定，具体建设的基地包括联合实验室、技术中心、科研机构等。研发实体是指产学研各方通过出资或技术入股的形式组建研发实体，进行技术开发或技术经营。该两种模式都有利于高校科研人才与企业技术人才的交流和合作，同时为高校学生提供企业实习的多种机会，对人才的技术能力和实操能力培养提供了良好的平台和场所。

第四节 本章小结

本章节的内容主要是围绕产学研协同创新的发展模式、特点和现实情境展开细致的描绘和分析，通过发现、研究和分析产学研合作的发展历程，挖掘产学研合作的发展规律及特点。首先，本章从国家战略角度出发，梳理不同时期国家战略规划的重点和要求，在此基础上探究产学研相关政策的内涵和目的，挖掘产学研在国家战略发展中的地位变化和发展趋势，同时，基于国家创新体系的整体构建和发展，挖掘产学研的战略定位和关键作用，从宏观上探索产学研合作的战略意义和价值。其次，在对产学研合作的重要作用、战略价值及其在国家整体创新体系的定位进行详细剖析后，本章从多个角度出发，对产学研的发展脉络及合作模式进行了研究，发现：第一，基于不同主体间产学研合作的紧密程度进行划分，由松散到紧密，产学研合作模式可以划分为技术转让、委托研究、联合攻关、内部一体化、共建基地、共建实体六种；第二，从创新类型的角度分析产学研合作的特点，我们发现：企业主体地位得到了进一步明确，产学研合作模式由松散型、粗放型走向紧密型、集约型，政府在产学研合作中起主导作用，即产学研对于推动企业技术进步和建设创新型国家意义重大，在我国市场机制还不完善的情况下，政府的引导、调控、政策指引对于促使企业和高校及科研院所有效交流合作有积极作用。

第六章

基于文献计量的产学研协同创新理论梳理

由于产学研合作有效促进经济发展，因此它成为许多国家创新政策中的重要议题，同时产学研合作也引起了国内外学术界的日益关注。1966年美国学者林肯（Lincoln）发表了产学研合作研究领域的第一篇文献，首次对产学研合作进行系统分析，开创了该领域的研究先河。20世纪80年代，随着生物科技、信息通信等新兴产业的大量兴起，新兴产业的产学研合作以及技术转移成为当时学术界的重要研究议题。1995年美国学者埃茨科瓦茨（Etzkowitz）和荷兰学者雷德斯多夫（Leydesdorff）联合发表的文献首次提出官产学"三重螺旋"非线性创新模型，重塑"政府—产业—大学"三方的相互关系和角色，颠覆了早期产学研线性创新模式，在学术界引起积极的反响。我国产学研合作研究起步较晚，该研究领域最早的文献出现在1992年。当年我国"产学研联合开发工程"的启动引发了国内学术界对产学研合作的动因与影响因素、组织模式及治理机制、组织间关系与演变、交易成本及制度安排、合作效果评价等多方面的研究。随后的二十多年时间里，在广大学者的不断努力下，我国产学研合作的研究取得了长足发展。为了总结产学研合作研究领域的发展脉络，有国内外学者尝试对该领域的成果进行梳理。由于他们的研究数据或研究方法存在一定的局限性，使得产学研合作国际研究领域仍然缺乏有效的定量分析和梳理，导致难以把握该领域的知识基础结构、研究热点及发展趋势。针对现有研究存在的局限性，本章运用科学知识图谱和文献计量的分析方法，对国内外产学研合作研究领域的文献进行分析，以期为更全面、更深刻地厘清该领域研究现状与发展趋势提供新的参考及依据。

第一节 产学研合作国际研究知识基础

一、产学研合作国际研究脉络

目前产学研合作国际研究领域的文献仍然缺乏有效的定量分析和梳理，导致无法把握该领域的知识基础结构、研究热点及发展趋势，也造成了对我国创新政策支撑的缺失（吴进，2013）。所以及时挖掘产学研合作国际研究领域的知识基础，洞察该领域的研究热点及前沿，研究演化路径及发展方向已显得非常迫切和重要。针对现有研究存在的局限性，本章从科学知识图谱的视角，对产学研合作国际研究领域的文献进行分析，以期为更全面、更深刻地厘清该领域的研究现状与发展趋势提供新的参考及依据。为追踪产学研合作国际研究演化历程，研究首先借鉴普赖斯科技文献增长理论将产学研合作国际研究划分为三个阶段：起步探索期、缓慢成长期及快速发展期（张艺等，2015）。如图6-1所示。

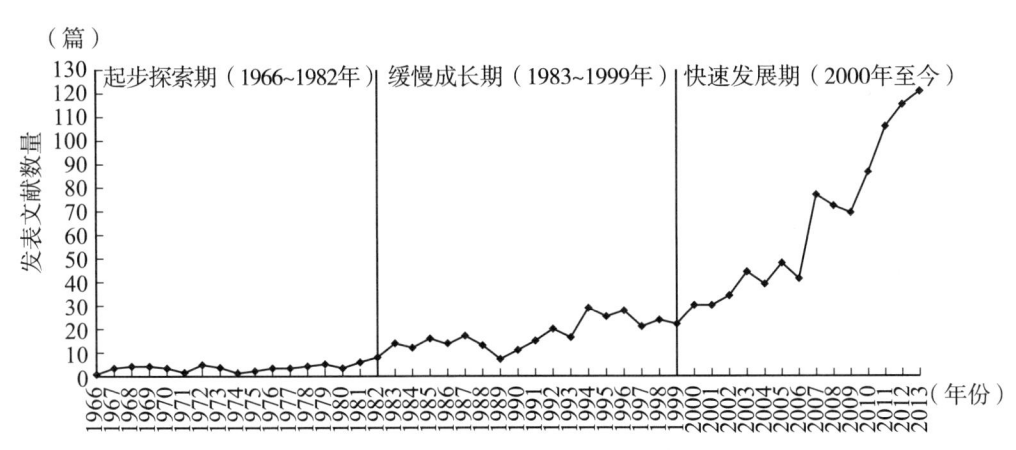

图6-1 产学研合作国际研究的三个发展阶段

研究数据分析运用Citespace软件绘制产学研合作国际研究领域的文献共被引知识图谱，并进一步挖掘以获取该研究领域在每一个发展阶段的知识基础网络结构、研究热点及发展方向等有价值的信息，研究表明：

（1）在起步探索期（1966~1982年），国际学术界对产学研的研究较为零星，产学研合作线性创新模式是该阶段的主流研究视角，研究议题只停留在初步探讨产学研合作模式及相互关系。1966~1982年所发表文献出现的高频关键词如表6-1所示。通过对本阶段产学研合作国际研究领域的知识基础共被引关键节点文献分析可以获知该领域早期，研究主要受到熊彼特（Schumpter）创新理论和罗格（Rogers）创新扩散理论的影响，进一步通过对本阶段产学研合作国际研究领域所发表的重要文献及出现的高频主题词进行分析，发现早期所研究的议题比较狭窄，主流的研究视角都是产学研线性创新模式，研究议题还只是初步探讨产学研合作模式、产学研如何加强联系及产学研之间的关系，如表6-1所示。

表6-1　　　1966~1982年所发表文献出现的高频关键词

序号	关键词	词频	序号	关键词	词频
1	University – Industry	25	5	Research	5
2	Collaboration	15	6	Innovation	4
3	Relationship	12	7	Aerospace Research	2
4	Interaction	8	—	—	—

（2）在缓慢成长期（1983~1999年），产学研合作线性创新模式在本阶段仍然是主流研究视角，同时产学研非线性融合模式的研究视角已经出现，产学研合作开始得到学术界的系统性研究，该阶段受到经济变迁演化理论的影响。通过对本阶段产学研合作国际研究领域的知识，基础共被引关键节点文献分析可以获知1982年纳尔逊（Nelson）和温特（Winter）所著的《经济变迁的演化理论》，是该研究领域的理论来源之一，表明产学研合作国际研究领域在本阶段受到经济变迁演化理论的影响。通过对产学研合作国际研究领域在本阶段所发表的最具有影响力的文献及出现的高频主题词进行分析，发现该领域的研究议题较上阶段更为广泛。但产学研合作线性创新模式在本阶段仍然是主流研究视角，同时已经出现产学研非线性融合模式的研究视角，如生物制药等新兴产业的产学研合作技术转移路径及影响因素、以技术转移办公室（TTOs）为议题的相关研究、产学研相互关系及合作模式、产学研合作的动因、产学研合作带来的影响等。

（3）在快速发展期（2000年至今），这阶段该领域的知识基础架构主要由技术转移、三重螺旋创新模型、产学合作的模式等理论所构成。通过对本阶段产学研合作国际研究领域的知识基础共被引关键节点文献分析如表6-2所示。研究发现美国纽约大学学者埃茨科瓦茨（Etzkowiz）在1998~2003年期间所发表的4篇文献是本阶段该研究领域的知识基础共被引最关键节点文献，表明产学研合作国际研究领域在本阶段主要受到官产学三重螺旋创新思想的影响。进一步通过对本阶段产学研合作国际研究领域所发表的重要文献及出现的高频关键词进行分析发现学术界对产学研合作的研究日益活跃，研究视角已经由早期简单产学研线性创新模式的研究发展到当前产学研非线性融合模式的研究。如表6-3所示，该阶段研究热点主要落在4个聚集上，分别是：①三重螺旋创新模式的研究；②技术（知识）转移的影响因素研究；③产学研合作给企业创新、大学学术研究所带来影响的研究；④基于某一特定国家（比如日本、中国）情境下产学研合作模式的研究。

表6-2 2000~2014年期间知识基础共被引最关键（中心度最高）10篇节点文献

作者	节点文献	文献来源	发表时间	被引频次	中心度
Mansfield E.	Academic Research and Industrial Innovation	Research Policy	1991	44	1.09
Jaffe A. B.	Real Effects of Academic Research	The American Economic Review	1989	57	0.73
Etzkowitz H.	The Norms of Entrepreneurial Science: Cognitive Effects of the New University-industry Linkages	Research Policy	1998	62	0.70
Bozeman B.	Technology Transfer and Public Policy: a Review of Research and Theory	Research Policy	2000	44	0.67
Lee Y. S.	"Technology Transfer" and the Research University: A Search for the Boundaries of University-industry Collaboration	Research Policy	1996	49	0.66
Schartinger D. et al.	Knowledge Interactions between Universities and Industry in Austria: Sectoral Patterns and Determinants	Research Policy	2002	44	0.66
Etzkowitz H.	Research Groups as "quasi-firms": the Invention of the Entrepreneurial University	Research Policy	2003	41	0.61
Etzkowitz H., Leydesdorff L.	The Dynamics of Innovation: from National Systems and "Mode 2" to a Triple Helix of University-industry-government Relations	Research Policy	2000	189	0.58

续表

作者	节点文献	文献来源	发表时间	被引频次	中心度
Etzkowitz H. et al.	*The Future of the University and the University of the Future: Evolution of Ivory Tower to Entrepreneurial Paradigm*	Research Policy	2000	84	0.54
Cohen W. M., Levinthal D. A.	*Innovation and Learning: The two Faces of R&D*	The Economic Journal	1989	39	0.52

表6-3　2000~2014年所发表文献出现的高频主题词（12次及以上）

序号	关键词	词频	序号	关键词	词频
1	University-Industry Relations	92	11	R&D	17
2	Technology Transfer	85	12	University	17
3	Triple Helix	74	13	Nanotechnology	17
4	Innovation	73	14	China	15
5	University-Industry Collaboration	69	15	Commercialization	15
6	Academic Entrepreneurship	68	16	Research Collaboration	15
7	Biotechnology	20	17	Entrepreneurial University	13
8	Universities	20	18	Higher Education	12
9	Collaboration	20	19	Japan	12
10	Patents	20	20	Industry	12

二、产学研合作国际研究及知识基础

本节以Web of Science上的产学研合作国际研究领域文献作为研究对象，对该研究领域的文献发表数量、主要国家、学科分布、主要期刊、高产学者、主要的研究机构、高被引文献及高频关键词等方面展开研究。

（1）产学研合作国际研究现状分析，相关研究结果如表6-4~表6-9所示，分析得出以下重要结论。第一，产学研合作研究领域的文献发表数量一直处于上升的趋势，表明该研究领域日益受到学术界的极大关注。第二，产学研合作研究领域有将近80%的文献来源于10个主要国家，中国是唯一的发展中国家，其余9个国家都是发达国家，在一定程度上反映了产学研合作在发达国家备受关注,而在发展中国家关注较少。第三,产学研合作研究领域的文献在 Web of Science 类别分布较为广泛,表明该研究领域具有较高的合作广度与深度。第四,创新领域的顶级期刊 *Research Policy* 不仅是发表产学研合作研究领域文献最多的期刊,也是发表该领域最具有影响力文献的重要期刊,表明产学研合作研究领域已经成为创新研究的重要领域。第五,产学研合作研究领域研究成果排名前 10 位的学者全部来自发达国家,表明发达国家在该领域具有较强的影响力。第六,研究领域发表文献最多的全球 10 所高校中,首先美国高校占 5 所,其次是英国高校占 2 所,而荷兰、日本、西班牙等国家的高校各占 1 所,表明全球研究产学研合作的重要研究机构主要分布在欧美日等国,特别是美国和英国。第七,全球被引用次数最高的 10 篇文献研究焦点主要落在 3 个聚集上,表 6-4 是全球被引用次数最高的 10 篇文献,表明:产学研合作创新结构模型(如三重螺旋创新模型)研究;影响产学研技术(知识)转移的研究;实施产学研合作所带来影响的研究。第八,对高频关键词进行分析,发现当前研究热点包括三重螺旋创新模型、技术(知识)转移、影响产学研合作的因素及产学研合作所带来的影响等方面。

(2)通过研究发现发达国家在产学研合作国际研究领域具有主导性地位,美国一直是该研究领域的"领头羊"。产学研合作国际研究领域具有重要影响力的研究机构、学者、文献、期刊均来自发达国家。而我国在该研究领域的文献发表数量虽占有一席之地,但是其总引文数量及 H-index 等指标值与其他国家相比存在较大的差距,表明了我国在产学研合作研究领域的影响力还没有建立起来,这与产学研合作在我国创新体系中的重要性,以及亟待解决的问题不相符。为了能在产学研合作国际研究领域追赶欧美日等国,建立我国在该研究领域的影响力,更好地服务和推动国内产学研合作健康发展,研究表明我国应加大对产学研合作研究课题的支持力度,保障该研究领域有足够的资金支撑原创性研究;同时建议我国研究机构和学者加强与国外优秀研究机构的合作交流,通过国际化合作来提升研究成果的质量和影响力(张艺等,2015)。

表 6-4　　　　　全球被引用次数最高的 10 篇文献

论文标题	作者	出版物	被引次数
The dynamics of innovation: from National Systems and Mode 2 to a Triple Helix of university-industry-government relations	Etzkowitz H., Leydesdorff L.	Research Policy	773

续表

论文标题	作者	出版物	被引次数
Assessing the impact of organizational practices on the relative productivity of university technology transfer offices: An exploratory study	Siegel D. S. et al.	Research Policy	292
The norms of entrepreneurial science: Cognitive effects of the new university-industry linkages	Etzkowitz H.	Research Policy	234
Science-based technologies: University-industry interactions in four fields	Meyer-Krahmer F.	Research Policy	217
Searching high and low: what types of firms use universities as a source of innovation?	Laursen K., Salter A.	Research Policy	181
University-industry linkages in the UK: What are the factors underlying the variety of interactions with industry?	D'Este P.; Patel P.	Research Policy	154
Networks of inventors and the role of academia: An exploration of Italian patent data	Balconi M., et al	Research Policy	151
Technology transfer' and the research university: A search for the boundaries of university-industry collaboration	Lee Y. S.	Research Policy	146
University-industry research relationships in biotechnology-implications for the university	Blumenthal D. et al.	Science	146
A comparison of US and European university-industry relations in the life sciences	Owen-Smith, J., Riccaboni, M., et al.	Management Science	144

表 6-5　产学研合作研究领域发表文献最多的 10 个国家

国家/地区	文献数（篇）	文献占比（%）	总引文数	H-index	国家/地区	文献数（篇）	文献占比（%）	总引文数	H-index
USA	432	34.92	5 186	32	Canada	58	4.69	387	12
Unitied Kingdom	116	8.73	2 353	24	Italy	51	4.12	1 028	16

续表

国家/地区	文献数（篇）	文献占比（%）	总引文数	H-index	国家/地区	文献数（篇）	文献占比（%）	总引文数	H-index
Japan	67	5.42	359	11	South Korea	42	3.40	321	9
China	62	5.01	387	12	Germany	42	3.40	617	10
Netherlands	62	5.01	1 853	20	Spain	40	3.23	359	10

表6-6　产学研合作研究文献在 Web of Science 类别上分布（前10名）

Web of Science 类别	文献数（篇）	文献占比（%）	Web of Science 类别	文献数（篇）	文献占比（%）
Management	400	32.34	Engineering Electrical Elecytronic	109	8.81
Planning Development	141	11.40	Engineering Multidisciplinary	94	7.60
Engineering Industrial	132	10.67	Information Science Library Science	87	7.03
Business	122	9.86	Education Scientific Disciplines	82	6.63
Operations Research Management Science	119	9.62	Computer Science Interdisciplinary Applications	77	6.23

表6-7　发表产学研合作文献最多的10种期刊

Web of Science 类别	文献数（篇）	文献占比（%）	Web of Science 类别	文献数（篇）	文献占比（%）
Research Policy	96	7.76	Higher Education	23	1.86
Scientometrics	45	3.64	International Journal of Engineering Education	19	1.54
Journal of Technology Transfer	38	3.07	Science	16	1.29

续表

Web of Science 类别	文献数（篇）	文献占比（%）	Web of Science 类别	文献数（篇）	文献占比（%）
Technovation	33	2.67	Science and Public Policy	14	1.13
International Journal of Technology Management	28	2.26	IEEE Transactions on Education	13	1.05

表6-8　全球产学研领域发表文献最多的10名学者

学者	所属国家	文献数（篇）	文献占比（%）	总被引频次	H-index
Leydesdorff L.	荷兰	31	2.51	1 413	16
Etzkowitz H.	美国	15	1.21	1 272	7
Park H. W.	韩国	11	0.89	141	6
Meyer M.	比利时	9	0.73	254	7
Perkman M.	英国	8	0.65	259	6
Geuna A.	意大利	8	0.65	339	6
D'este P.	英国	8	0.65	290	6
Brostrom A.	瑞典	7	0.57	52	4
Weish R.	美国	6	0.49	69	4
Kobayashi S.	日本	6	0.49	36	3

表6-9　发表产学研合作文献最多的10所（+2所中国）研究机构

研究机构（高校）	所在国家	文献数量	文献占比（%）	总被引频次	平均被引频次	H-index
Univ Amsterdam	荷兰	30	2.425	1 409	46.97	16
Univ Tokyo	日本	21	1.698	117	5.57	6
Penn State Univ	美国	18	1.455	261	14.5	7
Univ Sussex	英国	16	1.293	790	49.38	13
Univ Calif Berkeley	美国	15	1.213	133	8.87	4
Georgia Inst Technol	美国	14	1.132	514	36.71	6

续表

研究机构（高校）	所在国家	文献数量	文献占比（%）	总被引频次	平均被引频次	H-index
Univ London Imperial Coll Sci Technol Med	英国	13	1.051	383	29.46	8
Univ Calif Davis	美国	13	1.051	181	13.92	8
Univ Politecn Valencia	西班牙	12	0.97	164	13.67	6
Katholieke Univ Leuven	美国	12	0.97	455	37.92	11
Zhejiang Univ	中国	6	0.485	2	0.33	1
Wuhan Univ Technol	中国	5	0.404	0	0	0

第二节 中国产学研合作创新研究现状

合作创新是提升一国产业竞争力的重要途径，近年来在国家政策和科学基金的支持下，经过学者的不懈努力，我国合作创新研究虽起步相对较晚，但也取得了丰硕成果。本书从合作创新研究的基金资助和成果产出两个角度展现了合作创新研究的现状，通过对1999~2014年期间合作创新领域国家自然科学基金和国家社会科学基金资助课题以及发表的合作创新相关主题期刊文献统计分析，梳理我国合作创新研究发展特点，从时间、空间的维度展示了我国合作创新研究分布情况，总结了合作创新领域的主要研究主题、研究问题，并找到了核心研究者和优势研究机构，对其擅长的研究领域进行进一步分析，在资助课题和发表论文的对比中，揭示了我国合作创新研究现状，如图6-2所示。研究发现1999~2014年期间，我国学者共发表合作创新领域的期刊论文3 224篇，其中173人获得两个国家科学基金资助课题193项。目前我国合作创新的研究群体逐步扩大，但半数的研究力量仍集中于"985"工程和"211"工程高校，无论是课题承担还是论文发表均占据重要地位。

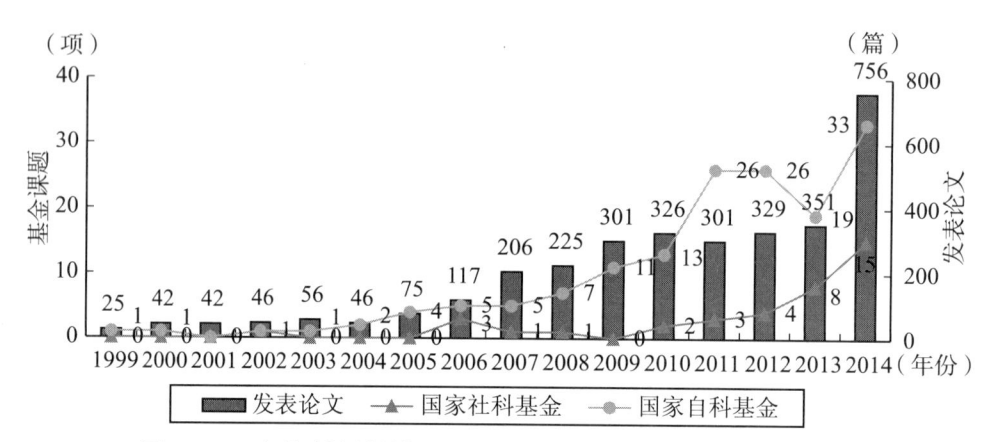

图 6-2 合作创新领域项目资助和论文发表数量的时间分布

（1）研究发现合作创新领域基金资助和论文发表分析，反映了我国合作创新研究现状既有一致性也有差异性。从时间分布来看，合作创新领域的课题资助和论文发表数量在 2007 年都有较大突破，反映出了明显的政策导向性。从地区分布来看，如图 6-3 所示，课题资助和论文发表的地区集中度都较高，都主要集中在北京、陕西、江苏、上海等地，同时课题组也发现了受到资助较少而论文产

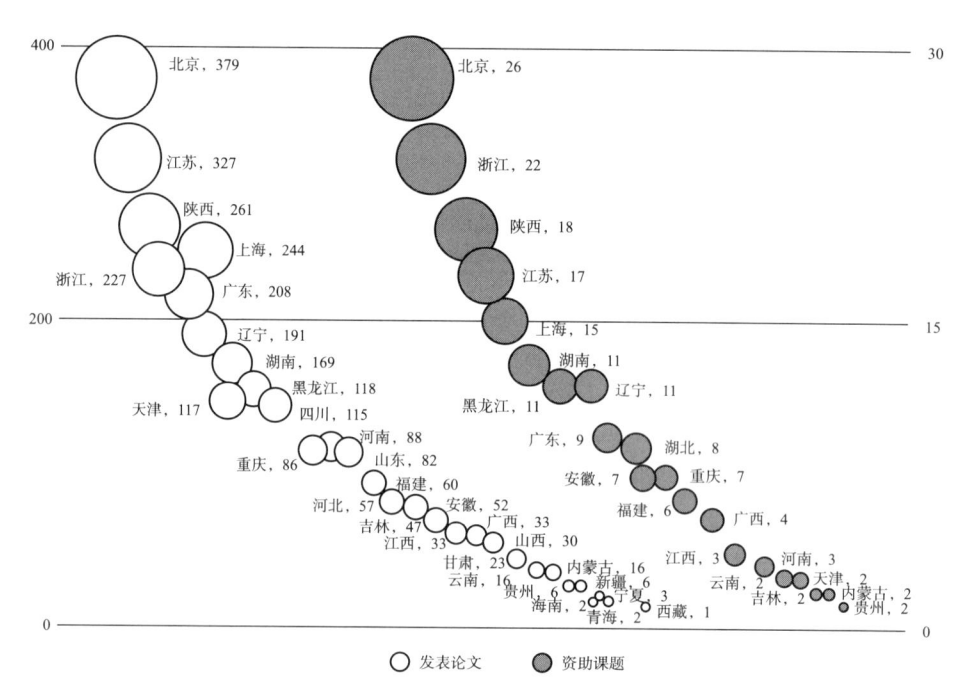

图 6-3 合作创新领域项目资助和论文发表数量的地区分布

出较多的地区，如广东和天津等。从研究层次来看，关注国家层面的宏观层次最少，关注企业的微观层次最多，这表现出我国的合作创新研究更加倾向于解决企业的具体问题。在研究主题和关注的研究问题方面，国家科学基金对于创新网络为主题的课题资助力度最大，产学研合作（协同创新）和技术知识联盟也是其主要的资助方向。而发表的论文则在产学研合作与协同创新领域数量最多，占比接近一半，且最为关注合作模式与机制的研究，这也表现出目前对于合作创新领域更多的是贴近实际的研究。

（2）在合作创新领域研究中，形成了清华大学、大连理工大学、浙江大学等7家合作创新优势研究机构，如图6-4所示。优势研究机构和核心研究者擅长的研究领域有所差别，形成了各自的优势研究领域，促进了我国合作创新研究的全面发展。但也发现承担课题数量最多的清华大学在发文数量上排名并不靠前，上海大学、杭州电子科技大学、浙江工业大学承担的基金数量排名也远好于发表论文数量，如图6-5所示。合作创新已被证明是提升一国产业竞争力的有效途径。我国正处在经济转型期与经济、技术跨越阶段，有效率的合作创新尤为重要。我国自1992年系统推进产学研合作创新以来，合作创新在国家科技战略中的地位日益重要。中国产业发展路径与环境有别于日韩等成功实现跨越的国家，国外合作创新成功经验可以借鉴，但并不能完全照搬。客观而言，我国合作创新，无论是产学研协同创新，还是创新联盟发展都存在一些问题，突出表现是合作的长效机制始终没有建立，合作层次偏低，更多停留在产品层面的合作。这也表明我国合作创新实践急需基于中国情境下的理论指导。

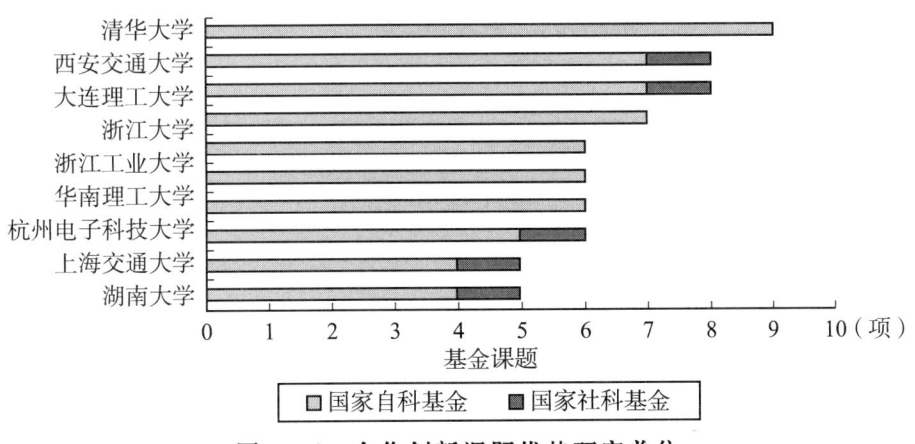

图6-4 合作创新课题优势研究单位

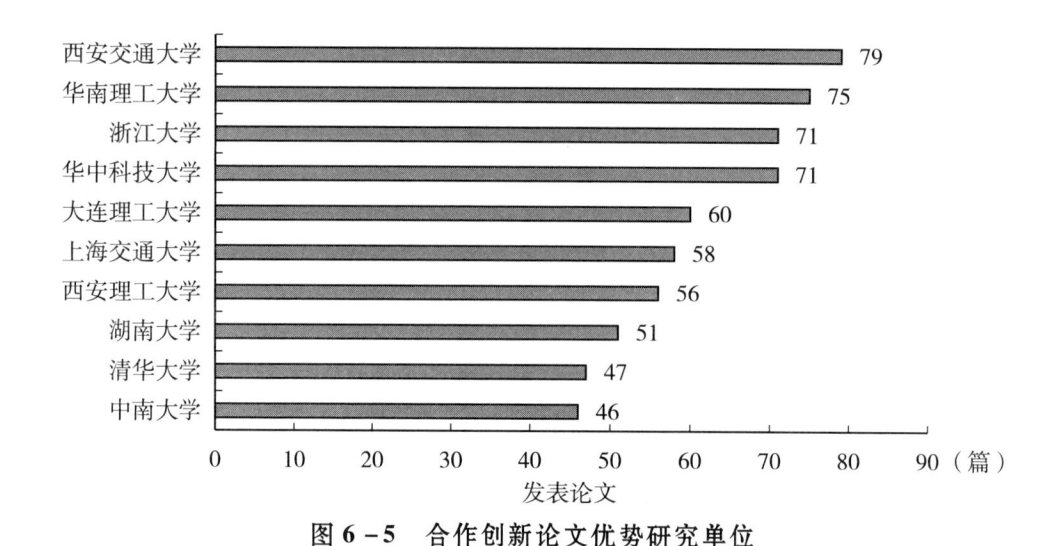

```
西安交通大学  79
华南理工大学  75
浙江大学      71
华中科技大学  71
大连理工大学  60
上海交通大学  58
西安理工大学  56
湖南大学      51
清华大学      47
中南大学      46
```

图 6-5　合作创新论文优势研究单位

（3）从论文合著情况可看出核心研究者带出了优秀的研究团队。在合作创新领域，承担科学基金课题资助在 2 项及以上，但发表论文数量在 5 篇以下的研究者只有吴金希、朱凌 2 人。根据研究者承担科学基金、发表论文的情况来看，得到合作创新领域的 12 位核心研究者：西安理工大学的党兴华、浙江大学的陈劲、华中科技大学的钟书华、华南理工大学的朱桂龙、大连理工大学的原毅军、杭州电子科技大学的周青、浙江工业大学的池仁勇、南京工业大学的赵顺龙、北京工业大学的张永安、湖南大学的曾德明、上海交通大学的谢富纪、上海交通大学的唐元虎。如表 6-10 所示。

表 6-10　承担 2 项以上科学基金合作创新领域项目学者　　单位：项

作者	国家社科基金	国家自科基金	总计
池仁勇	0	4	4
周青	0	4	4
党兴华	0	3	3
王龙伟	0	2	2
吴金希	0	2	2
吴洁	2	0	2
原毅军	0	2	2
陈劲	0	2	2
赵顺龙	0	2	2
解学梅	0	2	2

续表

作者	国家社科基金	国家自科基金	总计
朱桂龙	0	2	2
刘国新	0	2	2
朱凌	0	2	2

资料来源：笔者根据相关资料整理。

从核心研究者获得项目资助的年份可以看出，基本都是连续承担科学基金课题，并通过在研究中的积累，成为其所在研究领域的佼佼者；也有一些核心研究者是通过承担其他领域国家科学基金的项目，通过其他领域的研究拓展到合作创新领域，也取得了很好的成果。如创新网络领域的党兴华、池仁勇、张永安、曾德明和刘国新；产学研合作领域的朱桂龙和唐元虎；技术知识联盟领域的钟书华、原毅军、赵顺龙和周青；以及开放式创新领域的陈劲和谢富纪。这12位核心研究者对于合作创新问题的关注点也有所不同，如陈劲更擅长对于合作创新基本理论的研究，党兴华、张永安更关注合作创新网络的构建与演化，朱桂龙、原毅军、池仁勇、谢富纪更多关注于合作创新机制和模式的研究等（见表6-11）。

表6-11　　　发表10篇以上合作创新领域论文的学者　　　单位：篇

作者	发表论文	作者	发表论文
党兴华	40	生延超	12
钟书华	30	谢富纪	12
陈劲	28	李柏洲	11
朱桂龙	22	张坚	11
张永安	20	冯锋	11
黄瑞华	19	闫春	11
顾新	17	王海花	11
樊霞	16	林莉	11
曾德明	14	彭正龙	10
吴绍波	13	唐元虎	10
赵顺龙	12	原毅军	10

资料来源：笔者根据相关资料整理。

以上研究表明，虽然我国科学基金合作创新领域选题具有鲜明的"国情导向"和政策导向，对国家科技战略重大问题都能给予及时大量的关注。但现实中合作创新绩效有待提高的事实也反映出当前国内学术界对合作创新研究仍需深入，仍旧缺乏基于中国国情和管理实践为基础的理论创新，需要进一步丰富机制。中国的合作创新研究是伴随着国内实践和国外理论引进发展而来，前期更多侧重国外理论的介绍和引进，侧重对重大政策、热点问题的"就事论事型"研究。今后相关研究更需要进一步聚焦热点问题、实践背后科学问题的系统思考，加强对中国产学研合作创新基础性、探索性问题更深入地研究。

第三节 本章小结

国内外已有研究梳理表明：第一，从产学研合作国际研究演化来看，产学研合作国际研究的特征在过去近 50 年（1966~2014 年）期间发生了显著变化：研究范围由早期零星式的探索性研究发展到目前规范化的系统性研究，研究视角由早期的线性合作创新模式发展到当前的非线性交互创新模式，研究热点由早期的产学研合作模式及相互关系研究扩展到当前的三重螺旋创新模型、技术（知识）转移、产学研合作的影响因素及产学研合作所带来的影响等多样化研究。同时，产学研合作国际研究领域早期主要受到熊彼特（Schumpter）创新理论和罗格斯（Rogers）创新扩散理论的影响，而当前主要受到官产学三重螺旋创新理论的影响。研究为更加全面地了解产学研合作国际研究的发展脉络和演化进程，把握该领域的知识基础、研究热点与发展方向提供了新的参考及依据。

第二，从产学研国际研究知识基础来看，当前产学研国际研究热点主要包括三重螺旋创新模型、技术（知识）转移、影响产学研合作因素及产学研合作所带来的影响等研究；发达国家在产学研合作研究领域具有主导性地位；我国在该领域总引文数量、平均引文数量及 H – index 等指标值与其他优秀国家相比仍然存在较大的差距，这与产学研合作在我国创新体系建设中的重要地位与创新驱动发展中的重要性不相符。

第三，从我国合作创新关注与研究来看，目前我国合作创新研究群体逐步扩大，但半数研究力量仍集中于"985"工程和"211"工程高校，无论是课题承担还是论文发表均占据重要地位。从时间分布来看，合作创新领域的课题资助和论文发表数量在 2007 年都有较大突破，反映出了明显的政策导向性。从地区分布来看，课题资助和论文发表的地区集中度都较高，都主要集中在北京、陕西、江苏、上海等地，同时本书也发现了受到资助较少而论文产出较多的地区，如广东和天津等。从研究层次来看，关注国家层面的宏观层次最少，关注企业的微观层次最多，这表现出我国的合作创新研究更加倾向于解决企业的具体问题。在研究主题和关注的研究问题方面，国家科学基金对于以创新网络为主题的课题资助力度最大，产学研合作（协同创新）和技术知识联盟也是其主要的资助方向。而发表论文则在产学研合作与协同创新领域数量最多，占比接近一半，且最为关注合作模式与机制的研究，这也表现出目前对于合作创新领域更多的是贴近实际的研究。

我国自1992年系统推进产学研合作创新以来，合作创新在国家科技战略中的地位日益重要。从客观角度而言，我国合作创新无论是产学研协同创新，还是创新联盟发展都存在一些问题，突出表现是合作的长效机制始终没有建立，合作层次偏低，更多停留在产品层面合作。这也表明我国合作创新实践急需基于中国情境下的理论指导。虽然我国科学基金合作创新领域选题具有鲜明的"国情导向"和政策导向，对国家科技战略的重大问题都能给予及时的大量关注。但现实中合作创新绩效有待提高的事实也反映出当前国内学术界对合作创新研究仍需深入，仍旧缺乏基于中国国情和管理实践为基础的理论创新，需要进一步丰富机制。中国合作创新研究是伴随着国内实践和国外理论引进发展而来，前期更多侧重国外理论的介绍和引进，侧重对重大政策、热点问题的"就事论事型"研究。

第七章

基于科学计量的中国产学研合作情境研究

在过去的30年里，我国产学研合作得到迅速发展，引起了众多学者的关注。不同学者尝试从不同角度对我国产学研合作进行研究，同时，产学研合作的成果具有多样化特征，如合著论文、共同申请专利、技术转让等。从理论探讨而言，产学研合作所产生的经济效益是刻画产学研整体效率最直接的指标，但受到数据收集的制约，现有的统计数据很难支撑。本书分别运用从复杂网络理论、三螺旋理论、知识辐射和知识流动、产学研合作与共性技术关系等角度，以专利数据和论文数据为依托，从不同层面剖析我国产学研合作情境特征、演化规律和存在问题。

第一节 微观组织层面：产学研合作网络结构特征及演化规律研究

一、产学研合作网络结构特征及演化规律

本书基于国家专利局专利数据库，通过编程提取1985～2014年所有产学研合作申请发明专利，研究涉及的产学研合作主体，包括了企业、公司、厂与高校（产学），企业、公司、厂与研究所（产研），专利申请量为以上联合主体申请专

利数总和。由于从专利申请日到公布日有1~2年滞后期，为能真实刻画历年我国产学研网络，其中主要以1985~2012年专利数据进行刻画，并以2013年专利数据作为试验对照。删除单个专利申请主体及信息不完整专利项，整理了共28年55 278条联合申请专利数据。

中国产学研合作整体网络拓扑结构如图7-1所示。可以看出，中国产学研合作网络不管是规模上，还是主体间合作强度都显著提高，产学研合作呈现明显的阶段性。这表现为1985~1998年产学研合作主体数量及联合申请专利总数较少，且每年增长缓慢。1998年后，特别是进入21世纪后，我国产学研联合申请专利主体及专利申请量增长快速，2006年之后这一增长趋势更加明显，其间专利申请总量占到了历年专利申请总数的84.1%。阶段性特征与我国过去几次重大科技体制改革、相关政策制定背景分不开。从网络拓扑结构来看，中国产学研合作网络规模逐渐增长，网络复杂度及连通性都进一步增强，网络逐渐出现层级结构现象。其中在2000年以前的网络节点及连接较少，网络缺乏连通性，整体连接及分布表现出随机性。2006年之后的产学研合作网络节点及连边数量明显增加，高频合作网络拓扑图具有明显少数中心节点及子群，且网络呈现较好的连通性及规律性，层级结构特点较明显（袁剑锋和许治，2017）。

（1985年）　（1985年，阈值=2）　（1995年）　（1995年，阈值=2）

（2000年）　（2000年，阈值=3）　（2005年）　（2005年，阈值=3）

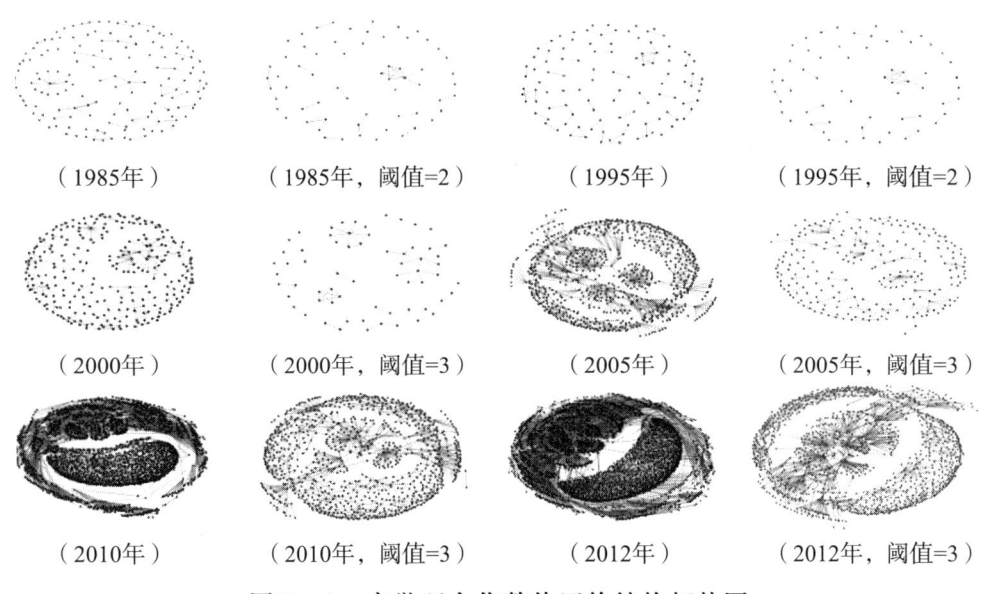

（2010年）　（2010年，阈值=3）　（2012年）　（2012年，阈值=3）

图7-1　产学研合作整体网络结构拓扑图

第一，合作网络节点度分布。通过对我国产学研创新网络进行测算，网络平均节点度从1985年的1.64增长到2012年的4.56，网络平均节点度总体上呈现上升趋势。这一方面反映出随着我国产学研合作发展，参与到产学研合作中的主体增多，网络容量不断扩大，网络中出现具有明显优势的核心主体，网络结构由松散趋向紧密。另一方面，虽然我国产学研创新主体间联系越来越紧密，但各主体间相互依赖程度不断增大。

第二，网络结构熵。从图7－2中可以看出，产学研合作网络结构熵在4～8之间变化，且呈现向上的趋势，这说明我国产学研创新网络内结点异质性逐渐变大，即结点间度的差值不断拉大，高结点度的结点度越来越高，低结点度的结点始终在低水平徘徊，呈现出多核心趋势。而标准熵在0.80～0.95之间变化且呈现向下的趋势，说明标准熵趋势线向下，表明我国产学研创新网络混沌程度降低，网络中连通性加强，网络规模逐渐扩大，网络连接逐渐紧密，合作程度不断加深，结构逐渐清晰。

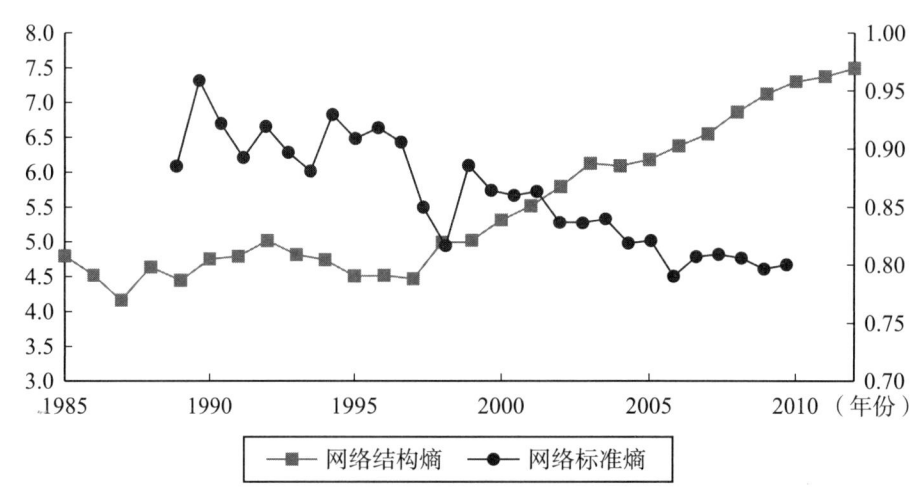

图7－2 产学研网络结构熵与网络标准熵演化曲线

第三，群聚性。1985～2012年各年我国产学研创新网络平均群聚系数（见表7－1）具有阶段性的变化特征，其变化波动较大，但是总体上呈现不断减小的特征。这表明我国产学研创新网络发展进程不断加快，由于网络规模的不断扩大，以及网络中各主体自身实力的差异，创新网络展现出向个别中心主体聚集效应。

表7－1　　　　　　　　创新网络平均群聚系数表

年份	平均群聚系数	年份	平均群聚系数
1985	0.668	1988	0.858
1986	0.726	1989	0.685
1987	0.764	1990	0.868

续表

年份	平均群聚系数	年份	平均群聚系数
1991	0.775	2002	0.548
1992	0.749	2003	0.583
1993	0.710	2004	0.586
1994	0.577	2005	0.583
1995	0.691	2006	0.573
1996	0.697	2007	0.652
1997	0.584	2008	0.659
1998	0.726	2009	0.649
1999	0.732	2010	0.675
2000	0.694	2011	0.640
2001	0.611	2012	0.801

在研究总体变化趋势的基础上，选取不同年份的数据对该年的个体群聚情况进行具体研究，对各结点的群聚系数进行计算并作图（见图7-3）。

1985年为K的顶点群聚系数

1994年为K的顶点群聚系数

2003年为K的顶点群聚系数

2012年为K的顶点群聚系数

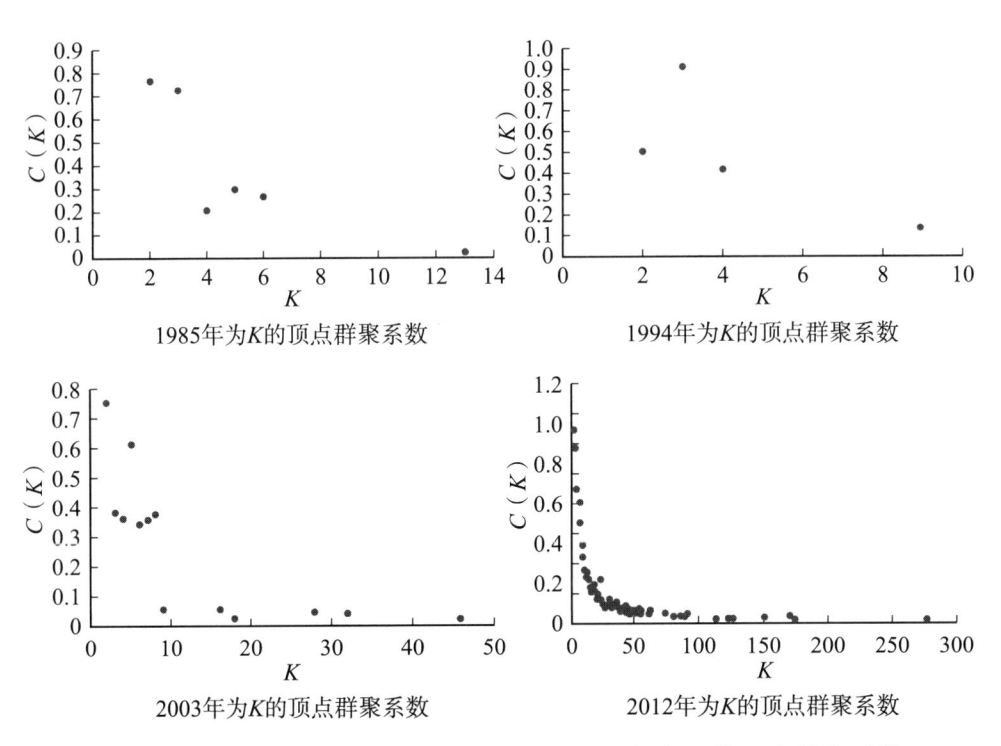

图7-3　1985年、1994年、2003年和2012年为K的顶点群聚系数

从各年群聚系数坐标图可以看出，每一年内群聚系数与度数呈现负相关。在网络中，结点度高的个体连接更广泛，其自身实力较强，反之结点度低的个体则为自身实力较弱的个体，掌握资源不够强大，产学研合作也只存在于小范围内，因此这类主体的产学研合作伙伴在空间上比较集中。度数高的个体往往自身研发实力与资源掌握能力较强，产学研合作伙伴遍布各地，但这些个体间直接开展产学研合作概率极低。不难看出 2000 年前我国产学研创新网络中个体数量较少，且多数个体度数很低，主体间联系不紧密，产学研创新网络没有形成有序的结构。而在随后的发展中，自 2000 后伴随着网络中主体数量的增加，这一状况得到较大改善，图 7-3 中各结点的集聚程度越来越高，结点间连接更加有序，表明网络中主体定位与分工越来越明确，创新网络呈现出更加有序的状态。

第四，度相关性。研究用强度相关性系数刻画主体网络关系选择倾向性，当强关系主体倾向选择与强关系主体建立合作关系时为同类混合网络，当强关系主体倾向于与弱关系主体建立合作关系时为异类网络。本章计算了样本期内产学研网络强度相关系数（见图 7-4）。由图可知我国产学研创新网络各年相关系数均为正，故该网络为同类混合网络，即在该网络中结点度高的产学研合作主体倾向于与结点度高的产学研合作主体相连。这表明，由于研发实力的不同以及掌握资源的差异，需要在产学研协同创新网络中的各主体愿意进行"强强联合"。观察图 7-4，产学研创新网络的相关系数 R 值逐渐减小，说明网络内部各节点间相关性逐渐降低，这不能简单地理解成协同创新网络中"强强联合"的趋势逐渐下降。只能表明随着我国产学研创新主体数量不断增加，实力不断增强，产学研合作变得越发多样化。另外合作程度不断加深，形成了区域、行业的集聚效应，改变了以往的粗放式合作，逐步走向精细化合作。

图 7-4 产学研创新网络强度相关性系数变化

总之，通过以上分析发现产学研合作网络表现出以下特征。首先，产学研创新拓扑网络属于无标度网络。在创新网络中，形成以清华大学、浙江大学为代表的研究机构以及以鸿富锦精密、华为为代表的企业等少数结点占据了绝大多数的连接，其余的结点均表现出较低的合作频次。其次，产学研创新拓扑网络的组织形式呈现层级分布的结构。网络中的组织形式是以小集群向大集群组合的形式，网络各连接紧密的结点相连形成更大更松散的集群，这些集群再结合成为更大的集群，以此类推，这种网络组织形式类似于社会网络中的层级效应，故其组织形式表现出明显的层级特性。最后，我国产学研创新网络属于同类混合网络，与其他社会网络一样，其相关系数值大于零，结点倾向于与其同类型的结点相连，即倾向于形成强强联合的局面，并且随着产学研合作的发展，区域协同的聚集效应逐步显现。

二、权重视角下的产学研合作网络结构特征

在权重结构视角下刻画我国产学研合作网络特征，能够从整体上更加细致地考察我国产学研网络关系特点，有助于系统地揭示30年来企业与学研机构间网络关系的演化规律，分析产学研主体合作行为及技术创新系统存在的问题。研究选取网络关系强度、加权聚类系数、网络强度熵、强度相关性等统计量刻画产学研权重网络结构。

（1）网络关系强度特征。网络关系强度是影响技术创新的重要因素，网络关系强度反映了产学研主体间的合作强度，合作频次越高反映网络关系强度越高。历年我国产学研平均网络关系强度演化（见图7-5），可以看出平均网络关系强度呈波动上升趋势。虽然越来越多低频合作主体新加入合作网络，但是随着我国经济发展对技术知识依赖性逐渐增强，国家不断鼓励高校通过科技成果转化促进创新创业，企业越来越意识到合作创新对提升技术能力的重要作用。因此，少数主体有意识地增强合作创新的网络关系强度，合作网络的平均合作强度也在快速上升，整体上我国产学研主体间合作越来越紧密，合作关系质量有明显改善的发展趋势。

节点度与网络关系强度存在正相关关系（见图7-6），节点度越高的节点网络关系强度也越高，通过计算发行节点的网络关系强度与度值具有近似服从 $S(K)=K^{2.3}$ 的幂律分布关系（其他年份结果一致）。

图 7-5 平均网络关系强度演化

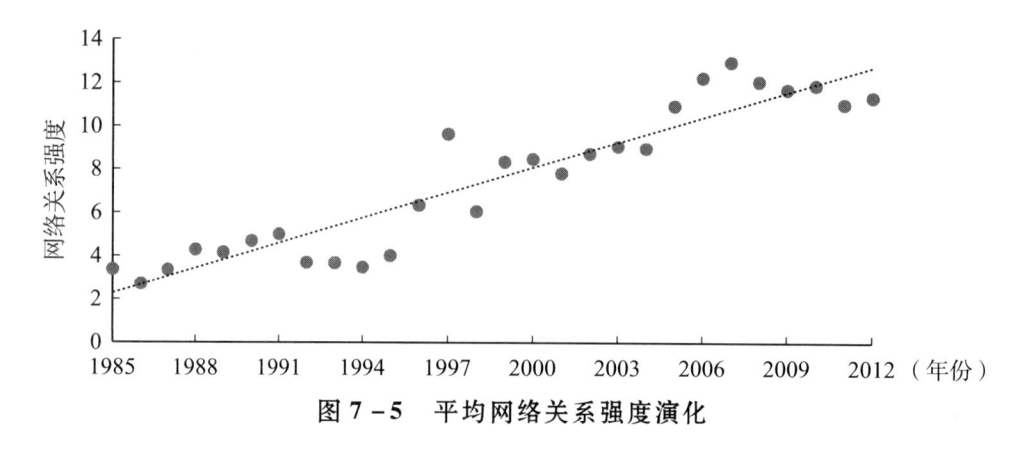

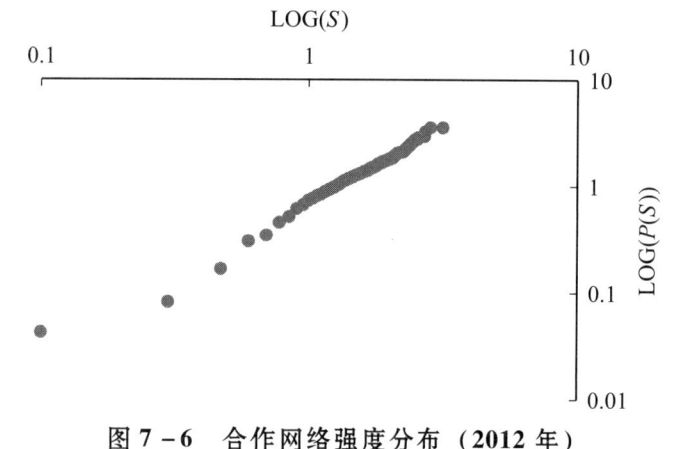

图 7-6 合作网络强度分布（2012 年）

在产学研合作网络中，边权重差异度反映某一主体的所有合作关系中，其关系强度相似还是少数合作关系强度较高。通过计算产学研合作网络权重差异度 $Y(K)$ 与节点度 k 之间的关系（见图 7-7、图 7-8），结果表明存在以下幂律关系 $KY(K)=K^{1-\theta}$，$\theta \approx -0.745$，结果显示合作网络中节点间的权重（关系强度）差异非常大。以上结果表明我国产学研合作网络关系强度具有较强异质性，网络中节点网络关系强度分布非常不均匀，绝大多数节点网络关系强度很低，极少数节点具有较高网络关系强度。说明能够与越多其他主体建立合作关系的主体，网络关系强度越高，合作网络中极少数主体同时具有合作广度和深度的优势地位。

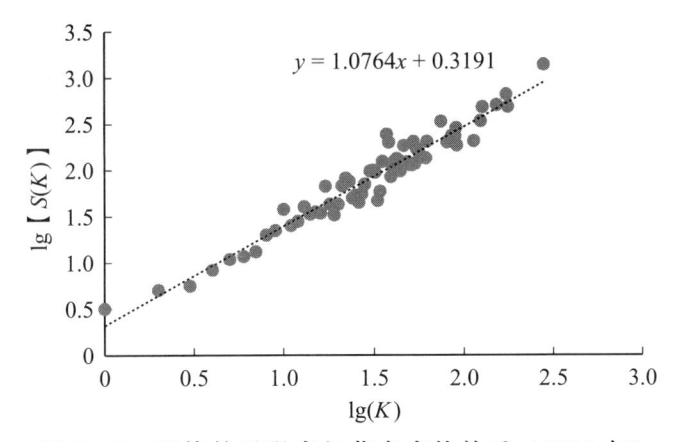

图 7-7　网络关系强度与节点度的关系（2012 年）

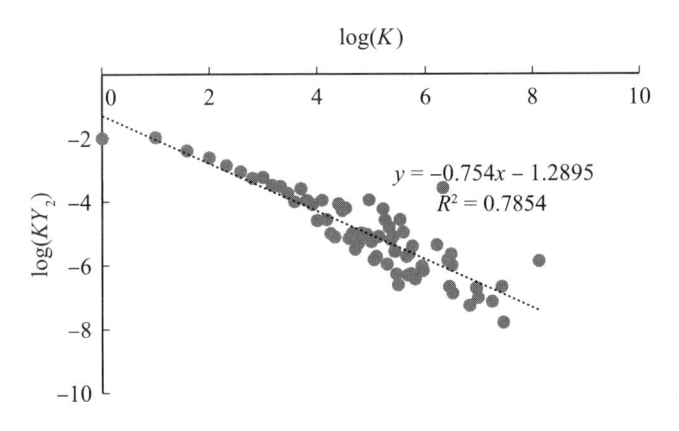

图 7-8　权重差异度与度的关系（2012 年）

（2）网络权重结构差异度分析。通过计算历年产学研权重网络强度熵和标准网络强度熵演化（见图 7-9），可以看出 1995 年前权重网络强度熵波动较小，且基本维持在 4.5 左右。随着产学研合作网络规模不断发展，1995 年后网络强度熵不断增大，到 2012 年达到最大值。考虑到联合专利申请到公布有 2 年左右滞后期，表明 1992 年产学研合作工程前，合作网络边权异质性不明显，这段时期合作创新主要是少数主体间的低频合作行为。1995 年后随着产学研工程深入，我国相关科技政策促进，合作网络边权表现出越来越明显的异质性，各主体间网络关系强度差异不断增大。

网络权重结构演化表明，自 1992 年产学研合作工程以来，合作网络中不同优势主体的合作关系数量差距在下降，然而优势主体网络关系强度的异质性却在增加，表现为合作网络中合作频次分布趋向于更加不均匀状态。这说明，在我国技术创新系统建设中，参与合作创新的主体数量及合作网络关系快速增加，虽然不同优势主体主导的合作关系数量差异在下降,但是网络关系紧密程度差异却很大。这一方面说明少数主体间存在合作路径依赖,建立起相互信任的紧密合作关系。另一方面也表明我国科技创新资源配置不尽合理,少数主体占有大量创新资源,导致技术知识仅在少数主体间频繁流动,高质量的合作创新涉及范围较狭窄,技术创新系统中存在大量主体间的短期合作行为(袁剑锋等,2017)。

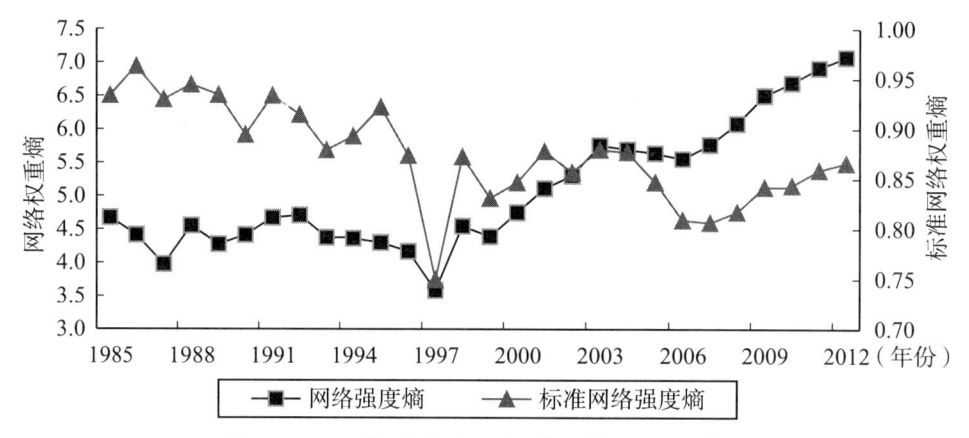

图 7-9 网络强度熵及标准网络强度熵演化

(3)加权网络群聚性演化分析。测算历年合作网络平均加权群聚系数变化情况(见表 7-2),总体上看,2000 年前平均加权聚类系数呈无规律变化,2000 年后平均加权聚类系数呈不断减小趋势。随着我国产学研工程深入,特别自 1999 年全国科技创新大会加强技术创新,国家创建技术创新系统促进高校科技成果转化。我国产学研合作创新不断加强,合作网络规模不断扩大,主体间网络关系强度不断提高,合作层次无论从深度还是广度上均明显提高。在主体分布统计上发现,高校形成以清华大学、浙江大学、上海交通大学、华南理工大学等为网络集聚中心,企业以国家电网公司、华为技术有限公司、鸿富锦精密工业(深圳)有限公司等企业为高频合作创新主体,科研院所以中科院为代表。群聚性逐渐减小表明随着我国产学研合作涉及主体越来越多,合作创新技术知识辐射空间范围越来越广,产学研合作呈现区域小规模集聚,小规模网络通过少数核心节点实现跨区域多层级合作(翟铖,2016)。

表 7-2 产学研创新网络平均加权聚类系数(1985~2012 年)

年份	平均权重群聚系数	年份	平均权重群聚系数
1985	0.526	1988	1.477
1986	1.125	1989	1.746
1987	1.326	1990	2.037

续表

年份	平均权重群聚系数	年份	平均权重群聚系数
1991	1.027	2002	0.540
1992	1.227	2003	0.813
1993	0.957	2004	0.520
1994	1.315	2005	0.593
1995	1.949	2006	0.557
1996	1.121	2007	0.701
1997	1.997	2008	0.638
1998	1.579	2009	0.469
1999	2.358	2010	0.544
2000	1.626	2011	0.390
2001	0.611	2012	0.305

进一步刻画产学研合作权重网络中不同层面的群聚情况，我们将产学研合作权重网络中所有度为 K 的顶点加权群聚系数取平均值，绘制产学研合作网络群聚系数与加权群聚系数散点图（见图 7-10）。

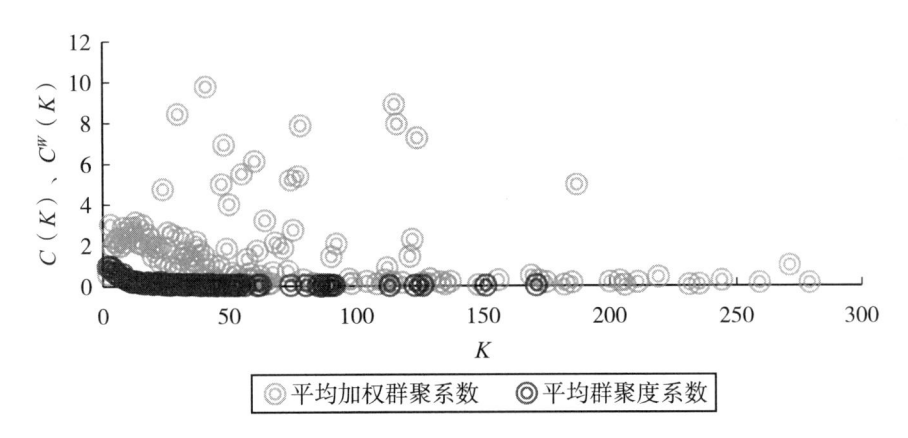

图 7-10 权重和拓扑群聚系数与度的关系

结果显示平均加权群聚系数大于平均群聚系数，即 $C^W(K) > C(K)$，说明合作网络中互相连接的三点组更容易由权重较大的边组成，即网络关系强度较高的主体容易形成群聚，考虑到权重的影响，随着顶点度增加平均权重群聚系数有减小的趋势，且与平均聚类系数差距减小。说明产学研合作网络中没有形成强强合作的集聚现象，产学研合作网络富人俱乐部现象并不明显。在产学研合作中，技术创新禀赋能力偏低的主体,往往可选择合作对象并不多,主要在区域内寻求合作伙伴,而实力较强的创新主体往往可选择范围广泛,能够打破地理空间限制实现跨区域合作,在合作网络中起到桥梁作用。

(4)主体网络关系选择倾向性演化。从强度相关性系数演化趋势看(见图7-11),网络趋于异配网络演化,1995年后合作网络强度相关性系数逐渐减小,反映了产学研主体网络关系演化趋势,网络关系强度高的节点越来越趋向与网络关系强度低的节点建立新合作关系。随着社会经济不断发展,网络关系强度高的主体由于自身科技创新的资源优势,核心优势主体之间的技术知识互补性减弱,彼此之间建立合作的愿望也降低。相反,越来越多优势主体趋向于选择与大量以往合作关系较少或没有建立过合作关系的主体合作。这充分说明,合作创新更多是具有科技创新资源优势的学研机构,向广大企业输出技术知识,大量企业与学研机构建立合作关系的目的仅以获取技术成果为短期目标。这表明我国产学研合作创新,处于技术成果转化线性模式阶段,产学研创新还很薄弱。

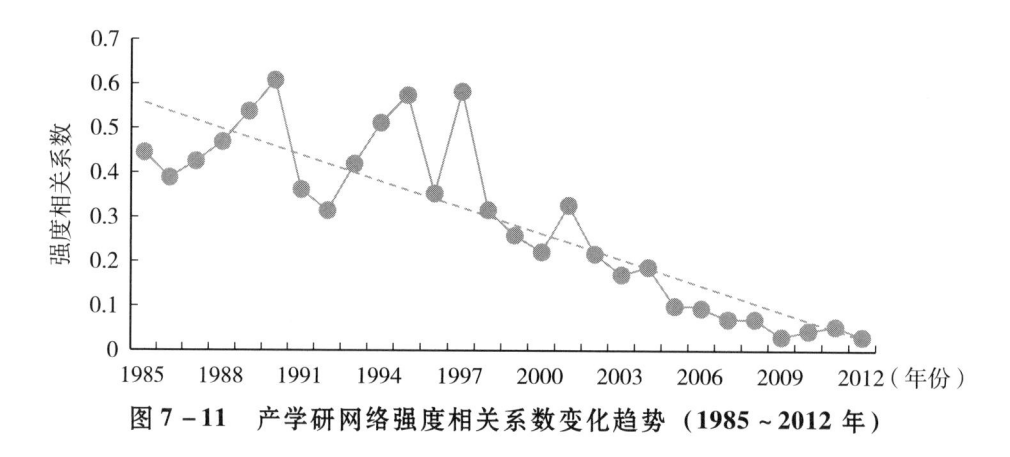

图7-11 产学研网络强度相关系数变化趋势(1985~2012年)

三、产学研合作创新网络空间演化特征

从空间视角进行演化特征对该网络的演化进行全面描述,空间演化主要是利用相关指标对产学研创新网络进行阶段划分,针对不同阶段进行研究,利用相关软件在地图上绘制产学研创新网络各节点密度演化热点图,从而直观展示创新网络空间演化特征。

(1)网络密度的时间演化。可以看出,在1985~2012年我国产学研创新网络规模与密度值(见表7-3),产学研创新网络密度值逐渐减小,即网络整体趋于松散化。在网络中,各主体受资源等客观因素影响,其只可以建立和维持一定数量的合作关系,伴随着我国产学研合作发展,网络规模快速扩大,进入网络主体增多，分配到保持特定合作关系的资源就越加有限（顾娜娜，2015）。当新增合作成本高于增量收益时，网络主体就倾向于保持原状而不建立新的合作关系。

表 7 - 3　　　　　　　　　　　创新网络密度

年份	规模	密度	年份	规模	密度
1985	149	0.0111	1999	197	0.0093
1986	98	0.0135	2000	272	0.0065
1987	72	0.0207	2001	336	0.0051
1988	123	0.0144	2002	486	0.0037
1989	97	0.0146	2003	698	0.0027
1990	139	0.0115	2004	665	0.0028
1991	149	0.0112	2005	778	0.0026
1992	170	0.0084	2006	959	0.0020
1993	145	0.0096	2007	1 259	0.0018
1994	132	0.0104	2008	1 713	0.0012
1995	106	0.0135	2009	2 267	0.0010
1996	118	0.0151	2010	2 797	0.0008
1997	119	0.0145	2011	3 141	0.0007
1998	182	0.0092	2012	3 540	0.0013

我国产学研创新网络密度变化趋势（见图 7 - 12），从图中可以明显地看出我国产学研创新网络密度呈现阶段性变化特征。综合前面对合作专利数量、专利权人数量的阶段特征的分析，结合我国产学研协同创新网络图谱中表现的结构特征，可以将我国产学研协同创新网络的发展划分为以下四个阶段。

第一，萌芽阶段（1985~1999 年）：合作专利数量少，网络规模和连接次数少，网络中均为个体间的两两单独连接，且多数合作次数仅为一次，图谱中几乎没有联网情况出现。

第二，过渡阶段（2000~2005 年）：合作专利数量、网络规模及连接次数均出现快速增长，网络中开始出现规模较小的子网，网络中结点强度开始增强，核心个体开始出现。

第三，发展阶段（2006~2011 年）：该阶段我国产学研合作专利数量大幅度跃升，网络内连接稠密，多个子网出现且子网间均有连接，产学研主体间关系不断增强。

第四，跃升阶段（2012 年至今）：自 2012 年起，我国产学研合作专利数量增速进一步上升,网络内部连接稠密且网络中低强度个体急剧减少,网络中心势大幅度增加,各主体间联系不断紧密。

图 7-12 创新网络密度变化趋势

（2）网络中心势时间演化。基于网络密度演化趋势可以看出,随着产学研合作发展呈现出趋于松散的趋势,该趋势主要归因于产学研合作规模不断扩大（见表 7-4）。从中心势变化趋势逐渐变大的趋势可以看出,我国产学研网络密度虽然随着规模的扩大逐渐变小,网络也从紧密变得松散,但是网络的中心化程度不断变高,说明该网络中一部分结点成为核心结点,并且这类结点呈现出增多的趋势。这表明我国产学研合作呈现出小规模的聚集效应,以自身创新实力较强的个体为核心形成集团效应,这些集团再通过"强强联合"的形式形成更大的集团。

表 7-4　　　　　　　　产学研创新网络中心势

年份	规模	中心势	年份	规模	中心势
1985	149	0.69	1997	119	5.29
1986	98	0.06	1998	182	2.34
1987	72	0.23	1999	197	3.33
1988	123	0.25	2000	272	2.29
1989	97	0.19	2001	336	1.41
1990	139	0.56	2002	486	6.41
1991	149	0.97	2003	698	5.07
1992	170	1.06	2004	665	8.07
1993	145	0.87	2005	778	10.61
1994	132	0.76	2006	959	11.55
1995	106	0.27	2007	1 259	15.07
1996	118	4.26	2008	1 713	14.29

续表

年份	规模	中心势	年份	规模	中心势
2009	2 267	12.39	2011	3 141	9.06
2010	2 797	9.03	2012	3 540	23.08

（3）网络核心节点演化。综合来说，高校和科研院所相对于企业来说，在网络中具有较高的中心度；就度数中心度来说，在该网络发展的初期，网络内部主体较少，各主体间合作也较少，所以网络中核心节点数也较少。表7－5依次列举了我国产学研创新网络发展的4个阶段内中心度排名居前5位的高校、科研院所和企业。

表7－5　　　　　　　网络核心节点中心度

阶段	核心高校/科研院所	度数中心度	中间中心度	核心企业	度数中心度
1985~1999年	清华大学	4.646	4.007	中国石油化工总公司	4.04
	北京科技大学	2.963	2.059	中国石油化工集团公司	1.751
	浙江大学	1.684	1.466	宝山钢铁（集团）公司	0.741
	北京大学	1.549	0.77	抚顺石油化工公司石油二厂	0.539
	天津大学	1.481	0.976	中国石化洛阳石油化工工程公司	0.404
2000~2005年	清华大学	6.099	9.546	中国石油化工股份有限公司	2.252
	浙江大学	4.344	8.91	宝山钢铁股份有限公司	1.053
	上海交通大学	3.686	5.843	中国石油化工集团公司	0.921
	华东理工大学	3.598	5.906	中国石油天然气集团公司	0.746
	复旦大学	2.413	4.418	中国海洋石油总公司	0.702
2006~2011年	浙江大学	4.745	12.807	国家电网公司	0.954
	清华大学	3.887	9.036	中国海洋石油总公司	0.724
	上海交通大学	2.656	10.073	中国石油化工股份有限公司	0.567
	华南理工大学	2.475	6.456	中国石油天然气股份有限公司	0.555
	华东理工大学	2.378	6.007	中海石油研究中心	0.386
2012年至今	清华大学	7.853	23.145	国家电网公司	4.831
	浙江大学	4.944	10.594	广东电网公司电力科学研究院	1.469
	上海交通大学	4.266	8.992	华为技术有限公司	1.073
	华南理工大学	3.559	7.275	中国石油天然气股份有限公司	0.989
	华东理工大学	3.475	7.286	中国石油化工股份有限公司	0.904

伴随着产学研合作不断深入，该网络规模不断扩大，网络内部主体不断增多，网络内部核心节点的个数以及核心节点度数中心度均呈现出不断增大趋势。根据度数中心度数值的大小进行排序可以发现，我国产学研创新网络具有明显的"核心——边缘"结构。以清华大学为首的许多高水平大学因为具有扎实的技术积累以及强大的科研能力，企业热衷于与其展开产学研合作。从划分的四个阶段来分析，高校和科研院所的中心度普遍高于企业，在网络中占据了核心位置，发挥了引领与支撑作用。与高校相比，科研院所核心作用并不突出，仅有少数中科院机构在网络发展初期占据过核心位置。伴随着网络中创新主体不断变化，占据网络核心位置的公司与高校也会随之发生变化。我国产学研创新网络表现出松散和高中心化的趋势，为进一步探究随着我国经济发展，产学研合作中的优势创新个体的演化，对于两个中心度的分析，从创新网络的四个发展阶段入手，考察该网络的核心节点变化。从企业角度看，国有企业在产学研创新网络中占据更重要的地位，这主要与国有大中型企业发展历史长、经济规模大以及国家经济发展规律有关。

（4）产学研合作创新网络空间演化。我国产学研创新网络各阶段从地域上不断扩张，参与省份不断增多，至发展阶段（2006～2011年）就已覆盖全国34个省份，相对于省份来说，城市数量更能反映出我国产学研各阶段的发展速度，合作城市的平均增长速度高于48%。网络密度呈现出先降后升的变化趋势，说明协同创新网络逐渐由松散向紧密变化的趋势。此外，平均最短路径在后三个阶段呈现出的数值高度一致，较第一阶段明显缩短，说明协同创新网络连接更加紧密，平均任意两节点间通过一个结点即可与之相连，网络具有高连通性特征。集聚系数也呈现出越来越高的变化趋势，说明我国产学研创新网络结构表现出越发明显的集聚效应（见表7-6）。

表7-6　　　　　　　　产学研创新网络各阶段指标

阶段	参与合作省份	参与合作城市	网络密度	平均最短路径长度	集聚系数
1985～1999年	29	83	0.0013	4.46518	0.67
2000～2005年	32	146	0.001	1.99979	0.612
2006～2011年	34	257	0.0003	1.99995	0.669
2012年至今	34	272	0.0013	1.99991	0.801

1985～1999年，我国创新网络形成以北京为中心的"单核结构"，凭借雄厚的经济基础以及教育资源的集聚，成为引领我国产学研发展的排头兵，其作为知

识生产及扩散的基地，带动了环北京经济圈产学研工作的发展。此外，其余在产学研创新网络中处于较重要地位的地区主要是我国东部、南部以及中部地区各省省会及其小范围辐射地区。说明在产学研合作的萌芽阶段，除了环北京经济圈之外，各经济带尚未形成引领发展的核心城市，不过可以看出环渤海经济圈以及长江经济带已经初具雏形。

2000~2005年，北京依然处于我国产学研创新网络的核心地位，不过从全国范围内看，"单核结构"逐步向"三核结构"过渡，以广州、深圳为首的珠江三角区以及以上海为核心的长江三角区凭借区位以及其市场灵活、开放度高的优势，在改革开放中及时捕捉到国际市场的需求变化及技术发展方向，大大刺激了这两个地区开展合作创新的动力。珠江三角洲地区和长江三角洲地区内部合作逐渐紧密，在珠江三角洲的产业优势和长江三角洲教育资源的带动下，这两个地区的协同创新空间集聚效益日益明显，尤其是长江三角洲地区，已经从萌芽阶段的呈现点状分布逐步连接成片，其辐射范围进一步增大至泛长江三角洲地区。

2006~2011年，这一阶段我国产学研创新网络"三核结构"已经逐步形成，除了环北京经济圈依然居于最核心地位之外，长江三角洲地区发展速度远远超过珠江三角洲地区。长江三角洲地区从单一的以上海为单核带动变成了以上海、杭州、南京的多核带动，其辐射区域进一步扩大至安徽和浙江的大部分区域。同时，珠江三角洲地区的产学研创新核心区域则并没有明显扩大。与我国产学研发展前一阶段相比，总体上该阶段我国产学研创新核心区域虽然没有明显扩大，但是各区域之间联系更加紧密，已经逐渐连接成片。

2012年，产学研创新网络形成了以北京、上海、广州、深圳为核心的结构，各省份之间联系更加紧密。上海、江苏、浙江、安徽四省已经高度融合，武汉、长沙、成都、重庆等地空间集聚效应明显，广州、深圳与其他地区的联系较少，可能的原因是广东省的高水平高校以及科研机构数量较少。西南地区的云南、贵州以及广西地区因为其地理因素的制约，经济发展水平较低，交通不够便利，所以在该地区创新网络的空间集聚效益偏低。

总体来看，1985~2012年期间，产学研创新网络从空间角度有了较为明显的发展，基本形成以北京为核心的环渤海经济圈，以上海、南京为核心的泛长江三角洲经济带以及以广州、深圳为核心的珠江三角洲经济带的"三核结构"，而我国西南地区（云南、四川、贵州、广西等）区域内部合作与跨区域合作均需要进一步加强，对于新疆、西藏、内蒙古等省份产学研合作仍处于萌芽阶段，需要相关政策大力扶持。

第二节 区域层面：产学研合作网络知识辐射与知识流动研究

研究以检索并利用我国1997~2011年产学研合作专利15 620条（不包含专利申请人为个人的专利），刻画产学研合作网络知识辐射与知识流动（樊霞等，2015）。15 620条产学研合作专利中，共有城市内合作专利7 976条，城市间合作专利7 644条。本书研究关注区域间的产学研合作创新，最终将7 644条城市间合作专利确定为研究对象。上述专利共涉及地级与地级以上城市287个，各城市专利平均数为53.26条，其中高于平均数水平的城市有41个。进一步，将41个城市的所在地理位置按八大经济圈划分标准划分，并统计八大区域城市间产学研合作专利数均值，最终确定上海、杭州、南京、苏州、无锡、深圳、广州、北京、沈阳、大连、哈尔滨、成都、武汉、厦门、西安15个城市，作为具有产学研合作知识辐射效应的重点城市（见表7-7）。上述15个城市的城市间产学研合作专利数占全部选取城市专利总数的75.45%，具有较强的代表性。从地理分布上，泛渤海、西北、西南、中部和海峡经济圈分别只有一个城市作为代表城市，产学研合作地理聚集效应明显。相对而言，珠三角、东北和长三角经济圈超过区域城市间合作专利平均数的代表城市则有多个，城市间产学研合作活动更为活跃。

表7-7　　　　　　　　　重点城市间合作专利数量与比重

经济圈	代表城市	专利数（条）	经济圈	代表城市	专利数（条）	占所属经济圈比重（%）
泛渤海	北京	3 501	东北	沈阳	226	32.56
长三角	上海	1 360		大连	194	27.95
	杭州	782		哈尔滨	186	26.80
	南京	723	西北	西安	417	100
	苏州	404	西南	成都	481	61.35
	无锡	320	中部	武汉	546	56.38
珠三角	深圳	1 442	海峡	厦门	76	100
	广州	606				

一、产学研合作创新网络与地理距离测算

伴随城市间产学研合作创新的发展，以15个重点城市为核心节点的产学研合作创新知识辐射网络已形成。图7-13以网络节点的大小代表城市与其他城市产学研合作的专利数量，连线的粗细代表两城市间产学研合作的专利数量，绘制城市间产学研合作创新网络图谱。其中北京作为我国科教中心，拥有的城市间产学研合作专利数量最多，为3501条，与其合作的城市数量为194个，也为全国最多，充分体现了北京对其他区域的创新辐射与带动作用。深圳和上海的城市间产学研合作专利数量也较多，分别为1442条和1360条。从两城市间的合作上，北京—深圳的城市间产学研合作的专利数最多，为920条，其次则为北京—上海的合作，两城市间产学研合作专利数为268条。

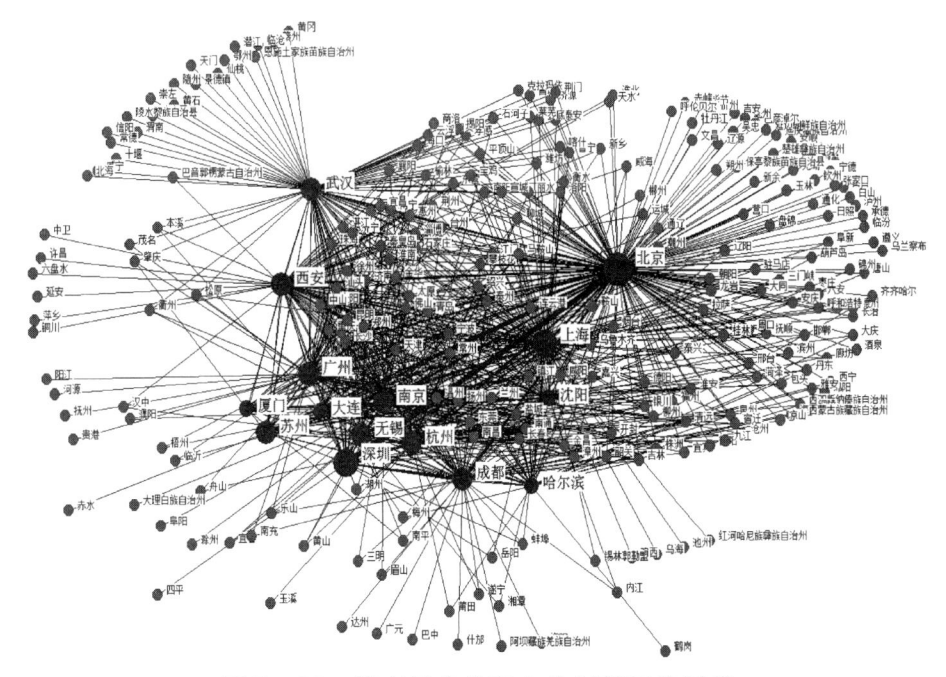

图7-13 城市间产学研合作创新网络图谱

在这一创新网络中，城市间产学研合作专利的数量随着地理距离的增长呈现出递减的趋势（见图7-14）。其中，地理距离在300千米范围内的城市间产学研合作专利数最多，占全部城市间产学研合作专利总数的23.95%，表明企业、高校或科研院所的先进研究成果或科学技术可能会优先而且更易应用于本区域中。在300~1200千米范围内，城市间产学研合作专利数随着地理距离的增长呈

现上升的趋势，但超过 1 200 千米，城市间产学研合作专利数随着地理距离的增长呈现下降的趋势。在 2 100~2 400 千米的距离段出现一个峰值，主要是因为北京与深圳的产学研合作比较多，而且申请人主要集中在几所大学和企业。总体而言，通过二分法不断逼近，当距离为 1 100 千米时，城市间产学研合作申请的专利数将近减半，并且超过 1 200 千米时，产学研合作申请的专利数呈现下降的趋势，这一研究结论与郭嘉仪、符淼等学者对知识溢出效应和技术溢出效应在地理距离上的衰减研究结论具有一定程度上的相似性。

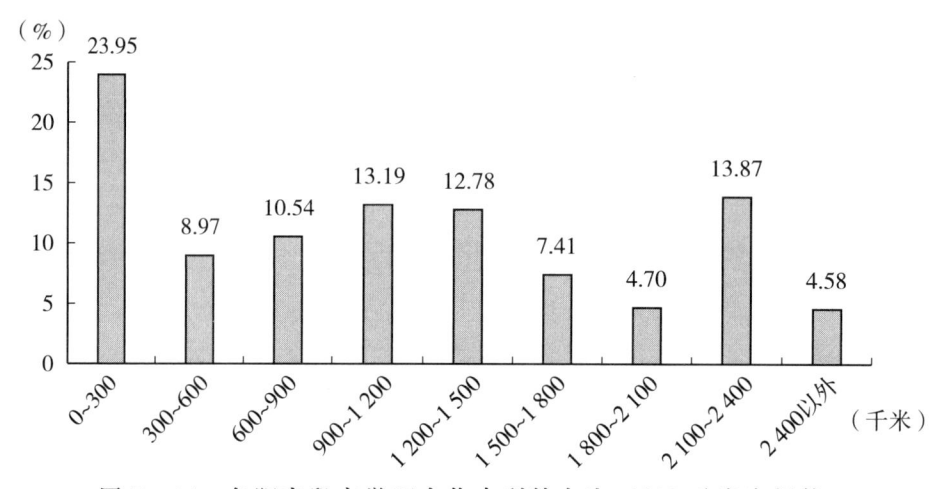

图 7-14　各距离段产学研合作专利数占比（300 千米为阈值）

从时间纵向比较上看，城市间产学研合作专利数量总体呈现出递增的趋势。如图 7-14 所示，2010 年前增长较为平缓，2001~2010 年十年间增长较为快速，且在 2010 年达到历史峰值，共有产学研合作申请专利 1 314 条。城市间产学研合作平均知识辐射距离反映了城市在产学研合作中的知识辐射力。从 15 个重点城市的平均指标值上看，平均指标值呈现出先增后减的趋势。其中，在 2004 年之前，平均指标值波动较大，2004~2007 年间的指标值波动较小，但总体上呈现出增长的趋势，城市在产学研合作中的知识辐射力越来越强。但自 2007 年之后，重点城市的平均指标值则开始快速下降，但该阶段产学研合作的专利授权数量仍不断增长，这也表明产学研合作主体在城市间的知识交流与学习活动愈发活跃，但城市间的产学研合作又重新向近距离的城市间合作回归（见图 7-15）。

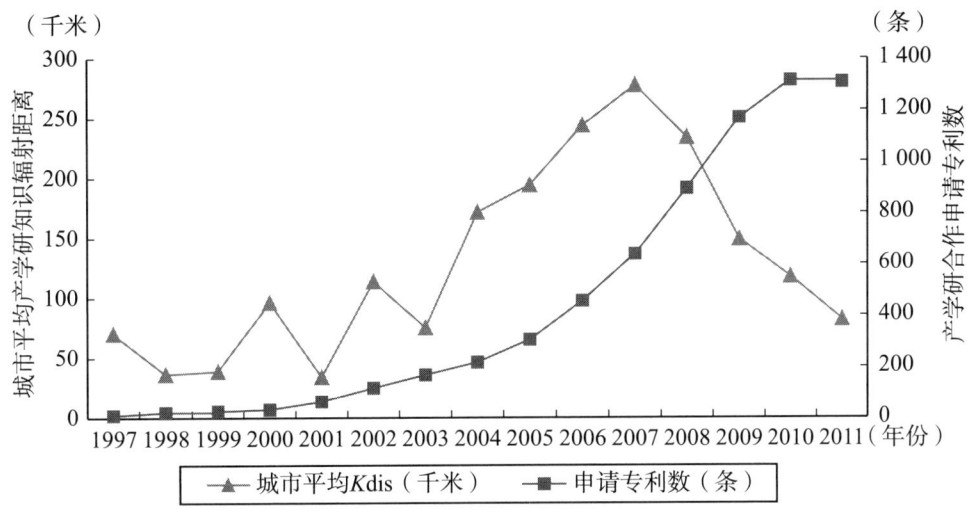

图 7-15　城市间产学研合作专利数与知识辐射距离的历年变化

二、产学研合作创新知识辐射距离及行业差异

基于牛欣和陈向东（2013）等学者对地理距离和知识创新合作距离的定义，本书对产学研合作知识辐射距离的计算公式如下：

$$Kdis_{Ai} = \sum_{i=1}^{n} \frac{A 与 i 产学研合作申请专利}{A 城市间产学研合作申请专利总数} \times A 与 i 两城市地理距离$$

式中，假设与 A 城市专利权人联合申请专利的城市共有 n 个，A 与 i 城市间地理距离用两城市间公路里程数来表示。不考虑知识辐射的流向，15 个重点城市的知识辐射距离计算结果如表 7-8 所示。深圳、哈尔滨、成都、北京和沈阳是知识辐射距离最长的城市，其知识辐射的距离分别为 2 280 千米、2 169 千米、1 746 千米、1 607 千米和 1 453 千米。但从其合作的城市数量上看，深圳的合作城市有 34 个，相对于其他城市而言，合作相对集中，这也使得深圳的平均知识辐射距离较长，为 67.07 千米。北京是合作城市数量最多的城市，与其共同申请产学研合作专利的城市数高达 194 个，这也与北京作为我国科教中心的城市地位密切相关。

表 7-8　各城市的产学研合作知识辐射距离及申请专利数

经济圈	代表城市	城市间合作专利数（条）	合作城市数（个）	平均合作专利数（条）	知识辐射距离（千米）	平均知识辐射距离（千米）
泛渤海	北京	3 501	194	18.05	1 607	8.28

续表

经济圈	代表城市	城市间合作专利数（条）	合作城市数（个）	平均合作专利数（条）	知识辐射距离（千米）	平均知识辐射距离（千米）
泛渤海	上海	1 360	111	12.25	1 004	9.04
	杭州	782	60	13.03	615	10.25
长三角	南京	723	75	9.64	628	8.37
	苏州	404	26	15.54	757	29.12
	无锡	320	48	6.67	600	12.51
珠三角	深圳	1 442	34	42.41	2 280	67.07
	广州	606	77	7.87	929	12.06
东北	沈阳	226	50	4.52	1 453	29.07
	大连	194	43	4.51	1 378	32.05
	哈尔滨	186	37	5.03	2 169	58.61
西北	西安	417	71	5.87	1 231	17.34
西南	成都	481	63	7.63	1 746	27.71
中部	武汉	546	98	5.57	1 014	10.34
海峡	厦门	76	20	3.8	1 239	61.94

考虑到行业差异，图 7-16 通过各城市在各行业专利数量的比例和知识辐射距离做出各行业的散点图，进一步研究分析行业的城市间产学研合作状况。

（1）在电子工程行业中，各城市产学研知识辐射距离与城市间产学研合作专利数所占比例基本呈正比关系，其中近 4/5 城市的知识辐射距离聚集在 900 千米以内；辐射距离较远的城市有深圳、北京和成都，其中深圳的辐射距离最远（1 966.94 千米），同时其在该行业产学研专利所占的比例也最大（63.61%）。成都近 70% 产学研合作专利集中于电子科技大学；北京近 81% 的产学研专利依托于大学；深圳的产学研专利大部分由华为技术有限公司和鸿富锦精密工业（深圳）有限公司这两家公司主导，并且其中近 50% 是与北京的大学进行申请的，因而知识辐射距离远。

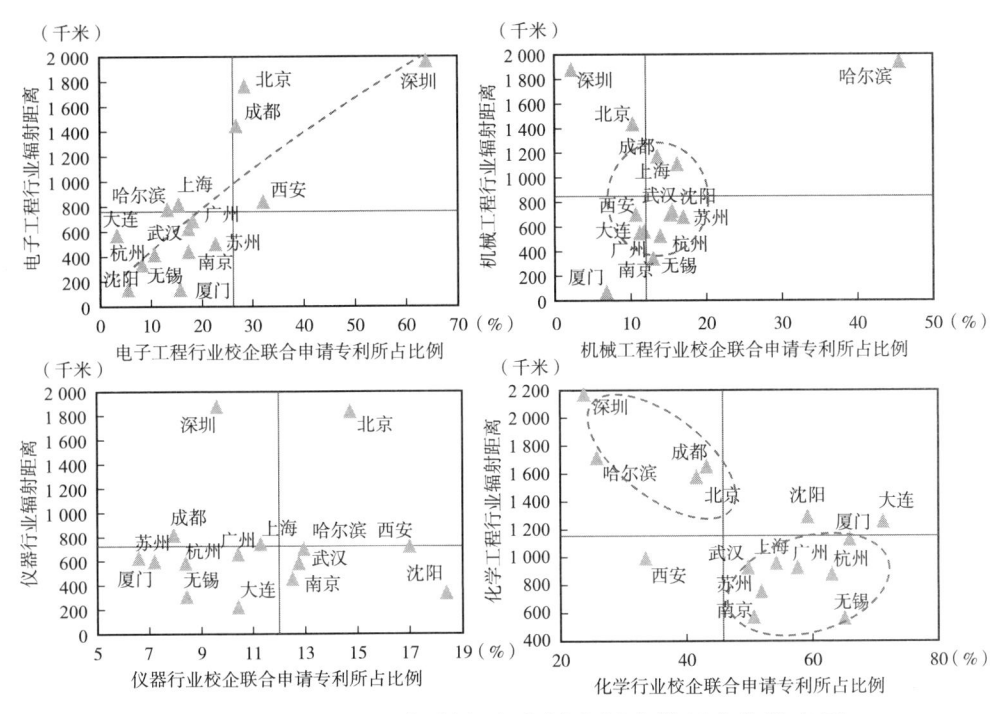

图 7-16　行业知识辐射距离和城市间产学研合作散点图

（2）在机械工程行业中，除深圳、厦门、北京和哈尔滨 4 个城市外，大多数城市都集中在知识辐射距离和产学研专利所占比例的平均数附近（11.69%，847.62 千米）；北京、深圳相对于专利申请比例相当的城市来说，倾向与较远距离的城市进行合作，故产学研知识辐射距离较远；而厦门相对来说倾向与较近距离的城市进行合作，因而产学研知识辐射距离较小。进一步对知识辐射距离较远且产学研专利所占比例较高的哈尔滨进行分析，哈尔滨的产学研专利大部分是由哈尔滨工业大学和部队军需装备研究所参与，而且主要是与长三角地区的城市进行合作，因此表现出知识辐射距离较远的状态。

（3）在仪器行业中，知识辐射距离与其在该行业中产学研专利数所占比例没有呈现出一定的规律，如深圳在仪器行业的产学研专利只有较少的 9.65%，但其知识辐射距离却最远；沈阳、西安却呈现出相反的现象；除深圳、北京的产学研知识辐射距离高于平均距离（726.23 千米），其余 13 个城市的知识辐射距离均在 800 千米以内。进一步分析发现北京 30% 的产学研专利都有清华大学参与，其中又有近 70% 是与深圳的鸿富锦精密工业（深圳）有限公司联合申请的，故而呈现深圳在该行业中合作专利数所占比例较少，知识辐射距离却较远的分布。

（4）在化学行业中，样本城市的行业特征可以分为两种类型：一类包括深圳、哈尔滨、成都、北京4个城市，该类城市产学研合作专利所占比例相对不高，低于样本城市的平均水平（45.84%），但知识辐射距离高于平均水平（1 156.58千米）。另一类包括武汉、苏州、南京、上海、广州、厦门、杭州、无锡8个城市，和前一种类型结果相反；具体分析发现大连的产学研专利所占比例达到71.35%，其专利大部分是大连理工大学与其他有关石油化工方面的公司申请的；厦门54%的产学研专利是厦门大学与江浙地区以及其附近几个城市的企业联合申请的；无锡的产学研专利中，江南大学几乎占50%。

三、产学研合作知识流向空间分布及演化趋势

体现在城市的中观层面上，15个重点知识辐射城市在合作创新网络中分别担当了三种不同类型的角色。如表7-9所示，深圳和苏州的城市间产学研合作专利主要是本地企业与其他城市高校或科研院所合作申请的专利，本地企业—外地高校或科研院所合作专利数占其城市间产学研合作专利数的比重分别高达97.02%和94.31%，从知识辐射的流向上体现为外地高校或科研院所的知识流入到本地企业中。无锡、厦门、广州、成都、上海、北京和南京的城市间产学研合作专利中，本地（外地）企业与外地（本地）高校或科研院所的合作均相对活跃，具有知识的双向流动效应。而杭州、沈阳、大连、武汉、哈尔滨和西安的城市间产学研合作专利，则主要是本地高校或科研院所与其他城市企业合作申请的专利，从知识辐射的流向上体现为本地高校或科研院所向外地企业的知识流出。其中，西安本地高校或科研院所与外地企业联合申请的产学研合作专利比重最高，占西安城市间产学研合作专利总数的87.77%；其他5个城市的本地高校或科研院所与外地企业联合申请的产学研合作专利比重也较高，均达到了80%以上。

在时间趋势上，15个城市的城市间产学研合作的知识流动方向也在发生变化。从历年知识流向的总体趋势看，各个城市在2007年、2008年之后基本趋于稳定。杭州、南京、北京和上海是较早进行城市间产学研合作的城市，上海相对比较稳定，其他3个城市都存在知识流向的变动，其中南京、北京知识流向变动相对明显，但在2004年之后高校申请专利所占比例都超过50%，体现为知识流出方；无锡、苏州和深圳历年来一直都是知识流入方，并且深圳的高校或科研院所申请所占比例比较稳定地保持在6%的水平范围内。

表7-9　　　　　城市间产学研合作的知识流动方向

代表城市	城市间产学研合作专利数（条）	本地企业—外地高校或科研院所合作专利数（条）	占城市间产学研合作专利比重（%）	本地高校或科研院所—外地企业合作专利数（条）	占城市间合作专利比重（%）	知识流动方向
深圳	1 442	1 399	97.02	43	2.98	流入本地企业
苏州	404	381	94.31	23	5.69	流入本地企业
无锡	320	172	53.75	148	46.25	知识双向流动
厦门	76	35	46.05	41	53.95	知识双向流动
广州	606	209	34.49	397	65.51	知识双向流动
成都	481	148	30.77	333	69.23	知识双向流动
上海	1 360	414	30.44	946	69.56	知识双向流动
北京	3 501	1 026	29.31	2 475	70.69	知识双向流动
南京	723	164	22.68	559	77.32	知识双向流动
杭州	782	152	19.44	630	80.56	高校或科研机构知识流出
沈阳	226	41	18.14	185	81.86	高校或科研机构知识流出
大连	194	28	14.43	166	85.57	高校或科研机构知识流出
武汉	546	77	14.10	469	85.90	高校或科研机构知识流出
哈尔滨	186	26	13.98	160	86.02	高校或科研机构知识流出
西安	417	51	12.23	366	87.77	高校或科研机构知识流出

　　以上研究表明，第一，我国城市间产学研合作总体呈现不断增长态势，并逐渐形成了以北京、上海、深圳等15个城市为核心的合作创新网络，但城市间产学研合作随着地理距离的增长，整体呈现先增后减的趋势特征，当距离超过1 100千米时，城市间产学研合作专利数将减半。第二，不同行业城市间产学研合作的地理空间分布与知识辐射距离体现出不同的特征，且知识辐射的距离阈值也各不相同。第三，从知识辐射距离角度，各城市产学研合作知识辐射距离与城市间产学研

专利数量所占比例间关系并不均衡。第四，在当前我国协同创新大背景下，城市间跨区域的产学研合作发展迅速，但受知识溢出与知识流动距离衰减性的影响，地理临近效应仍是影响区域技术创新合作与知识流动的重要因素（见图7-17）。

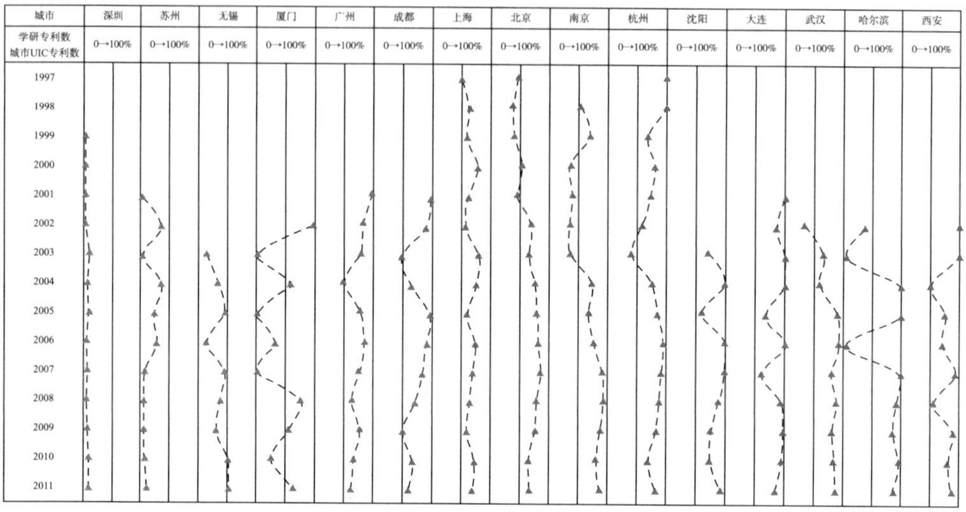

城市	深圳	苏州	无锡	厦门	广州	成都	上海	北京	南京	杭州	沈阳	大连	武汉	哈尔滨	西安
学研专利数 城市UIC专利数	0→100%	0→100%	0→100%	0→100%	0→100%	0→100%	0→100%	0→100%	0→100%	0→100%	0→100%	0→100%	0→100%	0→100%	0→100%

图7-17 知识辐射城市的知识流向

第三节 宏观系统层面：产学研合作创新系统协同效率研究

一、基于三螺旋理论产学研系统的合作关系

研究以中国国家知识产权局（SIPO）专利数据库，1985~2014年专利数据为基础，利用三螺旋模型从宏观角度对中国产学研合作网络中大学、产业与科研院所间的动态合作关系进行全面的刻画，然后利用空间计量法揭示中国区域产学研合作的地理空间特征，从而客观反映中国产学研合作系统的现实状况（谭希晨，2017）。

（1）中国产学研合作体系内部集成和协同性较差，长期以部分主体间单向合作关系为主，主体间缺乏更高层次的交互关系。

研究利用三螺旋模型计算得到的全国范围内1985~2014年期间T（UIR）走

势如图 7-18 所示：T（UIR）表示大学（U）、产业（I）、科研院所（R）三螺旋关系的构型信息或信息转接量，是度量系统创新活动的结构性指标，度量产学研合作系统中三个主体呈现的网络化、结构化程度。从图 7-18 中国产学研合作三螺旋系统中三维 T 值走势图发现，除 2000~2004 年段外中国的三维互信息 T（UIR）值均为负值，这就意味着中国产学研合作网络结构中的双边关系长期缺乏中心协调，主体间独立性较强，整体上表现为系统的自组织性。可以看出，30 年来中国产业、大学和科研院所三者间两边合作关系占比（包括 UI、UR、IR）分别为 10.40%、7.44%、6.25%、6.94%、5.42% 和 4.24%；产业、大学和科研院所共同合作占比（UIR）分别为 0.50%、0.37%、0.23%、0.22%、0.20 和 0.20%。正是由于中国大学、产业和科研院所三者间合作主要以两两间合作为主，三者共同合作比例低，所以中国产学研合作系统主要体现为自组织性。这直接反映出了中国的产学研合作体系内部集成和协同性较差，长期以部分主体间两边合作关系为主，缺乏更高层次的主体间的共同合作，并未能充分激发大学、产业和科研院所三者的协同创新能力，距离系统化、网络化的产学研合作体系还有较大距离。

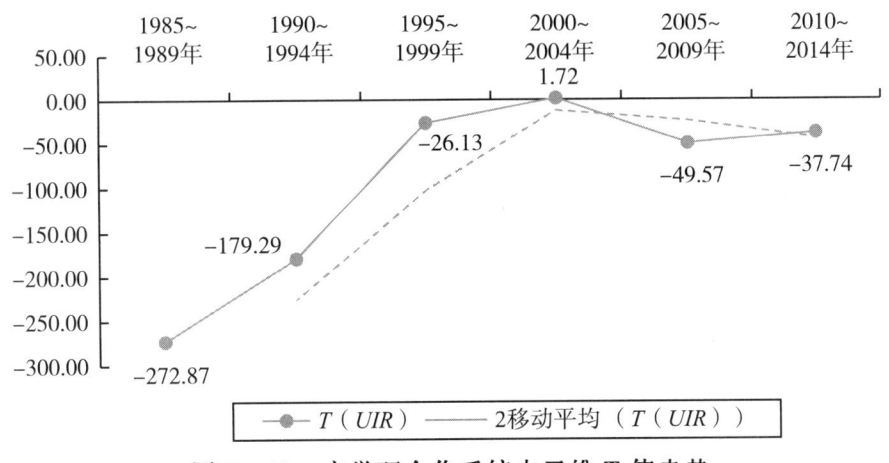

图 7-18　产学研合作系统中三维 T 值走势

图 7-18 中两年移动平均线可以看出，T（UIR）值呈现前期快速下降，后期缓慢上升的趋势。1985~1999 年期间产学研合作的自组织性在大幅减弱，从 -272.87mbit 大幅增加到 -26.1mbit，2000~2004 年段 T（UIR）值为 1.72mbit 表现为极弱的中心协调性，2005~2014 年段较 2000~2004 年段有小幅下降，再度表现为自组织性。1985~1999 年期间产学研合作的自组织性在大幅减弱，主要由于此时大学与科研院所在产学研体系中的参与率降低。产业、大学和科研院所三者间两边合作关系占比（包括 UI、UR、IR）从 1985~1989 年段的 10.40% 降

低到 1995~1999 年段的 6.25%，系统内部两边合作关系大大减弱，产学研合作网络自组织性大大减弱。大学与科研院所参与专利产出的占比分别从 1985~1989 年段的 29.25% 和 29.89% 大幅降低到 1995~1999 年段的 10.98% 和 12.01%，这段时间大学的发展几乎停滞，远低于同期国内经济发展，在产学研合作中的地位被削弱。1985~1999 年中国产学研合作自组织性大幅减弱与两边合作关系降低有关，其背后主要原因是与当时旧的科技体制有关。改革开放初期，中国一直采用苏联体制下旧的科技制度，实行大学、企业和科研院所相互独立的科研模式，缺乏相互间的协同。这一时期大学与科研院所从事的科研活动多为政府计划下，没有自主权，研发任务多为上级分配，缺乏与企业间的合作，较少考虑市场需求。此时，大学科研能力并未得到足够的重视，没有被纳入旧的科技体制中。同时，企业被视作一个生产单位，由于资金与人才上的缺乏，科学研究和技术开发能力薄弱，研究开发和技术创新活动甚少。因此，中国旧的科技制度严重制约了创新能力发展，特别是未能激发科研院所与大学的能力。改革开放以后，中国经济快速发展，企业科研实力得到一定提升，而此时大学与科研院所的技术创新能力几乎停滞。

从图 7-19 产学研主体大学（U）、产业（I）和科研院所（R）三者产生专利环比增速的变化，清晰看出科研体制改革前后对于推动大学与科研院所参与创新的作用。中国产学研政策的探索阶段为 1995~1999 年，此时大学（U）和科研院所（R）产生专利的增速为负，而同期产业（I）产生专利的增速为 121.84%，表明旧的科技制度将会束缚大学与科研院所的能力，不利于中国创新能力的发展。

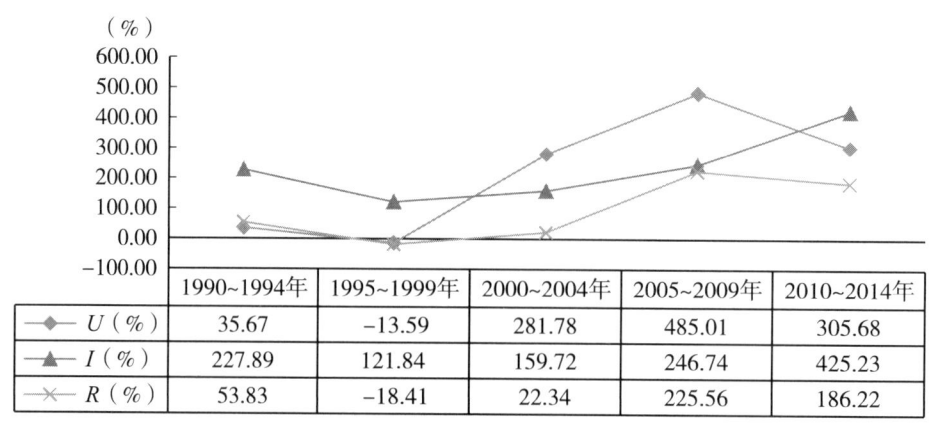

	1990~1994年	1995~1999年	2000~2004年	2005~2009年	2010~2014年
U（%）	35.67	-13.59	281.78	485.01	305.68
I（%）	227.89	121.84	159.72	246.74	425.23
R（%）	53.83	-18.41	22.34	225.56	186.22

图 7-19　U、I、R 产生专利增速

1999 年后，T（UIR）值呈现小幅波动的形态，中国产学研合作系统结构化程度趋于稳定。此阶段，由于旧的产学研合作制度开始市场化改革，逐渐形成了以市场为导向、企业为主体的产学研合作新系统可以清晰看出,以市场为导向、企业为核心的产学研合作系统有利于激发大学与科研院所的创新能力。2000~2004年段大学产生专利的增速较前期的-13.59%提升到后期的281.78%、485.01%和305.68%,超过同期产业产生专利的增速。由于2000~2004年段在科研院所企业化转制过程中,大量科研院所转制成企业,此时间段科研院所产生专利数量并未有较大幅度,而在2005年后较前期有巨大变化。因此,科技制度市场化改革给予大学与科研院所更大的自主权,激发了大学与科研院所的活力。新的产学研合作制度下,企业与大学、科研院所的合作明显提升,企业与科研院所、大学间的合作形式越加丰富,出现了共建科技实验室、共建研发基地、建立产学研联盟等新模式。

(2) 虽然产学研合作提升到国家战略高度,但是长期以来中国产学研主体间合作紧密度仍较低。

基于中国产学研合作1985~2014年间产出的专利数据,利用三螺旋算法计算出的全国30年产学研合作强度τ时间维度的动态演化轨迹如图7-20所示,为方便表达曲线方程,图7-20中横坐标用1~6依次表示1985~2014年间的时间分段。

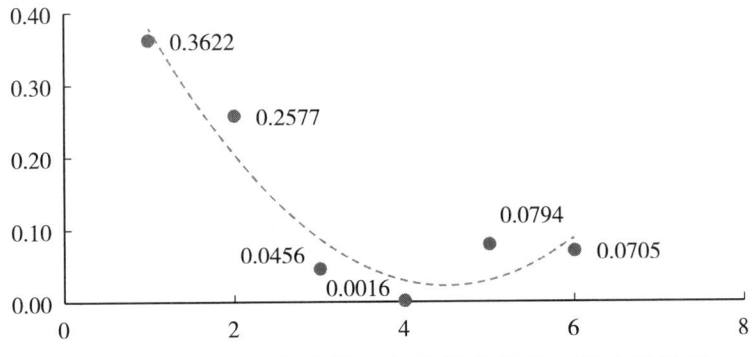

图7-20 中国30年产学研合作紧密程度τ的走势情况

可以发现,在1985~1999年间,中国经济快速发展,企业的经济实力与创新能力均得到加强。此阶段,中国产学研合作还处于发展初期,合作模式为政府主导,大学与科研院所的科研需求多为计划性的,自主权相对较少,创新能力被束缚。此时产学研合作政策还处于萌芽与探索阶段,产学研合作市场机制尚未形成,企业与高校、科研院所合作的内在动力不足,需求不旺。1995~1991年期间企业产生的专利数较1985~1989年增长超6倍,而同期大学与科研院所均不足30%。总的来说,中国旧的产学研合作模式束缚了大学与科研院所的创新能力,导致产业与大学、科研院所创新能力发展失衡,使得1985~1999年间产学研合作紧密程度大幅下降(见表7-10)。

表 7-10　　　　　　　　　　　拟合曲线结果

因变量：τ　　　自变量：year

方程	模型汇总					参数估计值			
	R^2	F	df1	df2	Sig.	常数	b1	b2	b3
线性	0.595	5.869	1	4	0.073	0.340	-0.012		
对数	0.771	13.465	1	4	0.021	0.643	-0.187		
二次	0.915	16.133	2	3	0.025	0.613	-0.053	0.001	
三次	0.915	7.176	3	2	0.125	0.621	-0.055	0.001	-2.535E-006
复合	0.173	0.838	1	4	0.412	0.261	0.917		
幂	0.274	1.509	1	4	0.287	3.631	-1.530		
S	0.313	1.819	1	4	0.249	-4.260	17.277		
增长	0.173	0.838	1	4	0.412	-1.342	-0.086		
指数	0.173	0.838	1	4	0.412	0.261	-0.086		
Logistic	0.173	0.838	1	4	0.412	3.825	1.090		

　　从图 7-20 可以看出，中国在 2000~2004 年间 τ 值为 0.0016，表明此时产学研合作主体间独立性非常强，相互依赖程度非常低。此时由于中国正在开展产学研合作体制改革，大幅削弱科研院所在产学研中的地位，大幅降低了产业—科研院所（IR）、大学—科研院所（UR）和大学—产业—科研院所（UIR）的合作程度。1998 年底中国开始对 242 个科研院所进行管理体制改革，鼓励科研院所通过转制成为科技型企业或科技中介服务机构等方式，实现企业化转制。截至 2002 年，全国有超过 4 000 家技术开发型科研院所实现了企业化转制，90% 的科研院所并入企业或转制为科技型企业。正是由于科研院所大规模转型导致科研院所创新能力大幅减弱，削弱了产学研合作整体的紧密程度。

　　2005~2014 年期间，中国产学研合作紧密程度较前期有一定程度的提升，但仍处于较低的水平。2005~2009 年段、2010~2014 年段全国产学研合作紧密程度指标 τ 值分别为 0.0794、0.0705，较 2000~2004 年段有一定幅度回升，产学研主体间的相互依赖程度提升。2005 年后，中国产学研合作从前期的探索阶段升级为快速发展阶段。2006 年，全国科学技术大会通过了《中共中央国务院关于实施科技规划纲要增强自主创新能力的决定》，提出产学研合作体系是建设创新型国家的突破口，是国家将产学研合作提升到国家战略高度的阶段，产学研合作的地位被提到了前所未有的战略高度。2009 年《国务院关于发挥科技支撑作用促进经济平稳较快发展的意见》推动学研机构发挥科技支撑作用，主动积极地服务企业，加强与企业在知识、技术、人才方面的交流和合作。这一时期，政策偏重于解决企业的技术需求，调动企业参与技术创新全过程的积极性，提升企业的主人翁和主体意识。国家通过产学研合作政策完善了以市场为导向、企业为核心、产学研合作的技术创新体系，加快创新型国家建设。如表7-11所示，2005年后七类主体产生专利增速较前期具有大幅增加。特别是反映大学、产业和科研院所共同合作的UIR在2005~2009年时间段、2010~2014年时间段专利环比增速高达236.99%和394.17%，较前期均有大幅增加。随着中国产学研政策的不断升级，中国产学研合作紧密程度取得了一定程度的回升。

表7-11　　　　　　　七类主体专利增速情况　　　　　　　单位：%

时间段	U	I	R	UI	UR	IR	UIR
1990~1994年	35.67	227.89	53.83	65.71	58.79	76.41	71.56
1995~1999年	-13.59	121.84	-18.41	2.03	99.26	12.18	13.37
2000~2004年	281.78	159.72	22.34	236.60	178.71	191.66	144.81
2005~2009年	485.01	246.74	225.56	261.36	133.65	251.98	236.99
2010~2014年	305.68	425.23	186.22	207.24	175.52	493.60	394.17

虽然国家将产学研合作提升到国家战略高度，但中国产学研主体间的合作紧密度仍较低。近年来，中国大学、产业和科研院所合作程度加深，跨界合作（包括UI、UR、IR和UIR）的专利数量大幅上升，但中国跨界合作仍然处于低水平，占所有专利中比例较低。最近的2010~2014年时间段，大学—产业—科研院所（UIR）产生专利占同期所有产学研专利比的0.20%，大学—产业（UI）、大学—科研院所（UR）、产业—科研院所（IR）则为0.62%、1.47%和2.15%。目前中国的产学研合作还是低级别的合作，产学研合作中存在许多问题：产学研中的合作企业缺乏对自身能力和人才的培育意识；产学研合作项目单一，合作形式单一，缺乏全方位、高层次的合作；产学研主体间人员流动不足，大多数企业与学研的合作仅停留在产业链的最低端，只注重产品层次的合作，而忽略了对高素质人才和研发能力的挖掘。

（3）通过对中国31个省产学研合作紧密程度的横向比较，发现区域间产学研合作紧密程度差异较大。

随着产学研合作不断发展，省际、国家间的产学研合作更加频繁，一些经济发达、科研实力较强的省市越来越多倾向于通过省际间、国家间的合作提升省内科研综合实力。根据改进后的三螺旋算法，31个省份1985~2014年间各类专利数据计算出的三螺旋合作紧密程度指标τ值从大到小排序如图7-21所示。

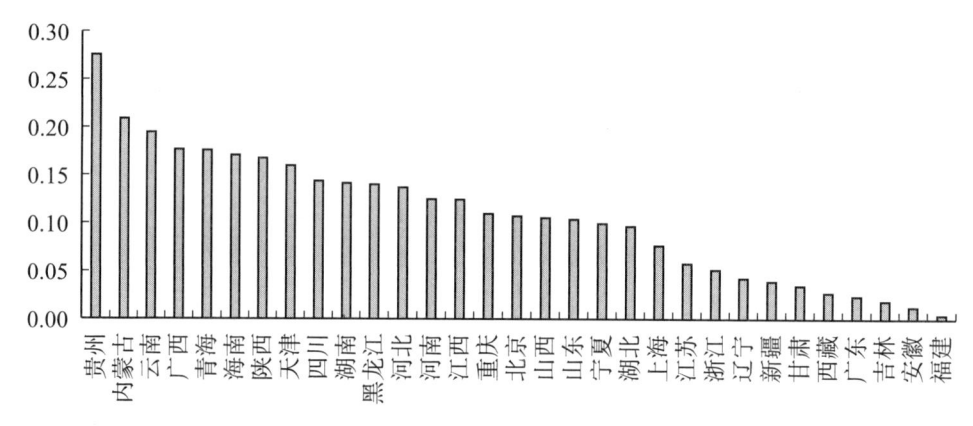

图 7-21　1985~2014 年中国 31 个省份产学研合作紧密程度排序

如图 7-21 所示，30 年来中国产学研合作紧密程度前十位的是贵州、内蒙古、云南、广西、青海、海南、陕西、天津、四川和湖南，后十位则是江苏、浙江、辽宁、新疆、甘肃、西藏、广东、吉林、安徽和福建。可以发现一个很明显的规律是，一些产学研创新能力相对较弱的省市，其合作紧密度更高。其中的原因有两个：第一，虽然某些发达省市其 UIR 申请专利的绝对数量较高，科研综合实力更强，但是考虑到该省市已有科研体系较大，系统有序性较高，产学研间合作对其边际影响力较小，然而 τ 值所表征的大学、产业和科研院所合作效率的相对贡献却不一定大。第二，跨界合作比例也直接影响合作的紧密程度。发达省市间产学研主体间发展相对不平衡，产业占比高，而跨界合作比例低，导致其产学研内部协同作用较低。中国专利产出最多的三个省市江苏、广东和浙江，其跨界合作的专利比分别为 1.97%、2.03% 和 2.56%，而合作紧密度最高的三个省市贵州、内蒙古和云南分别高达 5.66%、3.46% 和 7.70%。

（4）产学研合作关系的空间特征分析。

利用莫兰指数（Moran'I）以及莫兰散点图对全国 31 个省份 1985~2014 年产学研合作紧密程度 τ 值进行全局空间自相关和局部空间自相关分析，然后选用绝对差距与综合差距两类共四项指标对全国八大经济区产学研合作紧密程度 τ 值进行空间差异分析。第一，从地理空间相关性分析来看，全国 31 个省份 1985~2014 年整体上不存在空间自相关，表明全国层面上各省域产学研合作交流较少；但从区域自相关分析来看，全国 61.2% 省域存在空间集聚特征，产学研合作以区域间合作为主。第二，中国区域产学研合作紧密程度整体呈现前高后低，先逐步收敛，后发散的形态。2000 年之前，中国企业科研实力较弱，多选择和大学、科研院所进行合作研发。随着企业实力壮大，科研经费投入增加，产学研之间的合作紧密度降低。2000 年后，随着产学研系统逐渐稳定，区域产学研合作紧密程度波动变小。其中西南地区、黄河中游地区和北部沿海地区有较为明显的改善（见图7-22、表7-12）。

(a) 1985~1989年八大经济区τ值分布

(b) 1990~1994年八大经济区τ值分布

(c) 1995~1999年八大经济区τ值分布

(d) 2000~2004年八大经济区τ值分布

(e) 2005~2009年八大经济区τ值分布

(f) 2010~2014年八大经济区τ值分布

图7-22 产学研合作关系地理空间分布特征

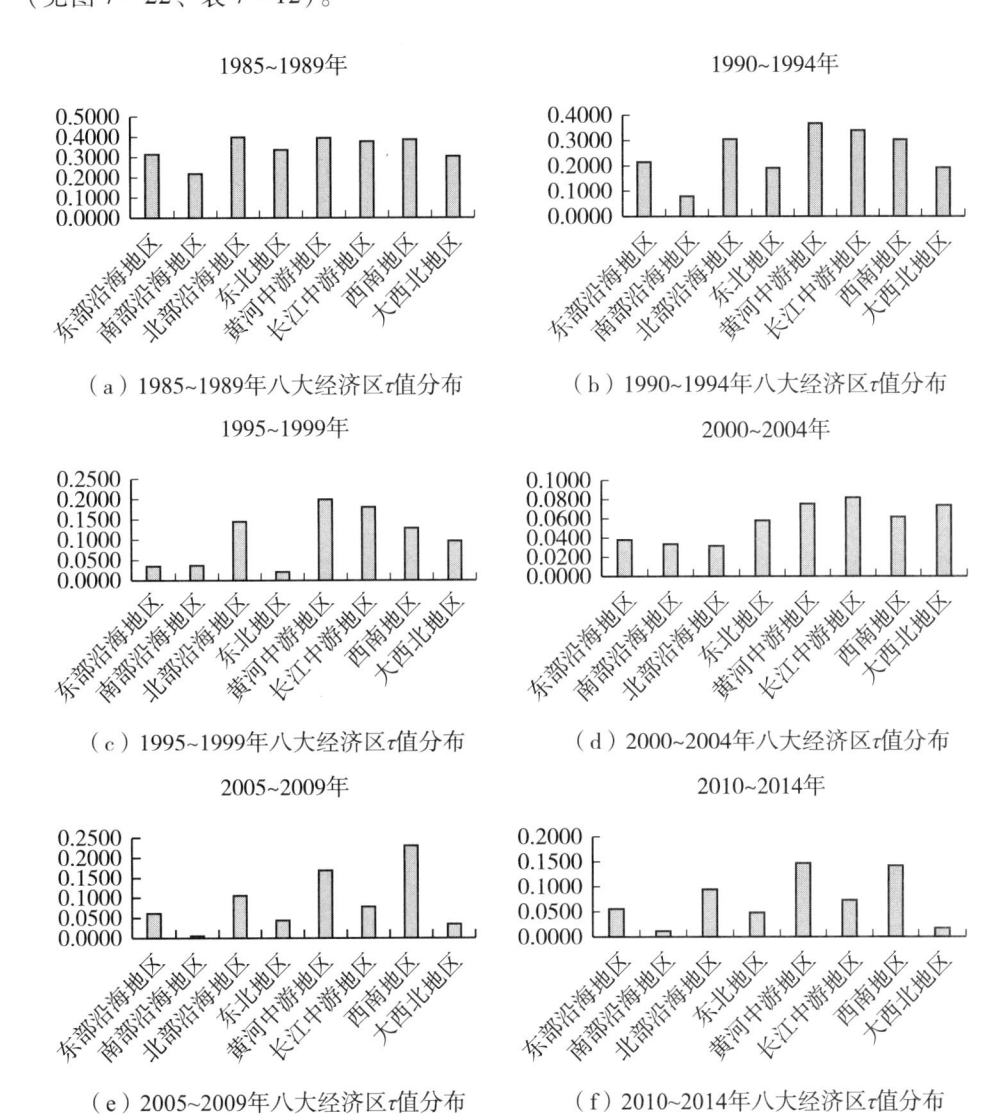

表7-12 中国八大经济区域间τ值综合差距指标统计表

时间段	变异系数	Gini 系数
1985~1989 年	0.1810	0.0903
1990~1994 年	0.3857	0.1994
1995~1999 年	0.6558	0.3458

续表

时间段	变异系数	Gini 系数
2000~2004 年	0.3530	0.1847
2005~2009 年	0.8233	0.5832
2010~2014 年	0.6980	0.3666

第三，综合上述变异系数与基尼系数差距变化的走势（见图7-23），以及全国 τ 值的变化趋势来看，中国八大区域产学研合作紧密程度的差距在越来越大。同时，结合中国产学研合作紧密程度整体上长期呈现一个中西部地区较高，而东南部沿海地区较低的空间分布现状来看，产学研合作对于中西部地区与东南部沿海地区的依赖度差距在逐渐扩大，中国产学研产出能力更强的东南部沿海地区对大学与科研院所的依赖度在下降。

基尼系数走势

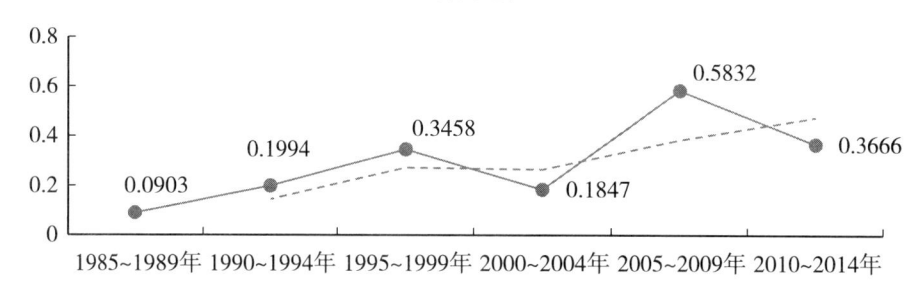

图 7-23 中国八大经济区域间 τ 值基尼系数走势

综上研究得出以下主要结论。

第一，从时间演化维度来看，1985~2014 年期间中国的专利创新产出能力得到大幅提升，其中 1999 年以前处于缓慢发展期，而 2000 年至今则处于快速发展期；从区域横向对比来看，专利创新产出的区域分布上存在着严重失衡，中西部创新能力偏弱。

第二，大学、产业以及科研院所独立性较强，产学研合作网络表现为自组织性，产学研合作网络呈现逐渐松散的趋势，其中产业是产学研合作网络的核心；从 31 个省域横向对比来看，发达省域产学研合作紧密程度普遍低于不发达省域。

第三，从中国区域产学研合作关系的空间相关性特征来看，从 31 个省域相关性分析来看，全国层面上，跨区域的产学研合作交流较少，产学研合作以区域间合作为主。从八大经济区的差异特征来看，区域间产学研合作差异在逐渐加大，我国东南部沿海地区产业创新能力较强，中国产学研产出能力较强，产业对大学与科研院所依赖度相对较低。

二、产学研合作创新系统局部协同效率分析

基于我国专利数据，计算得到区域产学研合作创新系统中学研机构和企业以及产学研合作的自信息、信息熵，从而得到反映区域产学研合作创新系统主体间协同关系以及协同效率的衡量指标。首先通过互信息 T 的演化趋势研究产学研合作创新系统主体间的协同程度，然后分别从信息关联效率 η 和协同转接率 τ 两个方面对协同效率进行研究（杨东鹏，2017）。

（一）产学研合作创新系统整体协同效率演化

基于前期专利数据收集、筛选以及归类等准备工作，计算得到区域产学研合作创新系统中学研机构和企业以及产学研合作的自信息、信息熵，从而得到反映区域产学研合作创新系统主体间协同关系以及协同效率的衡量指标。从整体层面来看，我国产学研合作创新系统发展状况良好，整体协同程度呈现明显持续增长的发展趋势，体现在协同效率方面，信息关联效率整体变化呈现倒"U"型，协同转接率则呈现为整体强劲的线性增长趋势，反映出新进入产学研合作网络的成员带来了异质性资源和创新动力，虽然使得原有系统结构变形，但让系统主体间信息流动转换不断增强，从而使得整体协同程度呈现持续增长趋势（见图 7-24）。

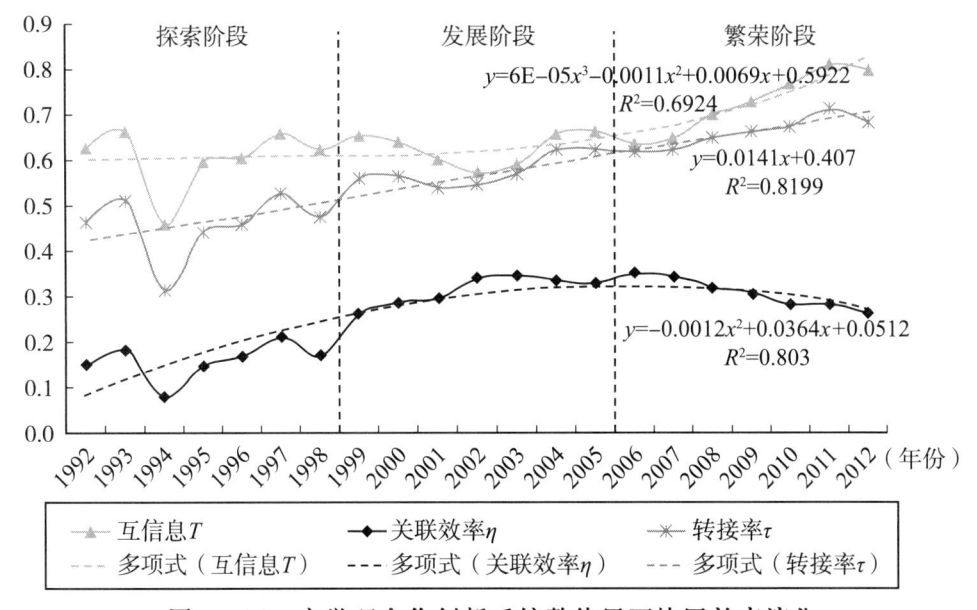

图 7-24 产学研合作创新系统整体层面协同效率演化

(二) 区域产学研合作创新系统局部协同效率分析

为研究各个区域内外产学研合作创新系统协同效率的情况，基于上述收集整理的专利数据，分别计算出反映区域内外产学研合作创新系统的协同程度互信息、信息关联效率以及协同转接率指标，从而对区域内外产学研合作创新系统的整体协同效率进行分析研究。

第一，区域内外产学研合作系统协同程度 T 及其演化，如表 7-13 所示。从区域间产学研合作系统的协同程度来看，东部沿海地区的外部协同程度最高（0.944），该区域中的上海、江苏、浙江地理位置优越、产业资源比较发达，同外部创新资源结合较好；其次是北部沿海地区（0.879），位居第三位的是南部沿海地区（0.876），该地区的外部产学研合作专利主要集中于广东省，广东省首创省部产学研合作协同创新模式，引导和支持其他高校及科研机构与广东产业界开展产学研合作，有效促进了优质创新资源向广东集聚，促使广东再次成为"孔雀东南飞"的重要落脚点；西北地区产业基础薄弱，整体市场化程度低，产业活动集聚度不高，外来创新资源较少注入制约该区域间产学研合作系统的协同发展。在区域内外部协同比较上，传统创新能力较强的北部、东部以及南部沿海区域间产学研合作系统的协同程度均强于区域内部，其中前两者内外部协同程度都相对较高，不仅使自身内部创新能力突出，并且跨区域辐射范围也较广，后者内外部协同相差较大，这也体现了该地区产业资源相对科技创新资源较匮乏的特点；黄河中游、长江中游、西南、东北、西北地区的内外产学研合作系统则正好相反，其中东北地区和西北地区呈现较强的本地根植性的产学研合作创新系统。

表 7-13　　　　八大经济区产学研合作创新系统协同程度

区域	互信息 T 内部	互信息 T 外部	区域	互信息 T 内部	互信息 T 外部
北部沿海地区	0.790	0.879	长江中游	0.823	0.585
东部沿海地区	0.779	0.944	西南地区	0.821	0.503
南部沿海地区	0.484	0.876	东北地区	0.891	0.331
黄河中游地区	0.896	0.411	西北地区	0.823	0.105

第二，区域内外产学研合作系统信息关联效率 η 及其演化。我国八大区域内外产学研合作系统的信息关联效率呈现明显的区域和资源禀赋差异性，北部沿海地区内部关联效率最高（0.751），此区域中的北京市是我国科技和教育中心，在创新资源和政策环境上都具有极大的比较优势，其次是西北地区、黄河中游地区

以及西南地区,东部沿海地区和东北地区分居末二三位,南部沿海地区最小(0.402),该地区相较于丰富的产业资源其科技创新资源较为匮乏,其区域内部产学研合作系统的子系统间结构具有较大的差异,因而企业和学研机构的信息关联效率相对较低;从区域间产学研合作创新系统的信息关联效率来看,东部沿海地区最高(0.650),该区域产业资源发达,民间资本有效富集,整体市场化程度较高,有着良好的创新环境;其次是南部沿海地区(0.626),该区域把广东省省部院产学研合作作为推动科技成果产业化、促进科技与经济紧密结合的重要抓手,有效促进了优质创新资源向广东集聚来解决创新资源不足的问题,位居第三位的是北部沿海地区(0.618);其他区域与前三个沿海地区有较大的差距,其中西北地区最低(0.076),受限于区域位置和自然资源禀赋,产业活动的集聚性不高,而且对外来创新资源的吸引能力有限,该区域间产学研合作系统的信息关联效率最低;在内外部信息关联效率比较上,北部和东部沿海地区的内外部产学研合作系统的信息关联效率都相对较高,黄河中游、长江中游、西南、东北、西北地区的内部信息关联效率均强于外部,南部沿海地区则正好相反,这直观地体现了该地区产业资源相对科技创新资源较匮乏的特点(见表7-14)。

表7-14　　八大经济区产学研合作创新系统信息关联效率

区域	信息关联效率 η 内部	信息关联效率 η 外部	区域	信息关联效率 η 内部	信息关联效率 η 外部
北部沿海地区	0.751	0.618	长江中游	0.666	0.388
东部沿海地区	0.698	0.650	西南地区	0.692	0.344
南部沿海地区	0.402	0.626	东北地区	0.670	0.221
黄河中游地区	0.696	0.284	西北地区	0.729	0.076

第三,区域内外产学研合作系统协同转接率 τ 及其演化分析。协同转接率 τ 主要用来测量系统中互信息的效率,用来衡量系统内产学研合作主体间信息流动转换的强弱。表7-15在协同转接率上八大综合经济区也体现不同特点,东北地区内部产学研协同转接率 τ 最高(0.839),其次为黄河中游、长江中游以及南部沿海地区;北部沿海地区最低(0.664),该地区虽在资源和政策环境上有极大的比较优势,但是在信息利用对接转化的效率上相对较低;在外部转接率比较上,长江中游地区最高(0.952),其次分别是东北地区、西南地区、东部沿海地区以及黄河中游地区,北部沿海地区和南部沿海地区位居末六七位,面对外部较多的科技创新资源,总体上创新主体间的信息对接转化效率相对较低;结合区域内外协同转接率来看,我国八大综合经济区外部协同转接率都强于内部协同转接率,

东部沿海、北部沿海内外部协同转接率相差较大，表明东部沿海地区和北部沿海地区的企业与外部创新资源转化结合更为高效，信息同化吸收更好。

表 7-15　　八大经济区产学研合作创新系统协同转接率

区域	协同转接率 τ 内部	协同转接率 τ 外部	区域	协同转接率 τ 内部	协同转接率 τ 外部
北部沿海地区	0.664	0.897	长江中游	0.779	0.952
东部沿海地区	0.713	0.915	西南地区	0.748	0.922
南部沿海地区	0.760	0.883	东北地区	0.839	0.945
黄河中游地区	0.813	0.914	西北地区	0.712	0.875

三、产学研合作创新系统行业协同效率分析

基于国际知识产权组织提供的"专利 IPC 分类与行业对照表"，根据既定区域的专利的 IPC 主分类号将各个区域企业和学研机构单独申请的以及合作申请的专利数据分为电子工程、化学、机械工程、仪器四大行业类别（见图 7-25）。

（1）电子工程行业的区域产学研合作创新系统在产学研探索初期尚未形成，此时整个系统还没有存在"物质""能量"与"信息"的互动，企业和学研机构之间没有开始合作创新来推动区域以及行业的创新发展，可能是 1998 年科教兴国战略的部署逐渐落实推进，不少电子工程领域的研究院或研发中心转制为企业来促进科技成果产业化；从进入产学研合作发展阶段开始，电子工程行业的区域产学研合作创新系统形成整体上的巨涨落至 2002 年触底反弹，在产学研繁荣时期呈现快速增长的状态。行业的技术发展快速，更新换代较快，从协同效率分析信息关联效率整体呈现稳步上升的趋势。协同转接率上，在总体趋势上同协同程度有极大的相似性，呈现先降后升的趋势，在 2011 年末呈现下降趋势；因此电子工程行业的信息关联效率和协同转接率同时呈现上升趋势，也预见未来电子工程行业区域产学研合作创新系统协同程度会下降。

（2）化学工业在经济中有着举足轻重的地位，是国民经济的基础产业和支柱产业，属于知识和资金密集型的行业，我国化学行业的区域产学研合作创新系统形成较早，对我国化学行业区域产学研合作创新系统进行线性回归分析结果显示。化工行业产学研合作创新系统比较稳定而且将稳步提升；协同效率上，从整体上看，化工行业的信息关联效率呈现下降的趋势。协同转接率上，化学行业总体趋势同协同程度有极大的相似性，呈现不断上升的趋势。总体上，化学行业的产学研合作创新系统的信息关联效率和协同转接率呈现相反的演化趋势，协同转

接率的作用更为明显，因而整体上协同程度也呈现上升趋势。

（3）机械工程行业作为为各行业提供机械装备的战略性基础产业，是产业升级和技术进步的重要保障，我国机械工程行业的区域产学研合作创新系统在产学研探索初期就有少数产学研合作，但是总体协同程度存在巨幅涨落表现为不稳定的状态，进入产学研合作发展时期，整体上先降后升呈现波动上升的状态。总的来看，机械工程行业的产学研合作创新系统的信息关联效率和协同转接率呈现相反的演化趋势，而且二者变化幅度相近，预计整体上协同程度会趋于稳定收敛的趋势。

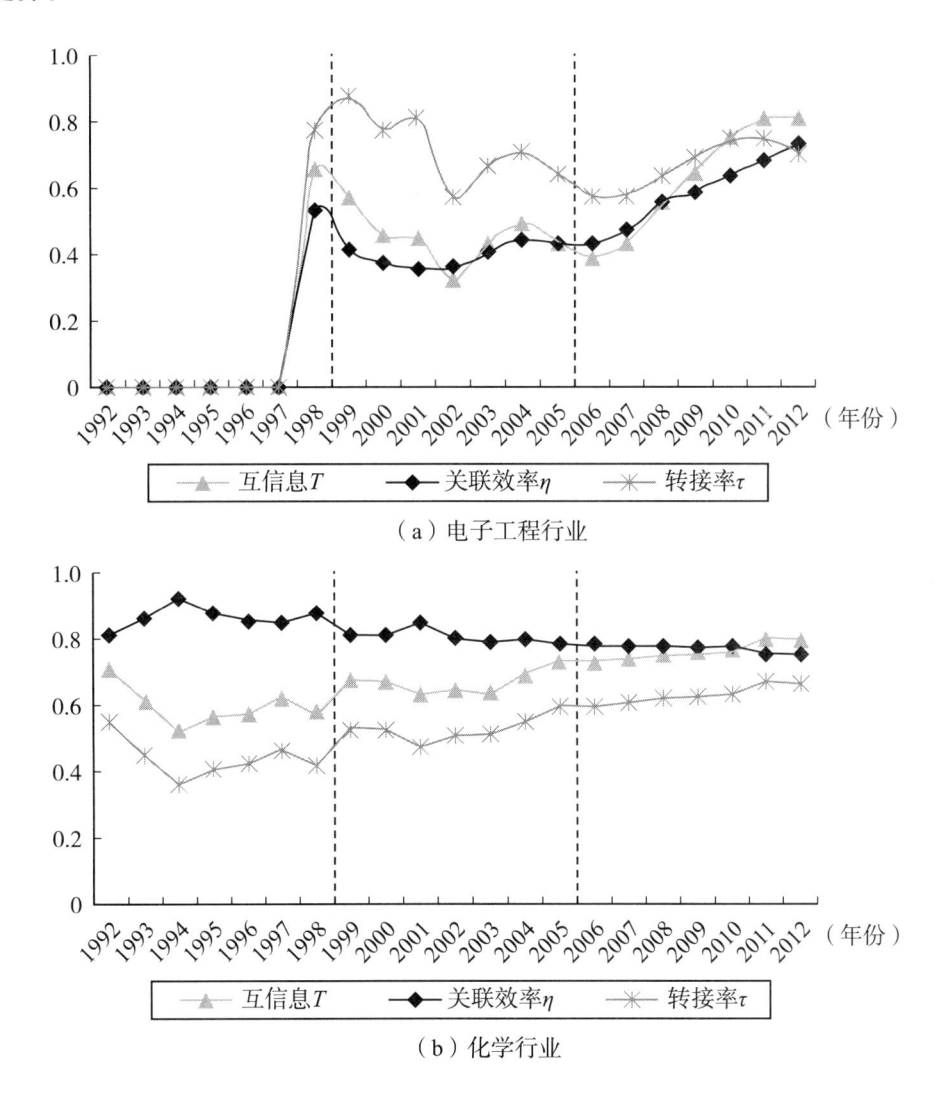

（a）电子工程行业

（b）化学行业

(c) 机械工程行业

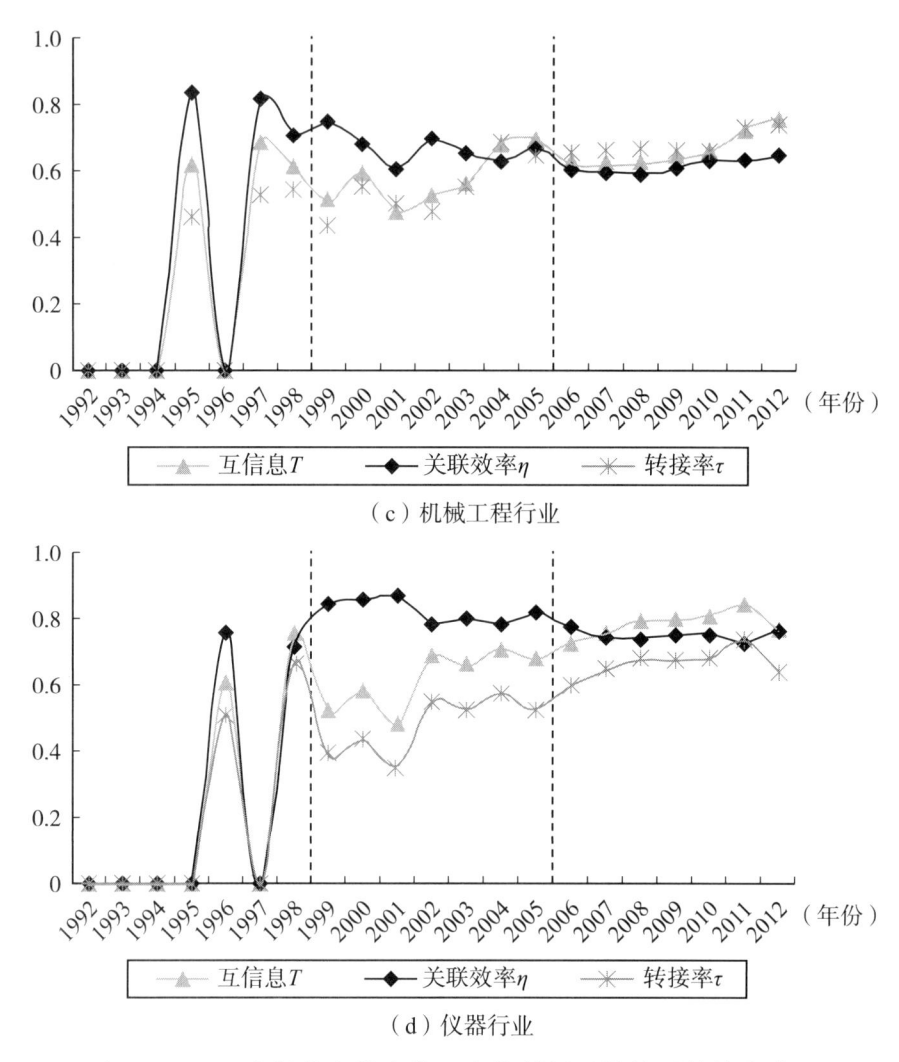

(d) 仪器行业

图 7-25 四大行业内外产学研合作创新系统协同转接率演化

（4）仪器产品具有技术密集度大、附加值高以及结构精密等特点，是应用于科学研究和工业生产的基础性产品，仪器行业应用领域广泛，在各行业中承担着把关者和指导者的重要任务。我国仪器行业区域产学研合作创新系统在探索初期表现为巨幅涨落，呈现一种不稳定的状态，进入产学研发展时期，整体协同程度表现为强势的上升趋势。总的来看，仪器行业的产学研合作创新系统的信息关联效率和协同转接率呈现相反的演化趋势，协同转接率的增长幅度较大，因而整体上系统程度会呈现增长趋势。

综述以上研究表明：从整体层面来看，我国产学研合作创新系统发展状况良好，整体协同程度呈现明显的持续增长发展趋势，体现在协同效率方面，信息关联效率整体变化呈现倒"U"型，协同转接率则呈现为整体强劲的线性增长趋势，反映出新进入产学研合作网络的成员带来异质性资源和创新动力，虽然使原有系统的结构发生变化，但让系统主体间信息流动转换不断增强，从而使整体协同程度呈现持续增长趋势。

在区域层面上，八大综合经济区受自身区域位置、自然资源禀赋和创新环境的影响表现出差异的内外部协同特征，创新能力较强的北部、东部以及南部沿海的区域间产学研合作系统的协同程度均强于区域内，体现在协同效率方面，仅南部沿海整体上信息关联效率呈现外高内低，而在协同转接率上八大经济区均呈现外高内低的状态。

在行业层面上，八大经济区的四大行业也呈现差异性特征，基于行业的异质性，电子工程行业产学研合作创新系统的协同程度上升趋势呈现指数分布，这也与该行业发展快速、技术竞争激烈的特点有关，化学行业则比较接近线性分布，该行业偏重基础研究，增长趋势显得比较稳重，机械工程协同程度上升的趋势表现较为温和，行业中企业较学研机构创新活动更为活跃，仪器行业协同程度上升的趋势逐渐减缓，后期接近对数分布。

第四节 不同研究领域的产学研协同创新特征研究

研究基于不同研发模式的现实情境，对比分析产学研合作对产业共性技术的影响，进一步研究产学研合作对共性技术研发创新影响，系统地分析产学研合作与产业共性技术之间的关系。在数据检索方面，目前较为专业的专利数据库中，只有美国专利局的数据库（USPTO）和德温特专利数据库（DII）能提供较为完整的专利引文信息，且后者较前者而言，涵盖了包括美国、中国、日本等全球40多个国家和地区的专利文献，提供的专利信息更为全面，有着先进的施引专利和引用数据追踪，对基础创新研究和技术应用研究的双向连接有着重要的意义。因此研究采用德温特专利数据库（DII）对专利数据进行收集，保证了数据的可靠性和准确性。

一、共性技术领域：产学研合作对共性技术属性的影响

产业共性技术代表性特征识别的视角，对企业不同模式下的技术特征进行比较，若产学研合作与企业独立研发和企业间合作研发模式相比，其技术属性更符

合基础性、关联性或外部性的产业共性技术属性特征,为产学研合作模式下的产业共性技术创新效应评价提供证据支持。生物技术领域作为高新技术产业的重要组成部分,其专利技术与医疗、食品、化工、环保等领域息息相关,对生物技术领域共性技术的技术基础性、技术外部性和技术关联性的研究也颇为重要。按照生物技术领域 IPC 代码检索式检索并下载得到 117 424 条专利数据(朱桂龙,2017),根据专利号代码、专利权人代码特征和专利权人国家归属对专利数据特征识别发现其中美国、日本和中国生物技术领域专利数据 44 052 条,在全球专利数据中所占比重为 37.5%,集中程度很高。同时在实践层面上,美中日三国对生物技术领域的发展尤为重视,投入大量研发资源进行研究,其创新主体参与数量众多,创新成果也更为丰富,这与 OECD 公开的研究报告和多位学者的研究结论一致。因此,该部分研究选择美国、中国和日本三国作为代表,对其生物领域共性技术属性特征进行分析(陈双丽,2017)。

(1) 合作研发模式能显著提升专利技术的基础性和技术关联性,对技术外部性的影响是负向的,总体而言,产学研合作和企业间合作模式可以显著提升共性技术的技术基础性和技术关联性,而不利于共性技术的技术外部性发展;企业间合作模式影响效应大于产学研合作模式。

第一,技术基础性方面,产学研合作专利与企业独立申请专利相比,对后续专利技术的重要性程度更强,产学研合作对技术基础性创新的提升作用明显;而企业间合作模式对技术基础性创新的正向影响效应最强。

第二,技术关联性方面,产学研合作专利代表的产业技术溢出性更高。最后,技术外部性方面,产学研合作专利和企业间合作专利对其专利权人自身具有较高的技术价值,围绕着该项专利技术进行进一步研发或商业化的倾向也较高,产学研合作和企业间合作模式对专利技术的外部性带来的是负向影响。

(2) 具体情境下研发模式对共性技术属性特征的影响效应有差异。

第一,具体技术领域研发模式对共性技术属性特征的影响效应不同。产学研合作和企业间合作模式可以显著提升物理或化学方法材料测试领域共性技术的技术基础性和技术关联性,而不利于共性技术的技术外部性发展;产学研合作模式的影响效应大于企业间的合作模式。产学研合作和企业间合作模式可以提升含肽或含有抗原抗体的医药配置品技术领域共性技术的技术基础性和技术关联性,而不利于共性技术的技术外部性发展;企业间合作研发模式的影响效应大于产学研合作模式。

第二,不同时间阶段研发模式对共性技术属性特征的影响效应不同。技术基础性方面,企业间合作模式对技术基础性创新的正向影响效应逐渐增强,产学研合作模式的正向影响作用也开始凸显。在技术关联性方面,产学研合作模式比企业独立研发模式对技术外部产业关联性的正向影响更大，但企业间合作模式的正向影响效应有逐渐超越产学研合作模式的趋势。在技术外部性方面，产学研合作特别是企业间合作模式对专利技术的外部性带来的负向影响有增强趋势。

第三，大小规模企业不同研发模式下共性技术属性特征效应不同。在技术基础性方面，大规模企业通过企业间合作模式对技术基础性创新带来较大的正向影响，而小规模企业通过产学研合作模式能有效提升企业技术基础性创新；在技术关联性方面，大小规模企业都可以通过产学研合作模式提升技术外部产业关联性，企业间合作模式的正向影响效应并不显著；在技术外部性方面，大规模企业通过产学研合作研发模式对专利技术外部性带来正向影响，合作研发模式对小规模企业专利技术外部性带来负向影响。

（3）美国、日本和中国不同研发模式下的共性技术属性特征效应不同。

总体看来，美国和日本企业间合作模式对技术基础性创新的正向影响效应最强，产学研合作模式次之；中国产学研合作模式对技术基础性创新的正向影响效应最强。在技术关联性方面，美国产学研合作模式下技术外部产业关联性最高，企业间合作模式次之；日本企业间合作和产学研合作模式对技术外部产业关联性具有正向影响，但效果并不显著。中国企业间合作和产学研合作模式对技术产业关联性具有负向影响，但效果并不显著。在技术外部性方面，美国、日本和中国产学研合作特别是企业间合作模式对专利技术的外部性带来的是负向影响。

第一，美国、日本和中国共性技术属性特征的时间效应不同。美国企业间合作模式对技术基础性创新的正向影响效应有减弱趋势，产学研合作模式的正向影响作用开始显著；美国产学研合作模式比企业独立研发模式对技术外部产业关联性正向影响更大，但企业间合作模式的正向负向影响效应较为模糊。日本产学研合作模式对后续专利技术的基础性和关联性发展影响逐渐减小，企业间合作模式对技术基础性和外部性创新正向影响效应逐渐增强。中国产学研合作模式对专利技术的基础性影响正逐渐增大，企业间合作模式对技术基础性创新的正向影响效应也逐渐增强；产学研合作专利对后续专利技术领域蔓延宽度的影响正逐渐减小，企业独立研发和企业间合作模式对技术外部产业关联性的正向影响效应逐渐增强。

第二，美国、日本和中国共性技术属性特征的规模效应不同。美国大规模企业通过合作研发模式可以提升企业技术基础性创新，但效果并不显著，而小规模企业通过合作研发模式能有效提升企业技术的基础性创新；美国大规模企业可以通过合作研发模式有效提升自身专利技术的外部产业关联性，小规模企业通过合作研发模式对技术关联性的提升效果并不显著；大规模企业通过产学研合作研发模式对专利技术的外部性带来正向影响，合作研发模式对美国小规模企业专利技术的外部性带来负向影响。日本大小规模企业通过合作研发模式都可以提升企技术的基础性创新，对大规模企业而言企业间合作效果更为显著，而小规模企业产学研合作模式效果更为显著；日本大规模企业可以通过合作研发模式提升自身专利技术的外部产业关联性，且企业间合作模式效果更好，小规模企业通过合作研发模式对技术关联性的提升效果并不显著；日本大规模和小规模企业通过合作研发模式对专利技术外部性带来的是显著的负向影响。中国大规模企业通过合作研发模式可以提升企业技术的基础性创新，但效果并不显著，而小规模企业通过产学研合作可以显著提升其技术的基础性创新；中国大小规模企业通过合作研发模式并未显著提升自身专利技术的外部产业关联性；中国大规模企业通过合作研发模式对专利技术外部性带来的是负向影响，但并不显著。

二、共性技术领域：产学研合作对共性技术研发创新的影响

作为连接基础研究与企业专有技术的"桥梁"，共性技术使能（enabling）、应用前景广泛（pervasiveness）和服务多用户（multi-user）的"平台技术"属性，使其通常处在一国技术创新链的基础性地位。但同时，共性技术竞争前（pre-competitive）的"准公共品"属性又使其不可避免地存在供给主体缺位和研发投入不足的"市场失灵"问题。在此背景下，优先组织和实施战略性产业共性技术研发，大力发展以企业、大学和科研机构等多类型主体共同参与共存共生的产学研合作创新体系建设，已成为美、日、欧等发达国家实现产业共性技术突破、提升本国产业竞争力的重要手段。近年来，有关产学研合作与产业共性技术创新关系及影响效应研究，开始由理论思辨向实证检验方向发展。但囿于产业共性技术测度与识别方法的不完善以及相关数据缺乏，相关实证研究发展仍然相对滞后。

（一）产学研合作对产业共性技术的影响

本书以生物技术领域为例，以世界专利数据库《德温特创新索引》作为数据库来源，采用经济合作与发展组织（Organization for Economic Co-operation and Development, OECD）对全球生物技术领域专利的 IPC 界定进行全球生物技术领域的专利数据检索，共检索获得 1994～2013 年生物技术领域的产学研合作专利 10 570 条，进一步对其中专利申请人为个人的专利进行二次整理，最终获得生物技术领域的产学研合作专利 8 173 条。数据下载日期为 2014 年 11 月 1 日。从产学研合作专利的技术领域上（见表 7-16），世界生物技术产学研合作专利的国家（地区）分布来看，主要分布在欧盟（31.31%）、美国（18.01%）、日本（12.42%）和中国大陆（6.24%），说明这四个国家（地区）的市场已经引起了

世界生物技术研发机构的高度重视,成为其实施专利布局的重点区域(黄妍,2017)。

表7-16　生物技术领域产学研合作专利描述性统计

DC代码	技术领域	代码数量(个)	所占比重(%)	申请专利所在地区	专利数(个)	所占比重(%)
B04	天然产品/聚合物测试技术	7 111	29.06	欧盟	2 559	31.31
D16	发酵工业技术	6 812	27.84	世界知识产权组织	1 628	19.92
S03	生物科学仪器	2 999	12.25	美国	1 472	18.01
C06	植物遗传技术/兽用疫苗技术	966	3.95	日本	1 015	12.42
A96	医疗技术/动物医学技术等	589	2.41	中国	510	6.24
其他	—	5 995	24.50	其他	989	12.10
合计	—	24 472	100	合计	8 173	100

本书运用平均技术共现率(MTCR)和平均技术共类指数(MTCI)对生物技术领域产业共性技术进行识别与测度,并在此基础上,运用倾向得分估计方法,选择相同基本特征下的产学研合作专利、企业—企业合作专利与企业独立申请专利进行产业共性技术的创新效应比较分析,从而形成产学研合作对产业共性技术创新效应更为科学的实证观测。

第一,产学研合作专利共性特征的整体比较。针对产学研合作专利、企业—企业合作专利及企业单独申请专利的匹配后样本,基于各类型专利的高频技术领域共现伙伴数量的阈值计算获得MTCR,并通过构建共现矩阵,计算MTCI指标,计算结果如表7-17所示。经计算,产学研合作专利、企业—企业合作专利及企业单独申请专利的MTCR指标值分别为0.7442、0.6634和0.6226,MTCI指标值则分别为0.9453、0.7549和0.6864,MTCR和MTCI的指标均是产学研合作专利最高,企业-企业合作专利次之,企业单独申请专利最低,整体上表明产学研合作有利于生物技术领域的产业共性技术创新。

表 7-17　　　　　　　　　　不同类型专利技术共性特征

项目	产学研合作专利	企业—企业合作专利	企业单独申请专利
技术领域频次	24 472	24 735	24 507
平均 DC 代码数量	2.99	3.02	3
共现伙伴数量 Ln 值	19.31	19.25	18.53
MTCR	0.7442	0.6634	0.6226
MTCI	0.9453	0.7549	0.6864

相对中国、日本、美国和欧盟四个专利申请地，生物技术领域的 MTCR 和 MTCI 指标值分布情况如图 7-26 所示。体现在 MTCR 指标上，不同技术领域的平均技术共现率基本按照从欧盟、美国、日本再到中国的顺序由高到低排列，欧盟与美国专利技术的 MTCR 值较为接近且明显高于日本与中国的专利技术。尤其在替代单烯烃聚合物（A14）、无机化合物/多成分的混合物（C03）两大技术领域，欧盟与中国专利技术的 MTCR 值差距最大为 0.36。表明在产学研合作技术领域共性的广度方面，美国与欧盟的产学研合作技术领域较日本与中国对其他产业技术的发展具有更广泛的渗透性和辐射性。另外，体现在 MTCI 指标上，美国与欧盟的优势技术领域主要表现在稠环杂环（B02）、工程元素（Q68）、生物诊断技术（P31）、杂环类化合物（E13）、牙科/假体（P32）等方面，日本的优势技术领域主要体现在医疗技术/动物医学技术（A96）、生物科学仪器（S03）、生物燃料电池技术（L03）、天然产品/聚合物测试技术（B04）、发酵工业技术（D16）这些方面，而中国在多数技术领域均呈现弱势，说明在不同技术领域不同国家的技术的外溢程度和经济价值有了明显差异，是否可以成为产业共性技术的可能性也不同，同时也表明应不断促进中国生物技术行业的产学研合作，以利于今后中国生物技术领域的更好更快发展。

第二，不同创新模式下 MTCR 指数的国别差异。体现在不同国家上，各国 MTCR 指标值最高的均是产学研合作专利，但三种类型专利的对比关系则体现出较大的差异性。如图 7-27 所示，分布于欧盟与美国产学研合作专利的 MTCR 指标值明显高于另两类专利，说明在欧盟与美国，产学研合作专利技术领域具有更明显的共性特征，能更加广泛地应用于其他技术领域。在美国，企业—企业合作专利与企业单独申请专利的 MTCR 指标值则没有明显差距；而分布于欧盟的企业—企业合作专利 MTCR 指标值明显高于企业单独申请专利，说明在欧盟，企业与企业间的合作强化了技术领域共性的广度。对于日本及中国，产学研合作专利整体的技术共现率并没有显著优势，仅在某些技术领域产学研合作专利的 MTCR 指标值会高于其余两类专利。分布于日本的产学研专利在杂环类化合物（B03）、一般生物输液技术（B07）、植物遗传技术/兽用疫苗技术等（C06）这些技术领域具有较高的 MTCR 指标值；分布于中国的产学研专利在有机化合物（C03）、牙科基础材料工艺（D21）、敷料技术/生物假体技术等（D22）、有机物制造技术（B05）、植物培植技术（P13）、催化过程/设备（J04）、医疗技术/动物医学技术等（A96）这些领域具有较高的 MTCR 指标值，说明这些领域的产学研合作有利于提高技术的共现率水平，增强技术的共性水平。

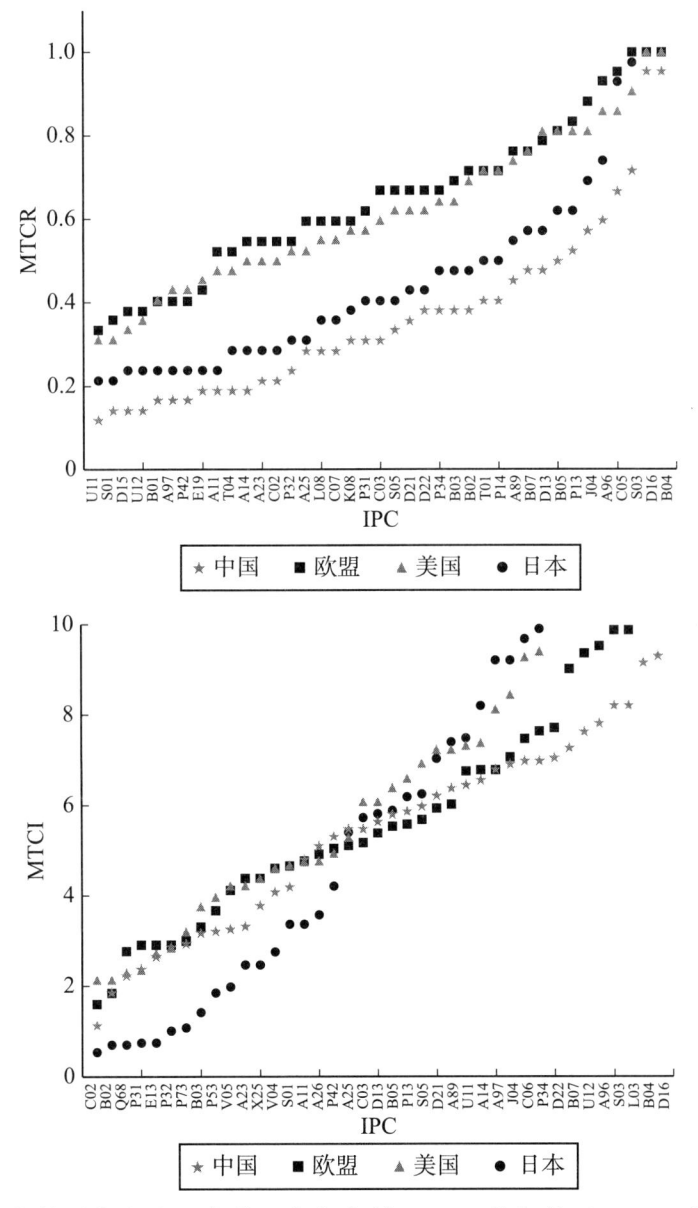

图 7-26 有关国家和地区产学研合作专利 MTCR 指标值及 MTCI 指标值分布

（a）欧盟

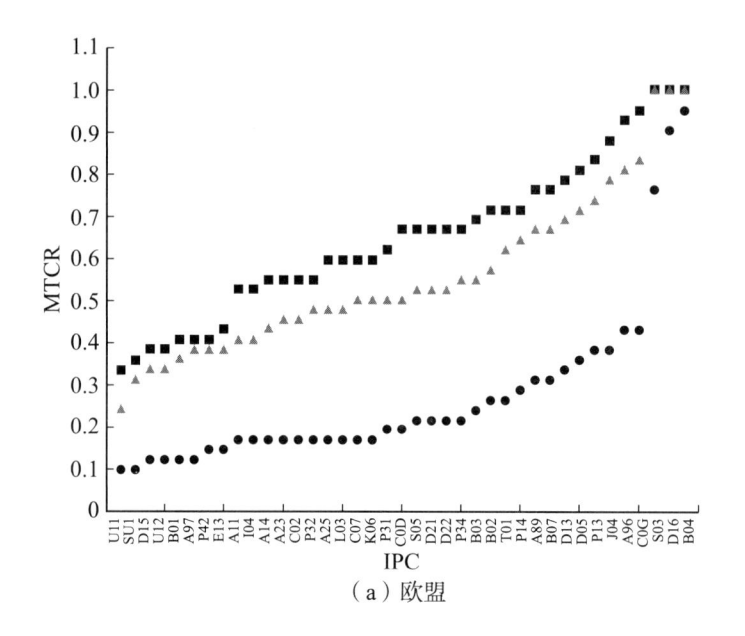

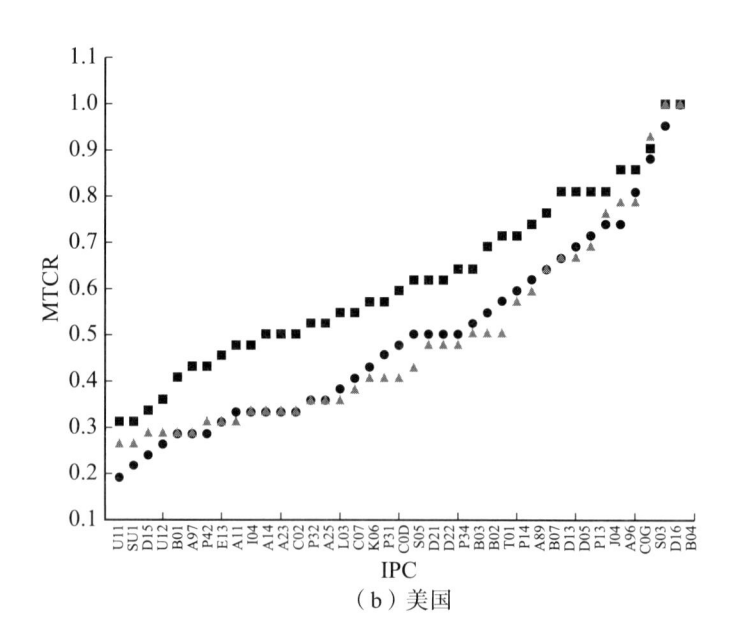

（b）美国

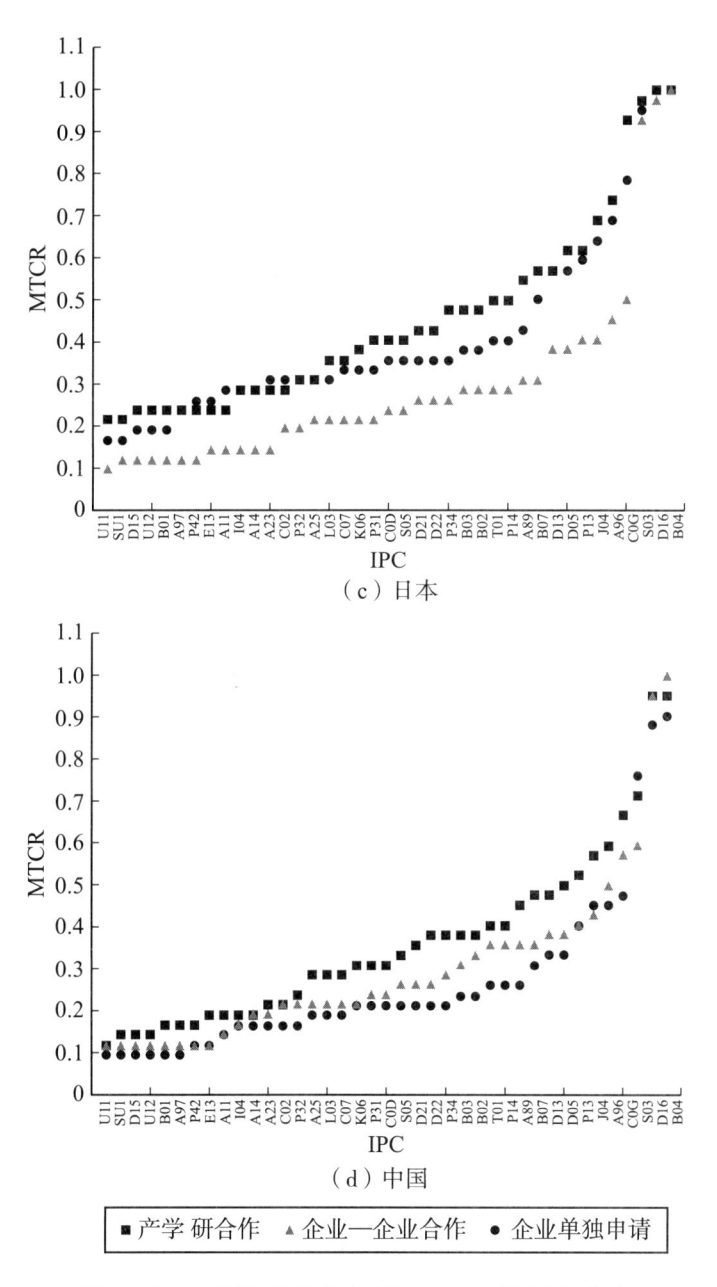

图 7-27 有关国家和地区 MTCR 指标值分布

第三，不同创新模式下 MTCI 指数的国别差异。体现在不同国家的 MTCI 指标上，各国产学研合作专利的 MTCI 指标值也高于企业—企业合作专利和企业单独申请专利。如图 7-28 所示，美国产学研专利整体的 MTCI 指标值优势较明显，尤其是一般生物输液技术（B07）、敷料技术/生物假体技术等（D22）、发酵工业技术（D16）及天然产品/聚合物测试技术（B04）等技术领域，技术共现强度之和明显高于企业单独申请专利及企业—企业合作专利，说明这些技术领域的产业共性技术特征明显。与美国产学研专利相类似，日本产学研专利 MTCI 指标整体优势也较高，欧盟及中国的产学研专利的 MTCI 指标则较低，相对而言，欧盟与中国的产学研合作专利技术领域并没有对其他技术领域产生更有深度的影响。

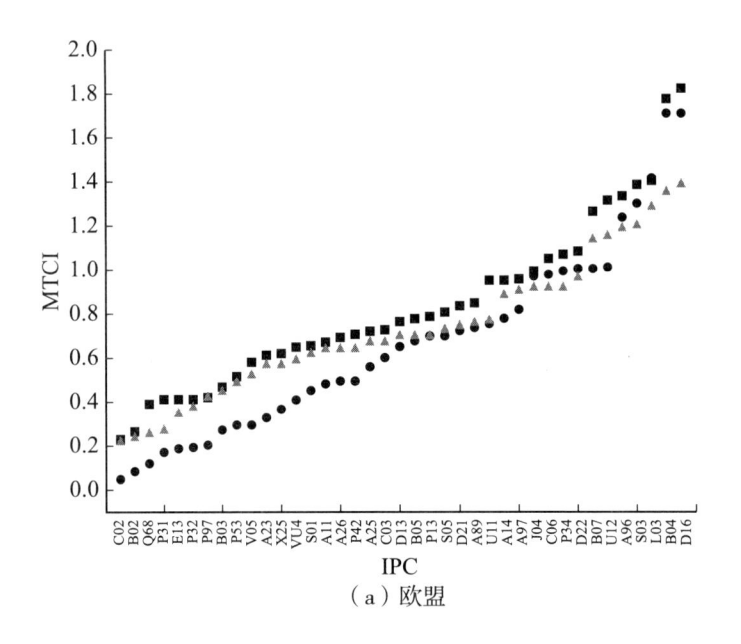

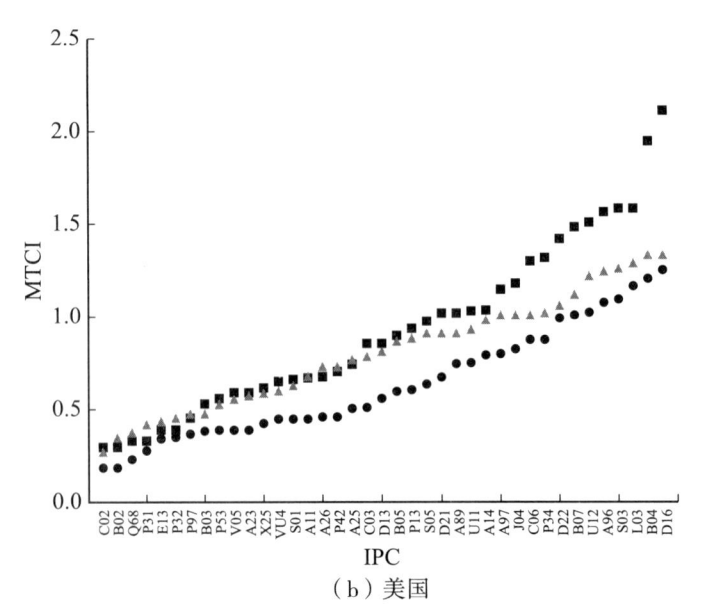

（a）欧盟

（b）美国

(c) 日本

(d) 中国

■ 产学-研合作　▲ 企业-企业合作　● 企业单独申请

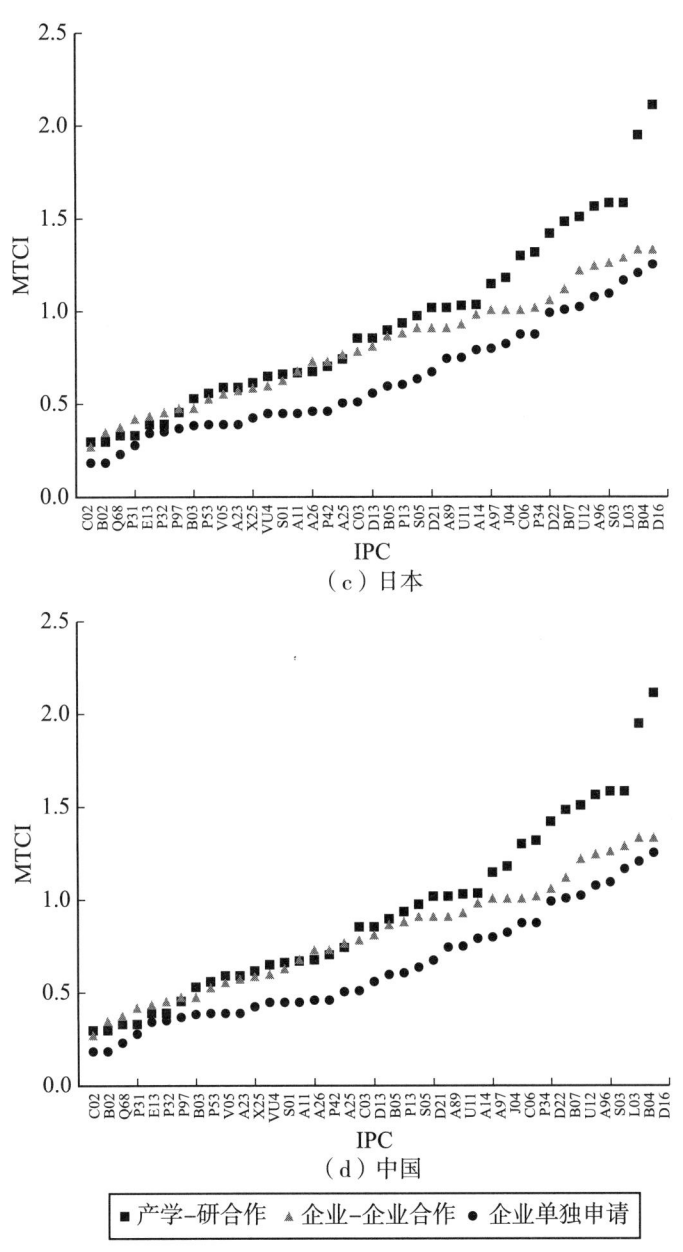

图 7-28　有关国家和地区 MTCI 指标值分布情况

(二) 产业技术创新与科学研究的互动关系

第一，行业选择与描述性统计。由于新兴产业与传统产业创新轨道的差异，太阳能技术的科学研究对其产业技术能力的贡献也与传统的创新范式存在较大差异，使得科学关联度与技术创新能力呈现出不同的特征，这为后发国家实施追赶战略赶超领先国家提供了契机。本书利用欧洲专利局世界专利数据库（EPO Worldwide Patent Statistical Database，EPO GPI）专利数据，对太阳能主要国家的技术发展水平与国际竞争力进行比较研究，分析太阳能产业内部不同领域的创新特征。考虑到全球太阳能技术受1973年石油危机的影响得到快速发展，本书对1973年1月1日～2014年12月31日的全球太阳能产业专利数据进行检索，共获得相关专利数据500 077条，检索日期是2015年12月5日。为使中国与美国、欧盟、日本和韩国的太阳能产业的国际比较具有时间上的可比性，本书从中选取中国、美国、欧盟、日本和韩国1985年1月1日～2014年12月31日的专利数据共360 225条作为国际比较样本。

第二，产业科学关联度—技术创新能力相关性分类比较。本书引入最新的"技术—科学关联度指数"（Technology Science Correlation Index，TSCI）和成熟的技术创新能力分析指标"相对专利增长率"（Relative growth rate，RGR）、"相对专利位置"（Relative patent position，RPP）和"显示性专利优势"（Revealed patent advantage，RPA），对中国、美国、日本、韩国、欧盟太阳能技术组合的科学关联度和技术创新能力相关性进行了聚类分析。研究发现：（1）两个维度均高的类型High-TSCI和High-RGR（或High-RPP和High-RTA）基本集中在美国，主要涉及美国的H、G技术组合，它们基本涵盖了太阳能光伏技术；（2）两个维度一高一低的类型High-TSCI和Low-RGR（或Low-RPP和Low-RTA）基本集中在欧盟和美国，分别为10个、6个；（3）两个维度一低一高的类型Low-TSCI和High-RGR（或High-RPP和High-RTA）基本集中在中国、日本、韩国，分别为9个、6个、4个；（4）两个维度均低的类型Low-TSCI和Low-RGR（或Low-RPP和Low-RTA）基本集中在韩国、日本、中国，分别为7个、6个、3个。

第三，产业科学关联度—技术创新能力相关性综合性比较。构造了各国太阳能技术组合的科学关联度与技术创新能力的四维气泡（见图7-29）。X轴为相对专利增长率（RGR），Y轴为相对专利位置（RPP），面积为显示性专利优势（RTA），颜色为技术—科学关联度指数（TSCI）。

综述以上研究表明：

第一，不同国家太阳能产业对于科学研究的依赖程度不同，并且在产业内不同技术领域的科学关联度和技术创新能力也存在差异化特征。

第二，领先国家美国、欧盟的太阳能产业政策导向基于科学的创新，对科学研究的依赖较强。其技术组合H、G在高科学关联度下呈现更强的技术创新能力，而技术组合E、F在高科学关联度下并没有呈现更强的技术创新能力。欧盟的技术组合H在高科学关联度下呈现更强的技术创新能力。值得注意的是其技术组合G呈现出极强的科学关联度，但技术创新能力较弱，这主要源于其重视专利质量而不是专利数量。

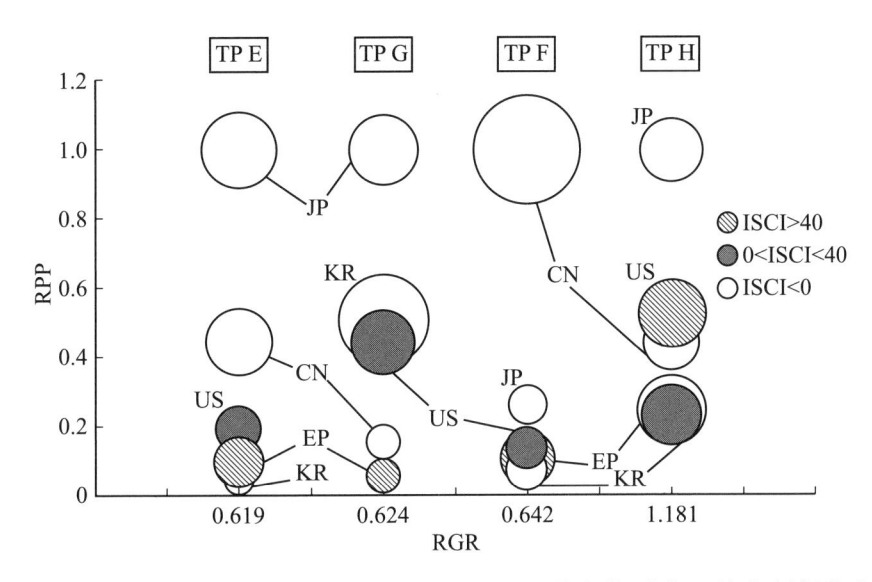

图 7-29　有关国家和地区太阳能技术组合的科学关联度与技术创新能力

第三，领先国家日本的太阳能产业政策导向基于技术的创新，对科学研究的依赖较小。日本的太阳能产业已进入成熟阶段，在缺乏外部创新的前提下技术创新能力趋于饱和，尽管拥有庞大的专利申请量，但增速放缓且在某些技术领域呈现负增长。其技术组合 E、G、H 在低科学关联度下呈现出较强的技术创新能力，而技术组合 F 在低科学关联度下并没有呈现出更强的技术创新能力。日本在技术组合 F 上能否取得突破性的进展依赖于科学上新的发现。

第四，后发国家中国、韩国的太阳能产业政策导向基于技术的创新，对科学研究的依赖较弱。中国的技术组合 E、F 在低科学关联度下呈现更强的技术创新能力，而技术组合 G、H 在低科学关联度下并没有呈现更强的技术创新能力。这表明中国在技术组合 G、H 缺乏科学研究的支撑，要想取得突破性的进展必须依赖于科学上新的发现。韩国的技术组合 G 在低科学关联度下呈现更强的技术创新能力，而技术组合 E、F、H 在低科学关联度下并没有呈现更强的技术创新能力。

三、基础研究领域：研究型大学产学研合作特征分析

根据《2011 年高等学校科技统计资料汇编》，我国 39 所"985"高校发明专利申请数占各类高等学校发明专利申请总数的 40% 左右，占教育部直属高校的 85% 左右，是我国国家创新体系重要的知识生产者和扩散者；同时，从"985"

高校科技活动的合作创新上,"985"高校与科研实力较强的国内科研机构以及大型企业研究机构建立的良好合作关系,也是产学研合作创新的主要参与者。以"985"高校作为研究对象考察其科技活动中的产学研合作现象,具有较强的代表性。本书以美国科学引文索引数据库(Science Citation Index Expend,SCIE)为数据库来源,对其收录的39所"985"高校的校企合著SCIE论文进行检索,共获得39所"985"高校发表的校企合著SCIE论文14 535篇(陈丽明,2014)。

(一)基础研究领域产学研合作的基本特征及国际比较

1997~2013年间,我国"985"高校发表的SCIE论文数及校企合著论文数均获得了快速的增长(见图7-30),39所"985"高校发表的SCIE论文数量从1997年的校均发表340篇到2012年的校均发表2 520篇,发文总数也由1997年的11 894篇累积增长至2013年的750 200篇,总体增长了63.07倍(樊霞等,2015)。其中,校企合著SCIE论文的数量更是获得了迅猛的增长。1997年39所"985"高校发表的校企合著SCIE论文总数仅有60篇,各校平均不足2篇。而至2013年,校企合著SCIE论文的总数已累计增长至14 535篇,校均373篇,整体增长242.25倍,远远高于SCIE论文的增长速度。

基于有些学者对世界前350所研究型大学产学研合作排行榜的研究成果(Tijssen et al.,2009),本书选择国内"985"高校2002~2006年的相关数据与其进行同期比较,计算结果如表7-18所示。在论文规模上,我国39所"985"高校在2002~2006年发表的校企合著SCIE论文总数为2 637篇,年均论文产出为527.4篇。同期世界前350所研究型大学的论文平均产出为9 499篇,是我国高校论文产出的18倍。在国际合作方面,2002~2006年间我国39所"985"高校的国际合作论文共有794篇,占校企合著SCIE论文总数的28.07%;而世界前350所研究型大学的校企合著SCIE论文国际合作比重则为32.8%,相对我国"985"高校高4.73%。无论从论文的整体规模还是论文的国际合作度方面,我国高校与世界大学相比均存在较大的差距。

从合作强度上看,表7-18统计了校企合著SCIE论文占比排名前十的国内"985"高校与世界前350所研究型大学情况。从校企合著的强度上,我国"985"高校校企合著SCIE论文的占比平均水平为1.94%,而同期世界前350所研究型大学校企合著SCIE论文的占比已达3.83%,相距国外具有较大的水平差距。在我国985高校校企合著SCIE论文占比排名前十的高校中,天津大学的校企合著SCIE论文占比为3.07%,为国内最高,但却不及世界前350所研究型大学校企合著的平均水平,与世界前350所研究型大学中校企合著SCIE论文占比排名第一的荷兰埃因霍温理工大学11%的水平相比,这一比重更是相差约8%。

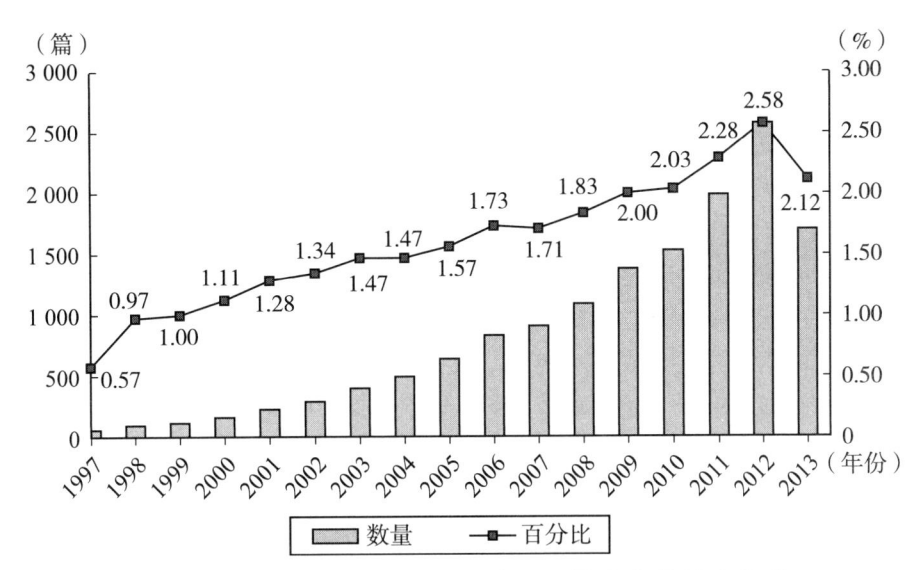

图 7-30 "985" 高校 SCIE 论文与校企合著论文比重

表 7-18 校企合著 SCIE 论文占比国内外比较

序号	国内高校				世界前 350 所研究型大学	
	大学	论文数（篇）	UIC 合著数（篇）	UIC 占比（%）	大学	UIC 合著占比（%）
1	天津大学	15 602	479	3.07	荷兰埃因霍温理工大学	11
2	重庆大学	8 397	252	3.00	日本东京工业大学	10
3	东北大学	11 111	330	2.97	日本大阪大学	9
4	北京大学	50 328	1 312	2.61	日本庆应义塾大学	8
5	中南大学	17 789	454	2.55	荷兰代尔夫特理工大学	8
6	上海交通大学	42 796	1 082	2.53	日本东北大学	8
7	清华大学	50 649	1 238	2.44	日本东京大学	8
8	同济大学	14 104	338	2.40	美国印第安纳大学与普渡大学印第安纳波利斯联合分校	8
9	华南理工	12 676	296	2.34	日本北海道大学	8
10	哈工大	22 396	517	2.31	丹麦工业大学	7
	国内平均	750 200	14 535	1.94	世界前 350 所研究型大学平均	3.83

资料来源：笔者根据相关资料整理。

(二) 产学研合作中资源获取特征与成果影响力的横纵向比较

第一，资源获取特征。从合著率、国际合作率、基金资助率等维度，对39所研究型大学产学研中的多元化资源获取特征进行了比较（见图7-31）。研究发现，其一，9 290篇文章由3个或3个以上作者共同发表，占总数的64.1%；剩余35.9%的文章由单个作者或两个作者发表。包括中国人民大学、浙江大学、北京大学、中山大学和北京师范大学合著率最高（3个及以上作者），超过80%。其二，UIC与外国机构合著论文的实际数量是4 908篇，占总数的33.87%。北京大学、华东师范大学、北京师范大学、复旦大学和中央民族大学有最高的国际合作率，占50%以上。其三，整体的基金资助率是49.01%，其中国防科技大学、浙江大学、中国人民大学、东南大学和北京师范大学都超过60%。

基于实证研究结果，中国高校科研人员之间的合作不断扩大。在1997~2013年合著作者超过3人的比例呈现不断增长的趋势，但在国际合作方面，国际合著论文有相反的趋势（见图7-32）。比例从1998年的57.29%下降到2005年的24.96%，然后从2006年呈现出缓慢的增长趋势。事实上，近几十年来见证了国际合作的增加。中国情境下，自1978年改革开放以来，国际合作也日益扩大和加强。国际合作论文及增长率从过去的线性增长到指数增长有着显著改变。国际合著论文比例的下降可能部分因为UIC文献数量从1997年的52篇到2012年的

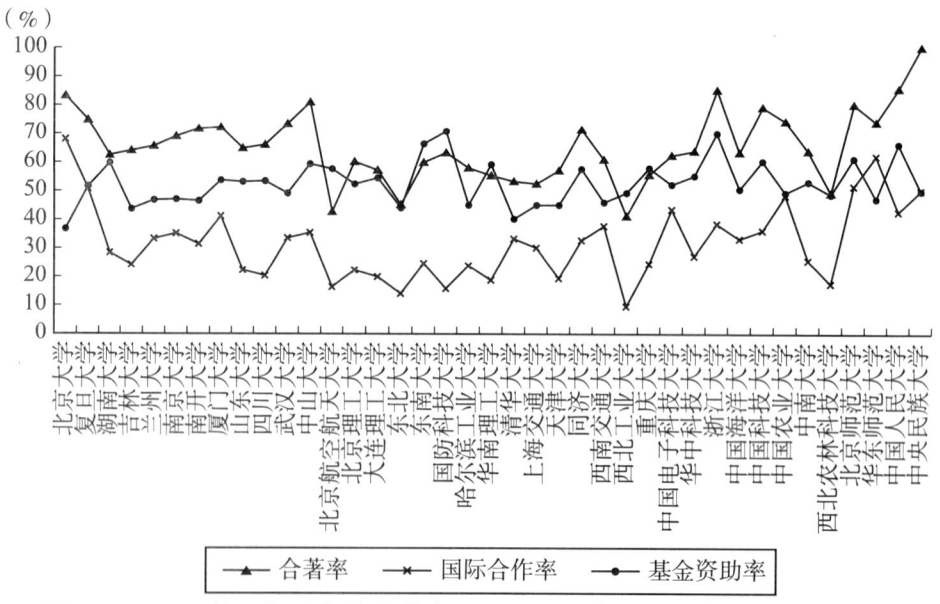

图7-31 39所研究型大学合著率、国际合作率、基金资助率分布情况

2 579 篇的显著增长。此外，科研经费是影响科技发展轨迹的重要因素。随着"科技发展的中长期规划（2006~2020 年）"的实施，中国政府已做出巨大的努力以赶上科技的研究领域，并鼓励企业获取外部资源和采取各种开放模式开展创新活动。正如所料，研究经费推动了 UIC 合著科学出版物的增长。UIC 合著比例在 2007 年后急剧增长，2010 年后增长缓慢。

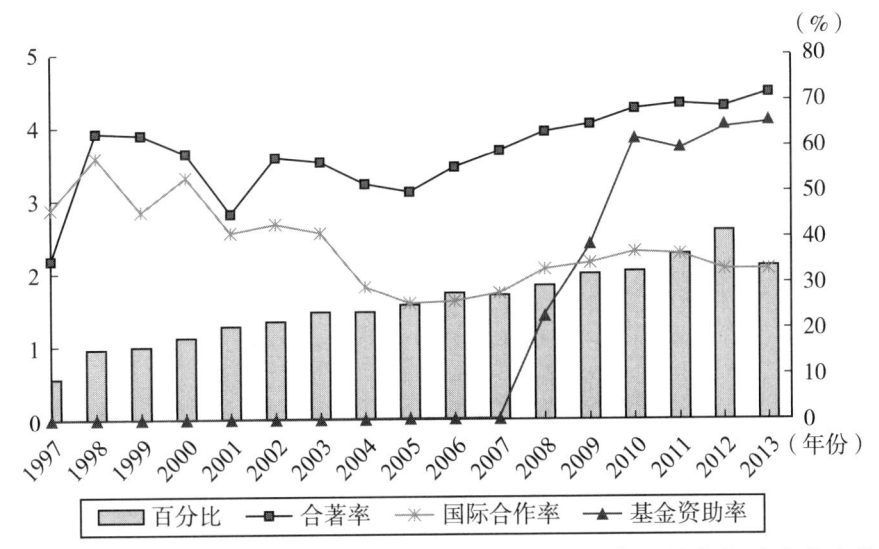

图 7-32　39 所研究型大学历年来合著率、国际合作率、基金资助率分布情况

第二，成果影响力。期刊的影响因子（IF）是判断期刊影响力的重要指标之一。为使发表在不同学科领域 SCIE 期刊上的论文影响力具有可比性，本书根据 JCR 2012 年公布的期刊影响因子按其所属学科领域进行标准化处理，标准化公式如下所示：

$$NIF_j = \frac{\sum_{i=1}^{n} \frac{IF_j}{IFc_j}}{n}$$

其中，NIF_j 表示期刊 j 标准化后的影响因子，IF_j 表示在 JCR 2012 中计算出的期刊 j 的影响因子，IFc_j 表示期刊 j 在其所属学科里的影响因子，n 表示期刊 j 所属学科领域的总数（蒋展鸿，2014）。

从横向上看，尽管我国"985"高校在 SCIE 期刊上发表的合作论文总数量较大且在不断地增长，但从整体而言高校发表的校企合著 SCIE 论文质量仍然较低。单个大学发表的合作论文在四个档次的分布比例将体现某大学基础研究能力的高低。39 所"985"高校发表的校企合著 SCIE 论文在四个档次期刊上的分布情况（见图 7-33），其中，前 25% 的部分占比越高，表明该大学发表论文的影响力越大且基础研究能力越强；后25%的占比越高，则表明该大学发表的合作论文的影响力较低，基础研究能力较弱。在39所"985"高校中，北京大学在前25%上发表的校企合著SCIE论文占比为49.30%，在后25%上发表的合作论文占比为12.09%；其次是北京师范大学和中国海洋大学，在前25%上发表的合作论文占比分别为39.17%和30.81%。而重庆大学和东北大学虽然发表的校企合著SCIE论文数量较多，但论文的整体影响力并不高，两高校在前25%上发表的论文占比分别仅为5.06%和7.49%，而在后25%上发表的合作论文占比则分别为51.90%和69.38%。

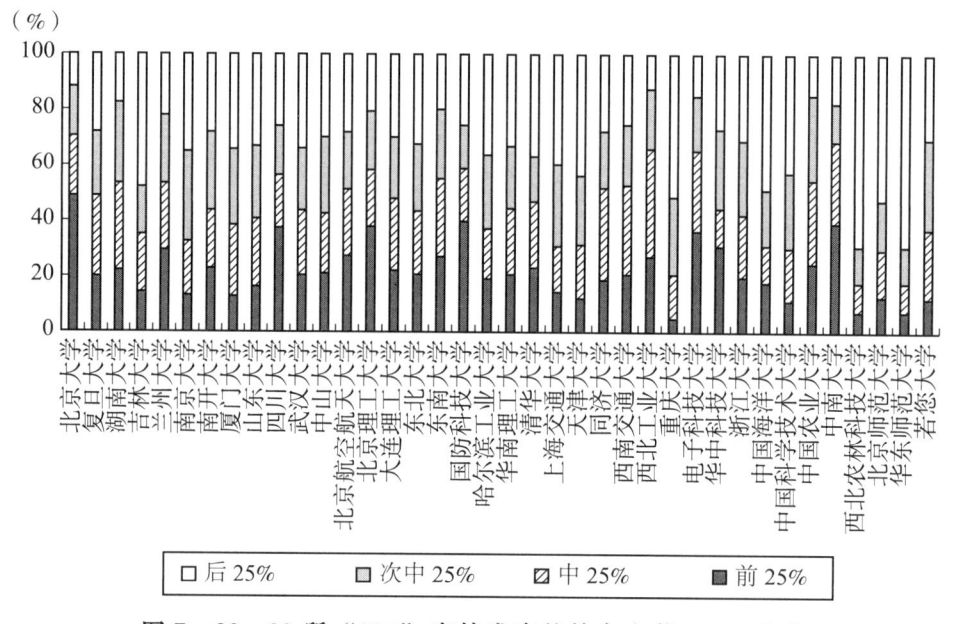

图7-33 39所"985"高校发表的校企合著SCIE论文
在四个档次期刊上的分布情况

从纵向上看，"985"高校在四个不同档次SCIE期刊论文上数量的增长大致经历了四个阶段（见图7-34）：第一阶段在1997～2000年，"985"高校在四个档次期刊上发表的校企合著SCIE论文数量基本相当且呈现缓慢增长态势。第二阶段是2001～2006年，"985"高校在后25%期刊上发表的论文数量开始呈现大幅增长，而发表在前25%期刊上的论文数量增长势头则逐渐减弱。其中，2003年和2005年的论文数量甚至低于中25%和次中25%。第三阶段为2007～2010年，"985"高校发表在后25%期刊上的校企合著SCIE论文数量已遥遥领先于其他三档期刊的论文数量。同时，发表在前25%期刊上的论文占总论文数量的比重却达到最低，表明该阶段"985"高校论文"重量不重质"的现象最为突出。

第四阶段是 2011 年至今,"985"高校在 SCIE 期刊上发表校企合著论文的总体增长态势没有减弱。同时,这一阶段高校发表在前 25% 期刊上的论文占比不断上升,并在 2012 年超过发表在后 25% 期刊上的论文数量。发表在中 25% 和次中 25% 期刊上的论文数量也在不断地增长,且与发表在后 25% 期刊上的论文数量差距在缩小,表明"985"高校发表在 SCIE 期刊上的校企合著论文质量在不断地提高,论文的国际影响力也在不断增强。但由于发表在后 25% 上的论文比重仍然较大,如何在规模增长的同时有效提升 SCIE 论文质量,仍然是我国高校在当前面临的重要问题。

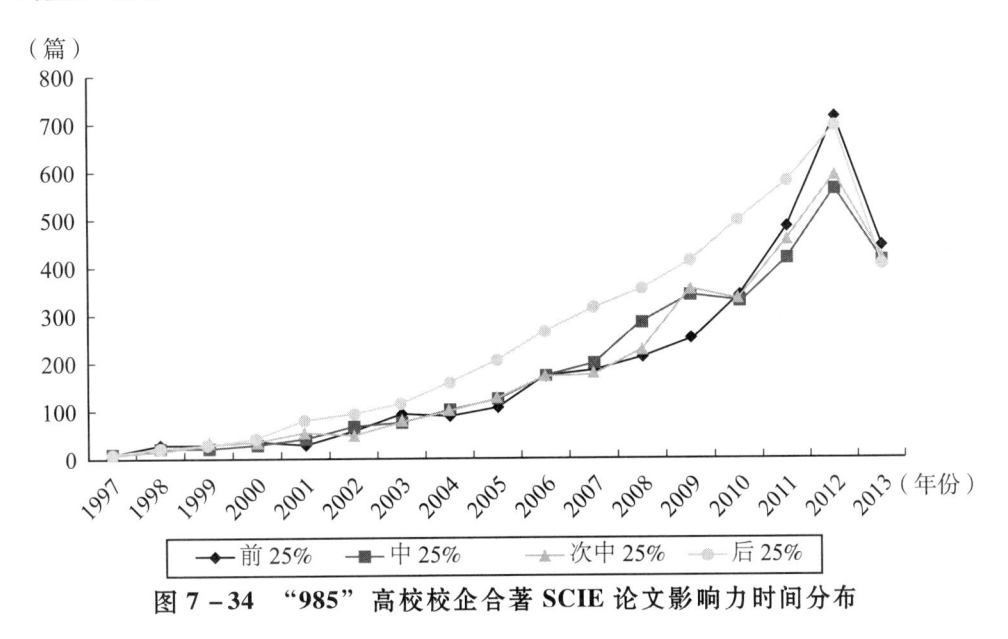

图 7-34 "985"高校校企合著 SCIE 论文影响力时间分布

第三,研究型大学产学研合作特征的潜在类别聚类分析。在上述描述性统计分析的基础上,本书进一步引入基于分类潜变量构造的潜在类别模型(Latent Class Analysis,LCA),对我国"985"高校的产学研合作特征进行聚类分析。以合著率、国际合作率、基金资助率作为资源获取维度分类变量、以合作成果的引用率和期刊所属影响力区间作为绩效分类变量,并进一步考虑到大学不同学科属性下产学研合作特征可能存在的差异性,将大学类型(Type)作为潜在类别分析的协变量,采用探索性潜在类别模型进行研究,并选用 BIC 指标(Bayesian 信息准则)对模型进行适配性检验(评价)。如表 7-19 所示,当潜在类别数目为 6 时,BIC 指标最小为 96 491.8299。同时,$G^2 = 393.504$,$P < 0.05$,达到适配检验的标准。相应参数估计方面,五大分类属性分别被六个潜在类别模型解释的百分比为 23.91%、79.96%、17.24%、49.26% 以及 48.71%,且 p 值均小于 0.05,故每个分类属性的变异都能够被潜在类别有效解释。

表 7-19　　　　　　　　　潜在变量统计结果

Cluster	LL	BIC (LL)	AIC (LL)	Npar	G^2	df	p-value	Class. Err.
4 - Cluster	-48 182.99	96 634.25	96 421.97	28	670.07	224	0.000	0.1543
5 - Cluster	-48 104.49	96 544.34	96 278.99	35	513.08	217	0.000	0.2283
6 - Cluster	-48 044.71	96 491.83	96 173.41	42	393.50	210	0.000	0.2303
7 - Cluster	-48 028.74	96 526.96	96 155.47	49	361.56	203	0.000	0.2866
8 - Cluster	-48 015.31	96 567.18	96 142.62	56	334.71	196	0.000	0.3462

以 6-Cluster 作为最佳模型，运用 EM 算法，估计其在潜在类别概率和 6-Cluster 下各分类属性的条件概率值（Cluster Size）。根据各个潜在类别在外部资源获取与合作绩效的匹配关系上，我国"985"高校在基础研究领域所表现出的产学研合作特征，从整体上可进一步划分为对称型与不对称型两大组别五小组别，各个类别的基本特征及其对应的高校分类情况如表 7-20 所示。

表 7-20　　基于不同潜在类别的"985"高校协同创新分类　　　　单位：%

分类		资源获取-绩效对称型			资源获取-绩效不对称型	
		高-高	中-中	低-低	低-高	高-低
分组	大学	U1, U2, U32, U33, U34	U3, U4, U5, U6, U7, U12, U17, U19, U20, U21, U25, U26, U29, U30, U31	U16, U18, U24, U27, U36, U37	U9, U10, U11, U13, U14, U15, U22, U23, U35	U8, U28, U38, U39
资源获取	Coauthor	79.32	61.81	57.38	59.16	68.17
	Internal cop	59.64	30.26	22.37	24.88	42.82
	Fund	44.37	49.16	53.41	49.92	53.80
创新绩效	Cited	66.34	65.53	56.92	62.35	38.03
	Impact1	38.82	20.55	11.91	19.34	18.87

注：北京大学（U1）、复旦大学（U2）、湖南大学（U3）、吉林大学（U4）、兰州大学（U5）、南京大学（U6）、南开大学（U7）、厦门大学（U8）、山东大学（U9）、四川大学（U10）、武汉大学（U11）、中山大学（U12）、北京航空航天大学（U13）、北京理工大学（U14）、大连理工大学（U15）、东北大学（U16）、东南大学（U17）、国防科技大学（U18）、哈尔滨工业大学（U19）、华南理工大学（U20）、清华大学（U21）、上海交通大学（U22）、天津大学（U23）、同济大学（U24）、西南交通大学（U25）、西北工业大学（U26）、重庆大学（U27）、电子科技大学（U28）、华中理工大学（U29）、浙江大学（U30）、中国海洋大学（U31）、中国科学技术大学（U32）、中国农业大学（U33）、中南大学（U34）、西北农林科技大学（U35）、北京师范大学（U36）、华东师范大学（U37）、中央民族大学（U38）、中国人民大学（U39）。

对称型。根据上述实证研究结果表明,资源获取及创新绩效在每所大学中具有不同模式。对称型分为三类:高—高、中—中及低—低。第一,"双高型"的特征,即高校的资源获取能力较强,同时合作创新的成果质量也较高。北京大学、北京师范大学、复旦大学、华东师范大学、中国科学技术大学5所高校属于该类型高校。双高型高校的多方合著率、国际合作率和国际基金资助率等资源获取能力类指标平均值分别为79.32%、59.64%和44.37%,同时,平均引文率(66.34%)和期刊影响因子(38.82%)也是最高。第二,分类Cluster 1和Cluster 5中的15所大学在合作创新资源获取与成果质量上呈现中等或中上水平。在多方合著率、国际合作率和国际基金资助率指标上平均值分别为61.81%、30.26%和49.16%,他人引用率和影响区间等合作成果质量类指标上的平均值则分别为65.53%和20.55%。高校属于该分类的数量占总数的38.5%。这些高校在资源获取和创新绩效方面占有优势,但在合作创新方面仍需加强。第三,在Cluster 1、Cluster 2、Cluster 5中的6所大学属于低—低组,在创新资源获取方面,该类高校在多方合著率、国际合作率和国际基金资助率指标上的平均值分别为57.38%、22.37%和53.41%,同时,他人引用率和影响区间等合作成果质量类指标的平均值则分别为56.92%和11.91%。这些高校需要在合作和创新绩效方面提高效率。

不对称型。不对称型进一步分为低—高不对称组及高—低不对称组。对于前者,处于Cluster 4中的高校表现为获取的合作创新资源较少,但成果质量却较高。该类高校在多方合著率、国际合作率和国际基金资助率指标上平均值分别为59.16%、24.88%和49.92%,平均引文率和期刊影响因子分别为62.35%和19.34%。另外,高校处于高—低不对称组是指高校具有较高的创新资源获取水平,但其合作成果质量水平却较低。对应的潜在类别分类为Cluster 6,总体占比10.26%。这些高校应该试图维持他们的创新资源优势,同时也努力提高其合作绩效。

四、基础研究领域:中国科学院产学研合作特征分析

中国科学院是我国自然科学最高的学术机构和综合研究中心,素以基础研究见长,全国超过85%的大型科研设施以及130多个国家重点实验室布置在中国科学院,另外全国众多最优质的研发人才集聚在中国科学院。作为我国创新系统中最重要的知识创造主体之一,在我国科研体系中所占据的位置和扮演的角色尤为重要,对其产业合作特征的研究具有更突出的实践价值(张艺、陈凯华和朱桂龙,2016)。加强基础研究领域的产学研合作,不仅可以集聚到最优质的创新资

源来推动基础研究发展,而且使得基础研究具有更强的应用针对性,解决目前许多重大技术突破遇到的瓶颈问题。基于此,本书以中国科学院参与发表的美国《科学引文索引》(Science Citation Index,SCI)论文为数据来源,使用社会网络分析及回归分析等可量化研究方法,深度刻画中国科学院在基础研究领域的产学研合作特征以及探究该特征对中国科学院基础研究绩效的影响,为支撑当前中国科学院"率先行动"计划的实施,产学研合作以及国家创新驱动发展战略的相关决策提供了更加客观的新的依据和参考。

(一) 基础研究领域产学研合作的总体规模

经检索,我们共获得中国科学院参与发表的全部 SCI 论文(2015 年之前)293 321 篇。图 7-35 展示了中国科学院历年发表的 SCI 论文数分布状况。进一步分析与中科院合作发表 SCI 论文的机构类别,发现中国科学院独立发表的论文数所占的比例最大,高达 61.13%。其次是中国科学院与大学之间双方参与发表的论文数,所占的比例为 36.68%。相比之下,中国科学院与企业之间双方参与发表的论文数和中国科学院、企业和大学三方参与发表的论文数所占的比例非常低,分别为 1.34% 和 0.85%。由此可知,在基础研究领域中国科学院与企业双方合作及中国科学院、企业和大学三方合作的强度远远低于中国科学院与大学合作的强度。一个可能的原因在于企业的社会功能定位在本质上与中国科学院及大学不同,企业更注重追求经济利益,而不热衷于发表不能直接带来经济利益的 SCI 论文。还有一个可能的原因是中国科学院与大学的研究成果的市场价值较低,

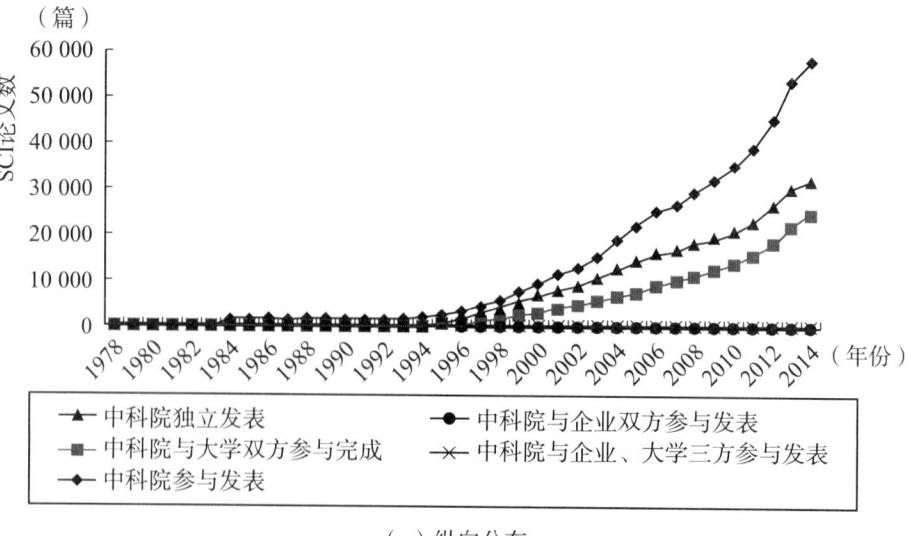

(a) 纵向分布

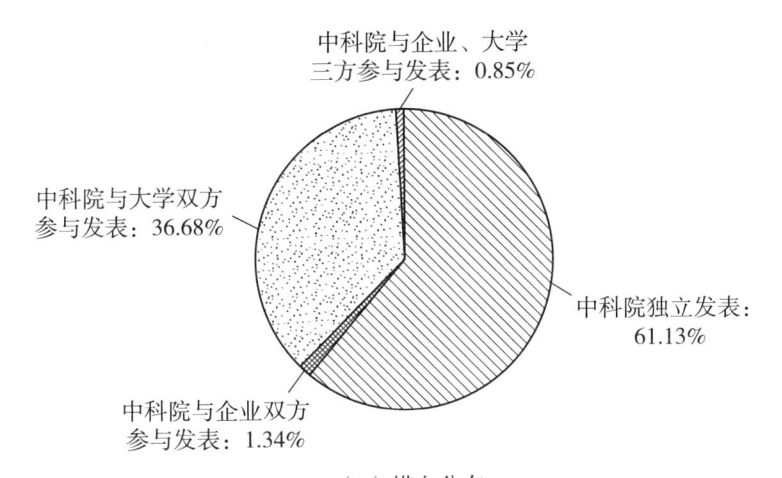

中科院与企业、大学
三方参与发表：0.85%

中科院与大学双方
参与发表：36.68%

中科院独立发表：
61.13%

中科院与企业双方
参与发表：1.34%

（b）横向分布

图 7-35　中国科学院参与发表（含合作发表）
SCI 论文的分布（1978~2014 年）

技术转化难度高，难以吸引企业参与中国科学院及大学的合作。相比之下，中国科学院与大学的科研能力都较强，它们在基础研究领域上具有较大的交集。另外中国科学院与大学通过合作共享对方的优质资源来实现共赢，因此它们在 SCI 论文发表上更倾向于频繁合作。

（二）基础研究领域产学研合作的网络化趋势

第一，总体网络趋势。为追踪中国科学院和企业、大学在 1984~2014 年期间在基础研究领域的产学研合作的网络演化过程，我们以十年为时间间隔，基于中国科学院与企业、大学合作发表的 SCI 论文数据，以作者所属组织为网络节点，同一篇 SCI 论文作者所属组织的共现关系为网络连线（边），分别画出 1984 年、1994 年、2004 年、2014 年中国科学院与企业、大学在基础研究领域的产学研合作网络图，如图 7-36 所示，随着时间的推移，中国科学院与企业、大学之间的合作规模不断扩大。

1984年　　　1994年　　　2004年　　　2014年

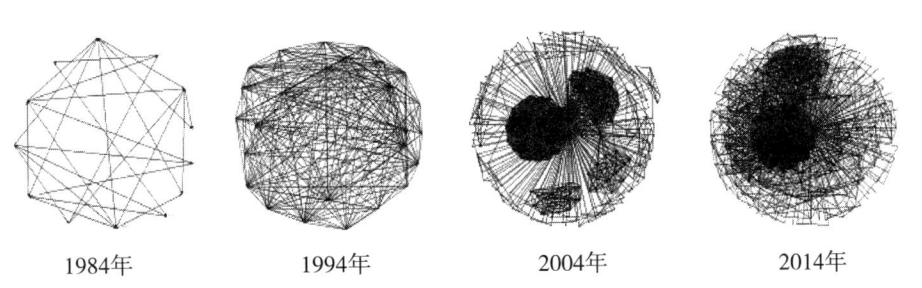

图 7-36　产学研合作创新网络规模演化图（1984~2014 年）

第二，中国科学院—大学双方合作网络。总体上，在基础研究领域中国科学院与国内大学合作的强度高于与国外大学合作的强度。与此同时，中国科学院与国外大学的合作交流也比较频繁。自从1998年"知识创新工程"启动，中国科学院进入了快速发展时期。20世纪90年代~21世纪初期，率先进入"211"工程、"985"工程国内大学由于获得国家科研经费大力扶持，科研实力得到大幅提升。因此国内的大学与中国科学院在基础研究领域的交集不断增大。另外中国科学院与国内大学都同属于一个科教系统，在当前我国科教政策的影响下，来自中国科学院和国内高校的学者为了应对各项考核以及在职位、职称及工资待遇等方面得到提升，他们都面临着发表论文的压力。而双方的合作可以获得资源共享双赢局面，所以它们之间的合作变得更加频繁与紧密。另外，国外著名大学的科研实力超过国内大学的科研实力，中国科学院为了实践国际化交流战略，提升自身的科研水平，获取国外著名大学的优质资源，除了与国内大学合作外，也热衷于与国外著名大学合作，所以中国科学院与国外大学的合作也相对比较紧密。

第三，中国科学院—企业双方合作网络。总体上中国科学院与企业在基础研究上的合作倾向于国际化，而不是本土化，这与大学的合作形成了鲜明的对比。一个可能的原因是国内很多企业缺乏创新动力，科研投入严重不足，对基础研究不够重视，也不热衷于通过外部合作提升自身的研发实力。相比之下，国外著名企业不仅在应用研究领域具有强大的研发实力，而且在基础研究领域的研发投入也不逊色于国内许多高校和研究机构。

第四，中国科学院—企业—大学三方合作网络。选取与中国科学院合作最多的30个组织（包括大学和企业）进行共现分析，获知与中国科学院合作最多的10个组织分别为：北京大学、美国国际商用机器有限公司、波恩大学、复旦大学、华为公司、清华大学、微软公司、浙江大学、上海生物公司和南京大学。与中国科学院合作最多的30个组织中，大多数的大学来自国内，而大多数的企业则来自国外，再次表明了在基础研究领域，中国科学院与国内大学合作的强度大于与国外大学合作的强度，中国科学院与国外企业的合作强度大于与国内企业合作的强度。这主要是由于我国独特的创新系统：科技型组织（大学/科研院所）研发实力较强，而经济型组织（企业）研发实力较弱。也表明我国应该加强产学研合作，从根本上改变当前我国创新资源分散、封闭、缺乏整合的现状，促进创新要素在不同组织间的流动，提升我国企业的研发创新能力，实现以创新为动力的发展模式。

五、小结

通过对我国高校和中科院产学研合作的特征进行分析，研究表明：第一，近年来我国高校基础研究领域的产学研合作得到快速发展，但是校企合著论文质量相对偏低。我国"985"高校的校企合著 SCIE 论文无论在规模、强度还是国际影响力上均获得了快速增长，但从校企合著 SCIE 论文的国际影响力上看，尽管校企合著论文的质量在不断地提高，但在顶级期刊上发表论文的比重仍然较小，如何在规模增长的同时有效提升高校的学术研究水平与校企合著 SCIE 论文质量，仍然是当前我国高校面临的重要问题。第二，与世界优秀研究型大学相比，我国研究型大学在基础研究领域的产学研合作，在合作规模、强度及国际合作程度等方面仍存在着差距。尽管这一差距正随着我国产学研合作实践的深入，以及产业技术创新能力的提升在不断改善，但高校如何在产学研合作的过程中，通过对企业技术创新问题的解决反馈并反哺自身基础研究能力建设，不仅是高校在产学研合作中获得能力成长的关键，同时也是我国产学研合作在合作机制与模式方面需要进一步思索的问题。第三，在基础研究领域中国科学院与企业双方合作及中国科学院、企业和大学三方合作的强度远低于中国科学院与大学合作的强度。中国科学院基础研究的合作网络特征与影响研究发现，中国科学院—企业—大学的产学研合作网络规模不断扩大，但中国科学院与企业双方合作及中国科学院、企业和大学三方合作的强度都远远低于中国科学院与大学合作的强度；国内企业和中国科学院在基础研究领域的合作强度存在不足，而国外企业与中国科学院在基础研究领域的合作更为频繁，总体表明中国科学院更倾向与科技能力强的国外企业合作。同时一定程度上折射出当前我国许多企业对基础研究不够重视，并不热衷于通过外部合作提升自身的研发水平。与国内许多企业不同的是，国外著名企业在基础研究领域更积极地寻求外部合作，特别是与研发实力强劲的科研组织合作，通过基础研究的合作来提升自身的原始创新能力。

第五节 本章小结

一、时空维度：产学研合作时空演化特征

第一，30 多年来我国产学研合作时空尺度不断深化，产学研合作由初级点对点的单向合作关系，向系统化、网络化的方向演进。整体表现为 2000 年前产学研合作网络关系较松散，2000 年后合作网络呈现明显的幂律分布，产学研合作网络具有典型的无标度与群聚性"双重"结构特征。随着国家创新驱动发展战

略的实施，产学研合作创新网络的时空尺度不断扩张，创新网络呈现低密度、高中心化的空间组织形态演化趋势。

第二，我国产学研合作的广度与深度不断扩展，但整体上产学研合作质量偏低，高质量的产学研合作空间分布难以承载创新驱动型经济发展需求。随着产学研创新网络空间不断扩张，国家经济地理范围内对技术知识的需求水平越来越高，而产学研合作网络仅在少数区域内创新联系紧密，高质量产学研合作空间远不能满足科技创新驱动发展的需要。在跨区域合作创新氛围不浓的状况下，创新网络组织跨区域联系松散，创新网络空间扩张对实现区域创新能力提升无太大帮助，创新网络区域性扩张的同时并没有形成空间协同创新效应，高质量的产学研合作空间分布难以承载创新驱动型经济的发展需求。

第三，在国家经济地理范围内，跨区域产学研合作创新活动与企业、产业实际需要结合不紧密，协同创新网络更多局限于区域内部自我循环，增大国家创新系统建设风险。随着我国科技体制改革不断取得突破，创新主体大量增加，少数主体占位优势越来越明显，由于科技创新资源具有集聚效应，优势主体能够在全国范围内与不同主体建立合作关系，而大量创新主体受限于自身创新禀赋能力和空间地理临近性阻隔，只能选择与区域内或具有较高声誉优势的机构建立合作关系，产学研合作理性选择的结果却是少数主体主导合作网络空间分布，协同创新网络形成局部锁定，创新主体间形成合作路径依赖。

第四，我国产学研合作还没能形成优势互补的协同创新机制，合作还仅停留在以技术成果转化为主的初级阶段，企业技术能力偏低的现实情境并没有根本改变。我国产学研合作初衷是基于企业技术能力普遍偏弱的现实情境，力图通过加强产学研合作提升企业技术创新能力。然而三十几年过去了，合作网络中一直是少数高校占据着集聚节点位置，企业在创新网络中没有形成集散节点，创新主体性地位没有得到充分体现，在合作创新中影响力和控制力较弱。因此一定程度上我国高校一直充当产业共性技术供给，企业技术能力偏低的现实情境并没有根本改变，我国产学研合作创新还仅以技术成果转化为主，高校一定程度上变成了企业技术研发中心，弱化了企业技术能力提升。

第五，我国产学研合作尚未建立长效合作机制，没能形成良好的协同创新环境，大量创新主体存在机会主义、搭便车的短期合作行为，合作难以摆脱单向且缺乏深度交互的困境。

第六，在过去的30多年，产学研合作网络空间分布演化格局与我国经济地理发展具有一致性，产学研合作重心发生了转移，从最初以北京市为中心的"单核结构"，逐渐演变成以京津冀、长三角、珠三角为中心的"三核结构"。在京津冀、长三角、珠三角沿海等区域内创新联系紧密，这些区域长期对外开放程度高，科教资源集聚丰富，工业产业具备一定基础，区域技术创新与产业联系紧密，区域内创新创业氛围比内陆城市优越，大量创新主体也逐渐集聚分布于这些区域，形成技术知识规模较大的中心城市、创新联系紧密的协同创新网络，成为协同创新中心区域。

总之，我国产学研合作创新网络时空演化特征表明，国家创新系统建设呈现区域不均衡演化格局，产学研合作的创新联系呈现区域局部锁定，创新能力在创新中心区与非中心区的不均衡发展态势，区域间难以形成空间协同创新效应。

二、效率维度：产学研合作效率

第一，我国产学研合作体系内部集成性和协同性较差，长期以创新主体间单向合作交互关系为主，产学研主体间缺乏更高层次的交互关系。产学研合作未能充分激发大学、产业和科研院所各方的协同创新能力，系统化、网络化的产学研合作创新体系尚未形成。

第二，我国产学研合作网络关系紧密程度不断加强，但是产学研系统合作关系分布不均衡，产学研主体间合作紧密度偏低，区域间产学研合作关系分布严重失衡。从区域横向对比来看，产学研合作关系区域分布上严重失衡，经济发达省域形成较为成熟的产学研合作网络，这些区域产业研发能力较强，区域内产学研合作紧密程度高于经济不发达省域。而经济不发达区域，真正意义上的产学研合作网络尚未形成，由于能力结构层级偏低，合作能力较弱，仅能锁定与区域内学研机构合作。

第三，由于各区域、行业间创新主体能力存在较大差距，区域与行业间产学研合作系统协同效率差异逐渐增大。从全国区域层面来看，伴随我国产学研合作创新政策的不断升级，科技创新资源投入差异的累积效应，整体上产学研协同程度呈现明显的持续增长发展趋势，但区域间产学研协同效率差异明显，创新能力较强的沿海地区产学研合作系统的协同程度强于内陆地区。从行业层面上看，由于行业异质性，各经济区行业产学研协同效率差异性显著。

第四，区域间合作创新系统协同效率差异逐渐增大，经济发达地区合作创新系统对区域内学研机构依赖度较低，中西部经济不发达地区呈相反的趋势。从我国区域产学研合作关系空间分布特征来看，跨区域的产学研合作交流较少，产学研合作以区域内合作为主，区域间产学研合作差异在逐渐加大。东南部沿海地区产学研合作能力较强，区域产业自主创新能力较强，因而对大学与科研院所的技术知识依赖度较低。

三、知识转移维度：产学研合作创新与知识辐射距离测度

我国产学研合作技术知识转移存在严重的非对称性现象，国家创新系统严重依赖于少数区域内核心主体的技术知识辐射，产学研知识转移供给难以适应区域经济均衡发展的需求。主要表现为以下几个方面：第一，由于产学研主体分布趋于不平衡发展，高质量的创新联系仅分布于少数发达区域，国家范围内大多数区域创新联系缺乏优质创新主体，受限于空间临近性阻隔效应，边缘创新区域难以获取互补性技术知识，国家创新系统严重依赖于少数区域核心主体间形成的技术知识网络，导致知识转移呈现创新中心区位锁定，技术知识溢出的局部效应，形成产学研合作知识转移在创新中心区与非中心区的非对称性。第二，产学研合作形成过度依赖少数创新主体的技术知识转移，国家创新系统依靠中心城市技术的知识辐射，将导致技术知识供给不能满足区域经济均衡发展的局面。虽然我国跨区域的产学研合作发展迅速，但受知识溢出与知识转移距离衰减性的影响，地理临近效应仍是影响区域创新合作与知识流动的重要因素。第三，伴随着我国产学研合作总体的不断增长，区域间产学研合作逐渐形成以北京、上海、深圳等城市为核心的知识网络，虽然城市间产学研合作强度不断增强，但中心城市的平均知识辐射距离快速下降。第四，区域、行业间的产学研合作知识转移分布存在严重不均衡的现象。从区域间知识辐射距离角度，各城市产学研合作知识辐射距离与城市间产学研专利数量所占比例间关系并不均衡。不同行业城市间产学研合作的地理空间分布与知识辐射距离体现出不同的特征，且知识辐射的距离阈值也各不相同。当前我国经济发展越来越依靠创新驱动战略，创新网络空间组织分布的不均衡发展状态，势必会进一步放大沿海地区与内陆城市区域的经济差距。

四、产学研合作标的维度：产学研合作与共性技术研发

整体来看，产学研合作与企业间合作模式可以显著提升共性技术的技术基础性和技术关联性，而不利于共性技术的技术外部性发展；企业间合作模式对共性技术的影响效应大于产学研合作模式。具体表现为如下特点：

第一，不同情境下研发模式对共性技术属性特征的影响效应存在差异。具体技术领域研发模式对共性技术属性特征的影响效应不同，产学研合作和企业间合作模式可以显著提升共性技术的技术基础性和技术关联性，而不利于共性技术的技术外部性发展；产学研合作模式影响效应大于企业间合作模式。产学研合作和

企业间合作模式可以提升技术领域共性技术的技术基础性和技术关联性，而不利于共性技术的技术外部性发展；企业间合作研发模式影响效应大于产学研合作模式。

第二，不同时间段研发模式对共性技术属性特征的影响效应不同。技术基础性方面，企业间合作模式对技术基础性创新正向影响效应逐渐增强，产学研合作模式的正向影响作用也开始凸显。在技术关联性方面，产学研合作模式比企业独立研发模式对技术外部产业关联性的正向影响更大，但企业间合作模式的正向影响效应有逐渐超越产学研合作模式的趋势。在技术外部性方面，产学研合作特别是企业间合作模式对专利技术的外部性带来的负向影响有增强趋势。

第三，企业规模影响不同研发模式下共性技术属性的特征效应。在技术基础性方面，大规模企业通过企业间合作模式对技术基础性创新带来较大的正向影响，而小规模企业通过产学研合作模式能有效提升企业技术基础性创新；技术关联性方面：大小规模企业都可以通过产学研合作模式提升技术外部产业关联性，企业间合作模式正向影响效应并不显著；技术外部性方面：大规模企业通过产学研合作研发模式给专利技术外部性带来正向影响，合作研发模式给小规模企业专利技术外部性带来负向影响。

第四，在不同国家研发模式下共性技术属性的特征效应不同。总体来看，美国和日本企业间合作模式对技术基础性创新的正向影响效应最强，产学研合作模式次之；中国产学研合作模式对技术基础性创新的正向影响效应最强。在技术关联性方面，美国产学研合作模式的技术外部产业关联性最高，企业间合作模式次之；日本企业间合作和产学研合作模式对技术外部产业关联性具有正向影响，但效果并不显著。中国企业间合作和产学研合作模式对技术产业关联性具有负向影响，但效果并不显著。在技术外部性方面，美国、日本和中国产学研合作特别是企业间合作模式对专利技术的外部性带来的是负向影响。

第五，合作研发（企业间合作、产学研合作）的创新模式相对于企业独立研发模式更能促进共性技术的研发创新，产学研合作创新模式显著优于企业—企业间的合作创新模式。因此，在产学研合作进行共性技术研发创新的过程中，企业作为共性技术创新的主体，发挥着十分重要的作用。

第六，在不同技术领域，产学研合作对共性技术创新的影响效应存在较大差异。通过对生物技术领域的不同细分进行进一步分析发现，在一些技术领域上，企业单独申请专利的 MTCR 指标值低于企业—企业合作专利和产学研合作专利的相应指标值，表明在上述技术领域，合作研发增强了技术广泛性；而在另一些技术领域上，产学研合作相对于企业—企业合作显著增强了技术关联性。说明因此在生物技术领域，应根据该领域特性提供针对性政策引导与支持，以促进共性技术的研发创新。

第七，政府在共性技术研发中起到重要的引导作用，建立健全相关激励机制是促进共性技术研发创新的重要保障。从世界各国对于共性技术的开发模式来看，政府在其中起的作用主要有以美国、欧盟等为代表的政府引导型共性技术创新平台建设模式和以日本、韩国为代表的政府主导型产业共性技术平台建设模式，通过科技计划、专项基金等形式支持共性技术研发创新，欧、美、日等国显著提升了生物技术领域的技术创新水平。中国两类指标均基本处于末位，说明由于我国市场机制还未健全，在技术发展上正处于从引进、模仿、消化到自主创新的过程，即使在产学研多方合作模式下，仍存在着不同的主体由于追求的目标和功能定位的不同而存在差异，这就会带来动力不足的问题。

五、产学研合作机构维度：中国研究型高校与中国科学院产学研合作特征

第一，我国研究型大学在基础研究领域的产学研合作发展快速，其合作无论在规模、强度，还是国际影响力上均获得了快速增长，但合作成果质量偏低。与国际大学相比，我国研究型大学在合作规模、强度及国际合作度方面仍存在着较大差距。从校企合著SCIE论文的国际影响力上，尽管校企合著论文的质量在不断地提高，但在顶级期刊上发表论文的比重仍然较小，如何在规模增长的同时有效提升高校的学术研究水平与校企合著SCIE论文质量，仍然是我国高校在当前面临的重要问题。

第二，我国学研机构在产学研合作过程中尚未形成反哺自身基础研究能力的机制，在面对企业从共性技术到企业产品技术的多层次技术需求下，高校为迁就企业技术能力，不同类型的大学、内部能力水平迥异的不同学科，往往不加区分较多热衷于企业产品层面的合作，使产学研合作的重心下移，从而对大学组织目标的实现与基础研究能力的提升造成侵蚀。高校如何在产学研合作过程中，通过对企业技术创新问题的解决反馈并反哺自身基础研究能力建设，不仅是高校在产学研合作中获得能力成长的关键，同时也是我国产学研合作需在合作机制与模式方面进一步思索的问题。

第三，中国科学院更倾向与科技能力强的国外企业合作，一定程度上折射出当前我国企业对基础研究不够重视，并不热衷于通过外部合作提升自身研发水平。虽然中国科学院—企业—大学的产学研合作网络规模不断扩大，但中国科学院更倾向与科技能力强的国外企业合作，中国科学院与企业双方合作及中国科学院、企业和大学三方合作的强度都远远低于中国科学院与大学合作的强度；国内

企业和中国科学院在基础研究领域的合作强度不高，而国外企业与中国科学院在基础研究领域的合作更为频繁。与国内许多企业不同，国外著名企业在基础研究领域更积极地寻求外部合作，特别是与研发实力强劲的科研组织合作，通过基础研究的合作来提升自身的原始创新能力。

第八章

基于能力结构视角的产学研合作创新研究

为促进企业有效地参与产学研合作,实现不同层次技术能力结构协同提升的根本目标,本书围绕"企业技术能力结构与产学研合作关系"这一核心问题,运用文献研究与案例研究方法对企业技术能力的定义与内涵进行了诠释,并重新解构了企业技术能力结构的维度,构建了技术能力结构视角下,产学研合作创新的 SCP 理论模型,并将上述核心问题进一步分解为六个子问题:(1)技术结构视角下,企业技术能力结构的内涵及维度构成;(2)企业技术能力结构如何演化?(3)产学研合作如何影响企业技术能力结构演化?(4)企业技术能力结构如何影响产学研合作?(5)产学研合作创新主体能力结构匹配如何影响产学研合作的技术选择?(6)产学研合作创新主体技术势差如何影响企业技术能力?

第一节 企业技术能力结构的定义与内涵

关于企业技术能力结构的研究,存在三种代表性的观点。

(1)单纯从职能的视角出发,从组织内部不同职能的行为角度来分析技术能力的构成要素。强调生产能力在技术能力中的作用,尝试对生产能力与技术能力进行区别,如将技术能力结构维度划分为生产、投资和创新三要素;或者将技术能力结构划分为投资能力、生产能力和商业化技术能力三要素等。但这种方式仅对技术能力结构的要素进行平铺直叙,没有凝练出具备层次性的概念框架。

（2）从过程的视角出发，更加注重技术能力结构在技术变革中发挥的作用，如将技术能力结构划分为购买技术能力、工厂操作能力、复制和拓展能力以及创新能力；又如将技术能力结构划分为公益获取、工艺运营、工艺变革和产品变革等。基于过程视角研究的关注点较职能视角更加聚焦到技术及以技术为核心的其他方面，这一视角的一大贡献在于揭示了能力结构的两大属性之一——活动属性，使得技术能力更加符合动态环境的现实情境。但同样由于没有对技术进行严格界定，也没有很好地剖析技术结构，只是把技术作为一个"黑箱"，使得这一视角的相关研究大多只是停留在描述层面，还不能较好地剖析企业技术能力结构的内涵和外延。

（3）从知识视角出发，认为技术能力的本质是知识或信息，并把技术能力结构看作企业的动态知识库，如将技术能力结构定义为企业为实现技术创新而运用的人员、设备、信息和组织的知识存量的总和。此视角现有及过去的相关主流研究集中在技术能力的提升以及演化方面，主要探讨的是在技术能力的不同阶段与知识相关特征的匹配互动关系。但这一划分仍过于强调微观知识的作用，而忽略了中观层面因素的构建。

综上所述，知识视角的企业技术能力研究为探明技术能力结构奠定了一个坚实的微观基础，对知识分类的研究可以看作是探明企业技术能力结构的先导。在知识分类视角下与组织学习相关的研究，也为技术能力提升提供了手段和途径。但是，相关技术能力提升的研究陷入了宏观规律的总结（Panda，1995）。以高度抽象的研究为基础设计企业和国家的技术政策容易出现技术政策缺乏具体内容的问题，反之则可能无法在国家层面上形成具有共同特征的技术政策（宋磊和吴志翔，2011），使得相关的研究成果只是停留在提高认识上面，而对于实际操作的指导意义欠佳。

因此，为探明企业技术能力结构，其分析工具和视角应具有适中的抽象程度。目前虽然已有相关的案例研究，但都没有直接针对企业技术能力结构的维度及其路径进行研究（路风和慕玲，2004），而且其技术结构划分只是作为一个手段，并非研究的主要目的。技术一方面植根于知识的微观本质，另一方面又是企业能力的直接体现。所以，可以从连接知识分类和产品技术的技术结构视角来剖析企业的技术能力结构。

基于此，本书借鉴技术能力理论中的技术结构分析视角，对企业技术能力结构做如下定义：构成技术能力的不同要素及其连接方式所整体表现出来的一种能力分布状态，即企业在产品设计与制造技术和共性技术上的一种能力分布状态。企业技术能力结构是企业整合内外部资源，以开发基础性共性技术、应用性共性技术和专有技术的能力。

基础性共性技术能力是指开发基础性共性技术的能力，而所谓基础性共性技术是指靠近基础研究的一类共性技术，可以在多个产业或领域应用，系统性、科学性、综合性、基础性比较突出，其研发和创新源自基础理论的长期积累，离商业化应用还需进行漫长的二次开发（项目定义）的一类共性技术。

应用性共性技术能力是指开发应用性共性技术的能力，而所谓应用性共性技术是指靠近市场应用的一类共性技术，在基础技术基础上结合产业或者行业背景和需求开发，一般是在单个或多个行业应用，二次开发量适中（项目定义）的一类共性技术。

专有技术能力（产品设计和制造能力），即产品设计与制造技术能力是指企业个体所拥有的具有秘密性质的技术知识和技术经验及其积累，是企业根据共性技术结合企业背景和实际应用开发的、能够直接开发和制造产品的技术能力。

第二节　企业技术能力结构的维度和演化：案例研究

一、金发科技企业：技术能力结构维度的勾勒

金发科技作为全球改性塑料品种最齐全的企业之一，同时也作为国内改性塑料行业的龙头企业，其技术能力的发展经历了从无到有、从弱到强的辉煌历程。同时，作为少数能够掌握自主核心技术的企业，很值得去挖掘其中的能力构筑和发展过程，以期为其他行业提供更多有益的借鉴（周明泽，2016）。

本书运用扎根理论，通过开放性编码、主轴编码和选择性编码三个步骤，对金发科技技术能力结构维度进行了编码分析，得到了金发科技技术能力结构维度的编码结果，主要包括一个核心范畴"企业技术能力结构"，三个主范畴"专有技术能力""应用性共性技术能力"和"基础性共性技术能力"（见图8-1）。

经过我们的深入研究发现，金发科技技术能力结构的三个维度存在明显的时间特征：初创阶段（1993~1998年）、成长阶段（1998~2010年）和成熟阶段（2008年至今），并以此对金发科技技术能力结构演化过程进行细致分析。

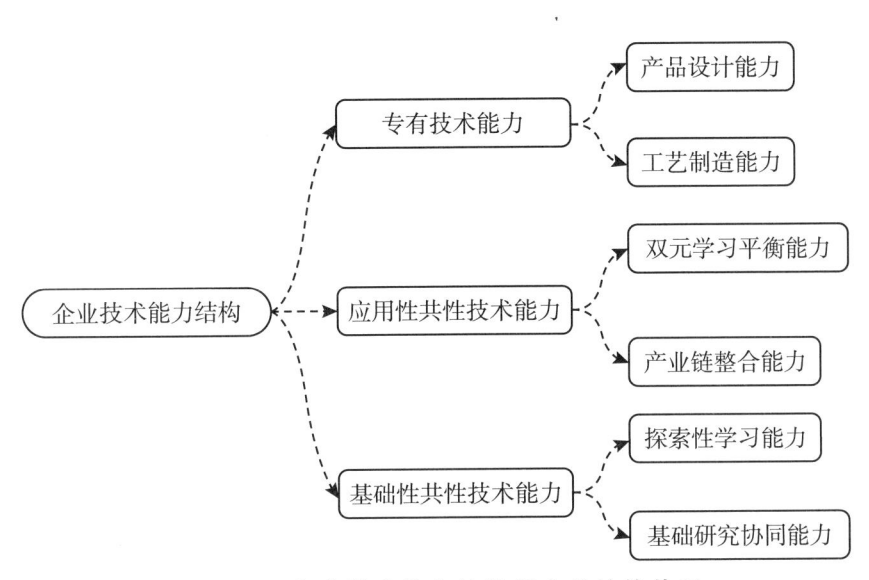

```
                          ┌──→ 产品设计能力
              ┌─ 专有技术能力 ─┤
              │           └──→ 工艺制造能力
              │
              │              ┌──→ 双元学习平衡能力
企业技术能力结构 ─┼─ 应用性共性技术能力 ─┤
              │              └──→ 产业链整合能力
              │
              │              ┌──→ 探索性学习能力
              └─ 基础性共性技术能力 ─┤
                             └──→ 基础研究协同能力
```

图 8-1　企业技术能力结构概念的结构体系

（一）以专有技术能力为起点的初创阶段

通过扎根理论发现，对于一个白手起家的企业而言，专有技术的掌握情况往往是关键，而掌握专有技术的关键则是尽快进入新技术系统并构筑相应的生产能力。具体而言，在中国转型经济的情境下，专有技术中生产制造能力的培养是决定企业后续发展和学习的一大前提。因为在起始阶段，企业很难去掌握一项共性技术，无论其是基础性共性技术还是应用性共性技术。金发科技当时主要就是靠创始人之一的一项专利"阻燃高抗冲聚苯烯母料"起家，在广州一间只有20平方米的简陋房间作为高性能改性塑料产品的研发和生产基地，开始了金发科技的创业期。对于自用的技术而言，技术必须通过产品形式产生经济效益才能得以持续。所以，袁志敏等就一直在寻求产品生产的突破，但如何进行突破呢？当时寻求的方法主要是对同类产品进行复制性模仿学习，通过"模仿中学"提高了将技术向商业化转换的能力。具体而言，在1994～1995年进行阻燃HIPS的研发时，金发科技采取的主要方式是在对跨国公司的同类产品进行反求工程的基础上确定其配方，进行复制性模仿。当时之所以选择反求HIPS，原因主要有二：一是其中一位合作人还拥有阻燃HIPS方面的实际开发经验，这样能更好地获取其配方；二是阻燃HIPS未来发展潜力巨大。反求工程的核心是获取产品的技术原理，从而能够生产制造产品。也就是说，对于金发科技来说，当时最重要的任务就是如何获得产品的生产制造能力，只有具备了生产制造能力，才有可能进入产业链和市场，后续环节才能陆续展开。由于当时金发科技自身能力不足，所以同时与中山大学研究人员针对阻燃产品的生产中遇到的问题以及现有技术改良等进行问题解决型短期合作，这一交流进一步拓宽了其在阻燃材料开发方面的知识。

在金发科技的这一阶段，产学研合作主要是针对物理改性办法来帮助金发科技进行产品合作研发。由此可以看到，这时候金发科技已经开始借助外部的力量来弥补自身在技术能力结构方面的缺陷，但由于此时金发科技自身能力还不是很强，对于技术研发和生产制造也不是很了解，所以对于产学研合作的形式和内容也多只是停留在较低水平的问题解决型短期合作，主要针对生产中遇到的具体问题该如何解决进行协商交流。因为在初期，生产中的具体问题能否顺利解决直接关系到产品能否制造出来，所以，虽然这样的合作形式是低层次的，但是对于金发科技自身的技术能力积累却相当重要。这个过程最重要的是解决了金发科技的生产能力问题。在构筑了基本的生产能力以后，金发科技发展更加迅猛。也就是，金发科技之所以能够进入应用性共性技术阶段，即创造性模仿阶段，主要是基于生产能力的积淀，使金发科技对产品的构造和原理有了一定的了解。

（二）以应用性共性技术能力为核心的成长阶段

当产品开发和销售取得了一定效益和积累后，金发科技的管理层很快意识到，只有提高产品的技术含量才能使自身产品更有竞争力，即要从开始的模仿战略上升到创造性模仿战略，要有一些实质性创新。创造性模仿战略的提出，表明金发科技已经不满足于纯粹的产品设计与制造，而是要通过加大研发来提高自身产品的竞争力。而这一阶段，正是我国对外贸易的黄金时期，金发科技这一口号的提出，具有先见之明，要摆脱我国技术逆向行走的困境即重大技术突破难和自主创新能力低的问题。所以，金发科技当时所提出的实质性创新就是共性技术研发，进而支撑起高水平的产品设计与制造，专有技术即产品设计与制造技术的支撑就是共性技术，特别是直接支撑的应用性共性技术。金发科技当时没有认识到自己要突破的就是应用性共性技术，但是明白要突破的正是专有技术背后的技术，金发科技并没有选择太靠近基础研究的技术，而是选取了既与自身现有产品技术紧密相关但又比较基础、牵涉面比较广、突破有一定难度但又有现实可行性的一类技术。正是因为认识到这一点，金发科技制定了自主创新的战略，实质就是依托于现有的产品设计能力和工艺制造能力向应用性共性技术研发延伸。在外源型产业发展和行业科研院所改制带来的共性技术"需求"和"供给"双杀即技术逆向行走路径下，金发科技在此背景下是如何培育了这一能力以帮助应用性共性技术研发的呢？金发科技当时采取的一大对策是通过深度产学研合作来研发应用性共性技术。即通过在2003年设立行业内第一个博士后科研工作站、2004年设立行业内第一个院士工作站等形式帮助解决这一问题，其中的典型代表就是纳米复合材料中应用性共性技术研发的成功。

2005 年，金发科技实验室开始推行 ISO/IEC 17025《检测和校准实验室通用要求》标准，并于 2006 年获得了行业内首家"国家认可实验室"称号，这些都表明了金发科技在应用性共性技术研发方面取得了一些实质性的突破。2006 年，金发科技制定实施了《2006－2010 年技术创新和产品发展战略》，加强改性塑料前沿性研究，突破了行业中一些关键性技术和共性技术，强化技术积累。通过与高校和产业链伙伴建立长期战略伙伴关系，金发科技这时已经申请了多达 180 多项 HIPS 和 PP 领域的发明专利，构建了应用性共性技术能力，而且开始涉足新一代纳米与生物降解材料（PBSA）的开发，在这一过程中，政府的政策支持也起到了很大的作用，具体体现为政府政策对这些新兴战略领域的政策和资金支持。在这一阶段，金发科技一方面与高校及科研院所保持紧密的合作关系，另外也积极整合产业链，推广自身的技术和产品。纵观金发科技应用性共性技术能力发展阶段的技术能力结构演化特点，可以发现两点：一是在初创期的产品设计能力和工艺制造能力都有了很大的提升，二是也培育了 2 个新的技术能力结构维度：双元学习平衡能力和产业链整合能力，其中，双元学习平衡能力是应用性共性技术研发的前提，而产业链整合能力则是应用性共性技术能否运用的保证，这一整合能力的关键在于为技术研发提供互补性资产，印证了后发企业在技术追赶过程中对互补性资产的拥有和掌控能力的重要性。而培育双元学习平衡能力以克服探索性学习和开发性学习冲突的一大途径是产学研合作。可以看出，在这一阶段金发科技的主要学习方式是上下游合作中学、合作研发中学和投入中学三种，这些学习方式所体现的核心就是双元性学习（周明泽，2016）。

　　由此看出产学研合作和产业链合作在应用性共性技术研发和应用中的重要性缺一不可。而一般只有行业龙头才具备产业链整合能力，金发科技恰好是在逐渐成为改性塑料行业龙头并在整合产业链的过程中，在应用性共性技术研发特别是应用和推广上有了重大突破的。

（三）以基础性共性技术能力为目标的成熟阶段

　　经过以专有技术能力为起点的初创阶段和以应用性共性技术能力为核心的成长阶段的积累，金发科技已经构筑了专有技术能力和应用性共性技术能力并存的技术能力结构格局，技术能力得到了很大提升，能力结构也得到了优化。但是，随着市场对于各种产品性能要求不断提升，金发科技从各种途径获取的信息发现，已有的产品和技术仍然不能很好地满足市场需求，需要在现有基础上进行更深层次的研发和突破才能进一步应对新的要求和挑战。随着企业技术知识的不断积累与技术能力的不断增强，这使金发科技向技术的更高领域进军，如纳米材料、碳纤维等新技术和新产品，这些领域基础性、系统性比应用性共性技术更强,如纳米材料学作为一门新的科学领域,涉及生物、物理、材料、化学等多个领域的知识,需要的是多方力量进行集合研发,即金发科技较难仅仅凭借自身力量来完成这些研发工作,这些符合应用性共性技术的基础——基础性共性技术知识的范畴,而且问题在于这些知识很难从产业的其他伙伴得到,因为自身已经代表了国内行业的最高水平。为此,金发科技主要是通过与国内外顶尖高校及科研院所合作如院士工作站来研发基础性共性技术。具体而言,金发科技不断与国内外高校、科研机构合作建立科技信息平台,及时了解和掌握最新的高分子研究动态。金发科技通过共建研究基地等模式来实现基础研究的合作创新,也就是构筑基础研究协同能力。在此基础上,金发科技为了能更好地提升自身在基础研究领域的探索性学习能力,于2015年在美国密歇根州注册成立公司,从而能更好地对接来自美国的基础研究、基础性共性技术的知识以及引进海外高层次人才。金发科技这种不断与国内外高校、科研机构合作建立研发基地,使其能更好地探索基础性共性技术的行为,这其实就是在培育自身的探索性学习能力。2013年,公司跨国收购印度 HYDRO 公司,这标志着金发科技海外扩张迈入了一个新台阶。2015年,金发科技成立珠海金发大商供应链管理有限公司,从而能更好地对供应链和产业链进行整合和管理。通过上述分析可知,金发科技在这一阶段除了继续做专有技术和应用性共性技术的研发和应用之外,还开始涉足基础性共性技术的研发,以期为前两种技术提供更好的支撑以应对多变的市场。

  由此,通过案例研究,我们发现:企业技术能力结构演化一般经历了从专有技术能力到专有技术能力与应用性共性技术能力两者并存,以及最后专有技术能力、应用性共性技术能力和基础性共性技术能力三者共存的过程(见图 8-2)。这一演化过程有四个明显的特征:一是技术结构经历了从专有技术、应用性共性技术到基础性共性技术的演化过程。二是技术学习经历了从开发性学习到双元性学习再到探索性学习的演化过程。因此企业技术能力结构演化在某种程度上可以看作是技术结构和技术学习演化的过程。三是企业技术能力结构演化过程是由企业内部和外部两种力量共同交织塑造的,其中外部力量——产学研合作和产业链合作的互动,对应用性共性技术能力的构筑起到了关键作用,进而对企业技术能力结构演化有重要影响。四是企业技术能力结构的演化并不是专有技术能力、应用性共性技术能力和基础性共性技术能力的简单加总,而是彼此在演化的过程中逐渐走向融合和匹配的结果。

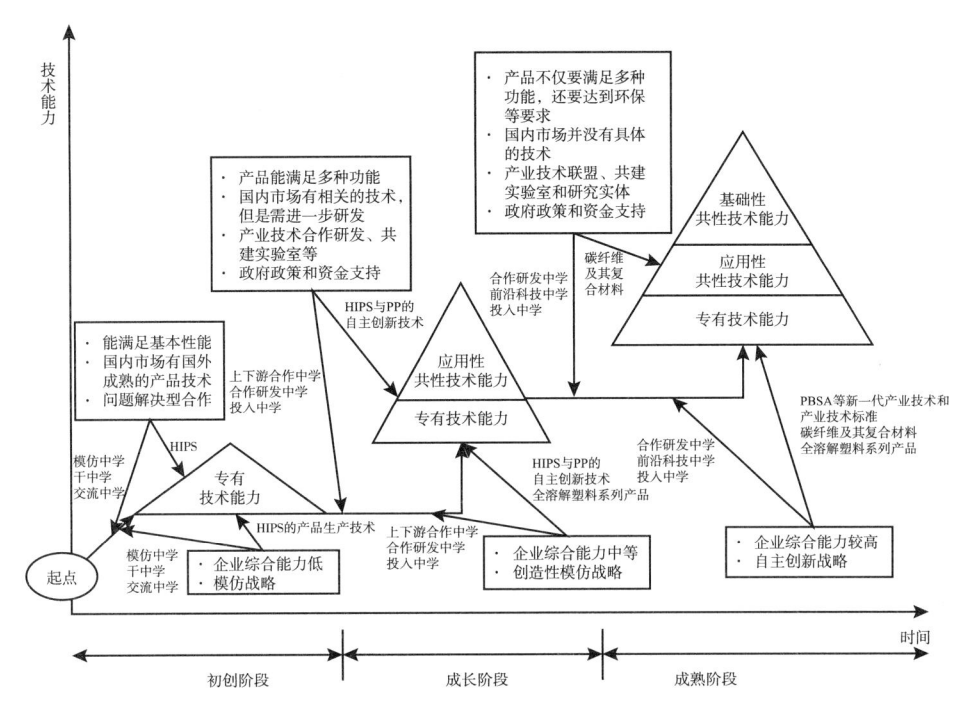

图 8-2 金发科技技术能力结构维度与演化路径

二、广州汽车集团：技术能力结构演化路径的剖析

企业挖掘技术能力结构的演化路径是否与我们的发现一致？同时，产学研合作在此过程中发挥着怎样的作用？为回答上述问题，本书利用广州汽车集团（以下简称"广汽集团"）的案例，对这一问题进行了更为深入的挖掘。

通过对广汽集团的典型案例研究，我们发现企业能力结构的形成不是一蹴而就的，而是一个动态的积累过程。企业的不同发展阶段，技术需求、技术活动所需要的内外部资源不同，需要采用合适的合作方式与研发活动，并具有阶段性特征。具体表现为三个阶段的演变过程：从模仿中学的产品生产技术阶段，解决产业先导技术的应用性共性技术阶段，以及探索跨学科知识的基础性共性技术阶段（见图8-3）。

首先，企业技术能力是所有细节的集成，技术能力的形成是一个内外并重的过程，即把外部的体制创新和内部的技术创新、流程创新、管理创新等互动的过程。在技术起步阶段，企业技术活动围绕生产运营能力的提高而展开。广汽集团通过拆解主流车型，对各汽车模块进行技术分析，通过专利引进和许可，转化成广汽集团专有产品；在技术成长阶段，广汽集团于2010年推出完全自主研发的具有可变进气系统的首款发动机 VTML（可变进气系统技术）。通过 SAT 模型分析，发现围绕该技术的是发动机、电池、电机和控制系统等方面的应用性共性技术。因此，技术活动的展开主要包括技术创新平台的技术融合，为发动机技术的自主创新提供良好的支撑；在技术成熟阶段，政府政策的引导和前期知识的积累，促使广汽技术能力过渡到基础性共性技术。广汽集团积极参与产业联盟建立、标准制定与专利授权和许可，技术能力向着更基础性、更公共性的方向发展。

其次，技术能力结构演化是不断吸收外部创新资源并与现有技术能力结构基础实现整合的连续过程企业技术能力结构的构建过程，是以洞察外部市场环境为基础，不断吸收外部创新资源，并与企业现有能力基础进行整合，最终实现企业技术能力转换的过程。在企业实践中，这个过程通过产学研合作、产业链整合等方式进行动态信息共享。例如，广汽集团技术成长阶段不断将市场调研信息反馈给高校，使其能够更好地根据市场需求调整研发方向。同时，高校科研人员深入参与合作项目，围绕研发工作进行交流，交换各种想法和意见。当广汽集团现有产品遇到市场瓶颈、没有进一步挖掘的潜力时，高校会利用自己的行业知识和对未来发展的预见力，不遗余力地帮助企业预测未来产品的市场潜力。因此，本阶段构成的合作创新方式是企业感知市场信息，实现技术能力发展与现有技术能力结构实现整合的过程。

最后，应用性共性技术是企业自主创新能力形成与转化的关键应用性共性技术在基础知识向生产力转化过程中发挥着承上启下的作用，同时也是企业研发并独占核心产品技术的基础。但是由于外部竞争和自身能力的双重限制，我国企业参与合作创新的动机大多是获取产品技术，无力承担产业共性技术研发与转化活动，其直接后果是企业必将再次陷入"以市场换技术"或者"以控股权换技术"的窘迫境地。应用性共性技术能力弱是导致企业自主创新能力薄弱的根源。在本案例中，创业初期的成功使广汽集团高层对中国转型时期的经济体制和市场特点有了更深刻的了解：只有构筑自身研发和制造能力，才有可能获得核心竞争力。因此，广汽集团高层在产学研合作、产业链整合、激励机制建设等方面起到了带头和领导作用。在此背景下，广汽集团上下全力加大在应用性共性技术的转化与应用，开发出中高端产品来迎合市场的不同需求；建立合作研发中心，进行产业链纵向整合，从而不断获得共性技术开发而提升产品的开发能力，逐步成为自主创新的龙头企业。

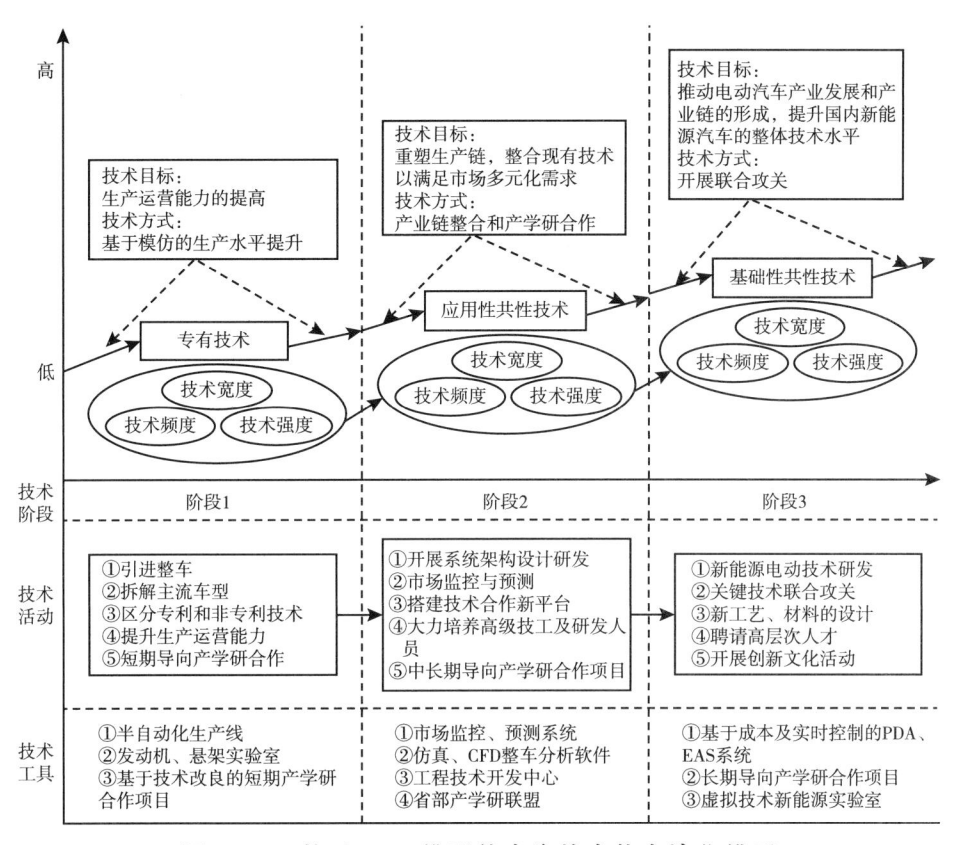

图 8-3 基于 SAT 模型的广汽技术能力演化模型

第三节 企业技术能力结构与产学研合作创新的关系研究

一、基于技术能力演化的产学研合作与企业内部研发的互动关系

本书根据嘉宝莉化工集团（以下简称"嘉宝莉"）发展历程中的变化，结合实地调研访谈、文本等资料，基于其企业生命周期和技术能力演化的四个阶段，对嘉宝莉的产学研合作和企业内部独立研发间的互动关系进行了深入剖析（刘炜等，2012），具体如图 8-4 所示。

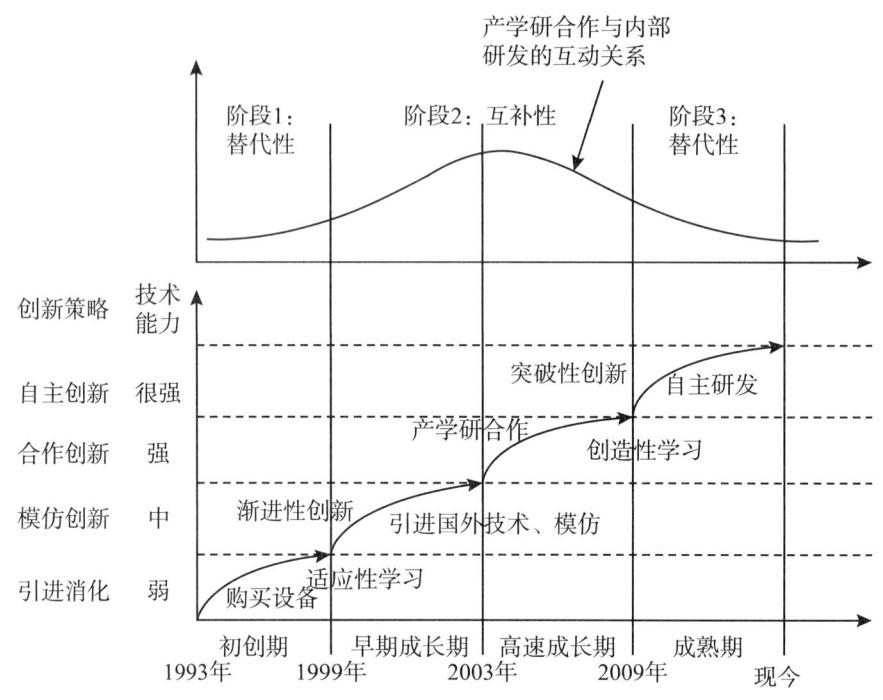

图 8-4 技术能力演化及其产学研合作和内部研发间的互动关系

（1）初创期（1993～1998年）：此时嘉宝莉的技术能力比较薄弱，产学研合作和企业内部研发间的互动关系表现为替代关系，即主要依靠内部研发。通过案例分析发现主要原因有：首先，因为没有前期积累，嘉宝莉的创新活动会集中在低水平的技术和产品，或者对国外相关的产品和技术进行模仿创新，这时嘉宝莉依靠自身力量就可以完成和实现；其次，由于技术水平和知识水平与高校科研院所差距太大，嘉宝莉没有足够的学习能力和吸收能力进行产学研合作；最后，嘉宝莉没有足够的资金、设备和人才等投入到大规模的研发活动中，主要的精力都集中在产品生产和占领市场上。

（2）早期成长期和高速成长期（1999～2008年）：此时的嘉宝莉在经历了技术引进、模仿创新、合作创新等过程后，不断地进行适应性学习，已经具备了一定的技术能力，也开始进行创造性学习和自主创新。在这个阶段，嘉宝莉产学研合作和企业内部研发间的互动关系表现为互补关系。通过案例分析发现主要原因有：首先，随着技术复杂性的提高，嘉宝莉受技术能力与创新资源的多重束缚，单独依靠内部研发很难满足企业的需要，此时嘉宝莉对于整合内外部创新资源，进行产学研合作的需求更加强烈；其次，经历了初创期技术引进、模仿创新等过程，嘉宝莉的技术能力有了较大的提高，其技术水平和知识水平与高校科研院所的差距逐步缩小，并且各有所长（嘉宝莉有敏锐的市场嗅觉和产业化能力，而高校科研院所有强大的基础研究能力和大量研发设备、人才)、互补互利；最后，经历了初创期的原始积累，嘉宝莉已经为未来的研发活动储备了足够的资金、设备和人才。

(3) 成熟期(2009年至今)：在经历了初创期、早期成长期和高速成长期的发展，此时的嘉宝莉在技术能力上已经达到了历史最强，嘉宝莉如何实现从模仿创新、合作创新到自主创新的转变，是其面临的挑战之一。在成熟期，嘉宝莉采取的创新策略是"自主创新为主，产学研合作相结合"，并且产学研合作的重点是长期的、基础性的、前沿性的技术，而嘉宝莉则发挥企业专长在这些技术的基础上进行创新活动，开发新产品。在这个阶段，嘉宝莉产学研合作和企业内部研发间的互动关系更多地表现为替代关系，嘉宝莉根据自身的实际情况采取合作创新与自主创新相结合方式构筑企业的自主创新能力。通过案例分析发现主要原因有：首先，嘉宝莉的自身技术能力已经得到了很大提高，技术创新体系比较完善，随着市场的不断扩大，企业对自主知识产权的新产品、新技术的需求越来越大；其次，嘉宝莉尝到了在成长期进行产学研合作的甜头，与华南理工大学的合作，不仅使嘉宝莉取得了多项关键核心技术的突破，还使得其自身研发能力在适应性学习和创造性学习中得到了升华；最后，多年的技术学习和积累、高速增长带来的丰厚回报，使嘉宝莉有能力"替代"产学研合作中应用性比较强的创新，而使产学研合作仅专注于长期的、基础性的、前沿性的技术。

根据对嘉宝莉化工集团的技术能力演化过程的研究，我们认为企业对于创新方式的选择是由企业的技术能力决定的。企业的技术能力是一个综合性的概念，基于技术能力的技术创新方式选择模型能够明确企业，到底应该采取什么样的技术创新方式。当企业的要素素质和技术能力比较低时，企业的技术创新必须基于企业的实际情况，采取合作创新的方式增强企业的核心竞争力；当企业的要素素质上升到一定程度时，企业的技术能力和外部环境的变迁决定企业必须改变技术创新方式，选择自主创新来增强企业的核心竞争能力。而在企业技术能力的不断建设和完善阶段，企业则应根据自身的实际情况采取合作创新与自主创新相结合的方式构筑企业的自主创新能力。

同时，企业内部研发与产学研合作之间的互动关系随着不同的研发投入密度水平而不同。在研发投入密度较低的情况下，企业内部研发与产学研合作互动呈现为替代性的关系，而在研发投入密度较高的情况下，企业内部研发与产学研合作互动呈现为互补性的关系。由此，可以判断企业的研发投入密度直接影响产学研合作与企业内部研发的互动关系，在两者的互补性中发挥了"门槛效应"。

基于企业技术能力的演化阶段及特征，产学研合作与企业独立研发的互动关系体现为初级替代、互补再到战略性替代的三阶段关系，如图8-5所示。

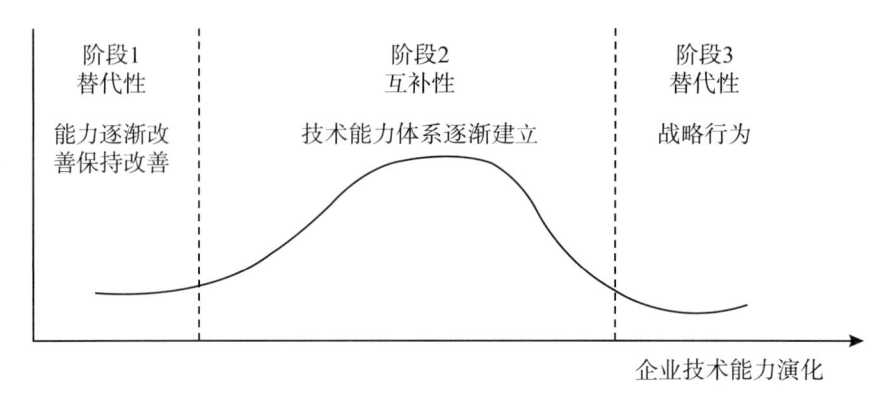

```
阶段1           阶段2              阶段3
替代性          互补性             替代性

能力逐渐改      技术能力体系逐渐建立    战略行为
善保持改善
```

图 8-5　产学研合作与企业独立研发的互动关系

二、企业技术能力演化与产学研合作模式的匹配

本书运用密切值法进一步研究不同技术创新能力阶段的企业与所使用的产学研合作模式的最佳匹配方式。为了展开进一步的计算，首先对所收集到的企业数据进行阶段分类。

根据企业技术获取能力、技术消化吸收能力、自主创新能力三个发展阶段中企业技术能力从左至右一次增强。因此，依据该企业技术创新能力作为划分三个阶段的主要指标，并以企业发展的绩效和成果予以辅助来进行企业分类。在此，利用企业的技术创新能力大小的密切值作为划分依据，将企业的技术创新能力根据企业的三个发展阶段进行分组研究。首先将企业技术创新能力演化根据一定的分类指标排列出规范化矩阵，并针对处于不同阶段的企业分别运用所选用的指标进行密切值法的计算，得出不同阶段下企业处在不同模式下的 C_i 平均值，最后进行筛选比较，进而分析不同技术能力阶段的企业在四种模式下的最优产学研合作模式。

值得一提的是，在对企业技术创新能力的密切值进行数据分组时，我们首先考虑了数据的等分位法，并进行尝试，但将数据比较时，可以发现等分位法虽然可以保证每一个组别有相同的样本，但是会使数据不同组别的差距不同。如果按照等分位法将数据分组，将会发现处于技术吸收能力阶段（即技术能力发展的第二个阶段）的企业数据差距极其小，第一阶段（技术获取能力阶段）和第三阶段（技术创新能力阶段）的差距比较大，这样处理数据将导致很难正确评估处于第二个发展阶段的企业的产学研匹配模式，显然这不是一种理想的方法。其次，我们尝试了根据数据排序后等距划分，但由于处于数据两端部分的企业密切值差别较大，等距划分的结果是使第一组和第三组的样本非常小，而中间组样本特别大，在做进一步分析时小样本将不具说服力，容易产生数据偏差，难以判断出合适的产学研匹配模式。因此，这也不是一种完全理想的方法。为此，综合两种常用的分组方法。

进一步采用密切值法对企业技术创新能力演化阶段与产学研创新模式关系进行实证检验。在数据处理分析过程中，为了便于进行更直观的分类比较，在后面我们计算出分别处于不同模式下的企业的 C_i 平均值，分别得出结果（见表 8-1）。

表 8-1　　　　　技术能力阶段与产学研模式的关系

阶段	计算结果				
第一阶段	产学研合作模式	1	2	3	4
	C_i 平均值	2.732481	2.732481	2.733051	2.732542
第二阶段	产学研合作模式	1	2	3	4
	C_i 平均值	2.732419	2.732415	2.732402	2.732386
第三阶段	产学研合作模式	1	2	3	4
	C_i 平均值	2.727057	2.729222	2.694931	2.718004

由此，我们可以看出处于技术获取能力阶段的企业，匹配的产学研合作模式为技术转让、委托开发的企业的密切值是显著较小的；处于技术吸收能力阶段的企业，其所匹配的产学研合作模式为合作开发、共建实体两类的企业的密切值是较小的，同时产学研合作模式为委托开发的企业的密切值也偏小，总体来说相差不大；处于技术创新能力阶段的企业，其所匹配的产学研合作模式为合作开发、共建实体两类的企业的密切值是显著较小的。而由密切值法计算可知，算得的密切值越小，则预期效果最优。因此，基于以上数据的分析，我们可以认为，处在技术获取能力阶段的企业，匹配效果最佳的产学研合作模式为技术转让、委托开发；处于技术吸收能力阶段的企业，匹配效果最佳的产学研合作模式为合作开发、共建实体，委托开发其次；处于技术创新能力阶段的企业，匹配效果最佳的产学研合作模式为合作开发、共建实体。在技术获取能力阶段中，企业更侧重于获取现有的知识或有形资源，而几乎不参与科技研发活动。综上所述，我们有理由认为基础研究阶段科技成果的合作模式主要为产学研合作模式中的技术转让模式和委托研发模式。在技术吸收能力阶段的企业，企业参与了产学研合作的研究开发工作，但参与量较低，主要仍依靠现有资源和知识，并对其进行整合研究，因此产学研合作的紧密程度有所提升。在技术创新能力阶段的企业，可以看出，其技术参与程度最高，在参与研究过程中最具主动性，因此企业在研发过程中采取的产学研合作模式主要依靠合作程度最高的合作模式。因此，基于以上的分

析，企业在不同能力演化阶段匹配的主要产学研合作模式可归纳如表8-2所示。

表8-2　不同技术创新能力阶段所对应的产学研合作模式

技术创新能力阶段	匹配的产学研合作模式
技术获取能力	技术转让、委托开发
技术消化吸收能力	合作开发、共建实体、委托开发
自主创新能力	合作开发、共建实体

三、产学研合作创新模式与技术能力的协同演化研究

本书对金发科技发展历程的总体演进过程，用表8-3做出一个总结：企业的合作模式从最初基于产品生产技术问题解决合作到产业技术战略联盟的演变过程。

表8-3　金发科技发展历程

项目	创业阶段 1993~1997年	成长阶段 1998~2003年	成长阶段 2004~2007年	成熟阶段 2008年至今
主要技术目标	HIPS的产品生产技术	HIPS与PP的改进技术	HIPS与PP的自主创新技术	PBSA等新一代产业技术创新，产业技术标准制定
重要事件	与高校科研人员互动；建立生产线，进行阻燃HIPS的生产与销售	确立自主创新战略；建立博士后工作站；引进先进技术仪器设备；建立产学研和供应链合作；扩大生产规模，拓展产品种类	建立院士工作站；加大研发投入；联合组建研发实验室与工程实验室；进行企业并购	建立优秀的创新科研团队；建立中华首家UL认可材料长期热老化实验室；承担国家重大产业技术开发项目；建立PBSA技术研发与商业化基地
能力变化	产品技术（围绕已拥有的技术基础培养技术的转化与应用能力）	产品能力（对现有产业应用技术进行改良，开拓技术应用，培养面向时长的技术能力）	核心能力（形成了多种技术互补性的整合，在HIPS和PP研发与生产技术上达到了国际水平）	动态能力（根据外界的技术与需求变化，更新核心能力培养出多层面的竞争优势）

续表

项目	创业阶段 1993~1997 年	成长阶段 1998~2003 年	2004~2007 年	成熟阶段 2008 年至今
主要合作模式	产品层面技术咨询	项目合作、技术转移	共建实验室、产业技术研发合作	产业技术创新联盟、共建实验室、尖端技术研发合作

在创业初期，企业并未形成真正意义上的组织能力，仅具有一定的产品技术。这时企业是以生存为主，寄希望于通过产学研合作解决产品技术与生产问题，在原有的技术上建立终端产品生产能力。具有一定的生产规模后，企业进入了成长期。这时通过与高校项目合作进行产业技术的转化与应用，开发出更多新产品，进而建立合作研发中心进行替代性产业技术开发；同时，与产业链伙伴合作，获取供应与需求信息从而进一步拓展其知识的获取与应用能力。成熟期的金发科技在不断创新驱动下，在 HIPS 和 PP 材料方面的研发与生产能力达到国际先进水平，充分体现出了用户价值性与难模仿性等核心能力的特性，但这种能力带来的竞争优势还是较为单一。为及时更新能力和实现变革来满足市场要求并取得多元化的竞争优势，其通过产业技术联盟模式集成了学研方的基础知识，上下游企业的产业知识以及政府提供的资金资助等元素，开始融合多领域知识进行新的生物纳米技术（PBSA）等新一代产业技术的开发与应用，将核心能力与前沿科学技术开发相结合，大大增强了核心能力的更新与变革，从而构建了快速适应外部环境的动态能力。由此，我们总结了企业合作创新模式与创新能力的协同演化模型（见图 8-6）。

通过案例探索，我们发现从创新行为到创新能力是一个不断发展的动态积累过程。企业的不同发展阶段，技术需求与创新能力不同，则需要采用的合作创新模式与学习方式也具有阶段性特征。我国企业合作创新模式的变化既遵循技术的发展轨迹，又随企业自身能力的变化而变化。

（1）企业创新模式的演化与其创新能力的形成是一个复杂的动态互动过程。企业的能力从产品技术到动态能力，合作方式从生产问题解决型到产业技术联盟，这一系列的演化并不是时间序列上的简单排列，而是表现出螺旋式上升的发展轨迹，体现出合作模式与吸收能力伴随企业成长的协同演化（见图 8-6）。这种动态演化的分析超越了传统的静态方法，为企业合作模式的研究提供了一种动态的解释路径。

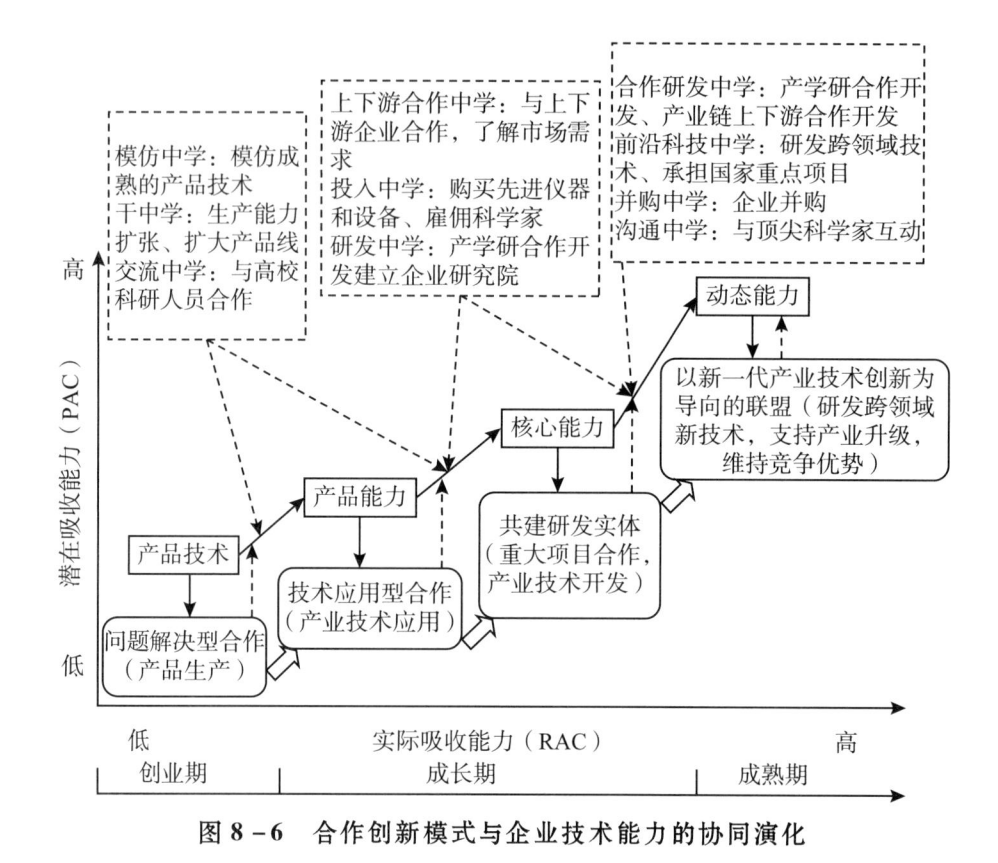

图 8-6 合作创新模式与企业技术能力的协同演化

（2）企业的各种学习行为与其能力的演化密切相关。企业吸收能力与组织学习和组织间学习之间存在循环影响的特征。企业不同阶段的学习促进了其吸收能力两个维度的提升，这也导致了企业对更高层次合作模式的选择。学习为创新能力的发展提供了源泉，而能力提升又为有效学习建立了基础，他们之间是"互为驱动，协同演化"的。单一的创新行为建立不了企业的动态能力，其能力的建设来自多种学习方式的长期投入与关注。

（3）在企业发展的不同时期，合作创新模式对企业技术能力演化的影响亦会伴随着组织成员与组织结构维度的变化。从成员维度来看，合作组织模式呈现出逐步多元化与集中化特性，多元化是指从最初的与高校研究人员间的合作，到组织间合作（企业、学研），逐步发展为多类型组织（企业、学研、上下游企业、产业伙伴、政府等）协同的联盟，而且成员间关系也日趋复杂化；集中化是指企业从以前以不同的合作项目分别与学研方和上下游企业等合作，发展为现在的纵横向一体化契约型网络合作模式。从组织结构维度来看，除合作的紧密度从松散发展为相互依赖；合作时间持续性从短期发展为长期外，合作创新模式的治理结构与技术创新目标也发生了明显的变化。首先，企业的合作创新治理结构经历了松散—契约—股权—契约形式的一个螺旋式上升的过程。其次，合作创新的技术层次从最初的生产问题解决到后来的产业技术探索与应用，合作技术的创新性不断增强。

总体而言，随着企业技术能力提升，合作模式由简单合作向纵横一体化联盟模式演化。这是由于随着企业能力提升，企业对技术的需求层次也不断提高，由此其需要更多的知识资源以保证技术创新的成功，这与我国当前提出的"政、产、学、研、用"多方主体组建联盟进行产业技术创新的发展战略相一致。我们认为实现突破性产业技术创新，企业需要经过技术的探索与应用两个阶段才能最终实现技术创新的成功（商业化）。在探索阶段高校、政府等成为关键合作伙伴，但是在应用阶段产业链伙伴则成为保证技术商业化的关键伙伴。从第五代技术创新过程模型来看，技术创新的整个过程是一个各环节间均相互反馈的过程。由此，我们得出不同技术需求时期，企业合作创新模式不同维度的变化规律如图8-7所示。由于外部技术与市场需求的快速变化，单靠企业的内生知识创造，企业会陷入"能力陷阱"。只注重生产而不探索现有技术机会，则会落入"成熟性陷阱"；过于注重现有知识的应用与改进，而忽略替代知识的探索，则会形成"熟悉性陷阱"；如果企业只专注于现有领域的发展，忽视了产业整体的技术变迁，则又面临"临近性陷阱"。只有通过对外界知识的不断关注与获取才能保证企业的持续竞争优势例如金发科技在第一阶段实现阻燃HIPS的生产与销售之后，其管理者发现单一的产品并不能使企业取得竞争优势，为使企业脱离"成熟性陷阱"，金发开始与长虹索尼等企业合作，将产品拓展到家电生产领域。同时与高校进行的HIPS以及更高层次的PP相关技术改进与研发又为其跨越"熟悉陷阱"进行产品线扩张奠定了基础。当前，改性塑料技术已经向生物科技领域跨越，跨领域的技术研发不但需要巨大的投入，而且需要不同伙伴的合作。因此，金发科技通过一体化的合作创新模式，汇集创新资金与多种创造资源进行新的技术机会的发现与先进技术的探索。从而规避可能的"临近陷阱"，使企业能够始终保持竞争优势（见图8-7）。

四、产学研合作创新对企业技术能力结构的双元影响

产学研合作是一个整合和匹配内外部知识密集服务的过程，企业在合作过程中需要用外部知识来辅助他们的内部活动从而实现自身能力结构的优化，只有分析清楚外部资源对企业技术能力结构的影响机理，才能够在恰当时机选择合适的产学研合作方式来实现企业技术能力结构的最优化。目前学术界关于产学研合作对企业技术能力结构影响的研究较少，从双元性的角度剖析两者之间的内在联系

图 8-7 合作模式演化

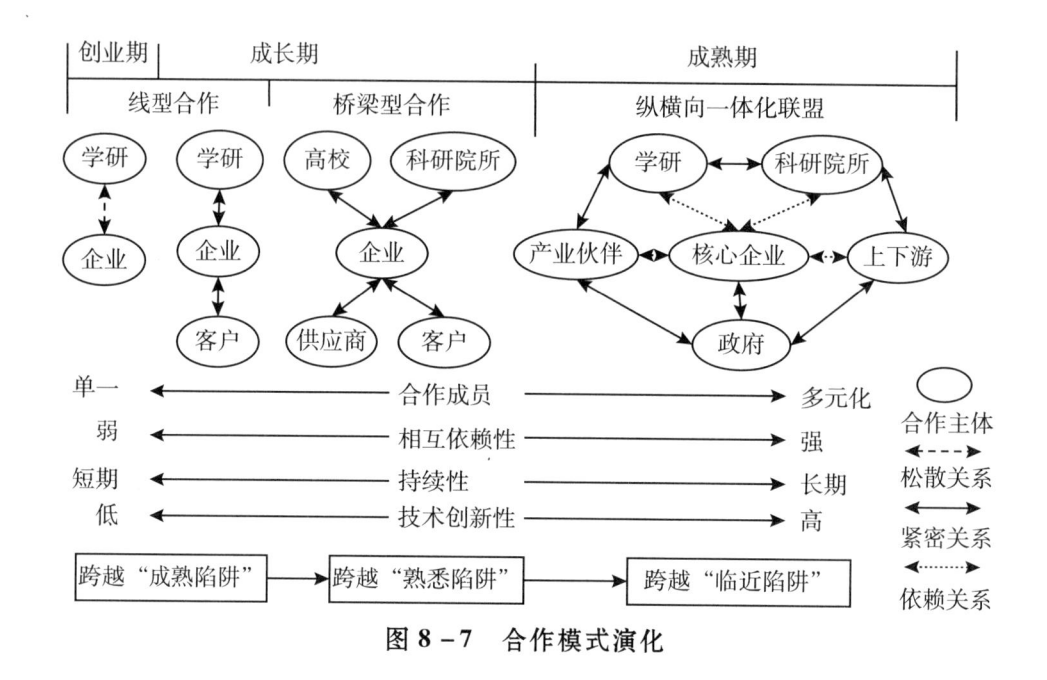

则更少。我们基于嘉宝莉化工集团的相关数据和访谈材料，从动态演化的角度对产学研合作与企业技术能力结构之间的互动关系进行分析，发现不同类型的产学研合作对企业技术能力结构的影响机制是不同的。同时，我们从企业获取知识资源的角度出发，将产学研合作分为辅助型产学研合作和互补型产学研合作。其中，辅助型产学研合作主要是指产学研合作过程中所生产和集成的知识是企业本身所拥有的，能够增加企业知识的冗余度，提升企业专业化竞争能力，互补型产学研合作是指企业在合作过程中所获得的知识是企业本身所没有的，能够降低企业知识的冗余度，提升企业差异化竞争能力。

（一）基于知识创造和重构视角的"产学研—企业技术能力结构"互动模型

企业技术能力的提高主要表现为原有技术能力的强化以及新技术能力的获取，从技术利基的角度上来看则表现为原有技术利基掌握程度的提高以及技术利基种类的增加。因此随着企业技术能力的不断提升，企业技术能力结构主要表现为广度的扩宽和深度的加深。

当企业选择开展辅助型产学研合作时，是因为企业缺乏与自身内部知识资源相匹配的同质性资源，使自身能有更多的精力来发展自身能力，提高技术利基的专业水平，促使原有知识专精化发展，从而实现企业技术能力结构的深化。而当企业为了弥补自己内部知识种类的空缺时，则选择开展互补型互动活动来获取异质性知识，扩充自身技术利基的种类，多元化企业技术生产工艺和产品，从而实现企业技术能力结构的扩宽。综合上述分析，产学研活动对于企业技术能力结构的双元影响如图8-8所示（詹雯婷等，2015）。

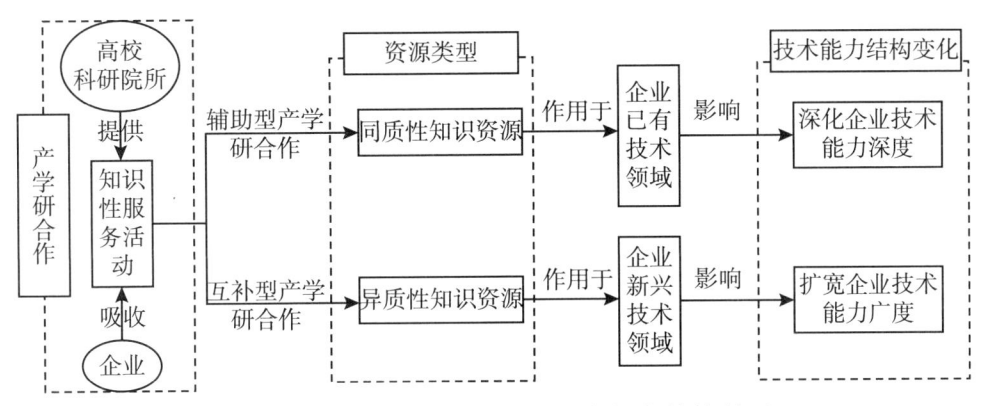

图8-8 产学研活动与企业技术能力结构关系

（二）基于技术能力演化视角的"产学研—企业技术能力结构"演化模型

考虑到企业技术资源的有限性，以及企业吸收外部技术资源需要花费一定的时间进行磨合。因此企业无法在同一时间段内引进相同类型的资源，只有依照自身内部能力缺陷引进不同资源，因此根据企业引进技术能力资源的不同可以将企业产学研合作过程划分为合作初期、合作中期以及合作成熟期三个阶段，不同阶段由于企业对于技术消化能力的不同，技术引进的生命周期长短也有所不同（见图8-9）。当企业处于产学研合作的初期时，初步涉及新的技术领域，自身技术能力素质比较薄弱，需要尽快提升自身行业地位，此时选择通过提升自身技术能力深度来提升技术能力是一种较为有效的方式。因此企业在产学研合作初期，更倾向于选择辅助型产学研合作来吸收同质性资源，提升自身在已有技术领域的专业化水平。由于资源和时间的有限性，企业此时进行互补型产学研合作的力度较低。结合企业技术能力演化理论，此时更符合企业发展的第一阶段，企业的技术创新模式主要以低端模仿为主，技术合作层次集中于专有技术。

当企业进入产学研合作中期，企业在已有的技术领域占领龙头地位，积累了充足的资本和资源，扩宽企业技术能力广度成为提升技术能力的关键，此时企业会根据市场导向，拓宽企业技术领域，进行互补型产学研合作引进异质性资源；引入互补型活动之后，由于企业内部增加了新的技术利基，为了保证企业不会因为技术利基过于分散而导致风险，此时企业需要进行辅助型产学研合作来消化和吸收新兴领域的技术，提升自己在新兴技术领域的技术能力深度，提高企业自主创新能力。此时更符合企业技术能力演化视角中的第二阶段，技术创新模式以模仿创新为主，产学研合作层次集中于应用技术的开发。

当企业进入产学研合作成熟阶段，随着企业自主创新能力的不断提升，企业开始逐步具备自主研发的能力，对于新技术的消化能力不断提升，产学研合作成为企业技术创新的辅助工具，此时企业进行产学研合作的目的主要是为了吸收异质性知识资源，互补型产学研合作的力度也将高于辅助型产学研合作。根据企业技术能力演化理论，企业此时处于能力演化的第三阶段，技术创新模式以自主创新模式为主，产学研合作集中于基础技术的开发。

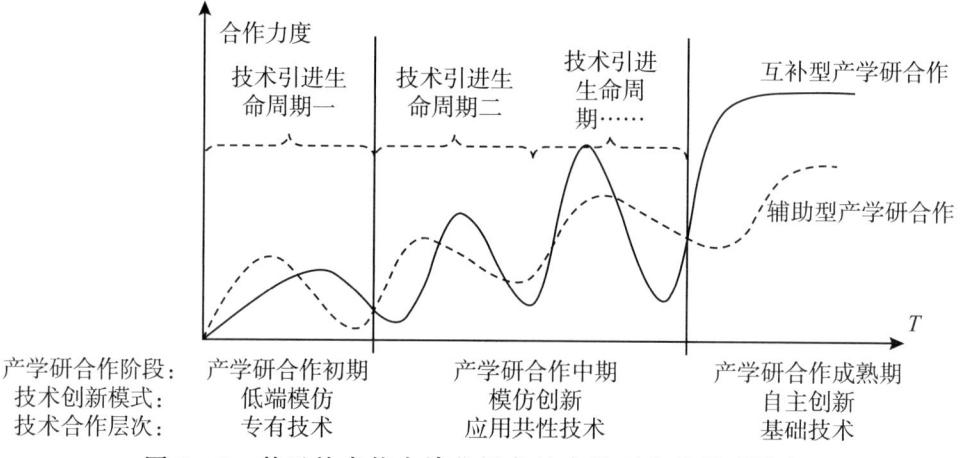

图 8-9 基于技术能力演化视角的产学研合作类型演变

本书利用嘉宝莉化工集团的案例，进一步验证了两种产学研合作方式对企业技术能力结构的影响。利用各技术领域中专利的分布状况来表征企业技术能力的广度和深度，利用集团技术创新报告 2001~2012 年共 12 年的数据，进行标准化处理并绘制企业技术能力结构影响互动图，其中，BREATH 代表企业技术能力的宽度，DEPTH 代表企业技术能力的深度，CI 代表互补型产学研合作力度，SI 代表辅助型产学研合作力度。

由图 8-10 可见，2008 年前，企业对于互补型产学研合作力度呈现出波动上升的趋势，约间隔两年出现一个波动。这主要是因为在企业产学研合作初期，自身自主创新能力较弱，引进一个新技术之后需要一定的时间和精力去消化新的技术和能力，进入 2008 年之后，由于企业技术能力逐步迈入成熟期，对于产学研合作的投资力度显著提升。排除 2 年滞后期，可以发现，企业技术能力广度同样在 2008 年之前呈现出波动扩张的趋势，进入 2008 年之后技术能力广度扩张力度变得更加显著，而对于企业能力结构深度受互补型产学研合作的影响则不甚明显。在辅助型产学研合作方面，企业对于辅助型产学研活动的引入规模呈现不断上升的趋势，这主要因为2008年之前企业自主创新能力较低，产学研合作的类型主要集中在应用型技术的开发上面，企业内部对于同质性知识的需求高于异质性知识，而在进入2008年之后企业在辅助型产学研合作方面的投资力度减缓。考虑2年的滞后期，从整体上变化趋势可以看到企业技术能力深度和辅助型产学研合作具有相同趋势。而对于企业技术能力广度的影响，两者之间共同变化趋势不明显。

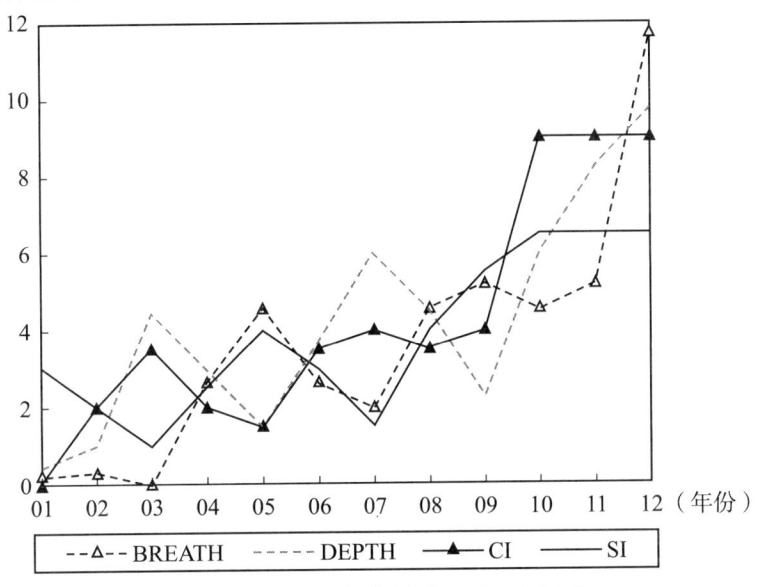

图 8-10 产学研—企业技术能力互动图

为进一步验证企业技术能力结构的演变情况，我们得到两种产学研模式的投资演化曲线，如图 8-11 所示。

由图 8-11 可见，企业在 2001~2003 年之间，呈现出初期以辅助型产学研合作为主，互补型产学研合作后来居上的变化模式；进入 2003~2009 年，两种产学研合作互动模式更加频繁，呈现出前期以互补型产学研合作为主，两种产学研合作模式交替变化的趋势，进入产学研后期之后，两种合作模式交替变动的频率和幅度越来越大，这主要是因为随着企业模仿创新的能力不断提高，企业自身吸收和消化外部资源的速度也得到显著提升。进入2009 年之后，互补型产学研合作的力度超过辅助型产学研的合作并达到最高点，之后两种产学研合作的力度保持平稳不再发生变化，这主要是因为此时企业产学研合作的重心将全面转向基础技术的研发以及技术领域的拓宽上面，高校和科研院所在企业技术创新中所充当的角色不断弱化成为辅助。

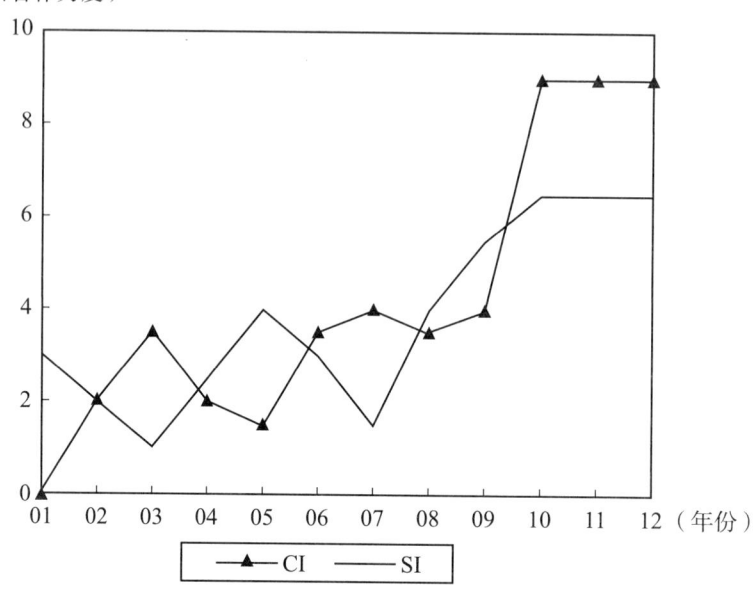

图 8-11　产学研互补和辅助型产学研合作力度演变

综合"产学研—企业技术能力结构"互动模型和演化模型对辅助型和互补型两种产学研合作方式对于企业技术能力结构静态和动态的影响，我们发现：

从技术互动角度来看，企业主要通过进行辅助型产学研合作来吸收同质性知识资源从而提升自己在已有知识利基中的专有化水平；进行互补型产学研合作来吸收异质性知识资源，增加技术基种类，从而丰富自身技术能力结构以及产品类型。由于企业规模和资本有限，企业不可能同时承担引进辅助型和互补型服务活动所带来的风险，处于不同情况下的企业可以针对自身和市场的需求，调整对于知识性服务活动的引进重点，从而实现自身技术能力的提升。对于处于成长初期以及刚吸收一个新兴技术类别的企业，应该将技术引进重点放在辅助型产学研合作上，对于处于成熟扩张期的企业可以将技术引进重点放在互补型产学研合作上。

从长期整体动态发展上来看，企业在发展的不同时期趋向于进行不同的产学研合作，在产学研合作初期，企业生产能力和研发能力薄弱，需要依赖产学研合作实现技术能力的创新，同时产学研合作的重点更加偏向于辅助型产学研合作。进入中期之后，企业学习和模仿能力有显著提升，产学研合作的重点更加集中于应用型共性技术的开发，企业开始逐步增加互补型产学研合作的力度，同时也会附加一定程度的辅助型产学研合作来对新引进的技术资源进行消化吸收。当企业产学研合作走向成熟之后，企业自主研发能力不断提升，产学研合作成为企业技术创新的辅助工具，此时技术合作的层次集中于基础技术的开发，注重对于互补型技术的引进。因此，纵观企业产学研合作从初期到成熟的整个过程，企业产学研合作的重点呈现出：辅助型—互补和辅助型—互补型三个阶段的变化过程。

五、企业技术能力结构对产学研合作的影响

能力结构是产学研合作的起点与终点，产学研合作主体的能力结构水平决定了产学研的合作目标与行为，合作主体之间能力结构不匹配是导致当前合作层次低、合作重心合作形式松散的重要原因。主体之间能力结构匹配程度决定了不同的合作行为，而不同的合作行为又导致不同的合作绩效。而良好的合作绩效又促进合作主体能力结构不断提升。为此，我们构建了"能力结构—合作行为—合作绩效"的 SCP 框架（见图 8-12）。

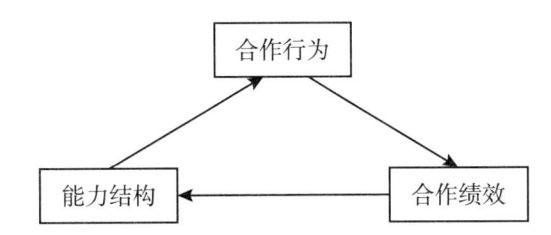

图 8-12 基于能力结构视角的产学研合作 SCP 理论框架

进一步，我们基于对企业技术能力结构的定义及维度划分，以及对产学研合作模式的分类（见表 8-4），构建了企业技术能力结构对产学研合作的影响机理模型（见图 8-13）。

表 8-4　　　　　　　　　产学研合作模式分类

类型	具体合作形式
低互动型产学研合作	技术转让、委托研发
中互动型产学研合作	联合攻关、共建科研基地
高互动型产学研合作	内部一体化、共建研发实体

（1）专有技术能力为主的企业类型主要选择较低互动型产学研合作形式，并借此提高企业绩效（财务绩效、创新绩效）。

产学研合作是合作各方基于自身研发能力、创新条件以及所处的信息位置，在对风险、收益进行衡量与分析的基础上做出的双向选择。在企业技术能力发展的不同时期、不同阶段会有所改变。企业对于产学研合作类型的选择是由企业的技术能力决定的。从实证研究来看，大多学者认同产学研合作可提升企业技术能

力的积极效果。在关键技术的获取方面,部分学者证实,企业在和高校科研院所的合作中由于技术门槛、成本较低,所以更容易获得对企业关键技术提升的知识共享且技术提升效果显著。另外一些学者则指出,合作研究可以提升企业的动态能力以应对快速变化的竞争环境。因此,高校、科研院所等机构为企业创新活动提供了多样化知识源,尤其是在我国企业技术能力偏弱的前提下,实施不同层次的创新活动有利于满足不同层次的能力需求,对企业技术能力的提升具有重要意义。也就是说,针对不同层次技术的合作能够有效协调企业研发活动,并将技术与市场知识、探索与开发活动进行有序匹配,促进企业技术能力的结构提升。具体而言,不同的技术能力结构导向下企业的产学研合作呈现如下特征:产品技术是企业在生产某项产品的专业知识、操作经验和技术的总和,是企业在共性技术基础上进一步创新和衍生出来的具体技术形态。从其内涵来看,产品技术具有更强的私有属性,并且应用领域也仅限于某一类产品,在一段时间内成为支撑企业的核心竞争力。在企业的初创期,企业往往面临资金、人才、设备等资源的限制,难以开展相应的技术创新活动。一方面,无论是专有技术研发还是共性技术研发都面临极大的资源短缺问题。另一方面,在有限的科技资源背景下,专有技术研发活动还会与共性技术研发活动为争夺企业有限的科技资源而展开激烈的竞争。在此资源困境下,企业为了解决自身的生产问题,多数企业都会选取低风险的、能较快得到回报的产品设计与制造研发创新活动,即专有技术导向的产学研合作。同时,为了解决资金、人才及设备等方面的资源约束而带来的发展困境,企业一般通过构建专业性市场交易机制来破解企业资源有限性的约束。借助产学研等合作创新网络系统,企业运用外包、联盟、并购等方式获得所需的互补性资产,通过异质性知识的内部整合过程实现探索与开发能力的整体提升。在此过程中,产学研合作的主要作用是为企业提供相应的专有技术或者提供相关的技术咨询服务,即主要解决企业资源短缺问题以及由于资源短缺而无法开发专有技术的问题。对应的产学研合作模式多是技术转移和委托开发。但该机制只能部分解决企业资源约束问题。

此阶段企业通过较低的互动型产学研合作更多侧重于获取较为成熟的专有技术,其目标是优化现有生产流程、改进当前产品工艺,而对产业技术发展轨迹的影响效果不大,即较少促进企业共性能力的根本提升。因此,从实证研究来看对企业的短期财务绩效有较大提升,创新绩效也有一定程度提高。

(2)共性技术为主的企业类型主要选择较高互动型产学研合作形式,并借此提高企业绩效(财务绩效、创新绩效)。

应用性共性技术,不同于专有技术强调商业化而具有私有属性和基础性共性技术作为基础性技术而具有公共属性,即这两类技术分别处于技术的两端,而应用性共性技术能力作为靠近市场应用的一类共性技术，在基础性共性技术的基础上结合产业或者行业背景和需求而开发。它一般是在单个或多个行业应用，二次开发量适中，兼具公共和私有属性而更偏向于私有属性，这一属性决定了该类技术更容易处于"供给失灵"。因此，应用性共性技术导向的产学研合作要求企业视野将组织内扩向组织间合作创新，将产学研合作系统作为克服平衡障碍的平台。而合作研发、公共实验室等知识源的识别、整合与应用成为提升企业技术能力的重要途径。企业通过提升技术与组织柔性适应能力实现企业产品（服务更新）的手段。综合上述分析，高校、科研院所等机构为企业创新活动提供了多样化知识源，尤其是在我国企业技术能力偏弱的前提下，实施中等互动型产学研合作策略有利于满足不同层次的能力需求。面临产业升级与开放竞争双重压力的企业更应提高开放度水平，通过充分利用科研机构的创新资源，实现组织内外部优势资源与能力结构的有效匹配。

基础性共性技术，是指靠近基础研究的一类共性技术，可以在多个产业或领域应用，系统性、科学性、综合性、基础性比较突出，其研发和创新源自基础理论知识的长期积累，离商业化应用还需要进行漫长的二次开发。基础性共性技术的性质和特征决定了基础性共性技术需要的是深度的探索性学习活动，主要解决技术原理的新颖性和架构性问题。对于这一共性技术的突破和能力的构筑，企业需要深度的基础知识和科学原理，而这一方面，恰是绝大多数企业的劣势和学研方的优势。学研方是高新技术理论创新和应用技术创造发明的重要源头，是高素质创新型人才培养的重要基地，其研发团队的多元化和科研成果的前瞻性是一般企业无法比拟的，创新优势决定了其在技术生命周期中进行前沿研究的历史使命。因此，在基础性共性技术研发和基础性共性技术能力构筑阶段，企业独自进行基础性技术的研发成本和风险也极大，因此更可行的方式是由学研方来主导进行。与应用性共性技术研发相比，学研方占有更大的主导权和独立性，此时的产学研合作模式以共建基地、内部一体化为主。综上所述，应用性共性技术和基础性共性技术同属于共性技术导向型的企业技术能力，其产学研合作形式更多地表现为较高互动类型，如采取的合作模式包括联合攻关、共建实验室、内部一体化等。

在基础性共性技术导向的发展中，企业既能够关注当下生存的专有技术活动，又能从事未来布局的探索性共性技术活动，从而实现长期与短期利益的有效协调。通过高互动型产学研合作提升企业创新绩效（见图8-13）。

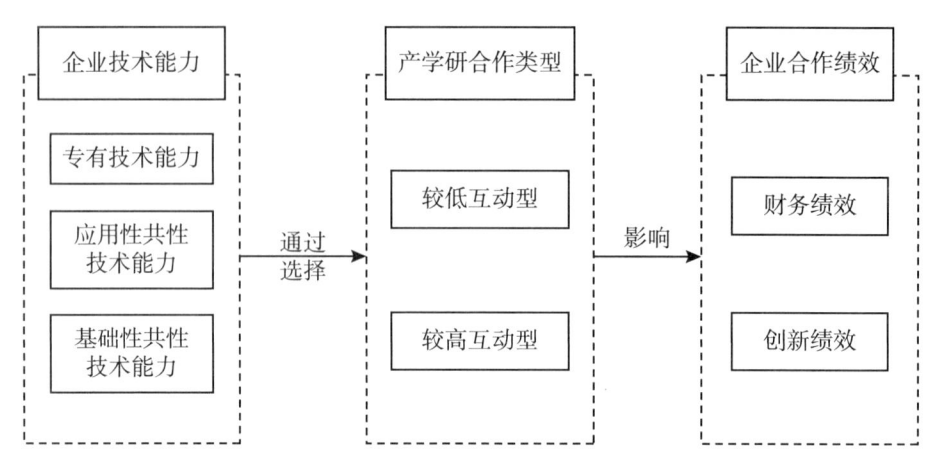

图 8-13　企业技术能力结构对产学研合作的影响机理模型

实证研究表明：企业沿着"专有技术—应用性共性技术—基础性共性技术"的路径演进时，通过选择不同的产学研合作方式，可对企业合作绩效中的财务绩效和创新绩效产生差异性影响。具体而言，企业产学研合作的类型会随着企业技术能力结构的变化而演变，企业技术能力结构从"专有技术能力—应用共性技术能力—基础技术能力"的转化中，产学研合作的模式呈现出"较低互动型—较高互动型"的变化过程。在衡量企业财务绩效和创新绩效的4项指标上，企业技术类型间有显著差异。共性技术导向类型的企业财务绩效和创新绩效显著高于专有技术类型企业。

产学研合作是提升企业技术能力的重要途径，不同层次的产学研合作对企业绩效存在差异性影响。如何清晰地认识企业自身技术能力水平，从而选择适当的产学研合作形式，实现企业创新与财务绩效的"双赢"局面是企业面临的关键问题。我国企业普遍采用产学研合作方式弥补自身劣势，但在合作动机与目标定位方面存在盲目性与模糊性（章熙春和蒋兴华，2013）。本节通过技术能力结构细分与产学研合作形式匹配，识别了产学研对企业合作的影响作用，即专有技术类型企业主要通过低互动型产学研合作的方式从而有利于财务绩效的提升，而对创新绩效产生负向影响；应用性共性技术导向和基础性共性技术导向企业则通过中、高互动型产学研合作的方式对创新绩效产生显著影响。但是，紧密型产学研合作并非一定带来企业绩效的显著提升，其中仍然存在"最优平衡点"的临界问题。从研究结果来看，中高层次产学研合作促进企业创新绩效的显著提升，但也可导致一定程度的财务风险。这也反映了企业各层次技术能力导向下的内外部合作关系、长短期目标关系的博弈。由于技术的快速发展，一家企业在持续发展的过程中会在同一时期需要多种层次的技术创新，从而支持其多层次、多元化的产品。研究结论证明了企业需要依据自身的技术能力结构和需求选择产学研合作进行创新活动。

第四节 能力结构匹配与产学研合作技术类型选择研究

一、产学研合作动态博弈模型构建

伴随着经济发展,我国的产学研合作创新取得了巨大成效,但也涌现出各种问题。我国产学研合作创新长效机制存在一些问题。一个突出表现就是企业与高校、科研机构之间合作层次低,大多是解决产品开发层面的问题。企业这种偏好在产品层面进行合作的局面,短期来看可能是最优的,但长期来看对企业技术能力的提升作用有限;对企业可能是收益更大,但对整体社会福利并不是最优的,这些都与我们建设以产学研为主导的技术创新体系的初衷相距甚远。产学研合作偏向短期利益,产学研长效合作机制始终没有有效的原因很多,但经济学告诉我们,低水平均衡的结果也是市场主体理性选择的结果。产学研合作长期偏好产品层面的短期利益合作,很可能是基于现实情境下企业理性选择的结果。进一步为何会出现这种低水平均衡的结果,就成为推动产学研长效机制建立的基础。企业和高校(科研机构)是产学研合作中的主体,政府作为第三方的主要作用是推动产学研合作,在两个合作主体之间进行协调。我们基于当前产学研合作创新现实情境,以创新主体能力结构和目标差异为切入点,将创新主体嵌入到委托代理理论中,以此构建产学研合作创新动态博弈模型(陈志荣,2014)。

在产学研合作过程中,企业会与高校签订契约,让高校帮其开发某项技术或者攻克某个难题,此时是一个委托过程,企业扮演委托人,高校扮演代理人。高校接到项目后进行投入研发,此过程为代理过程。高校研发的技术价值应当受到三个因素影响:第一是自身投入的水平,投入越多价值越大;第二是高校的研发能力,能力越大研发技术越容易成功;第三是随机干扰项的影响,科研活动具有风险性,无法清晰地预知研发结果(陈志荣,2014)。

建立产学研合作创新博弈模型,其符号含义如表8-5所示。

表 8-5　　　　　　　产学研合作创新博弈模型符号含义

符号	含义	符号	含义
T	高校研发的技术	π	高校的收益
x	高校在产品维度上的努力程度	w	社会福利
y	高校在共性维度上的努力程度	c	政府补贴成本
b	高校研发能力	s	政府补贴力度
β	高校学术偏好	r	政府补贴效率
δ_x	产品维度上的随机干扰项	f_1	无补贴产品技术选择边界
δ_y	共性维度上的随机干扰项	f_2	无补贴共性技术选择边界
N_0	企业技术存量	f_3	无补贴应用共性技术偏向边界
N	企业研发投入	f_1^i	补贴手段 i 下的产品技术选择边界
R	企业收益	f_2^i	补贴手段 i 下的共性技术选择边界

企业生产经营是一个长期过程，企业获得技术后可以进行研发投入，提高企业在共性维度上的吸收能力，提升成果二次转化的价值。我们把企业的生产活动分为两个阶段，第一阶段为委托高校进行技术研发阶段，第二阶段为企业研发投入阶段。其中模型假设条件如下：

假设 1：高校研发的技术 T 由两个维度决定，分别为产品维度和共性维度，用 x 表示高校在产品维度上的努力程度，$bx+\delta_x$ 表示该项技术在产品维度上的价值；用 y 表示高校在共性维度上的努力程度，$by+\delta_y$ 表示该项技术在共性维度上的价值，b 表示高校能力；δ_x 和 δ_y 表示随机干扰项，相互之间独立且 δ_x、$\delta_y \sim N(0, \sigma^2)$。进一步，对技术 $T(x, y)$ 进行划分：

$$T(x, y) = \begin{cases} 产品技术 & x>0, y=0 \text{ 时} \\ 应用共性技术 & x>0 \text{ 且 } y>0 \text{ 时} \\ 共性技术 & x=0, y>0 \text{ 时} \end{cases}$$

则技术 T 的价值为 $T = bx + by + \delta_x + \delta_y$，期望价值为 $E(T) = bx + by$。高校和企业的收益都是基于技术 T 的价值，而 T 是一个随机变量，当只有期望化下才具可比性，因此下面所提及的收益都是期望收益，不再重复。

假设 2：高校在第一阶段研发技术过程中获得 βy 的学术收益。β 表示高校的学术偏好；假定 $2\beta < b$。

假设 3：企业第 i 阶段获得的收益为 $r_{xi}bx + r_{yi}by$，r_{xi} 表示企业在第 i 阶段对产品技术的吸收能力，r_{yi} 表示企业第 i 阶段对共性技术的吸收能力。

假设 4：高校的研发成本为 $\frac{1}{2}(x^2 + y^2 + \lambda xy)$，这里 λ 表示技术两个维度之间的关系，$\lambda<0$ 表示互补关系，$\lambda>0$ 表示替代关系，$\lambda=0$ 表示相互独立。在有限

的时间内，高校在产品维度上努力多投放，必定影响其在共性维度上的努力，故两者是替代关系，且应该是完全替代，即 $\lambda=1$。不考虑高校的保留效用。

假设5：高校在研发过程中获得的总收益为 $\alpha_x bx + \alpha_y by + \beta y$，其中 α_x 为企业购买高校在产品维度上研发成果的单价，α_y 为企业购买高校在共性维度上研发成果的单价。

假设6：$r_{x1} = r_{x2} = 1$，$r_{y1} = N_0^{1/2}$，N_0 表示技术存量。

假设7：$r_{y2} = (N_0 + N)^{1/2}$，高校在第二阶段收益为0。N 表示企业在第二阶段的研发投入。

第一阶段委托高校进行技术研发阶段博弈模型变为：

$$\underset{\alpha_x, \alpha_y}{\text{Max}} \quad bx + N_0^{1/2} by - \alpha_x bx - \alpha_y by$$

$$\text{s.t} \quad \underset{x,y}{\text{Max}} \quad \alpha_x bx + \alpha_y by + \beta y - \frac{1}{2}(x^2 + y^2 + xy)$$

$$x \geq 0, \quad y \geq 0$$

第二阶段为企业研发投入阶段，本模型博弈时序变为：①企业选择支付价格 α_x，α_y；②高校选择研发努力程度 x，y；③企业进行研发投入。

博弈模型为：

$$\underset{\alpha_x, \alpha_y}{\text{Max}} \quad bx + N_0^{1/2} by - \alpha_x bx - \alpha_y by + bx + (N_0 + N)^{1/2} by - N$$

$$\text{s.t} \quad \underset{x,y}{\text{Max}} \quad \alpha_x bx + \alpha_y by + \beta y - \frac{1}{2}(x^2 + y^2 + xy)$$

$$N \in \{\underset{N}{\text{Max}} \quad bx + (N_0 + N)^{1/2} by - N\}$$

$$x \geq 0, \quad y \geq 0, \quad N \geq 0$$

规划中存在松的约束，因此可采用库恩塔克条件进行求解。

二、产学研合作技术类型选择

根据博弈均衡结果，我们发现无论一阶段模型还是两阶段模型，企业的技术选择都呈现出以下命题。

（1）在企业与高校的合作博弈过程中，随着企业自身技术存量的增加，博弈的均衡路径为：产品技术→应用共性技术→共性技术。这也是企业与高校合作中的技术选择路径。

由模型的求解不难得出上述规律，通过这个规律，可以发现如今大部分产学研合作中企业总是希望高校能提供研发产品技术，是因为企业自身的技术能力低下，无法吸收转化高校研发的共性技术，使得博弈结果总是停留在产品技术。模型二中产品技术的选择边界为$\left(N_0^{1/2} \leq 1 - \frac{\beta}{b}\right)$是大于模型一的$\left(N_0^{1/2} \leq \frac{1}{2} - \frac{\beta}{b}\right)$，但这并不是说明企业考虑长远利益后更加会偏向选择产品技术。在模型二中，企业选择产品技术时是不进行研发投入的（$N = 0$），此时模型二退化为模型一，不同的是企业利润翻倍了（考虑了两期利润），所以模型二的技术选择边界会相应增大。相反比较两个模型的共性技术选择边界，可以发现企业是更加偏向了共性技术的。

企业选择共性技术的边界存在如图 8 - 14 所示的特点。

共性技术选择边界比较

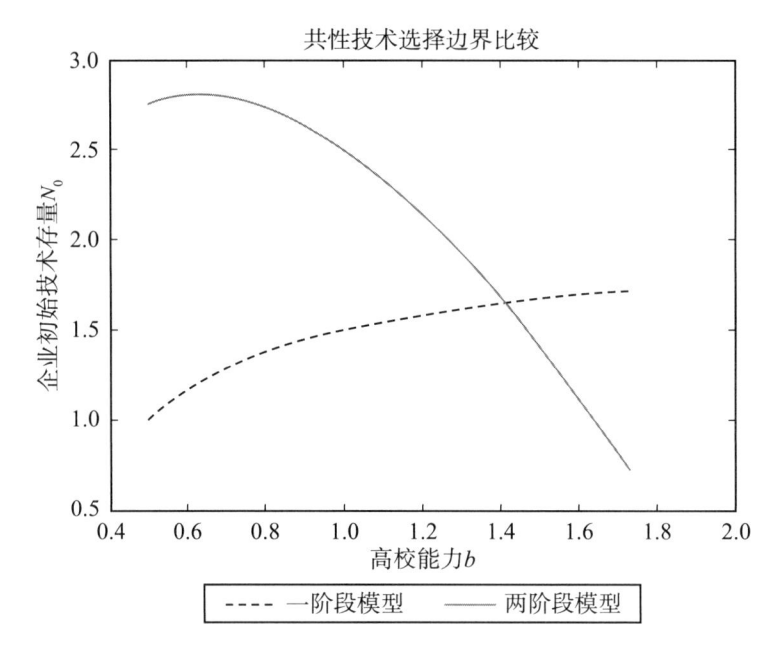

图 8 - 14　一阶段模型与两阶段模型共性技术选择边界

从图 8 - 14 中可以看出当企业选择共性技术时，在 b 较小情况下，一阶段的边界是小于二阶段的，b 较大时则相反。而在一阶段模型里边界随着高校能力增加而增大，在二阶段模型里边界随着高校能力增加而减小，高校能力在两个模型中的作用是相反的。这说明当企业只考虑当前利益时，企业不太愿意选择共性技术，特别是随着合作高校的能力增大，这种厌恶共性技术程度随之而增大。按理，高校能力越大，研发共性技术的价值与成功率都越高，企业选择研发共性技术的利润也会更高。就因为产品技术让企业利益提升最快，而企业又只顾当前利益，忽略长远利益，导致其厌恶共性技术。而通过两阶段模型可以发现高校能力越大，企业则越容易偏好共性技术，此时虽然共性技术带来的利益较慢却是更大的，所以企业考虑长期利益时的均衡结果才是一个合理的情况。

通过上述讨论可以发现，企业偏向产品技术有两个原因，分别是自身技术能力低下和没有考虑长远利益。企业技术能力较低时，不选择共性技术主要是因为第一个原因。企业技术能力较低就无法对共性技术进行二次转化，而完成技术二次转化需要提升技术能力进行研发投入，但自身技术能力太低导致必须进行大量研发投入才能达到理想效果，最终研发成本太大使得企业不愿投入。企业这样一个逆向选择让产学研合作创新总是偏向产品技术，自身技术一直无法提升。这种均衡结果是一种自然选择的行为，无法从产学研合作内部进行突破，必须引入外部变量。所以政府可以作为外部变量改善这种逆向选择的情况。而企业有一定技术能力却还是不愿意去选择共性技术，那主要是因为上述提到的第二个原因——企业只顾当前利益，忽视长远利益。这种情况下，较容易从内部突破，企业只需认清市场形势，制定正确的战略即可。

所以，现实中企业应当理性地考虑长远利益，不应当非理性地只考虑当前利益而进行决策。那么是否企业理性去决策就不存在问题呢？显然不是，在产学研合作中，企业与高校存在目标差异，这目标差异必然导致双方选择存在差异（刘炜，2013）。

接下来，讨论基于企业理性决策下的博弈结果。

令 $f_1(b, \beta) = 1 - \frac{\beta}{b}$，$f_2(b, \beta) = \frac{4b - b^3 - \beta}{b}$，则有以下命题：

（2）随着高校的学术偏好 β 不断增加，高校能力 b 不断减小，选择产品技术的边界会不断地缩小。

由 $\frac{\partial f_1}{\partial \beta} < 0$，$\frac{\partial f_1}{\partial b} > 0$，产品技术选择边界上限关于 β 递减，关于 b 递增。上述命题即得证命题不难理解，学术偏好增大时，高校研发共性技术的意愿就增大，研发产品技术意愿减少，选择边界就缩小。高校能力减小时，技术价值在减小，而学术收益没有变化，企业支付的费用在高校整个收益中比重下降了，所以高校研发共性技术的意愿就增大，研发产品技术的意愿减小，选择边界就缩小。

（3）随着学术偏好 β 不断增加，选择共性技术的边界会不断地增大。而高校能力 b 处于较低水平时，边界会随着能力的增加而减小；高校能力 b 处于较高水平时，边界会随着能力的增加而增大。

学术偏好增大时，高校研发共性技术的意愿就增大，选择边界就增大。当高校能力 b 水平较低时，选择研发共性技术的原因跟命题 2 提到的一样，技术价值在减少，而学术收益没有变化，企业支付的费用在高校整个收益中的比重下降了，所以高校选择研发共性技术。此时，随着 b 增加，技术价值在增加，学术收益所占比重也减少，研发共性技术的意愿减少，边界就减小。当高校能力 b 水平较高时，企业支付共性维度上的费用的增速是大于产品维度上的，并且差距随着 b 的增加而增加，所以研发共性技术的意愿就增大，选择边界就增大。

接下来将进一步讨论博弈结果为研发应用共性技术时，该项应用共性技术什么时候偏向产品技术，什么时候偏向共性技术。企业与高校的博弈结果见图 8 – 15 和图 8 – 16。通过博弈结果，可以知道产学研合作创新中技术选择的决定性因素是企业技术存量，重要影响因素是高校研发能力，其次是高校的学术偏好。

图 8 – 15　学术偏好固定下的技术选择边界

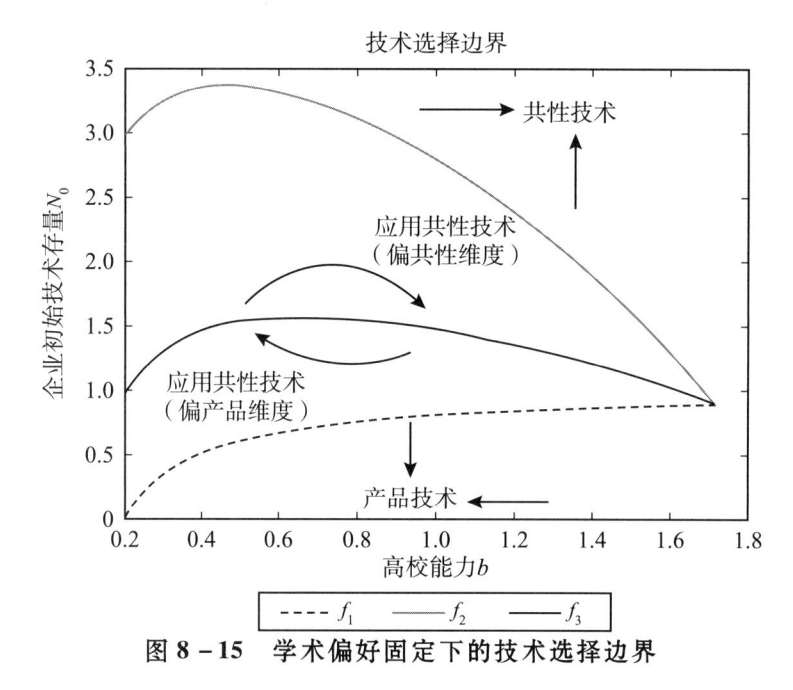

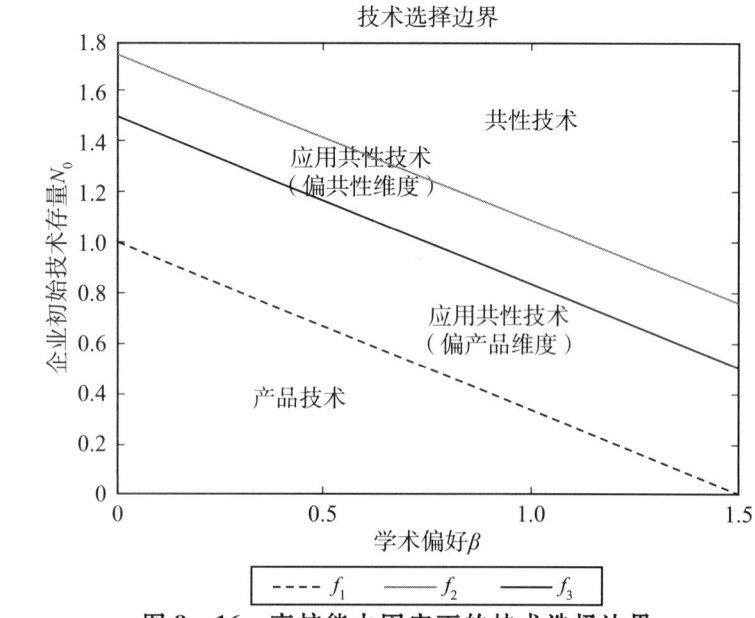

图 8 – 16　高校能力固定下的技术选择边界

产学研合作创新动态博弈模型均衡结果是一个自然选择的结果，我们进一步引进社会福利来判断自然选择结果是否达到了最优以及讨论自然选择和最优选择会存在哪些差异。社会福利最大化下的技术选择结果与企业主导下的选择结果趋势是一致的，都是随着企业自身技术存量的增加，技术选择结果沿着产品技术→应用共性技术→共性技术这一路径。选择产品技术时，社会福利最大化下的选择边界与企业主导下的选择边界是一样的。而选择共性技术时，社会福利最大化下的选择边界是小于企业主导下的选择边界的。并且企业主导下的博弈结果其社会福利是无法达到最大化的。

如图 8-17 所示，社会视角曲线总是在企业视角曲线的上方，表明企业主导下其社会福利是无法达到最大化的。无论是在社会福利最大化下还是企业主导下的博弈结果都说明：技术存量较低的企业应当研发产品技术，技术存量中等的企业应当应用共性技术，技术存量较高的企业应当研发共性技术。而两者博弈结果的差异之一在于共性技术的选择范围，社会福利最大化下的选择范围大于企业主导下的选择范围。这说明有一些企业研发共性技术对社会来说是最优的，但此时企业却从自身利益出发选择应用共性技术，导致并不是社会最优。在产学研合作创新中，要实现最优的合作局面应当让技术能力低的企业与研发能力低的高校合作产品技术，中等水平的企业和中等水平的高校合作研发应用共性技术，技术能力高的企业与研发能力高的高校合作共性技术。由此，我们可以知道企业主导的博弈结果是其社会福利并不是最大的，第一个原因在于上述两者存在选择差异，

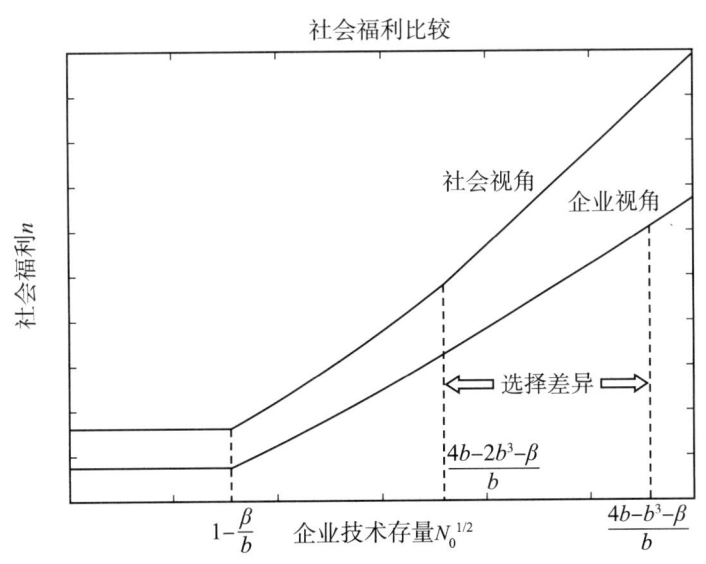

图 8-17 企业视角与社会视角社会福利比较

横轴：企业技术存量 $N_0^{1/2}$，标记点 $1-\frac{\beta}{b}$、$\frac{4b-2b^3-\beta}{b}$、$\frac{4b-b^3-\beta}{b}$

纵轴：社会福利 n

曲线：社会视角、企业视角；区间标注"选择差异"

第二个原因在于委托代理中的道德风险。由于研发活动的不可监督性，企业无法观察高校的研发投入，只能观察其产出，以致产生道德风险。高校投入则会从自身利益最大化出发进行投入，没有从合作整体出发，所以其投入当然与社会福利最大化下要求的投入不一致。

我们知道帕累托最优是最好的选择，高校能力与企业技术存量应该进行怎样的匹配才能实现最优选择呢？

帕累托选择为研发产品技术时，其选择条件为：

$$N_0^{1/2} \leq 1 - \frac{\beta}{b} \Leftrightarrow b(1 - N_0^{1/2}) - \beta \geq 0$$

令 $g_1 = b(1 - N_0^{1/2}) - \beta$，从上式可以看出，企业的技术存量 N_0 一定要小于 1，否则肯定不能满足选择条件（$g_1 \geq 0$），所以 N_0 较大的情况下很难满足选择条件。而当 N_0 越小，$1 - N_0^{1/2}$ 就越大，对高校能力 b 的要求就越小，高校能力可大可小。由于模型假设不考虑高校的保留效用，但现实中高校是存在保留效用的，并且高校研发能力越大其保留效用就越大。因此现实情况下，N_0 越小，高校能力 b 不能太大，否则企业的支付低于高校的保留效用，最终使得合作无法成功。综上所述，研发产品技术时要实现帕累托最优，应当让技术能力较低的企业与研发能力较低的高校进行合作。

当帕累托选择为共性技术时，其选择条件为：

$$N_0^{1/2} \geq \frac{4b - 2b^3 - \beta}{b} \Leftrightarrow b(N_0^{1/2} + 2b^2 - 4) + \beta \geq 0$$

令 $g_2 = b(N_0^{1/2} + 2b^2 - 4) + \beta$，则 $\frac{\partial g_2}{\partial N_0^{1/2}} = b > 0$。

表明 g_2 关于 N_0 递增，所以技术存量越大，g_2 就越大。在 N_0 较大的情况下，b 越大约越容易满足选择条件（$g_2 \geq 0$）。若 b 较小（使得 1 情况），则较难满足选择条件，特别此时要想满足选择条件，只有 b 足够小才能保证。但需要注意的是，现实中企业也会具有一定保留效用，当合作收益比不合作收益还小，肯定无法合作。高校研发能力较小时，研发的技术对技术能力较高的企业来说，其价值必然有限，所以高技术能力的企业必然不会选择研发能力较低的高校合作研发共性技术。综上所述，研发共性技术时要实现帕累托最优，应当让技术能力较高的企业与研发能力较高的高校进行合作。

当帕累托选择为应用共性技术时，根据上诉分析原理和分析结果，利用排除法不难得出让技术能力中等水平的企业和研发能力中等水平的高校进行合作。所以，基于社会福利最大化（帕累托最优）可以得出产学研合作创新能力匹配原则：

通过基于委托代理理论建立的一阶段产学研合作博弈模型和两阶段产学研合

作模型，产学研合作创新中技术选择的决定性因素是企业技术存量，重要影响因素是高校研发能力，其次是高校的学术偏好。研究发现随着企业技术存量增加，产学研合作中的技术沿着产品技术→应用共性技术→共性技术这一路径进行选择。比较两个模型的纳什均衡，当企业考虑长远利益时，会有更多企业选择共性技术，得出两阶段产学研合作博弈模型才是一个更合理的情形。另外，我们发现社会福利最大化下的技术选择与企业主导下的技术选择存在差异，有一部分企业在社会福利最大化下应当选择共性技术却从自身角度考虑去选择应用共性技术。在企业主导下的产学研合作是无法达到社会福利最大化的，其原因在于选择差异和委托代理中存在的道德风险。基于社会福利最大化的情况下，导出了产学研合作创新能力匹配原则：技术能力低的企业与研发能力低的高校合作产品技术，中等水平的企业和中等水平的高校合作研发应用共性技术，技术能力高的企业与研发能力高的高校合作共性技术。在能力匹配原则基础上发现高校学术偏好不宜过大，不宜过小。学术偏好过大，政府需花费较大成本才能实现能力匹配。学术偏好过小，不利于实现产学研合作创新目标。

由此，我们分析得出了产学研合作创新中的能力匹配原则：技术能力低的企业与研发能力低的高校合作产品技术，中等水平的企业和中等水平的高校合作研发应用共性技术，技术能力高的企业与研发能力高的高校合作共性技术。而后发现高校的学术偏好是一把"双刃剑"，过高不利于实现能力匹配，过低则不利于实现产学研合作创新目标。通过博弈分析，我们知道企业技术能力过低会导致其逆向选择，使得其总是在低水平层面合作。而企业的技术能力脱离底层后，却因为合作主体间目标差异导致自然选择与帕累托选择存在选择差异，最终使得无法实现能力匹配，达到最优合作局面。这就是企业技术能力一直无法提升，产学研合作创新的困境生成机理。

通过能力结构匹配与产学研合作技术类型选择分析，在解决产学研合作创新的思路上，有如下启示。

（1）针对我国企业自主创新能力结构化困境，企业、高校与政府要明确产学研合作创新定位，理性做出市场抉择。

当前我国经济、科技和社会发展阶段特征，大学、企业和科研院所的创新能力结构和水平状态，以及我国国家体制、制度和文化，决定了我国的产学研合作创新发展模式和路径与国外有所区别。与境内外产学研合作创新实践相区别，当前我国产学研合作创新发展现实情景，企业技术能力普遍低下，无法直接吸收共性技术。企业须把应用共性技术作为垫脚石，逐步提升技术能力，最终再解决共性技术，实现自主创新能力的升华。我国企业在应用性共性技术的发展现状表明，现今如单纯依靠企业自身来解决应用性共性技术发展既不现实，也不可行。

通过产学研合作创新，加强社会其他力量对企业应用性共性技术的发展支持应是当前我国企业解决该类技术发展的必由之路。为此，现阶段我国产学研合作创新的定位应是先提升企业应用共性技术能力，再解决企业基础性共性技术。明确产学研合作创新定位后，要提升企业的应用共性技术能力和共性技术能力，必须要企业在偏共性层面上进行合作。企业须理性做出市场抉择，不能只顾当前利益，忽略长远利益，这样企业才能走出低水平合作陷阱。同时，政府需要担负起其应有的职责，发挥主导作用，通过经费支持，让技术能力过低的企业突破自身限制，参与到偏共性层面的产学研合作创新中，逐步提升其技术能力。对于有一定技术能力的企业，政府则可以通过资助加速企业应用共性技术能力与共性技术能力的提升。

（2）通过系统化制度设计保障合作主体目标的实现。

当前大学或教师科研评价体系都是过分强调唯一性、第一作者的评价方式，导致学术优先权竞争异化。在这种评价体系下，高校疯狂追逐学术优先权，以自身学术收益为第一位，导致高校学术偏好非常大。而本书研究表明，在学术偏好较大情况下，不利于实现产学研合作创新主体能力匹配。因此，必须对高校科研评价制度重新设计，但也不宜过分抑制高校的学术偏好。一方面，获得学术优先权是高校能力的体现，也是高校的基本职能之一；另一方面，通过本节研究，学术偏好过低会不利于产学研合作创新的最终目标。为此，以大学科研评价机制改革为核心，学研方要在顶层设计上，扭转当前产学研合作随意的倾向，保障产学研合作创新有效运行。同时，需结合自身能力结构水平来确定合作重点，实现能力结构与合作目标匹配，对于基础性共性技术、应用性共性技术、专有技术多层次产学研合作导向，形成专业化分工格局，差异化发展。在高校内部也需要根据不同学科能力结构水平，制定差异化产学研激励导向，如对于科研实力强的优势学科，做出相应的制度安排，通过评价体系等改革，抑制个体对于产品层面产学研合作的冲动，引导其研究力量聚焦于国家和行业发展急需的重点领域和重大需求。

第五节 本章小结

在比较企业、大学和科研机构参与产学研合作创新动因的基础上，结合现阶段我国企业技术能力结构状态、大学和科研机构科研创新能力结构状态，以及大学、科研机构科研创新能力与企业技术能力互补性，围绕企业技术创新能力提升这一技术创新体系建设发展核心目标，我们在产学研合作促进企业技术创新能力发展，以及产学研合作对高校学术团队能力提升中的作用做了大量的研究工作，明确了产学研合作创新在技术创新体系建设中的功能定位。

（1）从产学研合作与企业能力结构的影响关系上看，我们得出以下结论：第一，基于企业技术能力的演化阶段及特征，产学研合作与企业内部研发的互动关系可体现为替代、互补再到替代的三阶段关系上。第二，基于企业不同发展阶段的技术需求，发现企业合作创新与创新能力之间的协同演化路径与相互作用机制。企业产学研合作模式的选择是基于企业的技术能力演化阶段，结合企业产学研合作的需求与分析做出的理性判断。互补型产学研合作能够有效提升企业技术能力广度，辅助型产学研合作能够有效提升企业技术能力深度。同时随着企业自主创新能力的提高：企业产学研合作的层次呈现出"专有技术—应用共性技术—基础技术"的转换，企业对于产学研合作的依赖不断弱化，整个互动过程中外部资源引进类型呈现出"辅助型—互补和辅助型—互补型"的动态变化规律。反过来，技术能力结构是企业进行外部合作创新及实现外部知识内部化的逻辑起点，是产学研合作取得创新绩效的内因，企业技术能力结构亦影响着产学研合作，具体而言，企业产学研合作的类型会随着企业技术能力结构的变化而演变，从企业技术能力结构"专有技术能力—应用共性技术能力—基础技术能力"的转化中，产学研合作的模式呈现出"较低互动型—较高互动型"的变化过程。第三，得出了产学研合作创新中的能力匹配原则：技术能力低的企业与研发能力低的高校合作产品技术，中等水平的企业和中等水平的高校合作研发应用共性技术，技术能力高的企业与研发能力高的高校合作共性技术。而后发现高校的学术偏好是一把"双刃剑"，过高不利于实现能力匹配，过低则不利于实现产学研合作创新目标。

（2）从产学研合作与高校学术团队能力结构的影响关系上看，我们认为，高校学术团队核心能力增长轨迹是一个核心能力各要素的持续性积累和总体能力间断性跃迁两者相结合的过程。借助于生命周期理论，我们对学术团队在不同生命周期内核心能力的成长过程进行剖析，并以"平台—台阶"理论为基础分析了团队核心能力的演进轨迹；并基于资源整合视角分析了团队核心能力的成长过程与机理，并构建了高校学术团队核心能力成长过程及机理模型。研究表明，学术团队核心能力成长从产学研的广度（合作规模）和深度（合作层次）对学术团队建设与核心能力提升都有着显著的正向影响，即产学研通过影响学术团队建设，进而影响学术团队核心能力。但合作层次对核心能力建设的影响作用强于合作规模，其中，合作规模虽然对团队正式化和学习能力均有正向影响作用，但与合作深度相比，其对团队正式化的影响更为突出；合作层次对团队正式化、团队文化氛围、团队学习能力建设均有正向影响，但与合作规模相比，其对团队学习能力影响更为突出。并且团队正式化、团队文化氛围、团队学习能力又较为显著地影响产学研合作与学术团队核心能力之间的关系。团队正式化、团队学习能力在影响关系中起着部分中介作用，文化氛围在产学研合作规模与核心能力建设之间无中介作用，但文化氛围在合作层次与服务社会能力之间是完全中介。团队研究偏好影响产学研合作与学术团队建设之间的关系。研究偏好和项目方向契合度较高时，有利于团队建设。团队人员互补性影响产学研合作与学术团队建设之间的关系。团队人员具有良好的互补性，可使产学研合作对学术团队的影响作用放大。

第九章

产学研合作创新绩效研究

绩效作为合作构建的结点,是衡量产学研合作成败及效果的关键标志。近年来,我国在推动产学研合作方面有了很大的进步,一些地区的合作成果也初见成效,但产学研实践总体仍然存在着合作动力不足、合作效率低下的问题。

针对产学研合作绩效进行研究,从企业、行业特征、政府以及区域等多个层面探索影响产学研合作绩效的影响机理,从而在各视域下得出影响产学研合作绩效的影响因素。

第一节 企业层面:企业主体差异与产学研合作绩效

一、企业研发投入对合作创新绩效的影响

企业是创新投入的主体,其对技术的有效需求是产学研合作创新的前提,但企业无法独立创造其需要的所有新技术,而高校和科研院所独有的实验设备、人力资本和研究经验等资源降低了企业的研发成本,从而使产学研合作成为企业R&D资源配置最有效的途径之一。研发投入充足的企业更有可能与大学和研究机构合作,从而有效利用后者的创新资源来增强技术领先优势。

为了探索不同企业特征对产学研合作绩效的影响,本书将数据样本分成以下

几组进行回归分析。从企业规模来看，政府资金对中小企业的影响较为明显，而大企业自有研发资金投入对产学研合作绩效影响较大；企业人力资本存量与产学研绩效存在显著的正相关关系，且规模越大影响效果越明显；出口导向仅对大企业的创新活动有较弱的促进作用，反映出企业未能达到"从出口中学习"的目的。从开放程度来看，政府资金与企业资金在促进产学研合作中均有显著的促进作用：开放程度低的企业对政府资金投入的依赖性更强；开放程度较高的企业更可能有效利用自身技术积累获取，并吸收利用先进技术。从人力资本存量来看，存量较高的企业对研发投入的利用效果远高于存量较低的企业，并能借助规模优势广泛参与产学研合作，从而达到核心竞争力提升的目的。企业资金与产学研绩效显著正相关，进一步验证了企业技术创新体系建设中的主体地位，但研发投入的拆分导致了研发投入对绩效指标解释度不高（肖丁丁，2011）。

内部 R&D 作为企业的内部知识源，被视为一个组织的过程，企业通过这个过程接触和利用每个成员的知识。同时吸收能力的发展是需要积累的、路径依赖的，而且涉及高强度的内部 R&D 投入。产业内技术的改变通常与企业的内部 R&D 活动紧密相连，因此企业应用外部知识的能力是其内部 R&D 活动的副产品。R&D 投入是吸收能力的重要影响因素之一，企业投入方式的不同将对组织知识宽度与深度产生不同的影响，最终产生不同的创新绩效水平。因此，本书认为企业内部 R&D 投入能够促进高效的内部沟通，从而增强吸收能力。

近年来，企业外部 R&D 合作已经成为一个重要的知识源化战略。由于专有知识的隐性与组织嵌入性决定了其难以通过市场进行交换，因此项目的合作能够使企业接触到嵌于其他组织内部的知识，同时通过转移与模仿从伙伴处学习，并联合开发新知识。福奥斯福锐（Fosfuri）等学者发现外部 R&D 合作显著提高了企业获取与消化知识的能力。万维（Vanwi）在研究中指出知识外部接触的广度与深度将影响一家企业对探索新的或相关的外部知识的倾向。企业通过与外部组织的合作能够获得多样化的知识以提高其新知识的获取与消化能力；同时通过模仿或学习其他组织的能力来提升自身对于相关知识的应用。

通过对 400 家奥地利企业的调查，发现企业合作创新能显著影响新产品创新绩效。有学者在研究中将知识分为两类——技术专有知识与市场专有知识，并认为它们是提高合作绩效的关键，如果只有一类知识，而缺少另一类知识，那么对于提高企业创新绩效是不充分的。他们指出在一个每个伙伴都能为合作带来特有知识的 R&D 合作中，伙伴能从相互的学习机会中受益的可能性更高。这都显示了企业在 R&D 合作中可以吸取不同类型的知识，而且企业与外部知识源互动越多，则将有更多机会从合作伙伴处学习所需技术与市场知识，从而提高创新绩效产出（付敬，2014）。

二、吸收能力对合作创新绩效的影响

吸收能力与企业创新绩效产出关系能从两个层面表达：企业由知识源获得知识直接增强创新能力（例如，从伙伴企业获取的市场知识或信息直接用于产品创新）；企业从知识源获得技术后，与自身现有知识结合进行知识的转化与应用从而实现产品创新（创造出新知识）。我们认为 PAC 与 RAC 两个维度对创新的作用是既独立又互补，RAC 通过产生创新绩效（新产品）使企业取得竞争优势，而 PAC 则是增强企业资源的使用柔性来维持其竞争优势。

本书以广东省技术中心企业为研究样本，使用 2009 年广东省经济贸易委员会对 347 家省级技术中心企业进行的大规模问卷调查数据，观测值包括企业特征、R&D 投入和创新产出等 40 多项客观数据与信息。在 347 份问卷中，4 份调查问卷的部分数据出现异常，被视为无效问卷，最终采用 343 家有效企业数据，数据样本特征见表 9 – 1。省级技术中心企业致力于通过整合内部、外部知识资源推动企业形成技术与市场的紧密结合机制，以提升竞争力为主旨，重点解决投资与技术、技术与市场相分离等问题，因此具有研究的典型性。

表 9 – 1　　　　　　　　　　样本企业特征描述

企业特征	企业数（家）	比重（%）	企业特征	企业数（家）	比重（%）
所属行业			企业规模（职工总数）		
机械	94	27.41	大型企业 >2 000	88	25.66
电子	79	23.03	中型企业 300~2 000	226	65.89
轻工	67	19.53	小型企业 <300	29	8.45
石化	35	10.20	总数	343	100
建材	29	8.45	研发投入（万元）		
医药	17	4.96	>10 000	33	9.62
冶金	14	4.08	5 000~10 000	29	8.45
其他	12	2.33	1 000~5 000	160	46.65
合计	343	100	500~1 000	88	25.66
			<500	33	9.62
				343	100

企业通过内部知识源化战略产生知识流是以内部 R&D 投入经费作为衡量。为避免不同变量间的数量级差异对回归分析造成影响，因此对 R&D 投入进行了

取自然对数（Ln）处理。外部知识源化战略是企业通过与外部组织合作获得知识与发展新技术的一种方式。基于山川（Yamakawa）研究中采用企业参与联盟的数量反映其战略导向的测量方式，本书认为倾向于外部知识源化战略的企业将更多地与外部合作，因此采用企业对外的 R&D 合作项目数测量其外部知识源化战略。标准的制定表现出企业在所处行业中至关重要的地位与能力，所以其在企业战略中扮演了重要角色。每一个国际、国家、行业标准都可能覆盖一个或者多个技术领域。

虽然吸收能力的测量方式在学术界一直存在争议，但近年来一些使用客观数据的学者多倾向于使用人力资源和专利数量来测量吸收能力。本书基于前人学者的测量方式，用当年来企业技术中心从事 R&D 工作的外部专家人数和企业技术中心高级专家人数来测量企业获取与消化知识的能力，即 PAC；用当年企业获国家和省自然科学、技术发明、科技进步奖数目与企业被受理的发明专利申请数来测量企业的知识转化与应用能力，即 RAC。同时，本书通过创新绩效与财务绩效两个维度来测量企业的创新绩效产出。基于前人测量方式，创新绩效是由企业当年完成的新产品、新工艺开发项目数来衡量；财务绩效使用企业新产品的销售收入进行测量，并取对数（Ln）处理。另外，企业创新绩效也许受益于规模与范围经济，而且大企业有可能积累更高的吸收能力水平。因此，本书将企业规模作为控制变量，使用企业职工总数进行测量，并对其取自然对数（Ln）处理以消除偏差。

我们尝试构建企业内部、外部知识源化战略、吸收能力对创新绩效产出影响的综合分析框架，然后使用广东省 343 家省级技术中心企业的创新实践数据进行实证检验，从而分析吸收能力在企业知识源化战略中对创新绩效产出的影响过程与机制。研究发现企业知识源化战略与创新绩效产出的关系并非单纯的直接影响研究所能解释，吸收能力与知识基础在其间起到了关键的中介与调节作用。主要结论为：

（1）企业内部、外部知识源化战略均对其创新绩效产生影响，但作用路径并不同。企业内部 R&D 将通过直接影响其 PAC 与 RAC 作用于创新绩效。这一结论与科恩（Cohen，1990）的研究相一致。而外部 R&D 合作虽然对 PAC 有直接影响，但却对 RAC 没有直接作用。这表明企业应用外部新知识的能力较难直接从外部 R&D 合作中学习，企业核心的应用能力需要通过内部 R&D 进行培养。从这个视角来看，内部 R&D 与外部合作之间不但存在互补关系而且存在补充关系，这与卡斯曼（Cassiman，2006）认为同时进行内部 R&D 与外部合作的企业能够取得更高的创新绩效的结论相一致。

（2）企业 PAC 与 RAC 对其创新绩效产出存在异质的影响。RAC 主要对新产品创新绩效起到直接作用；而 PAC 则正向影响 RAC，同时直接提升企业创新财务绩效。这一发现拓展了朱桂龙（2009）的研究结论，并且验证了扎赫拉（Zahra，2002）关于 PAC 与 RAC 在企业创新过程中影响作用的理论分析。

（3）企业内部知识源化战略与其知识基础广度之间存在显著的协同效应；企业外部知识源化战略与其知识基础广度之间则存在替代效应。本书研究发现知识基础越广的企业越倾向于通过内部 R&D 投入而非外部 R&D 合作积累知识。这一结论正好与林（Lin，2010）的研究结论互为补充，他们研究了企业知识基础深度对其知识源化战略选择的影响。本节则进一步完善了不同类型知识基础在创新中的影响作用的研究（付敬，2013）。

本书一方面揭示了企业内部、外部知识源化战略对其创新绩效产出的作用机制，为当前学术界知识源化战略与创新绩效之间不一致的实证结论提供了一种解释途径。另一方面也证明了没有任何一种知识源战略适合所有的企业，也没有企业能够始终使用同一种战略来取得并维持竞争优势。我国企业应该根据自身知识基础特征选择知识源化战略，企业除了应该合理选择其内部、外部知识源化战略外，还需要注重潜在吸收能力与实际吸收能力的均衡培养与发展，从而更加有效地获取持续性竞争优势。如排除企业自身知识基础的影响时，企业需要同时进行内部 R&D 与外部合作以取得更高的创新绩效产出。但考虑企业知识基础广度的影响作用后，拥有较为宽广的知识基础的企业则应注重通过内部 R&D 战略发展知识转化与应用能力，从而将其外部获取的知识进一步应用在商业化产品开发中，这可能使其创新成本更低并更有效率；而知识基础广度较弱的企业则应该重视通过外部 R&D 合作培养能力与获取新知识，这样才能更为有效地为持续性创新提供知识来源。但我们必须清楚，以上结论是与企业的能力发展阶段密切相关，实践中随着企业能力的更新与知识基础的变化，其对知识源化战略的选择也会随之演化（付敬，2014）。

第二节 合作伙伴层面：合作伙伴特质与产学研合作绩效研究

一、伙伴异质性对合作创新绩效的影响

作为异质性的组织，产学研各合作有其独有的特点。产学研合作中组织间学习的效果是多种变量的函数，如合作方的学习意图、学习的能力、学习的可能性

等，为了从跨组织学习的角度解决我国产学研所面临的问题，有效的识别出影响产学研组织学习效果的因素就显得格外重要。基于伙伴异质性的视角，为了探索伙伴异质性对产学研合作中企业创新绩效的影响，首先需要对产学研伙伴异质性的维度进行划分（程强，2015）。

（一）合作伙伴异质性维度划分及概念界定

通过阅读大量的文献，根据文献中对于异质性维度的概括，以不同划分维度出现的频次排序，研究学者们对异质性维度的划分大致分为以下几个方面：合作目标差异、知识基础差异、能力差异、观念差异、关系差异以及文化差异六个维度（见表9-2）。

表9-2　　产学研合作创新伙伴异质性维度划分及影响

作者	维度划分	研究结论
Nicto and Santamaria（2007）	主体属性	参与者多样性影响了产品创新的积极性
Rucket and Orville（1987）	目标	共同的目标提升了合作创新的效率
Perks and Jeffery（2006）	目标	共同的目标可以提高创新的成功率
Medlin（2003）	目标观念	目标和观念的异质性影响伙伴间的关系
Westerlund and Rajala（2010）	学习方向	伙伴不同的学习方向刺激了创新网络
Rycroft（2007）	知识基础	异质性不会提升创新的速度
Stuart（1998）	知识基础	同质性会产生更高的合作倾向
Samarra and Biggiero（2008）	知识基础	同质性加速了合作创新
Amabile（1996）	知识基础	异质性促进了创造力的提升
Hargadon（1998）	信息	异质性导致了中介机构的出现
Rycroft and Kash（2002）	核心能力	异质性会导致冲突和不确定性
Frenken（2000）	能力	伙伴间的互补能力加速了创新的成功
Lee（2010）	能力	能力的不均导致创新伙伴地位的差异
Beckman（2002）	经验	共同的经验有利于联盟的创新
Nieto and Santamaria（2010）	地位	异质性对小型公司创新有更明显的影响
De Propris（2002）	网络位置	异质性正向影响创新绩效
Siegel et al.（2003）	观念	企业与学研方观念差异影响了技术转让
Kaplan and Tripsas（2008）	技术框架	技术框架的差异导致企业与学研方冲突
Powell et al.（1996）	观念	相近的问题解决观念促进合作方的沟通

续表

作者	维度划分	研究结论
Corsaro and Snehota（2011）	观念	观念异质性在特定环境下激发思想碰撞
Chen, Tsou and Ching（2011）	文化	文化的同质性正向影响创新绩效
Emden and Droge（2006）	关系	同质性更加容易克服冲突
Burt（1992）	伙伴背景	异质性能够提供合作需要的多样化信息
Bohlmann et al.（2010）	关系	关系异质性会影响到合作伙伴知识扩散

从之前的研究来看，学者们对产学研伙伴异质性维度的划分主要集中在目标、知识、能力、观念、文化、关系六个方面。通过对相似的维度进行整合，将产学研伙伴异质性划分为知识（知识势差、知识耦合）异质性、关系异质性以及观念异质性三个维度（戴勇，2016）。

第一，知识异质性。产学研伙伴知识异质性描述了学研方和企业之间在知识水平与结构上的差异（Amabile，1996）。正是伙伴之间的知识存在差异和互补，才使得依靠产学研合作来学习需要的异质知识成为现实，创造出新的竞争优势。因此，知识异质性在某种程度上是伙伴之间合作的动机之一，也是合作创新能否成功的基础。

知识异质性的概念最早来自企业能力理论，由阿马比尔（Amabile）在1996年提出。作为企业能力理论的提出者，阿马比尔认识到了企业在核心能力上的特殊性能够帮助企业更好地理解市场、制定战略。他把这种企业核心能力异质性的重要性提升到战略层面，认为这是企业竞争优势差异的根本原因。比较优势理论也进一步指导企业可以通过识别这些具有相互补充的能力来确定合作伙伴。

从价值链角度来看，由于角色承担的分工差异，产学研合作过程中企业方与学研方的知识存在很大的差异性，正是差异知识的存在，产学研合作才有了存在的必要。学研方与企业具有不同的能力系统，知识异质性可以从两个方面进行划分：一是知识结构差异（耦合性）；二是知识水平差异。基于产学研合作方之间存在的知识存量差异，导致双方存在一定的知识势差，从而很自然地会进入下一步的知识转移，最终促进知识创新。而基于知识资源的互补性，如果产学研合作方之间能够在知识结构上达到一定的耦合，那么就会非常有利于知识的创造，同样会促进知识的创新。

但是无论是知识存量还是资源互补，要想能够促进最终产学研绩效的提高，都必须具有一定的前提条件。知识存量差异太大时，接受方很难有效理解接受知识发送方的知识，双方无法进行有效的知识共享。而在知识资源结构差异方面，知识结构过大的差异和过小的差异都不会有利于知识之间的耦合，从而也会影响到产学研合作的创新绩效。因此,在产学研合作之前,基于知识异质性存在的原因,有效选择相符合的合作伙伴显得至关重要。

第二,关系异质性。关系是伙伴在互动过程中建立起来的,强调了合作伙伴之间的心理距离。关系的含义很广泛,包含伙伴之间的信任、惩罚、规范、义务等。在所有的关系属性中,信任是一切的核心(Dodgson,1993;Doz,1996)。关系异质性强调了伙伴关系的强弱程度,约翰斯(Johns,1999)最早采用了关系强度的概念去刻画关系异质性,提出组织之间的信任以及承诺可以作为描述关系强度的显性指标。吉尔森格(Gilsing,2002)通过对企业战略联盟的研究指出强关系的网络成员关系容易形成共同的范式,使合作双方共享资源,达成一致合作。

产学研合作中,单一的成员知识无法满足创新的需求,但即便伙伴之间形成了合作关系,创新也不会自然而然地顺利发生,关系异质性是产学研合作能否成功的又一层因素。在关系异质性中,信任是最为重要的因素,伙伴之间的信任能够使双方保持良好的沟通,提供分享完整、真实的信息,可以起到抑制机会主义的行为。产学研合作关系异质性的重要性一方面体现在伙伴的选择上,另一方面更是体现在关系建立之后的维护上。在伙伴选择上,企业要充分调查学研方以往的合作历史、基本声誉情况,这些都是关系成立的前提。而在关系保持上,企业和学研方之间要学会相互信任,定期分享和交流经验,共同协作克服困难。

第三,观念异质性。观念是指人们对事情认知的系统化集合,人们通过利用自身形成的观念系统对事物进行判断和决策,而观念异质性强调了伙伴之间各自认知体系的差异(Siegel et al.,2003)。合作创新中,伙伴基于已有的认知体系会形成各自的观念,是否有共同的观念在一定程度上决定了合作的成败,无论是对于合作过程中的技术难题还是对于合作创新产出的认知,主体意识形态上的差异会左右各自的行为选择,影响合作创新绩效。

从以往研究发现,产学研伙伴观念差异主要体现在三个方面(Corsaro and Snehota,2011):一是合作动因的差异,企业参与产学研合作的动因是为了减少技术创新过程中的不确定性以及由此产生的超额费用(顾佳峰,2008),而学研机构参与合作的动因主要体现在筹措科研经费、获取市场信息、提高科研效率、获得专利增加科研成果、开发新产品等方面(Lee,2004;郭斌,2003);二是对于合作技术发展重点的差异,企业为了缩短研发成本,加快产品入市的速度,更加偏向于开发产品性共性技术,而学研机构则主要从长远来看,更加注重于基础性或者应用性共性技术的开发;三是对创新产出理解的偏差,企业和学研机构都会根据各自认同的评价指标去评判产学研合作的效果。

第四,组织间学习。在产学研合作知识网络中,企业是创新的核心主体,企业与学研机构的知识联系构成了组织间学习的主要基础。从不同的视角来看,学习可以分为不同的类别。

从学习发生的渠道来看，产学研组织间学习可以分为正式学习与非正式学习。顾名思义，以契约形式发生的知识共享与交流属于正式学习，这种学习形式比较稳定，比如合作中的定期会议讨论、联合攻关技术难题等。通常，显性知识的转移发生在正式的学习网络中；而在正式的契约关系之外，基于产学研合作的需要，伙伴之间的成员会通过非正式的渠道进行隐性知识的传递和吸收，这种形式的学习虽不够稳定，发生时间也很随机，但是对于有效弥补正式学习的不足会有非常重大的意义。

从学习发生的环节来看，产学研组织间学习可以分为探索和开发式两类。探索与突破创新紧密相连，偏重基础性共性技术以及应用性共性技术的开发。组织间联系紧密，共享隐性知识，共同开发新知识，提高组织的长期收益，但与此同时也风险较大，开发周期漫长，失败的可能性也比较大，属于知识链条上的上游环节；开发与渐进性创新紧密联系，偏重对已有知识的学习与整合。组织间联系相对松散，学习的风险较小，但是收益也很低，属于知识链条上的下游环节。考虑到产学研合作往往伴随着渐进性创新和突破性创新，更多的是作为一种结果内置于探索式开发式学习中，所以本书将会从学习发生的知识链环节来看，将学习分为探索式学习和开发式学习两类。

（二）合作伙伴异质性对产学研合作创新绩效的影响

基于对113家产学研合作企业的样本数据检验分析，研究发现产学研合作伙伴知识异质性、关系异质性都对企业合作创新绩效有正向的影响。而观念异质性对企业合作创新绩效的正向影响并不显著。进一步研究发现探索式学习、开发式学习在观念异质性与合作创新绩效之间起到了完全中介作用，而在知识异质性、关系异质性中只起到了部分中介作用。因此，研究认为在产学研合作过程中，组织需要慎重选择合作伙伴。从知识异质性看，企业需要寻求知识势差适度的学研机构，并且学研方应当具有企业所需要的互补性资源；从关系异质性看，产学研合作形成后，企业如何有效与学研方保持良好关系，显得更为重要。组织间既要在合作中相互信任、分享完整真实信息，同时也需要共同履行合作责任。从观念异质性看，为避免观念的差异对合作造成的负面影响，企业更需要学习从观念的差异中加速创新的速度（见图9–1）。

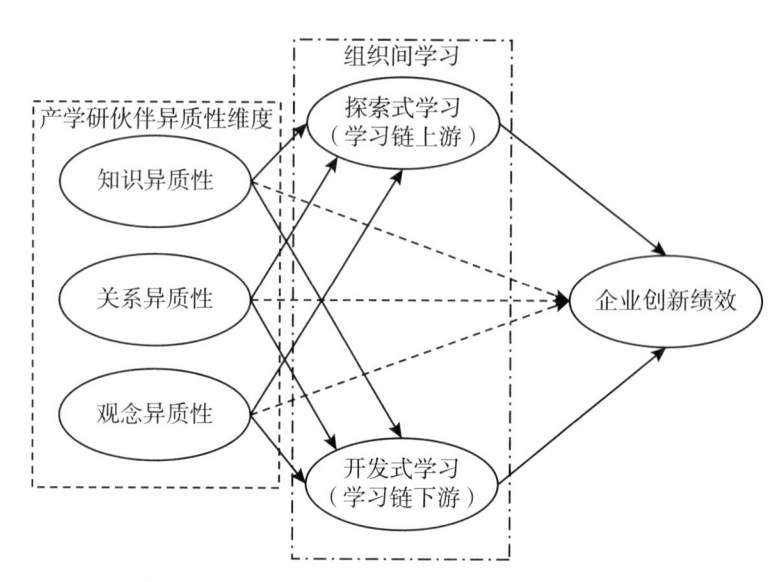

图 9-1　产学研伙伴异质性与企业合作创新绩效关系概念模型

　　基于我国企业和学研机构在合作实践中伙伴选择错配、合作中知识共享不足、合作结果绩效不佳等现实情境，本书以产学研合作伙伴匹配性问题为研究切入点，基于对产学研合作的本质特征——知识流动和共享的理解，围绕"产学研伙伴匹配性如何影响合作绩效"这一核心问题，构建了"伙伴匹配性（合作伊始）→知识共享（合作行为过程）→合作绩效（合作结果）"的基本逻辑框架。具体从产学研合作伙伴匹配性界定维度结构和测量标准；产学研伙伴匹配性对合作绩效的影响机制及两者之间的作用关系；产学研伙伴间知识共享对合作绩效的影响，以及知识共享在产学研伙伴匹配性与合作绩效之间扮演何种角色等问题进行剖析。

　　通过论证和细化分析，我们认为产学研合作伙伴匹配性是指企业与学研机构伙伴双方合作要素特征方面所形成的适配状态。结合理论演绎、多案例阐释以及产学研合作特定情境，将产学研伙伴匹配性划分为目标协同性、文化相容性和创新资源/能力互补性三个维度，并分别构建测量指标，为后续实证研究奠定基础。研究发现产学研伙伴匹配性维度中目标协同性、文化相容性和创新资源/能力互补性均对合作创新绩效具有显著的正向影响作用，但影响强度存在差异，相对于目标协同性和文化相容性维度，创新资源/能力互补性维度对合作创新绩效的影响效应更大。进一步，研究发现产学研伙伴间的显性知识和隐性知识共享都受到伙伴双方匹配性的驱动，并且均对合作创新绩效产生显著的正向影响，其中隐性知识共享对合作绩效的影响效应大于显性知识。此外，在产学研合作情境下，产学研伙伴间显性知识与隐性知识共享均在伙伴匹配性对合作创新绩效的影响中起重要的中介作用。具体而言，显性知识共享和隐性知识共享在目标协同性及文化协同性与合作绩效的关系中起完全中介作用；而在创新资源/能力互补性与合作绩效的关系中起部分中介作用。

二、合作主体动机对产学研合作绩效的影响

从产学研合作形成的路径来看，产学研合作构建的出发点是主体内在动因的驱使，主体参与合作的动机及其在合作进程中的行为表现，常常直接影响合作组织的总体绩效表现。笔者通过构建产学研合作的"动机—行为—绩效"三维理论模型，探讨行为在动机—绩效关系中所处的作用，综合考虑企业、大学两类异质性组织的动因差异，从动机匹配角度研究产学研合作主体行为及绩效，试图揭示产学研合作构建过程中的黑箱（孙杰，2016）。

笔者研究发现对于主体合作行为的度量可以归为资源投入、交流、组织三个方面。"高层领导重视"作为一种潜在意愿，在行为方面的体现就是领导决定加大资源投入力度；开放程度、透明程度可以通过合作伙伴间的信息交流进行体现，对于冲突的协调也是交流沟通的一部分，所以这些维度可以整合到一个维度里；决策程序化水平、合作组织对目标、利益分配的明确程度也是一种行为组织模式的体现。因此，采用资源投入、交流沟通、组织决策三个维度来刻画主体合作行为。

企业、大学作为合作关系形成的基本单元，它们加入合作的动因差异往往也会对合作行为产生影响。资源投入作为合作组织正常运转的前提，企业和大学由于根本属性的差异，双方进行合作的首要目的就是获取对方的互补性资源。大学和研究机构擅长基础性研究，而企业的特长正是将基础研究商业化，它们在生产与运营上具有资源优势。当企业试图获取大学/科研机构的新知识或前沿技术时，它们为了平衡双方间的利益往往会加大物质资源的投入，比如提高研发经费、购置研发设备等。企业对于知识的获取可以通过与大学间的正式及非正式交流，提高合作伙伴间的交流频次与深度，从制度层面为双方的信息交换与技术转移营造良好氛围，顺畅的交流不仅能增强合作双方的紧密关系，为以后合作奠定良好基础，还能减少合作中冲突的发生，提高合作效率。

动机会对主体行为产生影响，决定了合作主体在合作过程中的行为表现，匹配的动机更易使合作双方顺利进行交流合作，积极的行为表现进而影响合作绩效的提高。合作主体作为异质性的两种组织，动机出发点并不一致。

企业出于自身研发能力的限制，希望从与高校的合作中提高研发效率，获取新技术、新知识，高校进行产学研合作主要是与社会生产更加接近可以避免研究

方向上的偏差，将理论研究应用于实际生产，验证研究的准确性，实现研究的价值等。但由于自身资源条件的不同，对于合作的期望会有所差别，如果企业和高校在动机方面能保持高度一致，即合作目标符合双方预期，在合作过程中就能减少由于目标偏差所带来的冲突与摩擦，知识的交流与转移也会更加顺畅，对于合作效率的提升具有显著促进作用。

研究采用测度动机匹配关系的模型、变量设计与测量指标以及问卷设计过程，最后通过小样本测试（首先描述实证数据的描述性统计分析结果与信度、效度检验分析结果；其次通过量化研究方法介绍产学研合作主体动机匹配的实证检验结果）验证研究方案设计的可行性。得出以下三点结论：

（1）合作主体动机匹配度会对主体资源投入产生正向影响。

产学研合作中主体动机匹配性越高，主体合作中的行为表现就越积极。当合作中主体认为对方的合作动机与自己一致时，为了预期目标的实现，双方都愿意对合作主体进行更多的投入，这种投入也表明了合作主体对于合作的意愿和承诺并提高合作退出障碍，使合作关系维持得更加持久。

（2）合作主体动机匹配度会对主体交流沟通产生正向影响。

产学研合作中主体动机匹配度越高，主体的交流沟通行为就越频繁。鉴于跨组织间的知识转移成本较高，因此合作主体会优先利用产学研合作这一途径获取隐性知识，当主体发现合作双方能在动机上保持匹配时，就更加愿意增加合作伙伴之间互动的机会，降低双方之间冲突发生的可能性。

（3）合作主体动机匹配度会对主体组织决策产生正向影响。

产学研合作中主体动机匹配度越高，合作主体的组织决策行为就越积极。当合作主体的动机表现一致时，在合作进行技术创新活动过程中，将更趋向于采用决策程序化程度较高的决策方式，对于预期利益的分配也会做出相应的明确规定。当决策具有较高的程序化水平时，合作双方耗费在经常性问题的时间大减，大大减少了由于辅助活动而带来的附加成本。此外，当合作双方事先将利益分配方式商定后，可以避免合作过程中因为分配不均导致的相互扯皮问题，降低冲突发生的可能性，提升产学研创新团队的凝聚力，为创造更好的技术成果努力。

综上所述，产学研合作动机匹配对主体合作行为（资源投入、交流沟通、组织决策）和合作绩效均存在显著正向影响，资源投入对合作绩效的影响不显著，交流沟通、组织决策对合作绩效存在显著正向影响，且交流沟通、组织决策在产学研合作动机匹配与合作绩效间起着部分中介作用。

三、合作主体行为对产学研创新绩效的研究

在明确了异质合作主体的动机匹配对于产学研合作绩效影响的重要性之后,自然会考虑到由匹配的动机所激发的合作主体行为。合作主体之间的行为可能会对合作绩效产生的种种影响引人深思。

面对当前我国产学研实践总体合作动力不足、合作创新效率低下,以及现有文献对影响产学研合作创新绩效的关键因素与合作内在机理缺乏系统性分析的现实,本书通过构建产学研合作的"动机—行为—绩效"三维理论模型,基于广东省企业、高校的调研数据,利用规范研究方法探讨合作行为在动机—绩效关系中所处的作用,从动机匹配角度研究产学研合作行为及绩效。在研究过程中,我们以企业和高校为分析主体,分别考察两类组织的动机导向,并构建动机匹配模型将研究样本进行区分对待,然后结合回归模型检验主体动机间匹配关系会对合作创新绩效产生何种影响。

通过分析,基于实证数据的产学研合作创新"动机—行为—绩效"三维理论模型研究得到了验证。研究表明产学研合作动机匹配性对主体合作行为(资源投入、交流沟通、组织决策)和合作创新绩效均存在显著的正向影响。但是,在主体合作行为与合作创新绩效的关系研究中,资源投入对合作创新绩效的影响并不显著,交流沟通、组织决策却对合作绩效存在显著的正向影响,且交流沟通、组织决策在产学研合作动机匹配与合作绩效间起着部分中介作用。

本书的亮点是在一个统一的概念模型中整合了产学研合作动机与主体合作行为,提出基于动因匹配的研究框架,揭示了产学研合作构建过程中从起始点到终止点之间的创新机理。由于合作动机决定了主体在合作中的行为表现,而积极的合作行为又能影响到合作创新绩效。因此,在产学研合作中,有效激励合作主体的行为是解决产学研合作效率低下的重要途径。另外,研究也发现不同性质的企业在对待产学研合作时的动机存在差异,基于行业差异性,企业在进行合作创新时,会优先考虑那些对自身发展相对重要和紧迫的动机,而将并不重要的动机作为次要考虑因素。同时,鉴于企业在不同发展阶段可能面临的主要问题也存在差异性,因此企业需要根据自身情况,选择更加符合自身需要的动机进行产学研合作对于企业持续发展至关重要。

由此可以得出推进产学研合作建设,提高产学研合作技术创新能力的启示:(1)产学研合作动机匹配与合作绩效间存在显著正向关系。合作主体间的动机耦合在很大程度上促进合作效率的提高,政府作为产学研合作的有力推动者应充分

认识到合作动机匹配的重要性，在引导企业与大学合作时应提前考察双方动机的匹配与否，从合作构建初期防患合作失败的可能。政府在进行政策的顶层方案设计时，应考虑如何通过激励约束机制维持产学研合作中企业、高校动机的一致性，为提高合作绩效奠定基础。（2）研究发现行为因素在产学研合作绩效提升时所起作用显著，政府应加快产学研信息共享平台建设，积极推动产学研主体之间的信息沟通，解决技术创新要素分散的问题，加强产学研知识产权保护，完善合作利益分配机制，从宏观上引导产学研合作的可持续发展。（3）考虑到不同企业加入产学研合作的动机不尽相同，政府应根据国家产业发展需求，深入考察企业对技术创新的需求，鼓励不同动机导向的企业积极寻求与其动机相匹配的大学或科研机构合作。

第三节　行业层面：行业差异性与产学研合作绩效

一、行业特征对产学研合作绩效的影响

本节在对国内外文献的研究及利用国内制造业数据进行比较研究的基础上，从中观层次上将表征行业特征的变量对基本模型进行检验。这些变量反映了不同行业在规模、技术水平及资金密集度上的差异，导致产学研合作绩效的不同。再与国际国内的同类研究相比较，利用行业特质识别影响产学研合作绩效的因素是这一研究领域的一个突破性进展（马莹莹，2011）。

笔者收集了珠江三角地区各行业中参与产学研合作的399家企业的客观数据，从行业的角度对产学研合作绩效进行评价，并将表征行业特征的行业中的企业规模、技术水平及资本密集度作为研究变量，利用相关理论模型分析验证以上三个变量对产学研合作创新绩效的影响。分析结果表明，企业规模小、技术水平和资本密集度较高的行业其产学研合作创新绩效较为明显。

受到国内外学者基于行业视角的各种研究启发，本节用企业规模、行业整体技术水平以及资本密集度三个变量来表征行业特性。其中各个行业中的企业规模用行业中企业的资产总额除以企业数量得出，行业整体技术水平为该行业新产品项目总和除以企业数量，资本密集度则用行业中人均资本数量表示。

在表9-3中的第4、第5两列表示行业整体技术水平的高低与产学研合作效率之间的关系，从表9-4中我们可以清楚地看到技术水平高的企业其产学研合

作效率较为明显。从表9-4中我们可以看到第2列的所有连乘变量的t检验值都是不显著的。原因是：我们在对表9-3按照规模、技术水平及资本密集度的大小进行分组后其结果为一组显著，另一组不显著。将数据合并在一起之后产生了抵消的作用。

表9-3　　　　行业特征对产学研合作效率的影响（基础方程）

项目	规模小	规模大	技术水平低	技术水平高	K/L 小	K/L 大
	$CE = a_0 + a_1 FC + a_2 K/L + a_3 LQ + e$					
常数项	0.223*** 5.456	0.193 6.466	0.104** 3.039	0.266*** 8.225	0.225 4.523	0.187** 4.858
FC	0.270*** 3.309	0.283 4.252	0.349 4.311	0.387*** 5.312	0.449 5.731	0.227*** 3.049
K/L	0.001*** 1.017	0.001*** 3.180	0.299* 3.663	0.002 4.472	0.004** 0.716	0.001 2.559
LQ	0.309** 3.669	0.172 2.178	0.003* 4.321	0.291 3.229	0.137 1.643	0.361*** 4.096
调整的 R^2	0.168	0.158	0.276	0.310	0.222	0.210
F	18.593	17.681	34.782	40.745	26.268	24.505

注：被解释变量为产学研合作效率CE。表示括号内为t值。*** 表示1%水平显著，** 表示5%水平显著，* 表示10%水平显著。

表9-4　　　　行业特征对合作效率的影响

项目	基础数据	规模小	规模大	技术水平低	技术水平高	K/L 小	K/L 大
	$CE = a_0 + a_1 FC \cdot Scale + a_2 K/L \cdot Tech + a_3 FC \cdot K/L + a_4 K/L + a_5 LQ + e$						
常数项	0.265** 10.277	0.285** 7.214	0.242 7.841	0.162 4.493	0.336 9.553	0.283** 4.921	0.263L*** 6.896
FC - Tech	0.019 3.379	0.002 8.676	0.003 3.697	0.005 4.849	0.011*** 1.354	0.012 3.730	0.001 2.864
FC - Scale	2.158 1.036	2.838** 3.600	0.334 2.353	0.031 3.081	0.014 0.577	0.002 0.470	0.001 0.427

续表

项目	$CE = a_0 + a_1 FC \cdot Scale + a_2 K/L \cdot Tech + a_3 FC \cdot K/L + a_4 K/L + a_5 LQ + e$						
	基础数据	规模小	规模大	技术水平低	技术水平高	K/L 小	K/L 大
$FC - K/L$	0.039 2.947	0.004 1.261	0.004 3.032	0.001 0.441	0.005 2.969	0.027 2.748	0.003 *** 2.216
LQ	0.402 7.672	0.444 ** 6.394	0.249 3.483	0.355 5.480	0.447 *** 5.947	0.266 3.258	0.416 *** 5.204
KL	0.038 3.759	0.003 *** 1.666	0.003 ** 3.790	0.003 1.589	0.004 ** 3.691	0.012 ** 1.673	0.003 *** 2.857
调整后的 R^2	26.202	0.332	0.170	0.287	0.263	0.212	0.216
F	0.191	27.406	11.917	22.366	19.982	15.280	15.676

注：被解释变量为产学研合作效率 CE。表示括号内为 t 值。*** 表示1%水平显著，** 表示5%水平显著，* 表示10%水平显著。

通过建立模型研究发现，整体规模较小、技术水平较高及资本密集度大的行业，产学研合作效率较为明显。主要原因有：规模较小的企业较之于规模大的企业具有管理灵活、组织柔性以及信息沟通快捷等"行为优势"，因此该类企业在选择产学研合作来加强本企业在非核心技术方面的知识和技能效果较为突出。技术水平较高的企业因为吸收能力较强，在进行产学研合作过程中能够快速地将技术知识消化吸收，并将其转化为生产力。本节中资本密集度较大的行业其产学研合作效果较为明显，是因为该类行业（例如机械行业）物化资本比例较高，企业要提高其生产效率必须对产品生产及工艺流程进行改进、创新，这类企业的创新动力最强，但是又限于技术水平的影响，更倾向于依靠外界合作来提高其技术水平，因此产学研合作效果较资本密集度小的行业要显著。

二、行业差异对产学研合作绩效的研究

通览现有文献，发现大多数学者都是通过判断一家企业自身技术能力的发展阶段来建议合适的产学研合作模式。然而，考虑到技术的外溢性以及部分公共品特性，如何根据行业的差异来推广不同的产学研合作模式，完善整个区域、行业的创新大环境，促进企业群向共同目标进步，才是应该站在一定高度上关注的问

题，相应地，如何针对国家或区域层面中不同行业的产学研主体特征，因地制宜地制订相关产学研合作创新推进策略的研究却略显不足（蒋展鸿，2014）。

为探寻行业差异性及其对产学研合作绩效的影响机理，制定以下研究路线：首先通过案例研究辨识行业差异性的具体表现，做出研究假设与框架［由产学研参与主体各自特征组合（技术能力和互动强度）构成的行业差异性极有可能是造成行业间差异的主要因素，发现这些因素并揭示其差异将有助于揭示产学研合作倾向的行业差异原因］。随后通过对选定行业在 2000~2012 年获得的国家科技进步奖励及其获奖企业创新表现进行收集及加工，利用描述性统计和多元回归方法对数据实施深入挖掘，探讨行业差异性如何影响产学研合作绩效。

由上面对企业技术能力结构演化与产学研合作的研究我们得知：合作主体的行为中，技术能力与开放程度是对合作主体行为产生深远影响的两个指标，是合作主体间行为作用演化机理上的重要影响量。且该二指标也是影响产学研合作动因的重要因素；除经济收益外，企业技术能力的提升也是产学研合作时应该关注的绩效问题，它可以用企业发明专利授权数作为评价指标；产学研合作中的行业差异主要表现在传统产业与高科技产业之间的差异。

在评价产学研参与主体的技术能力大小时，采用在行业中各参与主体的阶段内获奖项目数与阶段内总项目数的比值作为评价指标，该指标可反映出在某行业内，特定参与主体通过参与科研活动获得国家科技进步奖的能力大小。各参与主体的能力大小将会形成行业内的科研能力结构，即某一个或多个主体成为行业内主要研究成果的产出主体。

如图 9-2 显示出在已划分的产业和阶段内，各参与主体的技术能力大小变化及其整体结构。

从图 9-2 中可以看出，在传统产业中，企业和科研机构的技术能力都要比高科技产业高，然而高校在高科技产业中的表现却在总体上优于传统产业，即在高科技产业中，高校更有可能通过科研活动获得国家科技进步奖。高科技产业中的企业技术能力相对偏弱以及高校技术能力相对较强的结构，将很有可能会影响它们之间的产学研合作倾向。当然，随着时间推移，在高科技产业中的企业技术能力也逐渐得到提升，而传统产业中的高校技术能力也在逐步加强。此外，科研机构的获奖能力相对弱于企业和高校且其在传统产业表现较优，从这里可间接反映出我国自 2000 年以来的科研机构转制在科技成果产出以及促进高科技产业发展的效果并不理想。

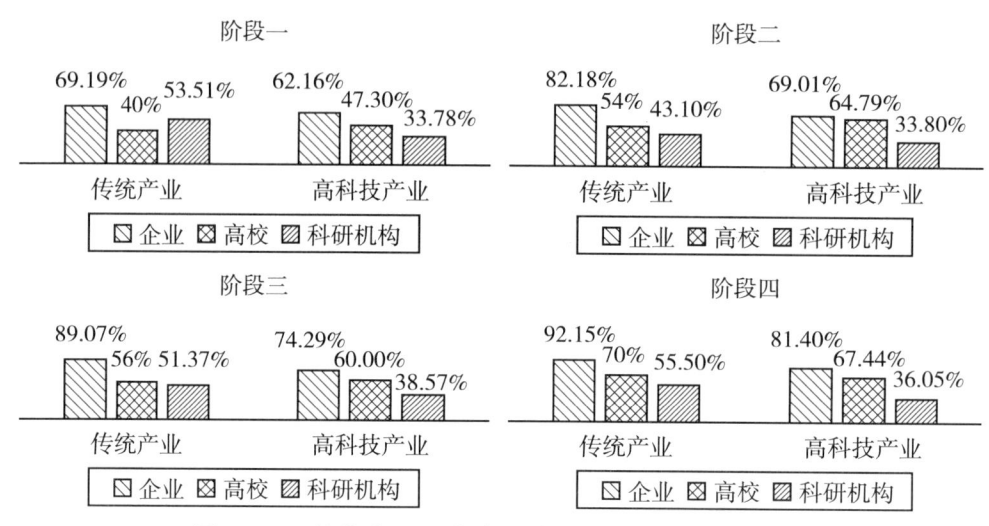

图 9-2 行业差异下产学研参与主体技能结构变化

为了探究上述基于行业差异下的细分评价指标是否会对产学研及其共性技术合作倾向造成影响，使用数据统计软件 SPSS 19.0，以产学研合作倾向和多企业产学研合作倾向作为输出变量，以行业内产学研参与主体技术能力及其互动关系作为输入变量，对它们进行多元逐步回归计算。

计算结果显示：（1）促进传统产业和高科技产业产学研合作倾向的因素存在较大差异：在传统产业中，产学研各参与主体的技术能力提升对产学研合作倾向有着直接的正向显著促进作用，根据其标准化系数可判定出，高校技术能力提升最能提高产学研合作倾向，而企业和科研机构的作用相对次之。此外，学研机构之间的互动对产学研合作倾向存在负向显著影响作用；而在高科技产业中，产学研参与主体里面只有高校的技术能力提升对产学研合作倾向有直接的正向显著促进作用，且根据标准化系数判断，更为重要的影响因素分别是企业间和学研间的互动提升。（2）不论是传统产业还是高科技产业，只有企业间互动的提升能显著促进多企业的产学研合作倾向。而以往被认为是最重要的企业技术能力提升因素在此只能作为间接影响因素，它只能对企业间互动提升起到直接促进作用。除此之外，传统产业中的产学研合作倾向提高将会阻碍多企业的产学研合作倾向。

关于行业差异性的研究在一定程度上而言有着现实意义：能确保研发成果符合市场需求，减少重复或无效的投资等。

第四节 政府层面：政府研发投入对产学研合作绩效的作用

本节在对广东省产学研合作企业调研的基础上，对政府、企业及社会资金在产学研合作中的杠杆效应与挤出效应进行实证研究，分析三者对产学研合作的影响，最后针对实证分析结果提出建设性建议，以期为科技政策的制定、创新资源的配置以及产学研合作的纵深化发展提供借鉴。

在国内，加强研发投入以提升自主研发能力成为企业战略的重要环节。针对科技资源相对滞后和利用效率低下的现状，我国必须围绕企业创新主体，按照需求导向倾向性配置科技资源，从而构建有活力、有保障的产学研合作创新体系。

对于产学研合作关系的影响，发现获得政府资助的研发机构极大地推动了产业内的技术渗透，政府主导型资源配置制度有利于长期维持产学研合作关系。多明尼卡（Dominque，2000）等对OECD成员国的研究发现，杠杆效应与政府资助率之间存在"倒U型"关系，即杠杆效应随资助率的增加而增加，到达某个临界点后开始减弱，直到对企业的研发支出产生挤出效应。由于政府投资研发，合作企业R&D活动收益与社会收益差距减小，使企业从事R&D活动的回报率增加，促进企业加大R&D投入，从而使社会研发资金总量增加。部分企业却未能追加相当数量的研发投入，从而使社会科技投入总量下降，政府引导产学研合作的目标未能达成，最终削弱了企业创新主体的地位。基于以上分析，本节认为在产学研合作中，政府R&D投入对产学研绩效有正向的影响，在产学研合作中，政府R&D投入对企业研发投入的杠杆效应大于挤出效应（肖丁丁等，2011）。

由于本书旨在探讨不同来源的R&D投入对企业产学研活动的影响，研究样本选取广东省34个省部产学研联盟合作企业，样本数据时间跨度为2008年7月～2009年7月。问卷调查在2009年8月～2009年9月进行，与广东省科技厅产学研合作处共同发放调查问卷508份，回收399份，回收率为78.5%，其中54份调查问卷的部分内容填写不完整，41份调查问卷数据出现异常，将其视为无效问卷，再筛选发展领域属于广东省工业九大产业的企业数据样本，最终共获得261家企业的数据样本，有效问卷回收率为51.4%。

通过SPSS软件进行回归分析得到，政府投入资金促进了企业的自主研发活动，分散了创新活动的不确定性风险，并且促进了企业与委托高校或科研院所的合作创新活动，而政府投入对企业之间的合作模式未通过显著性检验，其相关系数为负值,表示政府投入会对企业之间的合作创新产生替代作用,从而使企业更加倾向于自主研发或者与高校、科研院所进行项目合作。在对杠杆效应和挤出效应的分析中,企业资金与政府资金保持了显著的正向相关性,进一步证明了杠杆效应的存在,从企业产学研经费支出来看,政府科技投入促进了自主研发行为和产学研合作程度,二者的杠杆效应之和远大于企业之间合作研发带来的挤出效应,从而上述假设得到验证。

第五节 区域层面:多维临近性对产学研合作创新绩效的影响研究

与产学研合作(UIC)相关的学术研究一直处在不断变化和发展的过程中。学术界对产学研合作相关理论实证研究的重视,并不仅仅是因为产学研合作是一种重要的知识生产方式,也是因为这一创新模式已经成为我国国家创新系统的重要组成部分,它在促进创新知识在国家体系内的流通上有着重要的意义和举足轻重的影响作用。与此同时,该创新系统所创造出的知识和技术在推动我国产业结构升级、提升企业技术能力及其国际竞争力上都有着重要作用(韦文雯,2015)。

国外的经济地理学者们强调组织间的空间集聚效应,他们认为地理临近性的存在保证了组织之间面对面交流的频繁发生,可以增加隐性知识传播转移的机会,最终为合作创新绩效的提升贡献力量,这一对地理临近性作用的认识与看法为产学研创新绩效影响因素的研究开创了独特的视角。后来以法国临近学派为代表的研究者指出了多维临近性的存在,他们认为其他多种维度的临近性在促进组织之间创新和互动的过程中与地理临近性一样重要,并且在这些因素对创新产生影响的过程中,与地理临近性进行互补。现有结果可以初步证实多维临近性(地理临近性、技术临近性、社会临近性)因素与产学研合作创新绩效存在一定的关系,并且也可以描绘出它们对创新绩效产生影响的方向。但是到目前为止,国内对多维临近性的研究仍处于起步阶段,相关的研究较少,其中从实证角度研究多维临近性对产学研合作创新绩效影响作用的文献几乎没有。在现有的少数旨在探究临近性因素对合作创新绩效影响作用的学术论文中,研究者尝试对地理、技术临近性与产学研创新绩效之间的相关关系进行了探究,但是它们着重分析的是这些临近性因素对创新绩效的独立影响作用,将多维临近性因素综合纳入对产学研合作创新影响机制的研究框架中,并且对多维临近性之间交互作用效应进行深入分析的相关研究仍然比较匮乏。

基于此,将我国教育部直属高校的产学研协同创新作为研究对象,在甄别多维临近性因素的基础上,探究包括地理临近性、技术临近性和社会临近性在内的多维临近性因素以及它们之间可能存在的交互作用在促进产学研协同创新绩效过程中的影响作用机制以地理临近性与其他临近性(技术临近性、社会临近性)之间的复合效应为重点,对我国产学研合作绩效的影响因素提供一个全面有效的分析。

由于我国不同地区之间存在较为显著的经济发展程度差异,创新活动会存在区域集聚情况,图9-3直观地展示了1985~2012年间,参与到产学研合作创新过程中的企业的所属地理区域分布情况。可以明显看出东部地区企业产学研合作创新的参与度最高,其比例基本维持在70%以上,1994年的占比最低,为40%。其余位于西部、中部和东北部三个地区中的企业,在产学研合作创新的参与度上差别并不明显,其中东北部地区企业参与度最低。东部地区是我国经济发展最快速的沿海地区,同时也是实现创新的前沿之地,企业的创新意识和合作创新机会都会远超其他三个区域。

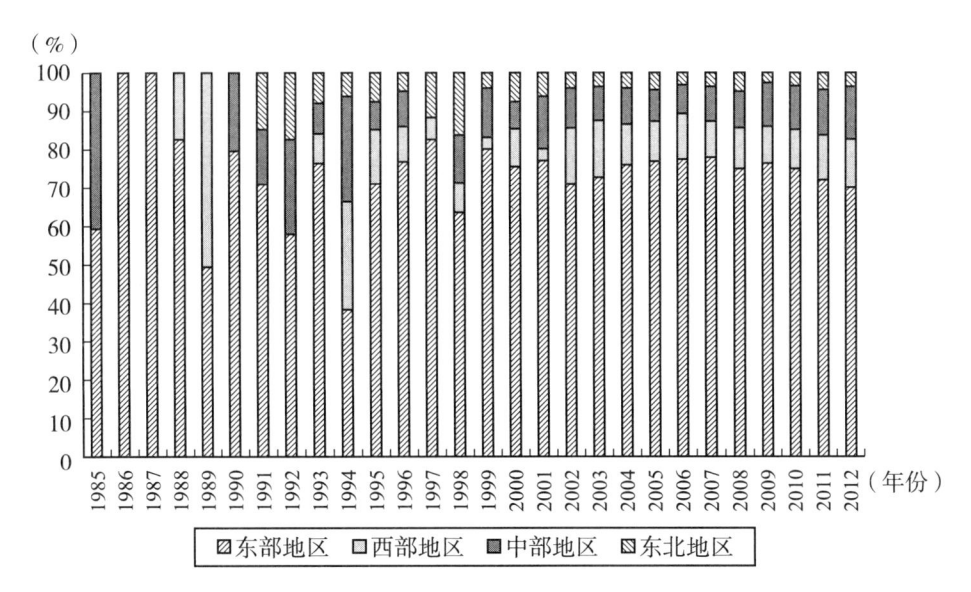

图 9-3 1985~2012 年产学研合作中企业区域分布

结果表明:地理临近性、技术临近性和社会临近性对产学研协同创新的产出具有正向影响作用。地理临近性与技术临近性之间的交互作用以及地理临近性和社会临近性之间的交互作用在对产学研协同创新绩效的影响上均呈替代性。

产学研创新从本质上来说是异质性主体之间为了从对方处获取互补性的资源和能力,期望通过取长补短的模式进行合作,继而从合作中获得新的技术、产品和能力的知识创造过程。产学研合作是我国自主创新能力的重要来源,通过该合作获取的知识和技术能为我国企业市场竞争力及国家工业化水平的有效提升提供重要保障。

构成异质性主体之间的差异有很多,产学研三方异质性主体的合作基础是具有一定的临近性。对临近性进行概念界定,可将临近性从三个视角剖析:(1)地理临近性,地理临近性是目前临近性相关研究中最常出现的概念,在临近性因素还未成体系的时候,学者们多称之为地理距离。在对临近性的研究逐渐形成体系之后,学者们一般将其称为空间临近性、物理临近性或本地临近性。虽然研究者们对地理临近性的叫法不一,但是地理临近性所包含的内容却大体上一致。在一般情况下这些概念指的都是两个组织/个人之间绝对或相对意义上的空间或物理距离,现有研究多会用组织间的实际地理距离、到达对方所在地需要的交通时间或需要消耗运输成本等来进行衡量。(2)技术临近性,组织间的技术距离指标可以直观地对合作双方在技术空间内的差异性进行描述。技术距离的客观存在性及其对合作创新的影响作用使其在学术界备受瞩目。(3)社会临近性,社会临近性概念起源于嵌入性理论(Polanyi,1944;Granovetter,1985),这些理论认为在某种程度上说经济关系嵌入在社会关系中,因此社会关系会影响经济效益。社会临近性并不包括人们共享的价值观,包括种族和宗教信仰这些宏观层次的概念,社会临近性着重强调合作双方通过共同的行动建立起彼此间的信任。通过对社会临近性测量方式的相关研究进行归纳和总结,发现组织层面社会临近性的测量方法多是基于组织之间是否存在通过合作来进行衡量。

分别从上述三个方面对临近性对产学研合作绩效的独立影响进行分析。

(1)地理临近性对产学研合作绩效的影响。

本节主要研究思路是通过分析处在较远地理距离上的大学和企业在发生合作之前及合作的过程中所存在的诸多不便来进行:①搜寻合适的合作伙伴在进行产学研合作之前,需要发起合作的组织付出各方面的信息搜寻成本。因为在评估双方是否可以进行合作的时候,发起者可能需要对潜在合作对象的技术信息、研究领域和成果匹配度进行衡量。相对近距离的潜在合作对象而言,对远距离的潜在合作对象的评估需要耗费更多的成本和时间。②解决合作中出现的问题,在产学研合作创新关系建立之后,产学合作双方都会以商定的创新成果作为最终目标进行充分合作。但是在双方协同创新的过程中,可能会出现一系列技术问题需要协同攻克,较远地理距离的阻隔会导致沟通发生滞后,合作双方解决问题的时间被拉长,由此可能会带来一定的损失。③合作双方对创新成果认识的失位在产学研合作过程中,大学作为技术供给方需要根据企业的要求进行创新,但是企业对技术的要求往往包含了许多企业本身自身缄默性的知识,或者从本质上说就是对企业现有技术的改进。这些缄默知识很难在远距离的合作中顺利进行编码和传播，地理临近性是提升缄默知识传播频率和效率的有效手段。只有对创新要求进行有效的把握，才能成功地创造出基于双方原始想法的创新成果。

综上所述，本节认为实际的地理距离越小，即当合作创新双方存在较大的地理临近性时，该产学研合作创新过程能产生更多的创新绩效，地理临近性对产学研合作创新绩效有促进作用。

（2）技术临近性对产学研合作绩效的影响。

大学和企业之间的技术临近性是他们产生合作及提升创新绩效的关键，这是因为技术临近性的增加意味着双方在技术领域上相似性的提高，拥有相似知识库的组织更有可能获得较强的沟通和吸收能力，能使创新合作中的交流更加顺畅，从而实现新知识和技术在这一过程中的有效创造和吸收；过小的技术距离也会压缩合作双方的创新空间，因为如果双方的技术领域太过相似，那么他们之间会发生"技术锁定效应"，创新能力将受到限制。但是过大的技术距离也会影响双方的合作绩效，因为如果双方在技术空间内的相似性非常低，那么新技术知识的扩散和溢出将难以实现，同时，如果合作双方技术差异过大，那么只有在双方组织的吸收能力达到较高水平的情况下才能保证知识的有效转移和吸收。

综上所述，本书认为过大的技术距离会带来组织间知识沟通和理解方面的问题，而过小的技术距离则会影响组织合作创新的空间。因此，过大或者过小的技术距离都有可能对产学研合作创新产生抑制作用，从而影响其创新绩效。

（3）社会临近性产学研合作绩效的影响。

学者们从多种角度对组织间合作进行了研究，最近他们开始关注多种路径依赖和社会学因素对合作创新绩效的影响。大量研究表明组织间较高水平的相似性、信任和相互理解能促进合作关系的建立和保持。同时，许多学者亦证明了机会主义在组织间合作关系中的影响作用，他们认为机会主义是组织合作中不确定性的主要来源。

本节基于合作双方是否具有先前合作来衡量大学和企业间的社会临近性。因为许多学者已经证实了合作者之间先前的合作经验能增强组织之间的信任，从而达到提高组织间社会临近性的作用。同时，对于不具备社会临近性的组织间合作而言，拥有社会临近性的组织在进行合作创新时，能产生更多的创新绩效。

运用负二项回归模型进行推理验证，本节以教育部直属高校为立足点，收集了2012年的产学研合作数据，以此为基础构建本节中59所大学和908家企业组成的998个产学研合作对，进行统计分析和建模论证。

表9-5统计了本节所有高校样本的地理区域分布及这些高校合作申请的专

利数量。根据表9-5可知，一共有来自18个省级行政单位的高校被纳入研究样本，其中北京市以14家高校占据首位。北京是我国政治、经济、文化中心，该市的教育资源拥有量及科研教育水平在全国范围内有绝对的领先优势，因此该地区产学研合作的强度以及校企合作发明专利的申请数量位列全国各省市之首。

表9-5　高校样本的地理区域分布及高校合作申请专利数量　　单位：个

省份	大学数量	合作专利数量	省份	大学数量	合作专利数量
北京市	14	661	辽宁省	2	60
江苏省	7	206	天津市	2	41
湖北省	6	165	重庆市	2	50
上海市	6	310	安徽省	1	20
陕西省	4	69	福建省	1	43
山东省	3	55	甘肃省	1	4
四川省	3	65	黑龙江省	1	1
广东省	2	120	吉林省	1	7
湖南省	2	67	浙江省	1	138

表9-6展示了在2012年中参与产学研合作的企业地区分布。其中江苏省、广东省、北京市、上海市和浙江省的企业参与程度最高，分别有152家、124家、98家、92家和82家企业参与到与大学的合作创新中，同时各申请了271件、544件、318件、188件、147件合作专利。除北京市外，其余四个省市位于我国长三角及珠三角地区。长三角地区以江浙沪为核心地区，它不仅是我国综合实力最强的经济中心，也是全球最重要的先进制造业基地；珠三角地区以广深为中心，一共包括广东省的9个城市，这一地区不仅是我国改革开放的先行之地，也是世界知名的加工制造和出口基地，国外先进产业进行转移的首选地区。目前这两个地区已经逐步形成了电子、信息及家电等相关产业的区域性集群。相较其他地方而言，这些地区企业对先进技术水平的需求较大，企业的创新意识也更强，所以在产学研合作的参与上也显得更加主动和积极。

表9-6　基于企业所处区域划分的产学研合作创新情况　　单位：个

省份	协同企业数量	合作专利数量	省份	协同企业数量	合作专利数量
江苏省	152	271	天津市	15	20
广东省	124	544	河北省	13	19

续表

省份	协同企业数量	合作专利数量	省份	协同企业数量	合作专利数量
北京市	98	318	江西省	11	14
上海市	92	188	贵州省	10	28
浙江省	82	147	广西壮族自治区	8	12
山东省	42	60	云南省	7	13
湖北省	39	67	山西省	7	15
四川省	36	68	内蒙古自治区	6	6
湖南省	28	41	吉林省	6	9
安徽省	23	34	新疆维吾尔自治区	5	5
陕西省	20	51	甘肃省	4	10
福建省	19	30	宁夏回族自治区	3	5
重庆市	19	28	黑龙江省	3	5
河南省	17	32	青海省	1	1
辽宁省	17	36	湖南省	1	5

图9-4展示了2012年发生合作的"998"对产学研合作组合中合作伙伴之间的地理距离。由图9-4左侧的箱线图可知，合作伙伴间的地理距离平均值为400千米左右，而整体数据的中位数小于200千米。随着伙伴之间地理距离的增大，产学研合作组合数逐渐减小，近距离的合作仍占据主流。

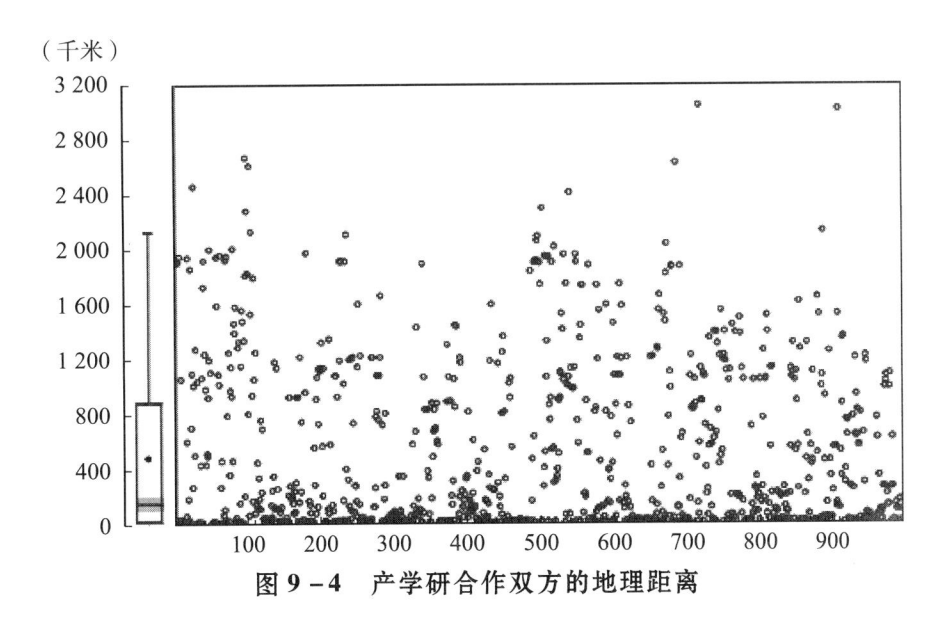

图9-4 产学研合作双方的地理距离

引用国外学者对地理距离的区间划分标准得出图9-5。由上可知,产学研合作在地理距离小于等于20千米时发生的次数最多,地理距离大于1 000千米时次之,当地理距离为250~500千米时,产学研合作频数最小。而在专利的平均申请量上,地理距离大于1 000千米的产学研合作平均申请专利数为2.784,是所有地理区间中的最高值,地理距离在20~50千米及小于或等于20千米时的平均申请数次之。产学研合作频数及平均申请的专利数量在不同的地理区间未表现出明显的特征,出现这一情况的原因可能是随着科技的发展,特别是通信技术和交通技术的快速进步,地理距离这一限制因素的影响正在被逐渐削弱。

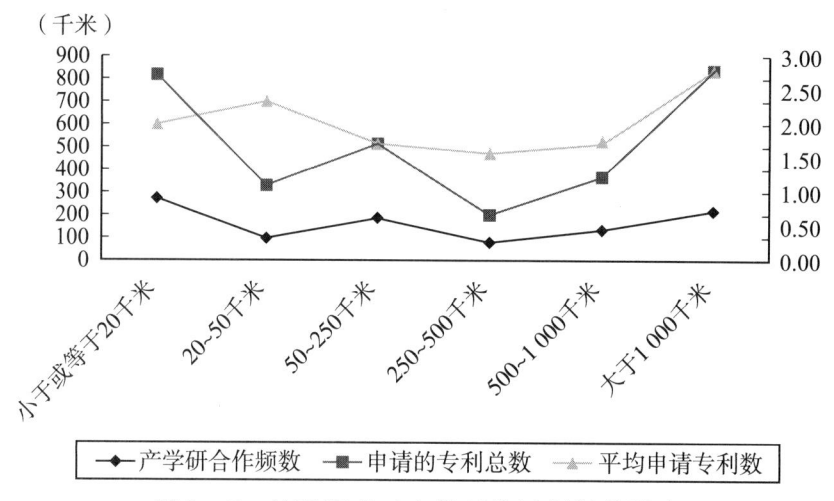

图9-5 地理距离对产学研协同创新的影响

图9-6是基于本书的"998"个产学研合作组合技术临近性数据绘制而成。对于该组数据而言,技术临近性处在0.0~0.5水平的组合较多。根据图9-6左侧的箱线图可知合作伙伴技术临近水平中位数为0.3左右,而其平均值为0.335。相对而言,虽然大学和企业的互动在不断增强,但是他们之间的技术差异程度仍然较大。同时还发现:过大或过小的技术临近性都有可能抑制产学研合作绩效。

在社会临近性方面:我国校企合作的意识在加强,随着企业自身的发展到达一定阶段,企业会开始通过产学研这一合作形式获取所需的科学技术能力。同时,具有先前合作经验的组织因为通过前期的合作积累了一定的信任和默契,因此在随后的合作中会有可能获得更好的创新成绩。

如图9-7所示,以2012年数据为例,而随着组织双方先前合作次数数值的增大,合作所申请的平均专利数量呈现上升趋势,并在合作次数为11次的时候达到峰值63件。将合作次数分类之后可以看出社会临近性对平均专利产出量的影响,随着社会临近性的增大,平均专利数量亦增大。当社会临近性取值为0

时，产学研合作平均申请专利数为 1.6 件，当其取值为 3 时，平均申请专利数量上升到 9.625 件。这与假设相符合，即社会临近性可以对产学研合作创新绩效产生正向的促进作用。

图 9-6　产学研合作双方的技术临近性

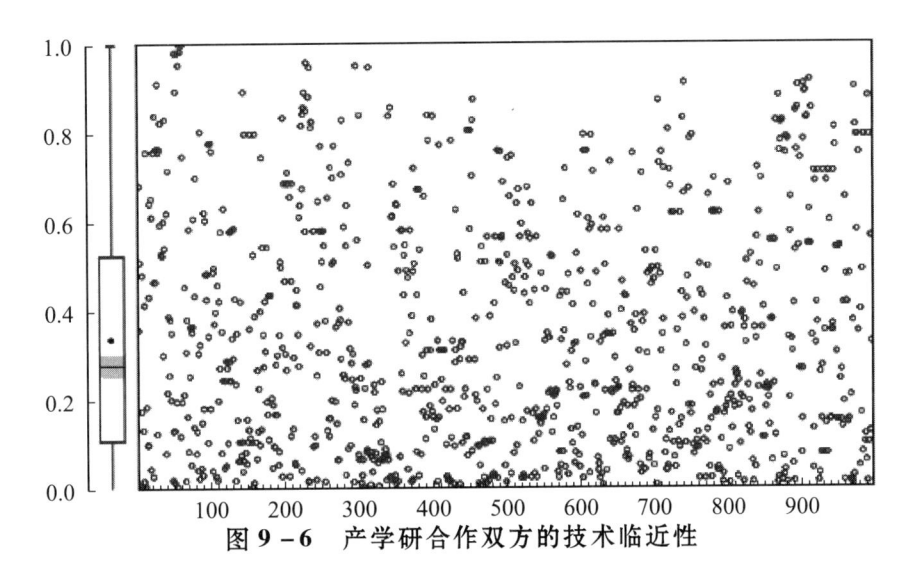

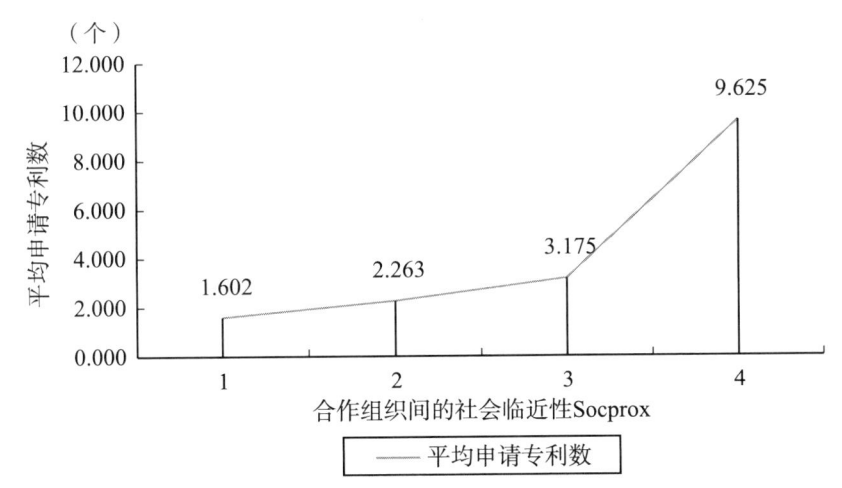

图 9-7　社会临近性与产学研合同创新绩效

研究结果表明，社会临近性是产学研合作创新过程的重要影响因素，社会临近性能有效提高产学研合作双方的创新产出，这一方面是由于合作双方基于之前的合作经验，会建立起一定程度的默契和信任，而组织间的信任可以有效提高合作双方的创新参与度和投入水平，从而对产学研合作创新绩效产生良性影响作用；另一方面，在先前合作中所积累的事项解决方案及相关规律可以运用到再一次的合作中，这样就能通过缩减磨合时间、提高合作效率来促进合作创新产出。

研究结果指出：地理临近性、技术临近性和社会临近性均对产学研创新绩效有显著的促进作用。随着科技的发展，地理临近性的显著性促进作用逐渐被减弱。地理临近性和技术临近性、地理临近性和社会临近性在对产学研创新绩效的影响中均呈现一定的替代性。总结归纳出以下五点结论。

（1）地理临近性对我国产学研合作创新绩效有正向的促进作用，但是地理临近性的促进作用随着科技的发展和交通手段的进步正在被减弱。因此企业在选择产学研创新伙伴时，在其他条件相当的情况下可以选择地理上相互临近的高校，双方地理上的临近可以增进面对面交流的频率，促使隐性知识得到有效的转移和扩散，从而提高产学研合作创新的产出水平。

（2）在我国的产学研合作创新体系中，技术临近性与合作创新绩效之间并不存在倒"U"型的相关关系。目前这两者之间的关系如下：随着技术临近性的增加，产学研合作创新绩效也有所增加。当前，技术临近性和创新绩效之间的关系可能处在倒"U"型曲线的上升阶段，企业和大学技术差异较大、技术临近程度较低，这不仅与大学、企业自身的科研方向和研究目的有关，也与我国企业自身的技术能力水平有关。众所周知，大学和企业这两种异质性组织进行知识创造的目标具有明显的差异性，企业是以市场化利益的实现为导向来进行创造，而大学则以基础性研究为主。目标导向的差异使得企业和大学现有的知识和技术差异巨大。此外，一般情况下只有致力于某一研究领域的企业才有可能在技术上占有优势从而获取竞争性优势，也就是说企业的研究一般只会聚焦在少数几个领域，而大学研究领域相对而言比较宽泛。因此根据技术距离计算公式，大学和企业之间的技术临近性较小，当组织间技术临近性的起点较低时，其在一定范围内的变动会处于倒"U"型曲线的上升阶段。

（3）社会临近性能正向影响产学研合作创新绩效。社会临近关系能为再次进行合作的双方提供信任基础以及非制度化的规范，增加合作双方的沟通效率和默契度，从而提升产学研合作中知识、技术的转移效果。因此，与有过合作关系的伙伴进行合作会带来更好的创新绩效。

（4）在产学研合作创新的过程中，地理临近性和技术临近性之间存在一定的替代关系，随着技术临近程度的提高，地理临近性对产学研合作创新绩效的影响会被减弱。因此相对具有地理临近的合作对象而言，技术的临近能带来更多的益处。

（5）在产学研合作创新的过程中，地理临近性和社会临近性之间存在一定的替代关系，随着社会临近程度的提高，地理临近性对产学研合作创新绩效的影响会被减弱。因此相对具有地理临近的合作对象而言,社会临近能带来更多的益处。

第六节 本章小结

企业技术能力结构是企业参与外部合作及知识内部化的逻辑起点,是产学研合作取得创新绩效的内因。要全面把握"能力结构—合作行为—合作绩效"的整体提升过程,需针对企业自身技术需求和能力结构等问题进行深入剖析(黄曼,2016)。为此,本章运用文献研究与多案例研究方法重新解构了企业技术能力结构的维度与内容,构建了以企业技术能力结构、产学研合作和企业合作绩效为核心的研究框架,并得出以下结论:企业技术能力结构经历了从专有技术、应用性共性技术到基础性共性技术的演化过程,企业产学研合作的类型也会在互补型和辅助型之间进行交替变化,从产学研合作初期—产学研合作中期—产学研合作成熟期,产学研合作的模式呈现出"辅助型—互补和辅助型—互补型"的变化过程,产学研合作技术层次也会由"专有技术—应用共性技术—基础技术",产学研合作模式也会因为创新能力的变化发生变化(詹雯婷,2016)。同时在产学研合作中的学术团队核心能力成长过程也呈现出"洞察技术需求与学术前沿—技术与知识资源的识别与获取—汲取、激活与融合形成新资源—运用整合资源创造价值"递进的关系。同时从主体动机、主体行为、行业差异以及多维临近性四个角度探索影响产学研合作绩效的影响机理,从而在各视域下得出影响产学研合作绩效的影响因素。本章从理论和实证层面阐明了在"能力结构—合作行为—合作绩效"的分析框架下,企业技术能力结构对产学研合作及其绩效的影响,拓展了组织间合作领域的理论与实证研究方法。

第三篇

高校协同创新

高校是推动协同创新的重要力量,本篇重点讨论高校协同创新的发展问题。2012年由教育部、财政部共同研究制订并联合启动实施的"高等学校创新能力提升计划"(2011计划),是继"211"工程、"985"工程之后第三个体现国家意志的战略性计划,旨在以协同创新中心建设为载体,转变高校创新方式,以人才、学科、科研三位一体创新能力提升为核心任务。"2011计划"国家重点扶持的不再是一所高校,而是联合的跨界式新型主体。协同创新中心是遵循培育组建—申报认定—择优支持的程序具体实施,第一批认定的协同创新中心已经运行了三年,协同创新中心组建特征如何?协同创新中心认定前后运行效果如何?同时,"2011计划"成为提升高校创新能力,以体制机制改革为特色的具体行动,那么高校在协同创新改革工作中实施方案如何?中心围绕"如何协同"和"怎样创新"两个核心问题的布局和架构如何?以及如何进一步促进我国协同创新中心发展?等等问题的探究,将有利于进一步推进高校协同创新,发挥高水平大学的特色和优势,促进高校"顶天立地",为更好地实施创新驱动发展战略提供决策依据。

第十章

协同创新中心组建分析

教育部于2012年4月24日正式发布"2011计划"的实施方案,并开展"2011协同创新中心"的认定申请工作,依据计划实施原则,由地方政府、主管部门以及行业产业和高校组织前期培育。重点开展协同创新方向确定、协同创新体组建、创新资源与要素汇聚、创新环境与氛围建设等,逐步形成协同创新的新平台和新机制。①② 各省(直辖市)择优推荐省级创新中心升格成国家级,故教育部认定协同创新中心无疑是最高层次的,作为国家重大科技创新的战略举措。各省级协同创新中心服务地方经济的同时,也有力推进高校创新能力,形成了国家、地方、学校分层实施机制和互补互动的有力格局。现将2013~2014年度教育部认定协同创新中心以及省级协同创新中心为样本,对协同创新中心进行组建分析,意图从组建过程中所呈现的特征发现两类协同创新中心的组建规律,为协同创新中心的理论分析和实践指导提供一定的借鉴意义。

第一节 教育部认定协同创新中心组建分析

教育部公布的2013~2014年度"2011计划"入选名单,全国四大类共计38

---

① 教育部、财政部关于实施高等学校创新能力提升计划的意见.2012年3月15日。
② 教育部、财政部关于印发高等学校创新能力提升计划实施方案的通知.2012年5月8日。

个高端研究领域获得认定①②,其中面向科学前沿的协同创新中心有 8 个,面向文化传承创新的协同创新中心有 7 个,面向行业产业的协同创新中心有 15 个,面向区域发展的协同创新中心有 8 个,如表 10-1 所示,具体组建分析如下。

一、教育部认定协同创新中心结构分布

协同创新中心分为面向科学前沿、面向文化传承创新、面向行业产业和面向区域发展四种类型。其中科学前沿用 S 表示,文化传承创新用 C 表示。面向行业产业用 I 表示,面向区域发展用 R 表示。从表 10-1 的 2013~2014 年度教育部认定协同创新中心协同单位组成中可以看出,每个协同创新中心至少都有两个或两个以上的高校作为协同单位,且都有两个或两个以上不同类别的参与主体,而不同协同中心类型其组成结构各具特色,异质性较强,具体分析如下:

第一,面向科学前沿(S)的协同创新中心采用校校(院)合作模式,通过高校与高校、科研院所以及国际知名学术机构的强强联合,高校和科研院所是该类协同创新中心的核心创新主体,是代表我国本领域科学研究和人才培养水平与能力的学术高地。

第二,面向文化传承创新(C)的协同创新中心采用校校合作模式,主要通过高校与高校、科研院所以及国际学术机构的强强联合,部分中心融合政府部门、行业产业,是提升国家文化软实力、增强中华文化国际影响力的主力阵营。

第三,面向行业产业(I)的协同创新中心采用校企合作模式,合作创新主体较多元化,涉及高校、科研院所,以及与大型骨干企业的强强联合,企业主体弥补了高校和科研院所在行业产业化能力上的不足,是支撑我国行业产业发展的核心共性技术研发和转移的重要基地。

第四,面向区域发展(R)的协同创新中心采用校地合作模式,创新主体呈现多元化特征,政府职能起到关键作用。以地方政府为主导,服务区域经济和社会发展,推动省内外高校与当地支柱产业中重点企业或产业化基地的深度融合,在整合跨界式创新主体方面优势突出,是促进区域创新发展的引领阵地。

(1)协同创新中心合作模式分析。

---

① 教育部、财政部关于公布 2012 年度协同创新中心认定结果的通知. 2013 年 5 月 29 日。
② 教育部、财政部关于公布 2014 年度协同创新中心认定结果的通知. 2014 年 10 月 24 日。

表 10-1　2013~2014 年度教育部认定协同创新中心协同单位组成　　单位：个

类型	批次	中心名称	牵头高校	核心协同单位 高校	核心协同单位 科研机构	核心协同单位 企业	核心协同单位 地方政府
S 科学前沿	1	量子物质科学协同创新中心	北京大学	1	1	0	0
S 科学前沿	1	生物治疗协同创新中心	四川大学	3	1	0	0
S 科学前沿	1	天津化学化工协同创新中心	天津大学	1	1	2	0
S 科学前沿	1	量子信息与量子科技前沿协同创新中心	中国科学技术大学	2	2	0	0
S 科学前沿	2	人工微结构科学与技术协同创新中心	南京大学	4	0	0	0
S 科学前沿	2	能源材料化学协同创新中心	厦门大学	2	1	0	0
S 科学前沿	2	IFSA 协同创新中心	上海交通大学	0	1	0	0
S 科学前沿	2	感染性疾病诊治协同创新中心	浙江大学	2	1	0	0
C 文化传承	1	中国南海研究协同创新中心	南京大学	3	3	0	3
C 文化传承	1	司法文明协同创新中心	中国政法大学	2	0	0	4
C 文化传承	2	国家领土主权与海洋权益协同创新中心	武汉大学	4	1	1	0
C 文化传承	2	中国基础教育质量监测协同创新中心	北京师范大学	5	1	1	1
C 文化传承	2	中国特色社会主义经济建设协同创新中心	南开大学	2	1	0	1
C 文化传承	2	出土文献与中国古代文明研究协同创新中心	清华大学	8	2	0	0
C 文化传承	2	两岸关系和平发展协同创新中心	厦门大学	2	1	0	0
I 行业产业	1	先进航空发动机协同创新中心	北京航空航天大学	3	1	1	0
I 行业产业	1	轨道交通安全协同创新中心	北京交通大学	2	1	2	0
I 行业产业	1	有色金属先进结构材料与制造协同创新中心	中南大学	1	2	6	0

续表

类型	批次	中心名称	牵头高校	核心协同单位 高校	科研机构	企业	地方政府
I 行业产业	1	宇航科学与技术协同创新中心	哈尔滨工业大学	3	0	1	0
	2	信息感知技术协同创新中心	西安电子科技大学	0	0	1	0
		地球空间信息技术协同创新中心	武汉大学	2	0	1	0
		高性能计算协同创新中心	国防科学技术大学	1	0	1	0
		无线通信技术协同创新中心	东南大学	6	0	3	0
		先进核能技术协同创新中心	清华大学	0	0	7	0
		钢铁共性技术协同创新中心	北京科技大学	1	0	0	0
		高新船舶与深海开发装备协同创新中心	上海交通大学	0	0	2	0
		智能型新能源汽车协同创新中心	同济大学	3	2	3	0
		未来媒体网络协同创新中心	上海交通大学	1	4	6	0
		煤炭分级转化清洁发电协同创新中心	浙江大学	2	0	4	0
		高端制造装备协同创新中心	西安交通大学	1	0	2	0
R 区域发展	1	河南粮食作物协同创新中心	河南农业大学	2	1	3	1
		长三角绿色制药协同创新中心	浙江工业大学	1	4	7	1
		苏州纳米科技协同创新中心	苏州大学	3	1	1	1
		江苏先进生物与化学制造协同创新中心	南京工业大学	3	2	1	2
	2	辽宁重大装备制造协同创新中心	大连理工大学	4	0	4	1

续表

类型	批次	中心名称	牵头高校	核心协同单位			
				高校	科研机构	企业	地方政府
R区域发展	2	南方稻田作物多熟制现代化生产协同创新中心	湖南农业大学	1	2	1	1
		北京电动车辆协同创新中心	北京理工大学	2	0	2	1
		重庆自主品牌汽车协同创新中心	重庆大学	0	1	1	1

（2）牵头高校地域分布及属性分析。

"2011 计划"中牵头高校作为协同创新中心的排头兵，在集聚创新主体参与和创新资源方面起到重要作用。本节从牵头高校特征出发分析 2013～2014 年度教育部认定协同创新中心的组建特征，包含牵头高校所属地域、牵头高校属性，具体统计结果如表 10 - 2 和表 10 - 3 所示。

表10 - 2 2013～2014 年度教育部认定协同创新中心牵头高校地域分布排名

地区	2013 年	2014 年	共计	排名	地区	2013 年	2014 年	共计	排名
北京	4	5	9	1	陕西		2	2	6
江苏	3	2	5	2	安徽	1		1	10
上海		4	4	3	河南	1		1	10
湖南	1	2	3	4	黑龙江	1		1	10
浙江	1	2	3	4	辽宁		1	1	10
天津	1	1	2	6	四川	1		1	10
湖北		2	2	6	重庆		1	1	10
福建		2	2	6	共计	14	24	38	

表10 - 3 2013～2014 年度教育部认定协同创新中心牵头高校属性

地区	中心名称和类型	牵头高校	属性
北京	量子物质科学协同创新中心（S）	北京大学	"985"工程（部属）
	司法文明协同创新中心（C）	中国政法大学	"211"工程（部属）
	中国基础教育质量监测协同创新中心（C）	北京师范大学	"985"工程（部属）

续表

地区	中心名称和类型	牵头高校	属性
北京	出土文献与中国古代文明研究协同创新中心（C）	清华大学	"985"工程（部属）
	先进核能技术协同创新中心（I）	清华大学	"985"工程（部属）
	先进航空发动机协同创新中心（I）	北京航空航天大学	"985"工程（部属）
	轨道交通安全协同创新中心（I）	北京交通大学	"211"工程（部属）
	钢铁共性技术协同创新中心（I）	北京科技大学	"211"工程（部属）
	北京电动车辆协同创新中心（R）	北京理工大学	"985"工程（部属）
江苏	人工微结构科学与技术协同创新中心（S）	南京大学	"985"工程（部属）
	中国南海研究协同创新中心（C）	南京大学	"985"工程（部属）
	无线通信技术协同创新中心（I）	东南大学	"985"工程（部属）
	苏州纳米科技协同创新中心（R）	苏州大学	"211"工程（省属）
	江苏先进生物与化学制造协同创新中心（R）	南京工业大学	非"211"工程（省属）
上海	IFSA协同创新中心（S）	上海交通大学	"985"工程（部属）
	高新船舶与深海开发装备协同创新中心（I）	上海交通大学	"985"工程（部属）
	未来媒体网络协同创新中心（I）	上海交通大学	"985"工程（部属）
	智能型新能源汽车协同创新中心（I）	同济大学	"985"工程（部属）
湖南	有色金属先进结构材料与制造协同创新中心（I）	中南大学	"985"工程（部属）
	高性能计算协同创新中心（I）	国防科学技术大学	"985"工程（部属）
	南方稻田作物多熟制现代化生产协同创新中心（R）	湖南农业大学	非"211"工程（省属）
浙江	感染性疾病诊治协同创新中心（S）	浙江大学	"985"工程（部属）
	煤炭分级转化清洁发电协同创新中心（I）	浙江大学	"985"工程（部属）
	长三角绿色制药协同创新中心（R）	浙江工业大学	非"211"工程（省属）
天津	天津化学化工协同创新中心（S）	天津大学	"985"工程（部属）
	中国特色社会主义经济建设协同创新中心（C）	南开大学	"985"工程（部属）

续表

地区	中心名称和类型	牵头高校	属性
湖北	国家领土主权与海洋权益协同创新中心（C）	武汉大学	"985"工程（部属）
	地球空间信息技术协同创新中心（I）	武汉大学	"985"工程（部属）
福建	能源材料化学协同创新中心（S）	厦门大学	"985"工程（部属）
	两岸关系和平发展协同创新中心（C）	厦门大学	"985"工程（部属）
陕西	信息感知技术协同创新中心（R）	西安电子科技大学	"211"工程（部属）
	高端制造装备协同创新中心（I）	西安交通大学	"985"工程（部属）
安徽	量子信息与量子科技前沿协同创新中心（S）	中国科学技术大学	"985"工程（部属）
河南	河南粮食作物协同创新中心（R）	河南农业大学	非"211"工程（省属）
黑龙江	宇航科学与技术协同创新中心（I）	哈尔滨工业大学	"985"工程（部属）
辽宁	辽宁重大装备制造协同创新中心（I）	大连理工大学	"985"工程（部属）
四川	生物治疗协同创新中心（S）	四川大学	"985"工程（部属）
重庆	重庆自主品牌汽车协同创新中心（R）	重庆大学	"985"工程（部属）

从表10-2和表10-3中可以看出：

第一，2013~2014年度教育部认定协同创新中心相当一部分集中在北京、江苏、上海等高等教育相对发达的省市，仅仅这三个省市在38个中心中占了18个，接近一半，可见省际布局分布不均。特别地，以北京高校为牵头单位的中心达到9个，占了这次中心总数的23.68%。

第二，2013~2014年度教育部认定38个协同创新中心共分布在15个省（直辖市），其中分布在东部省份的有26个、中部省份有8个、西部省份仅有4个，分别占总数的68.42%、21.05%和10.53%，可见区域分布不均匀。

第三，在38个协同创新的牵头单位高校中"211"工程、"985"工程高校占比很高，达到34个，占协同创新中心总数的89.47%，非"211"工程牵头的高校仅仅有4所，分别为南京工业大学、湖南农业大学、浙江工业大学和河南农业大学。

第四，从主管部门分布来看（见图10-1），38个教育部认定协同创新中心分布在 7 个部门（按牵头高校主管部门统计），其中教育部直属 29 个，工业和信息化部直属 3 个，中国科学院直属 1 个，省属 5 个（江苏省 2 个、湖南省 1 个、浙江省 1 个、河南省 1 个）。可见，教育部、工业和信息化部以及中科院主管的高校牵头组建的中心占总数的 86.84%。牵头单位为部属院校的协同创新中心达到 33 个（34 个"211"工程中仅苏州大学为省属院校）。

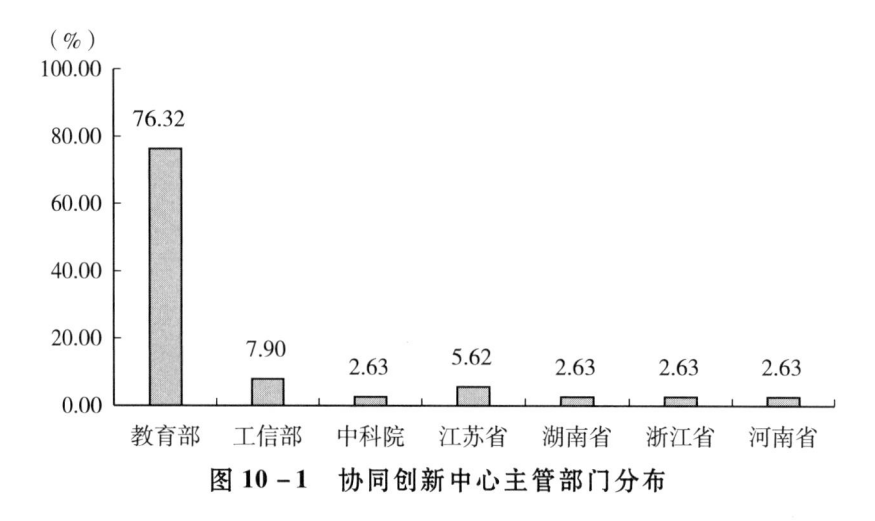

图 10-1 协同创新中心主管部门分布

部门	教育部	工信部	中科院	江苏省	湖南省	浙江省	河南省
占比(%)	76.32	7.90	2.63	5.62	2.63	2.63	2.63

第五，科学前沿、文化传承创新、行业产业的协同创新中心牵头单位全是"211"工程和"985"工程院校。牵头单位为非"211"工程院校的协同创新中心全部都是面向区域发展类型。

第六，牵头高校中拥有 2 个以上教育部认定协同创新中心的高校有：清华大学、南京大学、上海交通大学（3 家）、浙江大学和武汉大学。

（3）核心协同单位特征分析。

牵头高校与协同单位以及协同单位之间存在合作关系，核心协同单位是协同创新中心运行的基础，本节将对核心协同单位的特征进行归纳分析。

根据牵头单位以及核心协同单位所属地域差异统计出参与的协同中心数量以及各地区关键单位参与的协同中心数量进行统计，如表 10-4、表 10-5 所示。

表 10-4　　　　东部、中部、西部地区协同创新中心汇总

东部地区				中部地区				西部地区			
省份	牵头组建	协同参与	总数	省份	牵头组建	协同参与	总数	省份	牵头组建	协同参与	总数
北京	9	28	29	安徽	1	7	8	四川	1	6	7
上海	4	14	16	湖南	3	5	7	陕西	2	6	7

续表

东部地区				中部地区				西部地区			
省份	牵头组建	协同参与	总数	省份	牵头组建	协同参与	总数	省份	牵头组建	协同参与	总数
浙江	3	6	8	湖北	2	2	4	重庆	1	1	2
江苏	5	6	7	辽宁	1	4	4	四川	1	6	7
广东	0	6	6	黑龙江	1	2	3				
天津	2	2	3	吉林	0	3	3				
福建	2	1	2	河南	1	2	2				
山东	0	1	1	安徽	1	7	8				
海南	0	1	1								

表 10-5 东部、中部、西部地区关键单位参与中心数量统计

地区	参与单位	数量
北京	清华大学	11
	北京大学	4
	北京航空航天大学	4
	中国人民大学	3
上海	复旦大学	5
	上海交通大学	5
浙江	浙江大学	7
江苏	南京大学	4
安徽	中国科学技术大学	5
湖南	湖南大学	2
	中南大学	2
湖北	武汉大学	3
四川	四川大学	4
陕西	西安交通大学	4

通过 Ucinet 软件运行得出协同单位的中心度指标，现将东部、中部及西部地区中心度排名统计如表 10-6 所示。

表 10-6　　东部、中部、西部地区协同单位中心度排名

东部地区			中部地区			西部地区		
排名	协同单位	中心度	排名	协同单位	中心度	排名	协同单位	中心度
1	清华大学	65	1	中国科学技术大学	19	1	西安交通大学	15
2	浙江大学	34	2	湖南大学	18	2	四川大学	13
3	北京大学	27	3	中南大学	14	3	电子科技大学	9
4	复旦大学	26	4	哈尔滨工业大学	13	4	重庆邮电大学	9
5	中国人民大学	23	5	吉林大学	12	5	西南大学	8
6	上海交通大学	22	6	武汉大学	11			
7	南京大学	21	7	安徽大学	10			
8	北京航空航天大学	20	1	中国科学技术大学	19			
9	华为技术有限公司	20						
10	南京邮电大学	18						

从图 10-2、表 10-4、表 10-5、表 10-6 中我们可以看出：

第一，2013~2014 年度教育部认定协同创新中心所有核心参与单位 161 家，其中单位所属东部省份的高达 124 家、中部省份有 21 家、西部省份有 16 家，分别占总数的 77.02%、13.04%、9.94%，参与单位区域分布不均匀。

第二，图 10-2 明显可见区域发展类型的创新中心协同单位与其他单位的联系较少，且都聚集在同一区域，与省外高校、科研机构及行业企业等单位的协同力度小。如河南粮食作物协同创新中心、重庆自主品牌汽车协同创新中心、南方稻田作物多熟制现代化生产协同创新中心。

第三，综合牵头单位和核心协同单位地域分布情况来看，地域分布情况排名较表 10-2 有所变化，北京市依旧遥遥领先其他省份，其参与协同中心总数占教育部认定中心总数（38 个）的 76.32%，上海市总数排名跃迁至第二，占总数（38 个）的 42.11%。东部省份中新增广东省、山东省和海南省，广东省虽没有牵头组建协同创新中心，却以核心协同单位参与到 6 个协同中心中；中部新增吉林省，以核心协同单位参与到 3 个协同中心中；西部省份仅有 3 个省（直辖市），其中四川省、陕西省参与的协同中心总数远远多于部分东部和中部省份，为推动地区发展战略，实现创新型地区的目标提供了强有力的支撑。

第四，中心度是对网络中某个节点在合作网络中重要性的量化，节点中心度

越大表明其在网络中越活跃,在网络中控制相互交往关系的权利就越大,从中心度排名结果中可以看出,大致呈现出东部省份>中部省份>西部省份的态势,且中心度较大的协同单位绝大多数属于高校,仅华为技术有限公司1家企业性质单位;排名前十的单位中仅中国科学技术大学属于中部省份。

第五,从参与单位地域分布排名、关键单位参与中心数量统计和中心度排名中看出:协同创新中心的组建依托高等院校,关键中心节点有力地支撑了地域协同创新中心组建工作。然而排名也略有差别,首先,清华大学、浙江大学、北京大学、复旦大学、中国人民大学在协同创新中心的合作网络中居于中心位置,与其他单位存在较多的合作关系。但如表10-5所示,从参与协同中心数量统计上,清华大学、浙江大学、复旦大学、上海交通大学、中国科学技术大学的参与数量排名靠前,这说明存在部分参与高校在合作网络中重要性相对减弱的现象。

(4)协同单位不同地理距离分布分析。

从教育部认定协同创新中心组建中我们发现,牵头高校存在与外部高校、科研院所、企业开展跨区域合作,众多文献基于中国情境研究表明地理邻近性影响技术转移,促进跨区域创新合作,地理距离会抑制协同创新产出(柳卸林等,2007;党兴华等,2013;刘志迎等,2013)。本节统计了核心协同单位与牵头单位之间的地理距离,共计184个,将地理距离分为4个区间,具体统计值如表10-7所示。

表10-7 协同创新中心在不同地理距离上的分布情况

地理距离(千米)	频率	比例(%)	累积比例(%)
0 < m < 100	49	26.63	26.63
100 < m < 500	28	15.22	41.85
500 < m < 1 000	12	6.52	48.37
m > 1 000	95	51.63	100

合计:最小值:0.83;最大值:2 926.8;均值:827.86

其中最近的协同单位到牵头单位的距离为0.83千米,最远距离为2 926.8千米,单位之间平均距离为827.86千米。从表10-7中看出,地理距离在100千米以内的占26.63%,而超过100千米的占到51.63%,其比例较高,可见教育部认定的部分协同创新中心组建过程中未考虑地理位置对协同创新过程的影响。

再对四类协同创新模式下的各个协同创新中心平均地理距离进行计算,统计结果如表10-8所示。

表 10-8　　　　　不同协同创新类型平均地理距离

类型	科学前沿	文化传承	行业产业	区域发展
平均地理距离（千米）	963.6	914.0	1 024.5	248.2

从表10-8中我们可以看出，不同协同创新类型的平均地理距离差异较大，首先，区域发展类型的平均地理距离最小，这与上面分析得到的该类协同单位与其他单位的联系较少，且都聚集在同一区域，与省外高校、科研机构及行业企业等单位的协同力度小是一致的，该类协同中心通过邻近高校以及当地支柱重点企业的深度融合，切实促进区域创新发展。其次，行业产业类型牵头高校与主要参与单位的平均地理距离最大，跨区域合作范围最广，在牵头高校的引导下，发挥了行业产业的主导作用。究其原因主要在于牵头高校和协同单位双向选择的过程中，优先考虑的是合作对象的研究能力和组织声誉，而不是地理距离的远近，因此，牵头高校的研究水平越高，远距离合作可能性越大。另外，面向科学前沿和文化传承类的协同创新中心地理距离也相对较大，牵头高校利用国家科技、教育、文化等领域的资源和投入，形成了集聚效应。

然而，地理邻近性可以更好地将协同创新中心聚集起来，维护合作关系及方便沟通，促进知识信息更频繁传递，且能够保证信息的准确性和真实性。另外，地理邻近性降低了交通成本和沟通成本。尽管随着信息通信技术和现代交通的发展，知识沟通平台多样化，地理距离的阻碍作用也相应地减弱，但是地理邻近性有助于隐性知识的传播，促进知识溢出。值得说明的是，面向科学前沿中"量子物质科学协同创新中心"的三个组成单位的地理位置非常接近，均在步行可达范围之内，物理空间上的地理邻近有助于研究人员的经常性接触和交流，增进对研究进展的了解和认同，从而促进合作研究和项目之间的协调发展，因此在组建过程中选择地理位置上相近的协同单位是必要的。

二、教育部认定协同创新中心创新平台特征

牵头高校要具备开展协同创新的能力和实力，创新平台多元化是推动和引导协同中心运行的关键，为协同创新中心的有效运行提供良好的支撑与保障。本节将协同创新方向依托牵头高校的创新平台分为学科平台和科研平台，学科平台为国家一级重点学科和国家二级重点学科；科研平台分为国家实验室（筹）、国家（级）重点实验室、国家工程（技术）中心、教育部重点实验室等，统计结果如表所示。需要说明的是，国家一级重点学科所覆盖的二级学科均为国家重点学科，因此，在统计数据时国家二级重点学科单独列出，不与一级学科存在重复。

牵头高校创新平台数据整理如表 10-9 所示。

表 10-9　协同创新中心学科领域和创新平台汇总　　单位：个

类型	中心名称	牵头高校	学科平台 国家一级重点	学科平台 国家二级重点	科研平台 国家实验室	科研平台 国家重点实验室	科研平台 部属重点实验室	国家工程中心
科学前沿	量子物质科学协同创新中心	北京大学	1	0	1	2	2	0
	生物治疗协同创新中心	四川大学	1	1	0	1	1	1
	天津化学化工协同创新中心	天津大学	1	0	0	1	2	1
	量子信息与量子科技前沿协同创新中心	中国科学技术大学	1	0	2	1	0	1
	人工微结构科学与技术协同创新中心	南京大学	1	1	1	1	0	0
	能源材料化学协同创新中心	厦门大学	1	0	0	1	1	0
	IFSA 协同创新中心	上海交通大学	0	2	0	1	2	0
	感染性疾病诊治协同创新中心	浙江大学	0	1	0	1	3	1
文化传承	中国南海研究协同创新中心	南京大学	1	4	0	0	1	0
	司法文明协同创新中心	中国政法大学	1	0	0	0	3	0
	国家领土主权与海洋权益协同创新中心	武汉大学	0	1	0	0	1	0
	中国基础教育质量监测协同创新中心	北京师范大学	1	1	0	0	2	0
	中国特色社会主义经济建设协同创新中心	南开大学	3	2	0	0	3	0
	出土文献与中国古代文明研究协同创新中心	清华大学	0	1	0	0	4	0
	两岸关系和平发展协同创新中心	厦门大学	0	1	0	0	5	0

续表

类型	中心名称	牵头高校	创新平台					
^	^	^	学科平台		科研平台			
^	^	^	国家一级重点	国家二级重点	国家实验室	国家重点实验室	部属重点实验室	国家工程中心
行业产业	先进航空发动机协同创新中心	北京航空航天大学	1	3	1	2	1	0
^	轨道交通安全协同创新中心	北京交通大学	1	1	0	1	2	1
^	有色金属先进结构材料与制造协同创新中心	中南大学	1	1	0	3	1	1
^	宇航科学与技术协同创新中心	哈尔滨工业大学	2	2	0	5	1	0
^	信息感知技术协同创新中心	西安电子科技大学	1	2	0	3	2	0
^	地球空间信息技术协同创新中心	武汉大学	1	1	0	1	2	1
行业产业	高性能计算协同创新中心	国防科技大学	1	0	0	2	0	1
^	无线通信技术协同创新中心	东南大学	1	0	0	1	1	2
^	先进核能技术协同创新中心	清华大学	1	0	0	1	0	0
^	钢铁共性技术协同创新中心	北京科技大学	1	3	0	2	1	2
^	高新船舶与深海开发装备协同创新中心	上海交通大学	1	0	1	3	0	0
^	智能型新能源汽车协同创新中心	同济大学	0	1	0	0	0	1
^	未来媒体网络协同创新中心	上海交通大学	1	1	0	1	0	1
^	煤炭分级转化清洁发电协同创新中心	浙江大学	0	1	0	1	1	1
^	高端制造装备协同创新中心	西安交通大学	1	0	0	3	1	2
区域发展	河南粮食作物协同创新中心	河南农业大学	1	2	0	1	1	1
^	长三角绿色制药协同创新中心	浙江工业大学	0	1	0	1	1	0
^	苏州纳米科技协同创新中心	苏州大学	0	0	0	1	1	0

续表

类型	中心名称	牵头高校	创新平台				
			学科平台		科研平台		
			国家一级重点	国家二级重点	国家实验室	国家重点实验室	部属重点实验室	国家工程中心
区域发展	江苏先进生物与化学制造协同创新中心	南京工业大学	1	2	0	2	6	2
	辽宁重大装备制造协同创新中心	大连理工大学	0	1	0	1	2	1
	南方稻田作物多熟制现代化生产协同创新中心	湖南农业大学	0	1	0	2	3	0
	北京电动车辆协同创新中心	北京理工大学	1	2	0	3	2	1
	重庆自主品牌汽车协同创新中心	重庆大学	2	1	0	2	0	1

牵头高校创新平台特征总结如下：

第一，随着近年来边缘学科与交叉学科的兴起，在多学科、多领域相互作用下更加容易形成创新成果的产出。38家协同创新中心方向的选择均具有较强的针对性、战略性和前瞻性，充分体现了科学研究与国家需求的紧密结合。中心学科领域布局满足培育组建需求，每个协同创新中心都覆盖多个学科领域，体现了多学科的交叉融合，跨学科创新研究凸显。

第二，38家协同创新中心牵头高校同时依托国家一级、二级重点学科的有16家，比重为42.1%，一级重点学科说明牵头高校在学科群上占有优势，没有被覆盖的二级重点学科说明牵头高校在该专业上占有优势，尚没有形成学科群的优势，因此，38家协同创新中心创新方向依托学科群优势的占到27家，比重为71.1%，只依托专业优势的仅10家，比重为26.3%，这充分说明牵头高校充分利用了国家重点学科等学科平台优势，以及"2011计划"创新方向更多的是学科交叉发展，并不是单个专业发展。

第三，综合上面的牵头高校属性，将"985"工程、"211"工程、"优势学科创新平台""特色重点学科建设"等重点建设项目统一纳入了协同创新中心，也将推动一批高水平大学和学科进入世界一流行列或前列。

第四，国家实验室、国家重点实验室及部属重点实验室（部属重点研究基地）作为重点研发平台，在科研平台优势上，国家实验室＞国家重点实验室＞部属重点实验室（部属重点研究基地），中心依托牵头高校科研平台中拥有国家实验室（含筹建）的有5家，科学前沿类占3家，行业产业发展类占2家；国家重点实验室、部属重点实验室（部属重点研究基地）和国家工程（技术）中心的比例为76.3%、81.6%、52.6%；国家工程技术研究中心作为共性技术平台，在行业产业发展科研平台中占有较高比重为66.7%。

协同创新中心研究项目多围绕牵头高校学科或科研领域进行设计，高校科研人员亦熟悉此种思维方式，同时，科研人员较看重科研成果的学术价值，期望获得学术优先权及同行认可，由此会导致方向选择学科化。值得注意的是，科学前沿类协同创新中心是以自然科学为主体，依托高校学科特色和优势开展的实质性合作对于科学前沿类协同创新中心是合适的。但是，对于行业产业和区域发展类中心来说，虽以工程技术学科为主，但高校需围绕行业产业发展的核心共性技术需求和战略性问题，集聚协同单位。单纯以学科为基础和导向的创新方式，虽能够解决短期的技术问题，但解决不了行业产业发展、区域发展的战略性问题。由于资源有限，学科细化的一个直接问题是对于学科交叉研究缺乏应有的关注。但是，实践显示，科学发展的前沿和学科生长点大都处在学科交叉点上，因此，如何推动学科交叉研究非常重要。与发达国家相比，由于我国的学科划分体系比较完备，所造成的"学科壁垒"和"学科保护主义"倾向更为严重，学科交叉发展的制约因素更多，不利于学科交叉的问题也更突出。另外，面向学科培养人才将转变为依附一个领域创新、面对领域需求培养交叉型人才。因此，方向选择的学科化将阻碍高校在人才培养和科学研究中的体制机制改革。

第二节　省级协同创新中心组建分析

根据《教育部 财政部关于实施高等学校创新能力提升计划的意见》《高等学校创新能力提升计划实施方案》的有关要求，各省（直辖市）积极开展协同创新中心的培育组建工作。省级协同创新中心作为区域协同创新体系的重要载体，以"2011协同创新中心"的建设为契机，围绕国家和区域经济的社会发展需求，不断加大与省内外行业企业、科研院所及高校等单位的协同力度，进一步创新体制机制，全面提升高校人才、学科、科研"三位一体"创新能力，并择优推荐省级创新中心升格成国家级，是国家协同创新中心的前期培育，形成了国家、地方、学校分层实施机制和互补互动的格局。

现以各省级协同创新中心为样本,对省级协同创新中心进行组建分析,意图发现各省在协同创新中心组建浪潮中的规律。省级协同创新中心资料来源于各省(直辖市)教育厅网站公布的认定结果公示,数据检索截止时间为 2016 年 7 月 22 日。

(1) 省级协同创新中心认定总数排名(见表 10 – 10)。

表 10 – 10 省级协同创新中心认定总数

地区	共计	排名	地区	共计	排名	地区	共计	排名	地区	共计	排名
四川	64	1	河南	33	8	广东	22	17	黑龙江	8	25
江苏	59	2	安徽	32	10	广西	22	17	新疆	4	26
湖北	59	2	陕西	28	11	山西	22	17	海南	3	27
江西	50	4	贵州	27	12	辽宁	21	20	内蒙古	2	28
浙江	37	5	上海	24	13	吉林	21	20	青海	—	
河北	35	6	云南	24	13	北京	15	22	宁夏	—	
湖南	35	6	重庆	23	15	甘肃	15	22	西藏	—	
福建	33	8	山东	23	15	天津	11	24	合计	752	

根据各省市协同创新中心认定通知,共统计到全国 28 个省(直辖市)的协同创新中心的组建数据,共计 752 家,其中青海、宁夏和西藏三个地区暂无已认定的协同创新中心。如表 10 – 10 所示,我们对各省(直辖市)认定总数进行了排序,可以看出:

第一,各地区协同创新中心认定数量差距较大,其中四川省协同创新中心数量最高,达 64 家,内蒙古数量最少仅 2 家,协同创新中心的发展与其他省市有很大的差距。

第二,排名前十的省(直辖市)中,东部省份有 4 个,中部省份 5 个,西部省份 1 个,其地域分布与教育部认定协同创新中心存在差异,中部崛起一方面说明中部省份在省级协同创新中心组建中积极性高,各省重点支持促进区域发展协同创新中心;但从另一方面来说,中部省级协同创新中心认定数量固然多,但升格为国家级中心的数量少,说明前期培育工作成绩效果并不显著。

第三,在教育部认定协同创新中心中排名靠前的东部地区省(直辖市)为北京、天津,其他省级协同创新中心总数排名较靠后。

从全国 28 个省(直辖市)已认定的协同创新中心总量上来看,协同创新中心的组建已呈现出运动化的趋势,省级"2011 协同创新中心"的申报评审,是否遵循了"宁缺毋滥、质量从优"的原则?以及是否应该在总量上进行控制和限额申报？需要各省（直辖市）教育部、财政部根据协同创新中心的具体运作效果做出调整。

（2）省级协同创新中心类型分析。

本书对各省（直辖市）协同创新中心具体类型进行了分类，由于湖北省缺失第二批、第三批协同创新中心详细名单，故下面分析中将湖北省剔除，具体如表10-11及图10-2所示。

表10-11　　　各省（直辖市）协同创新中心类型　　　单位：个

省份	科学前沿	文化传承	行业产业	区域发展	总数
四川	9	7	27	21	64
江苏	5	5	25	24	59
江西	4	9	20	17	50
浙江	2	8	13	14	37
河北	5	6	13	11	35
湖南	2	4	21	8	35
福建	1	7	9	16	33
河南	0	3	16	14	33
安徽	2	4	10	16	32
陕西	5	3	13	7	28
贵州	1	3	3	20	27
上海	4	3	7	10	24
云南	0	3	7	14	24
重庆	1	3	14	5	23
山东	2	1	9	11	23
广东	5	4	6	7	22
广西	2	0	2	18	22
山西	1	2	16	3	22
辽宁	1	2	2	16	21
吉林	1	5	8	7	21
北京	4	1	5	5	15
甘肃	1	3	6	5	15
天津	3	0	4	4	11
黑龙江	0	1	5	2	8

续表

省份	科学前沿	文化传承	行业产业	区域发展	总数
新疆	1	0	0	3	4
海南	0	0	1	2	3
内蒙古	0	0	0	2	2
合计	62	87	262	282	693

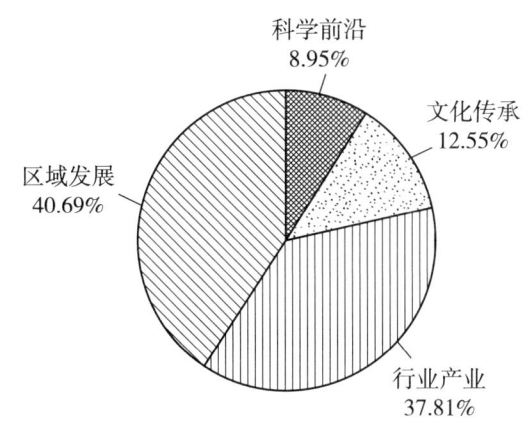

图 10-2 协同创新中心类型占比

从样本数据收集以及表 10-11、图 10-2 的直观数据展示中我们可以得出：

第一，各省（直辖市）协同创新中心基本覆盖了面向科学前沿、面向文化传承、面向行业产业以及面向区域发展四种类型。基本包括和体现了地方优势和高校特色学科优势；行业产业发展重大领域和需求；区域社会发展规划等综合情况。然而，各中心协同创新模式存在较大差异，其中面向科学前沿类协同创新中心仅为 8.95%，面向行业产业类和区域发展两类协同创新中心的数量众多，分别为 37.81% 和 40.69%。各省（直辖市）重点支持面向区域发展、行业产业两类协同创新中心的组建。

第二，各省（直辖市）协同创新中心运动化趋势的重要表现为面向行业产业类和区域发展两类协同创新中心总量超额，应择优组建，限额认定。

进一步对东部、中部、西部地区进行协同创新中心类型汇总，如表 10-12～表 10-15 以及图 10-3 所示。

表 10 – 12　　　　　　　东部地区协同创新中心类型　　　　　单位：个

省份	科学前沿	文化传承	行业产业	区域发展	总数
江苏	5	5	25	24	59
浙江	2	8	13	14	37
河北	5	6	13	11	35
福建	1	7	9	16	33
上海	4	3	7	10	24
山东	2	1	9	11	23
广东	5	4	6	7	22
辽宁	1	2	2	16	21
北京	4	1	5	5	15
天津	3	0	4	4	11
海南	0	0	1	2	3
合计	32	37	94	120	283

表 10 – 13　　　　　　　中部地区协同创新中心类型　　　　　单位：个

省份	科学前沿	文化传承	行业产业	区域发展	总数
江西	4	9	20	17	50
湖南	2	4	21	8	35
河南	0	3	16	14	33
安徽	2	4	10	16	32
山西	1	2	16	3	22
吉林	1	5	8	7	21
黑龙江	0	1	5	2	8
合计	10	28	96	67	201

表 10 – 14　　　　　　　西部地区协同创新中心类型　　　　　单位：个

省份	科学前沿	文化传承	行业产业	区域发展	总数
四川	9	7	27	21	64
陕西	5	3	13	7	28

续表

省份	科学前沿	文化传承	行业产业	区域发展	总数
贵州	1	3	3	20	27
云南	0	3	7	14	24
重庆	1	3	14	5	23
广西	2	0	2	18	22
甘肃	1	3	6	5	15
新疆	1	0	0	3	4
内蒙古	0	0	0	2	2
合计	20	22	72	95	209

表10-15　　　东部、中部、西部地区协同创新中心类型　　　单位：个

地区	科学前沿	文化传承	行业产业	区域发展	总数
东部	32	37	94	120	283
中部	10	28	96	67	201
西部	20	22	72	95	209
合计	62	87	262	282	693

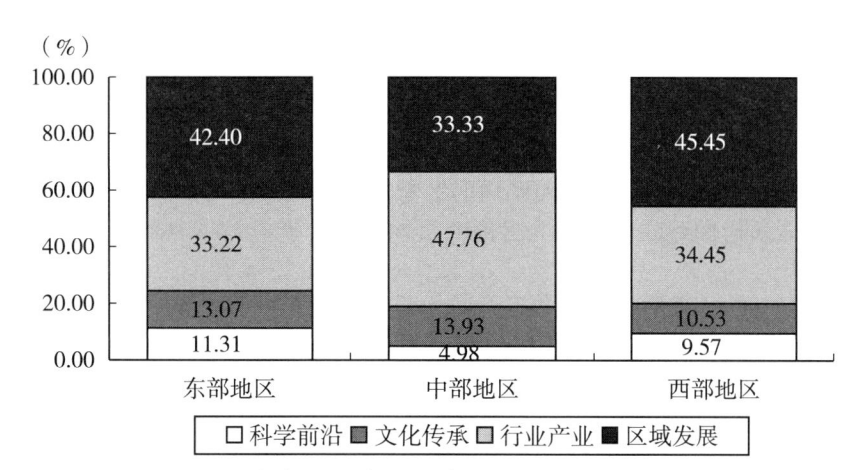

图10-3　东部、中部、西部地区协同创新中心类型

从表10-12～表10-15、图10-3对东部、中部、西部地区协同创新中心类型的汇总和对比中我们发现：

第一，总体来看，协同创新中心认定总量上呈现东部地区＞西部地区＞中部

地区的状态。

第二,东部地区在面向科学前沿类创新中心数量上要远超中部地区和西部地区,这与教育部认定的协同创新中心分布是一致的。而西部地区中因四川省、陕西省面向科学前沿类中心数量较多,使得西部地区面向前沿类中心多于中部地区,这与教育部认定的协同创新中心存在一定的差异。究其原因主要在于两个方面,第一,经济条件差距,面向前沿类项目对基础研究能力要求较高,需要高层次领军人才(院士、首席科学家、长江学者、千人计划等)和良好的科研条件,经济发展导致东中西部的经济差距日益加大,而这种差距导致了科研条件不足。第二,制度环境层面的差距。在保障稳定的科研环境和完善的制度保证方面东部地区高等院校要优于中西部地区高校,众所周知,高层次领军人才是东部高等院校"引援"的重点目标,由于中西部高校内部人才保障机制的缺失导致人才流失甚至招不到优秀人才。综合而言,东部地区面向前沿类中心要优于中西部地区。

第三,面向文化传承类协同创新中心在东部、中部、西部地区中差距不明显。该类中心以哲学社会科学为主体,服务于各省(直辖市)文化事业发展规划,各省(直辖市)根据自身提升文化软实力需求组建,在数量上不会有太大差距。

第四,虽然各省(直辖市)重点支持面向区域发展、行业产业两类协同创新中心组建,但东部、中部、西部地区还是存在明显的差异,面向行业产业类协同创新中心在中部地区四种类型中比例最高;面向区域发展类协同创新中心在东部、中部、西部地区中均占有较高比重。对此,本书认为,在中部崛起战略中,中部将成为全国重要的先进制造业中心,关于制造业中心的定位最受产业界关注,中部地区面向行业产业类协同创新中心以培育先进制造业和战略新兴产业为重点。另外,从统计数据来看,省级协同创新中心大多是地方高校组建,地方高校立足于为区域经济社会发展提供人才和智力支持,为促进区域经济社会发展服务。由此,东部、中部、西部地区面向区域发展类中心数量最多。

(3)省级协同创新中心牵头高校类型及属性(见表10-16)。

表10-16 省级协同创新中心牵头高校类型、属性汇总

序号	地区	综合院校 数量(个)	占比	专业型院校 数量(个)	占比	"985"工程/"211"工程/部属院校 数量(个)	占比	省市属高校 数量(个)	占比
1	四川	20	0.3	44	0.7	31	0.48	33	0.52
2	江苏	20	0.34	39	0.66	29	0.49	30	0.51
3	湖北	—	—	—	—	—	—	—	—

续表

序号	地区	综合院校 数量(个)	占比	专业型院校 数量(个)	占比	"985"工程/"211"工程/部属院校 数量(个)	占比	省市属高校 数量(个)	占比
4	江西	11	0.22	39	0.78	8	0.16	42	0.84
5	浙江	9	0.24	28	0.76	7	0.19	30	0.71
6	河北	4	0.11	31	0.89	0	0	35	1
7	湖南	14	0.4	21	0.6	8	0.23	27	0.77
8	福建	13	0.39	20	0.61	14	0.42	19	0.58
9	河南	14	0.42	19	0.58	8	0.24	25	0.76
10	安徽	2	0.06	30	0.94	11	0.34	21	0.66
11	陕西	7	0.25	21	0.75	18	0.64	10	0.36
12	贵州	13	0.48	14	0.52	10	0.37	17	0.63
13	上海	6	0.25	18	0.75	16	0.67	8	0.33
14	云南	7	0.29	17	0.71	5	0.21	19	0.79
15	重庆	6	0.26	17	0.74	3	0.13	20	0.87
16	山东	11	0.48	12	0.52	9	0.39	14	0.61
17	广东	10	0.45	12	0.55	4	0.18	18	0.82
18	广西	3	0.14	19	0.86	3	0.14	19	0.86
19	山西	4	0.18	18	0.82	3	0.14	19	0.86
20	辽宁	2	0.09	19	0.91	7	0.33	14	0.67
21	吉林	4	0.19	17	0.81	6	0.29	15	0.71
22	北京	0	0	15	1	3	0.2	12	0.8
23	甘肃	3	0.2	12	0.8	2	0.13	13	0.87
24	天津	1	0.09	10	0.91	4	0.36	7	0.64
25	黑龙江	1	0.13	7	0.87	6	0.75	2	0.25
26	内蒙古	2	1	0	0	1	0.5	1	0.5
27	新疆	2	0.5	2	0.5	2	0.5	2	0.5
28	海南	3	1	0	0	3	1	0	0

从 27 个省（直辖市）协同创新中心牵头高校类型、属性汇总中我们分析得到：

第一，为发挥区域资源优势，瞄准地方经济社会发展的实际需要，各高校以学科、行业特色为基础推动协同创新中心组建工作，具体表现为专业型院校为牵头单位组建协同创新中心，具体包括工科、农业、林业、医药、财经、师范、语言、艺术等类型院校。工农林医等行业特色型院校在应用领域将推动行业企业发展；财经、师范、语言、艺术类院校将在人文、社会等基础科学领域发挥作用，服务政府政策咨询。分别有针对性地促进区域乃至国家创新发展。

第二，从协同创新中心牵头单位类型——综合型院校和专业型院校的占比中我们发现，省级协同创新中心专业型院校比例远高于综合型院校，这说明行业特色型院校在协同中心组建中发挥主要作用，综合型院校在省级协同中心组建中作用被弱化。然而，该现象易导致在协同创新方面较大的局限性。

第三，从协同创新中心牵头单位属性——"985"工程、"211"工程院校（部属）及省市属高校占比中我们发现，各地区院校属性比例存在差异。如陕西、上海和黑龙江地区"985"工程、"211"工程院校（部属）比例要高于省市属高校；四川、江苏两地两类院校比例几乎持平；多数地区省市属院校牵头组建中心所占比例较高，重点开展省市属高校协同创新组建，这和教育部认定的协同创新中心牵头高校属性存在较大差异。

第四，虽然省市属高校在省级协同创新中心牵头高校中比重较高，但是高职高专院校很难申请到协同中心，这就导致了该类实用技术型院校所占比重较高的地区无法获得政府的扶持，难以推动协同创新工作的开展。

第三节　协同创新中心组建过程中存在的问题分析

当前高校协同创新中心已取得良好开局，在提升人才、学科、科研三位一体的创新能力中的作用日渐突出。但在日益高涨的发展热情背后也有一些深层次的问题需要我们冷静思考，针对上面的描述性统计中我们发现协同创新中心组建过程中存在一些共性问题，具体分析如下。

一、协同创新中心组建呈运动化趋势

"2011计划"实施的核心载体是协同创新中心，力图通过以高校作为牵头单位，联合相关领域内实力较强的科研院所、企业等创新主体，组建协同创新中心，通过体制机制改革提升高校人才、科学、科研三位一体的创新能力，并以协

同创新中心为改革试验田，引领高校改革，推动知识创新、技术创新、区域发展的战略融合，支撑国家创新驱动发展（刘佳，2013）。然而，近四年来，各省（直辖市）在协同创新中心组建浪潮中，仅通过认定的协同创新中心数量就高达七百多家，协同创新中心同质化趋势明显。评审认定的"2011协同创新中心"应遵循"宁缺毋滥、质量从优"的原则，采取总量控制方式进行。协同创新中心作为破除制约高校创新能力提升的载体，而非将其视为获取资源的途径，应是今后协同创新中心发展需关注的方面。

二、协同创新中心组建地区差异明显

从教育部认定协同创新中心和省级协同创新中心收集到的数据分析得到，东部地区在中心总数以及面向科学前沿类创新中心的数量上都要远超中部地区和西部地区。当然，不可否认经济发展导致东中西部的经济差距以及由此导致的科研条件不平衡是主要原因。但是，中西部地区可以在制度环境层面给予人才保障。从鼓励性政策入手，给予中西部地区更多的投入和支持，从而弥补中西部差距。高校也要根据自身发展的需要，权衡高端人才在经济待遇和环境上的关系，挽留住人才。另外，当前高校在人才评价上的倾向，也导致中西部高校高端人才的流失，科研改革势在必行。

三、协同单位的同质化和"强强联合"

为突出其"资源"优势，"2011协同创新中心"把本领域的国内重点高校、科研机构、骨干企业及高层次人才都囊括在其中。"2011协同创新中心"组建的关键是：（1）实现知识创新系统协同，有效聚集创新主体要素和资源，发挥系统合力，提升科学研究能力。（2）实现技术创新系统协同，通过产学研协同创新，实现支撑行业产业发展的核心共性技术研发和转移。（3）解决创新主体的"生产关系"问题，更好地释放创新要素的"生产力"。协同创新中心的"强强联合"将异化为申报项目临时拼凑的申报群体，导致协同单位沦为散乱的拼盘（许治、陈丽玉等，2015）。表象性的大合作、大协同亦将给高校机制体制改革带来困境（明炬，2012）。高校协同创新长效机制需认真考虑彼此的优势，确保协同过程中优势的最大发挥，而非特色同质化。另外，行业和企业的同质化，以东南大学为牵头单位的"无线通信技术协同创新中心"为例，中心汇聚了中国移动通信有限公司、华为技术有限公司、中兴通讯股份有限公司和电信技术研究院（大唐电信）共四家龙头企业。意在解决无线移动通信业务流量"10年1 000倍"

这一基本需求及其派生的一系列重大技术问题,然而,企业固有的对科研成果的独占性和保密性,行业内的利益竞争可能导致协同创新无法从根本上实现真正的深度融合。另外,不同创新主体的长期战略协同也是我国高校协同创新亟待解决的关键问题。

四、"985"工程、"211"工程标签限制高校间平等竞争

"2011计划"与"985"工程、"211"工程有所不同,后者以学校个体为主,入选工程带来身份标签和身份固化的问题,把大学分为三六九等,反而不利于高校间的竞争,而"2011计划"强调协同创新,不再有身份标签,面向全国所有高校开放,鼓励高校和科研机构、企业携手合作。然而从统计结果中我们看出"985"工程、"211"工程院校所占比重高,无疑限制了学校间的平等竞争,改革无法真正落地,不能出现全国所有高校改革发展的新局面,高校机制体制改革将收效甚微,淡化"985"工程、"211"工程的身份标签是推动整个高等教育改革的重要抓手,同时避免世界一流大学和一流学科建设中出现同样的问题。

五、科研行政化

必须意识到"2011计划"是由行政部门主导的。从根本上说,由此带来的学术研究行政化、功利化问题并没有彻底消除。另外,由于对计划的评审、对协同中心的设立审批带有行政评审性质,因此大学和科研机构都把入选计划、获得审批作为行政部门的认可,从而导致计划的异化。要解决这一问题,必须改革科研管理体制,不能再由行政部门主导评审和评价。一方面,应该成立独立的基金委员会,由同行专家对入选项目进行评价;另一方面,要对项目取得的成果实行同行评价,而不能由行政部门来进行评定,简单地说,就是让政府退出科研评审、评价,实行专业评价和社会评价。

第十一章

协同创新中心合作网络的创新活动分析——以教育部认定协同创新中心为例

协同的含义不是简单的线性合作,而是网络组织,协同创新中心能有效地促进组织间协同创新。2013年4月教育部第一批认定的14家协同创新中心距今已运行了9年,是体现当前协同创新中心建设效果的最佳样本。这些协同创新中心运行效果如何?协同创新中心是基于过去合作单位已有的良好合作基础而组建的,尽管彼此之间的合作研究基础较少,但基于各合作单位已有的研究实力,通过强强联手而组建?各合作单位是否因协同创新中心的组建,合作研究得以加强?这些问题成为客观评价当前协同创新中心组建的浪潮,是真正落实教育部"2011计划"的重要前提。

本节以教育部首批认定的14家协同创新中心为例,基于协同创新中心成员单位联合申请专利和合著论文为样本构建合作网络,通过对合作专利或合著论文数据的计量分析对不同地域之间、学科领域之间、科研人员之间的相互联系或区别等合作情况进行有效的反映(高霞和官建成,2011;陈劲,2011;Nieto and Santamaría,2007)。将各成员单位在认定前后的合作关系通过直观形式予以展现,刻画其认定前后合作网络结构特征和演化情况,探寻协同创新中心通过认定前后其协同创新活动在合作深度和合作广度的变化规律,描述不同类型的协同创新中心内协同单位之间知识交流与资源共享的现状。为客观评价我国协同创新中心发展情况提供新的研究视角(Katz and Martin,1997;刘凤朝等,2011)。受到数据可得性的制约,主要以协同创新中心中组成单位之间联合申请专利和合作发表论文为刻画协同创新中心各组成单位之间合作关系的测度指标。书中联合申请专利数据主要来自国家知识产权局的专利数据库(SIPO),样本期为1985~

2015 年；合著论文数据主要来自美国 Thomson Scientific 公司基于 WEB 开发的产品 Web of Science 引文数据库（WOS），样本期为 1995~2015 年，数据检索截止时间：2015 年 8 月 31 日。

鉴于协同中心的部分成员单位属于集团公司体制，往往下设多个独立法人实体，例如先进航空发动机协同创新中心的成员单位中国航空工业集团公司下属一级子公司或参股公司就多达 71 家。为此，在中国国家知识产权局专利数据库提取 1985~2015 年公开的属于某个协同中心的所有专利数据时，采用综合名单进行两两组合检索，即包含该协同中心网站公布的组成单位名单以及通过互联网搜索到的有关某成员单位下设子公司、分公司名单，检索专利共 1 042 条。相反，在 WOS 数据库提取 1995~2015 年某个协同中心内成员单位之间相互合作发表的文献计量信息时，是将上述某个协同中心的综合名单里的高校和科研院所进行两两组合检索，检索合作发表的论文共 30 260 篇。

考虑到上述检索的联合申请专利和合著文章所属的研究领域与协同中心设立的协同领域存在不一致性，为此以各协同中心所属类别及其学科领域为标准对检索的记录进行人工筛选。首先，对有关协同中心联合申请专利的筛选，主要是基于专利名称和摘要根据协同中心的学科领域进行逐条识别和判断，剔除与其学科领域无关的记录。其次，有关协同中心合著文章的筛选，先基于研究方向（SC）字段剔除与协同中心学科领域明显无关的记录，而后同样基于合著文章的摘要字段利用关键字等方式进行逐条识别并保留与协同中心学科领域相关的记录。最后，协同中心所属的学科领域数据清洗后符合要求的有效专利数和论文数分别为 855 条和 17 984 条。表 11-1 显示了首批 14 家协同中心最终有效专利数和论文数，其中，表 11-1 中第三列是为方便分析，对首批 14 家协同创新中心名称的简写代码。整体上 14 家协同中心内部合作单位之间都有联合申请专利数和合作发表论文数的产生，但其分布情况差别较大，在合著论文方面 14 家协同中心的产出相对比较分散，且拥有专利数较多的协同中心不一定在合著论文方面也突出。

表 11-1　首批 14 家协同中心联合申请专利和合著文献情况统计

序号	协同创新中心	代码	SIPO 1985~2015 年	WOS 1995~2015 年
1	宇航科学与技术协同创新中心	HY01	21	1 379
2	先进航空发动机协同创新中心	HY02	101	1 456
3	轨道交通安全协同创新中心	HY03	145	65
4	有色金属先进结构材料与制造协同创新中心	HY04	61	21
5	量子物质科学协同创新中心	QY01	30	2 488

续表

序号	协同创新中心	代码	SIPO 1985~2015年	WOS 1995~2015年
6	生物治疗协同创新中心	QY02	80	8 776
7	量子信息与量子科技前沿协同创新中心	QY03	1	986
8	天津化学化工协同创新中心	QY04	99	557
9	长三角绿色制药协同创新中心	QF01	133	1 197
10	苏州纳米科技协同创新中心	QF02	99	378
11	江苏先进生物与化学制造协同创新中心	QF03	81	1 074
12	河南粮食作物协同创新中心	QF04	4	46
13	中国南海研究协同创新中心	WH01	0	59
14	司法文明协同创新中心	WH02	0	60
统计		MEAN	61.1	1 324.4
		SD	49.5	2 182.7
		C.V	0.8	1.6

第一节 协同创新中心认定前后合作情况

一、合作次数分析

鉴于首批14家协同中心内联合申请的专利数较少，而专利和文献都能够对创新主体的创新能力和知识溢出情况进行较为准确的刻画，为此在对某个协同中心的协同创新活动进行分析时共同考虑了其成员单位之间联合申请的专利数和合作发表的论文数。即协同中心内成员单位之间只要联合申请了一条专利或合作发表了一篇论文则计为一次合作（见表11-2）。其中，开始合作年份是指协同中心内合作单位之间首个联合申请的专利公开日或首篇合著论文发表时间所属的年份；年平均合作次数是指协同创新中心成员单位之间年平均合作频度，年平均合作次数等于某一时间段内的合作总次数与合作时间长度之间的比例，通常年平均合作次数越大表明成员单位之间的沟通越频繁。

表 11-2 首批 14 家协同中心协同单位之间在通过认定前后的合作情况统计

序号	协同中心	开始合作年份	合作次数 1985~2012 年	合作次数 2013~2015 年	年平均合作次数 1985~2012 年	年平均合作次数 2013~2015 年
1	HY01	1997	914	486	60.9	243.0
2	HY02	1997	1 068	489	71.2	244.5
3	HY03	1997	111	99	7.4	49.5
4	HY04	1998	67	15	4.8	7.5
5	QY01	1997	1 950	568	130.0	284.0
6	QY02	1997	5 720	3 136	381.3	1 568.0
7	QY03	1997	600	387	40.0	193.5
8	QY04	1987	465	191	18.6	95.5
9	QF01	1995	1 022	308	60.1	154.0
10	QF02	1997	241	236	16.1	118.0
11	QF03	1989	694	461	30.2	230.5
12	QF04	2008	24	26	6.0	13.0
13	WH01	2000	19	40	1.6	20.0
14	WH02	1998	37	23	2.6	11.5

总体而言，首批 14 家协同创新中心均在通过国家认定前就已存在合作关系，其中天津化学化工协同创新中心合作时间最长，达 28 年；合作开始时间最晚的是河南粮食作物协同创新中心，成员单位之间合作起始于 2008 年。表 10-1 中有关合作次数和年平均合作次数的数据也表明，首批 14 家协同创新中心各成员单位在通过国家认定前存在一定的合作基础，其中属于科学前沿领域的生物治疗协同中心的合作次数最多，样本期内观测到的合作次数达 8 856 次。虽都有前期合作基础，但四种不同类型协同创新中心合作情况存在较大差异，可能的原因是不同类型协同创新中心学科属性不同，合作形式可能也存在较大差异，这与面向文化传承创新类的协同创新中心合作方式通常以决策咨询报告为主，不以联合专利或论文为主有关（见图 11-1）。

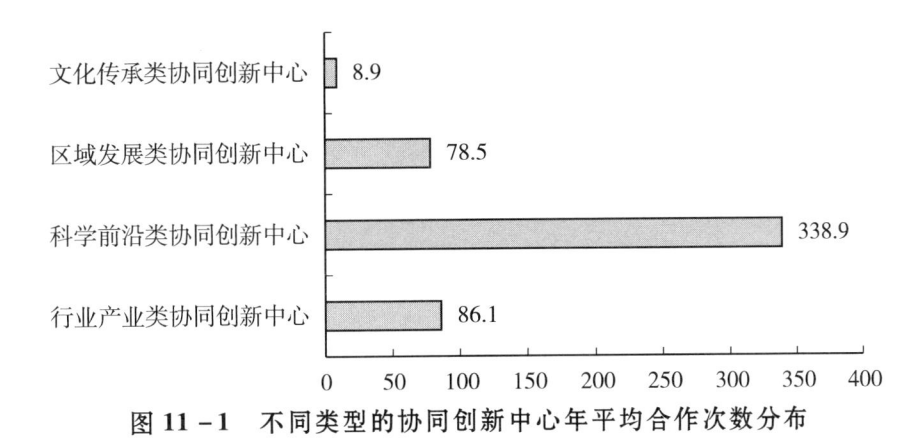

```
文化传承类协同创新中心    8.9
区域发展类协同创新中心    78.5
科学前沿类协同创新中心    338.9
行业产业类协同创新中心    86.1
                0   50  100  150  200  250  300  350  400
```

图 11-1　不同类型的协同创新中心年平均合作次数分布

通过对协同中心成立前后两个阶段平均合作次数的对比分析亦可发现，所有类别的协同创新中心在通过认定后组织内的年平均合作次数都呈现出较为显著的增长，其中面向行业产业、面向科学前沿、面向区域发展及面向文化传承创新四类协同创新中心组建后年平均合作次数的平均增长率分别为 291%、306%、392% 和 749%。数据表明协同创新组建后强化协同创新中心成员单位之间的协同与合作，使成员单位间的合作与知识交流变得更加频繁。

二、不同类型协同创新中心年度合作关系的演化

图 11-2 为不同类型协同创新中心年度合作次数占比曲线图。从图 11-2 可知，首批协同创新中心内成员单位之间的合作在 2000 年以前变化都比较平缓，而后合作次数便呈现出逐年快速增长的趋势。从这四个不同类型协同创新中心的合作次数占比来看：首先，面向行业产业的协同创新中心和面向区域发展的协同创新中心在 2000～2014 年期间每年合作次数占比变动幅度较为一致，即每年浮动幅度较大，每个类别里的各个协同中心的变动曲线较分散，在通过国家认定后各个协同中心的合作次数均达到历史最高峰；其次，面向科学前沿的协同创新中心的合作次数占比曲线图则是以一个平缓的增长率不断上升的曲线，且 4 个协同中心的合作次数占比基本在同一曲线上下小范围波动，但自 2013 年通过认定至 2014 年 4 个协同中心内的合作次数并非全部出现上升的趋势，例如量子信息与量子科技前沿协同创新中心和天津化学化工协同创新中心的合作次数占比略有下滑；最后，关于面向文化传承创新的协同创新中心，其合作次数占比变化曲线较为特殊，中国南海研究协同创新中心自通过认定后其组成主体间的合作次数达到历史最高峰，大概为通过认定前的近 2 倍之多，但司法文明协同创新中心在通过认定后其合作次数却出现了下降的趋势。

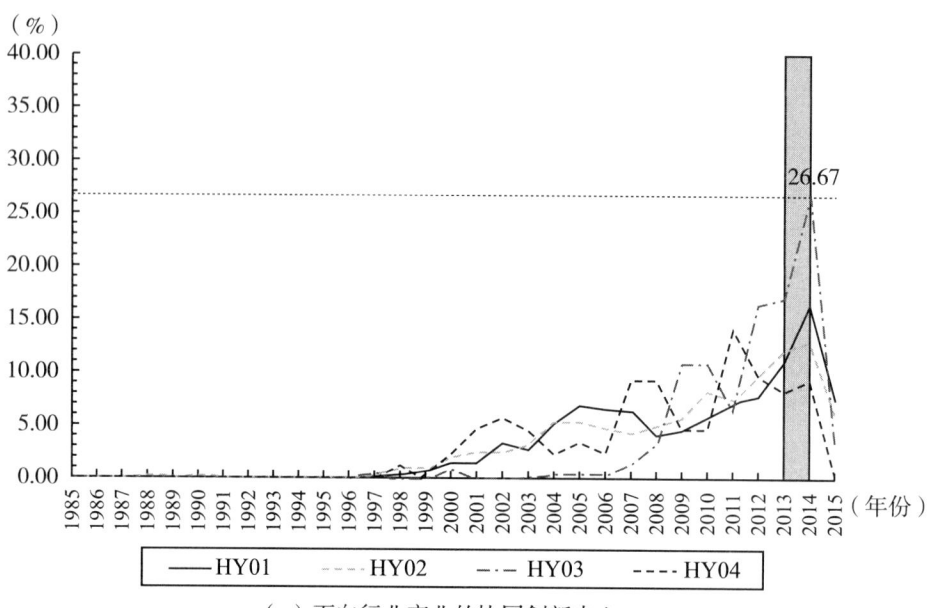

(a)面向行业产业的协同创新中心

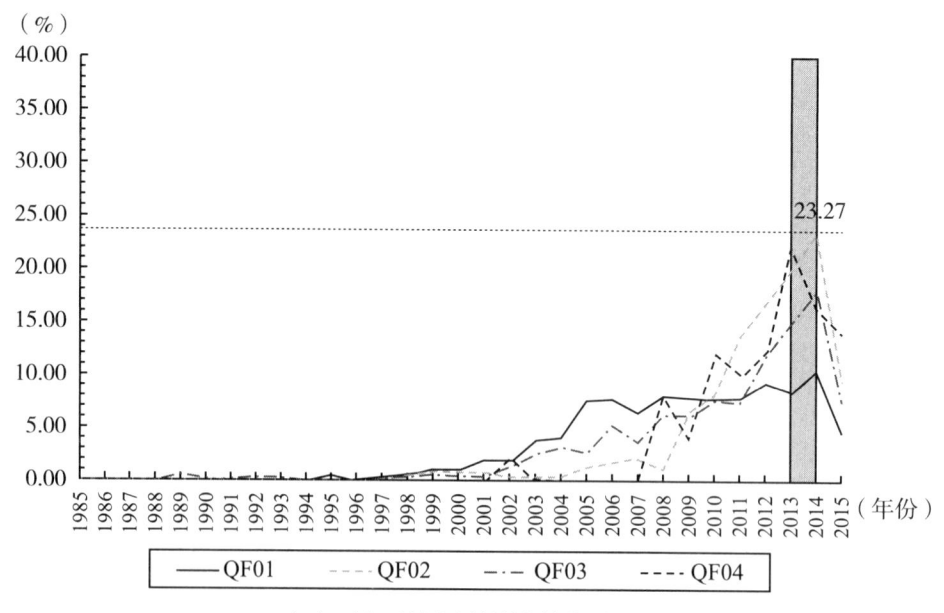

(b)面向区域发展的协同创新中心

（c）面向科学前沿的协同创新中心

（d）面向文化传承创新的协同创新中心

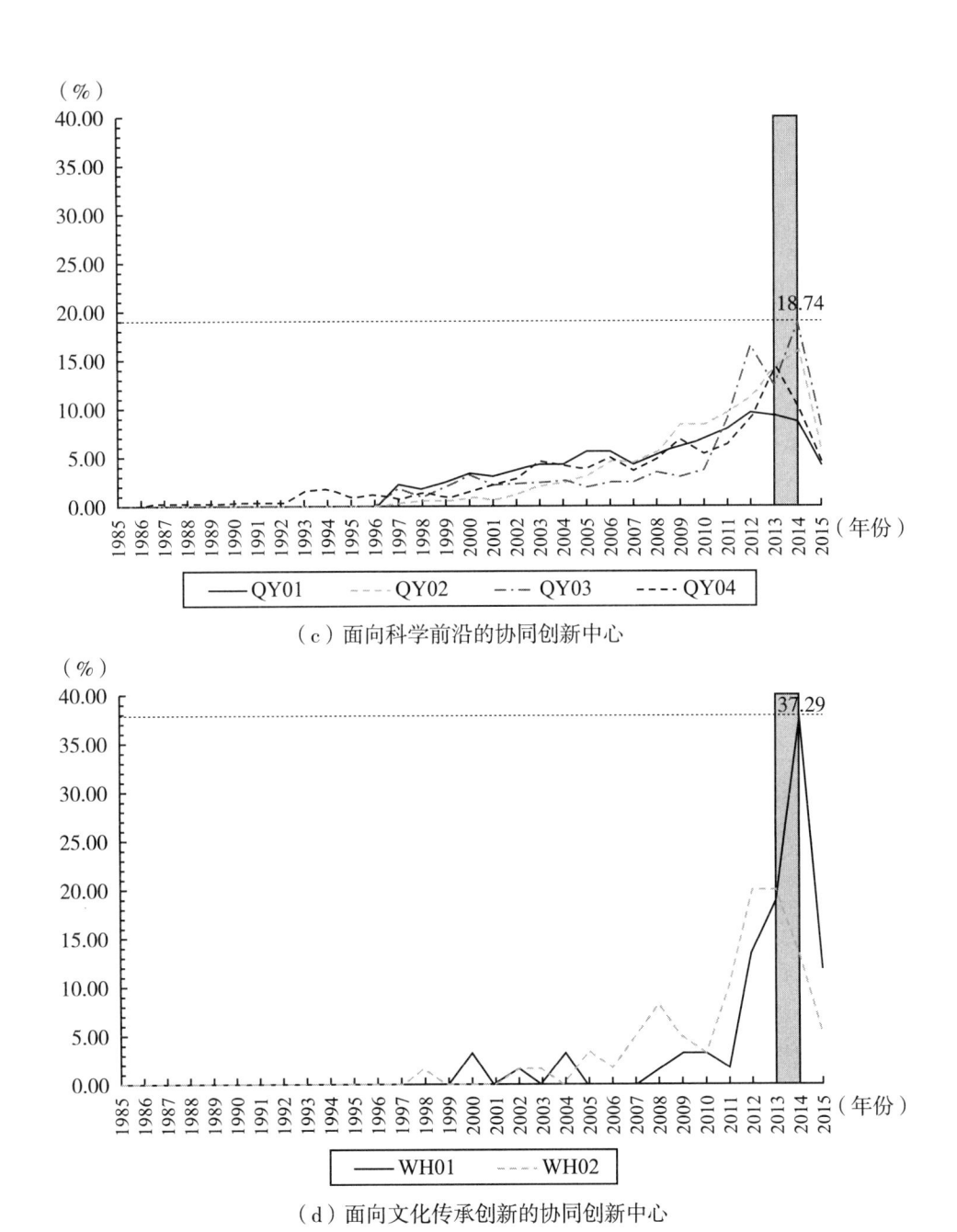

图 11-2　不同类型协同创新中心年度合作次数占比曲线图

通过上述对首批 14 家协同创新中心在认定前后年平均合作次数的对比分析发现，整体上"2011 计划"的实施强化了协同中心内协同单位之间的合作关系，认定后成员单位之间更加频繁地进行相关领域的协同创新活动，包括联合申请专利、合作发表论文等其他形式的知识交流。另外，通过上述曲线图的分析发现，总体上4个类别协同中心的合作都呈现出逐年增长的趋势,尤其是行业类和科学前沿类的协同中心在其通过国家认定后合作次数明显增加,例如轨道交通安全协同创新中心、中国南海研究协同创新中心等在通过认定后其组织内的合作次数都达到历史最高点。但其中也包括个别协同创新中心例如司法文明协同创新中心在通过认定后其合作次数没有发生鲜明的增长而是下降的趋势,这与上面提到的针对文化类协同创新中心的绩效导向不以专利或论文为主有关。

第二节 协同创新中心合作网络结构特征

基于14家协同创新中心的合作次数,借助Ucinet软件将14家协同中心通过认定前后的合作网络以可视化的网络图谱予以展示(见图11-3、图11-4)。圆形节点代表协同创新中心参与合作的协同单位,其大小代表着该节点拥有的合作次数,节点越大表明该节点与网络中其他主体之间的合作或联系越多,节点间的连线则是指两个节点间有着共同申请专利或合作发表论文的合作关系,连线越粗则合作主体间的交流越频繁。其中,图11-3和图11-4中的黑色节点分别代表的是首批14家协同创新中心各自的牵头单位,虚线围起的网络图谱为每个协同创新中心的合作网络。

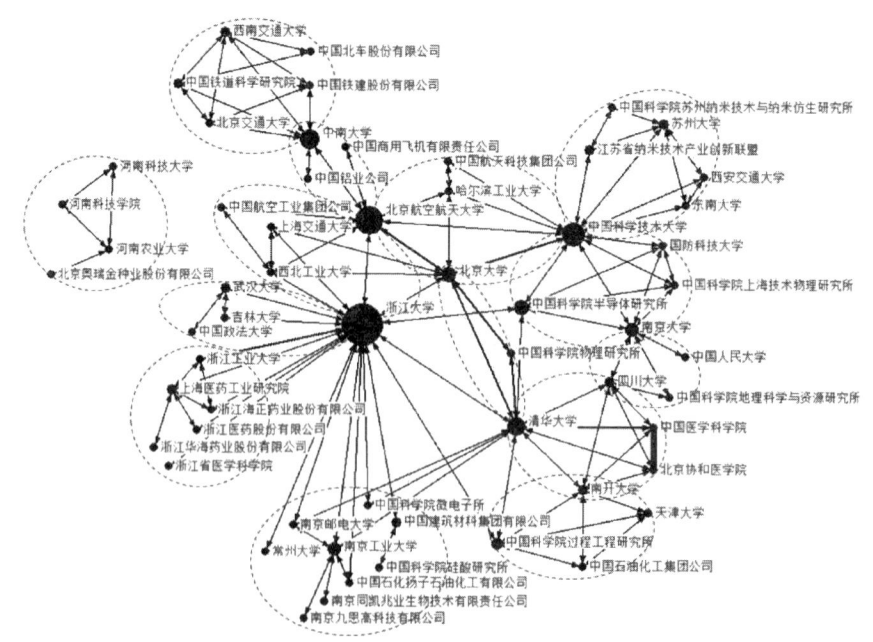

图 11-3 首批协同中心获认定前其整体合作网络图

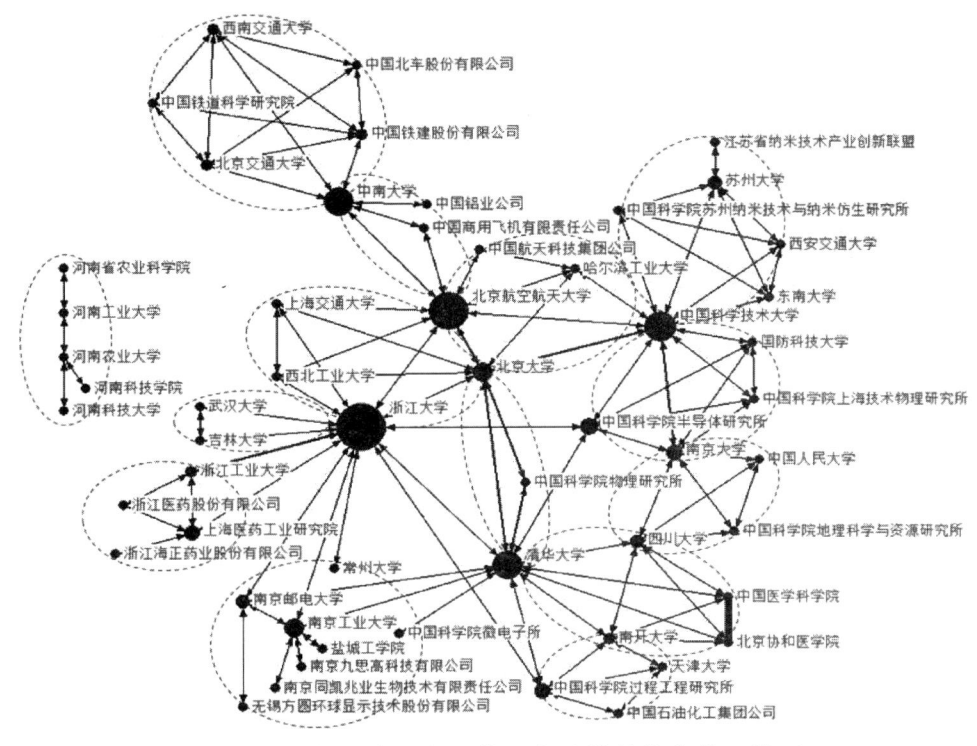

图 11-4　首批协同中心获认定后其整体合作网络图

对比 14 家协同创新中心在通过认定前后的网络图谱可以发现，尽管首批协同创新中心在通过国家认定前后其合作网络并未发生鲜明的变化，但在通过认定前其合作网络就已初具规模，且基本上每个协同创新中心都有部分成员单位同时担任了两个或两个以上协同创新中心的合作单元。此外，通过对比成立前后牵头单位节点大小的变化可以发现，牵头单位的节点都稍有增大，说明协同中心在通过"2011 计划"认定后牵头单位在合作网络中的重要性增加。但是这种基于感观的认识，无法对合作网络本质上的网络结构特征变化进行量化的分析与说明，为此需进一步对 14 家协同创新中心的合作网络结构特征进行对比分析，以对其表征的合作状况进行更为具体、深入的刻画。

第三节　协同创新中心认定前后合作广度与深度的演化

为进一步精确把握首批 14 家协同创新中心认定前后两个阶段的网络结构特征演化情况，本节参考合作网络的结构特征值，构建 4 个指标分别对主体间合作的广度和深度的演变情况进行精确刻画。4个指标具体为：

第一，网络规模：表示的是某个协同创新中心合作网络中所包含的全部主体的数目，网络规模越大表示参与合作的组织越多，合作范围越广，协同创新中心的知识来源也就越广泛，而本节采用网络规模来衡量协同中心的合作广度。

第二，网络联结次数：表示合作网络内组织间相互合作的次数，合作主体间相互联结的次数越多则表明主体间进行知识交流与合作等协同活动越频繁，相互之间的合作关系也就越持久、越紧密。

第三，网络边数：是指网络图中联结两个合作主体的连线总数，网络边数越多表明协同创新中心中组成单位之间合作与交流的对象更为多元化，合作网络布局更倾向网络化。

第四，年平均联结次数：用以衡量协同中心的合作主体间合作关系的深度，是指协同中心合作网络图中某条网络连线上平均每年的合作次数，即年平均联结次数＝网络联结次数÷（网络边数×合作时间），该数值越大表明连线所联结的两个合作主体之间的知识交流等活动越频繁，合作关系也就越深入，该指标能够对协同创新中心成员单位之间的合作深度进行测度。

基于对首批14家协同创新中心合作网络结构特征的计算，运用 STATA 软件对认定前后相关网络结构特征值进行 T 检验和单因素方差分析，结果如表 11－3、表 11－4 所示。整体上各协同创新中心的网络规模并没有发生太大的变化，认定前后两个阶段合作网络的合作广度不存在差异性，其基本上都是在已有的合作网络规模基础上持续合作与交流，而这恰与上述合作网络图谱的可视化结果是一致的。网络联结次数和年平均合作次数都是对协同创新中心合作深度地进行刻画的量化指标，通过对比表 11－3、表 11－4 中各协同创新中心认定前后两个阶段的数据发现，首批14家协同创新中心的成员单位之间的交流与沟通变得更加频繁，与阶段Ⅰ相比基本上所有的协同创新中心在阶段Ⅱ的合作深度都呈现成倍数的增长，也就是说协同创新中心的合作深度在不断深入。但是，成立前后不同类型协同创新中心在合作深度方面的变化程度各异。相对而言，面向行业产业类和面向科学前沿类的协同创新中心尽管认定后其在合作深度方面被强化，但是这种影响相对较弱，不显著；而针对面向区域发展类和面向文化类的协同创新中心，认定前后其合作深度存在显著的差异性，也就是说这两类协同创新中心成立后成员单位之间的协作与交流发生显著性增长。例如，尽管在专利和文献方面产出较少的文化类协同创新中心即中国南海研究协同创新中心、司法文明协同创新中心自通过认定后其年平均联结次数分别由 1.31、0.66 增长到 4.8、3.83。

表11-3　首批14家协同创新中心认定前后合作网络结构特征

类别	协同中心	阶段	网络规模（个）	网络联结次数（个）	网络边数（个）	年平均联结次数（个）
面向行业产业	HY01	Ⅰ阶段	5	923	8	7.69
		Ⅱ阶段	5	790	8	49.38
	HY02	Ⅰ阶段	6	1 330	12	7.39
		Ⅱ阶段	5	626	10	31.30
	HY03	Ⅰ阶段	6	111	12	0.62
		Ⅱ阶段	6	105	12	4.38
	HY04	Ⅰ阶段	4	67	3	1.60
		Ⅱ阶段	5	15	5	1.50
面向科学前沿	QY01	Ⅰ阶段	3	2 312	3	51.38
		Ⅱ阶段	3	786	3	131.00
	QY02	Ⅰ阶段	5	6 052	10	40.35
		Ⅱ阶段	5	3 466	10	173.30
	QY03	Ⅰ阶段	5	606	10	4.04
		Ⅱ阶段	5	407	10	20.35
	QY04	Ⅰ阶段	4	489	6	3.26
		Ⅱ阶段	4	197	5	19.70
面向区域发展	QF01	Ⅰ阶段	7	1 074	10	5.97
		Ⅱ阶段	5	328	6	27.33
	QF02	Ⅰ阶段	6	241	10	1.61
		Ⅱ阶段	6	259	10	12.95
	QF03	Ⅰ阶段	13	702	19	2.46
		Ⅱ阶段	12	471	16	14.72
	QF04	Ⅰ阶段	4	28	4	0.30
		Ⅱ阶段	5	26	4	3.25
面向文化	WH01	Ⅰ阶段	4	21	4	1.31
		Ⅱ阶段	4	48	5	4.80
	WH02	Ⅰ阶段	4	37	4	0.66
		Ⅱ阶段	3	23	3	3.83

表11-4　协同创新中心认定前后合作网络特征的显著性分析

类别	自变量	t	F	Prob > F
面向行业产业	合作广度	0	0.00	1.0000
	合作深度	-1.4957	2.24	0.1854
面向科学前沿	合作广度	0	0.00	1.0000
	合作深度	-1.4950	2.24	0.1855
面向区域发展	合作广度	0.1949	0.04	0.8519
	合作深度	-2.3518	5.53	0.0569*
面向文化	合作广度	1.0000	1.00	0.4226
	合作深度	-5.7038	32.53	0.0294**

注：* $p<0.1$，** $p<0.05$。

综合协同创新中心合作网络中合作广度和合作深度的变化情况可知，协同创新中心在已建立的合作关系基础上技术与知识的交流变得更加频繁，合作关系变得更加密切，同时一定程度上说明协同创新中心在原有合作关系中的持续产出在不断深入。

基于以上对首批14家协同创新中心合作网络的广度和深度的分析可知，认定前后协同创新中心的合作广度几乎没有变化，但是其合作深度加深，尤其是协同创新中心的组建对面向区域发展和面向文化类在合作深度方面的影响尤为显著。我们通过建立广度—深度的二维矩阵，从协同创新中心的类别来分析其合作广度和深度的差异性，从而识别出哪种类别的协同创新中心的合作网络是较为良好的，并识别认定前后其合作广度和深度演化情况。如图11-5、图11-6所示分别是认定前后首批14家协同创新中心的广度和深度在二维矩阵中的分布图，其中横坐标代表合作广度，纵坐标代表合作深度，界定各协同创新中心合作广度和深度高低的标准是首批14家协同创新中心的平均值。

根据广度—深度二维矩阵的设置，位于第一象限的点代表了其合作广度和深度都较高，位于第三象限的点其广度和深度较整体而言都较弱。通过对比图11-5和图11-6，在第Ⅰ阶段，量子物质科学协同创新中心的合作广度和深度是相对较高的；生物治疗协同创新中心和江苏先进生物化学制造协同创新中心分别在合作深度和合作广度方面独具一格；而其他协同创新中心都更多分布在第三象限；此外区域类协同创新中心基本位于第四象限，但相对其他三个类型协同创新中心区域类的合作广度占有优势。在第Ⅱ阶段，14家协同创新中心的合作广度基本维持原状，但整体平均合作深度发生了较大的变化。前沿协同创新中心尽管都分布在纵坐标的左边却在合作深度方面的优势较为突出，例如量子物质科学

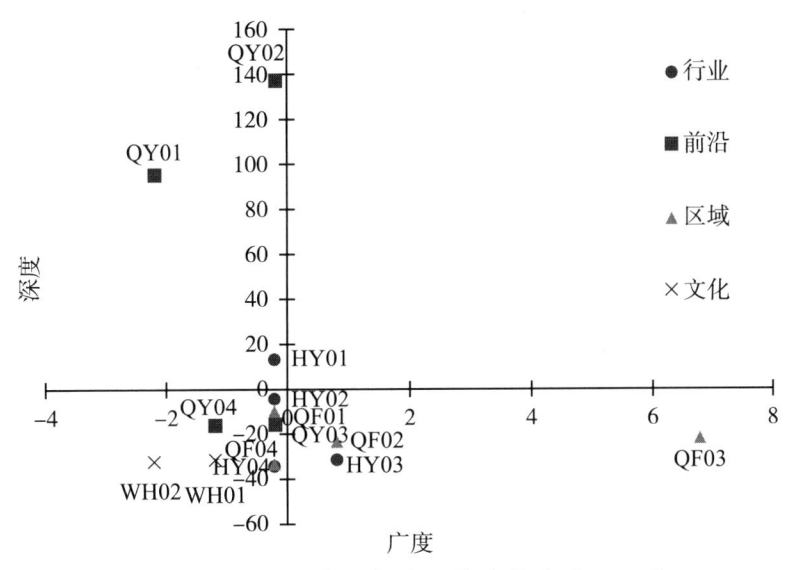

图 11-5 认定前创新中心的合作广度—深度

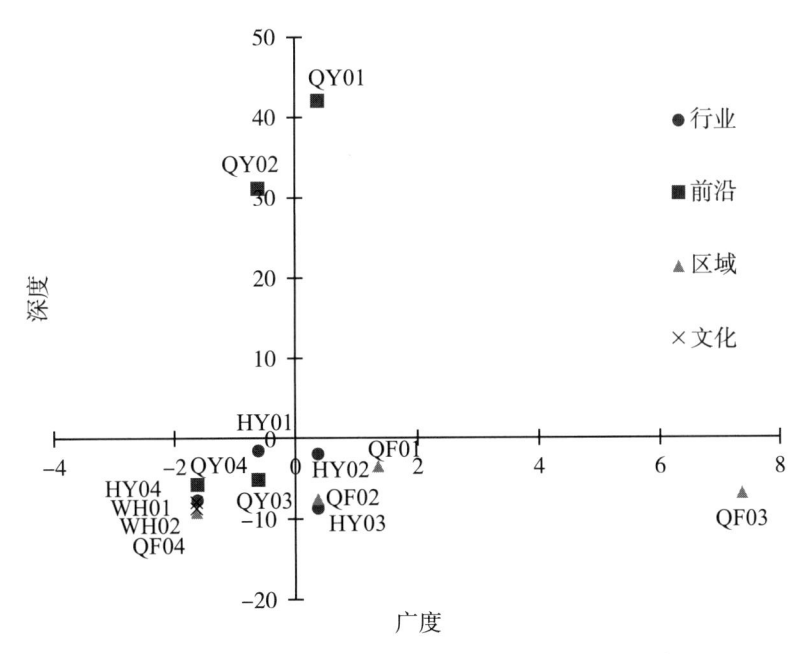

图 11-6 认定前创新中心的合作广度—深度

协同创新中心和生物治疗协同创新中心的合作深度达到 90 以上；区域类的协同创新中心仍旧维持在合作广度方面的优势地位不变；文化类协同创新中心相较整体在合作深度和广度方面的弱势变得更加鲜明；行业类协同创新中心除了宇航科学与技术协同创新中心由第三象限移到第二象限，其余的仍保持第 I 阶段的水平不变。综上所述,相较整体合作广度和深度而言,区域类协同创新中心在合作广度上比较突出,科学前沿类协同创新中心在合作深度上较突出,而行业类和文化类的协同创新中心在合作深度和合作广度方面都比较弱,且通过认定后整体的合作广度几乎未发生变动,但是合作深度方面都有较大幅度的提升。

第四节 协同创新中心认定前后合作紧密程度和中心度的分析

根据"2011 计划"的制度安排,牵头高校是协同创新合作网络的重要引导者,其角色的扮演程度直接关系到协同创新合作网络中成员单位加入协同合作的参与度,关系到整体合作网络的集聚性和紧密程度。网络中心势是对合作网络的内聚性的测度,是对合作网络图的总体凝聚力或整合度的一个量化分析,可作为对网络是否依赖少部分行动者的估计。相反,节点中心度是对网络中某个节点在合作网络中重要性的量化,节点中心度越大表明其在网络中越活跃,在网络中控制相互交往关系的权利就越大,在网络中扮演角色担当,若为 0 则表明该点不具备控制网络合作关系的能力。网络中心势和节点中心度均由 Ucinet 软件运行得出。网络密度区别于以上两个指标,其等于合作网络中实际的网络边数与所有成员单位加入合作网络时最大可能联线数量之比,反映了某个协同创新中心内主体之间联结的密度以及相互之间的复杂程度。网络中心势和网络密度实际上是对网络凝聚力不同层面的刻画,首批 14 家协同创新中心在通过国家认定前后合作网络的紧密程度和中心度的演化情况如表 11-5 所示。

表 11-5 首批 14 家协同创新中心认定前后整体紧密程度和中心度的演化情况

序号	协同中心	牵头单位	牵头单位的节点中心度				网络中心势		网络密度	
			Ⅰ阶段		Ⅱ阶段		Ⅰ阶段(%)	Ⅱ阶段(%)	Ⅰ阶段	Ⅱ阶段
			节点中心度	排名	节点中心度	排名				
1	HY01	哈尔滨工业大学	256	4	186	4	12.50	12.50	0.80	0.80
2	HY02	北京航空航天大学	653	4	561	3	12.00	0.00	0.80	0.90
3	HY03	北京交通大学	76	3	58	3	12.00	60.00	0.73	0.80
4	HY04	中南大学	94	1	20	1	44.40	37.50	0.50	0.50

续表

序号	协同中心	牵头单位	牵头单位的节点中心度				网络中心势		网络密度	
			I 阶段		II 阶段		I 阶段	II 阶段	I 阶段	II 阶段
			节点中心度	排名	节点中心度	排名	(%)	(%)		
5	QY01	北京大学	2 977	2	975	2	0.00	0.00	1.00	1.00
6	QY02	四川大学	548	4	690	3	0.00	0.00	1.00	1.00
7	QY03	中国科学技术大学	878	2	724	1	0.00	0.00	1.00	1.00
8	QY04	天津大学	866	1	381	2	0.00	62.50	1.00	0.83
9	QF01	浙江工业大学	1 868	2	620	1	33.30	56.25	0.48	0.60
10	QF02	苏州大学	334	1	327	1	32.00	40.00	0.83	0.92
11	QF03	南京工业大学	296	2	336	3	56.25	41.98	0.24	0.24
12	QF04	河南农业大学	50	1	50	1	66.70	70.83	0.67	0.40
13	WH01	南京大学	39	1	82	1	66.70	1.00	1.00	0.67
14	WH02	中国政法大学	8	4	0		66.70		1.00	0.67

首先，首批14家协同创新中心在通过教育部认定前，仅有有色金属先进结构材料与制造协同创新中心、天津化学化工协同创新中心、苏州纳米科技协同创新中心、河南粮食作物协同创新中心及中国南海研究协同创新中心5家协同创新中心的牵头高校在合作网络中节点度数排名靠前，即上述高校在协同创新中心的合作网络中居于中心位置，成员单位大都与牵头高校保持一定的合作关系。但其余几家协同创新中心牵头高校的合作网络节点度数反而不如其成员单位的节点度数大，在网络中的重要性相对较弱。通过教育部认定后，除中国政法大学在司法文明协同创新中心合作网络中的重要性减至为零，先进航空发动机协同创新中心、生物治疗协同创新中心、量子信息与量子科技前沿协同创新中心和长三角绿色制药协同创新中心4家协同中心所对应牵头高校的节点中心度排名在提升，其余9家包括宇航科学与技术协同创新中心、轨道交通安全协同创新中心、有色金属先进结构材料与制造协同创新中心、量子物质科学协同创新中心、天津化学化工协同创新中心、苏州纳米科技协同创新中心、江苏先进生物与化学制造协同创新中心、河南粮食作物协同创新中心及中国南海研究协同创新中心保持原有的地位不变。"2011计划"的实施在一定程度上也强化并促成牵头高校在合作网络中扮演重要角色担当，使其拥有更多控制网络中相互交流关系的权利。

其次，首批14家协同创新中心整体网络的凝聚性在认定前后的变化趋势各异，28.6%的协同创新中心维持较为分散的合作网络格局不变，35.7%的协同创新中心的合作网络伴随网络中心势的降低而变得更加分散，35.7%的协同创新中心的合作网络伴随网络中心势的增加而变得更加依赖个别合作主体。例如，科学前沿类协同创新中心（除天津化工协同创新中心）的合作网络认定前后网络中心势均为零，协同中心的合作主体在该网络的分布相对较为均衡；区域发展类的协同创新中心在通过认定前后，除了江苏纳米科技协同创新中心的网络中心势发生近25%幅度的降低趋势，其他3个协同中心网络凝聚性在一定程度上都是依赖个别主体，而且这种依赖性在通过国家认定后表现得更加强烈；文化类协同创新中心认定前后网络中心势的变化尤为特殊，均由66.7%的网络中心势降到0%，可见文化类协同中心成立后其网络中心势的变化并不乐观，合作网络整体依赖个别合作主体，而健全的合作网络的构建需要全体成员单位进行全方位整合。

最后，通过网络密度对合作网络整体紧密程度的量化分析发现，通过教育部认定后在行业产业类、科学前沿类和区域发展类三种类型的协同创新中心中33.3%的协同中心的网络密度增加，且有66.7%的协同中心的网络密度值已接近1，由此表明上述类型的协同创新中心整体合作网络的复杂性较强，主体间的关系也较为紧密。其中，河南粮食作物协同创新中心、中国南海研究协同创新中心和司法文明协同创新中心在通过认定后网络密度略有降低，这与以合著论文和联合申请专利所表征的合作主体数减少或合作网络中主体之间交互式交流机会和次数较少等情况有关。但通过网络密度对合作网络整体复杂性和紧密性的刻画可以得知"2011计划"将已有合作主体之间的连线多元化，基于协同中心组建所创造的渠道，成员单位之间更倾向于与中心内组成单位之间建立合作关系。

第五节　协同创新中心合作网络的创新活动评价总结

利用社会网络分析方法对首批14家协同创新中心的协同单位之间联合申请专利和共同发表论文等数据进行分析，比较了教育部认定前后两个阶段协同创新活动的合作情况，得出以下结论。

第一，首批14家协同创新中心在组建前已建立合作关系，且成员单位之间的合作网络已初具规模。通过对首批14家协同创新中心的合作网络特征分析表明，自2000年以来，首批14家协同创新中心的成员单位之间就开始陆续合作，且在早些年原本表现出零散、偶发的合作关系也逐渐变得更加系统化、持续化。这也表明，首批认定14家协同创新中心并不是为申请国家认定而临时组队成立的，基本上在前期就已基于各自的研发实力并围绕特定领域而展开相关的合作研究。但在协同创新中心组建之前首批 14 家协同创新中心前期合作质量存在较大差异，除量子物质科学协同创新中心成员单位之间的合作广度和合作深度均较高外，多数协同创新中心在合作深度与广度都较为薄弱，例如面向区域发展类型的 4 家协同创新中心成员单位之间虽然都存在一定的合作关系，但合作深度都较低。

第二，在教育部认定后，14 家协同创新中心基本上建立起常态化、战略性、持久性的合作关系，协同单位之间的知识交流活动变得更加频繁、深入。通过对首批 14 家协同创新中心年度合作关系演化和合作网络结构特征演化（合作广度和合作深度）的计量分析发现，协同创新中心成员单位之间在已有的合作关系基础上所进行的知识交流活动变得更加频繁，成员之间合作在不断地加深。尤其是面向行业产业类协同创新中心在近些年其合作次数增长幅度更为明显，同时认定前后面向区域发展和文化类协同创新中心在合作深度方面存在显著差异性。科学前沿类协同创新中心，尽管其在合作网络规模方面变化较小，但经由国家认定后相比其他类型的协同中心其在合作深度方面的优势非常显著，这也符合科学前沿类协同创新中心的组建初衷。

第三，首批 14 家协同创新中心在通过教育部认定前后在合作网络规模及合作广度方面几乎没有发生变化，各协同创新中心更多是在原有的合作关系上持续产出。通过认定后 14 家协同创新中心合作网络图谱的绘制及合作网络中合作广度、网络规模等指标的刻画发现，首批 14 家协同创新中心在通过国家认定后在合作伙伴方面的变革相当微弱，仅有 2 家协同中心，即有色金属现金结构材料与制造协同创新中心和河南粮食作物协同创新中心实现了新合作伙伴的加盟。但相对整体而言，面向区域发展类的协同创新中心在网络规模方面的优势较为突出，也就是说以服务区域经济发展和社会发展类的协同创新中心在整合跨界式创新主体方面的优势突出，合作主体较多元化，例如江苏先进生物与化学制造协同创新中心基于数据可识别的合作主体就高达 13 家，而整体均值仅为 5.21 家企业。

第四，"2011 计划"的实施强化了部分协同创新中心牵头高校在合作网络中已建立的关键角色的地位，同时促成部分牵头高校成为协同中心合作网络中的角色担当。通过节点中心度对个体在合作网络中重要性的量化分析发现，部分协同创新中心合作网络中重要角色的担当就是协同中心组建后所选定的牵头高校，且重合率由原来的 35.7% 增加至 50%。这在一定程度上又一次表明协同创新中心的组建多为过去在特定研究领域的合作基础而建立，而且教育部认定这一举措在加深已有合作关系的同时，还强化并促进了牵头高校在合作网络中扮演的关键角色，引领协同创新中心实现全方位的合作交流。

第五，首批 14 家协同创新中心在通过认定后合作网络的紧密性和复杂性有所增加，14家协同中心的合作网络是否依赖个别合作主体情况各异。基于网络中心势和网络密度两个指标从不同层面对协同创新中心合作网络凝聚力的刻画发现，行业类、科学前沿类和文化类协同创新中心中除了有色金属先进结构材料与制造协同创新中心外其他协同中心的合作网络都较复杂，表明协同中心的合作主体之间所建立的网络较网络化，成员单位基本都加入到合作网络中。但面向区域发展类的协同创新中心在认定前后其网络紧密程度都较低，主体间建立的合作网络可能多为线性网络。此外，行业类、科学前沿类和文化类的协同创新中心的合作网络在一定程度上相对较为分散，"离心势"较大，然而区域发展类及轨道交通安全协同创新中心、天津化工协同创新中心和河南粮食作物协同创新中心的合作网络凝聚性较大，且多为依赖某些顶尖实力派主体的力量而整合，成员单位的参与度较低。

总体而言，"2011计划"的实施强化了协同创新中心内协同单位之间的合作关系，认定后成员单位之间进行更加频繁的相关领域的协同创新活动。但是在其运行过程中也存在一些需要关注的问题。

第一，协同创新中心中成员参与度有待提高，在保持合作深度持续加深的同时需关注合作网络中合作主体的多元化及网络布局的网络化。例如，面向区域发展类的协同创新中心当前成员单位之间所建立的合作关系多为线性的。在"2011计划"实施中教育部反复强调，协同创新中心不是对高校的重新分档定级，而是希望参与协同创新中心的成员单位以中心组建为契机，大胆突破原先束缚协同创新的瓶颈，围绕特定主题建立开放式的创新体系。但从协同创新中心成员合作网络结构特征分析来看，现有协同创新中心的组建更多表现为原有合作者之间合作深度的提升，成员单位合作也多为两两线性合作关系，成员单位之间围绕特定主题的多边合作模式仍处于雏形。

第二，协同创新中心中牵头高校的作用需要进一步提升。根据"2011计划"，协同创新中心的牵头单位应该是该领域中研究实力最强的高校之一，并且应该作为合作网络中的中心节点，与成员单位共同构建一个紧密合作的网络。但从前述分析表明，教育部首批认定的14家协同创新中心中，处于合作网络中心节点位置的牵头高校占比并不高。如果说在特定领域中，协同创新中心牵头高校不是合作网络的关键节点，牵头高校在合作网络中的重要性也会降低，也容易造成对牵头高校的质疑。

第三，协同创新中心不应该是一个封闭的组织体系，应该是一个动态调整的开放式合作网络。上一节中社会网络分析结果表明，多数协同创新中心在认定前后合作的合作网络规模及合作广度方面变化非常小。虽然教育部多次强调协同创新中心不是一个针对高校分档定级的方式，但在实践中，各高校都热衷于牵头组建协同创新中心,聚焦获取资源,反而将协同创新体制机制改革、提升高校支撑经济发展能力降为次要选择。其结果可能是不断有新的协同创新中心组建,但距离国家鼓励组建协同创新中心的初衷却越来越遥远。政策导向应更多鼓励现有高校积极参与到已经组建的协同创新中心中,利用中心平台积极探索摆脱束缚高校创新能力提升的体制机制瓶颈,而不是将协同创新中心作为一种获取更多资源的途径。

第十二章

高校协同创新改革的文本研究——以广东省为例

"2011计划"背景下的高校协同创新,其本质意在推动高校机制体制改革。高校协同创新需要解决外部协同和内部协同两个方面的关系。从某种意义上来说,外部协同解决的是体制问题,内部协同解决的是机制问题(杜宝贵和隋立民,2013)。广东省高校坚定不移地推进协同创新战略,优化自身资源,积极探索协同创新机制体制改革措施,更好地为广东经济社会发展服务,加快转型升级。为准确把握高校协同创新改革发展的现实脉络,及时研究高校协同创新改革的热点问题,本节以广东省32所高校协同创新报告的部分内容为对象进行文本分析,其中包括13所含博士点高校(华南农业大学、华南师范大学、南方医科大学等),19所普通高校(东莞理工学院、广东金融学院、广东财经大学等)。主要分析协同创新年度报告的四个部分:学校协同机制改革创新工作实施方案的主要亮点、学校在实际工作中开展协同机制改革创新的情况、学校有关改革措施及配套政策落实到位及运转情况、协同机制改革创新促进学校各项事业发展。尝试通过文本分析客观描述高校协同创新报告中的规律性现象及特点,并比较含博士点高校与普通高校在为三位一体创新能力提升及八项体制机制改革上的差异,以期为高校协同创新提供政策依据和策略。

第一节 关键词提取与规范化

（1）关键词提取。用中科院计算所研发的 NLPIR 分词系统（也称 ICTCLAS 分词接口）进行分词和词性标注，并从中提取关键词。

（2）无效关键词剔除。首先要过滤词性，只保留词语属性为名词、动词和形容词的词语，对于提取主题词的贡献度不大的特殊词，如数词、量词、代词、方位词、叹词等进行删除处理。然后利用停用词表过滤停用词（刘淼和王宇，2012），过滤常见的无意义词，以及标点符号、数字等特殊符号，剔除"为了""关于"等与研究主题无关的关键词。并将词语进行合并，继而得到我们需要的关键词。

（3）相似关键词合并。相似关键词主要有两种形式：①含义近似，如"管理体制""管理机制"均用"管理机制"代替；②顺序相反，如"提升能力""能力提升"均用"能力提升"代替。把所有关键词中意义相同或相近的词语进行合并去重。最终含博士点高校共得到 259 个关键词，普通高校共得出 334 个关键词。

第二节 数据分析

词频分析

词频表示词语在报告中出现的次数，词频越高表示词在所在报告中主题的相关性越高，以及重要性越高。对于含博士点高校，频次超过 8 的关键词共计 85 个（见表 12-1），出现总频次 2 217 次，占关键词总出现频次的 75.13%，平均每个关键词出现 26.08 次。对于普通高校，频次超过 9 的关键词共计 91 个（见表 12-2），出现总频次 3 197 次，占关键词总出现频次的 75.05%，平均每个关键词出现 35.13 次。这两类高校高频关键词的频次均高于 75%，基本代表了两类高校协同创新机制改革的现状，因此本书分别选取含博士点高校报告的前 85 个关键词，普通高校报告的前 91 个关键词作为研究分析对象。详见表 12-1、表 12-2。

表 12-1　　含博士点高校协同创新报告高频关键词

序号	关键词	词频	序号	关键词	词频	序号	关键词	词频
1	协同创新	362	30	教育质量	14	59	教育计划	10
2	机制改革	258	31	师范大学	14	60	结构调整	10
3	人才培养	227	32	研究平台	14	61	平台建设	10
4	学科建设	76	33	育人平台	14	62	人事管理	10
5	中心建设	68	34	国际化人才	13	63	实验室建设	10
6	管理办法	42	35	进一步推进	13	64	中西医结合	10
7	研究与实践	40	36	学科交叉融合	13	65	重点学科	10
8	资源配置	38	37	政策保障	13	66	专业认证	10
9	组织管理	38	38	改革方案	12	67	自主办学	10
10	创新中心	36	39	高层次人才	12	68	办学特色	9
11	管理机制	36	40	教学质量	12	69	大力推进	9
12	事业发展	35	41	培育计划	12	70	发展规划	9
13	资源共享	34	42	配套政策	12	71	基础平台	9
14	创新强校工程	32	43	校企合作	12	72	开展合作	9
15	科研项目	31	44	研究和实践	12	73	科技合作基地	9
16	培养模式	30	45	运行模式	12	74	社会服务	9
17	试点学院	26	46	章程制定	12	75	重点实验室	9
18	实施方案	25	47	创新体制	11	76	给予认定	8
19	重大项目	23	48	国家级项目	11	77	海洋科学	8
20	合作研究	20	49	科学研究	11	78	教师考核	8
21	人才引进	20	50	培养目标	11	79	经费支持	8
22	人事制度	20	51	人员考评	11	80	明确目标	8
23	章程建设	20	52	探索建立	11	81	评价体系	8
24	培育平台	17	53	学术管理	11	82	人事制度建设	8
25	学术委员会	17	54	治理结构	11	83	体制建设	8
26	重点项目	16	55	出台政策	10	84	推进制造研究	8
27	改革措施	15	56	工作方案	10	85	优势资源	8
28	能力提升	15	57	管理系统	10			
29	工业设计	14	58	建立制度	10			

表 12-2　　　　　普通高校协同创新报告高频关键词

序号	关键词	词频	序号	关键词	词频	序号	关键词	词频
1	协同创新	464	32	教学资源	26	63	科技发展	12
2	机制改革	263	33	组织管理	26	64	培育计划	12
3	人才培养	224	34	应用型人才	25	65	韶关学院	12
4	资源共享	121	35	警官学院	23	66	研发中心	12
5	育人平台	84	36	资源配置	23	67	音乐人才	12
6	管理办法	81	37	改革与实践	22	68	音乐学院	12
7	学科建设	77	38	改革项目	21	69	职业技术学院	12
8	中心建设	76	39	学科结构	21	70	制定规划	12
9	研究与实践	70	40	合作项目	20	71	专业学位	12
10	校企合作	67	41	奖励办法	19	72	自主办学	12
11	事业发展	64	42	经费支持	19	73	公安院校	11
12	师范学院	56	43	创新平台	18	74	共享机制	11
13	培养模式	53	44	青年教师	18	75	机关作风	11
14	资源整合	48	45	广州美术学院	17	76	实验区	11
15	改革措施	46	46	明确目标	17	77	试点项目	11
16	管理机制	46	47	评价模式	16	78	职业技术	11
17	实践教学	42	48	实施办法	16	79	创新改革研究	10
18	创新强校工程	41	49	实施方案	16	80	创新项目	10
19	师资队伍	38	50	特色发展	16	81	服务能力	10
20	进一步推进	36	51	特殊教育	16	82	广告产业园区	10
21	科研平台	36	52	创新中心	15	83	基础教育	10
22	配套政策	35	53	重大项目	15	84	团队项目	10
23	科研成果	34	54	专业建设	15	85	职能部门	10
24	实验教学	34	55	开展研究	14	86	工程技术中心	9
25	科研经费	33	56	人员考评	14	87	工程项目	9
26	科研项目	32	57	实践基地	14	88	企业模式	9
27	建立制度	29	58	发展规划	13	89	青苗画家	9
28	事业开展	29	59	建设规划	13	90	实验室资源	9
29	能力提升	28	60	国际合作	12	91	体育人才	9
30	平台建设	28	61	兼职教师	12			
31	重点项目	28	62	教学基地	12			

第三节 "三位一体"创新能力提升分布情况

高等学校创新能力提升计划的一项核心任务是提升人才、学科、科研"三位一体"的创新能力。长期以来高校各创新要素的发展缺乏有效结合，管理分散，高校间同质化趋势明显，综合性、多功能的优势没有体现。"三位一体"的创新能力并不是一个泛指的要求，人才是指优秀人才的集聚和拔尖创新人才培养的能力，学科是指围绕国家重大需求和重大科学问题的学科集群能力，科研是指发现并解决重大问题的组织管理与协同研究能力。人才是根本，学科是基础，科研是支撑。

一、含博士点高校分布情况

含博士点高校的 85 个高频关键词在"三位一体"（人才、学科、科研）三个领域的分布如图 12-1～图 12-3 所示。在"人才"领域居首位的关键词是"人才培养"，频数合计为 227，显著高于该领域其余关键词，频数均低于 50。在"学科"领域，高频关键词频数介于 8～76 之间，差异不显著。在"科研"领域居首位的关键词是"协同创新"，频数合计为 362，居次位的关键词为"机制改革"，频数合计为 258，这两个关键词显著高于该领域其余关键词，频数均低于 68。

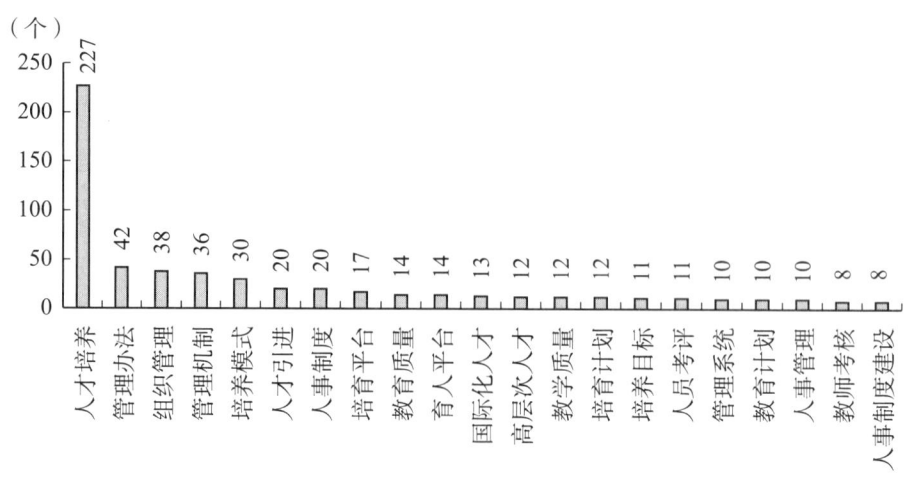

关键词	频数
人才培养	227
管理办法	42
组织管理	38
管理机制	36
培养模式	30
人才引进	20
人事制度	20
培育平台	17
教育质量	14
育人平台	14
国际化人才	13
高层次人才	12
教学质量	12
培育计划	11
培养目标	11
人员考评	10
管理系统	10
教育管理	10
人事管理	8
教师考核	8
人事制度建设	8

图 12-1 含博士点高校"人才"领域高频关键词

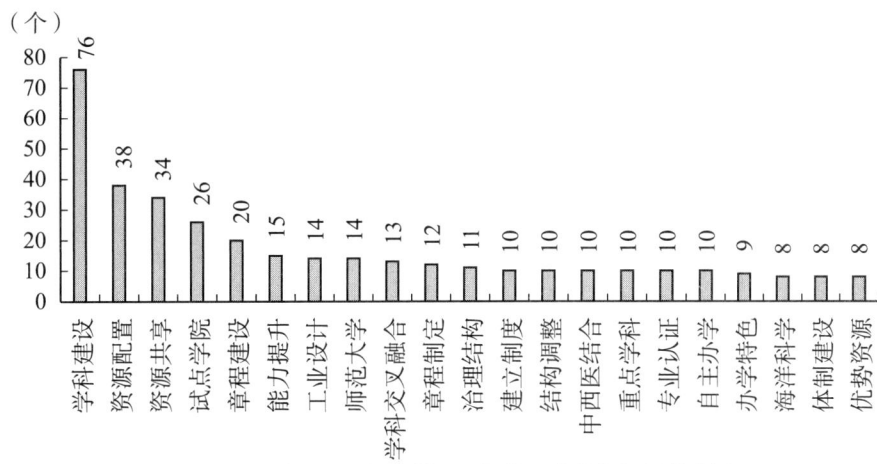

图 12-2　含博士点高校"学科"领域高频关键词

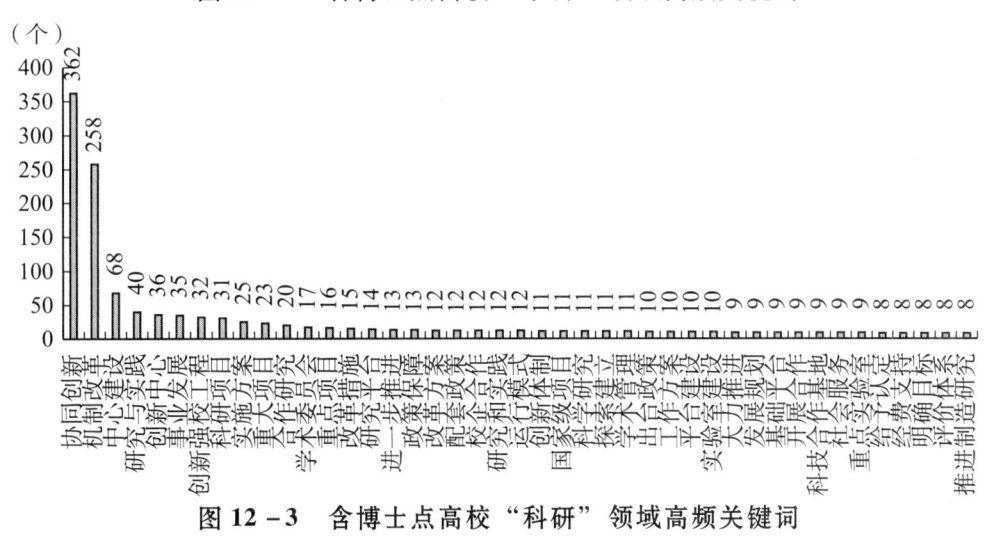

图 12-3　含博士点高校"科研"领域高频关键词

二、普通高校分布情况

普通高校的 91 个高频关键词在"三位一体"（人才、学科、科研）三个领域的分布如图 12-4~图 12-6 所示。在"人才"领域居首位的关键词是"人才培养"，与含博士点高校相同，频数合计为 224，显著高于该领域其余关键词，频数最高为 84。在"学科"领域居首位关键词不同于含博士点高校的"学科建设"，而是"资源共享"，频数为 121，且关键词之间数量差异也高于含博士点高校。在"科研"领域居首位的关键词是"协同创新"，频数合计为 464，居次位的关键词为"机制改革"，频数合计为 263，这两个关键词显著高于该领域其余关键词，频数最高为 76。

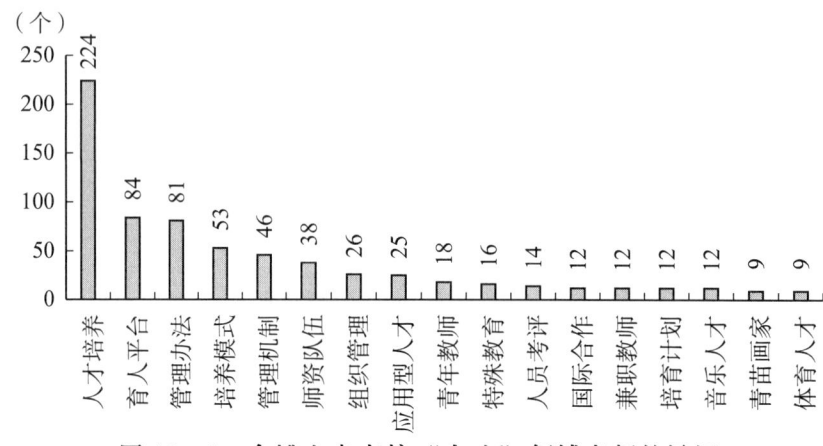

图 12-4 含博士点高校"人才"领域高频关键词

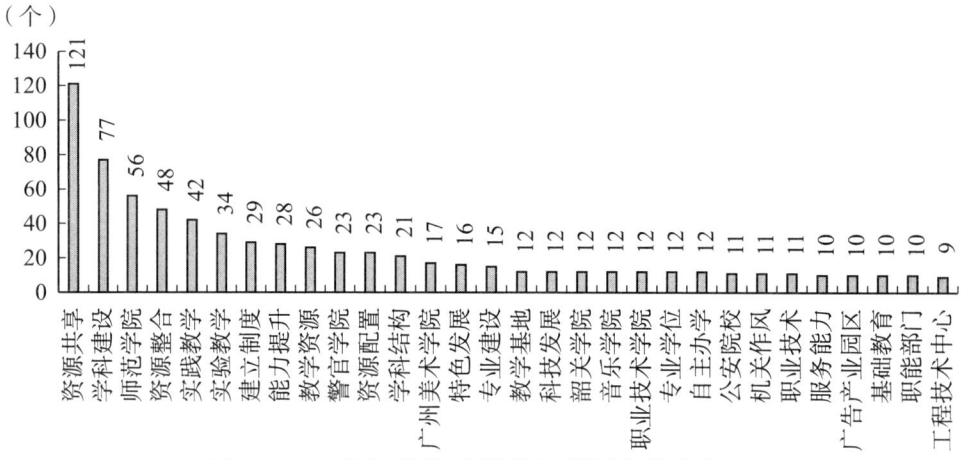

图 12-5 普通高校"学科"领域高频关键词

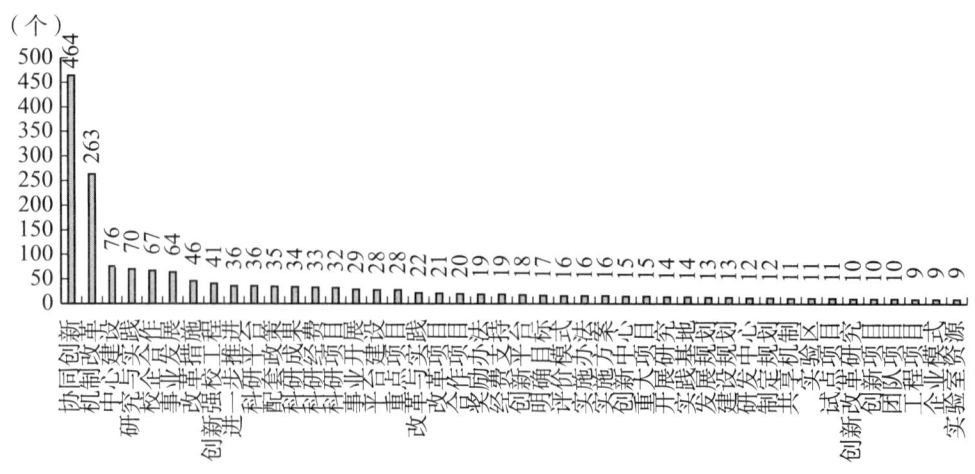

图 12-6 普通高校"科研"领域高频关键词

三、含博士点高校与普通高校"三位一体"分布情况对比分析

从图 12-7、图 12-8 可以分析得出，在关键词数量分布上，对于含博士点和普通这两类高校，"科研"领域均包含最多高频关键词，分别为 43 个和 44 个。在"人才"和"学科"这两个领域，含博士点高校和普通高校则呈现出不同的分布情况，含博士点高校在这两个领域关键词数量持平，均为 21 个，而普通高校"学科"领域的关键词数量（30 个）明显高于"人才"领域关键词数量（17 个）。

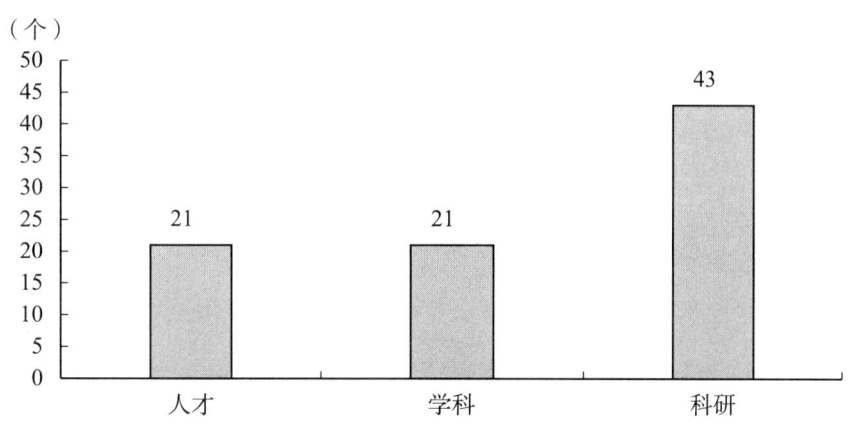

图 12-7 含博士点高校高频关键词数量分布

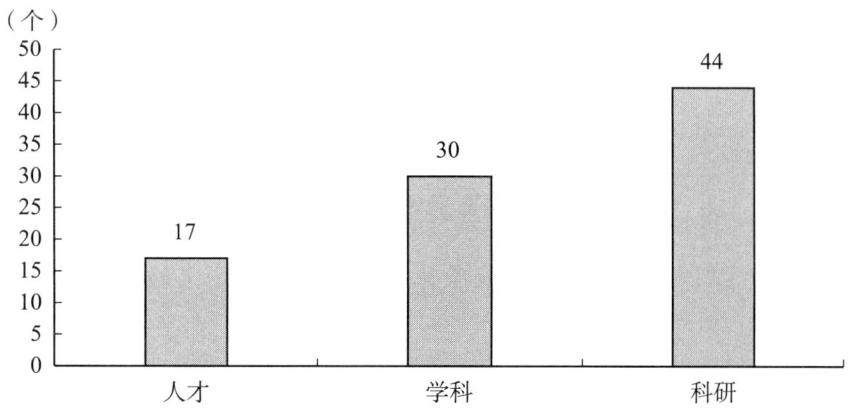

图 12-8 普通高校高频关键词数量分布

两类高校的关键词频数占比分布情况如图 12-9、图 12-10 所示。含博士点和普通两类高校关键词频数分布最多的为"科研"领域，占比分别为 57.56%、55.18%，说明两类高校在进行"三位一体"创新能力提升的过程中均更加侧重

科研能力。对于含博士点高校，其关键词频数在"人才"领域的占比（25.94%）高于其在"学科"领域的占比（16.51%），而普通高校分布情况正好相反，其关键词频数在"人才"领域的占比（21.61%）低于其在"学科"领域的占比（23.21%），可以看出两类高校在人才培养能力提升、学科建设能力提升这两方面的侧重点有所不同。

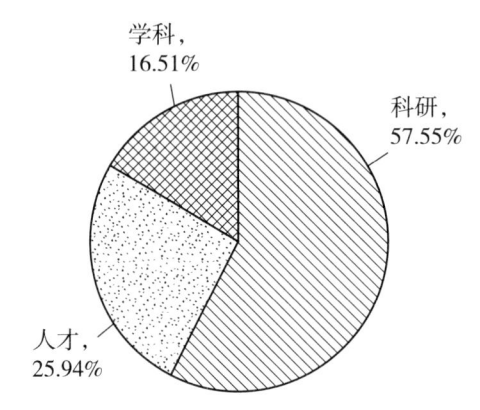

图 12-9　含博士点高校高频关键词频数占比

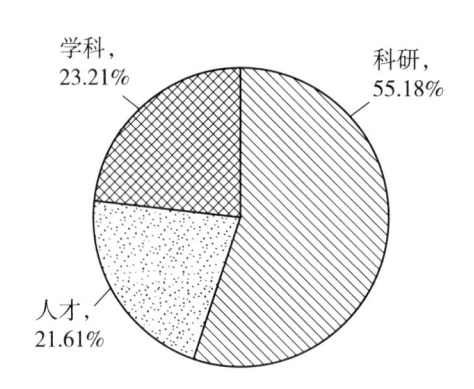

图 12-10　普通高校高频关键词频数占比

通过比较含博士点高校和普通高校在"人才""学科""科研"领域的高频关键词我们可以看出：

第一，在"人才"领域，高校发展的一个基本规律是高校分类办学、错位发展，在广东省协同机制创新改革的推动下，两类高校积极探索人才培养模式。含博士点高校重在通过培养平台和育人平台加大国际化人才培养，在师资建设中重视人才引进力度，引进和培育有重要影响的高层次领军人才（院士、首席科学家、千人计划等）；而普通高校意在通过育人平台以培养应用型、技能型人才为主，同时重视培育师资队伍和优秀青年教师。两类高校在"人才"领域的共同点是通过育人平台实行人才培养，使得人才培养与社会需求、企业需求更好衔接。其差异体现在含博士点高校重在培养国际化人才，而普通高校重在培养应用型、技能型人才，实行特殊教育；在引进师资方面，前者重视高层次人才引进，而后者重视青年教师引进和培养。

第二，在"学科"领域，含博士点高校高频关键词为"学科建设"，频数为76，紧紧围绕"学科建设"这个纽带与核心，同时重视学科交叉融合，调整优化学科专业结构，究其原因在于科学发展的前沿和学科生长点大都处在学科交叉点上，研究生教育需要打破学科之间的壁垒来培养研究生的创新意识和创新能力。而"资源共享"频数仅为34，资源共享是跨学科研究生教育的基础和保障（尹伟和董吉贺，2010），而含博士点高校资源共享机制尚未建立的原因在于：（1）由于我国的学科划分体系比较完备，院系设置是以学科为基础来划分，院系既是教学单位，同时又是行政单位，相应的资源分配机制固化到院系单位中，形成了资源的独占性，校内学院之间结构性矛盾突出，从组织结构上强化了学科壁垒，不利于高校资源共享机制的形成；（2）含博士点高校具有优势学科和优势专业，更容易获取到稀缺教育资源，会使学科保护主义倾向更为严重，排斥和其他学科的资源共享，从而不利于资源共享机制的形成。而普通高校高频关键词为"资源共享"（频数为121）和"学科建设"（频数为77），其中"资源共享"远远高于含博士点高校，以资源共享机制为学科建设提供制度保障。围绕"资源共享"和"学科建设"两个抓手，推动学科布局改革，加强应用型、技能型人才学科专业建设，明确应用型、技能型学科专业的培养目标、课程标准。如构建实验教学资源共享基础平台、网络课程建设，以及校企"共管"的实训基地建设等。将高校、研究院所和企业联系起来，使得学生在"基地+平台"的模式下，有目的地将理论学习与实践能力结合起来，"干中学"使学生在科研实践中加强学科理解，保证了学生学科能力和科研能力的提升。但是我们也可以看到，普通高校的"学科"领域高频关键词较零散，多为专业型院校学科建设举措，不够深入和系统，可借鉴性需要进一步总结。

第三，在"科研"领域，"2011计划"启动实施后，协同创新已然成为高校探索科技创新的新范式，协同创新的本质属性是协同单位内部的体制机制创新（赵哲，2015）。含博士点高校和普通高校以"协同创新""机制改革""中心建设"为引领全面深化改革的窗口，坚持以"研究与实践""重点项目"等为牵引，推进科研领域政策落实到位和正常运转。另外，"创新强校工程"关键词频数普通高校（频数为41）略高于含博士点高校（频数为32），两类高校积极响应和实施广东省高校创新强校工程，促进和规范高等教育特色发展。长期以来，高校人才培养、学科建设普遍存在重理论、轻实践的情况，在协同机制创新改革的推动下，各高校重视研究与实践相结合，其中普通高校更加重视校企合作（普通高校"校企合作"关键词数量67个,明显高于含博士点高校"校企合作"关键词数量12个),建构了"基地+平台"的校企合作新模式,形成了科学研究与人才培养相结合的机制。根据应用型、技能型人才培养和以就业为导向的教育要求,强调应用型院校走校企合作之路,增强高校与科研院所、行业产业等之间的深入融合,建设协同创新平台已然成为实现科技创新的必要途径。

值得注意的是,通过含博士点高校与普通高校三位一体分布情况对比分析我们发现,含博士点和普通高校关键词频数分布最多的为"科研"领域,两类高校均存在重科研现象。两类高校在人才、学科和科研三个领域功能分工虽更加精细了,但是协同创新不仅仅是科研计划,高校更要追求人才培养,不能只注重眼前,需要考虑未来人才的培养。重科研、轻学科现象在含博士点高校中的表现尤为突出,科研与学科地位不对等,易导致科研和学科之间"两张皮"困境。普通高校在科研领域的重视程度已然超过对人才、学科的重视程度,含博士点高校和普通高校在"人才""学科""科研"三个领域应该发挥各自的优势,体现出高校错位发展的差异化,不需要"大而全",而需"专而精"。事实上,高校协同创新改革应在协同创新模式下推动人才培养,支持重点学科建设、科学研究来提高人才培养质量,将人才培养贯穿在高校工作的每个环节。

总而言之,从"人才""学科""科研"领域高频关键词我们得出:广东省高校在"三位一体"创新能力提升计划中已经呈现出新的发展趋势:从顶层设计上构建人才培养方案,夯实学科建设体系,采取科研、创新活动提供理论结合实践的科研平台,保障"三位一体"创新能力提升。但是需要引起注意的是:需明确高校发展定位,高校应始终围绕"人才培养"这一核心任务,完全侧重于科研领域则偏离了高校发展正轨,并忌陷入科研和学科之间"两张皮"困境。

第四节 八项体制机制改革分布情况

高等学校创新能力的提升以体制机制改革为重点,以体制机制改革引领协同创新,以协同创新引领高等学校创新能力的全面提升。重点推进协同创新的组织管理、人事制度、人才培养、人员考评、科研模式、资源配置方式、国际合作、创新文化建设八个方面的体制机制改革,形成综合改革的特区。八项体制机制改革为高校协同创新提供政策性服务,保障建立长效协同机制。

对比图12-11、图12-12可以得出,含博士点高校在组织管理、人才培养、科研模式、资源配置方式这四个方面的关键词占比为89.09%,普通高校在这四个方面的占比为 77.60%，说明两类高校均相对更加重视这四个方面的体制机制改革，另外，两类高校在国际合作和创新建设方面均略显不足，含博士点高校在"国际合作"关键词频数分布上略高于普通高校。从两类高校展现出的规律性现象中我们分析归纳如下：

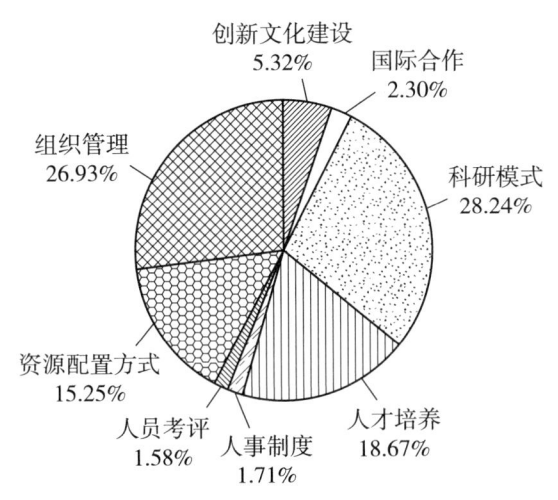

图 12-11 含博士点高校体制机制改革分布

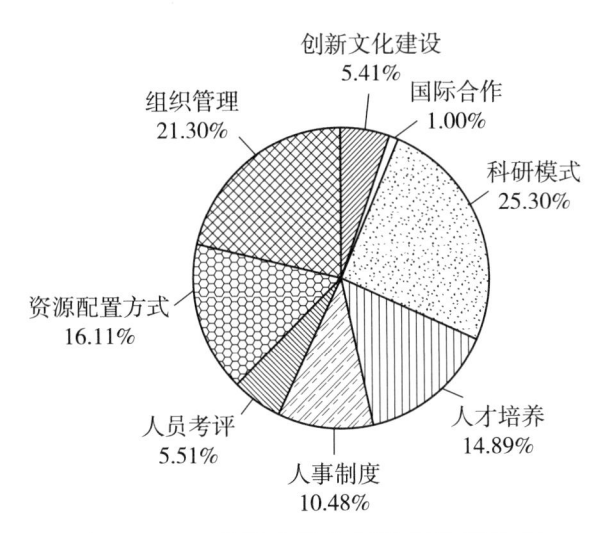

图 12-12 普通高校体制机制改革分布

首先，两类高校在"科研模式"关键词的占比最高，且均高于"人才培养"，说明高校在协同创新计划中更加重视科研领域，削弱了高校的育人功能，这种现象易导致两类高校在科研、人才培养两个方面出现条块分割问题。这与上面"三位一体"创新能力分布情况的分析是一致的，因此，高校协同创新在顶层设计中要更加重视人才创新能力的培养，提高教育质量。

其次，两类高校在协同创新计划框架下缺乏对国际合作和创新文化建设方面的重视。当前国家指导开放的协同创新建设工作，也就是以计划模式为主建立科技创新体制。然而在一个计划的框架下，高校科研工作与管理的国际交流和合作模式普遍较传统、单一，高校亦容易缺乏创新文化建设，对此我们需要加以培育，并弥补政策方面的某些不足。在全球化趋势下，在协同创新推进过程中应着重提升国际科技合作水平，使得教育资源通过国际合作实现资源共享。如鼓励高校参加国际大科学研究计划、重大科学工程和国际学术组织，建设国际联合实验室和研究中心，以及培育高水平的国际学术期刊等。同时，我们应该清晰地意识到国际合作是我国建设世界一流大学和一流学科的有效路径。另外，应重视创新文化建设，创新文化是实现创新体制机制的基础，将创新文化与高校协同创新能力提升有机结合在一起，营造自由开放、鼓励创新的学术氛围，来推动协同创新体制机制改革进程。

对比图同时，我们也注意到含博士点高校体制机制改革在科研模式（28.24%）、人才培养（18.67%）、组织管理（26.93%）、国际合作（2.30%）这四方面的占比高于普通高校，而普通高校体制机制改革在人员考评（5.51%）、人事制度（10.48%）这两方面明显高于含博士点高校。因此，两类高校体制机制改革的侧重点存在差异。对此，我们分析归纳如下。

第一，鉴于含博士点高校在学科建设上的优势和教育资源分配上的"马太效应"，一般来讲，学科建设的内涵可包括特色方向、学科队伍、人才培养、科研项目、学术成果、平台环境六个方面。人才培养尤其是高水平人才培养，是衡量一个学科建设的整体水平和实力的主要标志，含博士点高校的科研平台、人才、团队、成果等创新资源丰富。例如丰富的科研创新信息对接平台、重视培养领军人才和复合型人才、多种形式的技术成果转移服务机构等。综合来看，其在科研模式、人才培养、组织管理及国际合作上的机制要远优于普通高校。因此，普通高校为了更好地提高科技创新、加强高层次人才培养水平，迫切需要打破博士点授权限制的束缚，甚至有些学科为了更好地转型发展，需要以博士点培育为重要抓手。同时健全寓教于研的拔尖人才培养模式，深入实施基础学科培养和实践创新为主导，以协同育人为引领，全面推进人才培养机制改革。

第二，当前广东省高校提出了建设高水平大学的宏伟目标。如要将高校打造成"有特色""综合性""研究型""高水平""国际化"的大学等。在新的、更高的出发点上考虑人事制度改革的政策措施和改革方向，着力构建科学规范、富有效率的现代人事管理制度，将激发高校人才队伍内生动力。从上面两类高校在"人才"领域的对比分析我们发现，含博士点高校引进和培育有重要影响的高层次领军人才，没有过多的制度约束，且人事管理机制较健全，为人才引进提供了很好的外部环境；而普通高校重视对青年教师的培养，高校将拥有更大的自主权以吸引、培养和造就高层次创造性人才为目标，亦会完善用人制度、人事制度（下放岗位设置权、公开招聘权、职称评审权、薪酬分配权、人员调配权等），在引进条件和引进待遇及管理考核上做出详细说明，例如，普通高校实行柔性引进高层次人才，允许其以兼职方式参与学校建设和发展；"哑铃方式"（两头保持工作）以及学科群横向与国内外单位进行学术科研合作的"球链方式"。另外，普通高校在协同创新机制改革过程中的教师职称考核尚不适应协同创新的要求，会偏重以论文、获奖为主的科研成果的考核评价方式，弱化科研成果创新质量和贡献。从另一个角度来看，建立科学完善的人才评价体系和程序，改革评价方式，将激励科研人员的创新活力，使得普通高校竞争获得更多的教育资源。因此，普通高校会更加重视人员考评和人事制度两个方面的改革，故人员考评（5.51%）、人事制度（10.48%）这两方面明显高于含博士点高校，同时在人员考评上的改革与人事制度上的改革是相辅相成的，通过人员考评对人事制度提供参考，根据人事制度对人员考评提出新的考评体系。

第五节 结论与政策建议

通过以广东省高校协同创新报告为载体的文本分析，从含博士点和普通高校两类院校的规律性现象和差异化表现，我们总结如下。

一、"三位一体"能力提升多关注科研领域，而学科建设重视不足

广东省高校在协同创新机制改革中已经呈现出新的发展趋势：从顶层设计上构建人才培养方案，夯实学科建设体系，采取科研、创新活动提供理论结合实践的科研平台，保障"三位一体"创新能力提升。但是，从整体上看，人才培养职能在协同创新改革中要弱于科研职能，且学科建设未有显著起色。同时，在含博士点高校资源共享机制尚未完善的情况下将严重阻碍学科交叉融合和跨学科研究生教育质量，研究生人才培养需要学科和科研的有机融合，才能实现知识传承和知识创新。究其原因，我们认为学科设置是学科建设的关键环节，在协同创新改革背景下，不同类型、不同层次的高校并未根据学科优势进行学科建设，高校学

科专业设置中表现出的"短平快""大而全"的发展定位导致高校专业设置雷同现象严重（陈小娟和陈武林，2011），学科门类的盲目扩大导致高校难以形成特色专业，人才培养同质化程度高，科研成果不显著。

为此，高等学校创新能力提升需明确高校发展定位。不同类型高校需要结合优势学科进行学科建设和培养不同层次的专业人才，并将科研与人才培养、学科建设有效融合在一起。高校人才培养质量的提升要以人才创新能力提升为核心，立足于交叉型应用人才培养模式的改革与完善，探索以学科交叉融合为导向的资源共享机制。对政府而言，应明确不同类型高校政策支持的分类扶持思路和差别化扶持力度，同时建立有效的预测机制，提高学科建设的科学性和前瞻性，实现高校学科供需结构平衡。

二、值得关注却缺失的主题——创新创业教育改革

深化高等学校创新创业教育改革，是国家实施创新驱动发展战略、促进经济提质增效升级的迫切需要。从协同创新报告文本分析中我们发现，两类高校创新创业高频关键词在"人才""学科""科研"领域均处于缺失状态。我国创新创业教育起步较晚，在学科建设、师资力量上还没有系统的做法和成功的经验。高校在创新创业方面需要培养的是创业人才的综合素质和深厚的学科底蕴，缺失并不意味着不重要。创新创业教育改革是提升人才培养质量的重要载体，是突破传统教育模式的重要改革方向。在《关于深化广东高校科研体制改革的实施意见》中明确指出允许在读大学生休学创业，将学校支持在校大学生创新创业工作情况作为考核高校人才培养质量的重要指标。[①] 尤其是行业性大学应走在创新创业教育改革的前列，起到示范性、引领性作用。在学科建设上完善创新创业教育课程体系，支持面向全体学生的学分制创新创业课程，利用学科优势和科研平台优势最终转化为创新创业人才培养。

三、八项体制机制改革任重道远

学术界普遍认可体制机制改革是制约高校协同创新的根本性问题，对于宏观层面的国家创新体系建设、中观层面的协同创新以及微观层面的创新主体要素协同等具有重要意义。从上面协同创新报告文本分析中我们可以看出：两类高校重视在组织管理、人才培养、科研模式、资源配置方式四个方面的体制机制改革，

[①] 广东省人民政府办公厅关于深化高校科研体制机制改革的实施意见. 2015年11月20日。

在国际合作和创新文化建设方面的改革略显不足，另外，可见普通高校着重加强在人事制度和人员考评上的改革。

我们必须意识到，高等教育管理体系管理机制问题是导致高校发展趋同的重要因素。"2011计划"的关键在于高校人才培养模式的体制机制改革，人才队伍建设已成为制约其科学发展的"短板"与"瓶颈"，协同创新资金投入要用在现有体制的投资不能解决的问题上，例如，如何通过协同机制、人才流动机制、人才培养方式以及资源共享方式组建高层次科研队伍；如何进一步改革经费管理制度体现人才创新价值；等等。另外，突破体制机制障碍的核心是人事制度改革（李晨、吴伟和韩旭，2015），高校在建立科学的人员绩效考核制度上，迟迟没有具体可行和公认的评价机制，这势必会影响高校科技资源的有效配置。不可否认，高校重科研、轻学科的根本原因在于高校科技评价体系的不完善，使得高校逐利性和科研功利化趋势严重。创新创业主题的缺失其根源也在于现行的教育体制与创新创业存在的冲突。"2011计划"给了高校极大的自主权，高校应抓住机会，在深化体制机制改革中为协同创新提供政策性服务，保障建立长效的协同机制。

限于篇幅和人力，本节对于广东省高校协同创新分析的范围仅限于"三位一体"创新能力提升和八项体制机制改革，揭示出了广东省两类高校协同创新改革过程中的若干规律和存在的问题。另外，在体制机制改革上进一步挖掘和呈现其中的问题和规律是极其必要的，有待于在实践中进一步完善。

第十三章

高校协同创新中心组织模式与运行机制

本章主要围绕"如何协同"和"怎样创新"两个核心问题,不仅聚焦如何有效进行人才培养、学科建设和科学研究,也涉及管理制度的创新。协同创新可以理解为是联合不同创新力量主体,实现重大科技创新而开展的创新组织模式,改变以往仅靠科研项目支持的传统科研组织方式,加强系统内外部的沟通交流活动,构建其有序架构,探索建立适合不同类型研究、形式多样的协同创新模式,构建一批相对独立、集人才培养和解决重大需求于一体的协同创新平台,形成"多元、融合、动态、持续"的协同创新模式。从高校改革的内在动力出发,打破高校与外部创新主体之间的体制壁垒,准确定位高校协同创新在创新链上的角色,真正建立高校可持续创新机制与体制。

第一节 高校协同创新中心组织模式

一、顶层设计层面——协同创新中心组织结构

在协同创新中心培育的初级阶段,高校应把顶层设计规划好。通过协同创新中心章程管理、组织机构和职责构建,从宏观层面设计各协同单位之间的关系,并引导中心的正常运转。中心在组织管理、人力资源、优势资源汇聚、人才培

养、科学研究、国际交流与合作、财务管理等方面确立协同机制，并形成了相应的管理办法。从教育部认定的协同创新中心官方网站中，我们了解到协同创新中心组织结构采取自上而下的设计思路，现将组织架构分类如下。

（一）理事会领导下的主任负责制

顶层设计中设立理事会和学术委员会，中心理事会是重大事项的最高决策机构，由各协同单位主管领导组成，其行使职权包括：审议中心中长期发展规划；审议中心联席主任的年度工作报告和年度工作计划；决定吸收新的高校加入创新中心；等等。学术委员会是最高学术决策机构，由具有较高学术声誉的专家组成，主要职责是对科学研究的战略规划、课程开发和人才培养计划等。众多协同创新中心采用理事会领导下的中心责任制（主任委员会负责制），如中国科学技术大学牵头组建的量子信息与量子科技前沿协同创新中心、厦门大学牵头组建的能源材料化学协同创新中心。该模式的组织结构如图13-1所示。

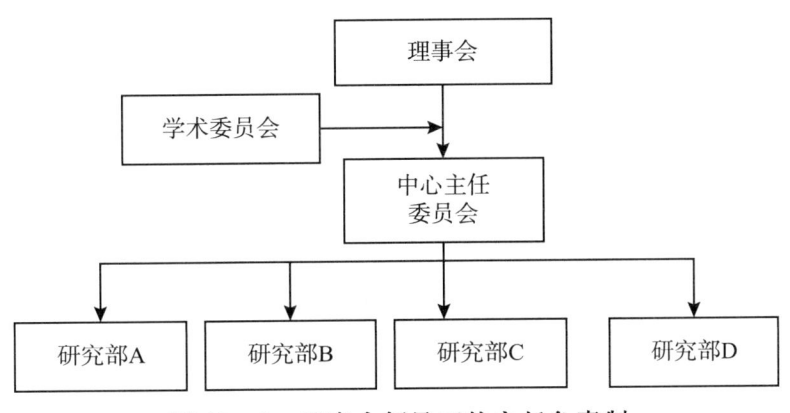

图 13-1 理事会领导下的主任负责制

（二）委员会负责制

在该类组织模式中，设有中心管理委员会，由各协作单位主要负责人组成，中心主任和副主任由管理委员会选拔任命，中心主任一般由牵头单位法人担任，副主任由各协作单位主要领导担任。管理委员会负责中心重大事项的决策等。同样设立学术委员会，主要职责为把握学术方向、创新任务设置、岗位设置、人员聘任和考评、自主创新项目审核、指导人才培养、推动国内外合作、负责成果评价、讨论中心学术发展方向和重大科学研究项目等。采用该类组织模式的协同创新中心如浙江大学牵头组建的感染性疾病诊治协同创新中心和北京科技大学牵头组建的钢铁共性技术协同创新中心。该模式的组织结构如图13-2所示（以感染性疾病诊治协同创新中心为例)。

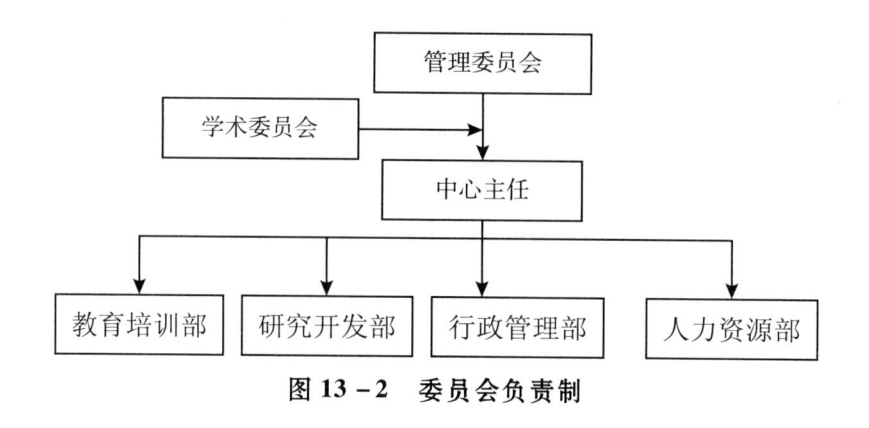

```
              ┌─────────┐
              │ 管理委员会 │
              └────┬────┘
   ┌─────────┐    │
   │ 学术委员会 │───▶│
   └─────────┘    ▼
              ┌─────────┐
              │  中心主任 │
              └────┬────┘
     ┌──────┬──────┼──────┬──────┐
     ▼      ▼      ▼      ▼
 ┌──────┐┌──────┐┌──────┐┌──────┐
 │教育培训部││研究开发部││行政管理部││人力资源部│
 └──────┘└──────┘└──────┘└──────┘
```

图 13-2　委员会负责制

二、主体层面——网络构建与资源整合模式

相关研究显示网络构建是获取关键资源的重要途径（Jenssen, 2001）。具体而言，协同创新中心在构成上，以牵头高校为核心，按研究平台需求，合理吸收各协同单位相关课题组，组建协同创新共享平台，形成学科、科研和人才培养的联合协同。这种以项目为抓手，以创新平台为基本单位开展的科研创新，加强了平台内部和平台之间的协同创新，实现协同效率最优化。接下来我们讨论协同主体间协同效应的实现模式。

(一) 网络中心节点主导型

从前述分析表明，教育部首批认定的14家协同创新中心中，处于合作网络中心节点位置的牵头高校占比并不高。如果说在特定领域中，协同创新中心牵头高校不是合作网络的关键节点，那么便存在协同高校或科研院所主导型模式以及部分领域企业主导型模式。围绕国家重大问题和迫切需求，高校、科研院所作为实施主体进行创新资源的整合，集合最优秀的学术力量，利用其对前沿技术的研发优势，引领技术的整个协同创新过程。企业主导型协同创新中高校根据企业需求进行相应的技术支持、研发设备支持和智力支持，在本质上是基于技术要素和市场要素的协同，依靠企业、高校等创新主体找到技术与市场在协同创新中的契合点。

(二) 创新平台支撑型

协同创新平台作为协同创新中心运作的接合点或枢纽，打破了最小系统单元之间的机制体制壁垒，保证了知识资源基础（唐震、汪洁等，2015）。首先，在人才培养方面，学生在创新平台直接接触不同学科的交叉融合，优势学科创新平台助力打造一流学科群。其次，机制上的创新，即科研创新平台以重点企业、高校和科研院所为主体，依托联合技术中心、联合实验室等创新组织的建设，加快在关键性的重大技术上实现协同创新。利用协同创新平台，统筹创新力量，实施重大关键共性技术的攻关。最后，有利于资源共享，建设大型科学仪器设备共享平台、公共技术研发平台、科学数据共享平台等，改善了过去大型科学仪器使用率低的通病，通过资源平台的开放共享，实现资源的最大化利用。所以，创新平台的关键在于资源共享，大幅缩减了设备的购置费用，转而加大人才培养的投入，推动高校运作机制改革。

（三）价值链整合型

从资源配置角度看，完整的技术创新链的形成演进过程，实质上是多种资源的优化配置过程（林森等，2001）。高校协同创新的关键在于技术链和产业链之间搭接模式途径的构造与建立，以协同竞争和多赢原则为运作模式，实现价值链环节的有效控制。价值链是创新链的载体，过去国家创新链是不完整的，高校实验室科研成果离市场化尚有差距，企业和高校目标不一致，导致工程应用上很多研究被耽误。"2011 计划"的提出，所有的任务都聚焦于"国家急需、世界一流"的科研目标，这种协同关系，使得创新主体都站在国家角度，消除障碍，将知识融合和渗透，增强了价值链环节创新主体目标的一致性。通过价值链和创新链的耦合，形成"多元、融合、动态、持续"的格局。

三、运作层面——知识三角生态系统协同创新模式

运行层面的高校协同创新的核心在于知识协同，本节从知识三角出发，以高校科研系统为研究对象，揭示高校在科学研究、人才培养和技术创新过程中与不同创新主体之间协同互动的本质。

欧盟最初系统性地提出加强高校创新能力建设计划的"知识三角"概念，重点强调教育、研究和创新三大领域形成的创新系统。知识三角战略的本质是一种教育、科研和创新之间系统性和可持续互动的协同创新模式（项杨雪，2013）。总之，高校创新能力提升计划的本质是共建一个知识三角生态系统协同创新模式，推动科学研究、人才培养和产业技术创新之间的协同互动。

有研究认为高校教学功能（人才培养）的主要目的是知识传播；研究功能（科学研究）的主要目的是知识生产（Youtie，2008）。另外，正如埃茨科瓦茨

(Etzkowitz) 等提出的研究型大学"创业的第三使命",协同创新过程中,高校在知识转移中发挥重要作用,如专利许可、发明披露等活动。我们认为高校创业功能(技术创新)的主要目的是知识转移。因此,知识生产体现了高校协同创新中心的科研系统在协同创新过程中知识生产和开发方面的能力;知识传播体现了中心在人才培养上的能力;知识转移体现了中心对产业技术创新的贡献能力。中心内部创新主体的知识生产、传播和转移活动便构成了知识协同创新系统。综上所述,科学研究、人才培养和技术创新之间的协同互动与知识生产、传播和转移之间的交互作用关系如图 13-3 所示。

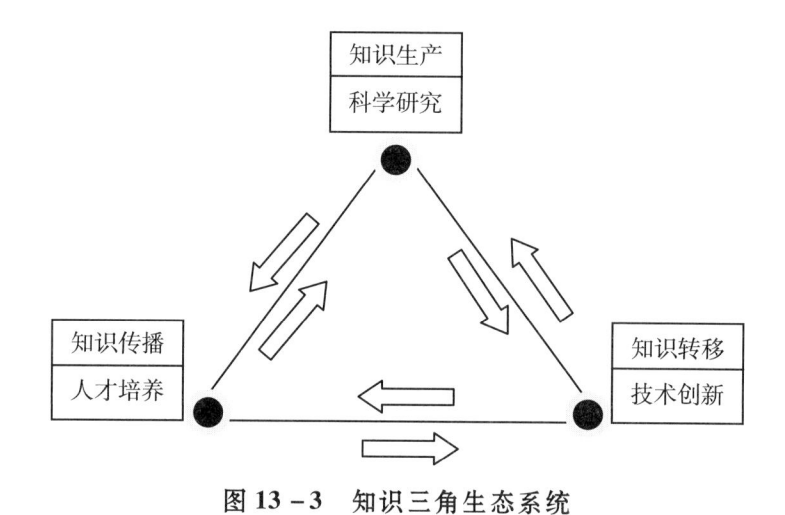

图 13-3 知识三角生态系统

知识三角生态系统的形成,使得高校协同创新中心呈现重要的正外部性。

(一)科学研究与人才培养之间的关系

即知识生产与知识传播之间的交互作用。主要表现在两个方面:首先,将科研成果融入教育,将科学研究尖端成果转化为教学内容,加强科研反哺人才培养,寓教于研、科研育人,培养高技能型人才,建立开放式、个性化的培养教学体系;同时能够提高师资水平,推动学科发展;其次,将教育渗透到研究工作中同等重要,引导学生积极参与科研项目,提高创造性开展科研工作的能力,促进科研工作的开展。

(二)科学研究与技术创新之间的关系

即知识生产与知识转移之间的交互作用。科学研究生产的新知识能够促进产业技术创新,高校在协同创新过程中从产业应用研究中发现科学探索的需求,从而形成知识生产的动机。然而,科学研究与技术创新之间的关系比较复杂,高校协同创新要区别于产学研协同创新的关键也在此。许多学者认为高校两种截然不同的知识生产模式会导致纯粹知识探索和产业技术创新之间必然存在着一定的排斥。产学研协同创新缺乏有效的长效合作机制,高校和企业在知识生产需求的认同上存在差异,前者注重基础研究所做的知识探索,后者更注重知识应用。因此,高校协同创新应根据自己的发展定位来确定合作重点,平衡高校在知识生产过程中科学探索和知识应用之间的矛盾。值得注意的是,从活动性质来看,基础研究所做的知识探索和支持产业技术创新的知识转移对科研人员有不同的要求。

(三)人才培养与产业技术创新之间的关系

即知识传播能力与知识转移能力之间的交互作用。首先,教育要和科学研究与技术创新协同,从高校的职能来理解,教育的数量和质量影响创新,人才培养要符合科学研究与技术创新的需求。其次,"2011 计划"在面向行业产业发展的需求中,高校与企业之间需要人员的交流与互动来促进知识转移,具体来说,企业员工需具备良好的教育基础才能更容易地吸收高校研究成果,同样,企业第一手的生产和市场知识能够提升人才培养质量,形成有效的人才培养机制。

高校协同创新中心应注重教育、研究、创新三维创新协同模式的构建,注重三者之间互动形成的正外部性。整合创新资源和要素,消除高校各部门、高校与高校以及高校与企业间深度融合的制度壁垒,将创新要素协同到知识生产—知识传播—知识转移的过程中,激发高校在知识领域建设中的外溢效应。

第二节 国内协同创新中心组织模式创新

一、人事管理及考核评价创新

"2011 协同创新中心"通过建立契约,实行协同单位之间创新成果互认,改革人才评价体系,采取专职与兼职、流动与相对固定相结合的人员聘任制度,以创新任务为纽带集聚创新人才,根据任务设岗,合同制预聘,根据考核决定去留,形成以任务为牵引、能进能出、能上能下的人才资源流动机制,不同单位之间的人才流动难问题得到有效解决。部分"2011 协同创新中心"人事管理及考核评价创新情况如表 13-1 所示。

表 13-1　部分"2011 协同创新中心"人事管理及考核评价创新情况

中心名称	人事管理及考核评价主要措施及创新点	创新成效
能源材料化学协同创新中心	建立"iChEM 学者"制度，推行研究人员流动聘任机制，外围科学家按照到中心实际工作时间发放津贴，全时研究助理、全时博士后由中心自聘，不纳入事业编制，薪酬自筹，依托人事代理公司办理派遣手续和缴纳社会保险	任务导向，市场化管理，突破人事隶属关系壁垒，促进协同单位人才异地流动，稳定科研队伍
大连辽宁重大装备制造协同创新中心	采取"拟态考核"人事管理制度，高校派驻中心的专用技术研究人员，保留原高校编制、基本待遇，免校内考核，按照企业考核方式考核，要求与企业技术人员组建团队，共同承担协同任务，根据考核情况享受企业绩效津贴与科研奖励	实现高校与企业之间不同类型创新人才的双向流动，集聚满足产学研协同创新所需高端人才
分子科学协同创新中心	采取预聘制（tenure-track），国际同行评审，全球引进杰出人才，预聘期间，人事关系不进学校，六年预聘期完后进行考核，考核合格者转为学校编制人员，考核不合格者取消续聘	形成人才可进、可出动态调整机制，形成激励，打破"铁饭碗"
先进航空发动机协同创新中心	成立独立于中心之外的技术评审委员与学术评审委员，技术评价委员会由行业部门专家等组成，学术评价委员会由国际知名学者组成，实施分类评价；采取任务绩效与成果绩效相结合的团队型考核方式，任务绩效根据任务进度发放，成果绩效根据年度考核发放	鼓励不同类型的创新；形成激励机制，激发创新活力；增强团队协同，满足重大科研任务需要
未来媒体网络协同创新中心	以任务为导向建立社会化人才聘用与体制内聘用相结合的独立人员聘用机制，根据目标和任务按需设岗，建立总体相对稳定与任务牵引动态流动相结合的人员流动机制	形成以任务为牵引的人才资源流动机制，实现人才"能进能出，能上能下"

二、科研组织模式创新

通过创新科研组织模式，优化创新链，开展需求导向的有组织科研，提升承担重大任务能力。科技发展日新月异，科学研究越来越趋于以解决经济社会发展中出现的重大科学问题为目标，技术创新由原来以解决个别企业技术问题向以突破行业共性关键技术转变，科学研究的系统性、复杂性更加明显。此外，随着科技的不断变革，基础研究、应用研究、技术开发等边界日趋模糊，创新链条各个环节的衔接更加紧密，创新活动的跨单位、跨学科、大协同、大团队的科研组织特征日益明显。这些变化对高校科研组织方式和科技创新模式提出了新的要求，以往那种小团队、松散型、单兵作战的科研模式已难以与当前形势相适应，封闭式科研活动不可能在大科学时代中获得竞争优势。协同创新是为了实现重大创新任务而开展的大跨度整合的创新组织模式，通过知识创造主体和技术创新主体间的深入合作和资源整合，产生系统叠加的非线性效用。"2011协同创新中心"通过完善的创新链条，有效解决了基础研究、应用研究、技术开发等边界分割的问题，大大压缩了"科学"到"技术"到"市场"的演进周期，面向不同的创新需要，探索形成了需求导向、目标牵引、有组织、开放式、能够满足不同创新任务需要的科研组织模式，形成解决重大需求的路径和方式方法，承担国家重大任务能力逐步增强。

第一，是面向科学前沿研究需要，形成基于基础研究的学科交叉主导型科研组织模式。如能源材料化学协同创新中心通过整合厦门大学（物理化学，排名第一）、复旦大学（材料科学，多孔材料合成方法学领域国际领先地位）、中国科学技术大学（能量转换材料、光化学等优势）、大连化学所等单位的优势学科资源，建立起了以化学为基础、材料为载体、能源为核心的学科交叉的创新团队，通过学科交叉融合，开展载能物质高效定向转化、能源材料及其界面动态物理化学过程的认知与调控等前沿基础研究，解决替代石油的关键科学技术问题，其形成的基于基础研究的学科交叉主导型科研组织模式如图13-4所示。

第二，是面向国家重大专项任务需要，形成基于项目实施的垂直管理式科研组织模式。如先进核能技术协同创新中心依托清华大学核研院牵头建设，以实施高温气冷堆核电站等国家科技重大专项为目标，组建了以清华大学核研院为总体单位负责制的重大专项实施科研组织模式，按照项目组进行管理，设立项目负责人及总体室等项目管理机构，负责项目的组织实施，依据项目任务，设置项目主管、项目副主管、主任工程师等项目工作岗位，组织开展协同创新，协同单位根据各自优势参与项目任务。清华核研院作为总体实施单位与总设计师单位，负责牵头组织协调承担单位完成任务；中核能源科技有限公司作为工程实施责任单位，负责总承包职责；中国核工业建设集团承担工程的土建和设备安装；华能山东石岛湾核电有限公司工程建设和运营责任单位，负责示范工程建设与运行管理；中核北方核燃料元件有限公司负责工程燃料元件生产。其形成的基于项目实施的垂直管理式科研组织模式如图13-5所示。

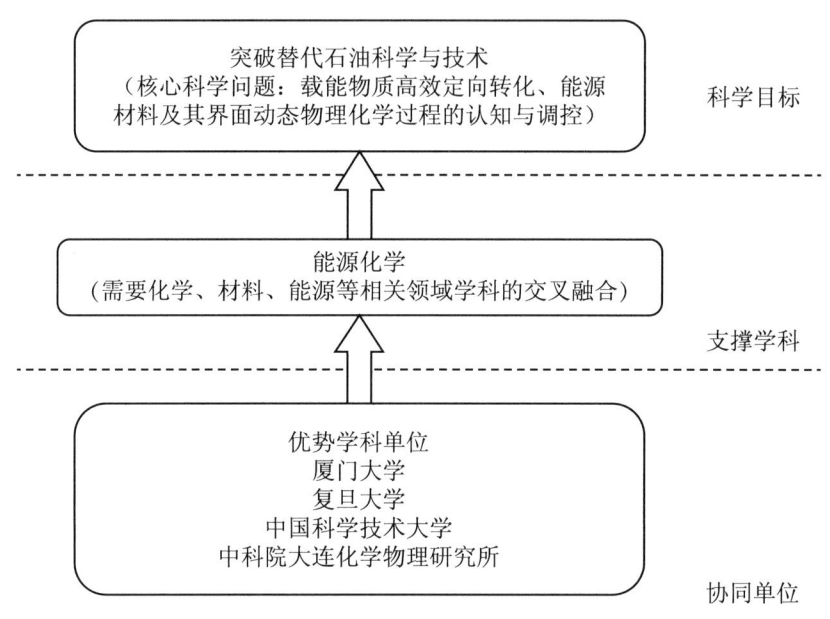

图 13-4 基于基础研究的学科交叉主导型科研组织模式

第三，是面向行业产业发展需要，形成基于产学研合作的创新链条式科研组织模式。如重庆自主品牌汽车协同创新中心根据自主品牌汽车产业链上下游协同创新需要，有效整合具有汽车研发优势的重庆大学等高校科研院所、自主品牌国内排名第一的长安汽车、国内汽车工程两大研究院之一的中国汽研院以及具有行业领先优势的西南铝业、重庆钢铁、青山工业、超力高科、博耐特等汽车零部件企业作为协同单位，通过强强联合、优势互补，构建产学研结合，从科学研究到技术开发，再到产业化生产进行全链条设计，突破整车、零部件及材料自主创新核心关键技术，实现我国自主品牌汽车制造生产达到国际先进水平，其形成基于产学研合作的创新链条式科研组织模式如图13-6所示。

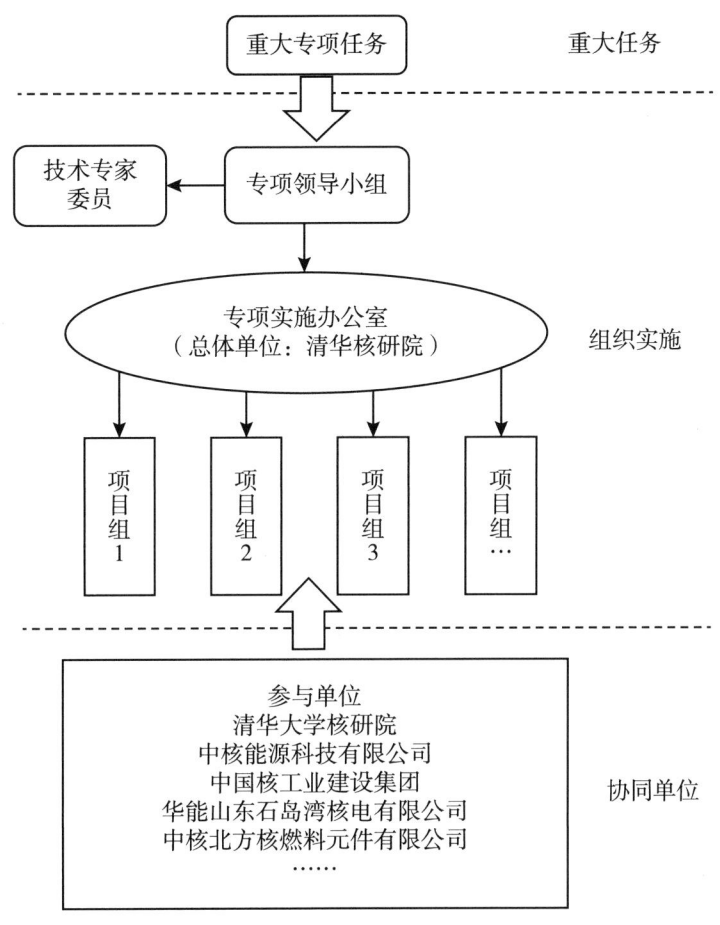

图 13-5　基于项目实施的垂直管理式科研组织模式

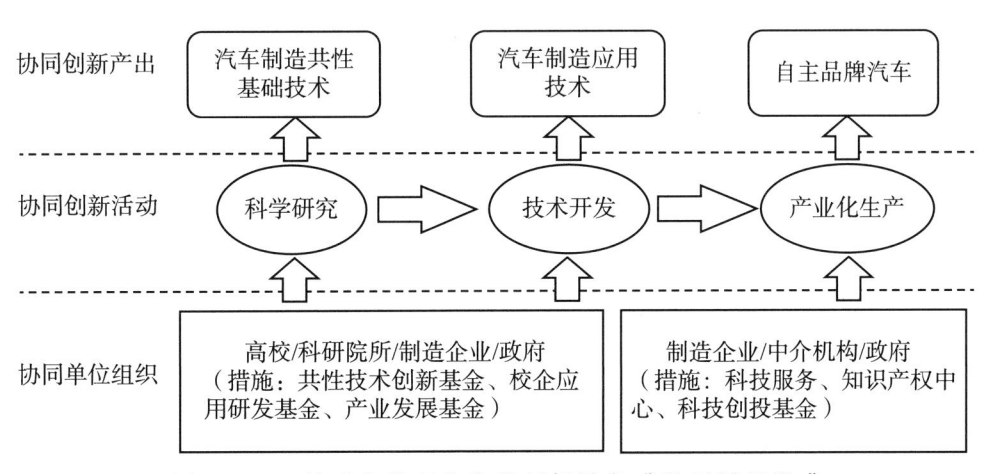

图 13-6　基于产学研合作的创新链条式科研组织模式

第三节 国外协同创新组织模式启示

一、美国 Broad institute 模块化组织模式

The Broad institute of MIT and Harvard（http://www.broadinstitute.org/）由麻省理工学院和哈佛大学共建，协同单位为麻省理工学院的 Whitehead Institute 以及哈佛大学的 Institute of Chemistry and Cell Biology。研究所致力于生物学和医学领域的前沿知识，进行跨学科研究和跨组织协作。在人类基因组信息开发等方向开展研究，作为基因组医学创造工具，取得具有国际影响的重大科研成果，推动了生命科学界对疾病知识和治疗手段的了解。

（一）组织结构

Broad Institute 实行主任负责制，下设理事会、科学咨询委员会，形成了核心成员实验室（core member laboratory）、项目组（research program）和平台（platform）的模块化组织模式，即对系统进行分解和整合，是处理复杂系统的分解办法，从而实现协同效率最优化。

Broad Institute 有 9 个核心成员实验室，由核心成员负责，其结构和人员组成类似于高校科研实验室，然而与高校科研实验室不同的是 Broad Institute 核心成员实验室不隶属于单一学院，不同学科领域的核心成员地理邻近，并且研究内容与项目组、平台必须紧密相关，方向一致。11 个项目组，主要围绕共同的科学焦点，项目组成员定期召开会议，以解决单个实验室无法完成的瓶颈问题。平台共有 8 个，汇聚了多方优势资源，以解决全局性问题，Broad Institute 聘用了许多行业骨干企业的资深科研人员，紧密围绕行业发展需求，使得研究成果与治疗疾病的实际需求相契合。模块化组织模式使得科研人员互相交流，任务交叉，核心成员实验室里的科学家可以加入项目组，也可以同时在平台参与科研任务，如图 13-7 所示。

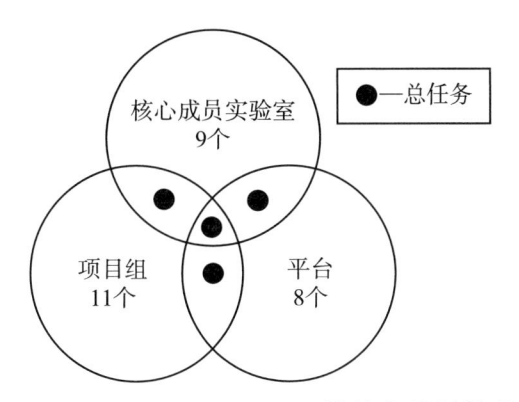

图 13-7　Broad Institute 模块化组织模式

（二）人事制度

按最优、互补原则遴选 Broad Institute 成员，主要研究所成员岗位设置分为以下几类。

（1）学院成员（Institute Members）：包括核心成员（core institute members），在 Broad 拥有自己的主要实验室，除了完成原来所属机构的教学责任和行政事务之外，在 Broad Institute 实行终身制；非核心成员（non-core institute members）在原单位拥有自己的主要实验室，在 Broad 也有实验团队和主持项目。目前拥有核心成员 10 名，非核心成员 39 名。

（2）参与成员（Associate Members）：是 Broad 的积极参与者，参加科研例会，主持和合作项目，有资格获得内部种子资金。在某些情况下，他们在 Broad 会拥有实验室，聘期两年（资深协作成员聘期 4 年），目前拥有 200 多名参与成员。

（3）其他研究人员和技术人员：拥有博士学位的科学家、软件工程师等。

研究所还独立招聘科研人员和平台主任，根据在聘期内的绩效，可申请麻省理工学院和哈佛大学及哈佛附属医院的职位。

（三）合作资源

攻克生物医学领域的难题需要汇聚世界一流的跨学科专家、有创造力的科学家以及关键的技术资源（杨凌春和张琰，2014）。值得注意的是，Broad 利用的上述资源都在小于 3 英里的范围内，使得合作有着优越的地理空间优势。Broad 改善人类健康的承诺蔓延到了波士顿以外的地域，这反映在急剧增长的国际合作项目上，Broad 与 40 多个国家在 100 多个项目中开展了实质性合作。

Broad Institute 这个年轻组织成功的重要因素给我国高校协同创新中心的启示：首先，"大科学"时代改变了传统的科研模式，模块化组织模式能够对复杂系统进行分解和整合,各组织之间既相互独立又相互交叉,形成一个有机整体,强化了任务分工和协作。其次,人事制度方面,最优原则遴选研究所成员,设置不同岗位,汇聚创新资源和要素,发挥人才资源的关键作用。最后,地理空间上的优势便于协同单位的沟通交流,增进对任务需求的认同。

二、加拿大优秀网络中心(NCE)协同创新计划

加拿大优秀网络中心计划(the Canadian Networks of Centers of Excellence program)由加拿大政府的三大科学基金组织:自然科学与工程研究理事会(NSERC)、医学研究理事会(CIHR)以及社会科学和人文研究理事会(SSHRC)共同出资联合设立。其总目标包括关键的前沿基础和应用研究来促进国际性竞争;在促进经济增长和劳动生产率提高的关键研究领域方面,加强高级人才的培养,增加和保持世界级科学家和工程师人数;加强多学科和多部门研究合作关系,综合各方研究与发展的优势;加速 NCE 研究成果转化或商业化活动,并依靠组织间协同合作在全国范围内加速知识的利用,以促进加拿大经济和社会的发展(朱佳龙和杨永福,1998)。NCE 已发展成为跨学科研究活动和战略性管理活动的整合系统。

NCE 计划有如下几个鲜明的特点。

(一)多元联盟组织模式

当前,NCE 已经发展为五个创新联盟,包括优秀中心网络联盟(NCE)、商业与研究优秀中心联盟(CECR)、企业导向优秀网络中心联盟(BL-NCE)、产业研发实习联盟(IRDI)和优秀网络中心知识流动联盟(NCE-KM),具体结构如图 13-8 所示。

优秀中心网络联盟是面向科学前沿的协同创新联盟,主要任务是加速 NCE 研究成果转化和商业化活动;商业与研究优秀中心联盟旨在将优秀科研群体与企业匹配,实现技术和企业需求的对接,从而促进新技术的市场化;企业导向优秀网络中心联盟是产业部门问题驱动的协同创新联盟。增加企业投入,促进研究开发;产业研发实习联盟是高级科技创新人才培养和培训的协同创新联盟,联盟设专项资金资助研究生和博士后研究人员,吸引他们参加研究项目,满足 NCE 计划对人才培养的要求。优秀网络中心知识流动联盟是知识生产和知识应用之间的协同创新联盟,促进新知识的流动和应用。我们也能看出 NCE 计划联盟组织模式构成了知识三角生态系统,实现了科学研究、人才培养和产业技术创新的协同互动。

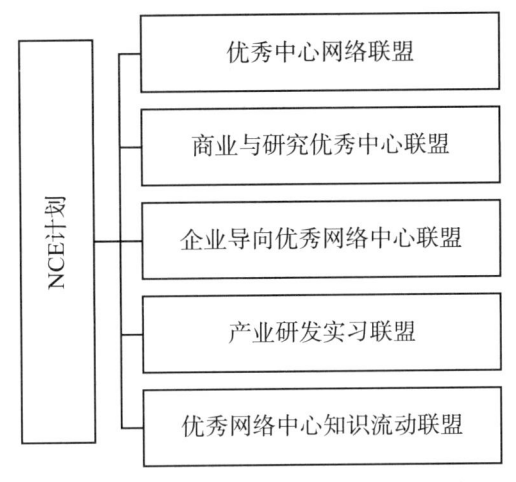

```
NCE计划 ─┬─ 优秀中心网络联盟
         ├─ 商业与研究优秀中心联盟
         ├─ 企业导向优秀网络中心联盟
         ├─ 产业研发实习联盟
         └─ 优秀网络中心知识流动联盟
```

图 13-8　NCE 计划联盟组织模式

（二）资金来源

主要来源于政府投入，政府在前期占主要投资，随着网络中心进一步发展，成效逐步显现，政府即可逐步退出减少投资。此外还有企业投入，企业在申请项目时缴纳会员费，随着工业界在 NCE 计划中获益，企业投入比重会逐步增大。

（三）内外双重治理模式

外部治理结构：自然科学与工程研究理事会（NSERC）、医学研究理事会（CIHR）以及社会科学和人文研究理事会（SSHRC）以及工业部联合共同治理。

内部治理结构：实行董事会负责制，董事会是最高决策机构，负责中心计划的运作情况。为保证 NCE 计划发展方向投入，董事会成员中至少 50% 属于高校之外的团体，并至少安排一名不承担行政管理事务的学术科学家。下设部门委员会和项目委员会，部门委员会负责网络的日常事务以及知识交流与技术的转化，项目委员会负责网络所从事研究项目的选择与管理。

基于此，我国高校协同创新中心建设应积极借鉴 NCE 的组织管理模式。首先，应注重研究工作与国家目标的紧密结合，以及多学科、多部门相互协作。我国高校协同创新中心为开展多学科、多部门的协作研究提供了场所，科技管理者在制定科技规划和组织开展科研工作中，要注重研究目标与国家需求的紧密结合，要敢于打破体制下的部门和条块限制，以充分发挥科学仪器设备使用效能和各学科研究工作的优势，实现资源共享和优势互补。其次，应积极发挥联盟组织优势，我国真正意义上的高校协同创新联盟建设质量不高，应形成"自上而下"不同层级的联盟网络（武学超，2015）。同时应注重内外治理模式，实现组织模式创新。再次，转变资助方式，虽然"2011 计划"强调资助资金要用在现有体制投资不能解决的问题上，来为机制体制改革买单，但是政府在高校协同创新资助中应逐渐缩减经费所占比重，改变协同创新中心的经费结构。最后，我国高校协同创新应学习 NCE 计划把培养交叉型人才作为重要的任务目标，协同创新中心应形成知识三角生态系统创新模式，用科学研究、产业技术创新来促进人才培养，强调对高质量人才的培养是衡量科研绩效的一个重要指标。

三、欧洲创新工学院

欧洲创新工学院（European Institute of Innovation & Technology，EIT）是欧盟推动欧洲创新的旗舰行动计划，是规模最大且最具有典型意义的区域协同创新模式，整合"知识三角"（教育、研究和创新）的三边，服务于欧盟战略重点。EIT 将作为世界一流的以创新为主导的参照模式，激励和推动现有高校体制机制改革。

（一）EIT 的运行模式

EIT 发展的独特之处在于其运行模式，即理事会指导下的高校、研究机构和企业组成知识与创新共同体（KICs），以 KICs 模式运行整个平台。我们把 EIT 的运行模式拆解为三个层次的系统：（1）EIT 理事会和知识与创新共同体（KICs）构成的宏观系统；（2）各个 KICs 和其下属多个协同定位中心构成的中观系统；（3）各个协同定位中心内部的微观系统。具体系统层次如图 13-9 所示。

EIT-KIC 宏观系统：理事会由 18 名委任委员和 4 名代表委员组成，是重大事项的最高决策机构；知识与创新共同体（KICs）包括气候变化知识与创新共同体（Climate-KIC）、可持续能源知识与创新共同体（KIC InnoEnergy）、未来信息技术知识与创新共同体（EIT Digital）、健康生活和老龄化创新共同体（EIT Health）以及稀有材料（EIT Raw Materials）。知识与创新共同体是独立的法人实体，由目标一致的国际性组织组成，对知识三角的三个要素（教育、研究和创新）进行整合。KIC 评选、评估由理事会负责，组成结构中至少要包含 3 个独立的伙伴组织，设在 3 个不同的欧盟成员国，其中至少包含一所高校和一家企业。

KIC-共建中心中观系统：每一个知识与创新共同体由 4~6 个共建中心组成，共建中心围绕 KIC 总体目标中的一项目标开展工作，故共建中心之间存在合作关系。

共建中心创新主体协同微观系统：包括高校、科研机构、企业及政府部门，通过不同主体之间的互动，推进研究工作进展。

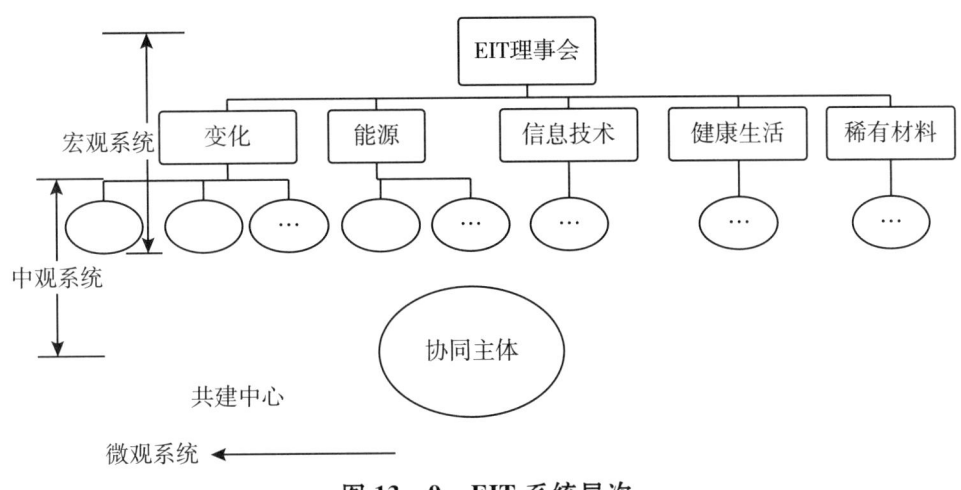

图 13-9 EIT 系统层次

（二）知识三角生态系统协同创新模式

EIT 在组建知识与创新共同体的过程中，通过开展跨学科、跨组织的协同，意在强化知识生产过程，三大知识与创新共同体形成各具特色的知识生产合作模式；开展博士和硕士教育计划，强调高等教育改革；提出企业孵化和商业支持计划，强调高校和产业之间的知识转移，推动产业技术创新。知识与创新共同体的运行，全面整合研究、教育和创新三要素，而 EIT 最主要的价值是将教育纳入创新网络，教育成为知识和创新共同体整合知识三角过程中的关键环节，也是在传统的合作关系中易被忽视的环节。EIT 提出高等教育改革的两大方案：对课程和教学模式的改革以及通过创业教育培养创业型人才。在此我们对 EIT 在气候变化知识与创新共同体（Climate - KIC）、可持续能源知识与创新共同体（KIC InnoEnergy）和信息技术知识与创新共同体（EIT ICT Labs）中的教育方案进行详细分析。

博士教育培养方案：成立专业性的博士生教育学院，（1）Climate - KIC 博士研究生要做到探索最新的气候变化科学如何变为新的产品和服务；探索研究能够商业化或者成为初创企业的潜力；允许人员在伙伴组织之间流动以加强科学研究；成为共同体的一部分。（2）ICT 博士学院制定了博士研究生创新创业教育标准，包括三项具体内容，分别为亲身实践创新与创业教育；人员流动以及基于论文研究到创新领域的专题定位。EIT 信息技术博士学院的具体实现形式为"博士培训中心（DTC）"，DTC 汇聚了高质量的博士研究生，来解决由众多产业合作伙伴支持的科学挑战。（3）KIC InnoEnergy 博士教育学院是为技术人才量身打造的，以及推动商业和创业（B&E）教育。通过参加高校组织的博士教育计划，获取双学位和联合学位。博士学院教育会辅助企业实习和洞察未来能源技术创业，目前有6个研究方向（实际开放5个）。

硕士教育培养方案：(1) Climate – KIC 教育方案的组成部分：五周的气候学院集训；激发思想火花的讲座和研讨会；气候创新项目的研发。(2) ICT 硕士教育两年制，创新和创业教育八个专业的主修和辅修。拥有著名的研究学者和企业领先人物提供最前沿的信息技术知识和创新与创业教育培训，硕士研究生可获得EIT 标识的双学位证书。(3) KIC InnoEnergy 硕士教育方案旨在创新其在能源领域的教育模式，激发学生的创新与创业精神。研究生接受两年课程，使其对世界能源挑战和能源企业创业活动有深刻的认识。

此外，EIT 提出了总体的教育标准，强调了教育方案需遵循的原则，包括创业教育、创新"干中学"课程、国际和跨组织流动以及准入政策和联合推广战略。基于此，我国高校协同创新中心建设应积极借鉴欧洲创新工学院——KIC 模式。

第一，"2011 计划"由教育部和财政部共同研究制定并联合实施，分为面向科学前沿、面向文化传承创新、面向行业产业和面向区域发展四种类型，但没有负责各类型的具体部门，由此导致了由国家层面直接到协同创新中心层面的控制局面，这种组织管理模式并不科学，创新战略导向模糊。

第二，我国的协同创新中心是独立的创新体，各个中心内部彼此协同，但中心与中心之间没有任何交集。而 EIT 共建中心层级属于资源共享型的系统，同一KIC 的共建中心彼此共享资源（如人力资源），这样有利于发挥参与主体的创新能力。我国高校协同创新中心建设可以借鉴这种模式，目标需求导向相同的中心之间共享资源，实现协同效率最优化。

第三，鼓励高校教育改革，加强学生创新与创业教育，意识到创新创业对创新驱动发展战略的推动作用。因此，在知识三角生态系统中要更好地发挥研究和创新对提升教育质量的作用。我国一流高校可率先引入研究生教育的创新性教学方法，即在硕士、博士和博士后阶段，将专业知识、创业知识和跨学科技能进行有效的整合，创新研究生教育课程方案。围绕国家需求、社会问题开展教育、研究和创新活动项目，进行实践型课程体系的开发，增强复合型创新人才的培养。另外，在体制上，推进高校教育、研究和创新各管理部门的深度融合、协同治理。总之，通过教育推进人才战略对创新驱动发展具有支撑作用。

第四节　高校协同创新中心运行机制

有研究认为，协同创新关系作为一种跨组织的现象，其根本动机在于获取互补性优势资源（Giulian and Arza，2009），如何设计一种合理的跨组织模式来确保资源禀赋的有效流动，是实现合作持续性与稳定性的基础。发挥高校协同创新中心创新主体之间的协同效应，就必须重视运行机制的建设，形成有利于协同创新的可持续创新能力。协同创新中心运行机制是"2011计划"的关键，是使高校协同创新系统整体良性循环发展的规则和程序的总和（解学梅，2013）。涉及协同创新中心组建到利益分配结束为止的运行机理，包括组建期合作伙伴选择机制、运行中期协同机制以及运行后期利益分配机制和绩效评价机制。高校协同创新中心整体运行框架如图13-10所示。

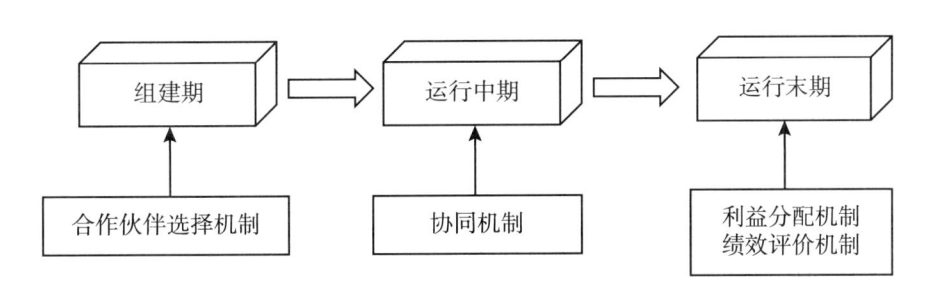

图 13-10　协同创新中心运行机制框架

一、组建期——合作伙伴选择机制

从前面分析中我们可以看出，当前协同创新中心组建过程中伙伴选择存在较大的主观性和盲目性，选择合适的协同单位是"2011计划"顺利实施的关键所在，从多个方面谨慎地评估协同伙伴特性是协同创新中心组建的重要环节。协同创新中心组建单位汇聚了特定研究领域的高等学府、知名学术机构、大型骨干企业，以及具有国际影响力的一流学术领军人才和创新型队伍，利用国家级研究平台、省部级研究平台和一大批校企联合中心的优势资源。李祖超和梁春晓（2012）指出在协同伙伴选择上，坚持共同目标原则、优势互补原则和优良信誉原则。郭焱、刘月荣等（2014）将伙伴选择中的目标相容性、能力匹配和资源匹配作为影响联盟绩效的影响因素。目标相容性是协同创新中心协同单位目标的相容程度，保证协同项目得到重视和支持的基础。能力互补性是协同伙伴选择的重要因素，协同单位之间的知识和技术互补性以及知识关联度对协同伙伴选择具有重要影响。另外，为防止协同创新主体出现机会主义行为，要利用组织声誉对其进行制约。组织声誉是指对组织总的感知性好感，是过去行为和结果的一种综合体现（Fombrun，1996）。组织声誉对协同创新中组织间的知识共享具有重要的影响。因此，在协同创新中心伙伴选择中需要依据共同目标原则、优势互补原则以及组织信誉原则等来挑选协同单位共同组建协同创新中心。

二、运行期——不同模式下的协同机理

"2011 计划"是提升高校创新能力、深化高校机制体制改革的战略举措，具有与产学研协同的显著区别。具有如下典型特征：首先，从前面的组建分析中我们发现面向科学前沿和文化传承选择校校（院）合作模式，与企业直接联系较少，不以企业发展需求为最终目标；其次，"2011 计划"强调人才、学科、科研"三位一体"创新能力提升的核心任务，注重对高层次创新型人才的培养；另外，中心在研究领域更具灵活性，不同类型协同创新中心各具特色，且获取资源及学习途径更多。运行中期协同机制是指在协同创新中心运行过程中，相关主体和要素之间在一定结构中存在内在联系或相互作用的运行机理，其表现应具有功能性，即在特定结构中诸要素相互作用、相互影响而形成的特定结果（李祖超和梁春晓，2012）。因此，协同机制要以高校为核心进行有效的运营机理分析。

通过结合"2011 计划"总体目标与协同创新中心类型导向目标出发，从资源要素协同、创新主体协同、合作模式协同三个方面，系统分析不同目标导向协同创新中心组织系统运行机理。

（一）资源要素协同

资源大多从内容特性分类，包括人力、财力、物力和信息等方面，资源作为具有相互作用的多要素组成的集合，具有系统的特征。高校协同创新中心资源要素协同应表现出大于创新主体本身具有的要素总和的现象，促进各类创新要素的深度融合。协同创新中心要素可以分为两个维度：第一，创新主体要素（微观层面），包括知识、技术、人力、财力、物力和信息等创新要素，其中人力资源要素最具能动性，对其他要素起支配作用，在很大程度上决定协同创新中心运行成果的大小。财力、物力及信息资源要素是发挥人力资源要素的基础，起支撑作用。第二，创新环境要素，包括制度资源要素、文化资源要素及市场环境要素等。制度资源要素具有产生秩序的作用，提供运行过程的稳定性，因此，环境要

素对创新主体要素起到潜移默化的保障作用。

资源要素协同的系统特征为：开放有序性，创新主体要素与创新环境要素间持续的物质、能量与信息的交换，使得整个创新系统熵值减少，资源要素协同从无序走向有序；整体涌现性，指创新主体要素结构效应和创新环境要素作用共同产生，使资源要素发挥"整体大于部分之和"的有序状态；自组织性，创新主体要素与外界环境交换过程中，当内外部环境满足一定的条件、系统状态达到一定的阈值时，整个系统呈现有序状态。有序结构的动力来源于系统内部各子系统的相互竞争、协同效应及由此带来的有序参量的支配过程（李建华等，2007）。资源要素协同见图13-11。

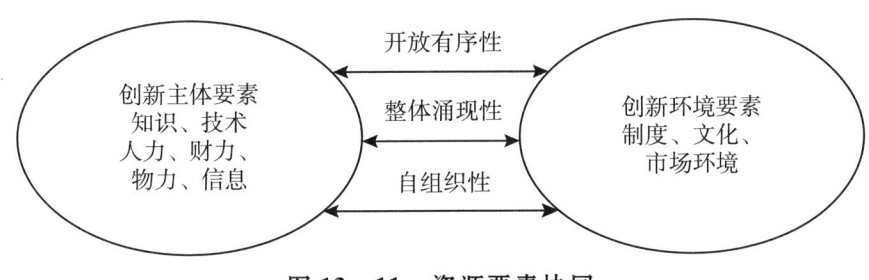

图13-11 资源要素协同

（二）创新主体协同

协同创新主体包括高校、科研院所、企业及政府。协同中心创新主体协同是指应表现出整体大于个体效应之和的现象，并努力将中心建设成为探索高校转变创新发展方式的"特区"。从前面的组建分析中我们可知不同协同创新类型采取差异化创新主体合作模式。总之，要根据创新主体在协同创新系统中的地位、作用及相互关系来提升创新主体的协同效应。

第一，面向科学前沿——校校（院）协同维度。高校与高校、科研院所以及国际知名学术机构的强强联合，是可以以国家急需，冲击世界一流为导向，汇聚一批具有国际影响力的一流学术领军人才和创新型队伍，利用国家级研究平台（国家实验室、国家重点实验室、国家工程技术研究中心等）的优势资源，成为科学研究和人才培养水平与能力学术高地的有益探索。从校校（院）协同同时也是教学、研究和创新的参与主体来看，高校通过积极探索交叉前沿的研究和前瞻性、非共识性探索和大学科交叉研究，通过构建协同创新的新模式和新机制，同时与人才培养结合提升创新能力。因此，校校（院）协同需要以知识资源为基础。如图13-12所示。

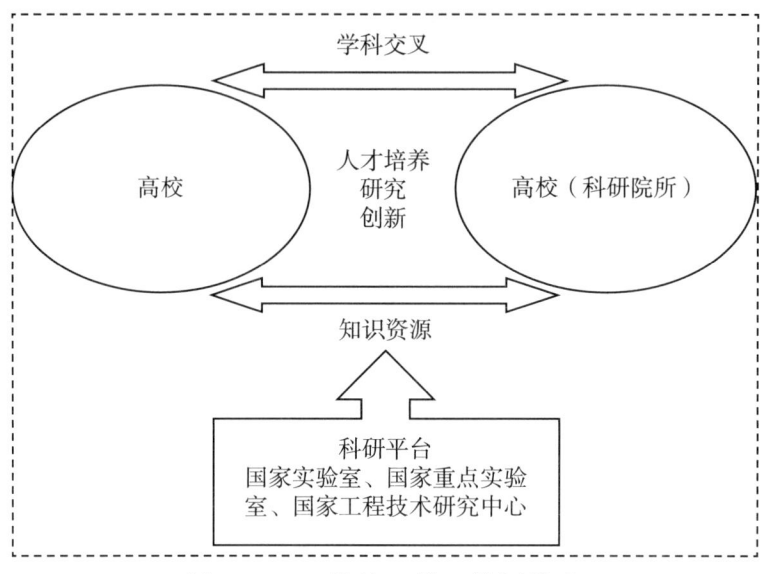

图 13-12 校校（院）协同维度

第二，面向行业产业——校（院）企协同维度。高校与高校、科研院所，特别是与大型骨干企业的强强联合，中心利用国家级研究平台（国家重点实验室、国家工程技术研究中心、国家地方联合工程实验室等）、省部级研究平台和一大批校企联合中心的优势资源，汇聚了行业企业领域的领军人才，为中心实施科学研究、人才培养、学科建设三位一体创新发展，奠定了坚实的学科基础、厚实的产业基础和扎实的校企协同基础。同时，形成了理论研究、技术开发、试验验证及工程应用的链条，协同研发具有自主知识产权的关键技术。因此，校（院）企协同需以技术资源为基础，如图 13-13 所示。

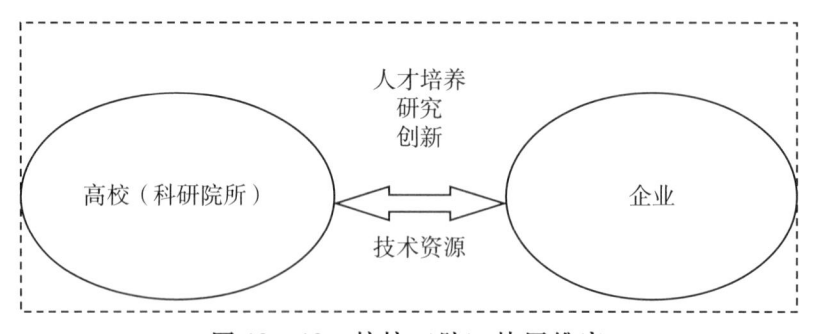

图 13-13 校校（院）协同维度

第三，面向文化传承——校（院）政企协同维度。主要通过高校与高校、科研院所以及国际学术机构的强强联合，部分中心融合政府部门、行业产业，是集科学研究、决策咨询、人才培养、国际交流于一体的国家战略平台，服务国家决策，提升国家文化软实力、增强中华文化国际影响力。

第四，面向区域发展——政府主导协同维度。政府以及相关政策在协同创新体系中发挥重要作用，高校基于协同的政策需求和引导支持与区域政府进行协同，对接区域产业发展重大需求，突出科技创新和创新人才培养两条主线，强化人才队伍、国际合作和体制机制改革三大保障。利用校企联合研发中心和中试基地，构建"基础研究—应用研究—成果产业化"的一体化开放式创新研发体系。帮助区域企业代表性产品进入世界行业前列，全面提升区域企业自主创新能力与产业化水平，实现以高端技术与产品助力区域产业转型升级。

（三）合作形式协同

合作形式协同是指协同创新中心内各类创新主体通过运用不同的合作形式所带来的效应增值，如一般性研究支持，非正式合作研究，契约型研究，知识转移与训练计划，参与政府资助的共同研究计划、研发联盟、共同研究中心（OECD，1998）等方式所带来的协同效应。"2011 计划"背景下需要对协同中心合作模式进行深入分析、重新定位与设计，使协同创新在人才培养、学科建设和科研三个方面发挥最大功效，也是值得深入研究和探讨的问题。

由第二章可知，四类协同中心合作主体虽都有前期合作基础，但四种不同类型协同创新中心的合作情况存在较大差异，可能的原因是不同类型协同创新中心学科属性不同，合作形式可能也存在较大差异，具体分析如下。

第一，面向科学前沿协同创新中心，从前面分析已知，属于科学前沿领域的协同中心的合作次数最多。高校就协同创新中心目标签订研究协议，共建研究平台；中心运行过程中召开研讨会，进行正式及非正式的交流。在人才培养方面建立高水平人才培养模式和机制，如生物治疗协同创新中心针对本科生设立"华西生物国重创新班"。量子信息与量子科技前沿协同创新中心以本硕博长周期培养为主体、以科教结合为纽带，几乎所有的研究生都参与国家重大科学研究计划、"973 计划""863 计划"、基金委重大研究计划、中科院知识创新工程、中科院战略性先导科技专项等重大、重点科研项目，真正实现科研与教学的有机结合、国内培养和国际化教育的有机结合、多学科培养的有机结合，源源不断地涌现出适应量子科技前沿领域多学科交叉需求和具有国际化视野的拔尖创新型青年人才。

第二，面向行业产业协同创新中心，协同创新中心内各单位通过协议方式，明确资源、成果、知识产权等归属，共享数据和成果，共同申请专利。如高端制造装备中心采取股份制合作通过改造校办企业实现产业化；通过建立联合实验室开展基础研究领域的科学研究及校企联合本硕博连读培养领军人才计划及工程师培养计划的人才培养模式。在共性技术供给链出现缺位的同时，国内外学者建议通过技术联盟、校企共建研发机构，以及技术中介等途径完善技术供给机制。但是，由于市场机制与政策体系的缺陷，现阶段协同创新模式仍然存在诸多弱点，具体表现为：（1）合作形式松散，合作层次低。合作形式以项目合作为主，战略性的合作（如共建研发实体、技术联盟）较少。（2）合作效率低，对产业结构升级贡献少。企业与高校、科研机构是点对点合作，效率较低，且对整体产业升级贡献较少。（3）信息不对称，交易成本高。企业无合适途径寻找合作伙伴，搜寻信息成本高，且高校、科研机构对企业现实技术需求、技术能力不了解。（4）创新资源跨区域配置存在障碍。创新资源跨区域流动不是常态，国内优势产业资源与优势创新资源不能形成有效融合。（5）企业技术能力弱，吸收能力低。企业自身缺乏对高校、科研机构供给技术的应用与二次创新能力。总体来看，企业技术能力结构低下的状况还没有根本改变，寻求适合共性技术研发的合作模式成为现阶段协同创新的重要目标导向之一。

第三，面向文化传承协同创新中心的合作方式通常以决策咨询报告为主，不以联合专利或论文为主。如司法文明协同创新中心在人才培养上的举措为：成立首届安徽卓越司法人才培养实验班，聘请司法实务专家全程授课，派遣学生顶岗实习等形式，深化与司法实务部门的合作与协同育人机制，全面培养学生的法律推理、法律论证、法律诠释与探究法律事实的能力。国家领土主权与海洋权益协同创新中心开展"国际法学（边界海洋方向）"本科生实验班和研究生跨学科人才培养，形成了比较成熟的培养方案、教学计划、课程设置。例如，启动本科生"国际法学（领土海洋方向）"二学位试点，扩大研究生规模，实行模块化的教学，聘请国内外专家授课，实现跨校课程互选互认，并逐步联合颁发学位；以及外交部与武汉大学创办了边界管理干部培训班，与国外专门机构联合推出高端培训和研讨班。

第四，面向区域发展协同创新中心，如江苏先进生物与化学制造协同创新中心采取国际合作交流方式，与国外高校采取师生交换、共建联合实验室、研讨会等合作形式，牵头单位南京工业大学成立"2011学院"探索"全程导师制、全员书院制"人才培养模式，另外政策方面采取跨区域协议及协调政策。

本节按照单位合作内容将合作形式归纳为合作技术创新、人才培养和沟通交流，其中合作技术创新主要有技术转让、委托开发、联合开发、共建实体及咨询服务等具体形式，详见图13-14。我国协同创新模式已从松散的技术转让、技术咨询、委托开发等逐步过渡到较高级和紧密的一体化组织形式，如战略联盟、虚拟网络组织、学习型组织等，协同创新趋向长效性（周国林，2010）。但是如何对这种跨边界的组织进行有效管理，使协同创新更富效果和效率，现有理论研究还有待突破。

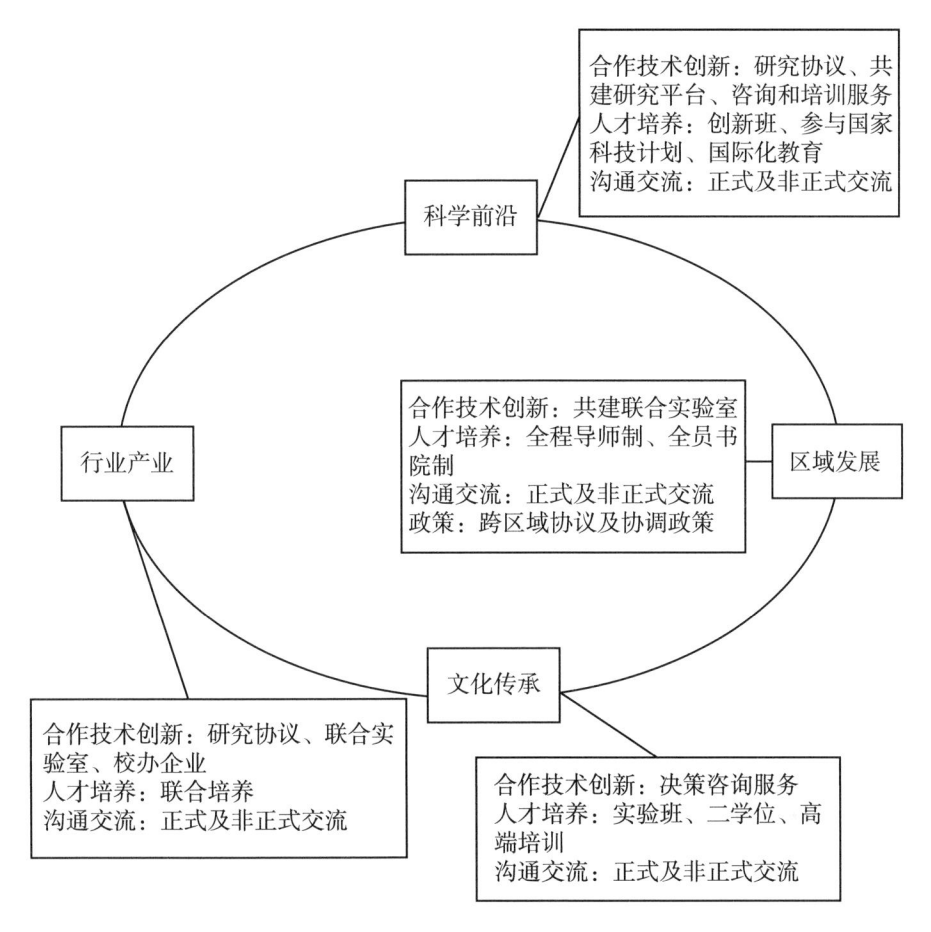

图 13-14 合作形式协同维度

（图中内容：
- 科学前沿：合作技术创新：研究协议、共建研究平台、咨询和培训服务；人才培养：创新班、参与国家科技计划、国际化教育；沟通交流：正式及非正式交流
- 区域发展：合作技术创新：共建联合实验室；人才培养：全程导师制、全员书院制；沟通交流：正式及非正式交流；政策：跨区域协议及协调政策
- 行业产业：合作技术创新：研究协议、联合实验室、校办企业；人才培养：联合培养；沟通交流：正式及非正式交流
- 文化传承：合作技术创新：决策咨询服务；人才培养：实验班、二学位、高端培训；沟通交流：正式及非正式交流）

在高校协同创新过程中，高校根据人才培养、学科建设及科研等需求与其他创新主体通过不同合作形式进行协同运作。总的来说，方式协同效应的最终目标是知识和技术协同效应（解学梅，2013）。值得注意的是，创新主体采取何种协同方式，需要在协同效应和创新绩效最大化原则下，基于主体自身的能力结构，综合考虑合作形式与能力结构之间的匹配及相互作用机制，因此需要考虑协同主体的技术相关性、知识互补性、文化相容性和诚信度。

三、运行末期——利益分配机制和绩效评价机制

协同创新中心的协同单位均是独立主体，知识产权归属及利益分配问题一直

是协同创新研究的重点和难点问题。形成稳定协同机制的根本在于如何处理好不同创新主体利益相关者之间的利益分配。各创新主体参与协同创新行为乃至项目的意愿，既与其创新能力有关，也与显性或隐性收益考虑及预期有关（张力，2011），需综合考虑主体资源投入、长短期利益、风险程度和创造性贡献等重要因素，故在协同创新的不同阶段，均存在利益分配问题。协同创新中心在组建过程中，有"牵头单位"和"协同单位"的区别，现有的利益分配机制，往往只重视牵头单位的贡献，而做出有损协同单位利益的行为，易打破强强联合的平衡局面。协同创新中心涉及的主体较多，创新主体目标和文化差异是影响知识产权归属及利益分配的关键要素。高校更加注重学术优先权，即要首先提出该技术，而企业的根本目的是追求经济利益，更倾向成果保密，从而获得更长期的垄断利润。那么，值得注意的是，四大类协同创新中心的主体目标差异导致的利益分配机制亦应有所差别。

协同创新中心的利益分配机制，不仅要体现公平公正原则，也要对协同单位形成有效激励，保证创新中心未来的持续与发展。一般意义上，合作创新利益分配影响因素归纳为：努力程度、贡献程度、投资程度及风险程度。高校协同创新中心更加注重知识产权归属，其利益分配还受以下三个方面因素的影响。

（1）专利数量与质量，专利类型中发明专利可以反映创新主体的创造性，然而，很多发明专利尚未实现成果商业化，其潜在的商业价值短期内很难估量。

（2）知识基础，技术能力的本质被看作是一个知识系统，是以技术发展为导向的具有行动指向的知识集合。当创新主体吸收能力与知识基础相耦合时，才能提高合作创新水平。因此，创新主体知识基础将影响利益分配。

（3）创新主体地位，协同创新中心中强强联合，牵头单位和协同单位在学术界及产业界均具有较高知名度，其在协同创新中心的地位对利益分配产生一定程度的影响，地位越重要其利益分配系数越高，一般意义上，创新主体地位及影响力越大，其在利益分配中越占有优势。

另外，高校协同创新中心利益分配应遵循以下原则。

（1）阶段性原则。在协同创新中心运行过程中，利益分配具有明显的阶段性特征，科研成果分配为创新中心第一次利益分配，其次是商业化利益分配。在合作成果申请与实施阶段，协同伙伴会根据目标需求选择申请、持有专利以及专利排名等，并就相关事宜展开谈判协商博弈。在商业化利益分配阶段，根据协同创新中心利益分配影响因素，依据特定的分配原则进行利益分配。另外，需要指出，科技成果转化的最大体制障碍是科技成果转化利益的分配归属。李克强总理在全国科技创新大会、两院院士大会、中国科协第九次代表大会第二次全体会议上强调要完善保障和激励创新的分配机制，提高间接费用和人头费用比例，推进科技成果产权制度改革，提高科研人员成果转化收益分享比例。

（2）风险与利益相对称原则。协同创新中心利益分配不仅要保证成员利益共享，还要充分考虑承担风险程度大小。协同单位在协同创新过程中的地位、投资额和技术不确定性各不同，其承担的风险程度存在差异。因此，本着利益共享、风险共担的原则，创新主体利益分配应获得较多的风险补偿，风险程度越高，其利益分配系数越高，使得协同单位利益分配更符合实际，可以调动协同主体积极性，从而保证协同创新中心持续的价值创造。

协同创新成功的重要衡量标准是合作各方的知识转移和扩散、知识学习、知识创造以及知识产权保护效果。现有研究已经关注到知识属性、行业特性、学科特征以及组织和个人特征对协同创新知识转移模式的影响，并对相关的知识产权保护机制进行了探讨，但对协同创新中的不同目标导向知识学习与创造、跨组织学习、知识产权冲突与风险等环节却未给予应有的重视，使相关理论显得不够完整和丰富。更重要的是，协同创新的知识溢出扎根于"通用目的技术"，即共性技术（Jenssen，2001）。对处于转型期的我国产业界而言，开展以不同类型共性技术为导向的协同创新是解决我国当前共性技术空心化的关键路径。而传统的研究忽略了各种共性技术的公共物品属性对协同创新知识活动的影响，使原有的知识管理和知识产权机制脱离了我国协同创新的现实情景，难以对协同创新实践活动发挥理想的指导作用。鉴于此，有必要从研究内容和研究情景方面，对已有的协同创新组织学习和知识产权理论进行重新的探讨和完善，为高校协同创新中心利益分配提供重要借鉴。

为总结"2011 计划"建设成效，加强绩效考核，进一步推荐后续协同创新中心建设，需要对协同创新中心运行末期的绩效进行评价，同时，评价机制与协同创新中心运行有着密切的联系，科学、合理、可操作性强的评价机制将激励中心发展。当前高校评价机制主要包括定性评价机制和量化评价机制两个方面，但是存在以下几个方面的问题。

（1）定性评价机制。定性评价机制比较常见的有"同行评议""学术共同体评价""代表作制"及"学术委员会制"，实质上是依赖于某个或某些人的主观判断。定性评价的标准在于同行专家认可。当前同行评价存在的问题是专家遴选机制不完善。目前高校科技成果评价专家主要分为函评专家和会评专家。函评专家主要是通过个人信息、研究领域匹配出的专家学者，属于"小同行"；会评专家一般是由行政管理部门依据一级学科或者相近学科选择出来的"大同行"。在行政主导下的科研成果评审中，这样容易出现"大同行"评审"小同行"的现象，最终造成专家主要依据被评价人数量化成果做判断的结果。另外，现有的评价体系还缺乏专家回避机制。

（2）量化评价机制。依据预先规定的评价指标体系对协同创新中心进行考核评价。目前，高校长期以来形成的是以量化为特征的评价机制存在着一系列共知的问题：如过分强调数量的价值导向，过分注重论文数量、专利数量及纵向课题经费金额等，忽视了学科建设及人才培养环节；评价指标单一化、标准定量化等。本质上说，现行的量化评价标准是采用同一评价标准去评价不同主体，忽视了科学研究的内在规律。四类协同创新中心分别涉及自然科学、社会科学、工程技术等不同学科，研究属性不同，且研究成果的显示度也存在差异。因此，评价标准应充分考虑学科、研究类别、研究领域等因素。值得注意的是，目前的科研成果评价机制注重短期评价，使科研人员为了短期利益而将原有系统的研究条块分割，打破了原有系统的内在联系，最终使研究成果支离破碎（郭焱和刘月荣等，2014）。

为此，协同创新中心评价机制对定性评价和量化评价提出了以下新的要求。

（1）完善同行评价机制，引入第三方评价。定性评价机制充分考虑协同创新中心特点和实际情况，特别是不依赖量化的审核标准。应逐步改变以"大同行"为主要评价模式的评价方式，引入"小同行"专家评价和第三方评价机制。首先，优化专家遴选机制，让最了解被评价者研究领域和实际贡献的专家来评价，负责评价组织的结构不能是利益相关者，采取同行评价专家保密、回避和随机轮换制度。面向科学前沿类协同创新中心应引入同行评价，听取学术界的评价，积极探索以"代表作制"和实际贡献为主要内容的评价方式。其次，引入第三方评价。面向行业产业和面向区域发展类协同创新中心，其应用研究类项目应由用户、市场和专家等相关第三方参与评价，逐步形成社会专业机构评价、市场评价和政府评价在内的多元化科技评价新体系框架。

（2）构建多元化评价指标体系。四类协同创新中心有其内在的科学研究规律，故量化评价指标设计应体现出多元化。量化评价应从协同创新中心的总体目标和重点任务出发，围绕成果导向、高质量导向、贡献导向和协同导向四个方面进行考核。

（3）构建长效评价机制。行政主导是困扰科研评价机制改革的最大因素。需对现有的科技成果评价的体系、方法、制度进行改革，通过制度化、规范化、透明化的评价程序，以及评审专家选择机制，科学地对科研成果进行评价，并减弱行政主导对科技评价的影响。另外，应适当延长协同创新中心的评价周期，对于科学前沿研究项目，淡化年度绩效考核，重视长远评价，保障创新性成果，使科技成果的评价真正促进我国科学技术的进步和发展。

第五节 教育部认定协同创新中心典型案例分析

"2011 计划"实施的重点内容就是建立面向科学前沿、面向行业产业发展、面向区域发展、面向文化传承的 4 类协同创新中心,其组建方式及协同创新模式基本代表了高校当前根据不同的创新任务特点及学科特点开展协同创新的典范,在协同创新体制机制改革及协同创新方式方法探索方面形成了颇具借鉴意义的经验与启示。在此,我们分别选取了一个代表性的中心进行建设模式及运行机制创新分析。

一、面向科学前沿协同创新:能源材料化学协同创新中心

科学前沿类协同创新主要是要充分体现围绕国家意志的前瞻性领域进行布局,突出科学研究的前沿前瞻性、学科实力、高层次人才队伍水平、高水平国际领先科研成果等,以体现前沿基础研究解决重大基础前沿科学问题为主,以学科交叉、基础研究为特征。能源材料化学协同创新中心由厦门大学牵头组建,2014 年被认定为国家级"2011 协同创新中心",该中心面向科学前沿类协同创新模式具有一定的代表性,现将其建设模式及运行机制创新分析如下。

(一)协同创新需求与目标

围绕新能源、节能环保、新能源汽车等国家能源战略性新兴产业,整合全国在物理化学、材料化学、催化工程等学科方面的优势单位,以在催化材料和电极材料上的载能分子(如合成气、甲烷等)的高效定向转化为核心体系,主攻"非石油路线"的碳资源优化利用和清洁能源的高效转化与存储等方向,着力解决能源材料的表/界面物理化学过程的关键科学问题,解决替代石油能源的前沿科学问题,建立能源化学人才、学科和科研培养的创新模式和体系。

(二)协同创新组建方式、协同创新模式及特点

第一,以学科为纽带整合优势创新单位,实现学科交叉融合,解决能源科学的重大科学问题。该中心以化学为基础、材料为载体、能源为核心,汇聚了厦门大学、复旦大学、中国科学技术大学和中国科学院大连化学物理研究所等在物理

化学、材料化学、催化工程等学科方面的优势单位。厦门大学主攻碳资源优化利用科学问题，复旦大学主攻能源新材料研究，中国科学技术大学主攻能源体系表征，中国科学院大连化学物理研究所主要负责太阳能利用科学问题，并承接成果的转化应用。各单位的研究人员根据任务需要和专业特长，以任务为纽带，实现流动。

第二，完善组织管理框架，提高协同组织管理效率。协同创新中心采取独立运行的非法人学术研究实体管理模式，实行理事会总体决策，学术委员会咨询监督，行政综合部运作执行的管理体制，设立独立于牵头单位之外的"协同委员会"，由协同单位共同建设，实行资源共享、风险共担、利益共赢、自主管理。

第三，实行"iChEM 学者"制度，吸引国内外优秀的创新人才来中心开展协同创新。该中心对聘任外围科学家、全时研究和研究助手、中心全时博士后等非高校正式编制的各层次非固定职位人才流动采取"iChEM 学者"制度。其中，外围科学家通过访问学者制度，为其提供国际水准的科研平台、入住专家公寓和具有国际竞争力的协同津贴或薪酬。"iChEM 研究助手"和"iChEM 博士后"属中心自聘人员，聘任期内全时在中心工作，依托人事代理公司办理派遣手续和缴纳社会保险，由人事代理公司派遣到中心工作，不纳入三校一所的事业编制，规避了目前绝大多数高校存在不称职教师退出困难的风险，实行年薪制度，在科研条件、家庭安置等方面给予相应的支持。

第四，构建"iChEM 模式"科研分平台，组建跨单位、跨学科创新团队，实施重大协同创新任务。中心通过以各类重大协同创新任务为牵引，依托各协同单位优势资源，组建具有相关特色的优势科研分平台，不同单位的科研人员围绕共同的目标在同一分平台开展协同合作研究，实现协同单位的真正有效流动，任务结束后可根据实际需要在不同分平台间流动，中心依托这些"iChEM 模式"的分平台网络，营造了不受地域限制、随时协作交流的优越氛围，带动了各分平台依托单位相关研究方向的交互性发展，实现真正的"流动—协同增效作用"。

第五，建立"iChEM 全员服务"支撑体系，提升中心整体运行的效率和水平。中心采用与国际先进管理制度接轨的"全员服务模式"，倡导"全员服务理念"，中心研究人员除了参与科研、教学和人才培养之外，可根据自己的专业特长与兴趣自愿选择参加一个或多个服务小组，合理分配部分精力到与高水平专业背景相关而且需要国际视野的学术服务中，提供高质量的专家意见和建议，提升中心的组织与管理水平。

二、面向行业产业协同创新：先进航空发动机协同创新中心

行业产业类协同创新主要充分满足国家当前行业产业发展对关键共性技术的迫切需求，突出行业影响力、对行业共性关键技术所做的贡献程度等，体现攻克行业产业共性关键技术，强调高校与行业企业的协同。先进航空发动机协同创新中心于2013年被认定为首批国家级"2011协同创新中心"，该中心围绕国家重大需求，不断完善协同创新组织模式、改革人员考核与绩效管理制度，取得较好的协同增效，在面向行业产业类协同创新模式具有一定的代表性，现将其建设模式及运行机制创新分析如下。

（一）协同创新需求与目标

面向我国航空发动机行业的紧迫需求，攻克制约我国航空发动研制的几大共性关键技术，培养行业拔尖创新人才，为我国航空发动机实现由测绘仿制到自主研制的转变提供技术和人才支撑。

（二）协同创新组建方式、协同创新模式及特点

第一，围绕完整的航空发动研制创新链，整合国内航空发动领域优势单位。该中心由北京航空航天大学（航空发动机专业是国家首批博士点，学科排名全国第一，拥有该领域国内唯一的"航空发动机气动热力国防科技重点实验室"、面向全行业唯一的"航空发动机数值仿真中心"，该领域3个国家级创新团队、2名院士、4个973首席均在北航）和中国航空工业集团（我国研制生产航空发动机的唯一特大型国企，自行研制了我国目前最高水平的航空发动机产品"昆仑"及"太行"）联合牵头组建，以西北工业大学、南京航空航天大学为核心协同层，以中科院工程热物理所、清华大学、上海交通大学、西安交通大学、浙江大学、空军工程大等为外围协同层，形成"2"（北京航空航天大学+中国航空工业集团）+"X"（西北工业大学、南京航空航天大学、中科院、其他高校）的协同格局，采取相对独立的实体运作模式。

第二，完善协同创新组织模式，满足国家重大需求。该协同创新中心根据不同时期的创新需要，其创新组织模式先后经历了项目单项合作、共建基地及系统协同创新等不同阶段，详见图13-15。项目合作阶段实现了航空发动机研制单项关键技术的攻关，形成了技术积累，打造高端的创新人才及队伍，但这时的系统

协同还不够，集成能力欠缺，创新资源也未能实现物理上的集中，创新资源利用率不高。共建基地阶段实现了创新资源的物理集聚，建立起全行业的创新平台，实现创新资源的物理集中，跳出了单个项目的合作模式，以"人才""技术""资源"三位协同为目标，提高了资源使用效益，但整个协同创新体系的运行机制还不够完善；协同创新阶段围绕国家任务，重点突破了协同创新的体制机制，实现优势创新资源的高度集聚、共享，协同各方优势互补、协同攻关，全链条设计、系统集成协同创新更加明显，通过航空领域优势高校与行业龙头企业的产学研协同，实现高校在应用基础研究优势与工业企业在工程应用研究优势的结合，预先研究与型号研制之间的良好衔接，构建了我国航空发动机自主研制的完整创新链条，提高了创新效益、加快了创新进程。先进航空发动机协同创新中心协同创新发展阶段演变过程详见图 13 – 15。

协同创新效果	在某一方面从理论到工程应用实现单项突破，凝练了团队，攻克了众多单项关键技术；但系统集成与多学科协同不够，创新资源还没有实现物理上的集中	建立起全行业的创新平台，实现创新资源的物理集中，但整个协同创新体系的运行机制还不够完善	突破协同创新的体制机制，实现优势创新资源高度集聚、共享，协同各方优势互补、协同攻关，满足国家重大需求
协同创新发展阶段	项目合作 ⇒	共建基地 ⇒	协同创新
协同创新特征	项目牵引，技术推动，产学研合作，以联合承担项目为主要目标，围绕某一技术问题纵向协同"一竿子插到底"	共性需求，新建基地、汇聚资源，以"人才""技术""资源"三位协同为目标	国家任务导向，体制机制创新，全链条设计，系统集成创新

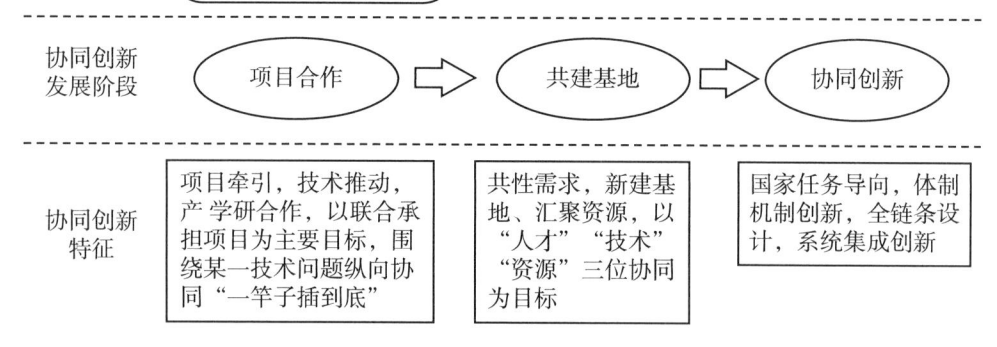

图 13 – 15　先进航空发动机协同创新中心协同创新发展阶段演变过程

第三，创新科研评价机制，构建适应行业产业创新的科研评价体系。为克服当前高校科研评价体系的不足，建立起了适应行业产业创新注重创新质量与创新实际贡献、以需求为导向、重在实际应用的科研评价体系，该中心成立了独立于中心之外的技术评审委员与学术评审委员，技术评价委员会由行业部门专家等组成，学术评价委员会由国际知名学者组成，实施分类评价，采取第三方评价方式。评价体系从重大任务、支撑行业、团队建设、学术影响和国际交流五方面对协同创新团队进行评价。在上述五方面评价中，侧重重大任务和支撑行业两方面（权重占65%），兼顾科研工作的学术影响、团队建设以及国际交流情况，以团队任务书完成工作量和完成质量两方面为标准进行综合评价。

第四，基于虚拟股份制，完善实施绩效奖励制度。中心对协同单位的经费拨款按照虚拟股份制分两批次（任务绩效、成果绩效）进行；采取任务绩效与成果绩效相结合的团队型考核方式，任务绩效根据任务进度发放，成果绩效根据年度考核发放，鼓励不同类型的创新，形成激励机制，激发创新活力，增强团队协同，满足重大科研任务需要。具体执行过程为：中心和协同单位签订任务书，年度经费预算分两次划拨，第一笔为任务绩效，根据各协同单位的任务量及完成情况按月发放；第二笔为成果绩效，根据年终行业评价委员会和国际评价委员会的评估结果，按照各协同单位的科研贡献情况以及完成任务量情况一次性发放。动态调整的虚拟股份制调动了协同单位的积极性；和任务成果相关的绩效奖励，激发了科研工作者的积极性。

第五，校企协同，定向培养行业急需人才。北京航空航天大学和中航发动机控股有限公司围绕航空发动机重大科学与技术问题，以工程型、学术型、系统级三类人才培养为核心，在学历教育中，成立"吴大观班""中航高级人才班""学科交叉班"，在专业培训方面按"入行""专业""系统"三个层次，产学研采用校企结合建立了以质量为核心的航空发动机创新人才培养体制和机制，培养满足国家航空发动机行业产业发展急需的高端创新人才。

三、面向区域发展协同创新：辽宁重大装备制造协同创新中心

区域发展类协同创新要充分体现满足地方经济发展的迫切需求，突出地方特色，突出服务区域经济社会发展的实际贡献与质量、区域发展的迫切需求等，体现服务区域经济发展的支撑作用，重大地方特色，产学研结合，政府支持。辽宁重大装备制造协同创新中心于2014年被认定为国家级"2011协同创新中心"，该中心在面向区域发展类协同创新模式上具有一定的代表性，其提出并实施的"住校建院"模式是其体制机制创新的核心，是取得重要协同成效的关键，其"住校建院"协同模式打造面向区域协同创新的典范，现将其建设模式及运行机制创新分析如下。

（一）协同创新需求与目标

中心紧密围绕油气长距离输送、核能开发、交通与引水、资源与能源开发、航空航天等工程的国家重大需求，探索高校可持续创新的长效机制和企业原始创新能力快速提升的新途径，突破高端压缩机组、百万千瓦级核电站核主泵、大型

掘采机械、高端起重机等重大装备及航空航天装备关键的零部件制造核心技术，协同研制出国际领先的重大装备产品，显著提升辽宁省重大装备的自主创新能力和国际竞争力，加速制造企业及其产品进入国际一流行列，促进辽宁省区域经济发展。

（二）协同创新组建方式、协同创新模式及特点

第一，组建实体运行的研究院，实现物理空间共享，创新资源高度集聚。我们常常看到很多区域产学研合作的协议只停留于纸面，很大的原因是距离遥远，集成困难。2006年5月，大连理工大学与沈阳鼓风机集团组建"沈鼓—大工"研究院，该研究院是在高校校内适应市场机制而诞生的区域产学研协同创新模式。研究院在大连理工大学科技园租用办公场所，首批聘任大工教授、海内外相关专家及沈鼓研发人员共38人，其中19人来自沈鼓集团。沈鼓—大工研究院首先在物理空间上集聚，使双方在日常交流、智力交互、文化营造等方面更加便利，更加有利于实体团队的建设和科研活动的组织。研究院强调校企科技资源的有效整合与共享共建。以企业产品开发为目标，学校开放实验室、图书馆、网络等科研资源，企业开放生产平台和产品加工等试验资源，共同用于联合科研攻关。

第二，坚持管理模式创新，打破校企体制机制障碍。研究院大胆创新，坚持以企业为主体、市场为导向原则，由企业领导任研究院院长，全面主持研究院运行发展工作，执行企业化规范与管理。研究院推行校企高层定期交流机制，联合对重大事件做出决策；推行平台管理专职化机制，互派专职管理人员实施交叉管理。学校将研究院视同为"校二级单位"，享有同等科研参与权益；沈鼓将研究院视同为科技研发部大连分部，享有科研管理特权。研究院设立校企合作专家委员会，统一对研究院科研工作进行总体把关与督办落实。

第三，以企业需求为导向，共同承担重大任务。联合实施项目是实现协同深度融合，进而实现协同增效的重要抓手，基于企业创新需求的项目将极大提升创新效果。研究院坚持践行"企业主导、项目牵引、谋求双赢"的科研管理宗旨，所有科研立项均以企业需求为前提，由企业主导确定重大装备产品的研发方向和任务。为凝练企业科研难题，实现校企科研力量的深度融合，研究院要求驻院高校专家必须完成驻厂调研时间任务（不低于3个月/年）。无论是企业委托的应用型科研攻关，还是联合基金的申请，研究院均强调规范管理和实时绩效，有的放矢地延展多学科交叉潜力，缩短科技产业化流程，大幅度提升了成果转化效率。

第四，创新科研组织模式，围绕关键创新需求组建团队。研究院研发团队主

要由高校学科交叉密切的教授和企业一线技术人员构成，对企业重大装备专用技术开展研究。在创新活动的组织上，从以单个技术为载体的"点"式项目合作模式转向将基础研究、技术开发到应用全线贯通的单一产品"线"式科研组织新模式，并逐步寻求将重大装备制造共性技术在区域内进行辐射应用的"面"式科研组织模式，形成线面并行的科研组织模式。创新组织方式的转变，使得校企双方的诉求由"迷离"走向"弥合"，进而形成协同创新利益共同体。

第五，以激发创新潜能为导向，实行"拟态考核"人事管理制度。开放式的"流动不调动"模式是目前多数协同创新中心所采用的人事管理方式，但沈鼓—大工研究院做得更为彻底。校企双方共同派人入驻研究院，执行跨体系人才管理与考评的"拟态考核"。"拟态考核"的对象主要包括企业派驻、学校专职和社会招聘三类人员，前两类人员与所属单位、研究院签订三方协议，校企均认可双方人员在研究院聘任期间的工作业绩，并保留原单位享有的相应权益和福利；社会招聘人员先选择所属单位，然后进入研究院，实行统一管理。研究院考核及晋职评聘以聘任期间完成企业任务绩效、平台建设综合表现等内容为主，经校企合作专家委员会认定后，其结果告知原共建单位，共建单位认可研究院认定的结果，同时参照原单位相应考评体系要求，落实研究院派驻人员绩效评价与考核。尤其值得指出的是，高校派驻到研究院的人员要完成驻厂调研任务，参与企业重大技术攻关，成绩按照企业考核方式进行考核，并由企业发放绩效津贴和科研奖励，高校则要认同企业考核结果。

第六，校企协同培养人才，实现科教高度融合。物理空间共享与科研组织深度协同使人才协同培养的平台更加牢固，学生培养和就业在校企之间完全打通，"复合型、应用型、研究型"创新人才培养成为协同双方的共同诉求。通过校企专家互聘、科研实践一体化等方式联手做实人才联合培养任务。研究院独立制订的人才培养方案注重创新思维、创新能力和实践教学的一体化，培养具有实战经验的企业一流科研骨干和人才梯队。同时，针对研究任务，定期开展本科生驻厂实训、企业技术骨干短期培训和硕士班培养等项目，解决企业方亟须人才培养、学校方教育与社会需求脱节的瓶颈问题，切实提升企业员工综合技术素养、学生产业界工作经验。

四、面向文化传承协同创新：司法文明协同创新中心

文化传承类协同主要充分体现满足国家智库建设，突出为国家重大决策提供支持的能力、对文化传承创新的推动作用，重在体现对国家智库建设的作用。司法文明协同创新中心为国家首批认定的"2011协同创新中心"，该中心在文化

传承类协同创新模式方面具有一定的代表性,现将其建设模式及运行机制创新分析如下。

(一) 协同创新需求与目标

探索科学的司法理论,建构先进的司法制度,促进公正的司法运作,培养卓越的司法精英,培育理性的司法文化,为推进依法治国、建设社会主义法治国家提供咨询建议。

(二) 协同创新组建方式、协同创新模式及特点

第一,积极吸引国家行政部门参与协同创新。文化创新的特点就是为政府部门的决策提供咨询,形成的创新成果能够在政府管理部门得到尽可能的应用。为此,该中心不仅整合了国内在法学方面的优势研究单位如中国政法大学、吉林大学、武汉大学等,并积极将中央及地方司法机关作为协同单位,涉及审判、检察、侦查、司法、律师、仲裁等,使中心的协同创新能够与政府的决策建立无缝衔接。

第二,突出对咨询报告、决策建议等研究成果的奖励。为鼓励中心的协同创新能够更好地应对政府部门对高质量咨询建议的需求,中心在重视对学术研究成果奖励的同时,更加注重对研究咨询报告等实际性应用成果的奖励,专门制定了《司法文明协同创新中心"智库"建设管理办法》《司法文明协同创新中心资政育人与管理创新团队绩效考核管理办法》,将研究咨询报告纳入中心考核及奖励范围,要求每个团队每年提供不少于4篇政策咨询建议稿和4篇研究报告;不定期编辑《研究报告》报送全国人大、中央政法和国家司法机关、教育部等部门,为政府部门的管理决策提供参考。

第三,结合实践,培养应用型高级法律人才。创建了与司法文明建设匹配的司法精英培养机制,由协同高校名师和最高人民法院、最高人民检察院等协同单位资深法官、检察官授课,培养具有较高司法文明素养,适合司法实践需要的高级法律人才;立足服务社会,开展了理性司法文化的培育工作,以司法人员为主要对象,开设了司法文明法官论坛、司法文明检察官论坛、司法文明律师论坛、环境司法论坛等培训活动,同时开展职业教育。

总之,"2011 协同创新中心"运行实践为高校协同创新体系重构探索出了新的模式,提供了新的经验启示。"2011 协同创新中心"在有效解决高校面向行业产业协同创新时面临的创新团队组建难、创新资源难以整合、高校科研与产业脱节等问题上开拓了新途径,为推动高校面向行业产业协同创新探索了经验。

一是注重通过以体制机制改革为重点,突破了长期以来制约高校协同创新的

制度障碍与体制机制壁垒,解决了长期以来高校与高校之间、高校与其他创新主体之间由于体制机制障碍造成的资源分散、人员流动困难等问题,实现了创新主体间的真正协同。

二是构建出了一种以需求为导向、注重创新质量与实际贡献的协同创新体系,改变了长期以来高校创新活动惯于"有什么,做什么"、自下而上争取项目、满足考评与晋级为导向的科研组织方式,实现科学研究向服务国家重大需求和经济社会发展实际需要为导向牵引的转变,改变了原有把产出论文、专利、著作、奖励等当成科研工作最终目标的科技评价方式,建立起了能够满足重大创新任务需求、切实解决实际问题的多学科交叉、多单位协同、多资源集聚、全方位设计的新型科研组织模式,开展有组织的科研,提升高校解决重大技术问题的能力。

三是政府积极参与指导高校协同创新体系的建设,引导高校的协同创新活动更加聚焦国家重大需求,特别是在一些国家战略性布局需要,又难以依靠市场机制进行引导的重大前沿科学需求领域,加大了政府支持与投入。此外,政府形成了资金、政策相结合的双重支持体系,在提供资金保障的同时,更多地注重从政策上赋予高校更大的改革自主权和创新空间,从根本上解决制约高校协同创新的体制机制问题。

四是探索出了学科发展、科学研究、人才培养三者相互促进、螺旋式发展的高校协同创新能力提升模式,升华了高校协同创新能力的内涵。原有高校创新体系建设,强调更多的是提升高校科技创新能力,"2011协同创新中心"建设将学科、人才、科研"三位一体"能力提升于一体,真正实现了科研与教学的有机结合、学科与科研的互动发展、学科建设水平与人才培养质量的相互提升。

第四篇

科研团队协同创新

随着技术创新学科交叉程度不断提高，仅靠个人研究力量很难满足科学研究需要。科研团队建设在科技创新中发挥着越来越重要的作用，发达国家大型企业及研究机构都非常重视科研团队建设，并力图通过建设一流科研团队实现技术创新领先。现阶段我国经济发展越来越依靠创新驱动，科研团队建设在我国创新体系中发挥着越来越重要的主体作用。从科技协同创新的微观基础来看，不同层面的科技协同创新最终都要落脚到科研团队层面的科研协作，团队层面的科研协作成效直接决定了其他层面的科技协同创新效率。大科学时代科研团队协作已成为常态，科研团队是高校、企业等创新主体科技创新的微观载体，科研团队有效协作对于提升学科建设水平，攻克重大项目的技术难关，创造创新性思维和成果具有重要作用。因此，加强科研团队科研协作机制的研究，探究如何提高我国科研团队科研合作效率，解决科研团队科研合作中的困境问题，设计高校科研合作机制对促进我国科技协同创新具有重要的理论及现实意义。

根据现实中我国科研团队合作的实际特点，研究把科研团队分为两类：一类是以长期合作为导向的高校科研团队，另一类则是以项目合作为基础临时组建的科研项目研究团队。本篇第十四章定义了科研团队的内涵，分析了我国高校科研团队建设现状，并以重大科研项目为例，探讨了其科研项目团队合作中主要存在的问题，深刻揭示了我国科研团队建设的现状与不足。第十五章研究科研团队合作困境的生成逻辑，分别阐释了我国高校科研团队及科研项目团队合作困境的生成逻辑，深刻剖析了阻碍科研团队合作的内生性原因。第十六章研究高校科研团队合作的影响因素，从理论及实证方面分析了科研团队合作的影响因素，重点探究了科研团队合作程度的影响因素，并进一步分析了科研团队角色配置对合作质量的影响。本章研究为设计协同创新机制，改善高校科研团队合作低效的基础性工作。第十七章基于前面章节研究，分别从科研管理部门完善科技管理体系，建设利益共享的高校科研团队学术生态以及建设良好的合作规则促进科研项目课题组间有效协作，整体上从以上三个层面设计促进科研团队协同创新的机制。本篇研究框架如下图所示。

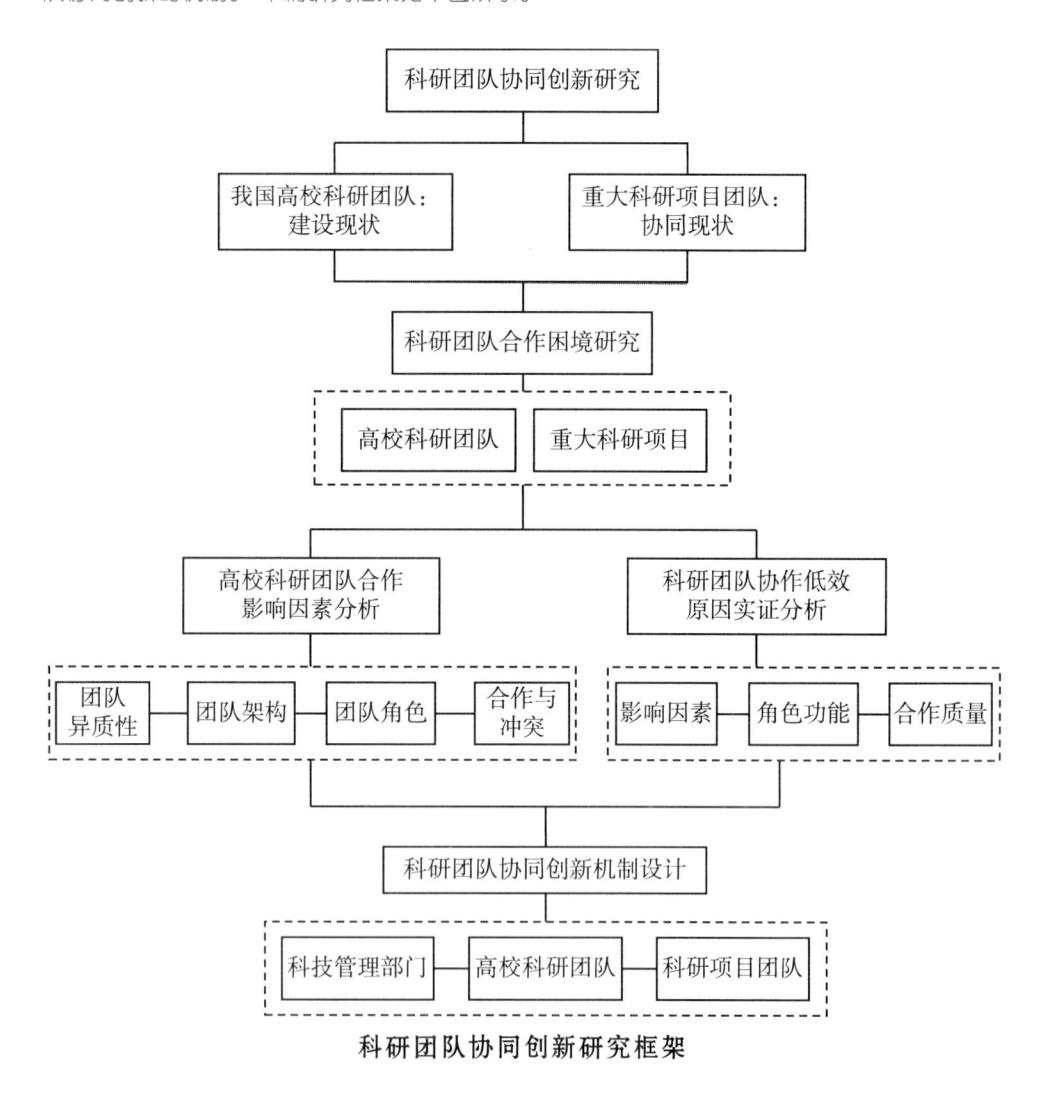

科研团队协同创新研究框架

第十四章

科研团队协同创新现状

第一节 科研团队内涵的界定

团队是管理学研究中比较热门的领域，国内外学者对团队已经有了比较充分的研究。团队一般是由三个以上的人组成的一种社会系统，人们将自己视为团队成员，团队成员间通过共同的任务将各个成员联系在一起。团队共同的目标是使一个共同体能够产生协同作用，团队总体效能远远超过每个成员的能力加总，团队中每个成员承担着不同的角色履行一定的职责，并有着独特的贡献（罗宾斯，2000）。根据团队目标和任务性质的不同，可以将团队分类为科研团队、营销团队、公关团队等。科研团队是由科研人员组成的团队，知识经济社会中科研团队是科技创新和人才培养的重要形式（沈炯，2004）。高校科研团队建设已经成为科研合作的重要内容，其团队成员在合作中通过知识、技术等资源的共享，有助于提高科研合作效率和科研成果的产出数量。而科研项目团队则是一种临时性的项目团队，相对于一般科研团队，科研项目团队规模一般较大，具有跨学科、跨组织、临时性等特征。

一、高校科研团队的科研合作

高校科研团队是基于长期科研合作研究,且团队成员相对稳定,它是众多科研团队中的一种,主要由具有科学合理的组织结构、科研规范和共同科研目标,在行为上具有互助作用的高校师生组成的正式群体,它是指处在一定的环境中,以科技创新为目标,由技能互补并愿意为共同的科研目标相互承担责任的高校科研人员所组成具有整体效能的系统。高校科研团队的科研合作多以优秀学科带头人为领导,以重点实验室或者工程技术中心为依托,以科学技术研究与开发为内容。团队一般拥有合理的学术梯队结构,人数不多但是技能互补,愿意为共同的科研目的、科研目标和工作方法互相承担责任。高校科研团队以科技协同创新为目标,团队具有团队负责人,团队成员多是由高等院校中的科研梯队、学术研究中心、实验中心等为代表的教师科研型群体组成,团队构建具有一定的自发性,团队成员的每一个突破属于团队创新。

二、科研项目团队的科研合作

项目团队是为某个项目而成立,具有时限性,工作成果具有一次性的特点,项目合作成员由来自不同部门的成员组成,合作项目吸收各个领域的专家,项目参与人间具有优势互补的作用(孟潇,2010)。基于科研项目合作组建的科研团队多以课题组形式运行,其中像国家各部委、国家自然科学基金委等以课题的形式将科研项目"发包"给承担者,项目承担者通过"竞标"的方式取得项目,承担者通过组建课题组对科研项目开展研究,项目成果在项目结题时通过"评估"的方式进行验收。课题组的"小项目团队"由课题组负责人领导,各课题组只有按照项目研究链条进行专业化分工,紧密配合形成相对完整的知识结构,才能共同产生前瞻性的研究成果。

在我国由于国家经常需要对重大科技项目进行攻关,因而组建各类重大科研项目团队。重大科研项目团队科研合作由不同课题组组成,课题组再由子课题团队或者直接由团队成员组成,课题组由课题组负责人领导,在各个课题组的配合和共同努力下,完成重大科研项目的目标,最后取得突破性的科研成果。我国重大科研项目团队通常由首席科学家统筹领导,重大科研项目团队由于项目的复杂性,团队较为庞大,并且具有跨学科、跨组织的特征,团队中又分为不同课题组,每个课题组相对独立,在完成项目的过程中需要课题组间进行有效协作。

第二节 高校科研团队合作存在的问题分析

一、我国高校科研团队建设总体现状

高校科研团队建设对于促进学科间的交叉渗透，产生新的研究方向和创新成果具有重要意义。近年来，我国高校科研团队在科技创新方面取得了很大成就和明显成效，为我国经济建设和社会发展起到了重要支撑作用，高校科研力量是我国创新型经济建设中的智力保障。我国高校科研团队建设，在人力、科技资源等方面具有一般科研机构不可替代的明显优势。近几年，我国高校科研团队建设得到了国家、社会和高校各方面的高度重视。国家自然科学基金委、教育部、科技部等部门先后启动了高校科研团队建设计划，各地方政府、各高校也在不同范围内启动了本区科研团队建设工程，积极推动高水平科学研究和拔尖人才培养。

近十年来我国以"国家自然科学基金创新研究群体""长江学者和创新团队发展计划"等形式直接投入高校科研创新团队建设的资金达 20 多亿元。科技部和教育部等机构通过诸如"985"工程、"211"工程、"2011 计划"等举措实施，极大地加强了高校人才资源、物质条件及信息资源方面的建设。2010 年国家中长期教育改革和发展规划纲要（2010~2020 年）明确提出要加强我国高校科研团队协同创新建设。各地方高校结合发展需要也积极探索基于科技协同创新科研团队建设，高校科技创新团队规模快速增长，推进我国高校建设高水平科研团队。根据国家统计局 2014 年数据统计，2014 年全国高校通过各种渠道共获得科研经费 898.10 亿元，同比增长 5%，是 2000 年高校科研经费的 11 倍。全国从事科研研发与试验活动的人员达 371.06 万人，其中高校从事科研研发的人员为 76.3 万人，全国从事科研研发与试验活动的人员比 2000 年的 4 倍还多，高校从事研发活动的人数是 2000 年时的 2.14 倍。全国研究机构达到 3 677 个，全国普通高等院校 2 529 所，高等院校下隶属的研究单位就有 10 632 个。近年来，由于国家及地方政府不断加大科技资源投入，并出台各种科技政策加强高校科研团队建设，我国高校科研团队建设取得了一定成绩。

但是，目前我国高校科研团队整体建设水平还有很大的提升空间，很多高校科研团队建设流于形式，没有建立完善的科研团队管理制度，团队中单打独斗现象还比较严重。现阶段我国真正意义上的科研团队为数不多，很多科研团队建设

多基于项目研究时才聚集，团队组建形式比较随意，依靠科研团队负责人临时直接召集，科研团队没有固定的办公工作地点。在科研项目研究过程中，科研团队名存实亡，基本上流于形式，科研团队组织形式松散，难以完成重大科研任务。很多科研团队甚至只有负责人作为真正的科研人员投入工作，其他成员全部由其学生构成，存在团队结构严重不合理等问题。

二、高校科研团队建设现存问题

高校科研团队是我国科技协同创新的主要力量，科研团队建设已成为科研协作的重要内容，目前我国科研团队建设存在的问题主要表现在以下方面。

第一，科研团队建设普遍缺乏长远规划。目前，我国高校科研团队在团队建设上普遍缺乏长远规划，导致高校科研团队很难实现长久性合作发展（杨冰，2010）。很多科研团队以申报项目为基础建立，项目具体执行过程中团队成员间合作松散。团队成员对于课题所研究问题是否最终得到解决，是否实现协同创新并不关心。

第二，团队成员之间分工不合理。科学合理的团队分工对于提高科研团队的效率至关重要。科研活动本身就是一个创造性的劳动，更需要合理分工来完成创造性的科研项目研究。高校科研团队要实现高效率的合作，就必须有合理的角色分工，让每个科研团队成员能够发挥自己的专业特长，同时达到人尽其才、优势互补的作用。当前我国高校科研团队科研合作中并没有做到合理分工，主要表现为团队成员多为申报项目时，由团队负责人或项目申报书撰写人做了临时分工，而在项目正式执行过程中，团队成员并未按课题申报中的分工承担起自己的角色，以至于在科研课题和科研项目立项后，科研团队成员很难"分头做好自己的事"和"合作做好项目的事"。

第三，科研团队成员内部学术交流水平偏低。学术交流是提高学术水平的重要途径，没有学术交流就难以产出高水平的学术成果。但是，我国许多科研团队为组建方便，团队成员通常具有相同学科背景，团队中不同学科背景成员之间缺少交流沟通。高校科研团队建设就是要让团队成员之间通过学术交流，减少学术偏见，提高科研项目合作效率。然而，由于低水平、重复性的科研团队建设现象较为严重，科研团队负责人也很少组织团队所有成员定期开展学术争鸣与讨论，团队科研项目研究基本都是按照团队负责人的思路执行。在具体项目执行过程中，团队成员之间合作交流也较少，各自为战，单打独斗的情况依然比较严重（Zaccaro and Rittman，2012）。另外，科研团队普遍缺乏对外合作交流。我国很多科研团队建立仅以申报项目为目的，很多研究团队根本不注重科研项目的执行与管理，更不注重研究技术成果转化，缺乏产学研协同创新的意识，与地方政府、企业之间的合作交流更是微乎其微，这严重限制了科研团队开展广泛的协同创新。

第四，科研团队发展缺少持续而良性动力。首先，在我国科研考评和激励机制下，科研评价体制注重第一完成人考核准则。导致在科研团队成员合作中参与的积极性普遍较低，打击团队成员合作的积极性。其次，在科研经费使用上，我国科研体制严格规定科研经费使用范围，科研团队不像企业那样可以自主地支配经费，科研经费不能用于激励科研团队成员的积极性，这些都导致科研团队成员不愿意全身心投入科学研究中。最后，从团队内部利益分配来看，目前团队内部尚难建立整体利益和个人利益、短期利益和长远利益平衡发展的自适应机制。另外，对于科研团队的管理，科研管理部门、高校、团队负责人常常"缺位"，在成员利益和团队利益无法有效融合的情况下，团队持续稳定的内部基础也无法形成。

第三节 重大科研项目团队协同现状分析

相比一般高校科研团队，由于科研项目团队是以项目为基础临时组建的合作团队，项目参与各方之间的紧密协作尤为重要（王志远等，2012）。本节重点以我国重大科研项目的合作为例，分析当前我国科研项目团队协同创新现状。

一、重大科研项目团队

当今大科学时代，重大科研项目需要跨学科团队成员组成，联合攻关才能完成重大科研项目攻关。我国重大科研项目有"973 计划"项目，"863 计划"项目，国家重大科技专项项目，国家自然科学基金委设立的重点项目、重大项目、重大研究计划等。其研究围绕国家战略需要，瞄准科技前沿和重大科技问题，为解决科学研究和社会生产中出现的重大技术性难题而进行单独立项的项目，是我国科技发展的重中之重。重大科研项目课题组是科研项目团队的一种，但又有其独有的特征。首先，重大科研项目通常需要集体攻关，不同于直接由团队成员组成的一般科研团队，重大科研项目团队由不同课题组组成，课题组再由团队成员组成，相当于大项目团队中嵌套了小项目团队的形式。其次，相较于一般的项目团队，重大科研项目团队的存续期较长，课题组之间强调长期合作。目前关于重大科研项目课题组的合作研究比较匮乏,已有的关于跨学科、跨组织团队的研究虽也较多,但由于着眼点不同,针对性不足,对重大科研项目课题组的管理借鉴意义有限。因此本章研究实地调研收集了 NSFC 重大科研项目合作的一手数据信息,分析研究重大科研项目团队合作存在的问题。

2014 年 7 月在 NSFC 相关管理部门的支持下,课题组对承担 NSFC 重大项目的团队开展问卷调查,研究设计调查问卷总共有 17 个问题,这些问题涵盖了问卷填写者的个人信息、参与重大项目的角色、对重大项目科研团队合作情况的评价以及对重大项目科研团队合作中遇到问题的认识。2014 年 7 月,本书将设计好的问卷通过基金委相关部门与华南理工大学、中山大学、暨南大学科技管理部门进行发放,共发放调查问卷 225 份。本次调查回收问卷时间截至 2015 年 3 月 31 日,回收问卷 198 份,其中有效问卷 191 份,无效问卷为未将信息填写完整,本章对有效问卷中涉及的主要问题进行了整理并分析其合作现状。

二、课题组间缺乏有效协作

目前,我国重大科研项目采用课题制的项目"承包"方式,项目承担者倾向于通过组建课题组或者项目团队来执行项目,这样就会导致大课题分化为几个小课题,课题的完成还依赖于课题组或者项目团队中成员的知识水平、努力程度和道德水平,所以课题组成员的选择会对科研产出产生很大影响。目前的状况是大课题中小课题组成员在执行项目时就像"盲人摸象"一样分开努力、各自为战,造成科研项目执行过程片段化,表 14-1 调研统计重大项目承担情况及合作状态。

表 14-1　　　　　重大项目承担情况及项目合作状态

对当前国家自然科学委重大项目合作状态的总体认识	是否承担过国家自然科学委重大项目				
	是		否	
	人数（个）	总体比例（%）	人数（个）	总体比例（%）
总体较好,不同课题组间合作比较紧密	120	10.0	132	15.0
总体一般,不同课题组之间有一些交流、合作,但合作程度有待提高	180	15.0	360	22.0
总体不好,课题组在研究过程中各自为战,研究中缺乏有效合作、交流	120	10.0	66	21.5

续表

对当前国家自然科学委重大项目合作状态的总体认识	是否承担过国家自然科学委重大项目			
	是		否	
	人数（个）	总体比例（%）	人数（个）	总体比例（%）
不清楚	24	2.0	54	4.5
合计	444	37.0	756	63.0

从表 14-1 重大科研项目合作现状来看，仅有 37% 认为"重大项目的合作总体状况一般，不同课题组之间有一些交流、合作，但合作程度有待提高"。其中认为"总体较好，不同课题组之间合作比较紧密"的总体比例只有 25%，认为"总体不好，多数课题组在研究过程中各自为战，研究过程中缺乏有效合作、交流"的总体比例高达 31.5%。较接受问卷调查的科研人员认为 NSFC 项目合作总体状况不好。

以上表明重大科研项目课题组之间普遍缺乏有效合作，重大科研项目在立项时，虽然分为几个不同的子课题，但是在子课题之间有很多需要集体攻关的关键技术，这些关键技术通常涉及不同学科领域，技术攻关所需要的资源也往往不能由一个课题组完全提供，需要不同子课题提供资源去协同配合完成，项目顺利完成离不开各课题组之间紧密协作。同时，重大科研项目在执行过程中的合作情况不容乐观，很多重大科研项目合作中各自为战，缺乏协同容易将重大科研项目人为分解为若干关联性不紧密的小课题，难以实现重大科研项目的立项初衷。在我国重大科研项目的组织模式一般采用集体攻关方式，由项目首席科学家领导整个课题组，课题组又由不同单位课题组组成。重大科研项目一般被划分为几个课题，课题之间紧密相连，相互协作。但是在当今重大科研项目的执行过程中，项目往往被拆分成联系不紧密的课题，每个课题由不同的科研团队主要负责，负责不同课题的科研团队之间联系并不紧密，缺乏合作与协同。

三、缺乏有效合作规则导致合作障碍

合作规则会影响科学家对科研合作的认知，对合作中共同行为准则的认知是合作行为产生的基础。课题组合作规则约定科学家在合作中对于共同承担责任、共同分享成果的认识，课题组的合作规则会决定合作效率。从调研结果来看，如表 14-2 所示，"不同课题组之间相对独立，课题组之间合作意愿不高，缺乏积极性"的人数达到占比 65%，认为项目负责人缺乏有效协调手段的比例为 45%，认为"在项目研究过程中缺乏对合作的制度性规定"的比例为35%。良好合作规则的形成一方面需要科学家具备事前的思维自觉性，另一方面需要科学家之间在实践中通过不断互动去培养。课题组有效合作也会受到合作课题组合作意愿的影响，如果在合作中出现了对抗、竞争、个人利益等问题的影响，课题组间合作就有可能会被削弱。重大科研项目比其他项目对科研团队成员间协同要求更强，对团队子课题间协同要求更高。课题组间合作规则会影响合作效率，同时也会影响合作能否顺利进行，因此，没有建立有效的合作规则是重大科研项目执行中比较严重的问题。最后，当今大科学时代，跨学科交叉科研合作已成为必然，尤其是重大科研项目任务为共同目标集聚在同一平台上的跨学科、跨院校团队研究，不同课题组成员之间存在较大的知识基础与知识结构的差异，如果不建立有效的合作规则，在这种情况下高校学科齐全、人才集聚集体效应不能够得到充分发挥，导致合作异化会阻碍科研团队发挥其自身积极性。

表14-2　　重大科研项目合作中存在的合作障碍

国家自然科学基金重大项目科研团队合作障碍	国家自然科学基金委重大项目中的角色					
	项目主持人		课题负责人		课题组成员	
	人数（人）	比例（%）	人数（人）	比例（%）	人数（人）	比例（%）
不同课题组之间相对独立，课题组之间合作意愿不高，缺乏积极性	85	50.1	176	63.8	519	68.7
项目负责人缺乏有效手段协调不同课题组之间的合作	71	42.3	104	37.7	365	48.3
在项目研究过程中缺乏对合作的制度性规定	54	32.1	113	40.9	253	33.5
不同课题组成员之间存在较大的知识基础与知识结构的差异	22	13.1	35	12.7	99	13.1

四、课题组合作中缺乏有效沟通

重大科研项目课题组之间倾向于用制度保证合作，但是合作各方在合作中都或多或少运用了正式和非正式的沟通机制，但是机制只能够保证交流行为的发生，却不能够保证在交流中实现交流的目的。通过调研统计结果显示，18%的科研人员认为"课题组之间几乎没有交流"，49%的科研人员认为"课题组之间在研究过程中有一些交流，但交流的效果有待改进"。因此，这表明我国课题组在合作中缺乏交流，课题组之间交流满意度不高。首先，在有效的交流中，课题组需要将要传达的信息正确、清晰地表述，课题组合作时，特别是涉及跨学科的合作，课题组对资源需求的表达通常是通过知识传递完成的，如果需求表达不准确，就有可能导致接受者解码错误。其次，有效的交流需要接收信息的课题组正确理解信息，最重要的是需要信息传递者和信息接收者要有一个正确的价值观念，如果不良的个人价值观念存在，导致科学家故意将信息表达不完整从而导致交流过程受阻，个人价值观念和跨学科等因素有可能会影响课题组之间的有效交流。

五、课题组间合作资源利用效率低

随着改革开放和市场经济的发展以及科研项目渠道的多样化，科研组织管理模式也逐渐从原来的计划任务模式转变为课题制模式。课题制的基本运行方式是国家各部委、国家自然科学基金委等以课题的形式将科研项目"发包"给承担者，项目承担者通过"竞标"的方式取得项目，承担者通过组建课题组对科研项目开展研究，项目成果在项目结题时通过"评估"的方式进行验收。随着科研课题分类的多元化和科研项目数量的逐渐增长，出现了科研项目重复申请的现象，重复资助导致科研产出具有同质化的倾向。另外，科研项目团队结构的扁平化和充分授权使得科研项目承担者倾向于利用自身声誉进行学术寻租，这样资深的专家只参与项目的申请而不参与项目的执行，降低了产出成果的数量和质量等。也就是说在课题制下，科学合作是解决重大科学问题的必要手段，而重大科研项目研究中缺乏有效合作会影响项目执行过程和产出效率。

课题组间合作资源能够有效利用与很多因素有关，如课题组对合作资源的依赖程度、科学家的能力、当前资源利用的技术水平等。课题组间合作资源的利用效率不高就会影响项目产出，我国重大科研项目虽然说合作机制使课题组之间的科学家形成了良好的合作网络，但是网络中的合作关系并不紧密，从而使网络资源的利用效率不够高。另外，在课题组的合作领域中，谁能够在资源交换的过程中有效地管理资源的利用，谁就能使资源的利用效率更高。合作的课题组都希望合作中共享的资源能够更好地为自身完成目标所用，就会尽可能地以合理的方式获取自身想要的资源，试图去影响合作规则从而降低资源利用效率。

第四节 本章小结

本章定义了科研团队的内涵，把科研团队分为基于长期合作导向的高校科研团队和基于项目合作临时组建的科研项目团队。第一，从我国高校科研团队建设现状情况来看，科研团队的建设在我国社会经济发展中起到了重要作用，但是科研团队建设现状也存在诸多问题。从科研团队内部运行现状来看，高校科研团队建设多以获取项目资助为短期目标，科研团队建设缺乏长远发展的规划考虑，在科研团队运行过程中，团队领导通常扮演多重角色，团队成员分工不合理，这些是我国科研团队建设中普遍存在的现象。第二，从科研合作项目存在的问题来看，以我国重大科研项目合作建设为例，课题组间协同创新中存在如下突出问题。首先，课题组间缺乏有效合作。科研项目组建时科研团队很多时候只以获取项目资助为目的，项目获取资助后项目团队以很松散的形式存在，缺乏协作攻关项目的意识。其次，缺乏有效的合作规则导致各种合作障碍，就完成项目而言很多时候是课题负责人指派完成具体子课题，团队成员间分工仅以子课题负责制进行分工，团队成员独立负责各自模块部分，研究过程中很少沟通合作。各子课题之间缺乏有效的合作。由于很多同一科研项目团队参与人学科背景相似，各子课题组之间合作比较松散，在项目进行过程中，更多是项目负责人说了算。再次，课题组之间科研团队对外均缺乏合作交流，缺乏不同学术争鸣协同创新的局面，因此导致科研团队建设没能形成有效的技术知识互补。最后，课题组间合作资源利用效率低。从科研投入产出可以看出，科研合作中课题组的资源利用率偏低。因此，从目前我国科研团队建设现状来看，需要进一步加强科研团队有效协作，促进科技协同创新。

第十五章

科研团队合作困境研究

在上一章对科研团队内涵作了界定，研究把科研团队分为以长期合作为基础的高校科研团队和以项目合作临时组建的课题组。因此，本章从以上两个方面分析科研团队的合作困境及生成逻辑，阐释了科研团队合作困境产生的原因。

第一节 高校科研团队合作困境原因分析

高校科研团队在其运行过程中，制约科研团队合作成效的原因主要体现为内外部因素，因此本节重点分析高校科研团队合作困境产生的原因。

一、重视项目申报而忽视执行

目前高校科研团队多重视项目申报工作不重视项目执行过程，项目申请时最关注的两个内容是团队组建和申报书写作。在项目申报环节中，项目申报书有固定的填写模板，由研究内容、研究意义和研究方法等部分组成。科研团队项目申报负责人会认真去构思框架，形成一套完整合理的研究路线和对技术问题的解决方法。

第一，为获得项目立项而虚拟申请信息。团队项目申报负责人为获得项目立项而虚拟申请信息，主要表现在以下两个方面：首先，项目申报时虚报团队阵容。项目负责人在撰写项目申报书时，会出现将既有项目团队中或者团队之外的知名专家列在申报团队之内，这些专家的成果数量、水平以及所拥有的资源条件使项目申报团队显得阵容强大，从而更容易获得资助，然而其中一些专家是没有办法实际参与项目的。这种情况在自然科学研究领域比较少见，但是在社会科学项目的申报中却有很多。其次，虚报项目预算。项目申报者在编制项目预算的时候通常会存在虚高的现象，在既有资源能够满足项目执行的情况下仍然会重复预算。对于自然科学类研究项目而言，实验和测试本身会存在不确定性，这方面的支出很难预测。为了项目本身而购置的设备、开设的实验室在项目结束之后会形成研究平台。但是如果将现有的平台资源列入预算就构成了资源浪费，导致项目最终预算偏高。

第二，科研团队在项目执行过程中低效。高校科研团队通常有完整的结构，项目立项后团队成员有具体的分工，但是团队中科研合作存在目的不一致的情况，跨地域、跨部门之间的资源整合面临着许多问题和困境。科研团队成员项目执行过程中低效的原因表现为：首先，信任基础不够牢固，科研人员之间要建立牢固的信任基础往往需要经过很多次合作磨合，没有信任基础导致科研人员不在意信息共享、成果共享、设施共享方面有所保留。其次，任务分工协商不一致，项目团队的每个成员往往都有一个明确的研究方向，综合型人才较少，每个科研人员在团队分工时的研究领域或多或少与原来方向存在偏差，同时也都希望优势的研究资源向自己倾斜。最后，成果归属的协商不一致，承担多个课题的科研人员有可能需要用大项目成果去支撑其他的项目，项目成果归属问题无法协商一致也会影响科研人员的积极性。

第三，项目任务执行进度不一致。科研中遇到需要共同解决的难题往往需要花费一定时间，然而团队成员能够妥协的时间不一定一致，在解决难题时需要团队成员集中精力、全力攻克，以积极的心态面对合作项目进展，大多数项目就是因为无法完全突破瓶颈而拖延进度。过去对合作困境的认识是制度供给不足，合作机构之间的权责和工作领域划分不清，这两者都指向现代科层体系划分不完善的问题。依据"理性"而设计出的"制度"和规则体系，对人们的实际约束也是非常有限的，即便法律法规有明确规定的范围，要做到协同处理也很难。所以，制度和规则对于促进集体行动中的主体达成一致、形成共识的作用也是有限的。在团队分配任务时，团队成员努力程度不一样，大部分团队成员都希望项目执行过程中的优势研究资源往自己的研究方向集中以保证自己的产出，他们在试图改变资源配置的规则，使合作困境在缺乏协同的基础上进一步强化。

二、团队领导机制过于简单

组织中领导职能在科研团队建设中具有重要作用，一支建制精良的科研团队应以课题为导向，需要引导成员树立集体攻关意识。我国科研团队的运行机制不健全最突出的表现就是领导机制过于简单。团队领导需要调动成员的积极性，促进集体凝聚力充分发挥，团队领导不是单一的个人，而是一个民主协商小组，团队领导对内应树立团队共同愿景，营造一种轻松、自由、合作的氛围，以便调动成员工作的集体认同感和工作积极性。我国高校科研团队领导机制经常表现为管理形式单一、行政化严重等倾向。这造成科研团队学术空间发展受限，不利于多维薪酬管理、激励机制、文化建设等的积极实现。

另外，高校科研团队领导过程极其简单。科研团队领导作用应定位于选定学科发展方向，与成员就团队目标、团队分工等达成共识，协调团队成员之间出现的冲突与分歧，促进团队成员之间的沟通、信任与协作。在我国高校科研团队中，团队领导经常行政事务缠身，既要处理行政事务又要进行科学研究，还要进行科研团队的领导与管理。造成团队领导将大量时间、精力用于获取资金支持与资源获得，团队内部科研工作缺乏长远系统的关注，对于成员间的利益分配、成果分享等内部管理问题重视不足。在具体领导过程中，团队领导通常按个人特长与兴趣从事科研工作，"缺乏战略思考能力，自由度高，不确定性大，与成员之间交流时间很少，创新目标牵引不足，因而很难产生大的科研成果，对整个学科发展也难以产生合力支撑"（杨炳君和姜雪，2006）。加之高校科研管理只注重科研成果，对于团队领导过程、领导方式没有相应的考核，造成高校科研团队的领导机制过于简单。这种简单化严重制约了科研团队绩效的发挥，制约着科研合作水平的提高。

三、团队运行机制不健全

高效的团队运行机制能够激发团队成员的创新能力从而凝聚团队成员，低效的运行机制会导致团队工作散漫，增加团队内部成员间的矛盾。我国高校科研团队运行机制存在以下问题。第一，科研团队内部运行机制简单。伴随着我国科技创新迅猛发展，高校、科研中心、企业分工越来越专业化，高校科研是基于基础研究层面的科技创新，它所关注的是未来市场长远的发展趋势。因此，踏踏实实做学问是目前我国高校科研的基本任务。但是由于受到科研评估体系的负面影响，学术浮躁问题越发突出。高校内部科研运行机制，激化了部分科研人员对功利性的追求，忽视了科研任务本身的重要意义。第二，缺乏培养高水平科研人员的机制。人才是科技创新中的重要生产要素，是科技创新的重要支撑。科研团队既要重视人才汇集又要注重人才有机合作，人才随着科技发展综合化而汇聚，很多重大课题的科研成果取得都需要人才集体合作来完成。第三，缺乏激励科研人员协作创新的机制。表现为高校科研团队成员目标认识不清，缺乏团队共同愿景，学习创新缺乏动力，团队对于个体的激发与激励程度不够，致使团队目标与个人目标相冲突现象多有存在。第四，团队建设缺乏科学批判的学术精神。科研团队成员间过分注重人际关系维持，讨论中习惯性地自我防卫，使得讨论难以达到一定深度，从而阻碍了团队智慧的发挥。团队成员过分服从权威意见与建议，缺乏有条理的怀疑批判精神。因此，容易导致一个人的结论变成团队讨论的定论。

四、团队科研资源受限

目前我国高校科研团队经费来源比较单一，高校科研团队经费来源主要集中在国家财政和教育主管部门，各种社会资源对高校科研投入的积极性不强，而仅靠财政科研经费拨款难以满足科研发展对经费投入的需求。虽然各级政府每年从科技经费中列出专项经费来支持科技团队立项和建设，但是由于经费有限，申请项目又多，导致政府难以有重点投入和支持，很多高校科研团队很难完成高质量的成果，影响高校科技实力提升和学科建设水平。由于缺乏自主的科研经费，导致所有开展的科研工作不得不围绕着国家科技经费的投入导向转向国家科技经费投入领域和科研方向，这样必然形成科研工作的趋同，进而在一些领域形成恶性竞争，同时导致高校科研团队难以形成自己的特色。另外，从高校本身发展来看，近年来由于受高校扩招影响，高校大规模进行基础设施建设导致经费运转困难，用于科技平台、学科建设和科技团队建设的经费更是少之又少。由于缺少经费支持，难以建成一流的科研基地，使一些很有发展潜力和特色的科研团队的科学研究工作不能很好地开展下去，并给高校人才稳定和人才引进带来较大困难，造成高校拔尖创新人才缺乏，在国际上有影响力的中青年学术带头人更是紧缺，有创造性思想的科技创新团队负责人匮乏。

五、没有建立有效的内部沟通机制

没有建立有效的团队内部沟通机制是高校科研团队普遍存在的现象，科研团队成员技术信息沟通不足，会导致成员对自身在团队中的定位认识不清。科研团队成员工作中缺少沟通，对科研团队整体目标实现状况认识不足，团队成员价值观不够协调一致，将会使团队成员对整体的认同力降低、合作效率下降。

首先，沟通管理上存在问题。沟通问题不仅包括科研项目中的任务分工、成果归属，最重要的还是知识交流，知识交流能够产生科学价值，往往好想法、有创造力的成果都是在思想碰撞中产生的，这是科研合作的真正意义，闭门造车很难出重大成果。然而，我国高校科研团队不仅缺乏交流，还缺乏促进交流的机制。在科研团队合作中，能够坚持长期持续的交流特别重要，缺乏交流会受到很多因素的影响，例如信任基础不牢固、缺乏协同工作的信息平台、缺乏跨部门的协同机制等。跨部门、跨组织沟通会受到对专业表达的理解限制，每个人的时间和精力有限，所熟知的领域必然有限，而不同学科的研究人员不仅在知识技能上有差异，其思维模式和世界观也有可能不同，思考问题的切入点和方向就会不一样，合作者对合作领域的了解程度会限制合作开展，不管在本领域的研究实力有多强，如果不能在专业问题上实现有效沟通，会影响合作的效果，使合作陷入困境，研究范式不同也会使科研合作在研究习惯形成和研究方案选择妥协上难以达成共识。

科研团队缺乏促进交流的机制，项目承担者和团队学术骨干必定在过去、在本领域曾做出过突出的学术贡献。但是项目负责人层面缺乏沟通，项目真正的执行者通常是团队学术骨干，渴望通过项目实现自身价值，但仅靠自身的努力是不够的，处于成长阶段的研究者急需专家的经验来扩大研究视野，经验交流的基础是信任和共享，利益导向的初衷使合作各方为了追求收益使合作行为演变成为博弈行为，阻碍了资源交流的正常进行。受这些因素影响，科研团队在合作中很难建立起高效的自律系统。

第二节　重大科研项目合作困境原因分析

与一般具有比较稳定性的高校科研团队相比，科研项目团队是以项目为基础而临时建立的，具有一定的特殊性。科研项目团队中资源交换效率对于团队完成项目具有重要作用，然而在规范化的项目生命周期中，在身份确定的项目生命周期关键要素中，研究影响科研人员合作意愿的动因，分析制约科研团队中资源交换效率的因素，揭示科研项目团队合作困境的原因。其中，重大科研项目团队由于项目的复杂性，团队较为庞大，并且具有跨学科、跨组织的特征，团队中又分为不同的课题组，每个课题组相对独立，在完成项目的过程中需要课题组间进行有效的协作。当前我国重大科研项目研究中较为突出的问题，如研究团队缺乏有效协同、研究成果碎片化、具有国际重大影响的原创性成果较少等现象。因此，对导致我国重大科研项目合作困境出现的深层次原因分析，阐述重大科研项目团队合作困境的生成逻辑，将有助于解决因合作效率低造成的诸多科研合作问题。

一、首席科学家资源非对称性依赖

科研项目团队课题组合作过程是资源动态整合配置的过程，重大科研项目课题组之间的资源整合方式有三种。一是课题组向资源需求方提供实验设备以保证项目完成；二是课题组向资源需求方提供上游成果以支持下游研究课题；三是课题组之间共享研究成果、信息等资源交互推进项目。一般而言，课题组之间合作主要基于两种目的：首先在资源配置方面具有相近规模的课题组间以合作方式共同推进项目完成，即"强强联手"。其次在资源配置方面具有很强互补性的课题组之间合作，为项目完成提供新的研究视角或硬件设施，即"优势互补"。在上述两种合作情况下，合作的最终目的都是实现不同课题组之间的资源高效整合（马伊里，2007；马卫华等，2013）。

第一种合作在不同子课题组之间拥有相似的资源，合作有可能会分享"规模经济"收益。但在强调学术优先权竞争中，拥有相近资源的子课题组之间，需要形成良好的合作规则，以及双方对长期利益的追求和坚持，才有可能实现有效合作。而现实中，过度强调唯一性，以及数量导向的科研评价体系导致学术优先权竞争异化，而对科学研究过度评价又加剧了部门、组织及个人的学术竞争及利益冲突（孟潇，2010）。造成拥有相似资源的"强强联手"合作模式往往难以为继，甚至竞争多于合作。在笔者对承担重大科研项目科学家的访谈中，也印证了上述观点，即研究实力相仿、领域趋同的团队之间合作往往难以有效开展。

第二种合作则是通过资源互补方式推动合作的前提，子课题组拥有的资源是重大科研项目顺利完成的重要条件。重大科研项目课题组中这种资源依赖结构决定了如果进行有效合作，将实现"优势互补"，获取"1+1>2"的合作收益。按照重大科研项目的学术研究链条，选择拥有互补性资源的团队进行合作也是当前重大科研项目联合申请的主要方式。

在各课题组实现其目标的过程中，如果某个课题组对其他课题组的资源依赖性很高，而其他课题组对它的资源依赖性却较低时，便出现了资源的非对称依赖。由于资源依赖的不匹配性，处于非对称资源依赖低端的课题组向其他课题组提出的合作要求往往会面临一系列困境。在重大科研项目合作中，课题组间的非对称性资源依赖实际上可以视作一种特殊的"资产专用性",即处于资源非对称低端的课题组对其他课题组资源的依赖性远远高于其他课题组,其研究工作将面临其他合作者不合作的机会主义风险,可能引发课题组间合作中的"敲竹杠"行为。按照相关管理制度,现行重大科研项目执行中都设有首席科学家,如果项目研究团队按照学术链条进行纵向分工,每个子课题组拥有的资源对重大科研项目顺利完成都至关重要。当前以项目级别为导向的科研评价体系,使重大科研项目具有重要的声誉价值,首席科学家在重大科研项目中将获取比子课题组更大的收益,重大科研项目对首席科学家团队的收益也将显著高于参与者的收益。此时,首席科学家实际上就处于资源非对称依赖的位置,其收益很大程度上取决于其他课题组之间的有效合作。首席科学家也面临其他合作者不配合的机会主义风险。而学术优先权竞争的异化与科研单位过渡考核,更加剧了各种不合作行为出现的概率。首席科学家资源非对称依赖下合作困境产生的机理和路径见图 15-1。

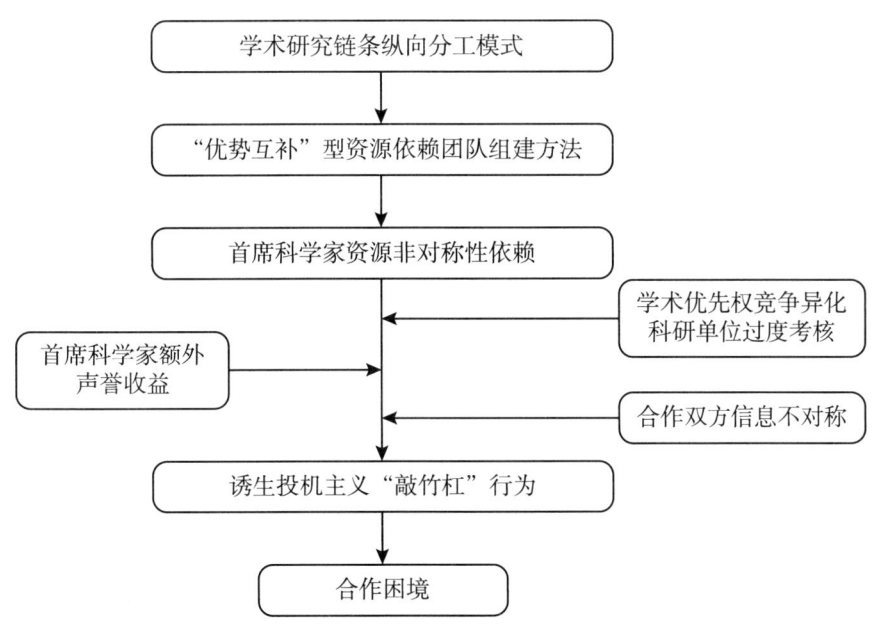

图 15-1 首席科学家资源非对称依赖下的合作困境

二、子课题组队组织认同难以实现

重大科研项目合作者之间的合作行为能否顺利进行,在很大程度上取决于课题组之间能否就合作目标、合作形式、合作收益建立起"组织认同"。组织认同是指组织成员在行为与观念诸多方面与其所加入的组织具有一致性，觉得自己在组织中具有理性的契约和责任感，以及基于这种心理表现出的对组织活动尽心尽力的行为（杨炳君和姜雪，2006）。能够形成"组织认同"，组织合作就会顺利进行。无法形成"组织认同"，组织合作就会陷入困境。

重大科研项目子课题的"组织认同"能否有效建立取决于课题组成员的科学家个体独立目标、对合作目标的认可程度与合作基础。第一，科学家需要在科研机构内通过承担项目、发表成果实现职位的晋升。重大科研项目组中科学家对"组织认同"首先取决于其对个人从事其他科研活动收益与在重大科研项目中有效合作收益的权衡取舍，如果前者收益大于后者收益，科学家很难形成对重大科研项目的"组织认同"，进而在合作中表现出功利主义倾向。第二，对合作目标的认可程度。在重大科研项目合作中，合作目标不仅是项目的总目标，还应是所有重大科研项目参与者共同接受或认可的目标，这种被大家认可的合作目标直接影响参与者在合作中可能获得的收益。但由于参与者分属不同利益主体，在学术优先权竞争异化以及科研过渡考核的背景下，科学家个人在短期利益和长期利益之间更容易偏向短期利益，使每位合作者对组织合作目标都有不同诉求，而最终参与者共同接受的组织目标往往又与重大项目立项时的初始合作目标相背离。第三，过去良好的合作基础，使合作者对相互性格、工作方式、利益诉求都有一定了解，提高合作双方的信任程度，有助于减少双方合作中的信息不对称，直接提升了科学家在今后合作中的预期收益，激励科学家更倾向于追求合作的长期收益。反之，如果重大科研项目组队时，子课题组之间前期没有较好的合作基础，在合作中信息不对称，容易诱发"道德风险"的出现，对重大科研项目的"组织认同"也难以实现。基于组织认同难以实现带来的合作困境产生的机理和路径如图 15-2 所示。

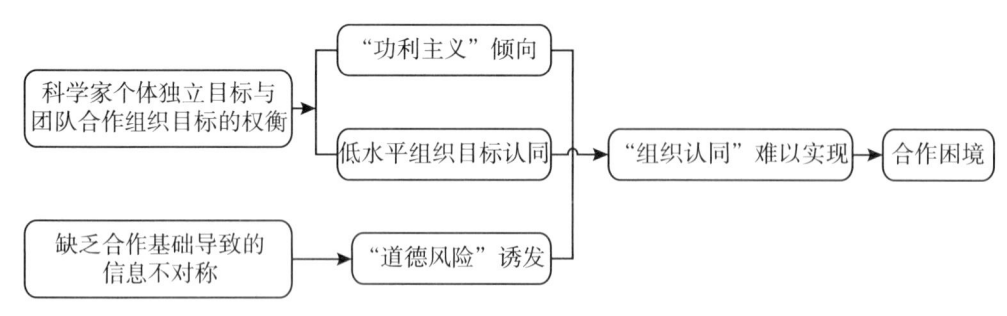

图 15-2　组织认同难以实现与合作困境产生的机理和路径

三、子课题组协商式的资源交换收益不确定性

重大科研项目课题组间的合作是资源共享与交换的过程。然而,课题组间的资源交换与市场条件下的资源交换有很大不同。市场中存在着一系列明确的交易制度和较为清晰的定价制度,资源的交换(或者说交易)依赖于市场机制。而重大科研项目子课题之间的资源交换缺乏明确的交易制度作保证,其更多依赖于社会性特征较强的协商机制,通过非合同契约关系缔结的合作关系,是一种"协商式的资源交换"(陈月娉,2015)。

与市场机制资源交换不同,首先,协商式的资源交换是合作一方产生资源需求时提供资源帮助。另一方要求的资源回报取决于其产生资源需求的时点,即协商式的资源交换具有回报延时性的特点。其次,协商式的资源交换的收益具有模糊性,收益方式有现时收益与未来收益两种,现时收益取决于另一方及时的成果共享,未来收益指合作一方付出资源后交换一种未来获得帮助的可能性。这两种收益都是不确定的,即协商式的资源交换的收益具有不确定性。重大科研项目子课题组之间合作回报延迟性与收益不确定性特点对合作行为具有不同方面的影响。

协商式的资源交换过程实际上是一种"资源分享—取得收益"的循环过程,其中收益主要体现为:一是成果共享后为自己研究工作带来的收益;二是良好的合作经历有可能在未来的研究中获得机会和帮助。有效的科学合作首先是建立在资源分享的基础上,充分的资源分享,进而产生合作收益,有效的合作正是在这种"资源分享—取得收益"不断循环中得到强化。由于"资源分享—取得收益"的循环链中有时间和空间的间隔,在合作双方信息不对称的情况下,率先进行资源分享一方将面临资源使用方"道德风险"的事后机会主义行为,进一步导致自身收益面临巨大的不确定性,直接降低协商式的资源交换的效果,使得合作双方就合作分工、资源投入与合作收益等一系列问题的协商面临结构性困难。如课题组在提供资源给另外的课题组使用时,其他课题组成果在质量和时间上都没有为资源提供者提供足够的产出,双方合作信任程度降低,进一步降低合作意愿,资源提供者就会实施中断资源分享的行为。而科学家个体独立目标的存在使其在合作中有可能会延误自己应当完成的内容,或者在产出时争夺成果的归属权问题,如果无法协商一致,资源提供者就会实施中断资源分享行为的举措。如果子课题组之间沟通机制不完善,也容易造成"资源分享—取得收益"链条的中断。协商式的资源交换特征造成的合作困境产生的机理和路径见图 15-3。

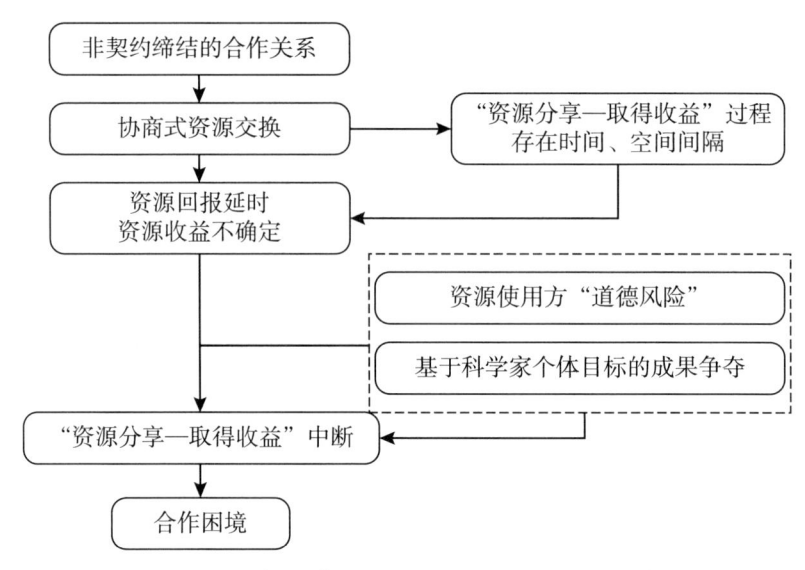

图 15-3 协商式的资源交换与合作困境的产生

四、有效合作规则形成的复杂性

在重大项目合作中，合作规则是指课题组之间对合作行为共同遵守的原则。合作规则必须建立在合作者对合作共同价值认可的基础上，无论是"强强联手"的组队方式，还是"优势互补"的组队方式，重大项目参与者都认同合作将会产生合作收益，但正如前面所述，合作规则是一个协商式的资源交换过程，而协商式的资源交换过程投入与产出在时间和空间上具有分离的特征，加之重大科研项目团队分属不同利益主体单位，参与人行为不受任何正式组织的单一理性支配。现行重大项目管理模式中，子课题经费与合作绩效并无直接相关，重大科研项目首席科学家在合作规则的谈判中并没有比其他成员更多的权利，首席科学家缺乏激励成员有效合作的手段。现实中一些合作较好的重大科研项目，更多是依靠首席科学家个人的人格魅力。在此背景下，在各自独立利益的参与者中通过谈判形成大家共同接受的合作规则，要么因巨大的谈判交易成本无法得到一个有效率的合作规则，要么形成的合作规则只能对子课题参与合作研究的形式有约束，而对合作质量没有约束力。

同时，重大科研项目子课题之间的合作规则决定了资源交换方式。在重大科研项目合作中，参与科学家不仅希望以最小代价获取其他课题的资源，更希望对合作规则进行操控，进而在资源交换中获取有利位置。而这种试图对重大项目合作规则的操控势必引发其他参与者采取相应的策略，其结果使得合作规则很难是重大科研项目相关管理制度中对合作设定的"初始规则"。这种合作规则形成过程中成员的控制与反控制不断博弈，最终导致重大项目合作规则的建立和认可过程始终处于一种随意选择和任意构造的过程，进而诱发合作困境。因有效合作规则形成的复杂性造成的合作困境的产生机理和路径见图 15 – 4。

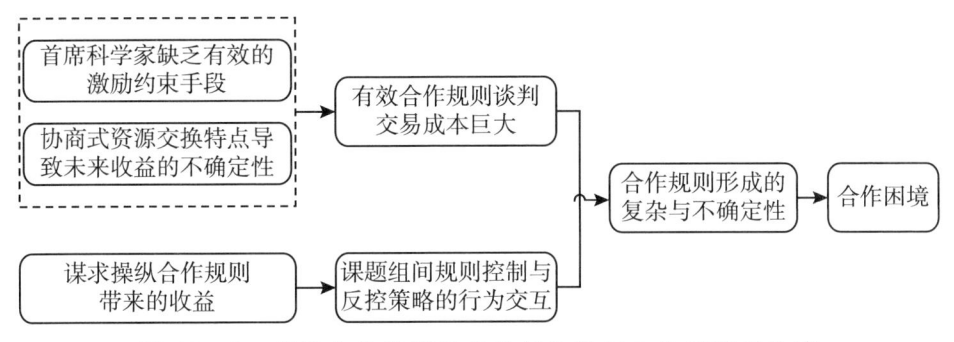

图 15 – 4　有效合作规则形成的复杂性与合作困境的生成

五、重大科研项目合作困境生成机理

虽然相关管理部门对重大科研项目都设计了较为详细的制度安排，重大科研项目的合作处于一种"组织化"状态，但同时，由于首席科学家资源具有非对称性依赖，子课题组队组织认同难以实现，子课题组协商式的资源交换收益的不确定性，以及有效合作规则形成过程复杂性四种因素的影响，重大科研项目的合作在微观层面又陷入无序中。

导致重大科研项目合作陷入"有组织无序"状态的四种因素，并不是单独发生作用，而是相互影响，共同导致重大科研项目合作困境产生。有效科研合作的本质是基于合作主体利益演化博弈，实现资源整合，进而获取合作收益的过程。由于重大科研项目多采用按照学术研究链条进行纵向分工的合作模式，势必导致子课题之间处于资源非对称状态，而在现行科研考核体系下，不可否认重大科研项目的首席科学家将获取比子课题成员更多的收益。科研合作本质是一种没有法律效力的松散合作，使得科研合作过程是一种协商式的资源交换过程，而协商式的资源交换的收益延时性与不确定性两大特征导致课题组参与科研合作的积极性或收益的实现更多依赖"组织认同"与共同认可的有效率的合作规则，而在学术优先权竞争异化与科研单位过渡考核背景下，重大科研项目子课题成员在追求个人其他工作利益与追求合作利益时，更加偏向短期利益，导致重大科研项目"组织认同"难以实现，尤其是有效率的合作规则难以达成。而不同利益主体之间在谋求对合作规则掌控开展的策略性行为，又使重大科研项目合作规则始终难以有效确立。重大科研项目中参与者的不合作行为就是在上述四种因素共同作用下，不断得到"自我强化"和"自我支持"。基于四种要素的重大科研项目合作困境产生的复杂机理如图 15-5 所示。

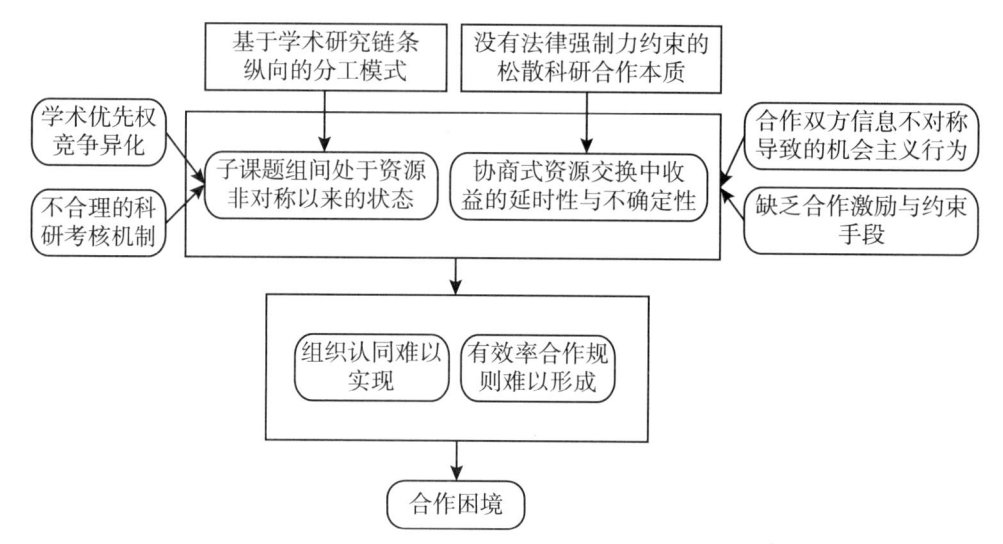

图 15-5　重大科研项目合作困境的产生

第三节　本章小结

本章分别基于高校科研团队合作困境的产生原因和科研项目团队合作困境生成逻辑进行分析。高校科研团队合作困境的产生原因主要有：首先，科研团队大多重视项目申报工作而不重视项目执行过程，团队负责最关注的两个内容是团队组建和申报书写作。团队项目申报负责人为获得项目立项而虚拟申请信息，而由于团队间缺乏紧密的合作沟通，团队成员项目任务执行进度不一致，导致项目在执行过程中极其低效。其次，科研团队在运行过程中，团队领导机制和领导过程都过于简单，简单的领导机制造成团队成员缺乏积极性，集体凝聚力没能有效发挥。简单化的领导过程严重制约了科研团队合作成效的发挥，限制了科研合作水平的提高。最后，科研团队运行机制不健全，科研团队运行经费来源渠道单一、团队内部沟通机制简单，不能激励团队成员协作创新，没能建立有效的团队内部沟通机制，这些都是导致科研团队合作困境产生的原因。

就重大科研项目合作困境产生的原因来看，重大科研项目在合作中参与各方各自为战，缺乏协同容易将重大科研项目人为分解为若干关联性不紧密的小课题，进而难以实现重大科研项目的立项初衷。本章分析了重大科研项目团队合作困境产生的原因。第一，科研评价体制不合理导致合作各方对资源的非对称性依赖。科研项目团队合作的发生，最基本诉求是资源共享，横向资源规模效应/纵向资源互补，在横向资源规模效应和纵向资源互补共享方式下，两种合作方式都会使合作双方产生资源依赖问题，也就是说，如果一方拥有的资源在规模上较大、种类较为齐全，那么另一方与其合作的可能性就会越大，如果合作双方在资源规模上差距越大，资源优势较弱的一方就会产生资源依赖，这意味着拥有资源较多的一方要承担更多的成本，这样就会造成合作困境。第二，决定合作能否顺利开展是合作各方能否对合作行为建立"合法性认同"，合作方对合作行为的"合法性"判断通常不是由固有的规则决定的，更多取决于合作方在制度约束下对合作行为有助于实现合作目标的效率贡献合理性判断，合作各方在各自的理性判断下达成共识，如果合作方的"合法性"判断不能达成一致，就会产生合作困境。另外，合法性认同无法达成一致导致在资源交换行动空间中出现一批试图操纵资源交换规则的行动者，使得资源交换过程遇到阻碍进而产生合作困境。第三，科学合作通常发生在基础研究领域，该领域具有跨学科、跨专业和跨组织性质，学科思维的差异使得知识的交流存在障碍，往往需要团队中有一个了解各个学科的人进行统筹，如果知识表达不准确或者接受者理解不准确，就会导致知识生产存在困境。另外，子课题组之间沟通机制不完善，容易造成"资源分享—取得收益"的链条中断产生合作困境。第四，重大科研项目合作中，参与合作的各方试图对重大项目合作规则进行操控，势必会引发其他参与者采取相应的策略，其结果使合作规则很难在重大科研项目相关管理制度中对合作设定"初始规则"。这种合作规则形成过程中成员的控制与反控制不断博弈，最终导致重大项目合作规则的建立和认可过程始终处于一种随意选择和任意构造的过程，进而诱发合作困境。

第十六章

高校科研团队合作影响因素研究

为深入探究科研团队成员不愿合作的原因，哪些关键因素制约科研团队的合作程度，探索具有什么特征的科研团队合作程度较高。本章从理论及实证方面分析了科研团队合作的影响因素，重点探究科研团队合作程度的影响因素，并进一步实证刻画了关键角色配置对科研团队合作质量的影响。

第一节 高校科研团队合作影响因素分析

科研团队合作各个环节及单元能否紧密协作影响着整个团队的运行成效，科研团队内部合作低效将使团队运行处于低效与混乱状态之中。目前与发达国家科研团队相比，我国科研团队还缺乏高效的运行机制，国内已有大量学者从团队层面研究了科研团队合作影响因素（陈春花等，2002；蒋日富等，2007），本章以科研团队合作过程为主线，探索了科研团队合作过程中的影响因素。

科研团队萌芽于目标和发起人，由团队成员构成，团队成员知识技能、人口统计方面的特征决定了科研团队的基础。形成横向与纵向的组织构架将直接带来团队合作成本，团队横向构架与纵向构架的规模将决定横向合作与纵向合作的难易程度，也即合作成本。团队领导风格与团队内角色配置，领导支持与团队内角色的完整性、均衡性将决定团队内成员合作的愉快程度，对团队合作氛围、合作关系网络的形成起到先导作用。尝试性的初次合作为后期合作奠定了基础，会刺激团队内惯性合作的形成，孕育团队合作的良好氛围，冲突得以化解，带来满意的合作绩效，团队成员的合作意识将在无形中得到提升，从而形成良好的合作型团队。以上从团队合作基础、合作成本、合作能动性、合作冲突等方面论述良好合作过程形成的逻辑顺序，逐个体现了团队内成员异质性、组织构架、团队角色、团队冲突四个方面，科研团队的合作过程逻辑如图16-1所示。

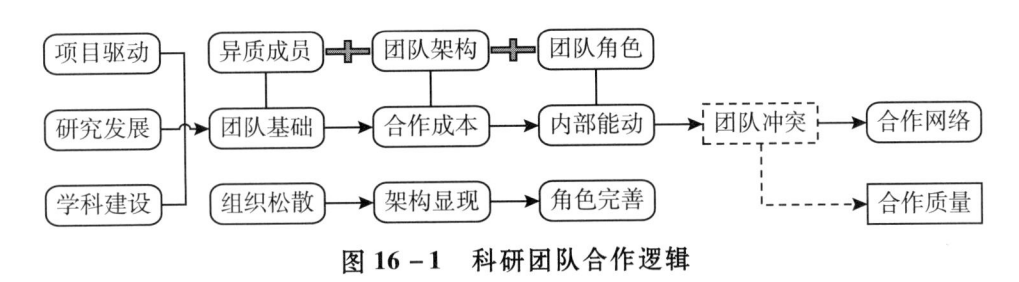

图 16-1　科研团队合作逻辑

一、科研团队异质性

当前我国科学研究中跨学科、跨学院、跨地区合作日渐增多，这印证了任务导向异质性带来的冲突在一定程度上被克服，而且有利于实现大范围内的知识融合、知识共享和技术创新。表明异质性也存在积极作用，异质性团队往往能激发各类不同想法的碰撞，所制定的决策往往具有全面、创新、质量高的优点，当然前提是克服过度冲突的障碍。另外，冲突有时也是可以避免的。我们认为人口统计异质性不利于团队内成员合作，降低合作意愿，容易诱发团队内的合作障碍，而与之相对的知识背景等异质性，因合作绩效质量高而有利于团队合作。关于科研团队异质性的研究模型如图16-2所示。

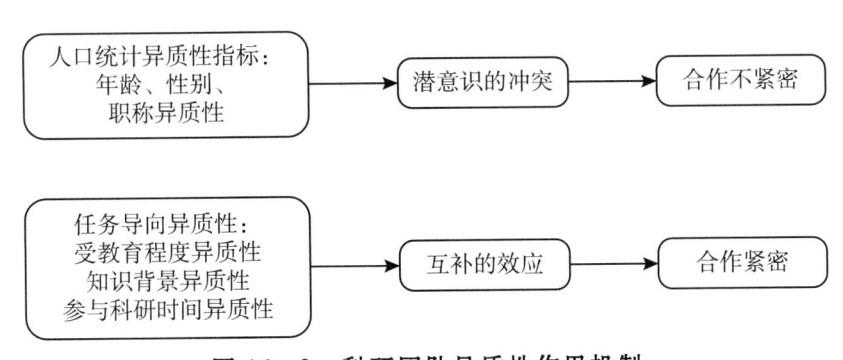

图 16-2　科研团队异质性作用机制

在团队异质性测度方面，异质性变量的性质可以分为连续变量与分类变量，连续变量测度的主流方法是采用标准差进行衡量，系数越高则异质性越强。分类变量则主要采用布劳（Blau）系数，是布劳率先用来测量团队异质性的。公式为 $H = 1 - \sum P_i^2$，其中 p_i 表示团队中第 i 类变量的比重，由公式可知这种方法的异质性结果在 0～1 之间，同样，H 越大表明团队的变量异质性程度越高。

二、科研团队构架

本书将团队组织构架纳入测度范围内，主要原因是考虑到团队构架对团队合作的协调成本，此处的协调成本主要指用于团队内实现顺畅沟通、有效分享知识、达成合作的成本，例如，不同团队间为实现知识共享、研究同步需要经常性举办会议，为会议所付出的时间、人力成本、物质即为考察的成本，那么组织规模是怎样影响合作的团队取得成果，这需要不同组员之间的沟通与交流（Nahapiet and Ghoshal, 1998），因此团队内部的知识界限与组织界限需要打破才能实现合作。同时，知识组合的多样化程度越高，越有可能带来团队的高绩效，当然也越可能降低团队内的凝聚力，付出团队内沟通与协调的代价，即由多样化、异质性导致的合作绩效与成本之间的博弈。协调成本产生及增加的机理做了三个方面的论述：不一致的研究动机、监管代价、执行体裁成本（Feldman et al., 2011）。

本章对高校科研团队组织构架的关注集中于三个方面：第一，组织内纵向构架层次：组织构架的纵向层级划分类似于企业内部的职务高低，高校科研团队中，纵向的构架可以分为领导人、学术骨干、小组负责人、学术辅助、博士、硕士等层级。第二，组织横向构架的数目与规模：对于组织横向构架的设置，高校科研团队容易以导师为小组进行划分，各个小组以该组导师为领导，形成科研小分队。往往在某些方法的运用上，各小组间各自偏一隅的独自钻研或者某些先进的通用方法也未能实现共享，导致各个小组重复用功或者难以突破自身研究领域。第三，有些资历较深的导师，所带领的学生数目严重超过其精力能顾及的范围，因此这些学生往往沦为无人指导的自学成才者，因此横向构架的人数数目也是需要考虑的重点。

根据以上论述，采用层级划分的方法可以测度纵向的沟通成本，在高校科研团队中，主要层级可以划分为学术带头人—学术骨干—小组带头人—辅助科研人员—博士研究生—硕士研究生。横向层级则采用团队内部门的数目或者小组数目进行衡量，综合纵横向的组织构架与交流情况作为团队整体协调成本具体组织构架对合作的影响机制见图 16-3。

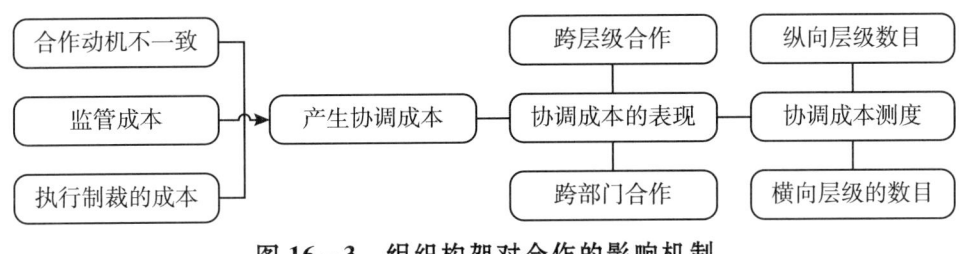

```
合作动机不一致                    跨层级合作        纵向层级数目
监管成本      → 产生协调成本 — 协调成本的表现    协调成本测度
执行制裁的成本                    跨部门合作        横向层级的数目
```

图 16-3　组织构架对合作的影响机制

三、科研团队角色

（一）团队角色分类

集体角色分类和鉴定依据是个人的性格特质，根据集体角色典型特征和在团队中的作用，贝尔宾博士归纳出了团队应该具备的九种角色，即执行者 IMP、协调者 CO、鞭策者 SH、智多星 PL、外交家 RI、审议员 ME、凝聚者 TW、完成者 CF、专业师 SP（Belbin，2010）。此外，贝尔宾博士指出每个人身兼两个角色，不同人有不同的集体角色倾向，而且团队内的角色特征与规模无关，因为一个人可以身兼数个集体角色，或者多个人身兼一个集体角色。以上所讨论的角色完整实质上仅仅是角色缺失的反面，二者均没有达到比较完整的角色状态，即角色完整和均衡：在角色完整的基础上，每个角色间没有出现过度重叠、重复和交叉，每个人在符合自身特质的岗位上充分发挥作用，各个角色间充分理解和支持，合作顺畅。

（二）科研团队角色与科研合作

团队角色的缺失，尤其是关键角色缺失会严重抑制团队发展。目前的科研团队中，大量的硕士研究生充当了方案的执行者，而科研的角度和方案的确立、结果的审核和测评只由少数几个小组负责人制定。长此以往，科研团队发展将会因缺少完善的方案和后期审核而难以创新，也难以促成实质性的合作，某些需要合作完成的工作会耗费更多的精力和时间，或者根本无法完成。角色匹配出现差错很大程度上会成为团队合作的隐形障碍。组织行为领域的研究发现，团队成员由于不适当的任务安排所引发的成员工作负面情绪，以及阻碍团队成员工作的一系列团队角色配置问题。在团队工作中，由于团队某些角色的缺失会导致某些任务需要花费更多时间与精力才能完成，或无法完成，导致团队的发展限制在某一程度，抑制团队绩效的提升。但相反的，某些研发团队会呈现出多个人身兼一职，产生这种情况的原因可能是这一职位非常关键，当然也存在一个人身兼多个职位的现象，一个人担当多个角色有利于保证研发的连贯性和一致性，使研究过程更加顺利和流畅。可知，团队角色重复可能是由于项目发展的需要，但也存在科研团队结构性的角色重复，即有些角色与职务角色相关，但科研团队成员无法胜任的情况，而这正反映了科研团队的短板：即简单重复性工作执行者过多，而复杂创新性活动执行者过少。具有合作功能的人群过少，实质性合作偏少。

（三）科研团队角色均衡界定与测度

贝尔宾的角色自测表（SPI）中定义角色均衡为：每个角色至少得到一个成员自测得到的显著高分。例如，一个成员自测后，得到的角色非常显著地指明其为凝聚者，且没有在其他角色上得分。同时，如果所有角色都没有显著地得到高分，那其他角色在一个可以设想的得分水平也可以接受。根据这些准则（Partington and Harris, 1999）提出三种方法衡量团队的角色均衡程度。分别采用与每个角色均值离差、角色倾向度离差两大类方法进行衡量。根据以上论述，提出科研团队合作影响机理如图 16-4 所示。

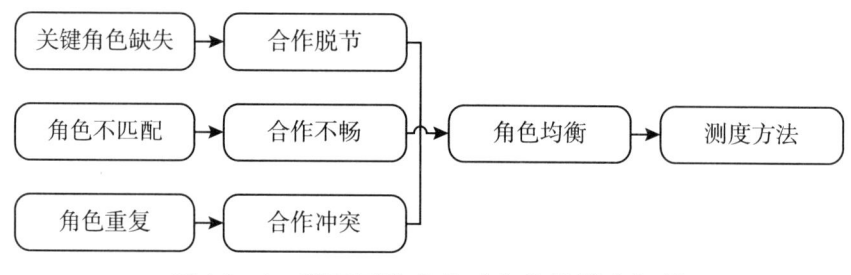

图 16-4　科研团队角色对合作的影响机制

四、科研团队冲突与合作

高校科研团队冲突分为关系冲突、任务冲突与过程冲突三大类（Jehn，1995），分别指人际关系不和、学术分歧、合作过程不顺。人际冲突来自成员间的性格、价值观不合，导致行为发生冲突，产生人际关系紧张，这类冲突对合作具有破坏性影响，会导致团队内成员非正式交往不畅，进而影响学术沟通。任务冲突起源于学术意见分歧，对团队而言是科研工作开展和交流的必经之路，这类冲突刺激团队内的知识沟通与交流，对团队合作起到积极正面的作用，也即建设性的冲突，有利于成员反思、沟通、激发创新思想，促进更广范围的交流，提升团队解决科研难题的效率。过程冲突表现为在合作过程中，流程和程序能否阻碍成员的思想和行为，沟通过程是否顺畅，团队成员表达自己的想法和意见的渠道如何。团队冲突贯穿于团队发展的始终，化解冲突、充分利用冲突的积极作用才能促进团队的协作，取得协同效应。实际上，在团队中关系冲突并不多见，大部分研究人员具有较高的科学素质，因此将不考虑关系冲突对合作的影响，而着重考察任务冲突与过程冲突对合作的影响。

五、科研团队合作影响因素的实证分析

本章调查数据来源于在 2013 年 12 月～2014 年 2 月之间对华南地区为主的高校中 450 人（200 个团队）进行的问卷调查。收到 275 份反馈问卷，回收率为 61%，经过整理后得到有效问卷 245 份，部分问卷未填写团队负责人姓名，因此无法搜索因变量，通过将同一个团队的问卷以团队为单位进行整合，得到一份问卷，如此操作之后，有效团队一共为 92 个。填写本问卷的团队情况具体如表 16-1 所示。

表 16-1　　　　　　　　样本团队描述性统计分析

团队特征	分类	数量（个）	比重（%）
学科领域	A. 工科	42	45.65
	B. 理科	15	16.30
	C. 人文社会学科	6	6.52
	D. 信息科学部	23	25.00
	E. 综合	6	6.53
团队规模分布	A. 10 人及以下	45	48.91
	B. 11~25 人	31	33.70
	C. 26~40 人	7	7.61
	D. 41~60 人	6	6.52
	E. 60 人以上	3	3.26
团队专职教师人数	A. 1 人	14	17.50
	B. 2~5 人	34	42.50
	C. 6~10 人	26	32.50
	D. 10 人以上	6	7.50

续表

团队特征	分类	数量（个）	比重（%）
团队成立时长	A. 3年及以下	29	31.52
	B. 4~8年	31	33.70
	C. 9~20年	28	30.43
	D. 20年以上	3	3.26

选取的控制变量主要包括团队规模、科研团队所属学科、科研团队成立时长以及成员加入团队时长四个主要控制变量。

（一）团队合作网络特征分析

以任一团队为例说明获取团队合作网络特征的过程：首先根据问卷中团队负责人姓名与团队骨干的姓名在中国知网和 Web of Science 数据库搜索 2009~2014 年的学术论文[①]，时间段为 2009 年 1 月 1 日至今，作为一个样本。然后将文章中所有合著论文的信息进行整理，通过 VB 编程，得到所有作者合作的矩阵表，进而在 Ucinet 中得到团队合作强度指标与合作网络图。利用以上方法得到 92 个团队的合作信息如表 16-2 所示。

表 16-2　　　　　　团队合作程度指标描述性统计

指标	网络密度	合作强度均值	合作总数	网络中心性	凝聚性系数	派系分析
平均值	0.228	0.456	680.186	0.184	0.585	31.070
方差	0.241	0.482	743.506	0.114	0.062	27.574
最大值	1.500	3.000	3 156.000	0.503	0.764	129.000
最小值	0.045	0.090	30.000	0.041	0.518	2.000

（二）问卷信度与效度检测

对问卷条款进行抽取，得到团队组织构架的 10 个条款、团队角色匹配的 5 个条款。团队冲突的 7 个条款，分为过程冲突与任务冲突两个部分，团队合作氛围测度的 5 个条款。运用 SPSS 的分析—度量—可靠性分析，并剔除 CITC 系数较低者，得到净化后的问卷信度检测结果如表 16-3 所示。

---

① 主要目的排除目前不在团队内工作的成员，考虑到团队内博士可能在团队时间为 5 年左右，因此选择从 2014 年往前推 5 年，即为 2009 年。

表16 –3　　　　　整理后的样本数据问卷信度检验结果

	代码	均值	标准差	CITC	删除该题项后Cronbach α 系数	Cronbach α 系数
组织构架	TVC2	3.310	0.914	0.604	0.759	0.799
	TVC3	3.690	0.835	0.500	0.778	
	TVC4	3.793	1.030	0.573	0.765	
	THC2	3.241	1.134	0.592	0.762	
	THC3	3.690	0.986	0.581	0.763	
	TSC2	2.966	0.850	0.480	0.782	
	TSC3	2.966	0.765	0.384	0.796	
团队角色	TRC2	2.552	0.723	0.462	0.697	0.730
	TRM1	3.690	0.649	0.414	0.712	
	TRM2	3.897	0.607	0.529	0.671	
	TRM3	3.759	0.677	0.580	0.648	
	TRR1	3.655	0.658	0.477	0.689	

运用探索性因子分析检验样本的结构效度，首先需要检测巴特利特球度（Bartlett）检验和 KMO 检验是否适合做因子分析。一般而言，KMO 值在 0.8 以上即表示很适合；在 0.7 和 0.8 之间表示适合；在 0.6 和 0.7 之间表示不太适合；低于 0.6 为不适合。Bartlett 值显著性概率小于 0.01，表示量表适合进行因子分析。运用 SPSS 17.0，得到如表 16 – 4 所示的检测结果。

表16 – 4　　　　样本数据问卷 Bartlett 与 KMO 检验结果

维度	KMO 值	Bartlett 值	Sig
团队构架	0.540	113.583	0.000
团队角色	0.704	30.921	0.009
团队冲突	0.689	88.170	0.000
合作氛围	0.765	77.463	0.000

结果表明以上部分适合进行因子分析，运用 SPSS 中的降维—因子分析，分别得到以下因子分析结果如表 16 – 5 所示。

表 16-5　　　　　　　样本团队角色匹配量表因子分析结果

测量条款	累计解释变异量（%）	因子1	因子2
TRM1	40.463	0.279	0.579
TRM2		0.234	0.706
TRM3		0.111	0.847
TRR1		-0.003	0.804
TRC1	60.634	0.779	-0.067
TRC2		0.824	0.213
因子命名		角色完整（TRC）	角色均衡（TRB）

表 16-5 显示团队角色的因子分析结果为两个因子，其中之一为团队角色完整，而其他四项为一个因子，主要包括角色匹配与角色重复，将其共同命名为角色均衡（TRB）。对团队冲突的因子分析结果见表 16-6、表 16-7。

表 16-6　　　　　　　　团队冲突因子分析结果

测量条款	累计解释变异量（%）	因子1	因子2
TTC1	50.311	0.202	0.807
TTC2		0.095	0.866
TTC3	66.683	0.567	0.395
TPC1		0.830	0.036
TPC2		0.627	0.292
TPC3		0.650	0.525
TPC4		0.929	0.100
因子命名		观点冲突（TCC）	规则冲突（TPC）

结果显示，团队冲突的因子与预先出现不一致，根据因子成分的特征，将因子1命名为观点冲突（TCC），主要针对团队观点与意见不一致时的处理方式，因子2命名为团队规则冲突（TPC），主要指对团队运行的各种明示与潜在规则的不同处理方式与态度。

表 16-7　　　　　　　样本团队合作氛围因子分析结果

测量条款	累计解释变异量（%）	因子1
TCA1	69.334	0.846
TCA2		0.842

续表

测量条款	累计解释变异量（%）	因子1
TCA3		0.902
TCA4		0.686
TCA5		0.871

以上因子分析结果与预想的有一定区别，综合为团队组织构架下的组织交流（TOC）、学术交流（TSC）、组织构架（TO），团队角色下的角色均衡（TRB）、角色完整（TRC），团队冲突的观点冲突（TCC）、规则冲突（TPC）。

（三）相关分析

通过以上验证性因子分析，得到了各个变量的荷载因子，通过乘以相应指标下的系数值，得到了各个潜在变量的系数值，通过对变量进行相关分析，能初步对各变量间的关系作出判断。相关分析中各潜变量测量值的计算方法是通过潜变量下各个指标的得分，经过各个荷载因数的加权平均值得到。对于团队合作网络的四个指标（除了合作派系数外）取自然数为底的指数函数运算，对于合作派系数则取每个值与平均值的比值。

表16-8相关性分析结果显示，团队异质性对网络密度、合作强度、中心性、凝聚性的相关系数为0.224、0.215、0.310、0.249。组织构架对合作氛围、合作网络、合作强度、中心性、凝聚性的相关系数为0.432、0.284、0.393、0.310、0.337；团队角色与合作氛围、网络密度、合作强度、派系分析的相关系数分别为0.576、0.434、0.556、0.427，团队冲突与网络密度、合作强度、中心性、凝聚性的系数均为负数，合作氛围与网络密度、合作强度、凝聚性的相关系数为0.642、0.557、0.321，初步证明了部分假设。

表16-8　　　　　　变量的相关性检测结果

项目	异质性	组织构架	团队角色	团队冲突	合作氛围	网络密度	合作强度	中心性	凝聚性	派系分析
异质性	1.000									
组织构架	0.128	1.000								
团队角色	0.091	0.458	1.000							
团队冲突	0.038	0.364	0.170	1.000						
团队氛围	0.064	0.432	0.576	0.189	1.000					

续表

项目	异质性	组织构架	团队角色	团队冲突	合作氛围	网络密度	合作强度	中心性	凝聚性	派系分析
网络密度	0.224	0.284	0.434	-0.197	0.642	1.000				
合作强度	0.215	0.393	0.556	-0.165	0.557	0.862	1.000			
中心性	0.310	0.147	-0.241	-0.066	0.091	0.344	0.291	1.000		
凝聚性	0.249	0.337	0.132	-0.005	0.321	0.507	0.499	0.429	1.000	
派系分析	0.017	0.107	0.427	0.042	0.020	-0.219	-0.206	-0.445	-0.538	1.000

（四）结构方程分析

采用首先提出初始模型然后进行拟合修正的方式进行结构方程的分析。在初始结构方程中通过 9 个外生显变量（如人口统计异质性、角色均衡等）来对 4 个外生潜变量（异质性、团队组织架构、团队角色、团队冲突）进行测量，设置 6 个内生显变量（如 TCA1、合作密度等）来测量 1 个内生潜变量（合作紧密程度）。具体模型见图 16-5。

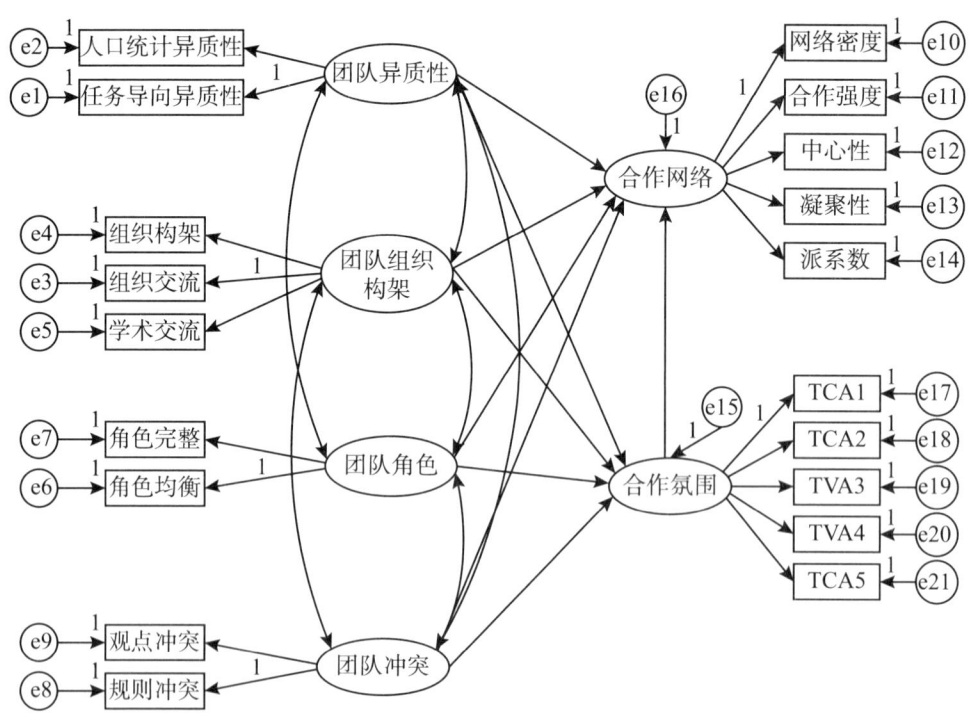

图 16-5 结构方程初建模型

模型拟合结果与最初设计并不十分吻合，进一步通过运用软件中的修改指标 MI（Modification Indices），根据经验与理论，删除团队异质性对合作氛围的作用和团队组织构架对合作网络的路径，得到了修正模型。结果表明，删除了部分拟合差的路径之后，其他路径的拟合结果分析如下。

第一，团队异质性对合作氛围与合作网络的拟合系数为 0.265 与 0.275，显著性均达到 0.01 水平，表明团队异质性对合作氛围与合作网络有显著影响。

第二，团队组织构架对合作氛围的拟合系数为 0.456，显著性达到 0.001 水平，表明团队组织构架对合作氛围有显著影响。

第三，团队角色对合作氛围与合作网络的拟合系数达到 0.305 与 0.456，且显著性水平均较高，表明团队角色状况对团队的合作有较强影响。

根据以上的结论，将四个潜变量分别细化为二级指标，得到完整模型。进行检验以后，发现部分假设得到了进一步的细分证明，删除不显著的路径：人口统计异质性<—合作氛围、任务导向异质性<—合作氛围、团队组织构架<—合作氛围、角色完整<—合作氛围、合作网络<—合作氛围，并作出调整，得到了以下两阶段的最终模型。通过修正后，得到的模型拟合度更好，具体结果见表 16-9，具体模型见图 16-6。

表 16-9　团队合作程度影响因素二阶段模型最终拟合结果

项目	路径	Estimate	S. E.	C. R.	P
组织构架交流	<—合作氛围	0.144	0.041	2.245	**
学术交流	<—合作氛围	0.375	0.023	4.222	***
角色均衡	<—合作氛围	0.331	0.031	6.342	***
观点冲突	<—合作氛围	0.321	0.042	5.223	***
规则冲突	<—合作氛围	-0.244	0.041	3.242	***
人口统计异质性	<—合作网络	0.214	0.034	3.556	***
任务导向异质性	<—合作网络	-0.138	0.033	4.731	**
团队组织构架	<—合作网络	-0.139	0.044	3.255	**
组织构架交流	<—合作网络	0.244	0.035	5.697	**
学术交流	<—合作网络	0.105	0.045	3.457	*
角色完整	<—合作网络	0.205	0.025	3.061	***
角色均衡	<—合作网络	0.237	0.027	3.223	***
观点冲突	<—合作网络	-0.121	0.033	3.442	*
规则冲突网络	<—合作网络	-0.139	0.040	4.822	*

χ^2 值为 190.3　df 为 94　χ^2/df 为 2.02
CFI 为 0.904　TLI 均大于 0.912　RMSEA 为 0.043

注：* 表示显著性 P<0.05，** 表示显著性 P<0.01，*** 表示显著性 P<0.001。

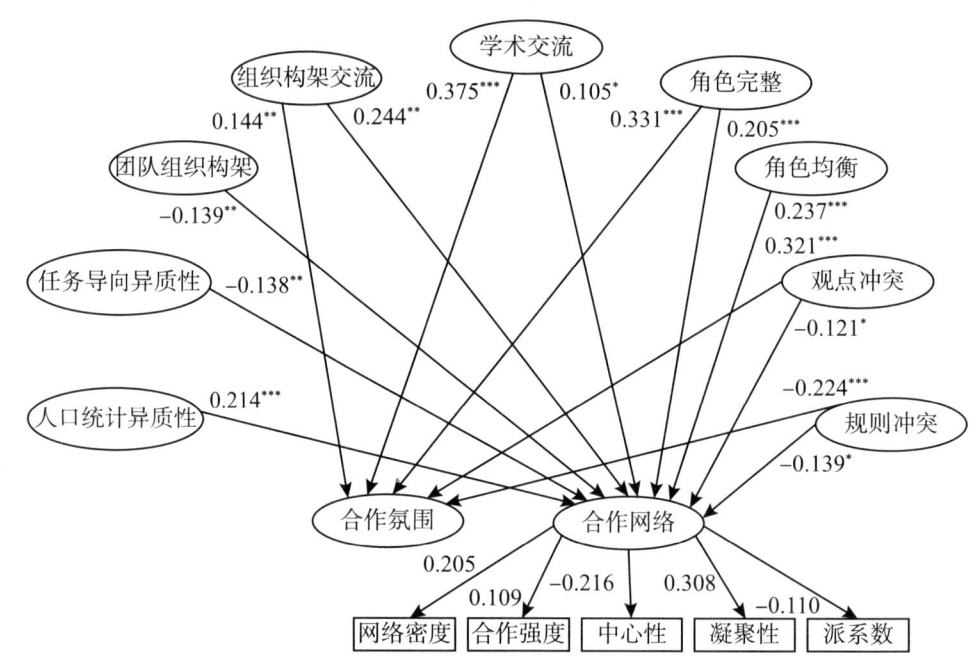

图 16-6　团队合作程度影响因素二阶段最终模型

注：* 表示在 0.05 水平上显著，** 表示在 0.01 水平上显著，*** 表示在 0.001 水平上显著。

（五）分析实证模型结果可以得到以下结论（见表 16-10）

表 16-10　　　　　　　　　实证研究结果

假设具体内容	结论
H1a：人口统计异质性对合作网络的紧密度起到负向作用	不成立
H1b：人口统计异质性对合作氛围起到负向作用	不成立
H2a：任务导向异质性对合作网络的紧密度起到正向作用	不成立
H2b：任务导向异质性对合作氛围起到正向作用	不成立
H3a：组织层级过多会对团队合作网络紧密度造成负向影响	成立
H3b：组织层级过多会对团队合作氛围造成负向影响	不成立
H4a：组织交流对团队合作氛围有正向影响	成立
H4a：组织交流对团队合作网络紧密度有正向影响	成立
H5a：学术交流对团队合作氛围有正向影响	成立
H5a：学术交流对团队合作网络紧密度有正向影响	成立
H6a：团队角色不均衡对合网络紧密度作起到负向作用	成立
H6b：团队角色不均衡对合作氛围起到负向作用	不成立

续表

假设具体内容	结论
H7a：团队角色不完整对合作起到负向作用	成立
H7b：团队角色不完整对合作氛围起到负向作用	成立
H8a：团队观点冲突对合作网络紧密度起到负向作用	成立
H8b：团队观点冲突对合作氛围起到负向作用	不成立
H9a：团队规则冲突对合作网络紧密度起到负向作用	成立
H9a：团队规则冲突对合作氛围起到负向作用	成立

基于前述实证分析，本书归纳出如下主要研究结论。

第一，团队所属学科对团队合作影响并不明显，成立时间短的团队凝聚力最强，表明团队在发展进程中忽视了凝聚力的培养，成员间的交流氛围有退化趋势。团队规模被证明对团队合作有显著影响，数据显示小规模团队（10人以下）在合作网络密度与合作强度上均优于大规模团队，25人以上的大型团队凝聚力是最差的，而且团队内派系数目最多。但同时，小规模团队显示出最显著的中心性，即小团队对团队中心成员的依赖性过强。

第二，人口统计异质性指标并不会对合作造成负面影响，普遍还存在正向作用，显示了当前高校科研合作的特色，高校科研合作存在普遍跨年龄层的师生合作。相反任务导向异质性存在负向作用或正向作用不显著的现象，表明高校科研团队内合作跨学科的发展并没有真正推广和实现，大科学时代的洪流并没有对高校固有的科研模式产生实质性影响。

第三，数据显示组织层级过多对合作紧密度有负向作用，表明层级过多或者小团队过多反而会造成割裂，不利于形成大范围内的整体合作网，在合作网络图中显示为小团队居多且呈现分散的形状，进一步揭示了目前科研团队合作的局限性。但基于组织架构交流与学术交流会在一定程度上削弱团队层级过多带来的弊端。

第四，团队角色完整性与均衡性被证实对科研网络密度具有积极且正向的作用，这一结论将科研团队角色完整性与均衡性这一隐性特质推至不容忽视的地位，科研团队领导者应开始关注这一潜在的隐形特点加以培育，促进团队发展自发的动态均衡能力，实现知识技能与角色匹配的自动适配能力，角色缺失与互补的平衡能力。

第五，团队冲突被证实不利于团队合作的紧密度，尽管科研团队的冲突并不激烈，但是也被证明对团队合作不利，冲突唯一的正向作用在于对合作氛围具有一定的激励作用，可以认为观点之间的冲突越激烈，团队的合作氛围就越好，但是实际促成的合作却并不多。关于冲突的研究证实高校应进一步重视对冲突的处理，尤其在团队规则方面，应注重与基层科研人员的交流，进一步规范和调整科研工作的程序、规则安排，使科研人员能全心全意集中精力在科研任务中，避免类似冲突带来的困扰。

第二节　高校科研团队角色配置对合作质量的影响

角色是一个抽象的概念，是个体在科研团队中体现出来的特征，而团队角色配置对团队合作绩效有较为重要的、实质性影响的特征。上一节分析表明科研团队角色缺失对科研合作具有重要影响。因此，本节通过识别科研团队的角色和功能，进一步研究关键角色配置对科研团队合作质量的影响。

一、科研团队关键角色与功能识别

已有相关文献研究科研团队关键角色和关键角色功能，英国管理学家贝尔宾于1981年提出团队角色模型，认为团队角色具有两种属性，职能角色属性和团队角色属性，其中职能角色是任务型角色，团队角色是在团队内部起到协调作用的角色。贝尔宾认为一个完整的团队应当存在八种角色，后经大量的研究与实证，于1993年确定了一个团队完整的九种角色：创新者、信息者、协调者、凝聚者、监督者、实干家、执行者、完美者和专家（Belbin，1981）。该角色模型提出以后不仅受到学术界的广泛关注和应用，众多学者将其应用到不同类型的团队中，验证其有效性。以贝尔宾团队角色理论模型为基础，结合Mumford的场景团队角色理论的任务活动、社交活动和跨边界活动三种划分方法和十种角色（Mumford，2008）。

科研团队具有科学探索、创新的特征，团队围绕具体任务目标特征，具有规模较大、成果要求集成性强的特征。这三个层面分别需要角色具有创新功能、任务功能以及协调功能。发挥创新功能的是创新者，发挥任务功能的是有塑造者、监督者、执行者，发挥协调功能的一般是协调者。基于这样最初的分析，笔者于2015年7月~2016年3月，实地访谈了华南地区3所高校（中山大学、华南理工大学、暨南大学）近20个高校科研团队，在相关文献研究的基础上，结合对科研团队的实地访谈，识别科研团队的关键角色，以及这些关键角色所发挥的功能。研究发现科研团队的关键角色及功能。就其功能来看主要是领导功能、任务功能和跨边界活动功能。其中，领导功能分为情感领导和任务领导两种，由于任务功能太过笼统，故将任务功能分为任务领导和任务完成两种。从而总结出科研团队的四种关键角色功能：情感领导功能、任务领导功能、任务完成功能和跨边界活动功能。其中，情感领导功能由凝聚者发挥，任务领导功能由塑造者和监督者发挥，任务完成功能由执行者、指导者和创新者发挥，跨边界活动功能由协调者和信息者发挥。

同时科研团队的关键角色有凝聚者、塑造者、监督者、协调者、信息者、指导者、创新者和执行者，发挥情感领导功能、任务领导功能、跨边界活动功能和任务完成功能四种角色功能，科研团队的关键角色和功能见表16-11。

表16-11　　　　　　　　科研团队的关键角色和功能

关键角色	基本解释	功能
凝聚者	统领大局，鼓舞士气，塑造团队凝聚力，团队的精神领袖	情感领导功能
塑造者	对项目的总体规划工作，明确项目重要节点以及项目应当完成的阶段性科研成果，分派科研任务与资源	任务领导功能
监督者	跟进科研进展，保证不偏离项目的研究方向；阶段性考察各个成员的科研成果，严格执行奖罚机制	
信息者	项目团队内外信息的搜寻，识别有效信息和利用信息	跨边界活动功能
协调者	协调团队成员科研活动，作为团队代表对外与项目负责人、其他成员汇报研究进展，沟通研究需求等	
指导者	指导团队中基础较差的科研人员，指导其他科研人员，如老师指导学生	任务完成功能
执行者	将思想和概念转变为实际的、具体的、有目标的工作和步骤，并执行	
创新者	提供新的思想和见解，如新的科研构想、策略、进程和方法等	

二、关键角色功能对合作质量的影响机理

上面探讨了科研团队四种关键角色功能对于科研项目成果、成效有着比较重要的影响，本部分将探讨科研团队的关键角色功能对合作质量不同维度的影响，通过探索这四种关键角色功能发挥的影响机理。

（1）情感型领导功能对合作质量的影响机理。情感型领导功能是通过影响团队成员的精神和情感来领导团队的，这与组织行为学中的变革型领导有着很大的

相似之处。伯恩斯（J. M. Burns）提出变革型领导和交易型领导的概念，变革型领导在学术界有着较为明确的定义，其倾向于凭借个人影响力塑造员工，让员工意识到其任务的重要意义，强调团队合作，建立相互信任的氛围，鼓励员工为了组织的利益而超越个体利益（Pillai et al.，2004；Walumbwa et al.，2005）。在西方主流理论中，变革型领导主要是通过领导魅力、感召力、智能激发和个性化关怀影响团队成员（Bass，1985），而国内学者则根据中国国情归纳出了愿景激励、德行垂范、领导魅力和个性化关怀（李超平等，2005）等几个方面。

通过对广东省高校科研团队调研发现，团队负责人作为项目负责人担任了组建团队的角色，较少团队谈及团队负责人对团队精神层面的领导，但同时又承认，团队负责人的个人魅力和素质是非常重要的，其能够使课题组团队信服，并心甘情愿组成一个项目团队，坚持完成科研项目。其实团队负责人对应到角色理论，是兼具凝聚者、塑造者、协调者等多种角色的存在，但主要是在发挥领导功能，这种领导功能表面上可能是基于学术和科研任务。团队负责人对任务的领导是非常宏观的，一般仅仅是大方向层面，实质上负责人更重要的是要让人信服，这其实是精神层面的领导，也就是我们的情感领导功能。调研中发现合作质量好的团队，一般对负责人的评价也高，合作不好的团队，往往对谈论负责人的问题避之不及。

我们认为情感型领导功能主要由凝聚者发挥，科研团队的凝聚者角色影响团队合作，主要通过以下几个方面实现。首先，凝聚者通过自身的魅力、高尚的品格、对工作的激情和热情等影响课题组以及团队成员对其产生尊重、仰慕、信任和愿意追随的情感（李超平，2014），凝聚者再通过提出振奋人心的共同愿景使课题组和成员产生组织认同（汤超颖等，2012）。组织认同是"个体根据某一特定的组织成员身份对自我进行定义的一种状态，或是一种归属于群体的知觉"（Ashforth and Mael，1989），对合作质量凝聚力维度的定义是团队成员对其自身所在团队的认同，故凝聚者角色通过产生组织认同提高了团队凝聚力。在团队产生组织认同以后，凝聚者还会通过精神激励，如强调每个课题组甚至是每个成员承担工作的重要性，描绘课题组和成员通过重大科研项目可以获得重要科研经验的积累、科研水平提高以及科研地位的提升等图景，从而激发团队的工作热情，提高工作的主动性，进而提高课题组和成员对重大科研项目的时间与精力投入，提高其努力程度（张崴和王续琨，2013）。凝聚者还会通过支持团队工作、鼓励分享和交流以及包容失败等方式创造良好的项目团队氛围，从而使课题组及成员产生合作意愿。同时，凝聚者角色的支持与包容也会使课题组及成员扫除担心和心理障碍，从而加强课题组间的交流、相互帮助与协作。科研团队发挥情感领导功能的凝聚者角色对合作质量影响的机理如图 16-7 所示。

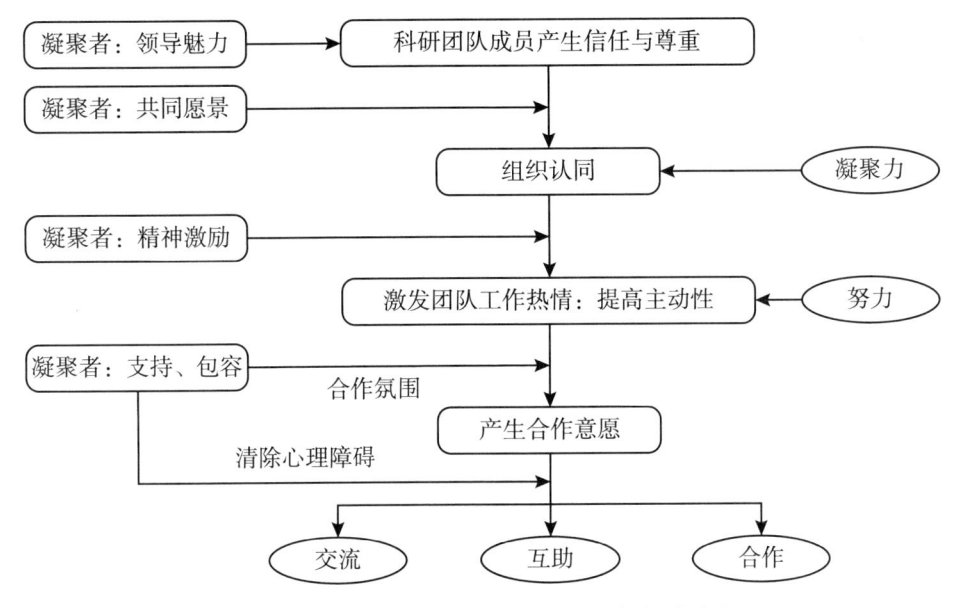

图 16-7　情感领导功能对合作质量的影响机理

（2）任务型领导功能对合作质量的影响机理。任务型领导功能主要是通过任务的规划、分派、执行、监督和反馈等理性管理手段领导团队。任务型领导与组织行为学理论中的交易型领导比较相似，交易型领导者是通过跟下属交换某些价值去建立某种联系的（Burn，1978），为下属安排任务，对员工进行绩效奖励等，特点是更加注重过程把控，注重时间和效能限制（魏峰等，2009）。学者对于交易型领导的研究主要分为两个维度，权变奖励和例外管理，权变奖励是指对团队成员完成任务的认可和奖励兑现，例外管理主要是监督和观察团队成员工作情况，及时纠正错误（冯彩玲和张丽华，2014）。

科研团队中任务领导功能主要由塑造者和监督者发挥，刚好也对应了任务领导功能的两个维度——权变奖励和例外管理。根据角色理论以及学者对于交易型领导的研究，结合科研团队的实际情况，认为塑造者角色需要对团队项目总体目标有准确的认识，根据目标对科研工作做出总体规划，明确项目的重要节点及需要取得的阶段性成果，充分了解每个团队的实力、能力和优势，细化分解目标和任务，将科研任务分配到每个课题组，并根据情况分配项目资源。同时，塑造者角色还应明确完成任务的课题组及成员获得的物质奖励，即进行物质激励，此外，塑造者还需接收课题组或成员的科研资源和科研支持的申请与批复，根据情况和反馈调整规划。监督者角色需跟进团队项目的进展，跟进每个课题组的科研进展，监督塑造者角色做出的科研规划和计划的执行情况，根据规划对课题组进行节点评审，接收课题组和项目组成员的建议，并将结果反馈给塑造者，此外，监督者角色还需建立清晰的评价标准和执行奖罚机制。

由于科研团队项目合作研究具有综合性和跨学科的特点，有些科研任务是单个团队所不能够完成的，此时团队会产生资源需求，由于塑造者支持合作行为，课题组会倾向于用合作的方式解决资源需求，即产生合作的意愿。同时，监督者创造了公平公正的团队制度，科研团队之间可以通过利益的交换满足相互之间的资源需求，并且不用担心自己团队的付出没有回报，这就促使了课题组之间的交流、互助与协作。科研团队发挥情感领导功能的塑造者和监督者角色对合作质量影响的机理如图 16-8 所示。

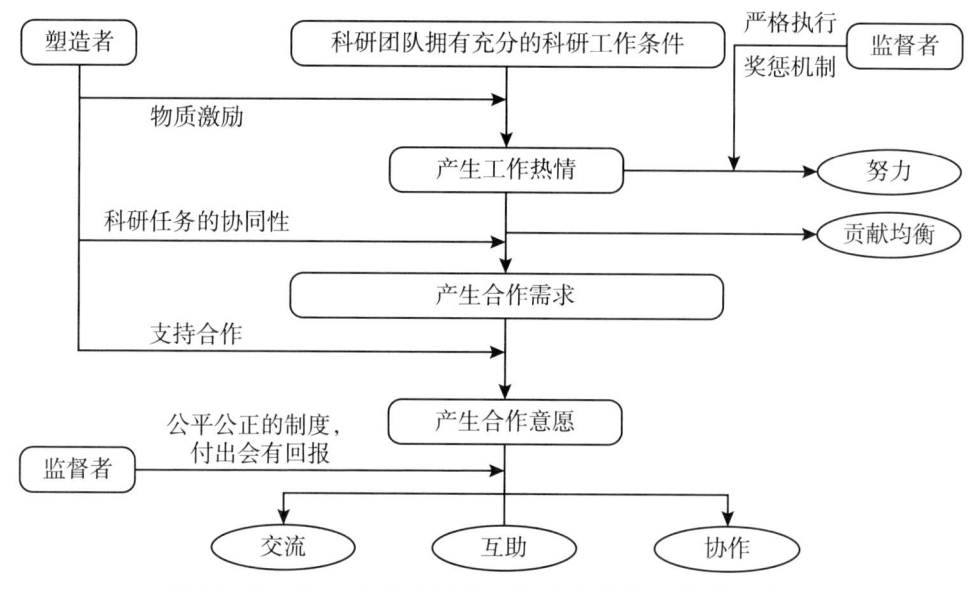

图 16-8 任务领导功能对合作质量的影响机理示意图

（3）跨边界活动功能对合作质量的影响机理。团队研究中团队成员跨边界活动（Boundary-spanning Activities）通常是以整个团队作为边界，团队为了实现绩效或达成任务目标，跨越团队边界，与外界环境中的相关单位建立联系和互动，主要包括履行团队外部代表功能、基于任务展开协调以及搜寻外部信息等（Ancona and Caldwell，1992；Marrone，2010）。通常认为，跨边界活动能够在以下两个方面对团队产生影响：一是跨边界活动通过与外部建立工作联系或情感联系，为团队带来更多有价值的信息、资源以及支持。二是跨边界活动也会加强团队成员对外部信息、需求的共同理解，促进团队内成员的交流与协调，促进团队工作改进和提高凝聚力（奉小斌，2012）。

团队成员的跨边界活动功能的发挥主要是协调者和信息者。借鉴跨边界活动的三个维度，即代表功能、任务协调功能和信息搜寻功能（袁庆宏等，2015），结合科研团队的实际情况，我们认为科研团队的协调者角色主要活动在课题组的层面，协调者角色主要发挥代表功能和任务协调功能，应当善于沟通，知道如何利用资源，树立良好的团队形象和信誉，善于协调课题组与其他课题组的利益关系，建立良好的工作联系和情感联系。信息者主要是发挥信息搜寻功能，搜寻信息、识别有效信息和利用信息。上面提及信息者主要包括两个方面，一是了解和综合项目团队内的信息，二是了解团队外的信息。

协调者角色和信息者角色对科研团队项目合作质量的影响，主要有以下几个方面：首先，协调者发挥代表功能，通过树立良好的团队形象、塑造团队信誉等方式，有利于其他课题组对其产生好感信任。其次，信息者角色发挥信息搜寻功能，通过信息的收集和有效信息的识别与整合，发现与其他课题组合作的切入点，在团队之间信任的情况下，往往能够产生合作的意愿。最后，协调者通过良好的沟通能力，协调好课题之间的利益分配以及获得团队负责人的支持，清除科研团队成员之间的合作障碍，以促进团队协作的达成。通常情况下，协调者与外部保持较好的联系，这有利于课题之间的交流，提高交流的有效性。协调者致力于与其他课题组维持良好的情感和工作联系同样有利于互助的实现。科研团队发挥跨边界活动功能的协调者角色对合作质量影响的机理如图 16-9 所示。

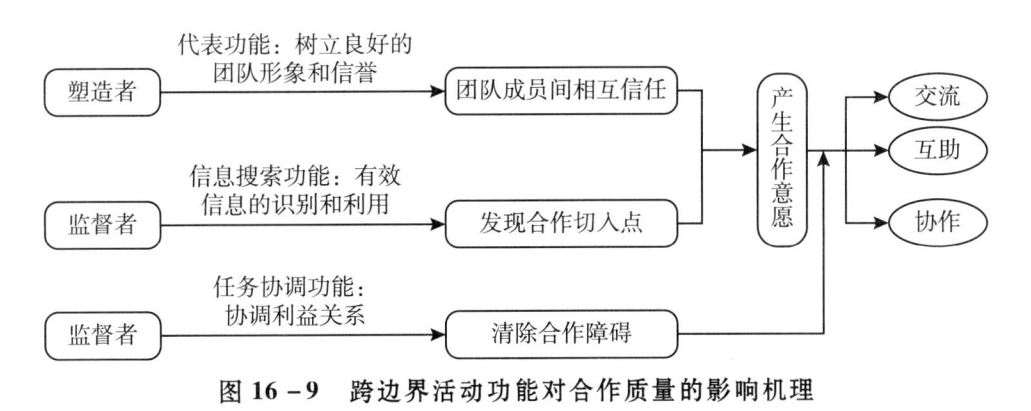

图 16-9 跨边界活动功能对合作质量的影响机理

三、关键角色对合作质量影响的实证分析

本章研究对象是以长期合作为基础的高校科研团队，所以问卷发放对象为各大高校比较固定的科研团队。由于研究对象具有极强的针对性，发放问卷的途径是很有限的，研究依托团队在广东省的影响力，主要通过华南理工大学、中山大学和南方医科大学的科技处，向各个高校科研团队负责人及团队成员发放问卷。为了样本的广泛性，要求对同一科研团队发放问卷不多于 5 份。

(一) 数据处理

本书总共发放问卷200份，回收176份，回收率88%，有效问卷为159份，占回收问卷的90.34%。由于依托各高校的科技处发放问卷，在一定程度上保证了问卷的回收率和质量。对回收样本进行分析得到的基本信息如表16-12所示。

表16-12　　　　　　　　　　样本的描述性统计

描述性指标	分类	数量	比重（%）
团队项目研究类型	偏基础性研究	83	52.2
	偏应用性研究	76	47.8
问卷填写人单位	华南理工大学	109	68.6
	南方医科大学	20	12.6
	中山大学	30	18.9
问卷填写人身份	团队负责人	57	35.8
	团队成员	102	64.2
项目涉及学科数量	1	36	22.6
	2	50	31.4
	3	48	30.2
	4	19	11.9
	5	6	3.8
经费规模	1 000万元以下	69	43.4
	1 000万~3 000万元	64	40.3
	3 001万~3亿元	26	16.4
课题数量	1	4	2.5
	2	22	13.8
	3	23	14.5
	4	26	16.4
	5	36	22.6
	6	31	19.5
	7	5	3.1
	8	12	7.5
团队人数	10人以下	31	19.5
	10~20人	36	22.6
	21~30人	41	25.8
	31~40人	28	17.6
	40人以上	23	14.5

（二）信度与效度检验

用 SPSS 的"分析—度量—可靠性分析"检验正式量表的信度，重大科研项目团队关键角色功能各个维度的 Cronbach α 系数均大于 0.7，且删除任何一个题项的 Cronbach α 系数不会增加，且 CITC 远大于 0.5，表明科研团队关键角色功能各个维度题项均具有良好的信度（见表 16-13）。

表 16-13　　　　　　　　关键角色功能信度检验表

项目	编号	均值	标准差	CITC	删除该题项后的 Cronbach α 系数	Cronbach α 系数
任务领导功能	RW1	5.421	1.822	0.858	0.937	0.948
	RW2	5.245	1.525	0.841	0.938	
	RW3	5.038	1.453	0.834	0.939	
	RW4	5.176	1.678	0.839	0.938	
	RW5	4.994	1.719	0.889	0.932	
	RW6	4.748	1.514	0.798	0.943	
跨边界活动功能	KBJ1	5.201	1.724	0.800	0.857	0.894
	KBJ2	4.332	1.884	0.640	0.896	
	KBJ3	4.604	1.629	0.831	0.851	
	KBJ4	4.590	1.600	0.760	0.866	
	KBJ5	4.368	1.689	0.686	0.882	
情感领导功能	QG1	5.484	1.354	0.788	0.851	0.892
	QG2	5.717	1.254	0.844	0.832	
	QG3	5.717	1.341	0.759	0.862	
	QG4	5.497	1.387	0.667	0.897	

科研团队合作质量各个维度的 Cronbach α 系数均大于 0.7，且删除任何一个题项的 Cronbach α 系数不会增加，且 CITC 远大于 0.5，表明科研团队合作质量各个维度题项均具有良好的信度（见表 16-14）。

表 16-14　　　　　　　　因变量信度检验表

项目	编号	均值	标准差	CITC	删除该题项后的 Cronbach α 系数	Cronbach α 系数
交流	JL1	5.164	1.373	0.841	0.927	0.934
	JL2	4.956	1.239	0.897	0.882	
	JL3	4.767	1.284	0.862	0.907	

续表

项目	编号	均值	标准差	CITC	删除该题项后的 Cronbach α 系数	Cronbach α 系数
协作	XZ1	5.321	1.370	0.814	0.842	0.898
	XZ2	4.956	1.224	0.784	0.870	
	XZ3	4.874	1.358	0.805	0.850	
互助	HZ1	5.025	1.169	0.763	0.775	0.859
	HZ2	4.981	1.094	0.731	0.809	
	HZ3	5.031	1.300	0.718	0.825	
努力	NL1	5.654	1.108	0.845	0.923	0.935
	NL2	5.478	1.090	0.877	0.897	
	NL3	5.340	1.078	0.877	0.897	
贡献均衡	GXJH1	4.918	1.811	0.833	0.800	0.890
	GXJH2	4.755	1.799	0.836	0.796	
	GXJH3	4.585	1.460	0.709	0.910	
凝聚力	NJL1	5.252	1.405	0.762	0.888	0.899
	NJL2	5.352	1.450	0.793	0.862	
	NJL3	5.522	1.475	0.848	0.814	

为了考察量表的因素结构模型与实际收集数据的契合度，以及指标变量是否可以有效作为因素构念的测量变量，我们进行验证性因子分析（吴明隆，2009）。拟合结果如表16-15所示。关键角色功能的 χ^2/df 为1.39，小于标准值5；GFI和AGFI均大于0.9；NFI、IFI和CFI均大于0.9，RMSEA小于0.08；路径系数在 $P<0.001$ 水平下，均具有显著性。通过以上指标可以看出，该模型的拟合效果较好。

表16-15　　　　关键角色功能模型的拟合结果

项目	路径系数	S.E.	C.R.	P
RW6 <— 任务领导功能	1.000			
RW5 <— 任务领导功能	1.283	0.078	16.436	***
RW4 <— 任务领导功能	1.174	0.008	14.664	***
RW3 <— 任务领导功能	0.966	0.072	13.422	***
RW2 <— 任务领导功能	0.953	0.079	12.008	***
RW1 <— 任务领导功能	1.195	0.091	13.133	***
KBJ5 <— 跨边界活动功能	1.000			

续表

项目	路径系数	S.E.	C.R.	P
KBJ4 <— 跨边界活动功能	1.038	0.104	9.988	***
KBJ3 <— 跨边界活动功能	1.118	0.106	10.588	***
KBJ2 <— 跨边界活动功能	0.935	0.125	7.480	***
KBJ1 <— 跨边界活动功能	1.238	0.110	11.265	***
QG4 <— 情感领导功能	1.000			
QG3 <— 情感领导功能	1.113	0.121	9.187	***
QG2 <— 情感领导功能	1.247	0.120	10.379	***
QG1 <— 情感领导功能	1.251	0.126	9.893	***

注：* 表示显著性 P < 0.05，** 表示显著性 P < 0.01，*** 表示显著性 P < 0.001。

对科研团队合作质量进行验证性因子分析，拟合结果如表 16 – 16 所示。合作质量的 χ^2/df 为 1.97，小于标准值 5。GFI 和 AGFI 大于 0.9；NFI 为 0.921，IFI 为 0.960，CFI 为 0.959，均大于 0.9，RMSEA 小于 0.08。路径系数在 P < 0.001 水平下，均具有显著性。通过以上指标可以看出，该模型的拟合效果较好。

表 16 – 16　　　　合作质量模型的拟合结果

项目	路径系数	S.E.	C.R.	P
JL3 <— 交流	1.000			
JL2 <— 交流	1.019	0.051	19.985	***
JL1 <— 交流	1.043	0.062	16.718	***
HZ3 <— 互助	1.000			
HZ2 <— 互助	0.866	0.095	9.100	***
HZ1 <— 互助	1.222	0.102	11.932	***
XZ3 <— 协作	1.000			
XZ2 <— 协作	0.831	0.061	13.660	***
XZ1 <— 协作	1.031	0.061	16.849	***
NL3 <— 努力	1.000			
NL2 <— 努力	1.055	0.053	19.865	***
NL1 <— 努力	1.003	0.060	16.845	***
NJL3 <— 凝聚力	1.000			
NJL2 <— 凝聚力	0.897	0.060	14.933	***
NJL1 <— 凝聚力	0.834	0.060	13.863	***
GXJH3 <— 凝聚力	1.000			

续表

项目	路径系数	S. E.	C. R.	P
GXJH2 <— 凝聚力	1.478	0.132	11.172	***
GXJH1 <— 凝聚力	1.617	0.134	12.042	***

注：* 表示显著性 $P<0.05$，** 表示显著性 $P<0.01$，*** 表示显著性 $P<0.001$。

（三）结构方程模型分析

基于实证模型，建立了结构方程，如图 16-10 所示，通过 33 个观察变量（RW、KBJ、QG、JL、HZ 等）测量 9 个潜在变量（任务领导功能、跨边界活动功能、情感领导功能、交流、互助、协作、努力、凝聚力、贡献均衡）。

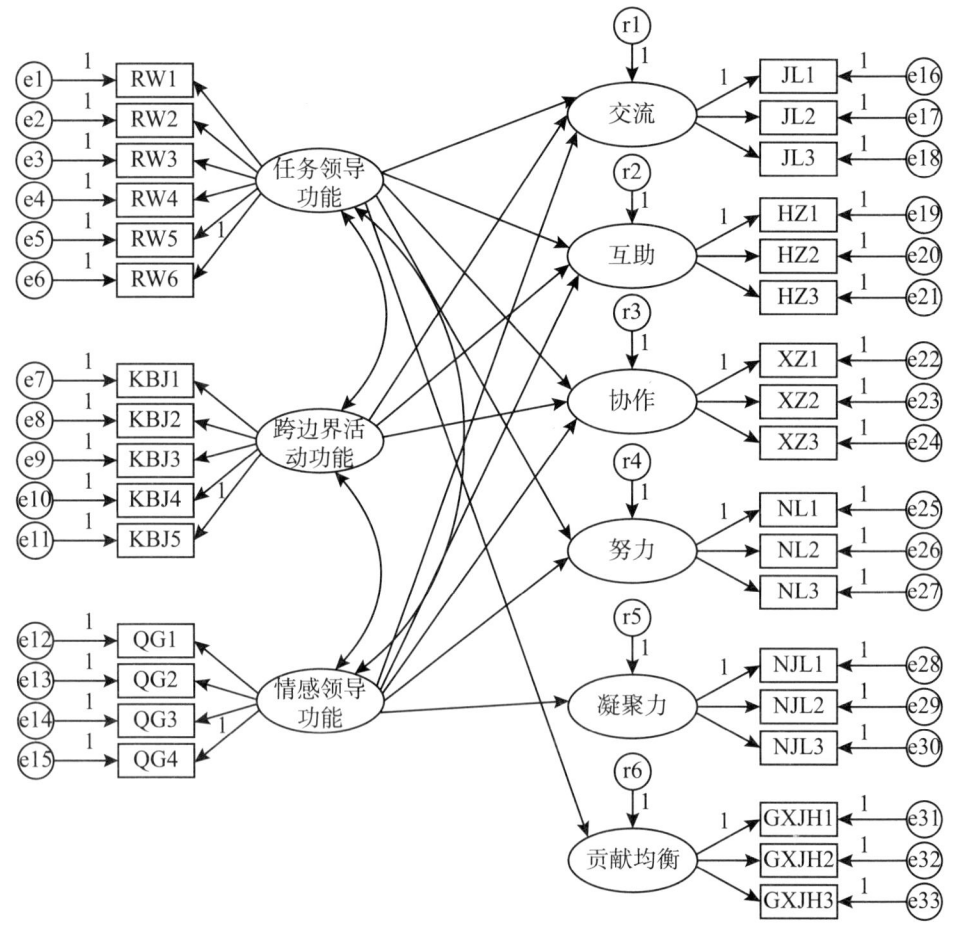

图 16-10 关键角色功能对合作质量影响的初始模型

初步拟合效果如表 16-17 所示。

表 16-17　　　　　　　　　　初始模型拟合结果

项目	路径	Estimate	S. E.	C. R.	P
交流	<—任务领导功能	0.138	0.056	2.459	*
贡献均衡	<—任务领导功能	0.992	0.103	9.611	***
交流	<—跨边界活动功能	0.719	0.092	7.813	***
互助	<—跨边界活动功能	0.312	0.059	5.279	***
协作	<—跨边界活动功能	0.520	0.070	7.382	***
互助	<—情感领导功能	0.268	0.061	4.364	***
协作	<—情感领导功能	0.069	0.063	1.105	0.269
凝聚力	<—情感领导功能	0.926	0.092	10.107	***
互助	<—任务领导功能	0.440	0.051	8.594	***
协作	<—任务领导功能	0.582	0.058	10.047	***
努力	<—任务领导功能	0.591	0.049	15.184	***
努力	<—情感领导功能	0.531	0.039	13.542	***
交流	<—情感领导功能	0.093	0.075	1.240	0.215

$\chi^2 = 1\,684.793$　df = 479　$\chi^2/df = 3.517$

GFI = 0.789　CFI = 0.878　TLI = 0.826　RMSEA = 0.086

注：* 表示显著性 P<0.05，** 表示显著性 P<0.01，*** 表示显著性 P<0.001。

初始模型的 χ^2 为 1684.793，自由度为 479，$\chi^2/df = 3.517$，虽小于 5，但高于理想值 3，GFI、CFI、TLI 均小于 0.9，RMESA 为 0.086 大于 0.08，故初试模型的拟合性不够理想，需要通过运用 AMOS 软件 MI 指标（Modification Indices）进行模型的修正，在显著性为 0.05 的水平下，需要对大于 3.84 以上的 MI 值修正，这种修正需要通过添加误差项的相关关系来实现（荣泰生，2009）。

通过仔细排查，发现误差项 e19 与 r3 之间的 MI 值高达 64.556，r3 和 r6 之间的 MI 值高达 63.373，r2 和 r3 之间的 MI 值为 56.097，对这些误差项分步进行修正，减少拟合偏差，最终得到的模型的拟合结果如表 16-18 所示。

表 16-18　　　　　　　　　　模型最终拟合结果

路径		Estimate	S. E.	C. R.	P
交流	<— 任务领导功能	0.142	0.056	2.516	*
贡献均衡	<— 任务领导功能	1.037	0.097	10.685	***
交流	<— 跨边界活动功能	0.763	0.097	7.847	***
互助	<— 跨边界活动功能	0.382	0.060	6.424	***
协作	<— 跨边界活动功能	0.598	0.070	8.522	***
互助	<— 情感领导功能	0.222	0.052	4.257	***
协作	<— 情感领导功能	0.077	0.048	1.590	0.112
凝聚力	<— 情感领导功能	0.872	0.088	9.885	***
互助	<— 任务领导功能	0.436	0.048	9.079	***
协作	<— 任务领导功能	0.518	0.051	10.231	***
努力	<— 任务领导功能	0.582	0.078	7.461	***
努力	<— 情感领导功能	0.426	0.083	5.132	***
交流	<— 情感领导功能	0.057	0.069	0.829	0.407

$\chi^2 = 1197.518$　df = 469　$\chi^2/df = 2.553$

GFI = 0.903　CFI = 0.914　TLI = 0.906　RMSEA = 0.075

注：* 表示显著性 P < 0.05，** 表示显著性 P < 0.01，*** 表示显著性 P < 0.001。

经过修正后的模型，χ^2/df 为 2.553，处于理想范围内（1~3 之间），GFI 为 0.903（处于理想值 0.9~1 之间），CFI 和 TLI 均大于 0.9 且小于 1，RMSEA 值为 0.075，小于 0.08，以上拟合指标均在可接受范围内，说明最终模型的拟合较好，数据和模型较为匹配。

最终模型各个潜在变量的路径系数和显著性水平如图 16-11 所示，从各个潜在变量的路径系数和显著性水平来看，科研团队的任务领导功能对合作质量的交流、互助、协作、努力、凝聚力和贡献均衡六个维度均有显著的正向影响，跨边界活动功能对合作质量的交流、互助、协作三个维度有显著的正向影响，情感领导功能对合作质量的互助、努力、凝聚力三个维度有显著的正向影响，但是对交流和协作维度没有显著影响。

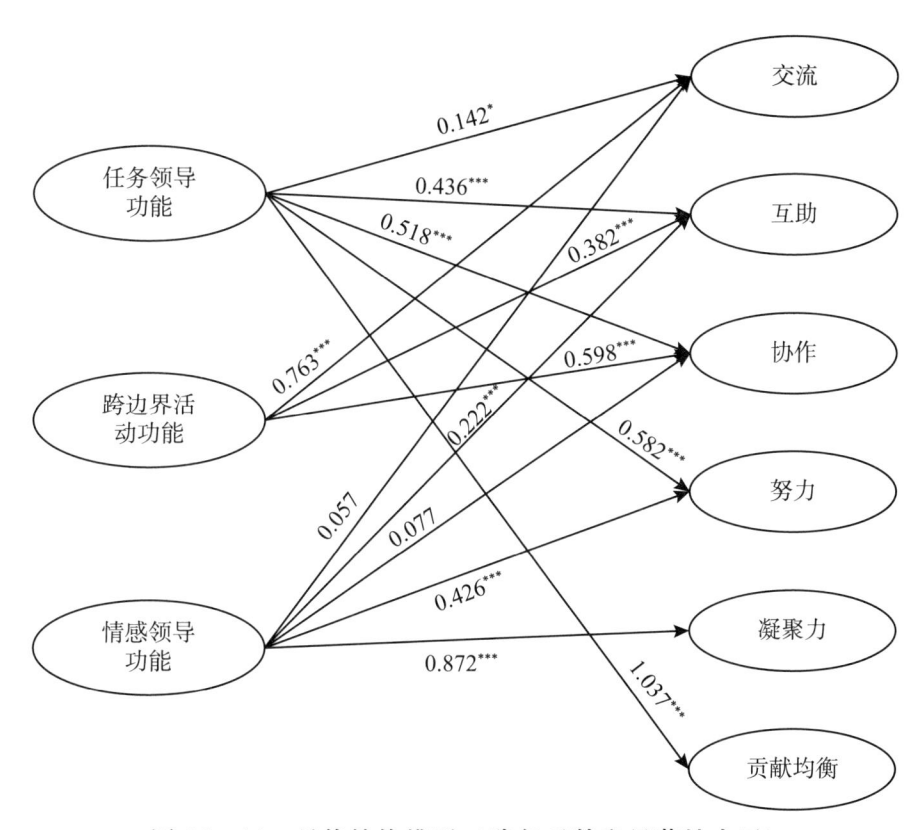

图 16-11　最终结构模型（路径系数和显著性水平）

注：* 表示在 0.05 水平上显著，*** 表示在 0.001 水平上显著。

（四）实证结果

通过以上研究，研究假设的验证情况如表 16-19 所示。

表 16-19　科研团队关键角色功能对合作质量影响假设检验汇总

假设	内容	验证结果
情感领导功能对合作质量的影响		
H1a	情感领导功能角色对科研团队交流有显著正向影响	不通过
H1b	情感领导功能对科研团队协作有显著正向影响	不通过
H1c	情感领导功能对科研团队相互帮助有显著正向影响	通过
H1d	情感领导功能对科研团队努力有显著正向影响	通过
H1e	情感领导功能对科研团队凝聚力有显著正向影响	通过

续表

假设	内容	验证结果
任务领导功能对合作质量的影响		
H2a	任务领导功能对科研团队交流有显著正向影响	通过
H2b	任务领导功能对科研团队协作有显著正向影响	通过
H2c	任务领导功能对科研团队相互帮助有显著正向影响	通过
H2d	任务领导功能对科研团队贡献均衡有显著正向影响	通过
H2e	任务领导功能对科研团队努力有显著正向影响	通过
跨边界活动功能对合作质量的影响		
H3a	跨边界活动功能对科研团队交流有显著正向影响	通过
H3b	跨边界活动功能对科研团队协作有显著正向影响	通过
H3c	跨边界活动功能对科研团队相互帮助有显著正向影响	通过

从以上分析我们可以看出：

第一，科研团队的情感领导功能对课题组合作质量的互助、努力和凝聚力维度有积极影响，但对交流、协作维度没有显著影响，研究假设 H1c、H1d 和 H1e 得到验证，而 H1a 和 H1b 未得到验证。我们分析未得到验证可能的原因在于虽然主观意愿很强，但交流的有效性和协作还受到其他更为重要因素的影响，比如交流的有效性可能更多地受到地域的影响、学科差异的影响和课题组做事风格的影响，而协作的有效性往往更多受到科研任务协同性和利益分配等影响。

第二，科研团队关键角色的任务领导功能对合作质量的互助、协作、努力和贡献均衡四个维度有显著的正向影响，研究假设 H2a、H2b、H2c、H2d、H2e 得到了验证。科研团队归根到底是项目团队，即为了特定科研项目所组建的合作团队，对于一个项目团队来讲，明确的目标和任务安排，合理的资源分配，健全成熟的管理机制，公平公正的奖惩原则，以及对任务执行的跟进、反馈和监督都非常重要。

第三，科研团队的跨边界活动功能对课题组合作质量的交流、互助和协作维度有显著的积极影响，研究假设 H3a、H3b 和 H3c 得到了验证。跨边界活动功能能够树立良好的团队形象为合作打下基础，信息的搜索和识别能及时发现合作机会，为合作创造可能，协调好利益关系，保证了合作的实施。

第三节 本章小结

本章从团队层面研究科研团队合作影响因素，并以高校科研团队研究样本进行实证分析。同时，由于角色配置对科研团队合作质量具有重要影响，结合对科研团队的实地调研，通过借鉴团队角色理论，识别了科研团队中的关键角色及功能，并实证分析了科研团队关键角色对科研团队合作质量的影响，研究结果表明。

第一，首先，科研团队所属学科对团队合作影响并不明显，成立时间短的团队凝聚力最强，表明团队在发展进程中忽视了凝聚力的培育，成员间的交流程度有退化趋势。团队规模被证明对团队合作有显著影响。其次，小规模团队显示出最显著的中心性，即小团队对团队核心成员的依赖性过强。然而，人口统计异质性指标并不会对合作造成负面影响，普遍还存在正向作用，显示了当前高校科研合作的特色，高校科研合作存在普遍的跨年龄层的师生合作。相反任务导向异质性存在负向作用或正向作用不显著的现象，表明高校科研团队内合作跨学科的发展并没有真正得到推广和实现，大科学时代的跨学科交流并没有对高校固有的科研模式产生实质性影响。

第二，首先，团队组织层级过多对合作紧密度有负向作用，团队层级过多或者小团队过多反而会造成割裂，不利于形成大范围内的整体合作网，在合作网络图中显示为小团队居多，揭示了目前科研团队合作的局限性。其次，团队角色完整性与均衡性被证实对科研网络密度具有积极且正向作用，这一结论将科研团队角色完整性与均衡性这一隐性特质推至不容忽视的地位，科研团队领导者应开始关注这一潜在的隐形特点，加以培育促进团队发展自发的动态均衡能力，实现知识技能与角色匹配的自动适配能力，以及角色缺失与互补的平衡能力。最后，科研团队成员之间的冲突被证实对团队合作紧密度不利，尽管科研团队的冲突并不激烈，但是也被证明对团队合作不利，冲突唯一的正向作用在于对合作氛围具有一定的激励作用，可以认为观点之间的冲突越激烈，团队的合作氛围就越好，但是实际促成的合作却并不多。

第三，首先，科研团队中任务领导功能对影响团队合作质量的交流、互助、协作、努力和贡献均衡等因素都有显著积极影响。这种影响主要是基于任务和利益的影响，任务领导功能通过合理的任务与资源分配、物质上的激励、利益交换和捆绑、公平公正制度环境的塑造、任务进展的根基和及时反馈调整，来促使课题组努力工作，促进课题组之间的交流、帮助与协作，从而保证任务在正确的方向上协同推进。其次，情感领导功能对合作质量的互助、努力和凝聚力维度有显著的积极影响。这种影响主要来源于精神层面，情感领导功能通过提出共同的愿景，使课题组团队及成员产生组织认同，提高团队凝聚力，通过精神激励激发工作热情促使课题组努力工作，通过营造鼓励合作的团队氛围，促进课题组之间相互帮助。最后，跨边界活动功能对合作质量的交流、协作和互助三个维度有显著的积极影响。跨边界活动功能中代表功能塑造团队良好的信誉和形象，通过信息的收集发现可能的合作机会，再通过任务协调功能清除利益障碍，从而促进团队成员之间的交流、协作和互助。

第十七章

科研团队协同创新机制设计

我国当前处于创新驱动型经济，国家社会经济发展越来越依赖于科技协同创新成果的智力支持。科研团队层面的良好协作，使科技创新研究由自闭转向协同创新，才能保证中观、宏观层面的科技协同创新得以实现，为社会经济发展提供优质的科技创新成果。本书通过把科研团队分为以长期合作为导向的高校科研团队，以项目合作为基础而临时组建的科研项目团队。基于以上章节对我国高校科研团队合作现状、合作困境生成逻辑、从理论及实证方面分析科研团队合作影响因素的研究。另外，重点分析重大科研项目团队合作现状、合作困境生成逻辑以及合作低效的原因。基于以上研究认识，为解决当前我国科研团队合作中存在的各种问题，促进我国科技协同创新。研究拟从科技管理部门完善管理体系、高校科研团队建设利益共享的学术生态、规避重大科研项目合作困境等方面，整体上设计科研团队层面的科技协同创新机制。

第一节 科技管理部门：完善科研管理体系

当前我国现行科研管理体系不完备，对科技协同创新的影响主要表现在两个方面。一方面，当前科研体制严重束缚高效率的科研合作；另一方面，则为科研考核扭曲导向对科研团队合作行为产生的负面激励。因此，加强完善科研体系对促进科研团队间的高效合作提供了有力保障。

一、改变现行职称评定规则

首先，我国现在高校或科研部门职称的评定考察受评者发表的论文数量、承担项目数量和获得奖励的影响，其中最重要的是发表论文数量，而且只承认以第一作者身份发表的论文，也就意味着职称评定肯定了第一作者对论文的贡献，却否定了其他作者的努力。跨学科团队成员开展合作研究经常需要共同发表文章，研究水平相当的团队成员合作论文就要约定清楚成果的归属问题，如果约定不清，最后有可能会导致合作出现问题，这样的考评制度对于跨学科研究是不利的。所以，科研管理部门应当在职称评定过程中改革评定规则，在科研成果考察时，应当按照论文署名作者的顺序来考察作者对论文的贡献量，以这种贡献量的百分比作为衡量指标，累积计算就可以获得某一个人的学术贡献总量。这样就不容易产生科研人员间因为成果归属问题产生争执从而无法合作的情形。

其次，科研管理部门应扭转当前科研评价注重科研项目承担经历的问题。科研项目团队合作低效表明，应树立结果导向、效率导向的科研项目评价导向，尽可能降低科研项目"炫耀性商品"属性。在现行科研考核体系下，各个学术单位的考核制度设计重点几乎都锁定在科研项目上，承担过何种级别的项目已成为评价一个学者是否优秀的重要指标，但是却忽视了科研人员在科学研究中取得何种成果。这一评价导向使得科研项目，尤其是高级别科研项目"炫耀性商品"功能不断强化，为项目承担者带来巨大声誉收益。在科研项目"炫耀性商品"功能激励下，研究者对科研项目的态度首先定位于通过承担项目积累自我学术声誉和获取其他收益，而非推动科学和社会进步。这种扭曲的激励导向，不仅违背科学研究的基本规律，而且同现代科学精神也背道而驰。淡化科研项目"炫耀性商品"功能，能让科学家在科研项目中的职能与收益回归正常的科学研究。大科学时代，科学合作是取得重大成果的基本条件，合理的科研评价导向会激励科学家更多地追求有效率合作产生的长期利益。

最后，科研项目评价应扭转当前过分重视主持经历，提高项目参与人在项目研究中的声誉收益，推动实质性科研合作。学术优先权竞争是科学发展的重要动力，学术优先权竞争类似"竞标赛"机制。但如果学术优先权竞争异化，就会出现过分重视"排名第一"或"项目主持"的学术评价导向，在这种导向的激励下，研究者会关注能在学术声誉、科技资源配置中被考核的指标，对那些不在考核范围或不易测度的行为或结果，如实质的科研合作等不予重视。研究表明，参与人缺乏合作的重要原因在于当前学术评价中轻视参与人贡献，参与人在参加项目中所获得的声誉收益有限，使其激励不足。这导致现行学术评价体系"塑造"

出一批缺乏合作精神的学者，造成学术生态恶化。因此，科研管理部门在项目遴选时，除了关注项目成员以往的科研绩效，更需要关注成员间是否具有实质性合作经历。成员间具有良好的合作基础，才有助于提高合作双方的信任程度，有助于减少合作双方合作中的信息不对称。

二、重视年轻学术骨干的培养

在我国科研团队建设中，科研团队的年轻学术骨干包括青年教师、博士以及硕士，这些学术骨干不仅具有较强的知识吸收能力和知识创造能力，还具有知识创造的热情并且渴望成功，年轻学术骨干是我国科技创新的中坚力量。不同科研项目团队结构与合作博弈的研究表明，年轻学者其学术声誉正处于积累阶段，更可能为追求长期收益而选择合作。另外，国外研究表明35～45岁期间是研究者最具创造力的阶段。但是，现行科研评价体系推动年轻学术骨干追求成果数量产出、追求职位晋升以便能够获得认同、获得更多的资助项目以及获得更多与别人合作的机会，使得科研团队中的学术骨干变得急功近利。其中，获得认可是青年学术骨干追求的目标，这种认可包括合作者的认可、职位晋升的认可、成果被同行认可等，要想取得这些认可，最重要的是要有好的或者是原创性的想法，有创造力的想法往往诞生于那些基础扎实、踏实勤奋或者经验丰富的人身上，但并不常见。

因此，科研管理部门应提高对年轻学术骨干立项资助的比例和资助力度，在当前学术评价导向短期内无法根本改变之前，更多地资助年轻学者更有可能提高科研项目的产出效率。最后，科技管理部门应营造相对宽松的科研环境，搭建学术交流平台，能够给年轻学者提供更好的成长机会和成长空间去发挥他们的创造能力，独立承担重要项目、参与重大项目合作、参加重要学术交流的机会。在其承担的科研项目管理中，在保障他们基本需求的情况下给予一定的时间，在职位晋升上不要求产出成果的数量而要求产出质量，还可以适当让年轻学者自主选题或者提高他们选题的参与度。

三、引导科研团队学科交叉融合

学科交叉与学科融合是未来科学研究的发展趋势，国家主导的重大科技类基础研究项目，需要身处一线的科学家自发组织合作，这些领域的研究不仅需要传统学科科学家的指导，更需要一些在跨学科领域具有一定研究能力和工作经验的研究者。不仅需要在传统学科上进一步创新，还需要在跨学科领域融合各个学科的知识进行科学创新。形成自主合作的氛围，归根到底科研管理部门需要营造

"宽松"的学术环境，保持学科设置和专业课程设计的灵活性等。国内外许多高等院校和科研机构已经在这些方面有所创新，科研意识领先的高校比如加利福尼亚大学旧金山分校（UCSF）和斯坦福大学（Stanford）采取了合并院系、成立跨学科的博士研究项目（PHD Program）、跨学科研究院系与相应的研究资助项目（Research Funding Program），并取得了显著效果。2011年北京大学和清华大学效仿国外做法，结合我国现实研究条件，共同开办清华大学—北京大学生命科学联合中心这一跨学科、跨组织的研究机构，全面吸纳人才。该中心成立5年来，在 Cell 杂志、Nature 杂志、Science 杂志上发表的论文数量逐年上升。因此，促进跨学科合作能够促进团队成员间的知识转移与共享，不断创造新的知识，为团队产生更多创新性的成果。

四、建设信息平台提高科技知识共享水平

目前在我国科技管理部门相关网站检索重大项目的立项信息、成果信息，很难获得完整的信息，这些信息对科研团队的合作交流具有重要作用。例如，在美国国家科学基金网站检索，立项信息都在规范的列表上完整呈现，论文、专利等成果信息也可以通过项目完全检索到，目前国内重大项目不够重视信息管理。信息共享的目的是提高信息共享和监督，好的项目应当经得起科学报道、经得起科学界的讨论和批评。如今，见诸报端的信息多是项目立项主题、资助经费、承担单位、项目团队重要科学家等，项目执行、项目重大成果，以及项目验收的情况总是被一笔带过或者少有提及。科学发展也需要经过一个量变到质变厚积薄发的过程，科学研究发展应当是开放的，重大项目成功的执行、成果和经验也应当被学习和借鉴，因此，科技管理部门应当提高重大项目的信息共享和信息建设，建设科技项目的开放式信息平台，为不同科研团队或科学家提供必要的科研合作信息，这对促进科技协同创新具有重大意义。

第二节 高校科研团队：构建利益共享的学术生态

科研团队所处的环境对科研合作非常重要，生态理论认为任何生物都离不开环境，不仅需要吸取环境中的养分，还受到环境的制约。以上章节分析表明科研团队合作不仅受各种外部因素的影响，其合作行为还受到各种内部因素的制约。科研团队之所以会产生合作困难，就是因为科研团队所处的内外部环境的合作网

络关系产生了牵强性作用。因此，科研团队通过构建利益共享的学术生态环境，促进科技协同创新具有重要意义。

一、优化科研团队的角色配置

科研团队角色配置对提高团队合作效率具有重要影响，然而在实证研究中发现我国高校科研团队角色配置存在许多问题，例如，高校科研团队负责人被赋予了太多的职能和要求，团队成员之间分工不明确，少数团队成员扮演多重角色，团队关键角色功能缺失等。因此，在科技协同创新背景下，优化团队层面的角色配置对提高科研团队合作效率具有重要意义。首先，科研团队规模应保持在动态平衡状态，科研团队规模既定的约束下，团队负责人应尽力缩短与成员的距离，采取措施打破导师领导下各个小团队的合作障碍。其次，发挥团队成员间的协作优势，实现互补效应。实证分析表明，不同性别与年龄段的不匹配合作，不仅不会带来团队身份认同障碍，反而能促进合作。因此，在团队建设过程中，不应过分注重性别与年龄的差异，需要有意识地安排不同背景的成员纳入同一个课题，有助于多学科、多角度的合作研究。再次，科研团队应深度挖掘团队角色，避开潜在的弊端。科研团队合作影响因素表明，团队角色的完整与均衡性对良好的团队合作具有重要意义。因此，从团队角色完整与角色均衡的角度考虑，合理的科研团队不应有过多的基层研究人员，基层研究人员过多会导致团队内的任务分配不到位。同时要注意团队内部关键角色的重要意义，例如，团队中"审议员""鞭策者"与"智多星"等角色的培养，团队配置合理的角色结构能够保证团队良好地运行。最后，团队建设树立公平公正原则，通过有效的沟通机制化解各种团队成员间的冲突。团队间的冲突会导致合作效率降低，通过建立良好的沟通机制，让团队成员能够通过有效的沟通，解决和避免不必要的冲突，加强团队间的紧密合作。

二、促进团队跨学科合作与交流

跨学科合作促进协同创新是未来科学研究发展的趋势，国家主导各类重大科技类基础研究项目，需要身处一线的科学家自发地组织合作，这些领域的研究不仅需要传统学科科学家的指导，更需要一些在跨学科领域具有一定研究能力和工作经验的研究者。科研团队研究的方向不仅要追求热门学科方向领先，同时不能放弃现在处在冷门位置学科的研究。科学研究的意义不仅将基础研究、应用研究和发展研究紧密联系成一个发展的价值链，还将有关联的热门学科和冷门学科联系在一起协同发展,其中当然有所侧重。不仅需要在传统学科上进一步创新,还需要在跨学科领域融合各个学科的知识进行科学创新。要形成自主合作的氛围,归根到底都需要营造"宽松"的环境,包括在学科设置中专业课程设计的灵活性等。国内的高等教育课程设置,已经逐渐朝着跨学科的方向发展,工科类专业的学生也要学习经济学和金融学课程,国内的许多高校都开始成立跨学科研究项目、博士生联合培养项目,研究实力较为先进的机构还设置了跨学科研究中心,如清华大学和北京大学共同创立的生命科学联合中心,这些有关联学科的科学家就有机会在共同的领域中开展跨学科合作。因此,科研团队建设对内应吸收具有不同学科背景的人员加入,形成优势互补的团队结构。对外则应该注重跨学科的合作与交流,吸收不同学科的专业知识,提升团队成员的跨学科研究水平,形成能够承担更大的科研项目的学科基础。

三、建设可持续发展的科研团队

科研团队要能够长期取得更多高水平的研究成果,只有找准定位才能确定好自己团队发展方向,不断整合团队内外部资源,建立协同创新机制促进团队高效运行。现实中很多科研团队由于没有制定长远发展目标,团队研究及发展定位均不清晰,很多团队建设取得一点成绩就不思进取,虽然团队拥有良好的科研条件,但是没能形成具有特色的研究方向,没能承担起重大课题的研究,团队建设仅处于低水平平稳运行阶段。还有些科研团队目光过于短浅,研究仅着眼于眼前的问题,眼前问题解决以后团队的科研目标也随之改变,团队始终没有自己稳定明确研究方向,难以建设成高水平的科研团队。所以,一方面,科研团队应紧密结合自身所在高校学科专业发展的实际情况和自身科研条件,把科研团队打造成具有特色的科研团队,并坚持长期发展。制定长远的团队建设规划,在条件允许的情况下争取把自己的团队建设成为高水平、创新性强的科研团队。只有创新性强、目标明确、学术定位高的团队才能真正调动团队成员的科研潜力,充分发挥团队优势,取得高水平成果和最大收益,对所在高校的发展发挥更大的推动作用。另一方面,团队建设负责人作为科研团队建设的核心人物,应在团队建设方面充分与所在高校沟通,积极争取所在学校的支持,让学校在软硬件环境等方面支持科研团队的发展,使科研团队的发展更具有活力,让团队成员积极地参与开放式互动协同创新。团队负责人在管理的应加强领导与包容的态度并存,不断激发团队成员的创造性与活力。总之,科研团队通过科学定位特色的研究方向,建立长期发展的战略目标,形成良好的内外部交流沟通机制,通过加强团队内外部网络关系的建设获取各种支持,才能使高校科研团队建设走上可持续发展的道路。

第三节　科研项目团队：建立良好合作规则规避合作困境

一、建立课题组之间的组织认同

科研项目团队课题组间合作处于一个合作网络中，这个合作网络不仅仅包含合作课题组，还有与课题组工作相关的外部环境。在这个网络中，主要有两种关系存在，一种是课题组合作行为本身的文化氛围，另一种是课题组所处的科研机构科层体系。课题组间之所以会产生合作困境，就是因为课题组所处的科研机构科层体系在网络中发挥了强牵引力作用，而课题组成员间的一致认同可以起到弱牵引力作用缓解合作障碍。

因此，想要规避科研项目团队合作中遇到的障碍，就应当努力增强课题组成员间的组织认同对合作网络起到牵引作用，在课题组建立平等的合作氛围，减少科研机构的科层体系对网络的牵引作用。在现实情境中，平等的合作氛围创建主要依靠课题组负责人宽大的胸襟、包容的能力，这样才能够使意见共享充分进行。在这样的条件下，课题组所有成员的努力得到尊重。当外在约束消除了之后，才能够用心投入科研。因此，通过提高课题组间的组织认同，显示科研人员对课题组目标和价值观的信任和接受，愿意为课题组的利益出力，渴望保持课题组成员资格。在重大科研项目团队中有多个课题组，这些课题组可能在参加项目之前有过合作，比较熟悉，也可能相互并不了解，由于不在同一个课题之中，联系相对来讲可能也比较不密切，但重大科研项目之所以存在，就是希望各个课题组共同攻关，这就需要合作。合作是建立在了解的基础上，在本书中可以看到，跨边界活动功能会对合作质量的交流、协作和互助维度都产生显著的积极影响。调研中我们发现有些重大科研项目团队，在每个课题组中都设立了专门联络人，取得了很好的效果，结合我们的研究结论，课题组通过设立专门的联络人，负责与其他课题组团队联络人的对接，那么一旦需要合作的时候，双方都通过联络人去联络各自团队的科研人员，有了这样一个桥梁，会使合作的建立更加便利。同时，联络人之间经常沟通，也能够及时了解各个课题组的科研动态，为更多的课题组成员协同创新创造可能。

二、改善课题组资源配置方式提升效率

课题组间科研资源配置现状不够合理、资源转化能力较低，导致课题组间产生资源非对称依赖。所以，要想解除资源利用效率低对课题组间合作困境的影响，就要从源头入手。第一，我国科研资源配置方式主要通过申请项目获取竞争性经费来保证，竞争性经费不仅需要用来保证项目的基本开支（包括福利发放、研究支出等），还需要投入基础设施建设中，大多数科研人员都倾向于投入前者，这影响了基础设施的投入状况。要改变这种现状，还需要在科学家的利益与高校利益之间进行权衡，设计相关制度实现双赢。第二，目前国内高校基础研究资源的利用方式，仍处于一种粗犷式的模式，应当向集约的方式发展。过去高校和科研机构在考察项目执行效率时，仍然遵循成果导向的管理理念，重点关注产出的论文、著作和专利及其水平，但是科研资源利用效率却鲜有提及。从事科研所承担的成本应当被重视，在这方面高校和科研机构的管理部门应当设计相应的规则来考核。只有同时考虑了资源的产出数量和资源产出的成本才能够提高资源的转化效率。第三，资源转化效率的提高还与资源的配置息息相关，只有在高校内部实现了资源的高效整合，课题组在重大科研项目合作中才能充分调动相关资源来参与合作。因此，高校基础研究资源要转化为高校人才资源。基础研究资源是通过相关人才发挥价值的，科研资源应当转化为教学资源，通过作用于教学不断发现其利用价值。

三、协调好国家战略需要与科学家发展关系

改革开放以来存在人民日益增长的需求与落后的社会生产间的基本矛盾，国家发展战略不仅体现了人民的诉求，更重要的是还体现了我国在全球竞争中的地位问题，说明国家战略发展和科学发展两个方面大部分不重合，有时候是科学走在了发展要求的前面，导致好的成果没有立即得到使用。有时候是发展要求走在了科学的前面，导致科学的产出没有办法满足现代化建设的要求。由于这些基本差异的存在，科学家在完成项目目标和推动科学发展方面选择了前者，使有可能成为重大成果的创意被忽视了。因此，国家战略制定部门应当尊重满足项目要求产出之外的贡献。应协调重大科研项目团队在科学家积极完成规定任务之外，给予科学家更多的自由度去发现项目在规定产出之外的更多科学研究价值，这也是项目的意义和科学家成长的机会，而这方面的自由度就包括经费的使用、仪器设备的使用、有经验的专家指点、开放的合作等。可以考虑在重大科研项目经费

中，适当划拨一部分经费用于合作激励，同时赋予首席科学家撤换不合作子课题的权利。

四、平衡科学家价值实现与科研合作要求

重大科研项目中科学家在团队中扮演着关键角色，与团队其他成员建立合作关系网络，科学家要在科研团队价值网络中发挥自己的价值，就要增强自己在合作网络当中的功能作用，努力提升自己的能力并试图为科研合作网络健康发展贡献自己的力量。每个从事科学研究的科研人员无疑都有一个追求真理、追求知识、追求发现的初衷，这也是科学家自我实现的科学价值所在。但科学家在科学研究之外也是自然人，有人之为人的基本需求和权利、义务，所以科学家在从事科学研究时有可能存在非科学价值的目的，这是科学家自我价值的另外一方面。科学研究本身要求科学家发挥自身科学价值，科学家也只有发挥自身价值，其他价值才能够实现。因此，在重大科研项目合作规则中，应该寻找一个平衡点，既要考虑科学家在科研项目中自我价值实现的要求，又要考虑科学家应为科研合作研究做出的付出，从而实现科学家价值与科学研究合作要求的统一。

第四节 本章小结

基于对本篇其他章节理论与实证研究的认识，本章从三个层面解决科研团队合作中存在的问题，设计科研团队科技协同创新机制。首先，从科技管理部门完善科研管理体系，为科研团队高水平的合作提供保障机制。主要通过科研管理部门完善科研体系，包括注重年轻学术骨干培养，促进科研团队的跨学科交叉融合，建设信息平台提高科技知识共享水平。其次，高效科研团队应充分整合优化团队内外部资源，构建利益共享的学术生态，促进科研团队高效合作，通过优化科研团队的角色配置，促进团队跨学科合作与交流，促进团队建设成为可持续发展的科研团队，构建利益共享的合作学术生态。最后，科研项目团队应通过建立良好合作规则规避合作困境，建立课题组之间的组织认同，改善课题组资源配置方式提升效率，协调好国家战略需要与科学发展关系，平衡科学家自我价值实现与科学研究价值要求。通过以上机制设计解决科研团队合作困境，提升科研团队合作效率，进而建立我国创新系统中科技协同创新微观基础。

第五篇

协同创新政策体系及设计研究

协同创新的知识和技术供给结构以及创新的外部性特征，决定了协同创新具有"公共—私人"的混合投入结构。这种创新对社会收益贡献更大，却不能对私人创新者的收益进行补偿，从而降低了私人部门的研发动力；同时正外部性很容易诱发"搭便车"行为，使创新者承担较大的创新成本和创新风险。这使仅靠市场机制远不能将创新资源自动调节到最优水平，需发挥政府政策的干预作用来解决"市场失灵"问题。因此，在基于协同创新三个层面的研究基础上，对我国协同创新政策的演进进行分析，探讨不同要素之间的关系，为我国协同创新政策的调整和优化提供理论依据。

本篇第十八章分析了我国协同创新的政策语境，梳理了协同创新政策概念的提出与发展历程，对比了与协同创新政策相关的概念，总结了协同创新政策的五大基本要素。第十九章主要是基于文本计量的方法，从总—分—分的结构布局对我国协同创新政策进行了深入的剖析，首先从整体上对协同创新政策的总体情况进行了分析，其次从协同创新的中观层面对产学研协同创新政策进行了剖析，最后对高校协同创新政策进行了解读，进而发现和总结了我国协同创新政策的特征和问题。第二十章在前面研究的基础上，构建了我国协同创新的政策体系框架，分别从宏观、中观和微观三个层面进行了阐释，从政府、高校和企业的角度对于如何构建可持续的协同创新给予了一定的建议。本篇的研究框架如下图所示。

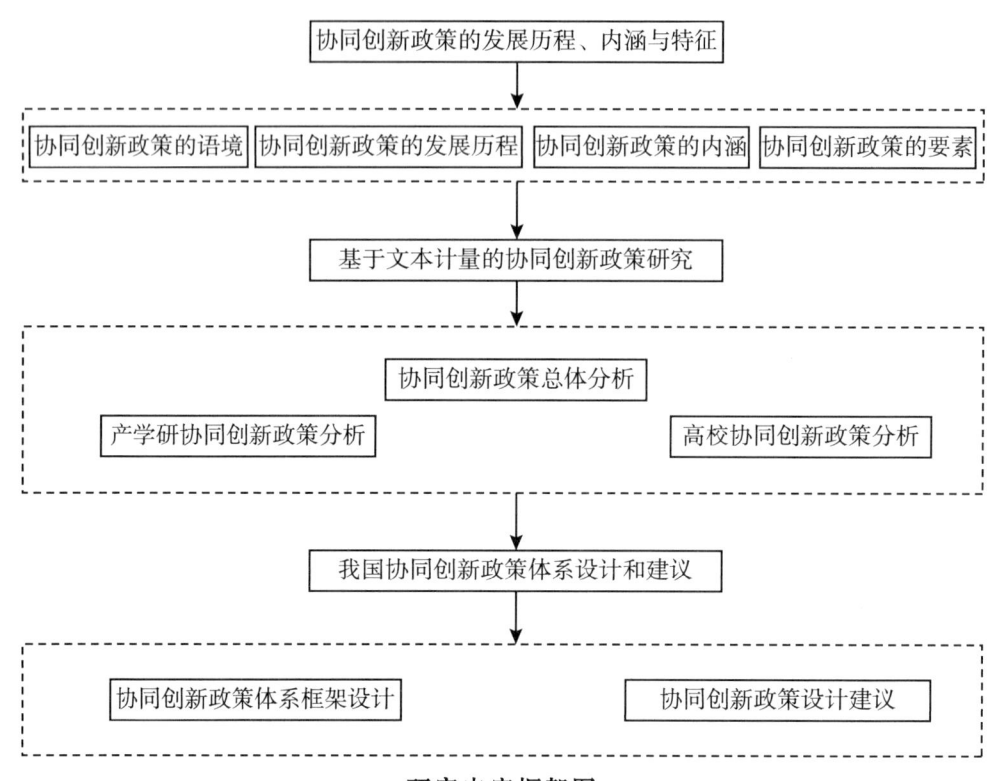

```
协同创新政策的发展历程、内涵与特征
    │
┌───┴────────────────────────────────────────────┐
│ 协同创新政策的语境 │ 协同创新政策的发展历程 │ 协同创新政策的内涵 │ 协同创新政策的要素 │
└────────────────────────────────────────────────┘
    │
基于文本计量的协同创新政策研究
    │
┌───┴────────────────────────────────┐
│          协同创新政策总体分析         │
│ 产学研协同创新政策分析   高校协同创新政策分析 │
└────────────────────────────────────┘
    │
我国协同创新政策体系设计和建议
    │
┌───┴────────────────────────────────┐
│ 协同创新政策体系框架设计    协同创新政策设计建议 │
└────────────────────────────────────┘
```

研究内容框架图

第十八章

协同创新政策的发展历程、内涵与特征

本章通过描绘协同创新发展的政策语境,对协同创新政策概念的提出与发展历程进行回顾,并对与协同创新政策相关的概念进行了比较分析,进一步对协同创新政策的内涵进行界定并分析其特征,最后提出协同创新政策的五个基本要素。

第一节 协同创新的政策语境

新中国成立以来,中国实行的是一种自上而下的计划式科技体制(朱效民,2012),这种效仿苏联科技发展体制的固有弊端在发展的过程中日益显现,主要表现在:其一,封闭式的体制,使得科研单位与企业之间的横向联系阻断,科技和经济之间的"两张皮"现象逐步显现(朱效民,2007);其二,科研部门条块分割明显,资源分散重复;其三,科研单位产权不明晰,缺乏自主权(朱效民,2012)。为解决这一重大问题,1985年中国第一个科技体制改革的决定产生,邓小平同志指出"经济体制和科学技术体制两方面的改革,双管齐下,有可能解决长期存在的经济与科技脱节的问题"(路甬祥,1998)。而在新中国成立以后,科技体制和经济体制的不协同发展形成的弊病主要体现在以下方面:例如,在组织结构上,研究机构与企业相分离,部门之间严重分割,在运行机制上,单纯靠行政手段管理,很难放开市场竞争机制;在人事制度上,科技人员限制较多,人才无法合理流动。① 1995 年，历经十年的探索，尤其是科研机构在科技体制改革工作中取得了突破性进展（朱丽兰，2000）。但我国科技与经济相脱节的问题并没有从根本上得到解决，独立于企业之外的科研机构过多，部门条块分割依然严重，力量分散的状况依然存在。因此，1998 年底，国家对于科研机构进行了彻底的管理体制改革。科研机构的转制，是促进科技与经济结合（朱效民，2007）、加速科技产业发展的根本措施。按照"稳重一头，放开一片"的方针，优化科技系统结构，分流人才。② 然而，要求科研院所转制为企业，这种简单化的"一刀切"政策的正确性，却受到了很多的质疑。最直接的反应就是，对改革的支持不够，积极性不高，信心不足（范维培等，2003）。当然，最关键的是，科研机构的转制使得原来进行产业共性技术和关键技术的功能定位发生了变化，出现了科研院所和企业的创新"功能错位"现象。于是，2005 年，国家提出了要构建以企业为主体、产学研相结合的技术创新体系，有效整合产学研的力量，才能真正解决科技与经济"两张皮"的问题。③ 在这期间，一些促进产学研合作的技术创新组织不断涌现，出现了大量"一次性"式、"拉郎配"式的产学研合作，实际上使科技和经济的紧密结合大打折扣。基于这一问题，2012 年，胡锦涛同志提出要"大力推动协同创新"，战略层面的协作，才能创造更长久、更稳定的合作关系。在科技体制改革的深化中也强调了解决科技与经济结合不紧问题的关键是增强协同创新的合力。④ 协同不仅仅是国家创新系统之间的协同，更多地还要从宏观层面，克服政出多门的"九龙治水"现象，推进政府部门的顶层设计服务导向（黄涛，2013）。

创新在不同的社会语境中表现出不同的内涵和外延形式，在当代社会，创新不再是简单的科学发现和发明，其更多地体现在科学和技术互动关系上，其发展状况与社会结构、工业革命、经济增长有着双向约束关系（周作宇，2013）。评价一个国家强弱的指标和机构不计其数，这些指标在一定程度上从不同的方面反映了国家能力之间的差距，但创新能力作为一个综合指标，逐渐成为评价一国强弱的重要评价指标。改革开放以来，新中国迎来了"科学的春天"，中国的科学事业走上了快车道。从专利数量的突飞猛进到科学论文的爆发式增长，从科研投入不足（人力和财力）到科研队伍和经费的迅猛增加，我国的科研投入和成就有目共睹（周作宇，2013）。然而，成就的背后我们也需要看到潜在的发展问题。

---

① 中共中央关于科学技术体制改革的决定. 1985 年 3 月 13 日。
② 中共中央、国务院关于加速科技进步的决定. 1995 年 5 月 6 日。
③ 国务院关于印发《国家中长期科学和技术发展规划纲要（2006－2020）》的通知. 2005 年 12 月 26 日。
④ 深化科技体制改革实施方案. 2015 年 9 月 24 日。

根据世界知识产权组织《2016 全球创新指数》的调查报告，我国创新指数仅排在第 25 位。① 与 SCI 科技论文的总量比较，创新指数更能反映出创新的质量（周作宇，2013）。创新质量指标排名第 17 位，虽排在中等收入经济体的首位，但与高收入经济体还是存在较大的差距。与此同时，中国的产业核心关键技术大部分依赖国外进口的事实，也印证了中国过去几十年"市场换技术"的技术战略带来了巨大的隐患（邓练兵，2013）。总体而言，科研体积和总量虽然庞大，质量和水平并不突出，自主创新能力不强，潜在的焦虑是科技和经济的"脱皮"。无论作为一种描述性的事实，还是作为发展的激励性因素，将"科技和经济的不紧密结合"作为衡量科技水平的一个基本判断标准，其政策意义是明显的。大而不强，多而不精，合而不同是建设创新型国家必须正视的现实（周作宇，2013）。

第二节　协同创新政策概念的提出与发展历程

企业是科技与经济紧密结合的主要载体，解决科技与经济结合不紧问题的关键是增强协同创新的合力。协同创新的主体不仅仅局限在私人部门或公共部门，其远远超出单个部门的边界，因此，协同创新的知识和技术产出带有"公共—私人"的双重属性。双重属性中的公共属性决定了协同创新的产出，如共性技术等，具有准公共品的性质，这意味着其他创新主体会免费或者以一种较低的成本获得公共物品（袁源，2012）。这种公共物品由于具有较大的社会效益，存在正外部性特征，若研发的承担主体是私人部门且未得到一定的补偿，则会大幅度地降低研发动力。同时，这一外部性特征也很容易诱发"搭便车"行为，其竞争对手或以低成本获得公共物品，这使得初始研发者将承担较大的研发成本和创新风险（邓练兵，2010），在一定程度上，对于私人部门而言，将会降低对公共物品的研发，而对于公共部门而言，追求短期的经济利益也使得研发更偏向于产品技术层面。总体而言，整个社会创新活动的进程会变得缓慢，创新水平和能力会逐步下降（邓练兵，2010）。这便是典型的"市场失灵"现象，单凭市场的力量是无法实现创新资源的高效配置，因此，通过政府的"无形之手"来纠正"市场失灵"是当前发展情景的必须之路，制定一系列政策让协同创新的外部性部分内部化，其中最重要的就是协同创新政策措施（袁源，2012）。

从新中国成立以来，到"十三五"的发展开端，协同创新政策概念的发展历

---

① 2016 年全球创新指数.世界知识产权组织，2016 年 8 月 15 日.

程经历了一系列的变化，从 1985 年《中共中央关于科学技术体制改革的决定》中首次提出调整科学技术组织机构，优化创新资源，鼓励以科学院为首的科研院所同企业建立各式各样的联合，协同创新政策初步显现。到 1992 年"产学研联合开发工程"的组织实施，协同创新政策开始形成。再到 2011 年胡锦涛同志在清华大学百年校庆讲话时提出了"推动协同创新"的理念和要求，一系列的协同创新政策应运而生，协同创新政策快速发展。在这期间，出台了一些有重要节点意义的政策，如 1985 年的《中共中央关于科学技术体制改革的决定》，1994 年的《国家教委、国家科委、国家体改委关于高等学校发展科技产业的若干意见》，1995 年的《中共中央、国务院关于加速科学技术进步的决定》，中共中央和国务院联合颁布政策第一次将这一问题提升到了最高层面，1996 年的《国务院关于（九五）期间深化科技体制改革的决定》和《中华人民共和国促进科技成果转化法》，1999 年的《国务院办公厅转发科技部等部门关于促进科技成果转化若干规定的通知［失效］》，2002 年的《科技部、教育部关于充分发挥高等学校科技创新作用的若干意见》，2006 年的国务院关于印发《国家中长期科学和技术发展规划纲要（2006—2020 年）》的通知，中长期规划纲要基本上奠定了要建立以企业为主体、市场为导向、产学研相结合的技术创新体系，《中共中央、国务院关于实施科技规划纲要增强自主创新能力的决定》，2008 年的《广东省人民政府、教育部、科学技术部关于深化省部产学研结合工作的若干意见》和《广东省人民政府、科学技术部、教育部关于印发广东自主创新规划纲要的通知》，2011 年《科学技术部关于印发国家"十二五"科学和技术发展规划的通知》，2012 年《教育部、财政部关于实施高等学校创新能力提升计划的意见》和《中共中央、国务院关于深化科技体制改革加快国家创新体系建设的意见》，2013 年的《国务院关于印发"十二五"国家自主创新能力建设规划的通知》《教育部关于深化高等学校科技评价改革的意见》《国务院办公厅关于强化企业技术创新主体地位全面提升企业创新能力的意见》，2014 年教育部、财政部关于印发《2011 协同创新中心建设发展规划》《2011 协同创新中心政策支持意见》《2011 协同创新中心认定暂行办法》三个文件的通知，2015 年《国务院办公厅关于成立国务院推进职能转变协调小组的通知》《国务院办公厅关于优化学术环境的指导意见》，国务院关于印发《中国制造 2025》的通知，《财政部、国家税务总局、科技部关于完善研究开发费用税前加计扣除政策的通知》《国家发展改革委、中国科协关于共同推动大众创业万众创新工作的意见》等。这些政策的出台，对于促进科技和经济的紧密结合产生了深远的影响。基于此，我们从科技战略阶段、技术发展特征、重要政策节点、主要代表政策、协同创新政策的着力点以及协同创新政策的特征等几个方面对我国协同创新政策的发展历程进行了梳理，我国协同创新政策的具体发展见图 18-1。

	1985 年	1995 年	2005 年	2015 年
科技战略阶段	以"科学是第一生产力"为战略导向阶段	以"科教兴国"为战略导向阶段	以"建设创新型国家"为战略导向阶段	
技术发展特征	引进国外先进技术	自主研究开发与引进国外先进技术相结合	自主创新	
重要政策节点	中共中央关于科学技术体制改革的决定	中共中央、国务院关于加速科学技术进步的决定	国务院关于印发《国家中长期科学和技术发展规划纲要(2006—2020年)》的通知	
主要代表政策	●中共中央关于科学技术体制改革的决定 ●国务院关于下达《国家中长期科学技术发展规划》的通知 ●中华人民共和国科学技术进步法	●中共中央、国务院关于加速科学技术进步的决定 ●中华人民共和国促进科技成果转化法 ●国务院关于(九五)期间深化科技体制改革的决定 ●国家经济贸易委员会、教育部、中国科学院关于调整领导协调小组及其办公室的通知 ●国务院办公厅转发科技部等部门关于促进科技成果转化若干规定的通知 [失效] ●中共中央国务院关于加强技术创新发展高科技实现产业化的决定 ●中华人民共和国中小企业促进法	●国务院关于印发《国家中长期科学和技术发展规划纲要(2006—2020年)》的通知 ●中共中央、国务院关于实施科技规划纲要增强自主创新能力的决定 ●中华人民共和国科学技术进步法(2007 修订) ●广东省人民政府、科学技术部深化省部产学研结合工作的若干意见 ●科学技术部、财政部、教育部等关于推动产业技术创新战略联盟构建的指导意见 ●教育部、财政部关于实施高等学校创新能力提升计划的意见 ●国务院办公厅关于深化科技体制改革加快国家创新体系建设的意见 ●国务院关于强化企业技术创新主体地位全面提升企业创新能力的意见 ●国务院关于印发"十二五"国家自主创新能力建设规划的通知 ●中共中央关于全面深化改革若干重大问题的决定 ●中共中央、国务院关于深化体制机制改革加快实施创新驱动发展战略的若干意见 ●中华人民共和国促进科技成果转化法(2015 修正)

协同创新政策的着力点	科研生产经营联合体	技术开发机构	技术创新体系
协同创新政策的特征	(1) 鼓励式的联合 (2) 新型的科研生产经营实体，联合开发新产品，新技术。通过承包国家计划项目，接受委托研究，转让技术成果，第一次创业与经济紧密结合，促进了科技与经济的有效结合 (3) 基本无配套的措施政策	(1) 机制式的紧密结合 (2) 建立科研、开发、生产、市场紧密结合的机制，鼓励创办各种形式的高技术企业，加快科技成果转化 (3) 开始布局相关政策措施，如建立中介服务机构，设立科技成果转化法等	(1) 战略层面的紧密合作 (2) 建立以企业为主体、市场为导向，产学研相结合的技术创新体系 (3) 推动战略联盟，协同创新中心等组织的建立，促进科技和经济的深度融合，同时，在宏观层面大力推动政府部门之间的协同，中观层面强调定位是解决产业关键共性技术的开发，在微观层面给科研人员松绑，大力促进创新团队的合作

图 18-1　我国协同创新政策的发展历程

注：内容摘录于相关政策文本。

第三节 协同创新政策的相关概念

与协同创新政策相关的概念非常之多，主要有创新政策、科学政策、技术政策、科技政策、产业创新政策、产业技术政策、自主创新政策、技术创新政策、共性技术政策、产学研合作政策等。协同创新政策与这些政策有一些交集，但又存在差异，相关概念的基本定义和内涵总结如下。

科学政策，国内外学者对于科学政策的定义主要包含两个方面，从宏观角度来看，OECD认为科学政策是一个广义的概念（伍蓓等，2007）。C. A. 蒂斯德尔[1]指出科学政策涉及的是教育、知识储存，以及它的可取性和使用、研究和发展（伍蓓等，2007）。周寄中[2]将科学政策定义为上层建筑，带有浓厚的政治色彩，主要研究国家级各级政府发展科学的规模、科学经费的拨款、科研租住管理、科研成果的推广应用和国际科学交流与合作（伍蓓等，2007）。从微观角度来看，马莱茨基指出科学政策就是通过科研手段达到一定目标的最有效方式（马莱茨基，1979）。阎莉指出科学政策的作用对象是科学本身，是从事科学技术活动的组织或者个人（阎莉，2000）。还有研究学者认为科学政策的目标是繁荣科学和推动技术、经济与社会的发展，其主要内容是确定优先发展的科学领域，明晰科学的结构分布，实现科学的繁荣发展目标（李洁然，2014）。

技术政策，奥尔特拉（Oltra）[3]认为技术政策是政府为了激励技术变化的过程以及支持技术和科学知识的创造、利用和扩散而采取的一系列公共政策的总称（眭纪刚和苏竣，2009）。布赖恩特（Bryant）认为基于过程导向定位的技术政策，其目标是鼓励创新主体之间在知识和技能方面进行合作和交互，从而降低交易成本，促进知识的传播。中国研究学者认为技术政策主要针对技术和产业发展，技术政策是用来规范技术的发展原则，其主要目标是通过技术进步促进经济的发展（眭纪刚和苏竣，2009）。技术政策的主要内容如下：第一，确定技术发展目标；第二，选择技术发展的战略与方向；第三，明确技术结构；第四，制定促进技术进步的方针、路线和措施（伍蓓等，2007；陈劲，2013；李洁然，2014）。然而，不同类型国家的技术政策的意义有所不同，发达国家重视科学带

---

[1] C. A. 蒂斯德尔，黄嘉平．王宝琛译：《科技政策研究》，中国展望出版社1985年版。
[2] 周寄中：《科学－社会学》，中国科学技术大学出版社1991年版。
[3] Vabessa Oltra, An Evolutionary Analysis of Technology Policy [C]. Institutions and the Evolution of Capitalism, Cheltenha, UK: Northampton, MA, USA, 1999: 186 – 201.

动技术发展的能力，并能产生经济收益，而发展中国家关注的是在追赶发达国家的过程中如何引进消化吸收新技术（陈劲，2013）。

科学技术政策（简称科技政策），至今尚未提出一个被学术界普遍接受的概念（马欣员，2014）。从广义上讲，萨洛蒙认为科技政策是为了实现国家良性发展与科学技术的有机整合。政府为实现国家各方面协调发展所采取的一系列技术措施（马欣员，2014）。从狭义上讲，科技政策是指与科技发展相关的政策措施。江岩提出，科技政策是一种公共政策，其目标是推进资源在市场配置过程中产生的创新产品、工艺和知识，实际上是与 R&D 政策的定义高度一致（马欣员，2014）。还有研究学者认为科技政策是以科学技术促进国家发展，实现国家目标而采取的综合性措施（马勇，2010）。科技政策所涉及的层面较广，国家、区域和地方，与经济政策、产业政策等相辅相成，成为国家政策中重要的一环（李建花，2010）。

创新政策，国内外学者从不同的角度对创新政策进行了研究，罗恩韦尔（Rothwell）认为创新政策是指科技政策和产业政策协同的结合，它是一个整合的概念（Rothwell，1986）。还有研究学者认为创新政策是各种政策的有机"结合体"（Gaudin，1985）。OECD 把创新政策归结为科技政策与政府的其他政策，特别是经济、社会和产业政策，包括能源、教育和人力资源形成一个整体（Ronayne，1984；伍蓓等，2007）。中国学者罗伟等将创新政策看作是科技政策的重要组成部分，与经济政策和产业政策紧密结合，是科技政策与工业政策中有关推动创新的部门（罗伟和连燕华，1996）。陈劲认为创新政策是一个国家的政府为了规范创新主体的行为所采取的综合性与集中性的手段和措施，制定各种措施进而促进一国科技创新活动的发展与完善。[1] 也有研究学者将创新政策定义为直接和间接地推动创新，营造和优化创新环境及培育创新主体的一系列政策（李靖华和常晓然，2014）。

除此之外，还有很多概念，如技术创新政策、共性技术政策、产学研合作政策等都是在以上政策研究的基础上演化出来的。技术创新政策是一个整合的概念（李凡等，2015），它包括了科技政策、研发政策、技术政策、基础设施政策和教育政策等多种政策的组合（柳卸林，2000）。连燕华认为技术创新政策是一个国家直接或间接地促进技术创新活动和规范技术创新行为的系列措施的总和（连燕华，1999）。技术创新政策是不同于其他类型的政策，如科学政策、技术政策以及产业政策等，但与他们又有密切的关系（赵兰香，1999）。产学研合作政策是我国科学技术政策的重要组成部分（李世超和蔺楠，2011）。共性技术政策是以

---

[1] 陈劲、王飞绒：《创新政策：多国比较和发展框架》，浙江大学出版社 2005 年版。

集中资源、突出共性、突破重点产业关键技术为特点的政策理念（马名杰，2006；栾春娟等，2011；樊霞和吴进，2014）。共性技术创新政策是指提高共性技术创新活动的质量和效率及提升创新能力的一系列政策行动、措施和工具（樊霞和吴进，2014）。

总之，各种政策概念非常之多，当然很多是以研究分析的需求，而在基本的科学和技术政策上不断地演化出来的。而协同创新政策也是科学政策和技术政策的演化体，但不是简单地相加或整合出来的。我们认为协同创新政策是一国政府为促进科技、经济和教育的结合，规范创新合作主体行为而制定并运用各种直接或间接的政策和措施的总和。协同创新政策的内涵包含以下三个层面：第一，在宏观层面上，协同创新政策是科技管理体制的产物，推动科教融合发展；第二，在中观层面，协同创新政策是产业或产学研合作创新的产物，促进企业、高校和科研院所全面参与国家创新体系建设；第三，在微观层面上，协同创新政策是科研团队合作创新的产物，支撑一批高水平大学和科研院所组建跨学科、综合交叉的科研团队。协同创新政策是中国特有的名词，国外并没有协同创新政策的概念，与之相近的概念主要是"科技政策"和"产学研合作政策"，但与协同创新政策相比，前者过宽泛，后者过狭窄，而协同创新政策处于二者之间。协同创新政策比技术创新政策关注的范围要广，其将技术商业化包含在内，比创新政策关注的范围要窄，创新政策以经济中创新的总体绩效为重，而协同创新政策关注的以创新合作主体的协同绩效为重。

第四节　协同创新政策的基本要素

协同创新政策的基本要素包含五个方面，分别是政策目标、政策主体、政策客体、政策工具和政策内容。政策目标是政策执行的风向标，是政策工具要实现的目的和效果。政策主体是决定政策目标、选择政策工具、发布并监督政策执行的机构或组织（蔺洁等，2015）。政策客体是政策的作用对象，政策工具是政策主体为实现政策目标所采取的一系列措施，政策内容则是政策工具所包含的具体内容。

一、政策目标

政策目标是国家运用政策工具所要实现的目的，是整篇政策的风向标，通常在开篇处以精练的语言概括提出（李晓昂，2013）。政策目标反映着决策者通过一定手段想要达到的目的，一般情况下，政策目标是政策执行者最为明确的方向，政策目标可以视为政策价值导向下的具体化（黄俊辉和李放，2015）。可以形象地说，政策目标是技术政府责任的指示牌，指示着政府责任的基本方向。纵观公共政策文本，当中都会明确交代该项政策的目标是什么（黄俊辉和李放，2015）。协同创新政策目标，是在一定时期内，国家实施协同创新政策所要取得预期效果的总体意向，在于促进科技、经济和教育的深度结合，推动技术成果的转化。这一总目标，在历年来的政策文件中多次被提到。

二、政策主体

政策主体一般可以界定为直接或间接地参与政策制定、执行、评估和监控的个人、团体或组织（孙玉涛和曹聪，2012）。协同创新的政策主体是各类政府部门，协同创新政策是政府部门意志的体现，各部门的利益关系直接影响着政策的制定与实施效果。

三、政策客体

政策客体即是协同创新政策的服务对象，是指政策发挥作用时所指向的受体，包含了三个层面，分别是宏观层面的科技、经济和教育的融合，主要体现在不同功能政府部门之间的协同。中观层面的产学研合作，主要是针对企业、高校、科研院所和中介机构的协同创新活动。微观层面的科研团队合作，主要是科研团队成员之间的协同，具体如图18-2所示。

四、政策工具

促进科技、经济和教育的结合，是离不开政府的各种行为与干预的。政府为鼓励政策客体如政府部门、企业、科研院所、高校、中介机构以及科研团队推动协同创新活动，往往会采取一些必要的政策支持和措施手段。政府为了推动政策客体进行协同创新活动而使用的各种政策手段，都称之为协同创新的政策工具。协同创新政策工具是国家为了实现协同创新政策目标所采用的作用手段，它是政策的关键构成（蔺洁等，2015）。

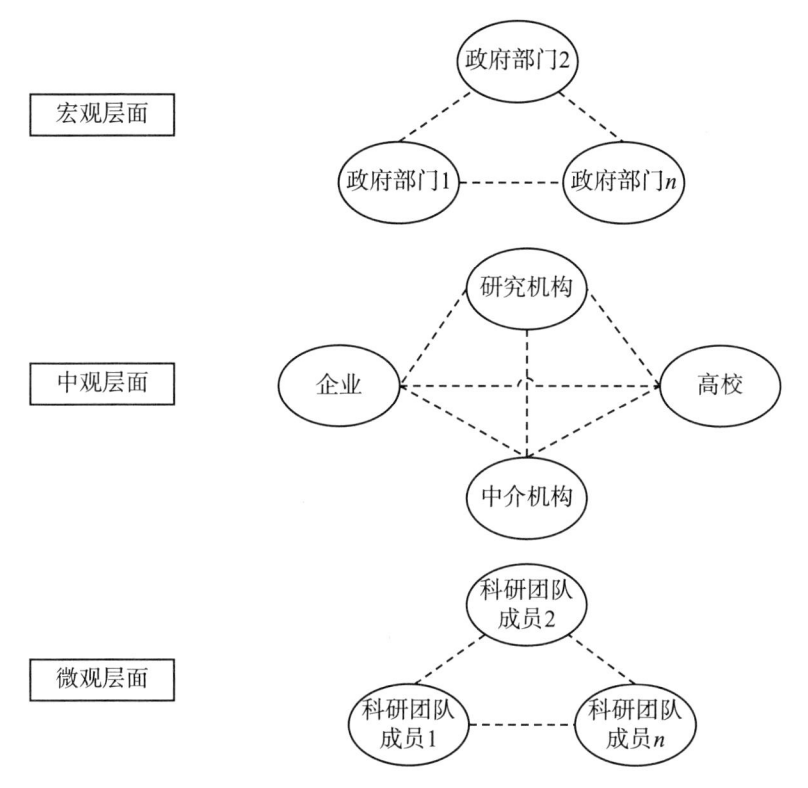

图 18-2　我国协同创新政策客体

五、政策内容

借鉴徐福志对自主创新政策内容的划分维度，初步将我国协同创新政策内容划分为：产业类政策、财税类政策、金融类政策、科技类政策、人才类政策和公共服务政策六种类别（徐福志，2013），而又可以再细分到 24 个小类别，政策内容体系见图 18-3。

产业类协同创新政策主要包括：产业规划政策、专项规划政策和资源配置政策三类。这三类政策内容均是根据国家创新产业自身的发展，分别制定的不同政策，所涉及的产业基本上覆盖三类产业（第一产业、第二产业和第三产业），第二产业居多，战略性产业和新兴产业得到较高的重视。产业规划政策主要体现在"十五""十一五"和"十二五"产业规划，其中的部分条款主要是通过推动产学研合作来加速科技成果的转化及产业化，以此来支持和引导产业内协同创新活动的顺利开展。专项规划政策主要是对重点发展的创新产业项目（如集成电路产业、生物医药、电动汽车等）制定的重大科技专项规划，促进产学研联合，确保项目进行的稳定性和成功性。资源配置政策主要是建立资源配置机制，合理分配协同创新的人力、财物、技术和信息等资源，加快形成以企业为主体、市场为导向、产学研相结合的技术研制体系。

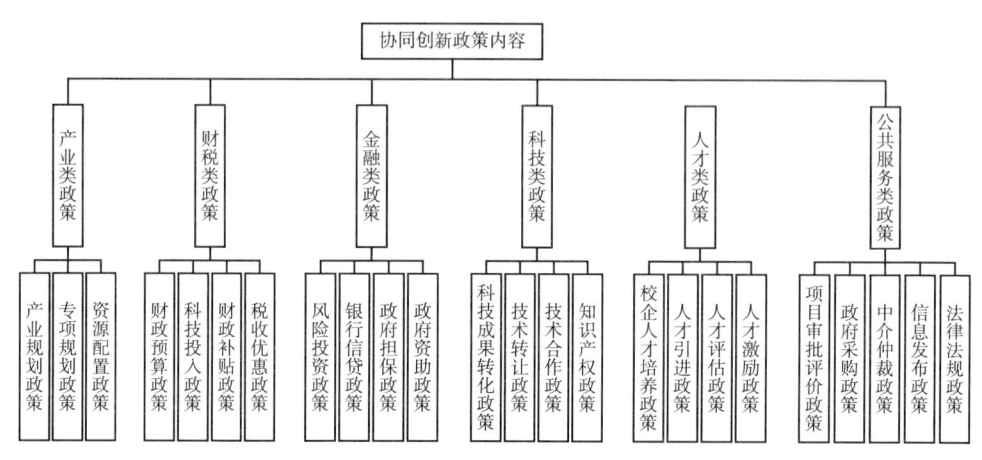

图 18－3　我国协同创新政策内容

协同创新政策内容分为六大类：产业类政策（产业规划政策、专项规划政策、资源配置政策）、财税类政策（财政预算政策、科技投入政策、财政补贴政策、税收优惠政策）、金融类政策（风险投资政策、银行信贷政策、政府担保政策、政府资助政策）、科技类政策（科技成果转化政策、技术转让政策、技术合作政策、知识产权政策）、人才类政策（校企人才培养政策、人才引进政策、人才评估政策、人才激励政策）、公共服务类政策（项目审批评价政策、政府采购政策、中介仲裁政策、信息发布政策、法律法规政策）。

财税类协同创新政策主要包括：协同创新财政预算政策、协同创新科技投入政策、协同创新财政补贴政策和协同创新税收优惠政策四类。这四类政策内容主要是建立财政和税收优惠制度，前两者偏重事前，后两者侧重事后。协同创新财政预算政策内容主要是建立健全协同创新项目的财政预算制度，财政预算内用于协同创新项目预算资金要达到一定的比例，但目前我国协同创新政策体系中这类型的政策是缺失的。协同创新项目投入政策内容主要是建立健全协同创新项目的科技投入制度，协同创新项目科技投入占 GDP 要达到一定比例，协同创新项目科技投入的人均占有量要达到一定数额，建立稳定的投入增长机制，有些政策提及企业需要计提部分费用来支持产学研合作项目，但未对占比数额有提及，有些协同创新项目内化在一些科技项目中，未单独涉及。协同创新财政补贴政策内容主要是健全协同创新项目的财政补贴制度，制定协同创新项目财政补贴法律法规，设立协同创新项目财政补贴专项资金，规范相关程序，目前这部分政策内化在综合类政策中。协同创新税收优惠政策内容主要是建立健全协同创新税收优惠制度，制定相关法律法规，将协同创新项目税收返还系数提高到一定比例以上，对重大或急需开展的协同创新项目提供税收减免优惠，目前研发税收减免和创新券等政策是激励创新主体的重要内容，但是否存在更适合协同创新项目的税收优惠政策值得进一步探讨。

金融类协同创新政策主要包括：风险投资政策、银行信贷政策、政府担保政策和政府资助政策四类。风险投资政策内容主要是鼓励和引导金融机构和社会资本对协同创新项目的资助和支持，发挥多层次资本市场的融资功能。银行信贷政策内容主要是充分利用国家政策性银行加强实施协同创新项目信贷优惠政策，实行多元化信贷利率，鼓励银行设立投资引导资金，对一些具有应用前景和重大突破意义的协同创新项目提供信贷优惠。政府担保政策内容是政府作为中间人，设立协同创新项目中介担保机构，为那些风险系数高、应用价值大、研发周期长的项目提供融资担保，降低研发风险和研发成本，从而建立完善的协同创新的政府担保制度。政府资助政策内容主要是完善政府资助制度，资助力度向那些投资大、周期长的协同创新项目倾斜，通过简化资助申请程序，进一步促进协同创新项目的顺利落地。

科技类协同创新政策主要包括：科技成果转化政策、技术转让政策、技术合作政策、知识产权政策四类。科技成果转化政策内容主要是建立健全涉及多创新主体参与的创新技术成果转化制度，从而使得创新成果从知识创新主体到技术创新主体顺利完成转化，必要时建立科技成果转化中介机构来促进转化的高成功率。技术转让政策内容主要是完善协同创新主体的技术转让制度，对相关的技术转让规则制度化，技术转让程序规范化，从而为协同创新主体技术转让提供法律保障和便利。技术合作政策内容主要是涉及产业合作、产学研合作以及科研团队合作中涉及的技术问题，实现技术的成功研发以及产业化，建立健全协同创新技术合作制度，制定相关法律规范，规范技术合作市场。知识产权政策内容是建立协同创新过程中涉及的知识产权鉴定和保护，以及纠纷处理制度，知识产权的共享和利益分配制度对于协同创新的成功扮演着重要的角色，因此制定相关保护协同创新知识产权的法律法规非常有必要。

人才类协同创新政策主要包括：校企人才培养政策、人才引进政策、人才评估政策和人才激励政策四类，人才类协同创新政策内容主要是围绕创新人才所展开的一系列政策。校企人才培养政策内容主要是通过校企合作来培养人才从而展开的一系列活动，如建立联合实验室、人才培养基地，建立实训基地，设立联合培养人才教育基金等，为培养协同创新主体共用人才提供资金和服务支持。人才引进政策内容主要是建立从高校、科研机构和企业等创新主体之间的人才流动机制，以及从国外引进创新人才的制度，打通人才引进通道。人才评估政策的内容主要是建立适用于参与协同创新人才的评价制度，不是所有的都适用于一个制度，而是建立多元化评价模式，以及人才评估数据库。人才激励政策内容主要是建立适合的、有效的协同创新型人才激励机制，设立协同创新优秀人才奖，根据不同类型人才的贡献进行奖励，构建公平公正的人才生存环境。四类人才政策组合拳的使用，确保参与协同创新的人才"引得进、留得住、出效益"。

公共服务类协同创新政策主要包括：项目审批评价政策、政府采购政策、中介仲裁政策、信息发布政策以及法律法规政策五类。项目审批评价政策内容主要是政府负责项目的前和尾部分,前部分是制定协同创新项目预评估制度和审批制度,负责对项目进行预评估和筛选,规范并简化审批程序,后部分是建立协同创新项目评价制度,提升资金投入效率和效能。政府采购政策内容主要是由于协同创新具有"公共—私人"双重属性,具有较大的风险和成本,政府需要对创新主体研发成果建立采购制度,规范政府采购流程。中介仲裁政策内容主要是在协同创新活动过程中,难免会发生知识产权、利益等纠纷事件,需要相关中介机构各创新主体之间做好调节和仲裁等服务工作。信息发布政策内容主要是建立协同创新供需需求信息发布平台,及时有效地发布相关项目和技术信息,促进创新主体的协同效应。法律法规服务政策内容主要是建立健全多层次协同创新的法律法规体系,为协同创新提供法律保障,并做到有法可依、依法办事、提高效率。

第五节 本章小结

协同创新在长期存在的经济与科技脱节这一背景下被提出,协同创新政策的目标是解决科技与经济结合不紧密这一重大关键问题。因此,本书认为协同创新政策是一国政府为促进科技、经济和教育的结合,规范创新合作主体行为而制定并运用各种直接或间接的政策和措施的总和。而这一政策内涵包含三个层面,分别是宏观层面,推动科教融合发展;中观层面,促进产业或产学研合作创新;微观层面,促进科研团队合作创新。协同创新政策是中国特有的一个名词,与科技政策和产学研合作政策的内涵均存在差异。

第十九章

基于文本计量的我国协同创新政策研究

本章主要是基于文本计量的研究方法，从总—分—分的结构梳理了我国协同创新政策的基本情况，了解目前政策现状中存在的问题和矛盾，进而为"十三五"时期中国协同创新政策的调整优化和协同创新政策体系的建立和完善提供指导。这对于深化和丰富我国协同创新政策的理论和实践具有一定的理论价值和实践意义。

第一节　我国协同创新政策总体分析

一、数据来源

数据来源于"北大法律信息网"中央法规司法解释数据库，我们对新中国成立以来到"十二五"规划结束期间（1949年10月1日~2015年12月31日）的协同创新政策文本进行了数据的收集。关于检索关键词的确定，首先，是以"协同创新"为关键词在知网中检索文章，将关键词进行共词分析之后，发现"创新"和"协同"出现的次数最高；其次，基于我们对协同创新三个层面的认识，加入宏观层面的关键词"科教"，中观层面的关键词"产学""学研""校企""集群"和"科技成果转化"，微观层面的关键词"科研团队""研发平台""联合开发""重大科技项目",一共形成了 12 个关键词。检索完成后,发现很多数据并不符合要求,因此我们对数据进行了清洗,具体清洗过程如下:第一步,通过关键词检索,得到样本 27 221 条(检索时间:2016 年 12 月 31 日);第二步,快速阅读全文,扫读关键词所在的部分判断,筛选后得到 1 343 条数据;第三步,精读数据,有实质政策工具的保留,只是提及关键词的政策样本去掉,筛选后得到 729 条样本数据。

二、总体发文情况分析

(一)不同战略导向阶段的总体发文分析

从新中国成立以来,到"十二五"规划结束期间,我国一共颁布了 729 条协同创新政策文本。政策文本数量呈现出螺旋上涨的趋势,在 2012 年发文量出现了一个相对的小高峰,表明政府对于协同创新重要性的认识在不断提高,对协同创新政策愈加重视。

从不同科技战略阶段来看,第一科技战略阶段,科学技术是第一生产力(1985~1995 年),这一阶段共发文 15 条。我国促进科技成果产出和转化的方式特征呈现出从科技规划为中心向以国家科技计划为中心转变,在此阶段,协同创新概念的雏形即科研生产联合体的概念应运而生,其最初的目的在于解决科研与生产脱节的问题。随着 1992 年"产学研联合开发工程"的推进,协同创新的概念进一步发展到产学研合作概念;1993 年《中华人民共和国科学技术进步法》进一步将各创新主体开展联合和协作以法律形式予以确认(李世超和蔺楠,2011),1994 年的《国家教委、国家科委、国家体改委关于高等学校发展科技产业的若干意见》则鼓励高等学校要结合自身的优势特征建立科技企业,大力推进产学研合作联办科技企业,1995 年的《中共中央、国务院关于加速科学技术进步的决定》提出要推动科研院所、高等学校和企业合作开发先进技术。然而,在这一阶段出台的相关政策中却并没有清晰地界定产学研合作的主体,更多的只是鼓励高校、科研院所产出和转化技术成果(李世超和蔺楠,2011)。

第二科技战略阶段,科教兴国(1996~2005 年),这一阶段共发文 114 条。伴随着科技体制改革的逐步深入,科技和经济的"两张皮"现象逐步暴露,一些阻碍二者深入融合的不利因素凸显出来。传统计划经济体制下的企业缺乏和高校及科研院所的合作,自身研发动力不足,高校及科研院所的科研成果转化率低下等问题困扰着我国创新的发展。1996 年《国家教育委员会关于加强高等学校为经济社会发展服务的意见》强调高等学校的科技工作要向生产应用延伸,大力加强技术开发和成果转化，1996年《国务院关于（九五）期间深化科技体制改革的决定》提出要推动科技机构面向经济建设主战场，科研机构和高等学校要积极主动为地方经济建设和社会发展服务，1996年《中华人民共和国促进科技成果转化法》是这一阶段政策特征的集中体现（李世超和蔺楠，2011）。在这一阶段，科教兴国的战略导向下推动了协同创新政策的中心从推动科技成果产业化向建立以企业为主体、以市场为导向，产学研相结合的技术创新体系建立转变，但这一阶段，技术创新体系还尚未以政策形式得到确立，一方面，鼓励各种类型的技术开发机构建立机制式的紧密合作；另一方面，建立各种类型的中介服务机构来促进科研成果的转化。如2001年《关于推进行业科技工作的若干意见》提出在完善国家工程技术研究中心的基础上，推动产学研合作建立行业工程技术中心。研究发现，这一阶段的政策在顺承前一阶段对科技成果转化关注的同时，开始尝试对多样化技术开发机构建立实践的摸索。

第三科技战略阶段，建设创新型国家（2006～2015年），这一阶段共发文600条。2006年颁布实施的《国家中长期科学和技术发展规划纲要（2006—2020年）》是这一阶段政策的重要节点，其后相关部门陆续出台多项配套政策的实施细则，构成了我国新时期建设创新型国家战略的协同创新政策体系。这一系列政策的出台，奠定了我国"以企业为主体、市场为导向、产学研相结合的技术创新体系"，这一新型举国体制，引导创新资源要素逐步向企业集聚，推动企业和科研院所、高校的合作提升至战略层面，重点突破重大关键的共性技术研究，开展突破式创新，实现跨越式发展。2012年《教育部、财政部关于实施高等学校创新能力提升计划的意见》（简称"2011计划"）的颁布，第一次明确地提出了协同创新的概念，该政策大力推进了高校协同创新的发展，促进了高等教育与科技、经济、文化的有机结合。2013年，工业和信息化部印发了《产业关键共性技术发展指南（2013年）》的通知，进一步完善了共性技术的界定，《教育部关于深化高等学校科技评价改革的意见》完善了高校科技成果评价体系，为高校科技人员松绑。2014年，财政部和科学技术部、国家知识产权局联合颁布的《关于开展深化中央级事业单位科技成果使用、处置和收益管理改革试点的通知》，建立健全科技成果转移转化收入分配和激励制度，《2011协同创新中心建设发展规划》《2011协同创新中心政策支持意见》《2011协同创新中心认定暂行办法》三个文件进一步完善了协同创新中心的运行机制。2015年，财政部、国家税务总局、科技部联合颁布的《关于完善研究开发费用税前加计扣除政策的通知》，完善了企业合作研发项目的税收政策。这一年度，还对两部重要的法律进行了修改，分别是《中华人民共和国促进科技成果转化法》和《中华人民共和国高等教育法》。在这一阶段，相关政策的出台达到了前所未有的高峰，这阶段的政策一方面确立了新型举国体制,另一方面更多地强调通过战略层面的产学研合作来推动一些重点领域共性技术的协同攻关。

总体而言,我国协同创新政策在国家科技体制改革的重要节点上,政策数量达到了极大值,但每一次的政策颁布高潮之后政策数量又有一定的回落,这在很大程度上反映了政府对协同创新规律认识的不足,对利用政策支持协同创新缺乏科学的把握,政策的连贯性和可持续性有待进一步提高(见图 19-1、图 19-2、图 19-3)。

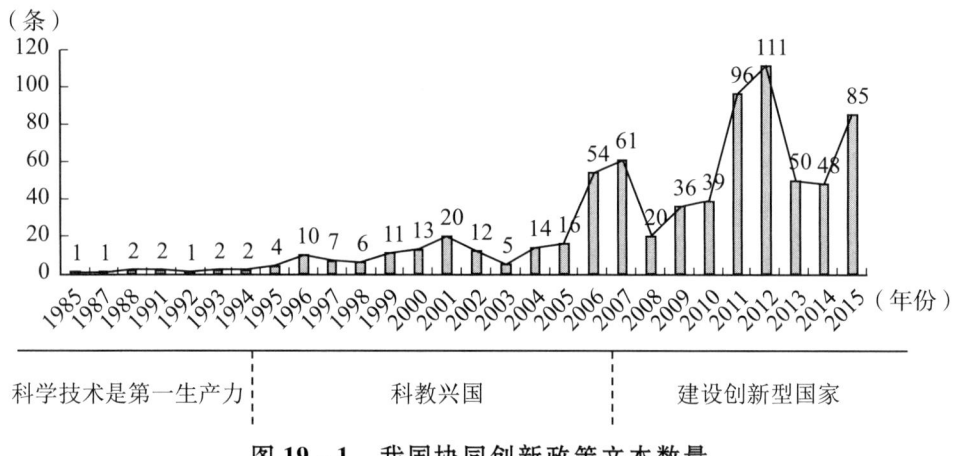

图 19-1　我国协同创新政策文本数量

注:1986 年、1989 年和 1990 年均无政策发文,故未在图表上显示。

(二) 发文的层面分析

我们将 729 条政策文本,按照发文的层面进行统计,结果显示在宏观层面的发文有 10 条(占总文本数的 1.37%),在中观层面的发文有 710 条(占总文本数的 97.39%),在微观层面的发文有 9 条(占总文本数的 1.23%)。整体上,在三个层面上的分布呈现"橄榄型"的特征。需要注意的是我们是依据政策文本的主要特征来进行层面分类的,尤其是对于那种综合类的改革式的政策文本。

同时,我们对三个层面历年的发文数量情况进行分析发现,宏观层面首次出现是在 1998 年,而微观层面首次出现是在 2001 年,而且二者均在后期出现稍微多一点,宏观层面主要是在 2015 年发文最多(5 条),而微观层面在 2011 年发文最多(2 条)。但从政策的连续性来看,微观层面的政策连续性稍微比宏观层面的政策连续性高。而中观层面的发文整体上呈现出波浪状特征,也存在政策的不连续性特征(见图 19-4)。

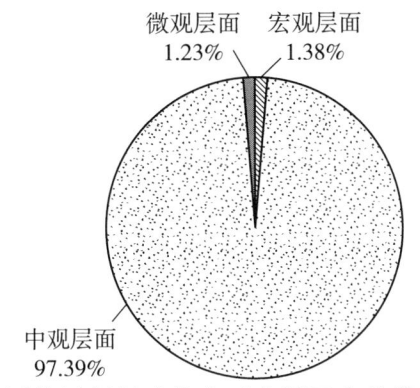

图 19-2　我国协同创新政策在三个层面上的发文数量分布图

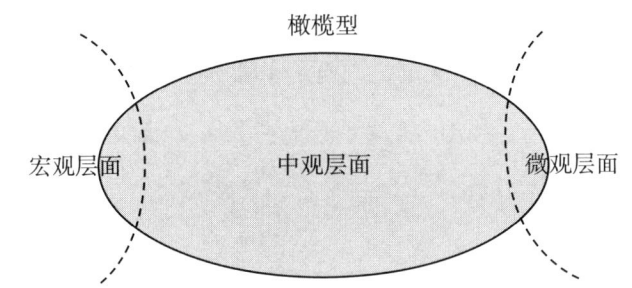

图 19-3　我国协同创新政策在三个层面发文呈"橄榄型"特征

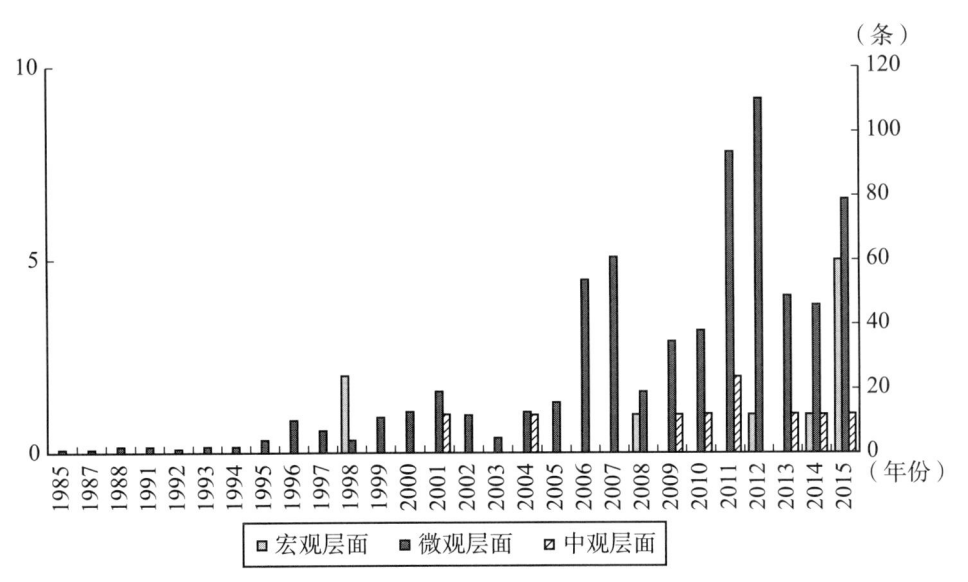

图 19-4　我国协同创新政策在三个层面历年的发文数量

注：中观层面发文数量远远大于宏观层面和微观层面，故放在次坐标轴显示。

(三) 发文的效力分析

按照中央法规政策的效力级别，可以将政策分为法律、行政法规、司法解释、部门规章、团体解释、行业规定、军事法规规章七个级别（朱桂龙和程强，2014）。而729个政策文本则涵盖了法律、工作文件、国务院规范性文件、"两高"工作文件、部门规章、部门规范性文件和团体规定7个小级别，效力级别依次减弱。为了考察协同创新的受重视程度，将收集的729条政策按照效力级别大小分类统计（见图19-5）。效力级别排名第六的部门规范性文件最多，占总数量的72.29%，效力级别排名第三的国务院规范性文件其次，占总数量的19.75%，剩余的占总数量的7.96%，效力级别排名前三的占总数量的21.40%。由此发现，协同创新在一定程度上受到了国家的高度重视，但重视程度还不够，且没有起具体落实作用的行业规定，应当给予加强。

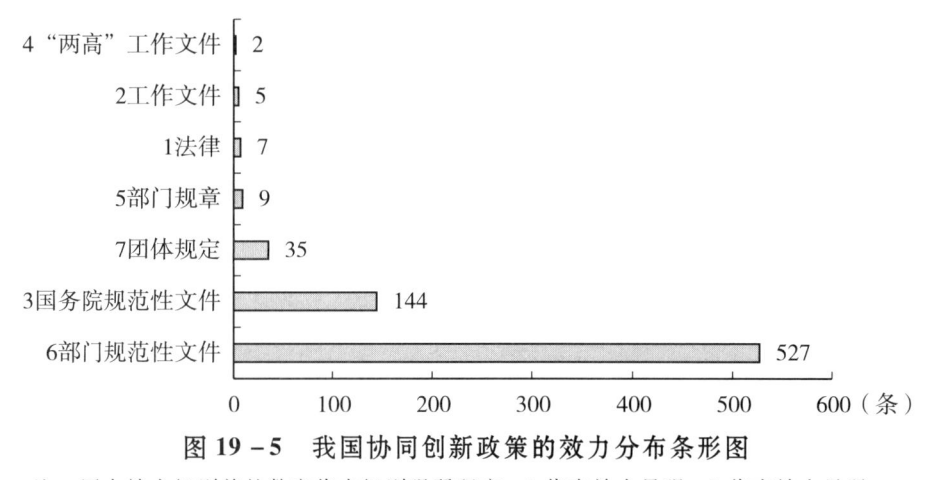

效力级别	数量（条）
4 "两高"工作文件	2
2 工作文件	5
1 法律	7
5 部门规章	9
7 团体规定	35
3 国务院规范性文件	144
6 部门规范性文件	527

图19-5 我国协同创新政策的效力分布条形图

注：图中效力级别前的数字代表级别强弱程度，1代表效力最强，7代表效力最弱。

三、我国协同创新政策主体合作网络分析

在表19-1中，发文数量排名前八的分别是科学技术部（182条）、国家发展和改革委员会（118条）、国务院（105条）、教育部（99条）、工业和信息化部（88条）、财政部（70条）、国务院办公厅（61条）、商务部（43条），从排名来看，科学技术部作为主体发文最多，可见其在协同创新政策制定中的核心地位。

表 19-1　　　　　　协同创新政策发文主体的发文数量表　　　　　　单位：条

排序	发文部门	数量	排序	发文部门	数量
1	科学技术部	182	27	中共中央办公厅	5
2	国家发展和改革委员会	118	28	文化和旅游部	4
3	国务院	105	29	国家质量监督检验检疫总局	4
4	教育部	99	30	国务院国有资产监督管理委员会	4
5	工业和信息化部	88	31	中国人民银行	3
6	财政部	70	32	中共中央宣传部	3
7	国务院办公厅	61	33	中共中央组织部	3
8	商务部	43	34	民政局	3
9	农业农村部	36	35	国家标准化管理委员会	3
10	中共中央	22	36	国家海洋局	3
11	人力资源和社会保障部	18	37	国家中医药管理局	3
12	国家知识产权局	15	38	海关总署	3
13	国家税务总局	13	39	最高人民法院	2
14	国家林业和草原局	12	40	国家市场监督管理总局	2
15	交通运输部	10	41	国家旅游局	2
16	中国科学技术协会	9	42	国家卫生和计划生育委员会	2
17	中国科学院	9	43	中央军委	1
18	自然资源部	8	44	共青团中央	1
19	全国人大常委会	7	45	国家版权局	1
20	国家粮食和物资储备局	7	46	国家国防科技工业局	1
21	国家测绘地理信息局总局	7	47	国家煤矿安全监察局	1
22	国家安全生产监督管理总局	7	48	国家煤炭工业局	1
23	生态环境部	6	49	国家民族事务委员会	1
24	住房和城乡建设部	5	50	国家食品药品监督管理总局	1
25	国家能源局	5	51	国家体育总局	1
26	全国人民代表大会	5	52	国家新闻出版广播电影电视总局	1

续表

排序	发文部门	数量	排序	发文部门	数量
53	国家邮政局	1	58	司法部	1
54	国务院振兴东北地区等老工业基地领导小组办公室	1	59	外交部	1
55	全国博士后管理委员会	1	60	中国气象局	1
56	全国供销合作总社	1	61	中华全国总工会	1
57	水利部	1	—	—	—

(一) 发文主体结构分析

从政策制定的主体来看，729 条政策总共涉及全国人民代表大会、国务院、科技部、教育部等 61 个机构（已经更名或已经撤销的按照现任责任机构统一分析），由此可见我国协同创新政策发文主体的广泛参与性（朱桂龙和程强，2014）。从政策发文的主体数量来看，729 条文本中，由单个机构发文的有 540 条，两个机构发文的有 94 条，三个机构发文的有 80 条，四个机构发文的有 14 条，五个部门联合发文的有 3 条。单个机构发文的文本占总数的比例高达 74.07%，两个及两个以上机构发文的文本占总数的比例为 25.93%。从整体结构上来看，我国当前协同创新政策的制定呈现出以单独发文为主，多部门联合发文为辅的基本特征（朱桂龙和程强，2014）。

(二) 政策主体合作网络结构特征演化分析

为了能更直观地了解协同创新政策发文主体之间关系的嬗变，我们利用社会网络分析软件 UCINET 6.0 绘制了整体的合作网络结构。其中，网络节点越大表示度越大，即与该主体联合颁布政策的主体数量越多，连线越粗，表示联结频次越高，即两个主体间联合颁布政策的次数越多（刘凤朝和徐茜，2012；朱桂龙和程强，2014）。

第一，整体的网络结构。从整体的网络结构来看，我国协同创新政策合作主体形成了科学技术部、国家发展和改革委员会、教育部、工业和信息化部和财政部"五部门鼎立"的现象。61 个部门参与了 729 条政策的制定，而这 729 条政策由 1 035 个机构参与，平均每项政策 0.70 个机构。总体而言，部门之间的协同不高，而事实上，中国协同创新体系更多地要求横向沟通，部门间的隔离使协同创新政策实施更加不易（孙玉涛和曹聪，2012）。以科学技术部为例，从政策发布数量上来看，它是最主要的贡献者，但它也仅能为政府的科技发展提供指导，对于协同创新的其他环节难以施加影响。作为主导部门的科学技术部,其和国家发展和改革委员会联合发布的政策有31条,和财政部联合发布的政策有27条,和工业和信息化部联合发布的政策有16条。而作为另一个很重要的部门,教育部和科学技术部联合发布的政策有31条,和国家发展和改革委员会联合发布的政策有12条,和工业和信息化部联合发布的政策只有1条,和财政部联合发布的政策有19条。

第二,不同科技战略阶段的网络结构。科学技术是第一生产力战略阶段(1985~1995年),主要是以科技体制改革为起点形成了协同创新政策的起步阶段。在这一阶段,协同创新政策的参与主体相对较少,仅有11个,参与的主体主要有教育部(4次)、科学技术部(3次)、中共中央(3次)和国务院(3次)等,联合发文有3条,虽然联合发文总数较少,但是合作网络结构相对集中,属于网络集中型(朱桂龙和程强,2014)。

科教兴国战略阶段(1996~2005年),协同创新政策的萌芽阶段,在这一阶段,联合发文数上升到28条,参与的主体增加到25个,参与的主体主要有科学技术部(39次)、教育部(23次)、商务部(23次)、国家发展和改革委员会(14次)、国务院(11次)、财政部(8次)等。相对于第一阶段,此阶段一些部门开始成为网络的核心节点,如商务部、财政部和国家税务总局,体现出国家开始从财政、租税优惠等方面加大对协同创新的支撑,政策得到了一定程度的补充和细化分解,但网络结构逐渐松散,呈现接近"松散—多主体"均衡型(朱桂龙和程强,2014)。

建设创新型国家战略阶段(2006~2015年),是协同创新政策的发展阶段,在这一阶段,联合发文数急速上升到158条,参与的主体也增加到52个,参与的主体主要有科学技术部(140次)、国务院(131次)、国家发展和改革委员会(104次)、工业和信息化部(83次)、教育部(72次)、财政部(62次)、国务院办公厅(53次)等。相对于上一个阶段,此阶段又新加了一些部门成为网络的核心节点,如工业和信息化部,还有很多小节点,如国家知识产权局、国家标准化管理委员会,表明国家开始更多样化地对协同创新给予支持,政策在此阶段大力地发展,网络结构复杂,逐步形成了"五部门鼎立"的态势,总体合作网络接近中心紧凑均衡型。

四、我国协同创新政策目标分析

立足于政策内容角度的政策目标剖析,主要是对协同创新政策文本语句的分析。实际上,纵观政策文本,可以发现实时语句和行动语句之间存在明显的语句来表达政策利益相关者的价值诉求（杨雅南和钟书华，2015）。我们发现协同创新政策文本中的内容多以行动语句出现，主要存在两种类型的行动语句，一方面表达宏观倾向需要调整的，如"提升""完善""加强""加快""深化"等，另一方面表明政策行为的具体指向，如"形成""建立""建设""促成""实现"等，因此可以根据语句表达的主要意义和价值倾向进行主题归类（杨雅南和钟书华，2015）。在协同创新政策目标研究分析中，我们选取的不是单词作为分析的基本单元，而是以句子分解为基本主题，当行动的主体和客体任何一方发生变化时，新主题便产生了，因此结合协同创新理论以及我们对于协同创新认识的三个层次，提炼了主题话语，并将其进行了归类。

（一）我国协同创新政策目标内容关联树

基于对 729 条协同创新政策文本语句的分析，发现协同创新政策目标内容非常丰富，并且主题词语之间的逻辑关系也相对较大，因此有必要将政策目标分层次地进行结构分析，多层次立体的政策目标结构为科学地分析协同创新政策提供了依据（杨雅南和钟书华，2015）。我们通过对政策文本的总目标和子目标进行整理、分解、提炼和分层，绘制了我国协同创新政策目标内容关联树，具体情况如图 19-6 所示。

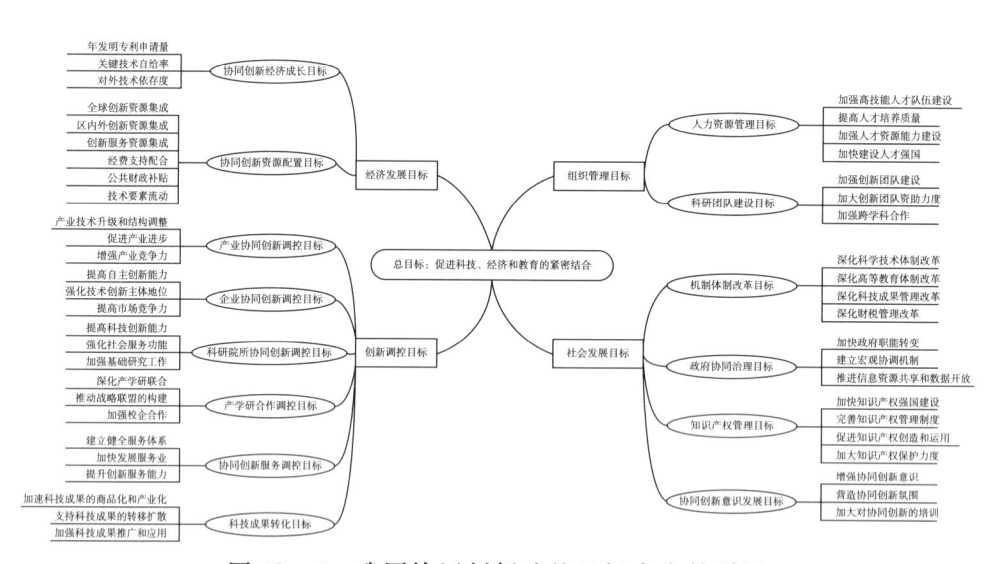

图 19-6　我国协同创新政策目标内容关联树

从政策目标内容关联树发现，我国协同创新政策呈现出"1 个总目标 4 个主题域 14 个子目标 48 个具体目标"的层级特征。1 个总目标是促进科技、经济和教育的紧密结合。四个主题域分别是经济发展、创新调控、组织管理和社会发展。经济发展目标包含两个子目标，分别是协同创新经济成长目标和协同创新资源配置目标。协同创新经济增长目标主要是定量的目标，分别是年发明专利申请量、关键技术自给率和对外技术依存度，协同创新资源配置目标主要是体现在创新资源方面（主要包含资金和技术等要素）的目标，包含六个具体目标，分别是全球创新资源集成、区内外创新资源集成、创新服务资源集成、经费支持配合、公共财政补贴以及技术要素流动。创新调控包含六个子目标，分别是产业协同创新调控目标、企业协同创新调控目标、科研院所协同创新调控目标、产学研合作调控目标、协同创新服务调控目标和科技成果转化目标。产业协同创新调控目标包含三个具体的目标，分别是产业技术升级和结构调整、促进产业进步、增强产业竞争力。企业协同创新调控目标包含三个具体的目标，分别是提高自主创新能力、强化技术创新主体地位和提高市场竞争力。科研院所协同创新调控目标包含三个具体的目标，分别是提高科技创新能力、强化社会服务功能和加强基础研究工作。产学研合作调控目标包含三个具体的目标，分别是深化产学研联合、推动战略联盟的构建和加强校企合作。协同创新服务调控目标包含三个具体的目标，分别是建立健全服务体系、加快发展服务业和提升创新服务能力。科技成果转化目标包含三个具体的目标，分别是加速科技成果的商品化和产业化、支持科技成果的转移扩散和加强科技成果推广和应用。组织管理目标包含两个子目标，分别是人力资源管理目标和科研团队建设目标。人力资源管理目标包含四个具体的目标，分别是加强高技能人才队伍建设、提高人才培养质量、加强人才资源能力建设和加强建设人才强国。科研团队建设目标包含三个具体的目标，分别是加强创新团队建设、加大创新团队资助力度和加强跨学科合作。社会发展目标包含四个子目标，分别是机制体制改革目标、政府协同治理目标、知识产权管理目标和协同创新意识发展目标。机制体制改革目标包含四个具体的目标，分别是深化科学技术体制改革、深化高等教育体制改革、深化科技成果管理改革和深化财税管理改革。政府协同治理目标包含三个具体的目标，分别是加快政府职能转变、建立宏观协调机制及推进信息资源共享和数据开放。知识产权管理目标包含四个具体的目标，分别是加快知识产权强国建设、完善知识产权管理制度、促进知识产权创造和运用以及加大知识产权保护力度。协同创新意识发展目标包含三个具体的目标，分别是增强协同创新意识、营造协同创新氛围和加大对协同创新的培训。

我们对48个具体的目标进行了统计分析，最终将具体的政策目标分为了七大类，分别是加强政府职能转变、促进产业结构升级转型、增强创新能力、促进科技成果转化、加强知识产权管理、加大人才培养以及其他，具体的分类结果如图19-7所示。

政策目标	条数
增强创新能力	251
促进产业结构升级和转型	205
促进科技成果转化	102
加大人才培养	82
其他	46
加强知识产权管理	33
加快政府职能转变	10

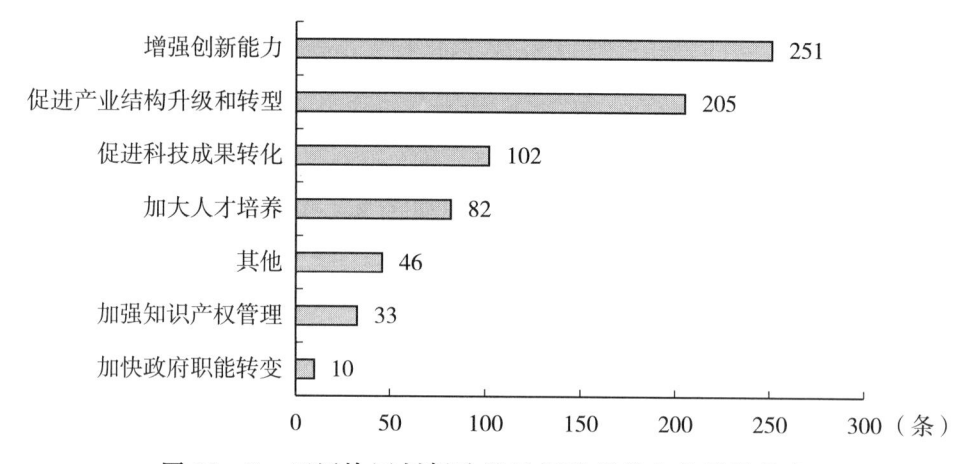

图 19-7　不同协同创新政策目标政策发文条数量分布

不同协同创新政策目标发文数量分布表明，增强创新能力是我国实现科技、经济和教育紧密结合总目标实现的关键。但同时需要注意的是，对于加快政府职能转变的目标还没有足够的重视。我们进一步对历年来不同协同创新政策目标的发文数量进行了统计，具体情况如图 19-8 所示。研究发现，在 1995 年以前，主要是实现促进科技成果转化的目标，1995 年后开始重视创新能力的增强，2000 年后开始促进产业结构升级和转型，对于人才的培养主要是在 2003 年以后，而对于知识产权管理目标的重视在 2009 年后，对于加快政府职能转变的目标在 2015 年左右得到了重视。同时，我们还注意到，2005 年几大目标的发文量都发生了较大的波动，尤其是在 2012 年左右，发文量都较大，容易形成共振效应，但同时政策目标多且复杂，存在博弈现象，往往会形成折中均衡的状况，不能实现效果的最大化。

（二）我国协同创新政策目标特征评价

通过对协同创新相关的政策文本的分析表明，我国的协同创新政策目标是一个内容丰富、形式多样的政策目标系统，并且具有自身的特性，具体而言体现出下面三个重要特征。

第一是多元性。协同创新活动本身涉及多个政策主体和政策客体，决定了我国协同创新政策目标的多元性。多元性的政策目标之间可能呈现出不同程度的一致性、交叉性和冲突性。一致性可表现为，加大对人才的培养可能会提升企业、科研院所的创新能力和产业的竞争力。交叉性可表现为，深化产学研合作，对于企业和科研院所的创新能力提升以及产业技术升级和结构的调整都可能会有交叉作用。冲突性则可能表现在大力促进科技成果转化的时候，那么可能会分散在产业共性关键技术突破上的精力。

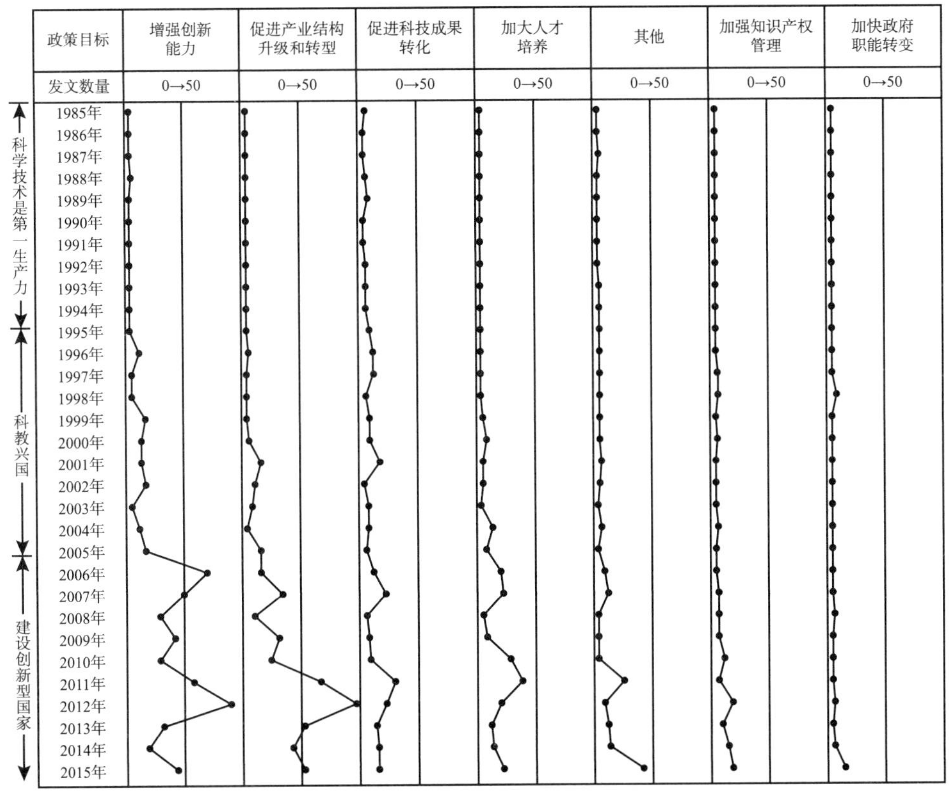

图 19-8　历年不同协同创新政策目标政策发文数量分布（1985～2015 年）

第二是层次性。协同创新政策目标由抽象到具体是在层次性中体现出来的，上层政策目标是下层政策目标的实施目的，下层政策目标是上层政策目标的实现手段，政策目标的层次越低，越具体可控。如加快政府职能转变，推动电子政务建设，推进信息资源共享和数据开放是可具体操作的政策目标层次，这些目标对于政府协同治理目标的实现有显著的促进作用，最终实现社会的快速发展。

第三是阶段性。根据中国科技创新战略不同导向的发展阶段，我国协同创新政策目标呈现出一定的阶段性特征。在以科学技术是第一生产力为导向的科技战略阶段，我国协同创新政策的目标主要是加快和深化科技体制改革，促进科技成果向商品生产的转化；在以科教兴国为导向的科技战略阶段，我国协同创新政策的目标主要是深化教育体制改革，强化高等学校的社会服务功能；在以建设创新型国家为导向的科技战略阶段，我国协同创新政策的目标主要是提升自主创新能力，促进产业结构升级转型。

协同是协同创新政策设计的手段，它不具有政策目标的意义，事实上，协同创新政策所关注的不是协同本身，而是协同能为我们带来什么。近三十年来的协同创新实践揭示了种种政策目标，诸如深化体制改革、加速科学技术进步、提高科技创新能力、促进科技成果转化和产业化、促进产业升级和结构调整等，都是以期将协同创新导向正确的方向。事实证明，协同创新政策的目标是多元化的，我们要做的不是诠释其对立的关系，而是应该在实践中使各种目标更加协调。

五、我国协同创新政策的变迁分析

（一）我国协同创新政策分析维度框架

现有政策分析框架，从比较分析研究上，蔺洁等提出了政策主体、政策工具、政策目标三维度创新政策中美比较分析框架（蔺洁等，2015），李凡等提出了政策目标、政策工具、政策执行三维度技术创新政策中印演进分析框架（李凡等，2015），以及中俄技术创新政策演进分析框架（李凡等，2015），李梓涵昕等构建了"知识目标—政策工具—政策执行"三维框架，对比了中韩两国技术创新政策研究（李梓涵昕等，2015）。李晓昂的研究发现中国的创新政策由政策目标、作用对象和作用手段三要素构成，其通过扎根理论编码分析发现我国创新政策作用体系可以归结为"战略—政策—行为"的直线式体系（李晓昂，2013；苏敬勤和李晓昂，2013）。赵筱媛和苏竣构建了公共科技政策分析的"政策工具—科技活动—作用领域"三维立体框架（赵筱媛和苏竣，2007）。黄萃等则以中国风机制造业和光伏产业为例，提出了基于"政策工具—技术路线图"的政策分析框架（黄萃等，2014）。樊霞和吴进则建立了政策工具—产业领域—技术活动类型三个维度的共性技术创新政策分析框架（樊霞和吴进，2014）。综上所述，政策分析框架基本上离不开对政策工具的分析，而对于政策制定和执行以及效果的不同关注，使得政策分析框架有所异同。

本书是基于对协同创新认识的基础上，加入了协同创新的三个层面作为其中一个重要的分析维度，而政策目标和政策工具作为主要的分析维度，由此构建了基于我国协同创新政策分析三维度框架。具体的框架图如图19-9所示。

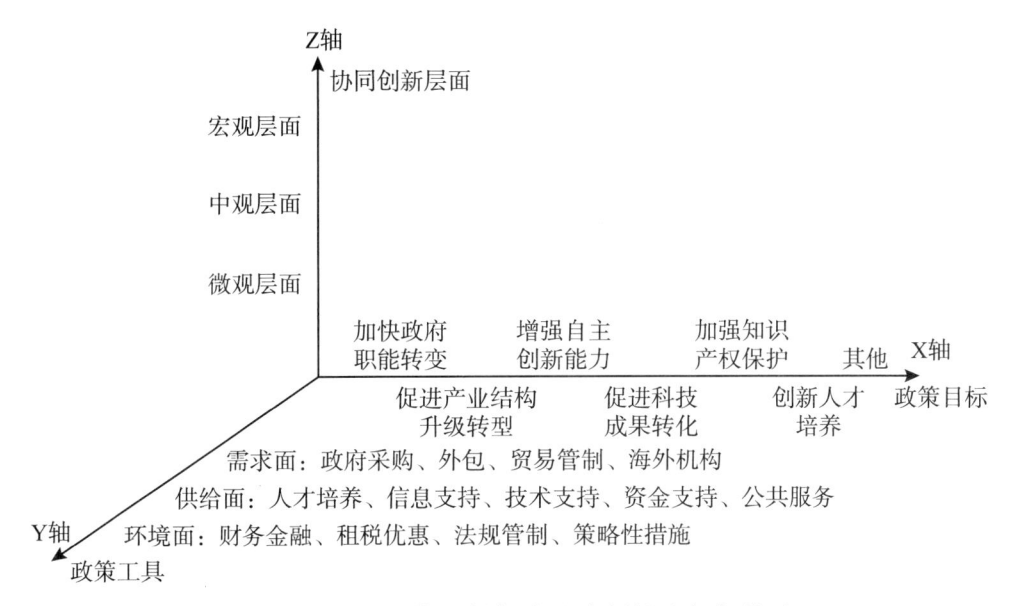

图 19-9 我国协同创新政策分析维度框架构建

X 维度：政策目标维度。对于政策目标的分类，依据我国协同创新政策目标内容树归类后的七个类别，分别是加快政府职能转变、促进产业结构升级转型、增强自主创新能力、促进科技成果转化、加强知识产权保护、创新人才培养和其他。

Y 维度：政策工具维度。基于一些学者的经典创新政策分类思想（Rothwell and Zegveld, 1985），建立协同创新政策分析的基本政策工具维度，将协同创新政策所涉及的政策工具分为供给面、需求面和环境面三种基本类型（赵筱媛和苏竣，2007）。供给面政策工具包含人才培养、资金支持、公共服务、技术支持和信息支持；需求面政策工具包含贸易管制、外包、政府采购和海外机构；环境面政策工具包含策略性措施、租税优惠、财务金融和法规管制。

Z 维度：协同创新层面维度。我们认为协同创新包含三个层面：宏观层面、中观层面以及微观层面。在政策层面，宏观层面主要体现的是促进科技宏观管理，健全国家科技管理体制，加强部门之间的统筹协调，中观层面主要体现的是加强产业或产学研协同创新，微观层面主要体现的是加大科研团队的协同创新。

（二）协同创新政策演进分析

第一，Z 轴 - X 轴分析。我们对三个层面发文的政策依据七类政策目标进行了统计，发现宏观层面发文的 10 条政策目标主要是加快政府职能转变，微观层面发文的 9 条政策目标主要是创新人才培训。而中观层面发文的政策目标主要是增强创新能力,对于加强知识产权保护的政策相对不足(见表 19-2)。

表 19-2　　　　　三个层面发文政策的政策目标数量　　　　　单位:条

政策目标	协同创新层次			
	宏观层面	中观层面	微观层面	小计
加快政府职能转变	10	—	—	10
促进产业结构升级转型	—	205	—	205
增强创新能力	—	251	—	251
促进科技成果转化	—	102	—	102
加强知识产权保护	—	33	—	33
创新人才培养	—	73	9	82
其他	—	46	—	46
小计	10	710	9	—

第二,Z 轴-Y 轴分析。我们对三个层面发文的政策依据七类政策工具进行了统计,发现宏观层面的政策主要是通过供给面的政策工具,包含公共服务和信息支持,来实现协同创新。微观层面的政策主要是通过供给面和环境面的政策工具组合来促进协同创新。中观层面的政策则横跨三类政策工具,包含十三种政策工具,而使用最多的是环境面政策工具,达 807 次,其次是供给面政策工具,达 744 次,最后是需求面政策工具,仅有 31 次。而在十三种政策工具中,使用最多的是策略性措施(526 次),其次是资金支持(228 次)。整体看来,我国协调创新政策在宏观层面上使用的政策工具比较单一,而且更倾向于使用供给面的政策工具,环境面的政策工具使用非常少(见表 19-3)。

表 19-3　　　三个层面发文政策的政策工具的使用频次数量　　　单位:次

政策工具		宏观层面	中观层面	微观层面	小计
环境面	策略性措施	—	526	1	527
	法规管制	—	147	—	147
	财务金融	—	70	1	71
	租税优惠	—	64	1	65
供给面	公共服务	7	227	1	235
	资金支持	—	228	4	232
	人才培养	—	211	9	220

续表

政策工具		宏观层面	中观层面	微观层面	小计
供给面	信息支持	3	51	—	54
	技术支持	—	27	—	27
需求面	海外机构	—	15	—	15
	政府采购	—	13	—	13
	外包	—	2	—	2
	贸易管制	—	1	—	1
小计		10	1 582	17	

第三，X轴-Y轴分析。我们对七类政策目标下的政策工具进行了统计，统计结果如表19-4所示，发现实现加快政府职能转变目标使用最多的政策工具是供给面类别的，包含公共服务和信息支持。实现促进产业结构升级转型目标、增强创新能力、促进科技成果转化以及其他目标使用最多的政策工具是策略性措施。实现加强知识产权保护目标使用最多的是法规管制，创新人才培养目标的实现使用最多的是人才培养。

表19-4　　　　　不同政策目标的政策目标使用频次　　　　　单位：次

政策工具		加快政府职能转变	促进产业结构升级转型	增强创新能力	促进科技成果转化	加强知识产权保护	创新人才培养	其他	小计
环境面	策略性措施	—	179	215	80	10	15	28	527
	法规管制	—	33	50	20	33	1	10	147
	财务金融	—	11	38	8	3	3	8	71
	租税优惠	—	9	29	16	2	5	4	65
供给面	公共服务	7	62	98	39	5	2	22	235
	资金支持	—	72	100	28	4	12	16	232
	人才培养	—	44	71	13	2	79	11	220
	信息支持	3	6	23	9	1	—	12	54
	技术支持	—	7	12	7	—	—	1	27

续表

政策工具		加快政府职能转变	促进产业结构升级转型	增强创新能力	促进科技成果转化	加强知识产权保护	创新人才培养	其他	小计
需求面	海外机构	—	3	5	2	—	1	2	13
	政府采购	—	3	10	2	—	—	—	15
	外包	—	—	1	1	—	—	—	2
	贸易管制	—	—	—	1	—	—	—	1
小计		10	429	652	226	60	118	114	—

第四，Z-X-Y轴分析。我们对协同创新层面、政策目标和政策工具三个维度进行综合统计分析后，具体分布如图19-10所示。研究发现，宏观层面和微观层面的政策目标唯一，宏观层面主要是要加快政府职能转变，微观层面主要是要创新人才培养。而中观层面的政策目标比较多元且丰富，包含七个类别中的六个。对于宏观层面而言，主要是通过供给面政策工具来实现政策目标，政策工具的使用比较单一。微观层面主要是通过人才培养和资金支持来实现政策目标，政策工具包含供给面和环境面，但环境面的使用频次小于供给面。中观层面主要是通过策略性措施以及资金支持和人才培养三个政策工具来分别实现不同的目标，横跨环境面、供给面和需求面三个类别的政策工具，但需求面的政策工具相对其他两类，使用的频次较少。

（三）中观层面分析

为了更深层次地挖掘我国协同创新政策体系存在的问题，有必要对中观层面的"黑箱"进一步打开。因此我们引入科学技术创新过程，即从基础研究，到共性技术，到专有技术，最后到商业发展的过程。因此，我们对710条中观层面的政策文本，在"科学技术创新过程—政策工具"两个维度进行了统计分析，统计结果见表19-5。

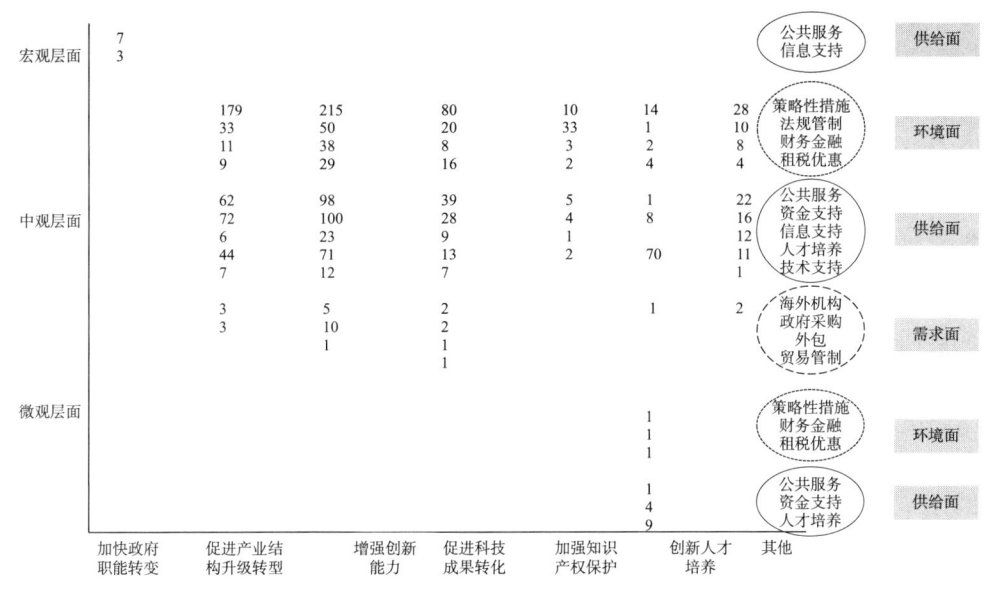

图 19-10　我国协同创新政策分析三维度分析结果

表 19-5　　科学技术创新过程中的政策工具使用频次　　　　　　单位：次

政策工具		阶段 1	阶段 2	阶段 3	阶段 1 和阶段 2	阶段 1 和阶段 3	阶段 2 和阶段 3	阶段 1、阶段 2 和阶段 3	小计
环境面	策略性措施	237	105	111	8	41	14	10	526
	法规管制	67	9	30	5	20	2	14	147
	财务金融	31	2	16	—	14	—	7	70
	租税优惠	27	3	14	3	10	2	5	64
供给面	资金支持	121	31	30	6	26	4	10	228
	公共服务	105	22	54	3	31	6	6	227
	人才培养	75	16	78	2	25	6	9	211
	信息支持	24	4	13	2	6	1	1	51
	技术支持	15	3	3	1	4	1	—	27
需求面	海外机构	6	2	—	—	4	—	3	15
	政府采购	7	1	2	—	2	1	—	13
	外包	2	—	—	—	—	—	—	2
	贸易管制	1	—	—	—	—	—	—	1

从基础研究到形成共性技术过程（阶段1）中，主要使用的政策工具是策略性措施（237次）、资金支持（121次）以及公共服务（105次）。从共性技术到形成专有技术过程（阶段2）中，主要使用的政策工具是策略性措施（105次）、资金支持（31次）、公共服务（22次）。从专有技术到商业发展过程（阶段3）中，主要使用的政策工具是策略性措施（111次）、人才培养（78次）、公共服务（54次）。有些政策不仅只涉及一个阶段，还涉及多个阶段。涉及阶段1和阶段2的政策主要使用的政策工具是策略性措施（8次）、资金支持（6次）、法规管制（5次）。涉及阶段1和阶段3的政策主要使用的政策工具是策略性措施（41次）、公共服务（31次）、资金支持（26次）。涉及阶段2和阶段3的政策主要使用的政策工具是策略性措施（14次）、公共服务（6次）和人才培养（6次）。而涉及三个阶段的政策主要使用的政策工具是法规管制（14次）、策略性措施（10次）和资金支持（10次）。

根据以上统计分析结果，我们发现，我国协同创新政策在作用于科学技术创新过程中涉及多个阶段，以基础研究到形成共性技术过程阶段为主，其他两个阶段为辅，但也有一些综合性政策涉及多个阶段。在阶段1过程中，使用的政策工具最全面，但也最复杂。可以说明在涉及阶段1和阶段2的过程中，使用的政策工具组合最少，且使用频次也最少。涉及阶段越多，政策工具使用越少，且以供给面政策工具为主，涉及阶段越少，政策工具使用越多，且以环境面政策工具为主。策略性措施在多个阶段中均是使用频次最多的政策工具，也表现出政策工具的使用没有偏向性，更倾向于普适性。

六、我国现有协同创新政策的特征分析

综合以上基于文本计量的我国协同创新政策分析，总结出我国现有协同创新政策的特征如下。

（1）政策总发文量呈螺旋式增长，但存在不连续性。我国协同创新政策的发展脉络是伴随着科技体制改革的发展而发展的。从第一次科技体制改革到最近的一次科技体制改革，协同创新政策的发文数量呈螺旋式增长趋势，每一次的小高峰基本上伴随着每一次的科技体制改革。但发文数量有回落的现象，也表明了政策存在一定的不连续性。

（2）政策发文层面数量呈"橄榄型"分布。我国协同创新政策在宏观层面、中观层面和微观层面的发文数量呈现出"两头少中间多"的特征。

（3）政策发文效力一般，得到一定的重视，但还不够。我国协同创新政策的发文效力多是部门性规章，高效力发文较少。协同创新在一定程度上受到了国家

的高度重视，但重视程度还不够，且没有起具体落实作用的行业规定，应当给予加强。

（4）政策发文主体以单部门为主，多部门联合为辅，政策主体合作网络呈现"网络集中型"—"接近松散—多主体均衡型"—"松散—多主体均衡型"。政策发文主体单位涉及61个部门，科技部占主导地位，单个部门发文政策占主要部分，多部门联合发文较少。政策主体合作网络随着科技战略的发展，呈现不同的网络结构。

（5）政策目标呈现出多元性、层次性和阶段性的特征。通过绘制我国协同创新政策目标内容关联树，我国协同创新政策目标呈现出"1个总目标4个主题域14个子目标48个具体目标"的层级特征。且随着科技战略发展的过程，政策目标呈现出一定的阶段性特征。

（6）政策工具以环境面政策工具为主，供给面政策工具为辅，需求面政策工具补充的特征。政策工具使用最多的是策略性措施，其次分别是公共服务、资金支持和人才培养，外包和贸易管制的使用频次基本可以忽略。

（7）宏观层面和微观层面的政策目标唯一，且政策工具组合单一，中观层面的政策目标多元，且政策工具组合丰富，总体上存在不均衡现象。宏观层面更倾向于供给面政策工具，环境面的政策工具使用较少，微观层面更倾向于供给面政策工具，环境面的政策工具为辅。中观层面更倾向于环境面和供给面政策工具，需求面的政策工具使用较少。

（8）中观层面涉及科学技术创新过程阶段越多，政策工具使用越少，且以供给面政策工具为主，涉及阶段越少，政策工具使用越多，且以环境面政策工具为主。策略性措施在多个阶段中均是使用频次最多的政策工具，也表现出政策工具的使用没有偏向性，更倾向于普适性。

七、我国现有协同创新政策的问题和原因分析

基于我国协同创新政策实践的特征分析，我们发现我国现有协同创新政策在不断完善发展的过程中，也存在一些问题，需要在未来的政策设计中得到克服并解决。

（一）政策的不连续问题

政策的不连续问题主要是时间性和空间性的不连续，时间性的不连续主要体现在整体发文上，在科技体制改革的关键年，协同创新政策的发文较多，随后存在一个回落的现象。空间性的不连续主要体现在协同创新层面上，宏观层面和微

观层面的政策不连续问题比较突出。政策的不连续问题有其内在自身的原因和外在的原因，主要体现在以下几个方面：第一，政策目标的变化，协同创新政策本身就是复杂的多目标决策，同时需要考虑多个目标，多目标一起必然会有一定的冲突和矛盾，也会造成政策的不连续性。第二，政策自身的变化，由于对于协同创新的认识在不断地深化，必然会引起政策的不连续性。

（二）政策的不协同问题

政策的不协同问题主要体现在政策的主体之间和政策目标之间。政策主体之间的不协同，主要原因在于我国协同创新政策发文以科学技术部为主导单位，横向部门的合作受到束缚，部门与部门之间的信息不流动，造成了信息不对称的现象。政策目标之间的不协同在于，政策目标庞大长远，涉及的利益群体丰富，政策实施难度较大，最后的政策实施效果与预期的政策目标存在较大的差距。这之间还可能存在政策实际目标的冲突，虽然各部门的折中目标一致，但是存在隐性冲突，由此可能产生不同政策内容之间的效能抵消。

（三）政策工具组合的不均衡问题

政策工具组合的不均衡问题在整体上和协同创新的三个层面均有一定程度的体现。在整体上，协同创新政策更倾向于环境面和供给面的政策工具，而需求面的政策工具使用较少，在环境面的政策工具中，更倾向于策略性措施，在供给面的政策工具中，更倾向于资金支持、公共服务和人才培养。在三个层面上，也呈现出不均衡的问题，宏观层面主要用供给面政策工具，且偏向公共服务。微观层面主要倾向供给面和需求面政策工具，更偏向于人才培养。中观层面虽涉及了三类政策工具，但主要还是依靠策略性措施。我国协同创新政策工具出现这样的偏好，原因在于对需求面政策工具的忽视，最主要的原因还是原有的科技体制遗留下的问题。

（四）政策工具组合效果不显著问题

政策工具组合效果不显著的问题主要体现在科学技术创新过程中，研究发现，我国协同创新政策使用了很多的政策工具组合拳来解决科技和经济"两张皮"的问题，但依然存在原创性科技成功较少，关键技术自给率低下的问题。究其原因，主要在于很多政策只是提及使用该政策工具，但未给出明确的政策细则来完善。最突出的表现就是，我国很早就确立了"以企业为主体，市场为导向，产学研相结合的技术创新体系"，但至今仍未出台产学研协同创新政策。如知识产权类政策，大多数只是对一般依法处理知识产权的案件，平等保护合法权益，并未细致地对协同创新过程中知识产权如何受到保护进行说明。还有政府采购类政策，我国建立了国际规则的支持采购创新产品和服务的政策，加大对创新产品和服务的采购力度，但研究发现，政府采购对于协同创新开发的技术和产品与服务并未做详细的界定。总体而言，各政策工具的定位并不清楚，导致效果不显著。

第二节 我国产学研协同创新政策分析

1985 年以来，以构建中国特色国家创新体系为目标，围绕产业共性技术、企业技术创新、科研体系、中介服务体系、人才培养、金融财政税收激励、知识产权、科技成果转化、政府采购等主题，已出台了一系列产学研协同创新政策。因此，本书在 710 条中观产学研协同创新政策文本中进一步筛选出了 602 条高度相关的产学研协同创新政策文本，进一步进行深入的分析，如政策主体合作演化分析、变迁分析、热点分析及特征和问题分析等。

一、产学研协同创新政策主体合作演化规律

（一）产学研协同创新政策主体发文整体情况

产学研协同创新政策的发文主体有 54 个，将主体进行代码简写如表 19-6 所示。从政策发文的主体数量来看，602 条文本中，由单个机构发文的有 437 条，占总数的 72.6%；由两个及两个以上机构联合发文的有 165 条，占总数的 27.4%。从整体结构上反映出我国当前产学研政策制定具有以单独发文为主，多部门协作联合发文为辅的基本特征。在表 19-7 中，对发文总数排名前 10 位的主体发文情况做了大致的细分，科技部（KJB）、发改委（FGW）、教育部（JYB）、国务院（GWY）、工信部（GXB）、财政部（CZB）、国务院办公厅（GBT）、商务部（SWB）、农业农村部（NYB）、中共中央（ZY）这 10 个部门作为发文主体排名在前 10 位，单独发文数达 352 条，占单独发文总数的 74.4%，是我国产学研政策发文的主力军。而前 10 名的差距还是比较大的，科技部作为主体发文达到了 164 条，可见其在产学研政策制定中的核心地位。

表 19-6　　　　　　　　　产学研政策发文主体代码

政策主体	代码	政策主体	代码
科学技术部	KJB	住房和城乡建设部	ZCJB
国家发展和改革委员会	FGW	中国人民银行	ZRYH
教育部	JYB	民政部	MZB
国务院	GWY	中共中央组织部	ZZB
工业和信息化部	GXB	中共中央宣传部	ZXB
财政部	CZB	国家海洋局	HYJ
国务院办公厅	GBT	国家标准化管理委员会	GBW
商务部	SWB	国家质量监督检验检疫总局	ZJJ
农业农村部	NYB	国家卫生和计划生育委员会	WSH
中共中央	ZY	中共中央办公厅	ZYB
人力资源和社会保障部	RSB	国家中医药管理局	GYJ
国家知识产权局	CQJ	中国气象局	QXJ
国家税务总局	GSJ	中华全国总工会	ZGH
国家林业和草原局	LYJ	最高人民法院	ZRMY
中国科学技术协会	ZKX	海关总署	HGZS
全国人大常委会	RDCH	外交部	WJB
中国科学院	ZKY	司法部	SFB
自然资源部	GTB	水利部	SLB
交通运输部	JTB	全国供销合作总社	GHS
国家能源局	NYJ	全国博士后管理委员会	BHH
国家测绘地理信息局	DLJ	国务院振兴东北地区等老工业基地领导小组办公室	DBZ
生态环境部	HBB	国家邮政局	YZJ
国家粮食和物资储备局	LSJ	国家食品药品监督管理局（原国家药品监督管理局）（已撤销）	SYJJ
国家安全生产监督管理总局	ASJJ	国家民族事务委员会	MSH
全国人民代表大会	RDDH	国家煤矿安全监察局	MAJ
文化和旅游部	WHB	国家旅游局	LYJ
国务院国有资产监督管理委员会	GZW	国家国防科技工业局	GKGJ

表19-7　　　　　　　政策发文主体机构及发文数量

发文主体	参与发文数量	单独发文	牵头发文
KJB	164	84	33
FGW	107	45	24
JYB	89	38	21
GWY	79	64	0
GXB	73	42	13
CZB	62	3	19
GBT	45	43	0
SWB	31	13	13
NYB	23	13	4
ZY	21	7	14
其他主体	171	85	24

（二）产学研政策主体合作网络结构特征演变分析

依据上述的三个阶段划分，将602条政策分为单独发文和联合发文（见表19-8），本书的重点是研究联合发文网络的结构特征及其演化，所以从中抽取联合发布的政策进行分析。

表19-8　　　　　　　发文形式按阶段划分　　　　　　　　单位：篇

阶段	单独发文数量	联合发文数量	发文总量
1985~1995年	12	2	14
1996~2005年	72	20	92
2006~2015年	353	143	496
总计	437	165	602

为了能更直观地了解政策发文主体之间关系的演变，本书利用社会网络分析软件UCINET 6.0绘制了产学研政策演进不同阶段的主体合作网络图谱。其中，网络图中的"节点"表示发文主体，"线"表示两个主体之间有联合发文。按1985~1995年、1996~2005年、2006~2015年的阶段划分录入各发文主体间的 $n \times n$ 阶对称邻接矩阵，若两个部门之间有联合发布政策的情况，则对应的值为1，否则为0。运用UCINET 6.0软件对各阶段的邻接矩阵进行分析，得到不同阶段的产学研政策主体合作网络图谱（见图19-11），并对各阶段的合作网络结构特征进行了分析（见表19-9）。

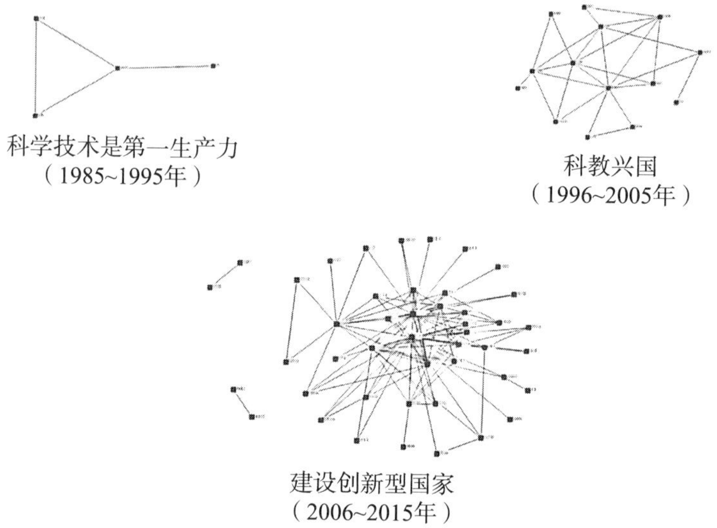

科学技术是第一生产力
（1985~1995年）

科教兴国
（1996~2005年）

建设创新型国家
（2006~2015年）

图 19-11　不同政策阶段（1985~2015年）产学研政策主体合作网络图谱

表 19-9　产学研政策合作网络结构特征

指标	1985~1995 年	1996~2005 年	2006~2015 年
样本数量	2	20	143
网络规模	4	14	45
网络关系数	3	26	116
凝聚力指数	0.471	0.777	0.64
整体网络密度	0.667	0.286	0.117
节点平均距离	1.333	1.989	2.107

样本数量表征联合发文的数量，网络规模代表各个时期产学研政策发文的主体数，网络关系数表示发文主体两两之间联合发文的连接数，凝聚力指数表示网络中主体之间联系的紧密程度，整体网络密度表征主体合作网络中实际存在的线与最大可能存在的线的数量比值，节点距离表示网络中两点之间多条途径中的最优途径（最短），而节点平均距离则表示网络中所有点的最优途径的均值。前3个指标从绝对值的角度描述网络的结构特征，规模越大，结构就越复杂，关系线越多。后3个指标从相对的角度描述了各个阶段的网络特征，凝聚力指数表示网络中主体之间联系的紧密程度，整体网络密度数值越大表明该网络对行动者的态度、行为等产生的影响越大，联系紧密的整体网络不仅仅为其中的个体提供了各种社会资源，同时也成为限制其发展的重要力量。

从总体上来看，我国产学研政策发文主体规模呈增大的趋势，在阶段一，联合发文总数只有2条，发文主体只有4个，而到了阶段三，联合发文总数已经上升到了143条，涉及的发文主体达到了45个。政策合作网络关系数以及联系频数增速也很快，一方面是因为主体数量的增多，另一方面也体现出主体之间对于协同和沟通的重视。网络密度和凝聚力指数呈下降的趋势，网络密度相对来说比较稀疏，发文主体之间的协同还有较大的上升空间。

科技战略阶段一（1985~1995年）：在这一阶段产学研政策联合发文数量和发文的参与主体都很少，4个发文主体分别是国务院（GWY）、教育部（JYB）、科技部（KJB）和中央（ZY）。尚处于政策启动阶段。

科技战略阶段二（1996~2005年）：这一阶段，联合发文数上升到了20条，参与的主体增加到14个。国家在提出产学研合作框架的基础上，更多主体加入到网络中，并在促进产学研合作的作用中显现出来。科技部（KJB）、财政部（CZB）、发改委（FGW）、教育部（JYB）、商务部（SWB）开始成为新的网络核心节点，体现出国家开始从财政、利率、税率等各个方面加大对产学研合作的支撑，政策得到一定程度上的细化分解，网络结构逐渐松散。合作网络接近"松散—多主体"均衡型。

科技战略阶段三（2006~2015年）：这一阶段，联合发文数和参与的主体都大大地增加了。联合发文数达到116条，参与主体也增加到45个。从内部结构来看，科技部（KJB）和发改委（FGW）在整体网络中的核心地位得到进一步的加强，对于发改委（FGW），在除自身之外的44个主体中，达到了28个之多，而科技部（KJB）则是27个。基本上形成了以发改委（FGW）和科技部（KJB）为双核心，教育部（JYB）、财政部（CZB）、工信部（GXB）、农业农村部（NYB）、商务部（SWB）、国税局（GSJ）等多主体局部均衡的整体网络。除以上重要的节点之外，还出现了一些零散的合作，如中共中央办公厅（ZYB）和国务院办公厅（GBT）。合作网络结构稳定下来，整体的沟通协调性也得到了加强，网络中的所有主体之间几乎是可达的。总体合作网络接近中心紧凑均衡型。

（三）基于广度—深度的发文主体角色演变分析

针对我国产学研政策的三个发展阶段，本书利用UCIENT 6.0中的节点度数和联结次数2个指标考察发文主体的角色演变。度数表示某发文主体联合其他发文主体的个数，个数越高，表明该发文主体在产学研政策上协调其他政府部门的能力越强，可以用来衡量合作的"广度"；联结次数表示发文主体与其他发文主体联合发文的总次数，可以用来衡量合作的"深度"；为了避免不同度数的大小对于深度的影响，用联结次数与度数的比值来表示深度。因此，通过建立"广度—深度"二维矩阵，可以把政策主体在网络中的角色划分为四种类型：高广度—高深度型（HH）、低广度—低深度型（LL）、高广度—低深度型（HL）、低广度—高深度型（LH），各阶段的角色分布如图 19-12 所示。

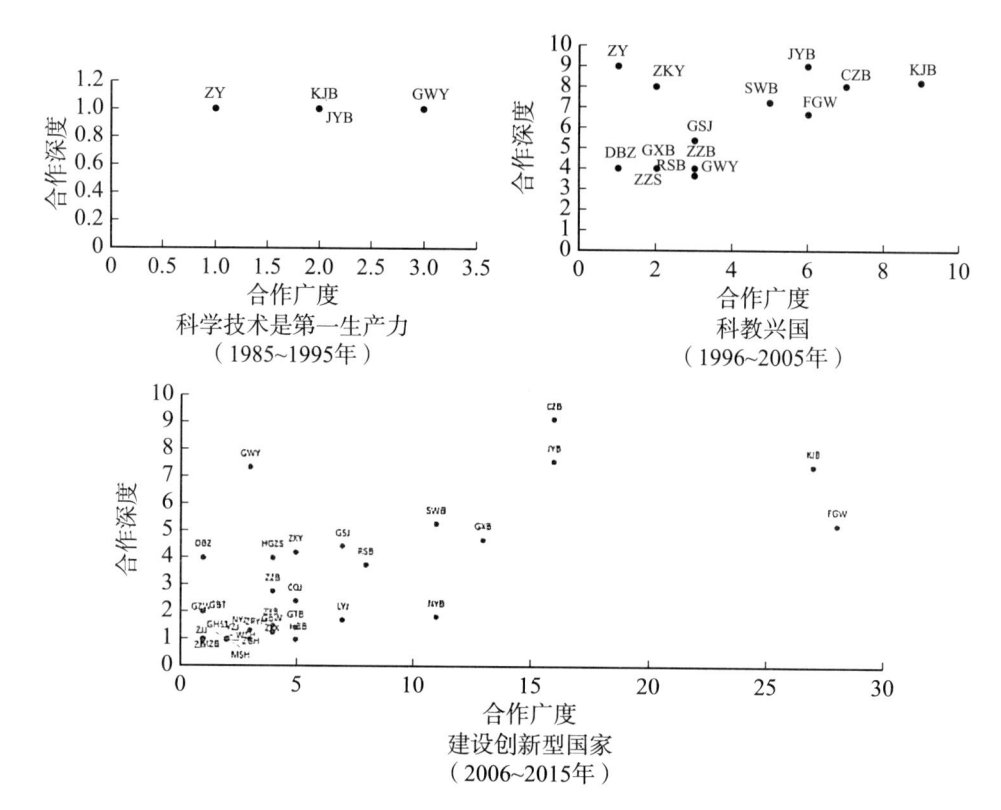

图 19-12　不同政策阶段（1985~2015 年）在合作网络中的角色分布

科技战略阶段一（1985~1995 年）：在这一阶段的 4 个发文主体国务院（GWY）、科技部（KJB）、教育部（JYB）、中央（ZY）的合作深度一致，但是在广度上，国务院（GWY）最高，是网络中的核心节点，科技部（KJB）、教育部（JYB）紧随其后。

科技战略阶段二（1996~2005 年）：在这一阶段，科技部（KJB）取代国务院（GWY）在网络中的核心节点，属于 HH 型。财政部（CZB）、教育部（JYB）、发改委（FGW）、商务部（SWB）在产学研政策中的作用突出，成为 HH 型节点。中央（ZY）与新加入的主体中科院（ZKY）属于 HL 型；国务院从第一阶段的 HH 型转变成 LL 型，不再是政策主体的核心，在产学研政策中的作用大大降低。另外，新加入的网络主体多处于 LL 型，如国税局（GSJ）、工信部（GXB）、中组部（ZZB）、人力资源和社会保障部（RSB）等。

科技战略阶段三（2006~2015年）：在这一阶段，科技部（KJB）延续了一贯表现，处于网络核心地位。同时，发改委（FGW）的作用得到了进一步的加强，与科技部（KJB）一同成为网络核心，形成双核心网络。在合作广度上，科技部（KJB）和发改委（FGW）遥遥领先于其他主体，说明在政策合作上赋予了更大的作用。财政部（CZB）、教育部（JYB）、商务部（SWB）继续保持在HH型，值得注意的是，工信部（GXB）从阶段二的LL型跃升至HH型，在合作深度、广度上都有很大的提升，政策作用明显增强。国务院（GWY）从LL型上升至HL型，合作深度增加。

总体来看，各个部门的协同作用在不断加强，发改委、科技部、教育部、财政部成为政策合作网络的核心主体。科技部和发改委在阶段二、阶段三都处于高广度—高深度的核心节点位置，在产学研政策中发挥了巨大的作用，并且其核心主体地位在各个阶段不断增强，拉开了与其他部门的距离。一方面反映了国家对于科技发展方式的重视程度。通过科技部门逐渐把科技力量渗透到各个部门，为产学研合作提供有力的保障。另一方面，体现了国家重视产学研合作在改革发展中的作用，对改变经济增长方式提供了很好的引导作用。产学研合作成果中高校是非常重要的一环，因此教育部在政策制定中的核心地位也一直保持不变，并且合作的广度—深度不断加强。

二、产学研协同创新政策的变迁分析

（一）我国产学研协同创新政策分析维度框架构建

本书基于"创新链—政策链"的互动关系构建了基于我国产学研协同创新政策的变迁分析框架，政策链进一步从政策目标和政策工具两个维度展开，具体的框架见图19-13。

X维度：政策目标维度。对于政策目标的分类，本书借鉴我国协同创新政策目标的分类（朱桂龙等，2018），将我国产学研协同创新政策的目标分成六类，分别是促进产业结构升级转型、增强自主创新能力、促进科技成果转化、加强知识产权保护、创新人才培养和其他。

Y维度：政策工具维度。本书借鉴豪利特（Howlett, 1995）按照政府介入逐步升高的程序排序，将政策工具分为强制型政策工具、混合型政策工具和自愿型政策工具三类（Howlett and Amesh, 1995）。沿着这一分类思路，本书认为，政府在推动产学研合作过程中，强制型政策工具主要体现在财政激励、技术创新联盟、政府采购和领导小组上；混合型政策工具主要体现在技术转移机构、技术创新平台、人才、金融、税收优惠和法规管制上；自愿型政策工具主要体现在中介服务、技术服务和技术交易上（李世超和蔺楠，2011；黄曼等，2016）。

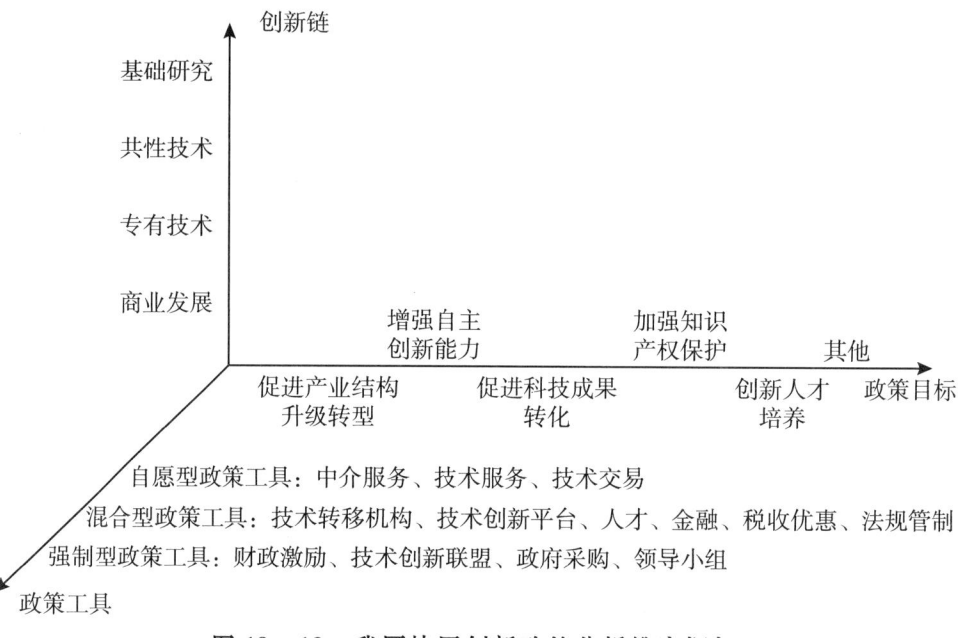

图 19-13　我国协同创新政策分析维度框架

Z 维度：创新链维度。从基础研究到共性技术经过专有技术最终实现在科技成果产业化的链条上，存在三个重要的阶段：基础性共性技术研究阶段、应用性共性技术研究阶段和专有技术（产品技术）开发阶段（李纪珍，2011）。

（二）Z 维度分析

将 602 条政策文本，按照创新链维度进行统计分析，结果显示在三个不同的科技战略阶段，政策的作用点主要是聚焦在专有技术阶段，共性技术阶段的重视度逐步得到提升（见图 19-14）。在科学技术是第一生产力的战略阶段，政策主要作用在专有技术阶段，基础性共性技术阶段的政策缺失；在科教兴国战略阶段，政策主要作用在专有技术阶段，应用性共性技术阶段的重视度得到大幅度提升；在建设创新型国家战略阶段，基础性共性技术阶段也得到较大的重视，但相对于其他两个阶段，依然较弱。

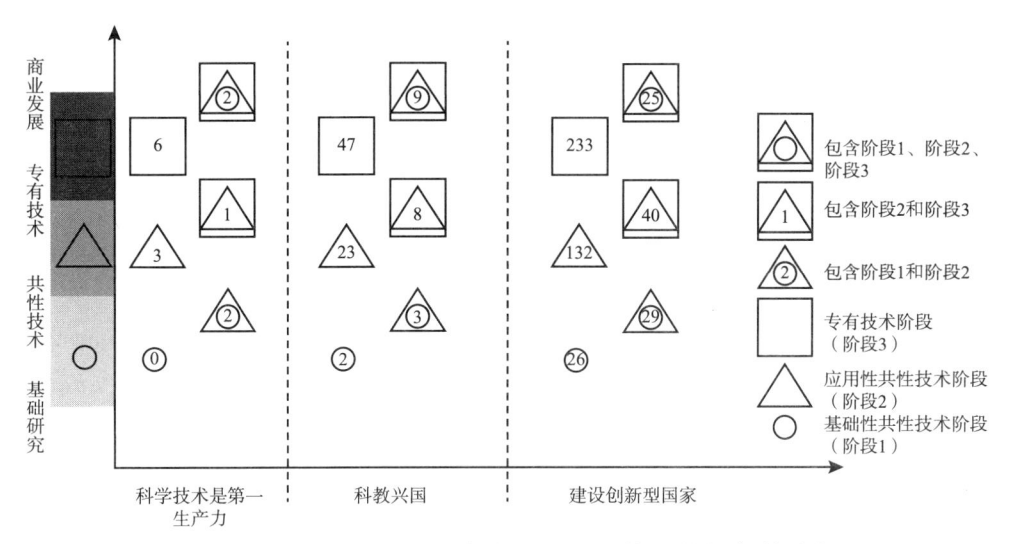

图 19-14　不同科技战略阶段的政策作用的创新链分析

(三) X 维度分析

将 602 条政策文本，按照政策目标维度进行统计分析，结果显示政策的总体目标从促进科技成果转化向增强自主创新能力进行转变（见图 19-15）。在科学技术是第一生产力战略阶段，政策的目标主要是促进科技成果转化；在科教兴国战略阶段，从促进科技成果转化向增强自主创新能力进行转变；在建设创新型国家战略阶段，政策目标主要是增强自主创新能力和促进产业结构转型升级。

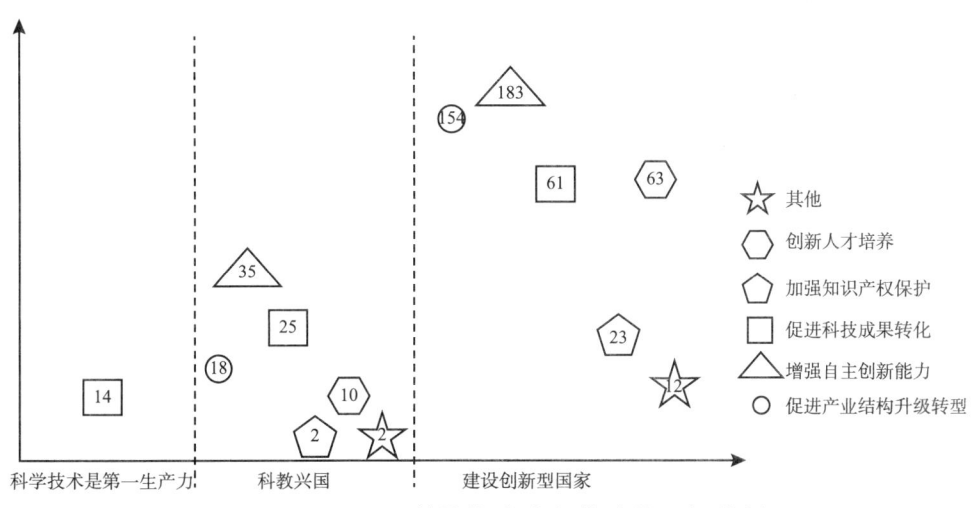

图 19-15　不同科技战略阶段的政策目标分析

第十九章　基于文本计量的我国协同创新政策研究

(四) Y 维度分析

将 602 条政策文本，按照政策工具维度进行统计分析，结果显示整体上，我国产学研协同创新政策中政府的介入程度是中等偏强，主要是以混合型政策工具为主，强制型政策工具为辅（见图 19 - 16）。在科学技术是第一生产力战略阶段，以混合型政策工具为主，自愿型政策工具为辅；在科教兴国战略阶段，以混合型政策工具为主，自愿型政策工具为辅；在建设创新型国家战略阶段，以自愿型政策工具为主，强制型政策工具为辅。

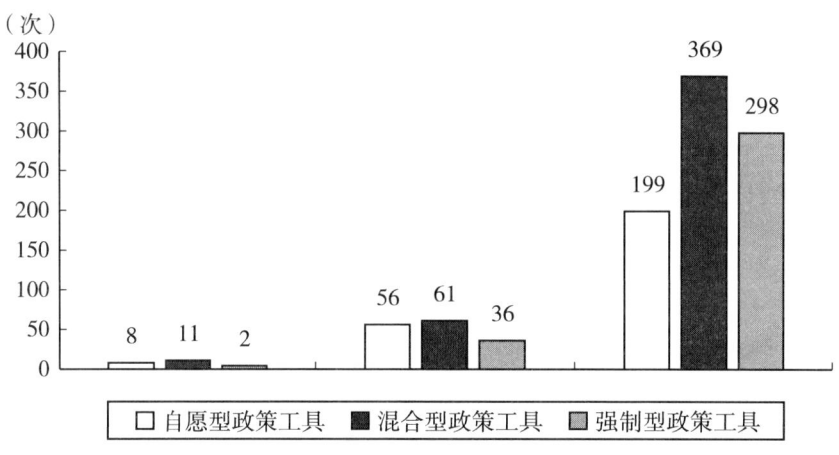

图 19 - 16　不同科技战略阶段的政策工具分析

(五) 多维度分析

将 XYZ 三个维度进行综合分析，具体研究结果见图 19 - 17。在科学技术是第一生产力战略阶段，贸易环境恶化，此阶段引进大量新兴技术，政策主要是鼓励构建科研生产联合体，混合型政策工具为主（技术创新平台、人才、金融和税收优惠），自愿型政策工具为辅（校办企业、技术服务、中介服务和技术交易），强制型政策工具主要是财政激励，政策目标是促进科技成果的转化；在科教兴国战略阶段，国际形势突变，技术引进受阻，政策主要是建立政府主导的产学研协同创新，混合型政策工具为主（技术创新平台、法规管制、金融、税收优惠和技术转移机构），自愿型政策工具为辅（中介服务、校办企业、技术服务和技术交易），强制型政策工具为补充（财政激励、技术创新联盟、政府采购和领导小组），政策目标从科技成果转化向增强自主创新能力转变；在建设创新型国家战略阶段，经济全球化、自主创新是迫切的需求，政策的着力点是建立以企业为主体、市场为导向的政产学研用协同创新，自愿型政策工具为主（技术创新平台、人才、法规管制、金融、税收优惠和技术转移机构），强制型政策工具为辅（技术创新联盟、财政激励、政府采购和领导小组），混合型政策工具为补充（中介服务、技术交易、技术服务和校办企业），政策目标主要是增强自主创新能力和促进产业结构转型升级。

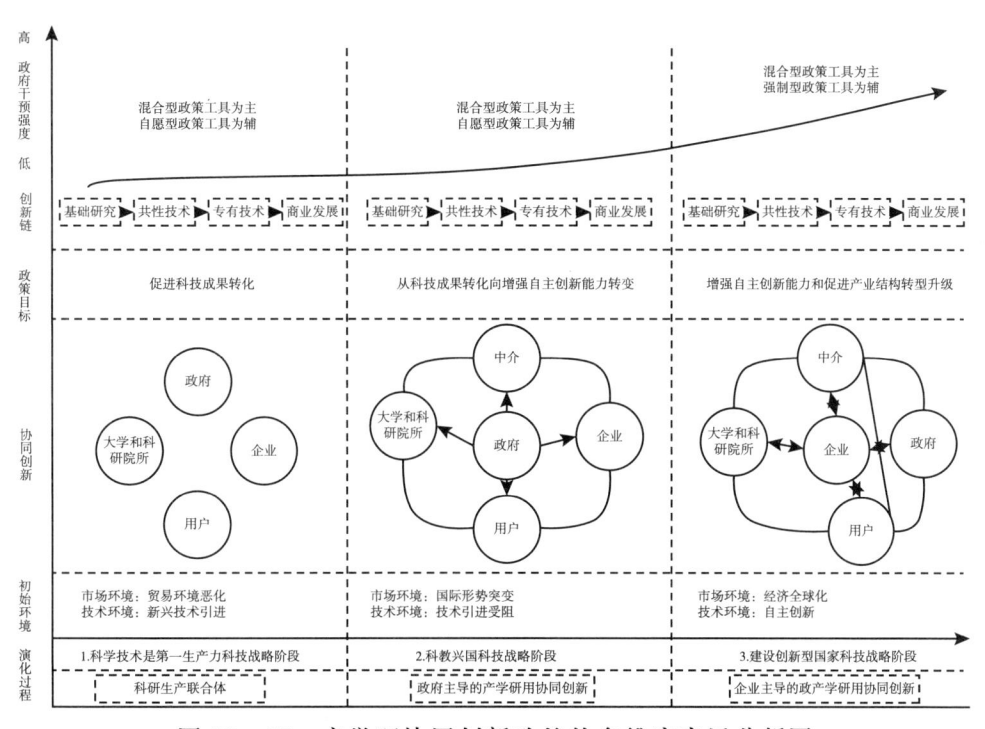

图 19-17　产学研协同创新政策的多维度变迁分析图

三、产学研协同创新政策的热点分析

（一）产学研协同创新政策的关键词频次分析

将 602 条政策文本中涉及产学研协同创新政策的条款进行摘录，每一条政策包含一条或多条款项，结合人工手动和计算机编程语言处理关键词，经过关键词合并之后，得到关键词 314 个，出现频次排名前 20 位的见表 19-10。

表 19-10　产学研协同创新政策的关键词出现频次排名居前 20 位

序号	关键词	频次	序号	关键词	频次
1	产学研	276	3	科技成果转化	190
2	产业技术联盟	192	4	人才培养	142

续表

序号	关键词	频次	序号	关键词	频次
5	产业化	141	13	自主创新能力	88
6	开放	135	14	产学研用	83
7	产业关键技术	130	15	核心技术	82
8	产业共性技术	130	16	校企合作	82
9	基地	122	17	协同创新	78
10	技术创新	119	18	知识产权	77
11	中小企业	102	19	创新能力	76
12	技术创新体系	88	20	先进技术	73

（二）产学研协同创新政策的关键词共线网络图分析

选取出现频次大于或等于5的关键词，结合Ucinet6.0软件绘制产学研协同创新政策的关键词总共线网络图。网络图显示围绕在产学研附近的关键词主要有产业技术联盟、产业共性技术、科技成果转化、人才培养和开放等。

科学技术是第一生产力战略阶段：选取出现频次大于或等于2的关键词，绘制产学研协同创新政策在科学技术是第一生产力战略阶段的关键词网络图。显示在这一阶段的网络图比较稀疏，关键词主要聚焦在技术引进、开放、共性技术和产业化上。

科教兴国战略阶段：选取出现频次大于或等于5的关键词，绘制产学研协同创新政策在科教兴国战略阶段的关键词共线网络图。显示在这一阶段的网络图逐渐集中，关键词主要聚焦在产学研上。

建设创新型国家战略阶段：选取出现频次大于或等于10的关键词，绘制产学研协同创新政策在科教兴国战略阶段的关键词共线网络图。网络图显示在这一阶段的网络图接近中心紧凑均衡型，关键词的焦点比较丰富，围绕在产学研旁边的关键词主要有产业技术联盟、产业共性技术、人才培养、科技成果转化、协同创新等。

（三）产学研协同创新政策的热点领域

1985年以来，以构建中国特色国家创新体系为目标，围绕产业共性技术、企业技术创新、科研体系、中介服务体系、人才培养、金融财政税收激励、知识产权、科技成果转化、政府采购等主题，已出台了一系列政策。下面以此为重点探讨我国产学研协同创新政策的热点问题。

热点一：政府对产学研协同创新支持力度的政策。

政府是产学研协同创新的政策主体，结合创新主体对政策的需求和对产学研发展要求，以计划或专项为载体、税收和金融为双翼、采购为基座，制定了与产学研协同创新配套的科技投入政策、融资担保政策、税收鼓励政策、政府采购政策等，为产学研合作主体提供服务和支持（胡东雪和陈强，2013）。在科技投入上，资源配置方式呈现多元化，不仅涉及传统的来自政府部门的财政科技投入，来自企业和研究机构的科技资源也大幅度增加（李哲，2017）。最显著的是通过国家科技重大专项来部署基础性共性技术和产业共性技术的突破，通过专项基金来引导科技成果转化，还有产学研联合开发工程和"2011 计划"专门促进产学研合作等。

热点二：企业成为技术创新主体和中小企业进行产学研协同创新的政策。

企业是技术创新的主体，尽管我国企业的技术创新能力得到大幅度提升，然而实践中企业的主体地位与其在技术创新中所发挥的作用并不相称，仍存在技术交易市场不完善、大企业创新动力不足、中小企业技术创新能力不强等问题（胡东雪和陈强，2013；李哲，2017）。而产学研政策的着力点，主要体现在提高企业的自主创新能力，健全技术创新的市场导向机制和促进企业提高研发投入等方面。建立以企业为主体，市场为主导，产学研相结合的技术创新体系，以企业技术创新和公共研发平台为载体，是提升企业自主创新能力的关键。企业研究开发经费要有一定比例用于产学研合作，但这个比例很难把握，比例过高极易形成对外部的依赖，比例过低可能错失创新的时机。对于技术交易市场的完善方面，积极发展技术市场，完善科技成果登记制度，促进技术转让和技术转移。再如，研发费用加计扣除政策也进行了新的调整，企业委托外部机构进行研发所发生的费用，按照费用实际发生额的 80% 计入委托方研发费用并计算加计扣除，共同合作开发的项目，则由合作各方就自身实际承担的研发费用分别计算加计扣除，而且也加大了允许扣除费用的范围。[①] 而对于中小企业，也积极向金融机构推荐中小企业产学研合作项目，支持中小企业技术创新。

热点三：高校和科研院所进行知识创造并进行科技成果转化的政策。

高校和科研院所是知识创新的主体，是基础研究的主力军。高校不仅承担基础研究和重大公益研究的重任，也肩负着培养高层次创新人才的重要使命（李哲，2017）。同时，高校在产学研协同创新中是技术的供给方，与科技成果有效地转化有着密切的关系，但由于高校未针对不同企业的技术能力进行分层合作，

---

① 财政部、国家税务总局、科技部关于完善研究开发费用税前加计扣除政策的通知.2015 年 11 月 2 日.

造成产学研定位不清、高校活力不足等问题。另外，由于技术市场机制不健全，科技成果难以有效地满足市场需求，一些研究重复或形成过度竞争，资源的配置效率低下等。针对这些问题，产学研协同创新政策主要体现在以下几个方面。

第一，明确不同类型科研院所的定位，对行业共性技术和基础性共性技术研究活动进行分类管理、分类考核，在坚持企业化转制的同时，强调分类改革，实现"集团化"和"市场化"，对于部分转制科研院所中基础能力强的团队，则引导其回归公益技术研究，支持其继续承担国家重大任务。

第二，完善高校科技创新体系，建立各类科技创新平台，促进产学研协同创新，如"2011计划"。但平台之间缺乏有效的协同和相互的衔接，整体资源配置效率不好，忽视了学科的结合，使得平台之间功能重叠与功能缺失局面并存。

第三，打通科技成果转化通道，缩短"最后1公里"。例如，允许符合条件的科研人员带着科研项目和成果、保留基本待遇到企业开展创新工作或创办企业，提高科研人员成果转化收益比例，从现行不低于20%提高到不低于50%。加大科研人员股权激励力度，对于高校和科研院所以科技成果作价入股的企业，放宽股权激励、股权出售对企业设立年限和盈利水平的限制。将科技成果转化纳入科技人员考评体系，对在技术转移、科技成果转化中贡献突出的，可破格评定专业技术职称。

第四，加强校企合作，培养创新人才。建立"双师型"教师队伍，允许设立流动岗位吸引企业人才兼职，加快社会保障制度改革，完善科研人员在企业间流动社保关系转移接续政策，促进科研人员在企业间合理流动。深化校企协同育人，推动实训基地增强学生创新创业能力。改革高校和科研院所评价制度，对基础和前沿技术研究实行同行评价，突出中长期目标导向。

热点四：科技中介服务体系的政策。

科技中介服务机构作为创新主体之间的纽带，是产学研协同创新体系中重要的一环。围绕创新供给和需求，为产学研合作主体提供技术转移、科技咨询、投融资以及知识产权等专业化服务（胡东雪和陈强，2013）。科技中介服务机构以其专业的市场化能力和服务能力为基础，促进创新成果与市场的紧密联系，引导科研机构的研究成果更靠近市场，降低技术成果转化风险。例如，大力发展生产力促进中心、大学科技园、孵化器、技术转移中心为发展与高新技术产业成果转化、产业化过程提供相配套的各种中介服务业，促进企业和高校科研院所之间的连接。

热点五：知识产权政策。

产学研协同创新中，异质性的创新合作主体由于目标导向的差异，导致在知识产权的分配和知识的披露问题上存在分歧。加快下放科技成果使用权、处置权和收益权，不涉及重大社会公共利益的科技成果的使用权、处置权和收益权，全部下放给符合条件的项目承担单位，在境内的使用、处置不再审批或备案，科技成果转移转化所得收入全部留归单位，纳入单位预算，实行统一管理，处置收入不上缴国库。完善职务发明制度、知识产权归属和利益分享机制，加大对知识产权的保护制度。

四、我国现有产学研政策的特征分析

基于政策文本计量的研究方法，对我国现有的产学研协同创新政策进行了一系列的分析，包含政策合作主体演化、政策的变迁以及政策的热点，结合研究结果将产学研政策的特征总结成以下几点。

（一）重分散性而轻针对性

我国的产学研合作工作起步相对较早，甚至确立了以企业为主体，市场为导向，产学研相结合的技术创新体系，政府用相关配套措施为产学研结合创造了良好的基础条件，用资金杠杆为产学研结合提供了扎实的经济支援，用法律法规为产学研结合提供了有力的法治保障。然而，这些均分散在许多政策法规当中，专门促进产学研合作的政策体系还未建立，制度运用规则不明朗。

（二）重科技成果转化轻共性技术突破

无论是从创新链的角度还是从政策目标的角度，还有政策的关键词角度，分析结果均显示我国产学研政策的关注点是向科技成果转化倾斜，而共性技术的突破这一目标未得到充分的关注。在创新链分析维度显示，政策的作用点主要聚焦在专有技术阶段，共性技术阶段的重视度逐步得到提升；在政策目标分析维度显示，政策的总体目标从促进科技成果转化向增强自主创新能力进行转变；在政策的关键词分析中，科技成果转化出现的频次远高于共性技术。

（三）重政府干预轻市场调节

从政策工具的分析研究结果显示，我国产学研协同创新政策中政府的介入程度中等偏强，主要是以混合型政策工具为主，强制型政策工具为辅。而产学研结合是一种市场化的技术创新行为，政府的过分干预挤出了私人部门的研发投入。

（四）重口号倡导轻落实操作

在政策内容上，我国产学研协同创新政策分别从人才、财税、金融、采购和知识产权五个方面对促进产学研合作提供了政策支撑，然而很多政策措施只是提及要给予支持，但如何支持的细则却未给予明确的政策完善，导致很多政策束之高阁，无法在实践操作中落实，最典型的便是知识产权政策中的职务发明制度，还有采购政策，一些不明确的条款并未有效地促进政策的顺利落实。

（五）以"研"为中心向以"产"为中心转变

在政策客体上，在2006年前主要是以高校和科研院所为主导的产学研合作，着眼于高校和科研院所的科技成果转化，而企业在产学研合作中处于较被动的地位。而在2006年后，着力于提高企业的自主创新能力，进一步明确了企业是技术创新主体的定位，产学研合作也上升到了国家战略的高度，实现了以"研"为中心向以"产"为中心转变。

（六）单独发文为主多部门联合为辅

在政策主体上，整体结构上反映出我国当前产学研政策制定具有以单独发文为主，多部门协作联合发文为辅的基本特征。政策主体合作网络呈现"网络集中型"——"松散—多主体均衡型"——"中心紧凑均衡型"演化的特征，科技部在产学研政策制定中处于核心地位，而发改委在近期协调联合其他部门中起了重要的作用。

五、我国现有产学研政策的问题分析

（一）项目体制式的政府治理机制造成资源配置的低效率问题

政府给予大量的资金支持，但仍还是原来的项目体制，在资助方式上并未得到重大的突破，尽管在项目申报过程中，必须要求具备地方政府配套资金、企业自有资金等才有资格申请，但往往这类资金资源向重点产业和重点企业倾斜，导致最需要资金支持的中小企业因为资质问题而难以获得申请，资金只用于锦上添花，而未能实现雪中送炭，因此存在资源配置不均衡现象。另外，由于项目选择进行了严格的挑选,但政府很难监管是否最终实现了项目目标,使一些用来攻破存在部分公有属性的共性技术并未得到有效的扩散,而成为企业独占的利益。由于政府缺乏有效的项目管理机制,导致项目的申报和管理存在缺陷,主要表现在申报上,包装后的"拉郎配式"的合作却未得到有效落地,难以有富有成效的研究成果。

(二) 高校专业技术转移机构的缺失造成科技成果转化的低效率问题

我国高校和科研机构是基础研究的主力军,其对于研发成果的技术转移任务并不明确,国内除了部分有国家技术转移中心之外,许多大学的技术转移工作是由处理行政事务为主的科技处来负责,一般情况下其并未负责成果转移,大部分是由科研人员来进行,在技术转移转化上分散精力,必定对基础研究存在一定影响。因此,鼓励建立专业技术转移机构对于高校和科研院所的科技成果转化的效率有促进作用。

(三) 利益分配机制的缺失造成共性技术研发的缺位问题

产学研协同创新的定位在于解决产业共性技术的问题,这种技术创新活动由于前端在实验室完成,因此存在较大的技术风险和市场风险,而这类技术作为一种新的技术进入市场必然会受到市场的考验,势必会带来市场风险,若风险分担机制和利益分配机制不能挂钩,必然成为产学研协同创新不稳定和不持续的因素。

第三节 我国高校协同创新政策分析

一、我国高校协同创新政策体系

通过对我国高校协同创新政策文本的分析,我们对目前中国协同创新政策基于"计划—载体"的两个角度,分别从三个层面进行分析。研究发现,在宏观层面,主要集中在1998年和2012年,分别强调了要建立领导小组,加强部门之间的协同。在中观层面,构建了完善的科技创新体系,充分覆盖了从基础研究到共性技术再到商业发展的全过程。相对而言,在微观层面,关注不多,需要进一步强化。下面从这三个层面进一步分析。

（一）决策层：综合协调的政策共同体

协同创新政策和大多数公共政策一样，存在一个显著的特征，即政策议程设定和方案选择均受到高层政治官员的直接影响，而行政部门则主要在方案制订和执行中发挥作用（陈玲等，2010）。国家科技教育领导小组是协同创新的决策核心。该小组成立于1998年6月25日，组建构成在一定程度上导致政策共识难以达成，决策层次上升到了政府全局的产物（陈玲等，2010）。该小组由国务院总理领导，10家相关行政部门组成，其成员基本上是相关行政部门的首长，发改委和教育部、科技部等为其核心成员部门，多部门共同决策，形成了"政策共同体"。政策共同体是政府部门利益分化和意见分歧的结果（陈玲等，2010）。但国家科技教育领导小组并非一般的政策共同体，其承担着促进我国科技、教育和经济长远发展的使命，此任务艰巨而又漫长，意味着不会立即解散，但也存在与一般政策共同体有点相同的特征，即参与的部门越多，共识越难以实现，政策越容易倾向于折中和模糊。

产学研联合工程领导协调小组，在产学研联合工程推行后的第二年，即1994年6月成立，主要由国家经贸委（现商务部）、国家教委（现教育部）、中国科学院、财政部等部门组成，小组的成立未设立政策文件，直至1998年才出台调整产学研联合开发工程领导协调小组及其办公室的通知，该小组由国家经贸委副主任承担组织者一职，核心成员组成部门主要是国家经贸委、教育部和中国科学院。其主要职责是加强对产学研工程的领导和协调工作，但随着越来越多组织参与产学研合作工作，此小组的作用发挥显得越来越薄弱。

"2011计划"领导小组，是"2011计划"的产物，其成立于2012年5月，由教育部和财政部共同成立，此小组涉及的部门较少，其主要是保障"2011计划"的顺利实施，因此待任务结束时即告解散。在同一年，教育部和科技部为促进科教协同，深入推进科技、教育和经济的紧密结合，签订了关于加强协同创新提升高校科技创新能力合作协议书，通过建立会商机制，第一次尝试以机制设计的方式进行协同，而非停留在政策共同体的层面，加速了教育部和科技部的深度融合。

（二）技术层：科技创新平台体系

共性技术创新体系、工程技术创新体系、成果转化体系和公共服务体系构成了高校协同创新政策的技术层。共性技术创新体系主要包含产业技术创新战略联盟和协同创新中心，二者均是战略层面的协同创新，重点解决战略性问题、前瞻性问题以及重大公益性问题。工程技术创新体系主要包含国家工程技术研究中心、教育部工程研究中心、国家工程研究中心和国家工程实验室。除教育部工程研究中心依托高等学校之外，其他三类载体均是依托科研院所、大学和企业而建设。国家工程技术研究中心主要由国家科委（现科技部）负责统筹规划，教育部是教育部工程研究中心的行政主管部门，国家工程研究中心和国家工程实验室均由国家发展改革委负责建设。四者存在职责和任务交叉现象，主要体现在均定位在将应用研究向工程化技术转化的支撑平台。成果转化体系主要由校办企业、国家大学科技园、孵化器以及众创空间（一种新型孵化器）组成，目标均是促进高校科技成果产业化。而公共服务体系主要包含（国家）技术转移中心和生产力促进中心，前者依托于所在高校，后者归属于科技部。前者定位于高校组织与整合科技资源的机构，促进高校科技成果转化及技术转移，后者定位于不以营利为目的的致力于提高中小企业技术创新能力的服务机构。

（三）核心层：科研创新团队

高校科研创新团队是高校协同创新的核心部分，高校协同创新的开展主要依赖于科研团队的合作。事实上，我国高校协同创新政策涉及科研创新团队的条目主要分散在各大政策中，基本上不成体系。目前我国对于科研创新团队的资助政策主要有长江学者和创新团队发展计划，而科研创新团队的建设主要依赖于高校智库和高校国际合作联合实验室，二者均明确定位成培养和汇聚拔尖领军的创新团队。

二、我国高校协同创新政策体系存在的问题

（一）碎片化的平台部署和重复建设

我国建设了比较完善的高校科技创新平台体系，部署却呈现碎片化的状态，建立了各类科技创新平台，但各平台之间缺乏有效的协同和相互的衔接，整体资源配置效率不高。很多地区简单、盲目地建设各类科技创新平台，忽视学科的结合，使得平台之间功能重叠与功能缺失局面并存。而且在实践的过程中发现，相当数量的平台建设流于形式，将平台建设作为一种获取科研经费的新形式。多个学科联合起来，组建一个平台，争取到科研经费后，仍然各自独立，结构松散，缺乏有效的凝聚机制。还有很多平台由同一个科研团队承担建设，这种重复建设

使得创新资源并没有达到有效合理的配置。尽管相关政策呼吁要促进资源的共享，但在实际中，由于隶属关系的条块分割，各类平台的资源分散在不同类型的高校和科研团队手里（付晔，2015），资源往往限制在部门或团队内部，不同平台之间科技资源的共享度不够，无法发挥平台的共享功能。是否高校的科技创新平台数量越多就越好，值得进一步反思。

（二）存在高校和企业功能错位现象

高校隶属于知识创新系统，企业隶属于技术创新系统，二者形成了我国自主创新系统中重要的主体力量。在协同创新中，高校和企业应该各司其职，企业承担起技术创新的主角，高校是技术创新的配角，不能凌驾于企业之上，更不能充当企业的替身，二者分工明确，方能将高校的科技自主创新效率发挥到极致。

第四节 本章小结

本章节基于政策文本分析的研究方法，分别从总—分—分的结构对我国协同创新政策体系进行了剖析，首先从总体情况上对我国协同创新文本、政策主体合作演化分析、政策的变迁分析等方面进行研究，其次从协同创新中观层面的产学研协同创新政策入手分析，对产学研政策主体合作演化、政策的变迁以及政策的热点进行分析，进而总结了政策的特征和存在的问题，最后从高校协同创新的角度分析我国高校协同创新政策体系存在的问题。研究发现，地方政府对于协同创新重要性的认识在不断提高，对协同创新政策愈加重视，但对协同创新的规律认识不足，对利用政策支持产学研合作缺乏科学的把握。通过回顾三个科技战略阶段的协同创新政策，研究发现我国现有协同创新政策在不断完善发展的过程中，也可能存在一些问题，如政策的不连续问题、政策的不协同问题、政策工具组合的不均衡问题、政策工具组合效果不显著问题以及"问题倒逼式"改革等。通过研究产学研协同创新政策发现我国现有产学研政策呈现六大特征，分别是重分散性轻针对性、重科技成果转化轻共性技术突破、重政府干预轻市场调节、重口号倡导轻落实操作、以"研"为中心向以"产"为中心转变、单独发文为主多部门联合为辅。进一步凝练了我国现有产学研政策的三个问题，项目体制式的政府治理机制造成资源配置的低效率问题、高校专业技术转移机构的缺失造成科技成果转化的低效率问题以及利益分配机制的缺失造成共性技术研发的缺位问题。最后，对高校协同创新政策的分析发现我国虽然建设了比较完善的高校科技创新平台体系，但部署却呈现碎片化和重复建设的特征，高校和企业的功能存在错位的现象，整体资源配置效率不高。

第二十章

我国协同创新政策体系设计和建议

纵观以上的研究分析，我国协同创新政策体系的顶层设计亟待优化，因此，本书基于理论和实践的分析，对我国协同创新政策体系框架的构建以及未来协同创新政策的设计给予一定的建议。

第一节 协同创新政策体系框架构建

立足我国协同创新政策存在的问题，在具有一定数量政策积累的前提下，构建我国协同创新政策体系的理论框架，形成整合性、协调性和实操性较高的协同创新政策体系。本书认为，协同创新政策体系理论框架要从协同创新层面出发研究。首先，需要结合研究对于协同创新三个层面的认识，并将其作为构建协同创新政策的核心维度一。其次，协同创新政策的价值实现有赖于政策的目标来指引，因此，将政策目标作为构建协同创新政策体系的核心维度二。最后，政策目标的实现基于政策工具的组合使用，因此，将政策工具作为构建协同创新政策体系的核心维度三。同时，我们将创新链维度引入中观层面，进一步打开中观层面协同创新政策体系的构建。在这一思路下，形成协同创新政策体系框架，具体情况见图 20-1。

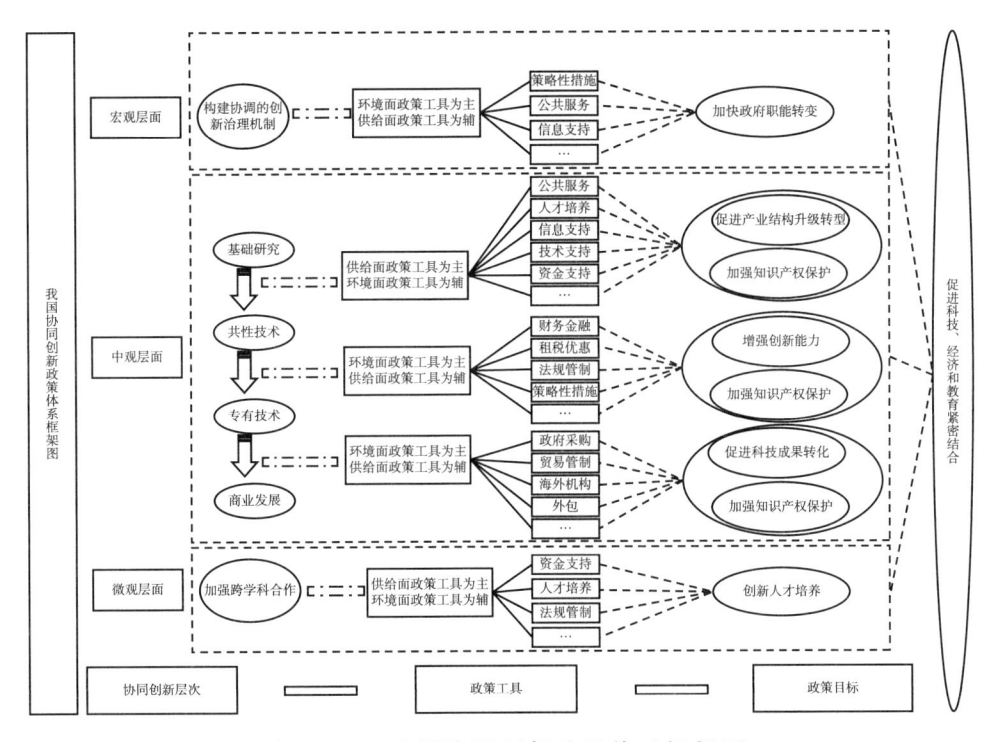

图 20-1　我国协同创新政策体系框架图

协同创新体制的突出特点是三层面的协同，分别是宏观层面政府部门间的协同，中观层面企业、高等院校和研究机构以及中介机构的四位一体，微观层面科研团队的协同。在不同的层面，政府的作用有所区别。我国协同创新政策体系的设计不可能像美国模式那样，主要依赖市场机制去完成，政府的作用是为创新主体主要是企业营造良好的市场竞争环境。也不能像日本一样，政府制定许多专门的政策，直接接入创新活动的开展。对于中国而言，需要结合美国和日本两种模式，综合考虑。对于政府引导的协同创新活动则直接介入，而由企业或者高校、研究机构主导的协同创新活动则由市场机制去完成，政府的作用是营造公平的竞争和良好的合作环境。

一、宏观层面

在宏观层面，协同创新政策主要是构建协同的创新治理机制建设，主要是以环境面政策工具为主，供给面政策工具为辅，来加快政府的职能转变。环境面政策工具主要有策略性措施，具体政策内容体现主要是成立多部门参与的协调创新推进小组。供给面政策工具主要有公共服务和信息支持，公共服务的具体政策内容体现是简化放权，减少审批，打通科技成果转化的"最后1公里"，信息支持的具体政策内容是建设国家公共信息资源平台，促进信息的共享（见图20-2）。

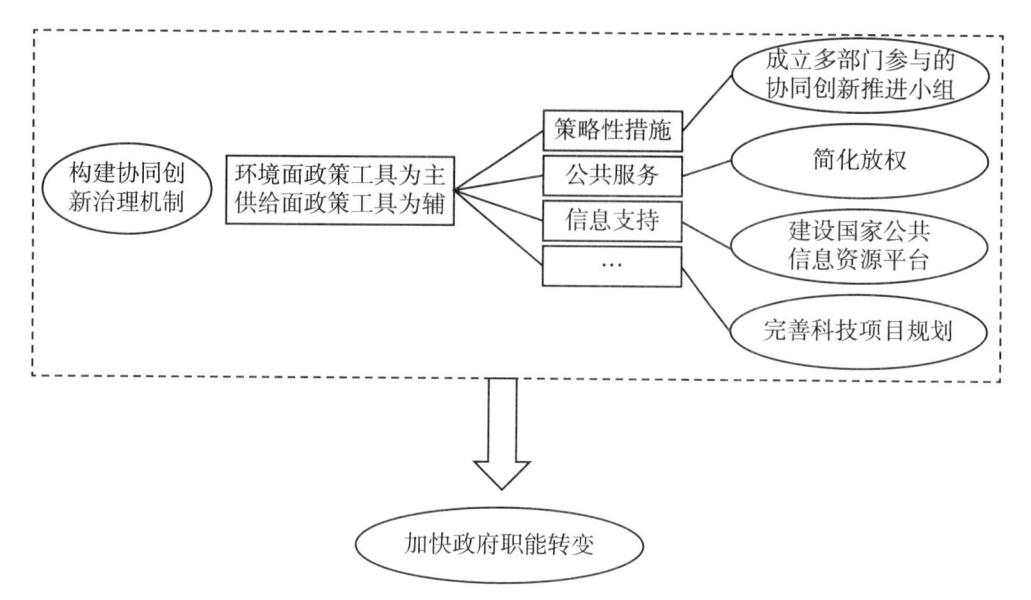

图20-2 我国协同创新政策体系宏观层面分析

二、中观层面

在中观层面，协同创新政策主要是推动科学技术创新过程中的协同创新活动高效能完成（见图20-3）。主要涉及三个阶段，第一阶段是推动基础研究形成共性技术，在这个阶段，政策工具以供给面为主，环境面为辅，之所以选择这样的政策工具组合，在于共性技术的"公共产品"特征，政府必须大力地促进共性技术的协同攻关，才能促进产业结构的升级转型。供给面政策工具主要是通过公共服务，如中介服务体系的完善；人才培养，如加大企业、科研院所和高校的人才流动机制建设，合理地进行人才分流；信息支持，如建设技术信息平台，共享国内外前沿技术的信息；资金支持，如组织重大科技专项，集中力量攻克共性技术。环境面政策工具主要强调的是要建立紧密的产学研结合，要从战略的层面考虑构建产业战略联盟，促进共性技术的突破。此阶段，还有一个很重要的政策工具便是法规管制，主要是完善在技术转让和转移的过程中知识产权的权益分享机制问题。因此，这阶段的两个重要政策目标，分别是促进产业结构的升级转型和加强知识产权的保护。

第二阶段是推动共性技术形成专有技术的阶段，政策工具以环境面为主，供给面为辅，之所以选择这样的政策工具组合，是因为此阶段更多的是半开放的创新环境，政府更多的是推动创新主体的创新能力建设，同时依然要加强知识产权的保护。环境面的政策工具主要是后补助、风险投资等，鼓励企业加大研发的力度，提升创新能力。租税优惠，如加大技术转移和转让过程中相关税收的减免。法规管制，要建立公平的技术交易市场，建立我国科技成果技术交易法等。供给面的政策工具主要是策略性措施，此阶段的策略性措施与上一阶段的策略性措施层次有所不同，上一阶段的产学研合作更多的是从战略层面，而这一阶段的产学研合作模式选择就比较多，合作程度没有战略联盟紧密，如合作研发、建立产品开发平台等。当然，也需要建立一些专项来资助此阶段创新主体无法完成的项目。

第三阶段是推动专有技术的商业化阶段，政策工具以需求面为主，环境面为辅，之所以选择这样的政策工具组合，在于此阶段基本上是在企业内部完成，政府更多的是在需求端促进协同创新活动的完成。需求面的政策工具包含政府采购、贸易管制和支持企业在海外建立研发机构。需要强调的是，政府采购应该有针对性地对协同攻关的技术或产品进行大力的采购，促进科技成果的转化。环境面主要是加强知识产权保护和营造公平的竞争环境，加大新产品和新技术的市场准入。

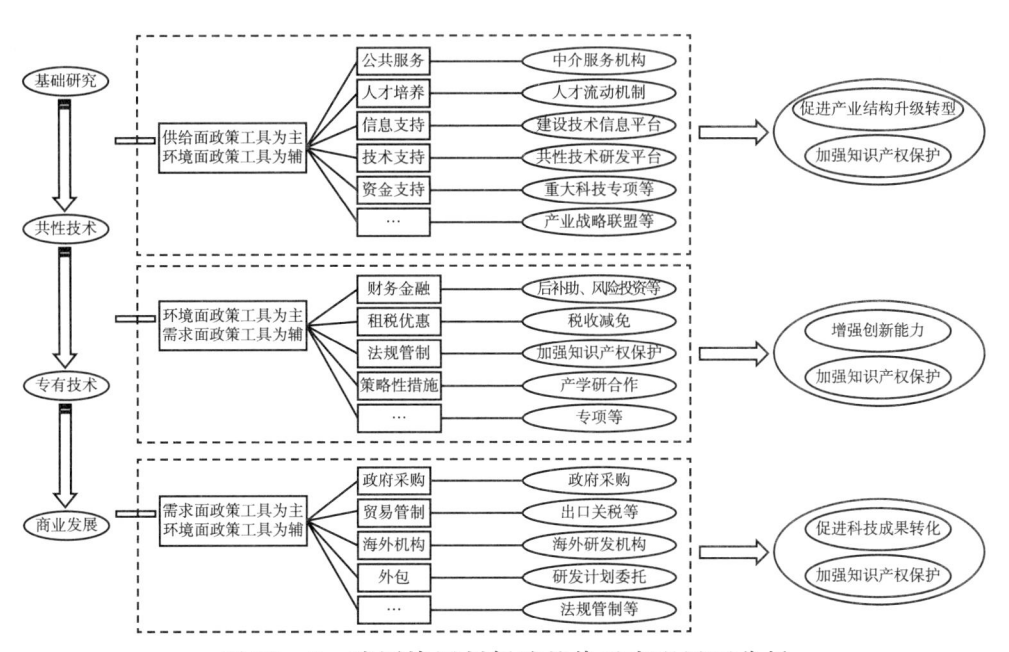

图 20-3 我国协同创新政策体系中观层面分析

三、微观层面

在微观层面，协同创新政策主要是加强创新团队的建设，加强跨学科合作，主要是以供给面政策工具为主，环境面政策工具为辅，来培养创新人才。环境面政策工具主要有资金支持，具体政策内容体现主要是各类创新团队的基金建设项目。人才培养的具体政策内容主要是完善科技人才评价机制，建立有效的、促进跨学科团队建设的考评制度。信息支持的具体政策内容主要是建设信息平台，促进科研团队的合作交流。环境面政策工具主要是加强知识产权的保护，优化学术生态环境（见图20-4）。

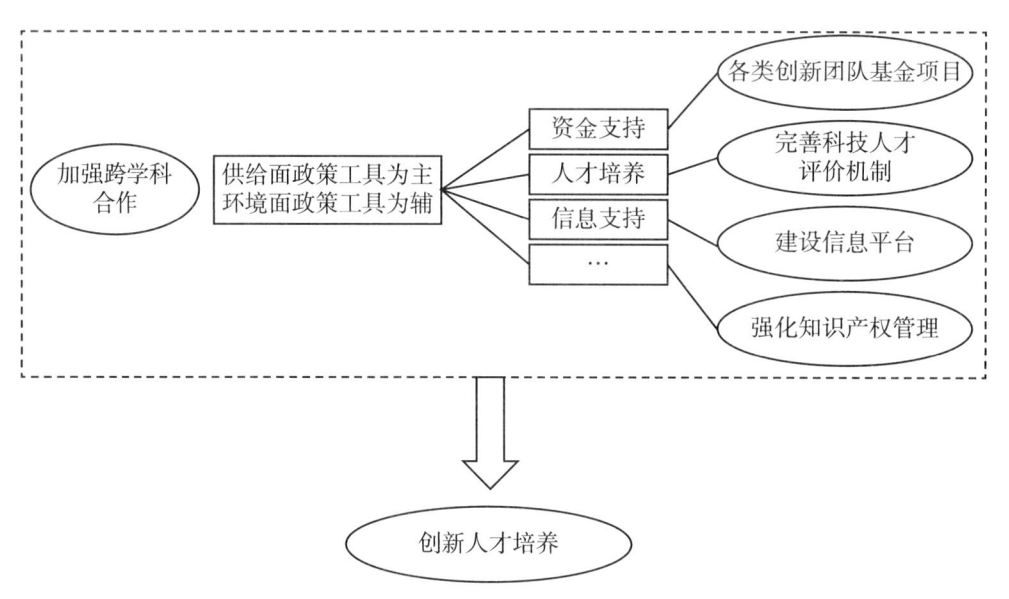

图 20-4 我国协同创新政策体系微观层面分析

第二节 协同创新政策设计建议

政策干预是指为了实现政策目标，通过设计一系列政策工具组合来影响政策的客体。政府功能要从"资金型"向"服务型"转变，政策导向要从"优惠减免"到"内生动力"，政策对象要从"选择型"到"普惠型"和"功能型"，保障高质量的科技创新供给，提升创新主体对政策的满意度。本节拟提出协同创新政策制定和运行中应该关注的要点。首先是理顺政府和市场的关系，营造良好的生态环境，这是深化协同创新合作的关键；其次是激发企业和高校两大创新主体的活力，最后针对高校协同创新模式"2011 计划"中的协同创新中心提出今后政策的关注点。

一、以环境为保障，全面提升协同创新服务

从 1992 年的"产学研联合开发工程"到"产业技术战略联盟"的实践表明，政府干预产学研协同创新是存在失灵现象的。政府的失灵主要体现在：第一，不考虑实际需求的"拉郎配"式的产学研合作，导致存在大量的合而不作的现象，政策目标难以实现。第二，政府对于某些项目的直接投资或间接财政支持，挤出了私人部门的研发投入。产学研合作更多地下移至了产品层面，成本过多，造成了社会资源的浪费。第三，虽然达到了预期的目标，但花费成本过高，而这个成本在于政府部门繁杂的审批手续，产生了负面效应。第四，对产业共性技术缺乏重视，导致产业转型升级困难。

因此，未来的协同创新政策设计必须实现协同创新合力的最大化。对于政府而言，首先需要确立的是，产学研协同创新的战略定位，当前产学研相结合的技术创新体系是举国创举，我们认为产学研合作是突破共性技术，尤其是应用型共性技术的重要抓手。因此，政府应该针对不同类型的产学研合作进行不同程度的干预。既要防止过度干预，也要有作为。一方面，在协同创新体制机制改革和政策项目引导中，充分发挥政府职能。另一方面，充分发挥市场的决定作用，把创新活动与市场需求相结合。下面从政府的角色定位进行分析。

首先，政府是产学研协同创新的参与者。在推动产学研协同创新过程中，政府不能置身事外，要成为产学研协同创新的参与者，这个参与者主要体现在两个方面：第一，对于基础性共性技术和产业共性技术的研发，如果政府不作为，单纯地依靠市场机制，很难组织起有效率的合作，往往最后，共性技术落得无人开发，或者又回到技术引进的老路子。因此，对于这类研发，政府需主动参与，以重大科技项目为纽带，以战略性产学研联盟为载体，突破一批共性技术和核心关键技术，促进产业结构的转型升级。第二，政府作为一种创新主体，通过构建协同的创新治理机制参与到产学研协同创新政策的过程中，合理地定位自身，有效地发挥政府参与者的作用。

其次，政府是产学研协同创新的服务者。在我国协同创新政策体系设计的每个层面都要求有环境面的政策工具，进一步说明政府在促进产学研协调创新中，作为服务者角色的重要性。在产学研协同创新过程中，政府要加强企业、高校和

科研院所的知识产权保护意识，要加强科技与金融的紧密结合，为产学研协同创新引入社会资金，解决资金缺乏的问题，要建设社会信用体系和市场监管体系，提高政府的创新服务能力。

最后，产学研协同创新的引导者。政府在产学研协同创新过程中要承担引导的职能，引导既非对创新合作主体的横加干预也非对创新合作主体行为的自由放任。这个引导的职能主要体现在两个方面：一个是引导产学研合作利益实现机制的建立；另一个是引导产学研合作风险控制机制的建立。产学研合作中最重要的矛盾在于利益的分配问题，政府既要充分地尊重企业、高校和科研院所的实际需求和利益，也要充分地考虑创新的贡献率问题。产学研协同创新过程中可能存在诸如成果转化风险、创新失败风险等，通过政府的引导，建立和完善相应的风险控制机制，将创新合作主体风险发生的概率降到最低，减少合作的损失。

二、以企业为主导，构建多层次协同创新体系

在产学研协同创新合作创新模式中，合作成果需求和合作成果落实都由企业作为主体负责，因此，企业在协同创新中居主导地位。但是一直以来，由于创新能力弱，企业的主体责任和主导作用没有得到有效发挥。随着企业自主创新能力的不断提高和全球化背景下的挑战，以及企业对创新认识的深入，企业不仅对创新合作中的主体责任和主导作用愈发清晰。同时，也认识到与以往一般性产品开发合作相比，原始性创新、突破性创新和共性技术解决无论是对科技基础的要求，还是对创新主体间合作模式等都大大不同，需要企业依据不同的合作目标及技术标的特性来构建多层次合作体系。在不断完善现有以企业为主体、产学研合作创新体系基础上，加快前瞻性科研布局，围绕原始性创新、突破性创新，鼓励并支持企业探索建立以企业研发力量为核心，大学和科研院所相关研究力量紧密参与的企业"技术实验室"合作体系。在这种合作体系下，针对中长期发展战略共同解决一批核心基础性的研究课题，从而促使企业向原始性创新和突破性创新企业转型，实现企业创新驱动快速发展。

三、以高校为载体，构建协同创新的有效供给机制

重视以"研"为基础的产学研协同创新合作，需要进一步探索协同创新中有效的供给机制。结合我国高校协同创新体系中的问题，提出以下建议。

第一，加大高校科技创新能力和科技基础建设。面对企业原始性创新和突破性创新的要求，提升高校发展水平显得尤为重要。这既体现在大学发展规模上，

更体现在质量和水平提升上。实现这一目标，需要我们围绕高端前沿科技发展需要，通过学科链对接产业链、学科集群对接产业集群，在满足区域创新能力进步的同时，实现高校学科特色和优势的提升。也需要积极与国内外知名大学合作，引进和导入国际领先水平的优秀大学资源。

第二，完善顶层设计，搭建协同创新政策体系。我国协同创新体系系统最大的矛盾是科技、经济和教育结合不紧密。对于我国高校协同创新政策体系而言，需要明确定位高校在协同创新中的角色定位，理顺各类科技创新平台的关系，走"先碎片后整合"或"渐进式大整合"的道路，将局部性、阶段性与系统性、整体性、协同性的顶层制度设计辩证统一起来，形成重点突破与整体推进的良性互动合力，实现标本兼治。

第三，整合科技资源，加强创新平台建设。建设各类创新平台，需要高校将其跨学科的优势转化为"胜势"，积极广泛地开展跨学科的研究，规避不必要的行政壁垒和科研管理体制的弊端，促进多学科的交叉融合，催生和发展新学科，实现真正意义上的协同创新。

建设各类创新平台，需要建设与平台相适应的组织管理体制和运行机制的有力保证，着力解决大科学、小团队的现状，重点克服科技力量分散、科研目标狭小的历史问题，流于形式的创新平台应该得到抑制，机制式的平台更能发挥重大的意义和作用。

建设各类创新平台，不能急于求成。各类学校应该基于自身的优势，根据不同学科发展方向的需要和可能，实行各类平台的分级管理，实现不同的功能定位。科研类创新平台和产业化创新平台，应该各司其职。科研类创新平台要瞄准世界的发展前沿，广泛进行跨学科研究，产业化创新平台积极承担将科研类创新平台的科技成果实现产业化，需要和社会、市场以及企业的紧密合作。

第四，建设评估体系，促进协同创新体系建设。根据国家发展战略的要求，从整体上建设高校的协同创新能力评估体系，这就要求评估高校是否和政府、企业、科研院所形成了高效的协同关系，高校各类创新平台的建设水平和发展状况是否达到了预期的要求，高校的科研团队建设是否有良好的运行等。多样化的评价机制，完善的评价机制和评价体系，多元主体广泛参与，而不是统一的评价体系，也不能囿于大学校园，不仅仅具备重要的评价、监督和导向的作用，更重要的是对于人才的培养具有正向的激励作用。

第五，重视人才培养，加强科研团队建设。科研团队是培养人才的沃土。通过科研团队的组建，真正选拔一批学术带头人和科技创新人才，组建一批具有较强创新能力的创新群体和大科学团队。首先，增加对科研团队的投入，多渠道地筹措经费设立科研团队创新基金，支持科学研究和技术开发。科研团队的培育经费应该形成长久的资助制度,而不是一次性行为,而对于不同类型、不同学科的科研团队应该建立多元化的经费资助形式。将创新团队建设经费纳入高校预算中,列出专项资金用于奖励自主科研团队。对于从国内外引进的科研团队,高校需要在充分论证的基础上,给予综合配套的经费支持。其次,将科研团队的建设工作与各类创新平台建立联系,依托此类平台,搭建良好的工作氛围和环境条件,实现科研基础的优化配置和高效利用。再次,搭建科研团队的国家化合作平台,重视对教师,尤其是青年教师的培养,加强国际交流和合作,及时跟踪国际前沿,抢占国际科学研究和自主创新的制高点。最后,科研团队的建设,应该赋予每个成员较大的自由度,使其创造出更有意义的成果,而不是遏制其发展。因此,灵活的科研团队管理体制和运行机制是科研团队建设的基本保障。

四、以协同创新中心为支撑,探索高校协同创新的新模式

"2011计划"在政府主导设计与高校自身的协同机制等方面开拓了新的探索,并已初步建立起了协同创新中心培育、组建和运行的政策体系,为高校协同创新体系重构探索出了新的模式,正在引发高校创新系统的整体变化,创造了一种教育、科研、生产相结合的新型综合创新体系。

总体而言,"2011计划"给予了高校在政策制定上极大的自主权,高校内部制定针对性的政策来保证中心运行,制度创新是高校协同创新的亮点。但未来运行过程还需要关注如下几个问题。

第一,协同创新中心中的牵头高校作用需要进一步提升。在"2011计划"背景下,协同创新中心的牵头单位是该领域中研究实力最强的高校之一,理当成为合作项目中的中坚力量。同时,协同创新中心中成员参与度有待提高,在保持合作深度持续加深的同时关注合作主体的多元化。参与协同创新中心的成员单位以中心组建为契机,大胆突破原先束缚协同创新的瓶颈,围绕特定主题建立开放式的创新体系。

第二,协同创新中心应该是一个动态调整的开放式合作网络。在实践中,各高校都热衷于牵头组建协同创新中心,聚焦获取资源,反而将协同创新体制机制改革、提升高校支撑经济发展能力降为次要选择。其结果可能是不断有新的协同创新中心组建,但离国家鼓励组建协同创新中心的初衷却越来越遥远。政策导向应更多地鼓励现有高校积极参与到已经组建的协同创新中心,利用中心平台积极探索束缚高校创新能力提升的体制机制瓶颈,而不是将协同创新中心作为一种获取更多资源的途径。

第三,建立协同创新中心主体长效合作机制。我国高校大致可分为研究型大

学、教学研究型大学、教学型大学等类型，研究型大学就是我国创建世界一流大学和高水平大学的主力军。在这种差异客观存在的情况下，就需要不同能力结构水平的高校或学科在协同过程中，结合自身能力结构水平来针对性地开展不同形式的协同合作，则有可能有效降低这种差异对主体目标实现的干扰。不同类型的高校、高校能力水平迥异的不同学科，在企业的牵引下，都热衷于企业产品层面的合作，导致合作更多是高校教师个人利益得到了实现，但组织的长期目标，如学科建设、高水平科学研究却难以得到有效保证。势必导致高校很难将协同创新真正有效地纳入实质性框架范畴。因此，在"2011计划"引导下，高校内部需要根据不同学科的能力结构水平，制定差异化协同创新激励导向，如对于科研实力强的优势学科，做出相应的制度安排，通过评价体系等改革，抑制个体对于产品层面合作的冲动，引导其研究力量聚焦于国家和行业发展急需的重点领域和重大需求。

第四，依托"大科学"创新协同创新中心科研组织模式。"2011计划"强调以重大需求为导向，依托"大科学"建立的科学组织模式应区别于过去的"作坊型"，高校当前的科研组织结构趋同、类型单一、缺乏自身特色，学术团队多以学科或主要研究方向为基础设立，并且主要以师承关系为纽带而组建，由于规模小、专业背景相近，虽然能帮助企业解决具体的产品开发问题，但很难对国际科学前沿的重大问题和基础科学发展的新方向以及具有集成性、系统性、积累性为特征的关键技术、共性技术进行整体攻关。因此，在"大科学"时代，应根据协同创新中心类型，选择合理的科研组织模式，以保证协同创新中心取得预期效果。

第五，地方高校协同创新中心要深度融合协同创新。对于地方高校而言，投入不足、定位不清是地方性应用型院校面临的共同问题。地方高校需要通过人才和技术供给等方式，深度融入和服务于地方和区域社会经济发展中，同时使学科建设、人才培养和科学研究形成良性互动和正反馈。

参考文献

[1] 毕新华、李建军：《创新驱动对经济发展的制度设计研究》，载于《学习与探索》2015年第11期。

[2] 蔡嘉伟：《改革开放以来我国产学研合作政策的演变研究》，华南理工大学，2013年。

[3] 陈春花、杨映珊：《基于团队运作模式的科研管理研究》，载于《科技进步与对策》2002年第4期。

[4] 陈劲、阳银娟：《协同创新的理论基础与内涵》，载于《科学学研究》2012年第30期。

[5] 陈劲：《科学、技术与创新政策》，科学出版社2013年版。

[6] 陈劲：《协同创新与国家科研创新能力建设》，载于《科学学研究》2011年第12期。

[7] 陈劲：《最佳创新企业》，科学出版社2012年版。

[8] 陈丽明：《基于SCIE论文视角的大学校企合作特征及协同创新分类研究》，华南理工大学，2014年。

[9] 陈玲、赵静、薛澜：《择优还是折衷？——转型期中国政策过程的一个解释框架和共识决策模型》，载于《管理世界》2010年第8期。

[10] 陈双丽：《研发模式对生物技术领域共性技术属性的影响研究》，华南理工大学，2017年。

[11] 陈小娟、陈武林：《对高校本科专业设置的思考——以广东省为例》，载于《教育发展研究》2011年第1期。

[12] 陈晓红、解海涛：《基于"四主体动态模型"的中小企业协同创新体系研究》，载于《科学学与科学技术管理》2006年第8期。

[13] 陈月娉：《重大科研项目团队合作问题研究》，华南理工大学硕士学位论文，2015年。

[14] 陈志荣：《能力匹配与产学研技术类型选择》，华南理工大学硕士学位论

文,2014年。

[15] 程鹏、柳卸林:《对政府推进自主创新战略的一个评价》,载于《科学学与科学技术管理》2010年第11期。

[16] 程强:《产学研伙伴异质性对企业合作创新绩效的影响研究》,华南理工大学硕士学位论文,2015年。

[17] 戴勇、胡明溥:《产学研伙伴异质性对合作创新绩效的影响研究:基于组织学习视角》,载于《高教探索》2016年第1期。

[18] 党兴华、弓志刚:《多维邻近性对跨区域技术创新合作的影响——基于中国共同专利数据的实证分析》,载于《科学学研究》2013年第10期。

[19] 邓练兵:《中国创新政策变迁的历史逻辑》,华中科技大学博士学位论文,2013年。

[20] 邓练兵:《自主创新政策的经济合理性及"政策失灵"现象研究》,载于《科技进步与对策》2010年第11期。

[21] 刁丽琳、朱桂龙、许治:《国外产学研合作研究述评、展望与启示》,载于《外国经济与管理》2011年第2期。

[22] 丁洪:《高校科研团队协同创新能力评价研究》,载于《中国高校科技》2013年第11期。

[23] 杜宝贵、隋立民:《正确处理高校协同创新中的几个关系》,载于《扬州大学学报(高教研究版)》2013年第6期。

[24] 樊霞、吴进:《基于文本分析的我国共性技术创新政策研究》,载于《科学学与科学技术管理》2014年第8期。

[25] 樊霞、陈丽明、杨小婉:《985高校SCIE论文中的校企合著现象——规模、强度与国际影响力变迁》,载于《高等工程教育研究》2015年第6期。

[26] 樊霞、何悦、朱桂龙:《产学研合作与企业内部研发的互补性关系研究——基于广东省部产学研合作的实证》,载于《科学学研究》2011年第5期。

[27] 樊霞、杨东鹏、朱桂龙:《城市间产学研合作创新与知识辐射距离的科学计量探析》,载于《科学学与科学技术管理》2015年第10期。

[28] 范维培、颜元培、陈兆育:《当前科技体制改革存在的问题与对策建议》,载于《中国科技论坛》2003年第5期。

[29] 冯彩玲、张丽华:《变革/交易型领导对员工创新行为的跨层次影响》,载于《科学学与科学技术管理》2014年第8期。

[30] 奉小斌:《研发团队跨界行为对创新绩效的影响——任务复杂性的调节作用》,载于《研究与发展管理》2012年第3期。

[31] 付敬:《企业共性技术创新、吸收能力及其对创新绩效的影响研究》,

华南理工大学博士学位论文，2013 年。

[32] 付敬、朱桂龙：《知识源化战略、吸收能力对企业创新绩效产出的影响研究》，载于《科研管理》2014 年第 3 期。

[33] 付晔：《高校科技创新平台体系的反思与重构》，载于《研究与发展管理》2015 年第 1 期。

[34] 高霞、官建成：《基于社会网络分析的我国知识交流模式研究》，载于《研究与发展管理》2011 年第 5 期。

[35] 顾娜娜：《长江经济带装备制造业产学研创新网络研究》，华东师范大学，2015 年。

[36] 郭焱、刘月荣、郭彬：《战略联盟中伙伴选择、伙伴关系对联盟绩效的影响》，载于《科技进步与对策》2014 年第 5 期。

[37] 哈肯：《协同学：大自然构成的奥秘》，上海译文出版社 1995 年版。

[38] 洪银兴：《关于创新驱动和协同创新的若干重要概念》，载于《经济理论与经济管理》2013 年第 5 期。

[39] 侯二秀、秦蓉、杨洋：《协同创新视角下大学科研团队创新绩效影响因素分析》，载于《中国高校科技》2016 年第 6 期。

[40] 侯二秀、石晶：《企业协同创新的动力机制研究综述》，载于《中国管理科学》2015 年第 S1 期。

[41] 胡冬雪、陈强：《促进我国产学研合作的法律对策研究》，载于《中国软科学》2013 年第 2 期。

[42] 黄萃、徐磊、钟笑天，等：《基于政策工具的政策—技术路线图（P-TRM）框架构建与实证分析——以中国风机制造业和光伏产业为例》，载于《中国软科学》2014 年第 5 期。

[43] 黄剑、黄卫平：《中国经济"新常态"下的创新驱动与转型调整》，载于《江淮论坛》2015 年第 6 期。

[44] 黄俊辉、李放：《解读政府责任的新路径：政策价值—政策目标—政策工具》，载于《岭南学刊》2015 年第 3 期。

[45] 黄曼、朱桂龙、胡军燕：《创新政策工具分类选择与效应评价》，载于《中国科技论坛》2016 年第 1 期。

[46] 黄曼：《企业技术能力结构及其对产学研合作的影响研究》，华南理工大学博士学位论文，2016 年。

[47] 黄涛：《从科研管理中的突出问题探讨深化科技体制改革的对策》，载于《技术与创新管理》2013 年第 1 期。

[48] 黄妍：《产学研合作对生物技术领域共性技术研发创新影响研究》，华

南理工大学硕士学位论文，2017 年。

[49] J. D. 贝尔纳：《科学的社会功能》，陈体芳，译，广西师范大学出版社 2003 年版。

[50] 纪生：《中国技术协同创新论》，中国经济出版社 2000 年版。

[51] 蒋日富、霍国庆、谭红军，等：《科研团队知识创新绩效影响要素研究——基于我国国立科研机构的调查分析》，载于《科学学研究》2007 年第 2 期。

[52] 蒋展鸿：《产学研合作倾向行业差异性及其对绩效影响研究》，华南理工大学硕士学位论文，2014 年。

[53] 解学梅、刘丝雨：《都市圈中观视角下的协同创新演化研究综述》，载于《经济地理》2013 年第 2 期。

[54] 解学梅：《协同创新效应运行机理研究：一个都市圈视角》，载于《科学学研究》2013 年第 12 期。

[55] 李超平、时勘：《变革型领导的结构与测量》，载于《心理学报》2005 年第 6 期。

[56] 李超平：《变革型领导与团队效能：团队内合作的跨层中介作用》，载于《管理评论》2014 年第 4 期。

[57] 李晨、吴伟、韩旭：《以体制机制改革激发创新活力——国家首批 14 家协同创新中心案例综述》，载于《高等工程教育研究》2015 年第 2 期。

[58] 李凡、李娜、刘沛罡：《中印技术创新政策演进比较研究——基于目标、工具和执行的定量分析》，载于《科学学与科学技术管理》2015 年第 10 期。

[59] 李凡、林汉川、刘沛罡，等：《中俄技术创新政策演进比较研究》，载于《科学学研究》2015 年第 9 期。

[60] 李纪珍：《共性技术供给与扩散的模式选择》，载于《科学学与科学技术管理》2011 年第 10 期。

[61] 李纪珍：《产业共性技术：概念、分类与制度供给》，载于《中国科技论坛》2006 年第 3 期。

[62] 李建花：《科技政策与产业政策的协同整合》，载于《科技进步与对策》2010 年第 15 期。

[63] 李洁然：《中小企业创新政策协同作用的机理分析及绩效研究》，河北经贸大学硕士学位论文，2014 年。

[64] 李靖华、常晓然：《我国流通产业创新政策协同研究》，载于《商业经济与管理》2014 年第 9 期。

[65] 李军锋：《深化高校科技人才评价机制改革》，载于《中国高等教育》2014 年第 18 期。

［66］李世超、蔺楠：《我国产学研合作政策的变迁分析与思考》，载于《科学学与科学技术管理》2011 年第 11 期。

［67］李晓昂：《质性分析视角下的创新政策结构与特征》，大连理工大学硕士学位论文，2013 年。

［68］李哲：《科技创新政策的热点及思考》，载于《科学学研究》2017 年第 2 期。

［69］李梓涵昕、朱桂龙、刘奥林：《中韩两国技术创新政策对比研究——政策目标、政策工具和政策执行维度》，载于《科学学与科学技术管理》2015 年第 4 期。

［70］李祖超、梁春晓：《协同创新运行机制探析——基于高校创新主体的视角》，载于《中国高教研究》2012 年第 7 期。

［71］连燕华：《关于技术创新政策体系的思考》，载于《科学学与科学技术管理》1999 年第 4 期。

［72］林健、王亚洲：《创新资源整合、团队互动与协同创新绩效（上）》，载于《中国高校科技》2013 年第 4 期。

［73］林森、苏竣、张雅娴，等：《技术链、产业链和技术创新链：理论分析与政策含义》，载于《科学学研究》2001 年第 4 期。

［74］蔺洁、陈凯华、秦海波，等：《中美地方政府创新政策比较研究——以中国江苏省和美国加州为例》，载于《科学学研究》2015 年第 7 期。

［75］凌斌：《学术评价机制与大学的两个世界》，载于《清华大学学报（哲学社会科学版）》2015 年第 2 期。

［76］刘丹、闫长乐：《协同创新网络结构与机理研究》，载于《管理世界》2013 年第 12 期。

［77］刘凤朝、徐茜：《中国科技政策主体合作网络演化研究》，载于《科学学研究》2012 年第 2 期。

［78］刘凤朝、马荣康、姜楠：《基于"985 高校"的产学研专利合作网络演化路径研究》，载于《中国软科学》2011 年第 7 期。

［79］刘海峰：《产学研合作与国家创新体系》，载于《重庆大学学报（社会科学版）》1999 年第 4 期。

［80］刘佳：《2011 计划协同创新中心建设的组织管理保障与政策创新研究》，载于《科技进步与对策》2013 年第 10 期。

［81］刘淼、王宇：《基于主题句的期刊文献知识元库构建》，载于《情报杂志》2012 年第 11 期。

［82］刘民义：《借鉴台湾工研院的能与不能》，载于《海峡科技与产业》

2009 年第 7 期。

[83] 刘炜、马文聪、樊霞：《产学研合作与企业内部研发的互动关系研究——基于企业技术能力演化的视角》，载于《科学学研究》2012 年第 12 期。

[84] 刘炜：《基于企业技术能力演化的产学研合作创新机理研究》，华南理工大学硕士学位论文，2013 年。

[85] 刘志迎、单洁含：《技术距离、地理距离与大学—企业协同创新效应——基于联合专利数据的研究》，载于《科学学研究》2013 年第 9 期。

[86] 柳卸林、何郁冰：《基础研究是中国产业核心技术创新的源泉》，载于《中国软科学》2011 年第 4 期。

[87] 柳卸林、贾蓉：《北京地区科学技术成果在中国的扩散模式——从技术市场的角度看》，载于《科学学与科学技术管理》2007 年第 12 期。

[88] 柳卸林：《21 世纪的中国技术创新系统》，北京大学出版社 2000 年版。

[89] 柳卸林：《我国产业创新的成就与挑战》，载于《中国软科学》2002 年第 12 期。

[90] 柳洲、陈士俊：《当前高校科技创新团队建设的主要问题与对策》，载于《软科学》2007 年第 3 期。

[91] 卢章平、王晓晶：《基于内容分析法的科技成果转化政策研究》，载于《科技进步与对策》2013 年第 11 期。

[92] 鲁若愚、张鹏、张红琪：《产学研合作创新模式研究——基于广东省部合作创新实践的研究》，载于《科学学研究》2012 年第 2 期。

[93] 鲁若愚：《企业大学合作创新机理研究》，清华大学硕士学位论文，2002 年。

[94] 路风、慕玲：《本土创新，能力发展和竞争优势》，载于《管理世界》2003 年第 12 期。

[95] 路甬祥：《21 世纪中国科技发展战略与体制改革》，载于《科研管理》1998 年第 2 期。

[96] 栾春娟、王贤文、侯海燕：《国内外共性技术及其测度研究综述》，载于《科学学与科学技术管理》2011 年第 4 期。

[97] 罗宾斯：《组织行为学精要》，郑晓明译，机械工业出版社 2000 年版。

[98] 罗伟、连燕华：《技术创新与政府政策》，人民出版社 1996 年版。

[99] 马莱茨基：《科学政策研究的主要趋向》，载于《科学与哲学》1979 年第 2 期。

[100] 马名杰：《发挥政府在共性技术研究中的关键作用》，载于《国防科技工业》2006 年第 6 期。

[101] 马卫华、李雅雯、许治：《中国技术创新研究——基于国家科学基金资助课题分析》，载于《科研管理》2014 年第 7 期。

[102] 马卫华、李雅雯：《合作创新关注与研究——基于国家科学基金资助课题和期刊文献的分析》，载于《科学学与科学技术管理》2015 年第 12 期。

[103] 马卫华、刘佳、樊霞：《产学研合作对学术团队核心能力影响及作用机理研究》，载于《管理学报》2012 年第 11 期。

[104] 马卫华、刘佳、樊霞：《产学研合作对学术团队建设影响的实证研究——团队特征差异的调节效应检验》，载于《管理工程学报》2012 年第 2 期。

[105] 马卫华、石勇、蓝满榆：《协同创新视域下的评价问题研究》，载于《高教探索》2013 年第 4 期。

[106] 马欣员：《美国科技政策及效应研究》，吉林大学博士学位论文，2014 年。

[107] 马伊里：《有组织的无序：合作困境的复杂生成机理》，载于《社会科学》2007 年第 11 期。

[108] 马莹莹、朱桂龙：《影响我国产学研合作创新绩效的行业特征》，载于《科技管理研究》2011 年第 4 期。

[109] 马勇：《欧盟科技一体化研究》，华东师范大学博士学位论文，2010 年。

[110] 孟潇：《研究型大学重大科研项目团队有效性研究》，哈尔滨工业大学，2010 年。

[111] 明炬：《协同创新中心培育组建过程常见的几个问题——以面向行业产业和区域发展类型为例》，载于《中国高校科技》2012 年第 7 期。

[112] 牛欣、陈向东：《城市创新跨边界合作与辐射距离探析》，载于《地理科学》2013 年第 6 期。

[113] 彭未名、王颖：《科教兴鄂：教育、科技与经济协同发展的现状及对策分析》，载于《教育与经济》2004 年第 3 期。

[114] 邱栋、吴秋明：《产学研协同创新机理分析及其启示——基于福建部分高校产学研协同创新调查》，载于《福建论坛（人文社会科学版）》2013 年第 4 期。

[115] 秋石：《科教兴国论》，载于《求是》2004 年第 7 期。

[116] 荣泰生：《AMOS 与研究方法》，重庆大学出版社 2009 年版。

[117] 申俊喜：《创新产学研合作视角下我国战略性新兴产业发展对策研究》，载于《科学学与科学技术管理》2012 年第 2 期。

[118] 沈炯：《积极营造宽松氛围，打造精品科研创新团队》，载于《中国高等教育》2004 年第 8 期。

[119] 宋磊、吴志翔：《非市场组织、产品建构的变化与企业能力的提升：兼论后进国家技术政策的微观基础》，载于《演化与创新经济学评论》2011年第2期。

[120] 苏敬勤、李晓昂：《事件导向下的政策体系内容分析及作用机理探究——以大连软件园为例》，载于《科学学与科学技术管理》2013年第5期。

[121] 眭纪刚、苏竣：《技术的演化和演化的技术政策》，载于《科学学研究》2009年第12期。

[122] 孙冰、赵健：《技术创新协同研究综述》，载于《情报杂志》2011年第11期。

[123] 孙杰：《基于动因匹配的产学研合作主体行为与绩效研究》，华南理工大学硕士学位论文，2016年。

[124] 孙玉涛、曹聪：《战略情景转变下中国创新政策主体合作结构演进实证》，载于《研究与发展管理》2012年第4期。

[125] 谈力、李栋亮：《日本创新驱动发展轨迹与政策演变及对广东的启示》，载于《科技管理研究》2016年第5期。

[126] 谭希晨：《基于三螺旋模型的中国产学研合作关系及其间特征研究》，华南理工大学硕士学位论文，2017年。

[127] 汤超颖、刘洋、王天辉：《科研团队魅力型领导、团队认同和创造性绩效的关系研究》，载于《科学学与科学技术管理》2012年第10期。

[128] 唐震、汪洁、王洪亮：《EIT产学研协同创新平台运行机制案例研究》，载于《科学学研究》2015年第1期。

[129] 王海花、谢富纪、周嵩安：《创新生态系统视角下我国实施创新驱动发展战略的"四维"协同框架》，载于《科技进步与对策》2014年第17期。

[130] 王凯：《区域创新生态系统情景下产学知识协同创新机制研究》，浙江大学，2016年。

[131] 王树国：《editor乘势聚力协同创新推进世界一流大学建设》，高等教育国际论坛，2011年。

[132] 王志远、丁元林：《基于项目管理视角的高校协同创新团队组织结构分析与设计》，载于《高教探索》2012年第6期。

[133] 韦文雯：《多维临近性对产学研合作创新绩效的影响研究》，华南理工大学硕士学位论文，2015年。

[134] 魏峰、袁欣、邱杨：《交易型领导、团队授权氛围和心理授权影响下属创新绩效的跨层次研究》，载于《管理世界》2009年第4期。

[135] 魏津瑜、白冬冬：《京津冀协同发展下的科技与经济协调性的差异性

研究》，载于《科技与经济》2015 年第 5 期。

［136］吴进：《基于文本分析的我国产业共性技术创新政策研究》，华南理工大学硕士学位论文，2013 年。

［137］吴明隆：《结构方程模型——AMOS 的操作与应用》，重庆大学出版社 2009 年版。

［138］伍蓓、陈劲、王姗姗：《科学、技术、创新政策的涵义界定与比较研究》，载于《科学学与科学技术管理》2007 年第 10 期。

［139］武学超：《加拿大 NCE 协同创新计划的实施经验与启示》，载于《高教探索》2015 年第 4 期。

［140］项杨雪：《基于知识三角的高校协同创新过程机理研究》，浙江大学博士学位论文，2013 年。

［141］肖丁丁、朱桂龙、戴勇：《R&D 投入与产学研绩效关系的实证研究》，载于《管理学报》2011 年第 5 期。

［142］肖丁丁：《跨界搜寻对组织双元能力影响的实证研究》，华南理工大学博士学位论文，2013 年。

［143］谢耀霆：《面向协同创新的高校科研团队组织模式与激励机制探析》，载于《高等工程教育研究》2015 年第 1 期。

［144］徐福志：《浙江省自主创新政策的供给、需求与优化研究》，浙江大学硕士学位论文，2013 年。

［145］许治、陈丽玉、王思卉：《高校科研团队合作程度影响因素研究》，载于《科研管理》2015 年第 5 期。

［146］薛玉香：《高校科研团队协同创新研究》，载于《教育发展研究》2014 年第 7 期。

［147］严雄：《产学研协同创新五大问题亟待破解》，中国高新技术产业导报，2007 年 3 月 20 日。

［148］阎光才：《学术共同体内外的权力博弈与同行评议制度》，中国高教学会高等教育学专业委员会 2008 年度学术年会，2009 年。

［149］阎莉：《日本技术创新政策制定的理论依据及其政策手段选择》，载于《日本研究》2000 年第 4 期。

［150］杨冰：《高等学校学术创新团队建设标准研究》，载于《北京联合大学学报（人文社会科学版）》2010 年第 2 期。

［151］杨炳君、姜雪：《高等学校科研团队人力资源管理模式创新研究》，载于《大连理工大学学报（社会科学版）》2006 年第 1 期。

［152］杨东鹏：《基于信息熵的区域产学研合作创新系统协同效率研究》，

华南理工大学硕士学位论文，2017年。

[153] 杨林、柳洲：《国内协同创新研究述评》，载于《科学学与科学技术管理》2015年第4期。

[154] 杨凌春、张琰：《从美国Broad Institute看"协同创新"》，载于《研究与发展管理》2014年第6期。

[155] 杨雅南、钟书华：《中国创新驿站的政策目标分析与评价》，载于《科技与经济》2015年第4期。

[156] 尹伟、董吉贺：《开展跨学科研究生教育应构建资源共享机制》，载于《中国高教研究》2010年第6期。

[157] 袁剑锋、许治、翟铖：《中国产学研合作网络权重结构特征及演化研究》，载于《科学学与科学技术管理》2017年第2期。

[158] 袁剑锋、许治：《中国产学研合作网络结构特性及演化研究》，载于《管理学报》2017年第7期。

[159] 袁庆宏、张华磊、王震，等：《研发团队跨界活动对团队创新绩效的"双刃剑"效应——团队反思的中介作用和授权领导的调节作用》，载于《南开管理评论》2015年第3期。

[160] 袁源：《知识产权政策多维效果研究》，中国科学技术大学，2012年。

[161] 翟铖：《基于合作专利的中国产学研协同创新合作网络结构与演化》，华南理工大学硕士学位论文，2016年。

[162] 詹雯婷、章熙春、胡军燕：《产学研合作对企业技术能力结构的双元性影响》，载于《科学学研究》2015年第33期。

[163] 詹雯婷：《产学研合作与企业技术能力结构二元互动演化路径研究》，华南理工大学硕士学位论文，2016年。

[164] 张力：《产学研协同创新的战略意义和政策走向》，载于《教育研究》2011年第7期。

[165] 张崴、王续琨：《科研团队结构对团队创造力的影响——基于研究型大学科研团队的探索性案例研究》，载于《软科学》2013年第7期。

[166] 张艺、陈凯华、朱桂龙：《中国科学院产学研合作网络特征与影响》，载于《科学学研究》2016年第3期。

[167] 张艺、朱桂龙、陈凯华：《产学研合作国际研究：研究现状与知识基础》，载于《科学学与科学技术管理》2015年第9期。

[168] 张艺、朱桂龙、陈凯华：《产学研合作国际研究的演化》，载于《科学学研究》2015年第11期。

[169] 张在群：《政府引导下的产学研协同创新机制研究》，大连理工大学

博士学位论文，2013年。

[170] 章熙春、蒋兴华：《合作动机对产学研战略联盟建设绩效影响的研究》，载于《中国科技论坛》2013年第6期。

[171] 赵兰香：《技术创新过程中的政策需求分析》，载于《科学学与科学技术管理》1999年第4期。

[172] 赵立雨：《基于协同创新的技术创新网络扩张研究》，载于《科技进步与对策》2012年第22期。

[173] 赵筱媛、苏竣：《基于政策工具的公共科技政策分析框架研究》，载于《科学学研究》2007年第1期。

[174] 赵哲：《地方高校科研管理机制的现实问题与改革对策——基于辽宁地方高校协同创新的视角》，载于《重庆高教研究》2015年第3期。

[175] 郑刚：《全面协同创新：迈向创新型企业之路》，科学出版社2006年版。

[176] 周国林：《产业共性技术产学研联盟组织模式的述评》，载于《经济学动态》2010年第4期。

[177] 周明泽：《企业技术能力结构维度及演化》，华南理工大学硕士学位论文，2016年。

[178] 周元、梁洪力、王海燕：《论中国创新悖论："两张皮"与"76%"》，载于《科学管理研究》2015年第3期。

[179] 周正、尹玲娜、蔡兵：《我国产学研协同创新动力机制研究》，载于《软科学》2013年第7期。

[180] 周作宇：《协同创新政策的理论分析》，载于《高教发展与评估》2013年第1期。

[181] 朱桂龙、程强：《我国产学研成果转化政策主体合作网络演化研究》，载于《科学学与科学技术管理》2014年第7期。

[182] 朱桂龙、黄妍：《产学研合作对共性技术研发创新影响的实证检验——以生物技术领域为例》，载于《科技进步与对策》2017年第11期。

[183] 朱桂龙、杨小婉、江志鹏：《基于"层面—目标—工具"三维框架下的我国协同创新政策变迁研究》，载于《科技进步与对策》2018年第13期。

[184] 朱佳龙、杨永福：《加拿大优秀网络中心及对我国科技管理工作的启示》，载于《科学学与科学技术管理》1998年第5期。

[185] 朱李鸣：《试论科技与经济的协调发展》，载于《科技管理研究》1994年第4期。

[186] 朱丽兰：《加大科技体制改革力度 加快国家创新体系建设》，载于

《中国新技术新产品》2000年第Z1期。

［187］朱效民：《科技体制改革的"体"与"用"——兼谈科技体制改革的一点思路》，载于《自然辩证法研究》2012年第7期。

［188］朱效民：《中国科技体制的苏联影子及其变革》，载于《民主与科学》2007年第5期。

［189］Ancona D. G., Caldwell D. F. Bridging the Boundary：External Activity and Performance in Organizational Teams. Administrative Science Quarterly，1992，37（4）：634 – 665.

［190］AnsoffI I. H. Corporatestrategy ［J］. *New York*，1965.

［191］Ashforth B. E., Mael F. Social Identity Theory and the Organization ［J］. *Academy of Management Review*，1989，14（1）：20 – 39.

［192］Bass. B. M. *Leadership and Performance Beyond Expectations* ［M］. New York：Free Press，1985.

［193］Dr. Raymond Meredith Belbin. *Management Teams：Why They Succeed or Fail* ［M］. Butterworth Heinemann，1981.

［194］Eom B. Y., Leek. Determinats of Industry Academy Linkages and Their Impact on Firm Performance：The Case of Korea as a Latecomer in Knowledge Industrialization ［J］. *Research Policy*，2010，39（5）：625 – 639.

［195］Etzkowitz H., Leydesdorff L. The Triple Helix—University – Industry – Government Relations：A Laboratory for Knowledge Based Economic Development ［J］. *East Review*，1995（14）：14 – 19.

［196］Feldman M., Francis J., Bercovitz J. Creating a Cluster While Building a Firm：Entrepreneurs and the Formation of Industrial Clusters ［J］. *Regional Studies*，2005，39（1）：129 – 141.

［197］Giuliani A. et al. Mode-resolved Measurements of the Linewidth Enhancement Factor of a Fabry – Pérot Laser ［J］. *IEEE Photonics Technology Letters*，2009，21（17）：1256 – 1258.

［198］Giuliani E., Arza V. What Drives the Formation of Valuable University-industry Linkages? Insights from the Wine Industry ［J］. *Research Policy*，2009，38（6）：906 – 921.

［199］Gloor P. A. *Swarm Creativity：Competitive Advantage through Collaborative Innovation Networks* ［M］. Oxford University Press，2006.

［200］Howlett M., Amesh M. *Studying Public Policy：Policy Cycles and Policy Subsystems* ［M］. Oxford：Oxford University Press，1995：80 – 98.

［201］Iammarino S. , McCann P. The Structure and Evolution of Industrial Clusters: Transactions, Technology and Knowledge Spillovers［J］. *Research Policy*, 2006, 35（7）: 1018 – 1036.

［202］J. Ronayne. *Science in Government*［M］. Edward Arnold Ltd. 41 Bedford Square London WC1B 3DQ, 1984.

［203］Jenssen J. I. Social Networks, Resources and Entrepreneurship［J］. *International Journal of Entrepreneurship & Innovation*, 2001, 2（2）: 103 – 109.

［204］Johnsen T. , Ford D. , editors. Managing Collaborative Innovation in Complex Networks［J］. *Findings from Exploratory Interviews*, 2000.

［205］Katz J. S. , Martin B. R. What is Research Collaboration?［J］. *Research Policy*, 1997, 26（1）: 1 – 18.

［206］Marrone J. A. Team Boundary Spanning: A Multilevel Review of Past Research and Proposals for the Future［J］. *Journal of Management*, 2010, 36（4）: 911 – 940.

［207］Masahiko A. Industry – University Cooperation to Take on Herefrom［J］. 2012.

［208］Meredith Belbin R. Team Roles at Work?. Butterworth – Heinemann; 2nd edition, 2010.

［209］Moodysson J. Principles and Practices of Knowledge Creation: On the Organization of "Buzz" and "Pipelines" in Life Science Communities［J］. *Economic Geography*, 2008, 84（4）: 449 – 469.

［210］Mumford T. V. , Van Iddekinge C. H. , Morgeson F. P. , Campion M. A. The Team Role Test: Development and Validation of a Team Role Knowledge Situational Judgment Test［J］. *Journal of Applied Psychology*, 2008（93）: 250 – 267.

［211］Nahapiet J. , Ghoshal S. Social Capital, Intellectual Capital, and the Organizational Advantage［J］. *Academy of Management Review*, 1998, 23（2）: 242 – 266.

［212］Nieto M. J. , Santamaría L. The Importance of Diverse Collaborative Networks for the Novelty of Product Innovation［J］. *Technovation*, 2007, 27（6/7）: 367 – 377.

［213］Panda H. , Ramanathan K. The Role of Technological Capability in Value Addition: The Case of the Electricity Sector［J］. *Technology Management*, 1995, 2（2）: 84 – 100.

［214］Partington D. , Harris H. Team Role Balance and Team Performance: An

Empirical Study [J]. *Journal of Management Development*, 1999, 18 (8): 694 – 705.

[215] Persaud A. Enhancing Synergistic Innovative Capability in Multinational Corporations: An Empirical Investigation [J]. *Journal of Product Innovation Management*, 2005, 22 (5): 412 – 429.

[216] Pillai R. Williams E. A. Transformational Leadership, Self-efficacy, Group Cohesiveness, Commitment and Performance [J]. *Journal of Organizational Change Management*, 2004 (17): 144 – 159.

[217] Rothwell R., Zegveld W. *Reindustrialization and Technology* [M]. New York: Logman Group Limited, 1985.

[218] Rothwell R. Public Innovation Policy: To Have or to Have Not? [J]. *R&D Management*, 1986, 16 (1): 25 – 36.

[219] Tassey G. Underinvestment in Public Good Technologies [J]. *Essays in Honor of Edwin Mansfield*, 2005: 61 – 85.

[220] Thierry Gaudin. *The Definition of Innovation* [M]. In Innovation Policies (edited by Gerry Sweeney). Franves Printer Publisher Ltd., 1985.

[221] Veugelers R, Cassiman B. R&D Cooperation between Firms and Universities some Empirical Evidence from Belgian Manufacturing [J]. *International Journal of Industrial Organization*, 2005, 23 (5): 355 – 379.

[222] Walumbwa Fred O. O., Bani Wang Peng, Lawler J. J. Transformational Leadership, Organizational Commitment and Job Satisfaction: A Comparative Study of Kenyan and U. S. Financial Firms [J]. *Human Resource Development Quarterly*, 2005 (16): 235 – 256.

[223] Youtie J., Shapira P. Building an Innovation Hub: A Case Study of the Transformation of University Roles in Regional Technological and Economic Development [J]. *Research Policy*, 2008, 37 (8): 1188 – 1204.

[224] Zaccaro S. J., Rittman A. L. Team Leadership [J]. *Leadership Quarterly*, 2001, 12 (2): 451 – 483.

教育部哲学社会科学研究重大课题攻关项目成果出版列表

序号	书　名	首席专家
1	《马克思主义基础理论若干重大问题研究》	陈先达
2	《马克思主义理论学科体系建构与建设研究》	张雷声
3	《马克思主义整体性研究》	逄锦聚
4	《改革开放以来马克思主义在中国的发展》	顾钰民
5	《新时期　新探索　新征程——当代资本主义国家共产党的理论与实践研究》	聂运麟
6	《坚持马克思主义在意识形态领域指导地位研究》	陈先达
7	《当代资本主义新变化的批判性解读》	唐正东
8	《当代中国人精神生活研究》	童世骏
9	《弘扬与培育民族精神研究》	杨叔子
10	《当代科学哲学的发展趋势》	郭贵春
11	《服务型政府建设规律研究》	朱光磊
12	《地方政府改革与深化行政管理体制改革研究》	沈荣华
13	《面向知识表示与推理的自然语言逻辑》	鞠实儿
14	《当代宗教冲突与对话研究》	张志刚
15	《马克思主义文艺理论中国化研究》	朱立元
16	《历史题材文学创作重大问题研究》	童庆炳
17	《现代中西高校公共艺术教育比较研究》	曾繁仁
18	《西方文论中国化与中国文论建设》	王一川
19	《中华民族音乐文化的国际传播与推广》	王耀华
20	《楚地出土戰國簡册［十四種］》	陈　伟
21	《近代中国的知识与制度转型》	桑　兵
22	《中国抗战在世界反法西斯战争中的历史地位》	胡德坤
23	《近代以来日本对华认识及其行动选择研究》	杨栋梁
24	《京津冀都市圈的崛起与中国经济发展》	周立群
25	《金融市场全球化下的中国监管体系研究》	曹凤岐
26	《中国市场经济发展研究》	刘　伟
27	《全球经济调整中的中国经济增长与宏观调控体系研究》	黄　达
28	《中国特大都市圈与世界制造业中心研究》	李廉水

序号	书　名	首席专家
29	《中国产业竞争力研究》	赵彦云
30	《东北老工业基地资源型城市发展可持续产业问题研究》	宋冬林
31	《转型时期消费需求升级与产业发展研究》	臧旭恒
32	《中国金融国际化中的风险防范与金融安全研究》	刘锡良
33	《全球新型金融危机与中国的外汇储备战略》	陈雨露
34	《全球金融危机与新常态下的中国产业发展》	段文斌
35	《中国民营经济制度创新与发展》	李维安
36	《中国现代服务经济理论与发展战略研究》	陈　宪
37	《中国转型期的社会风险及公共危机管理研究》	丁烈云
38	《人文社会科学研究成果评价体系研究》	刘大椿
39	《中国工业化、城镇化进程中的农村土地问题研究》	曲福田
40	《中国农村社区建设研究》	项继权
41	《东北老工业基地改造与振兴研究》	程　伟
42	《全面建设小康社会进程中的我国就业发展战略研究》	曾湘泉
43	《自主创新战略与国际竞争力研究》	吴贵生
44	《转轨经济中的反行政性垄断与促进竞争政策研究》	于良春
45	《面向公共服务的电子政务管理体系研究》	孙宝文
46	《产权理论比较与中国产权制度变革》	黄少安
47	《中国企业集团成长与重组研究》	蓝海林
48	《我国资源、环境、人口与经济承载能力研究》	邱　东
49	《"病有所医"——目标、路径与战略选择》	高建民
50	《税收对国民收入分配调控作用研究》	郭庆旺
51	《多党合作与中国共产党执政能力建设研究》	周淑真
52	《规范收入分配秩序研究》	杨灿明
53	《中国社会转型中的政府治理模式研究》	娄成武
54	《中国加入区域经济一体化研究》	黄卫平
55	《金融体制改革和货币问题研究》	王广谦
56	《人民币均衡汇率问题研究》	姜波克
57	《我国土地制度与社会经济协调发展研究》	黄祖辉
58	《南水北调工程与中部地区经济社会可持续发展研究》	杨云彦
59	《产业集聚与区域经济协调发展研究》	王　珺

序号	书　名	首席专家
60	《我国货币政策体系与传导机制研究》	刘　伟
61	《我国民法典体系问题研究》	王利明
62	《中国司法制度的基础理论问题研究》	陈光中
63	《多元化纠纷解决机制与和谐社会的构建》	范　愉
64	《中国和平发展的重大前沿国际法律问题研究》	曾令良
65	《中国法制现代化的理论与实践》	徐显明
66	《农村土地问题立法研究》	陈小君
67	《知识产权制度变革与发展研究》	吴汉东
68	《中国能源安全若干法律与政策问题研究》	黄　进
69	《城乡统筹视角下我国城乡双向商贸流通体系研究》	任保平
70	《产权强度、土地流转与农民权益保护》	罗必良
71	《我国建设用地总量控制与差别化管理政策研究》	欧名豪
72	《矿产资源有偿使用制度与生态补偿机制》	李国平
73	《巨灾风险管理制度创新研究》	卓　志
74	《国有资产法律保护机制研究》	李曙光
75	《中国与全球油气资源重点区域合作研究》	王　震
76	《可持续发展的中国新型农村社会养老保险制度研究》	邓大松
77	《农民工权益保护理论与实践研究》	刘林平
78	《大学生就业创业教育研究》	杨晓慧
79	《新能源与可再生能源法律与政策研究》	李艳芳
80	《中国海外投资的风险防范与管控体系研究》	陈菲琼
81	《生活质量的指标构建与现状评价》	周长城
82	《中国公民人文素质研究》	石亚军
83	《城市化进程中的重大社会问题及其对策研究》	李　强
84	《中国农村与农民问题前沿研究》	徐　勇
85	《西部开发中的人口流动与族际交往研究》	马　戎
86	《现代农业发展战略研究》	周应恒
87	《综合交通运输体系研究——认知与建构》	荣朝和
88	《中国独生子女问题研究》	风笑天
89	《我国粮食安全保障体系研究》	胡小平
90	《我国食品安全风险防控研究》	王　硕

序号	书 名	首席专家
91	《城市新移民问题及其对策研究》	周大鸣
92	《新农村建设与城镇化推进中农村教育布局调整研究》	史宁中
93	《农村公共产品供给与农村和谐社会建设》	王国华
94	《中国大城市户籍制度改革研究》	彭希哲
95	《国家惠农政策的成效评价与完善研究》	邓大才
96	《以民主促进和谐——和谐社会构建中的基层民主政治建设研究》	徐 勇
97	《城市文化与国家治理——当代中国城市建设理论内涵与发展模式建构》	皇甫晓涛
98	《中国边疆治理研究》	周 平
99	《边疆多民族地区构建社会主义和谐社会研究》	张先亮
100	《新疆民族文化、民族心理与社会长治久安》	高静文
101	《中国大众媒介的传播效果与公信力研究》	喻国明
102	《媒介素养：理念、认知、参与》	陆 晔
103	《创新型国家的知识信息服务体系研究》	胡昌平
104	《数字信息资源规划、管理与利用研究》	马费成
105	《新闻传媒发展与建构和谐社会关系研究》	罗以澄
106	《数字传播技术与媒体产业发展研究》	黄升民
107	《互联网等新媒体对社会舆论影响与利用研究》	谢新洲
108	《网络舆论监测与安全研究》	黄永林
109	《中国文化产业发展战略论》	胡惠林
110	《20世纪中国古代文化经典在域外的传播与影响研究》	张西平
111	《国际传播的理论、现状和发展趋势研究》	吴 飞
112	《教育投入、资源配置与人力资本收益》	闵维方
113	《创新人才与教育创新研究》	林崇德
114	《中国农村教育发展指标体系研究》	袁桂林
115	《高校思想政治理论课程建设研究》	顾海良
116	《网络思想政治教育研究》	张再兴
117	《高校招生考试制度改革研究》	刘海峰
118	《基础教育改革与中国教育学理论重建研究》	叶 澜
119	《我国研究生教育结构调整问题研究》	袁本涛 王传毅
120	《公共财政框架下公共教育财政制度研究》	王善迈

序号	书名	首席专家
121	《农民工子女问题研究》	袁振国
122	《当代大学生诚信制度建设及加强大学生思想政治工作研究》	黄蓉生
123	《从失衡走向平衡：素质教育课程评价体系研究》	钟启泉 崔允漷
124	《构建城乡一体化的教育体制机制研究》	李　玲
125	《高校思想政治理论课教育教学质量监测体系研究》	张耀灿
126	《处境不利儿童的心理发展现状与教育对策研究》	申继亮
127	《学习过程与机制研究》	莫　雷
128	《青少年心理健康素质调查研究》	沈德立
129	《灾后中小学生心理疏导研究》	林崇德
130	《民族地区教育优先发展研究》	张诗亚
131	《WTO主要成员贸易政策体系与对策研究》	张汉林
132	《中国和平发展的国际环境分析》	叶自成
133	《冷战时期美国重大外交政策案例研究》	沈志华
134	《新时期中非合作关系研究》	刘鸿武
135	《我国的地缘政治及其战略研究》	倪世雄
136	《中国海洋发展战略研究》	徐祥民
137	《深化医药卫生体制改革研究》	孟庆跃
138	《华侨华人在中国软实力建设中的作用研究》	黄　平
139	《我国地方法制建设理论与实践研究》	葛洪义
140	《城市化理论重构与城市化战略研究》	张鸿雁
141	《境外宗教渗透论》	段德智
142	《中部崛起过程中的新型工业化研究》	陈晓红
143	《农村社会保障制度研究》	赵　曼
144	《中国艺术学学科体系建设研究》	黄会林
145	《人工耳蜗术后儿童康复教育的原理与方法》	黄昭鸣
146	《我国少数民族音乐资源的保护与开发研究》	樊祖荫
147	《中国道德文化的传统理念与现代践行研究》	李建华
148	《低碳经济转型下的中国排放权交易体系》	齐绍洲
149	《中国东北亚战略与政策研究》	刘清才
150	《促进经济发展方式转变的地方财税体制改革研究》	钟晓敏
151	《中国—东盟区域经济一体化》	范祚军

序号	书　名	首席专家
152	《非传统安全合作与中俄关系》	冯绍雷
153	《外资并购与我国产业安全研究》	李善民
154	《近代汉字术语的生成演变与中西日文化互动研究》	冯天瑜
155	《新时期加强社会组织建设研究》	李友梅
156	《民办学校分类管理政策研究》	周海涛
157	《我国城市住房制度改革研究》	高　波
158	《新媒体环境下的危机传播及舆论引导研究》	喻国明
159	《法治国家建设中的司法判例制度研究》	何家弘
160	《中国女性高层次人才发展规律及发展对策研究》	佟　新
161	《国际金融中心法制环境研究》	周仲飞
162	《居民收入占国民收入比重统计指标体系研究》	刘　扬
163	《中国历代边疆治理研究》	程妮娜
164	《性别视角下的中国文学与文化》	乔以钢
165	《我国公共财政风险评估及其防范对策研究》	吴俊培
166	《中国历代民歌史论》	陈书录
167	《大学生村官成长成才机制研究》	马抗美
168	《完善学校突发事件应急管理机制研究》	马怀德
169	《秦简牍整理与研究》	陈　伟
170	《出土简帛与古史再建》	李学勤
171	《民间借贷与非法集资风险防范的法律机制研究》	岳彩申
172	《新时期社会治安防控体系建设研究》	宫志刚
173	《加快发展我国生产服务业研究》	李江帆
174	《基本公共服务均等化研究》	张贤明
175	《职业教育质量评价体系研究》	周志刚
176	《中国大学校长管理专业化研究》	宣　勇
177	《"两型社会"建设标准及指标体系研究》	陈晓红
178	《中国与中亚地区国家关系研究》	潘志平
179	《保障我国海上通道安全研究》	吕　靖
180	《世界主要国家安全体制机制研究》	刘胜湘
181	《中国流动人口的城市逐梦》	杨菊华
182	《建设人口均衡型社会研究》	刘渝琳
183	《农产品流通体系建设的机制创新与政策体系研究》	夏春玉

序号	书　名	首席专家
184	《区域经济一体化中府际合作的法律问题研究》	石佑启
185	《城乡劳动力平等就业研究》	姚先国
186	《20世纪朱子学研究精华集成——从学术思想史的视角》	乐爱国
187	《拔尖创新人才成长规律与培养模式研究》	林崇德
188	《生态文明制度建设研究》	陈晓红
189	《我国城镇住房保障体系及运行机制研究》	虞晓芬
190	《中国战略性新兴产业国际化战略研究》	汪　涛
191	《证据科学论纲》	张保生
192	《要素成本上升背景下我国外贸中长期发展趋势研究》	黄建忠
193	《中国历代长城研究》	段清波
194	《当代技术哲学的发展趋势研究》	吴国林
195	《20世纪中国社会思潮研究》	高瑞泉
196	《中国社会保障制度整合与体系完善重大问题研究》	丁建定
197	《民族地区特殊类型贫困与反贫困研究》	李俊杰
198	《扩大消费需求的长效机制研究》	臧旭恒
199	《我国土地出让制度改革及收益共享机制研究》	石晓平
200	《高等学校分类体系及其设置标准研究》	史秋衡
201	《全面加强学校德育体系建设研究》	杜时忠
202	《生态环境公益诉讼机制研究》	颜运秋
203	《科学研究与高等教育深度融合的知识创新体系建设研究》	杜德斌
204	《女性高层次人才成长规律与发展对策研究》	罗瑾琏
205	《岳麓秦简与秦代法律制度研究》	陈松长
206	《民办教育分类管理政策实施跟踪与评估研究》	周海涛
207	《建立城乡统一的建设用地市场研究》	张安录
208	《迈向高质量发展的经济结构转变研究》	郭熙保
209	《中国社会福利理论与制度构建——以适度普惠社会福利制度为例》	彭华民
210	《提高教育系统廉政文化建设实效性和针对性研究》	罗国振
211	《毒品成瘾及其复吸行为——心理学的研究视角》	沈模卫
212	《英语世界的中国文学译介与研究》	曹顺庆
213	《建立公开规范的住房公积金制度研究》	王先柱

序号	书　名	首席专家
214	《现代归纳逻辑理论及其应用研究》	何向东
215	《时代变迁、技术扩散与教育变革：信息化教育的理论与实践探索》	杨　浩
216	《城镇化进程中新生代农民工职业教育与社会融合问题研究》	褚宏启 薛二勇
217	《我国先进制造业发展战略研究》	唐晓华
218	《融合与修正：跨文化交流的逻辑与认知研究》	鞠实儿
219	《中国新生代农民工收入状况与消费行为研究》	金晓彤
220	《高校少数民族应用型人才培养模式综合改革研究》	张学敏
221	《中国的立法体制研究》	陈　俊
222	《教师社会经济地位问题：现实与选择》	劳凯声
223	《中国现代职业教育质量保障体系研究》	赵志群
224	《欧洲农村城镇化进程及其借鉴意义》	刘景华
225	《国际金融危机后全球需求结构变化及其对中国的影响》	陈万灵
226	《创新法治人才培养机制》	杜承铭
227	《法治中国建设背景下警察权研究》	余凌云
228	《高校财务管理创新与财务风险防范机制研究》	徐明稚
229	《义务教育学校布局问题研究》	雷万鹏
230	《高校党员领导干部清正、党政领导班子清廉的长效机制研究》	汪　曦
231	《二十国集团与全球经济治理研究》	黄茂兴
232	《高校内部权力运行制约与监督体系研究》	张德祥
233	《职业教育办学模式改革研究》	石伟平
234	《职业教育现代学徒制理论研究与实践探索》	徐国庆
235	《全球化背景下国际秩序重构与中国国家安全战略研究》	张汉林
236	《进一步扩大服务业开放的模式和路径研究》	申明浩
237	《自然资源管理体制研究》	宋马林
238	《高考改革试点方案跟踪与评估研究》	钟秉林
239	《全面提高党的建设科学化水平》	齐卫平
240	《"绿色化"的重大意义及实现途径研究》	张俊飚
241	《利率市场化背景下的金融风险研究》	田利辉
242	《经济全球化背景下中国反垄断战略研究》	王先林

序号	书 名	首席专家
243	《中华文化的跨文化阐释与对外传播研究》	李庆本
244	《世界一流大学和一流学科评价体系与推进战略》	王战军
245	《新常态下中国经济运行机制的变革与中国宏观调控模式重构研究》	袁晓玲
246	《推进21世纪海上丝绸之路建设研究》	梁 颖
247	《现代大学治理结构中的纪律建设、德治礼序和权力配置协调机制研究》	周作宇
248	《渐进式延迟退休政策的社会经济效应研究》	席 恒
249	《经济发展新常态下我国货币政策体系建设研究》	潘 敏
250	《推动智库建设健康发展研究》	李 刚
251	《农业转移人口市民化转型：理论与中国经验》	潘泽泉
252	《电子商务发展趋势及对国内外贸易发展的影响机制研究》	孙宝文
253	《创新专业学位研究生培养模式研究》	贺克斌
254	《医患信任关系建设的社会心理机制研究》	汪新建
255	《司法管理体制改革基础理论研究》	徐汉明
256	《建构立体形式反腐败体系研究》	徐玉生
257	《重大突发事件社会舆情演化规律及应对策略研究》	傅昌波
258	《中国社会需求变化与学位授予体系发展前瞻研究》	姚 云
259	《非营利性民办学校办学模式创新研究》	周海涛
260	《基于"零废弃"的城市生活垃圾管理政策研究》	褚祝杰
261	《城镇化背景下我国义务教育改革和发展机制研究》	邬志辉
262	《中国满族语言文字保护抢救口述史》	刘厚生
263	《构建公平合理的国际气候治理体系研究》	薄 燕
264	《新时代治国理政方略研究》	刘焕明
265	《新时代高校党的领导体制机制研究》	黄建军
266	《东亚国家语言中汉字词汇使用现状研究》	施建军
267	《中国传统道德文化的现代阐释和实践路径研究》	吴根友
268	《创新社会治理体制与社会和谐稳定长效机制研究》	金太军
269	《文艺评论价值体系的理论建设与实践研究》	刘俐俐
270	《新形势下弘扬爱国主义重大理论和现实问题研究》	王泽应

序号	书　名	首席专家
271	《我国高校"双一流"建设推进机制与成效评估研究》	刘念才
272	《中国特色社会主义监督体系的理论与实践》	过　勇
273	《中国软实力建设与发展战略》	骆郁廷
274	《坚持和加强党的全面领导研究》	张世飞
275	《面向2035我国高校哲学社会科学整体发展战略研究》	任少波
276	《中国古代曲乐乐谱今译》	刘崇德
277	《民营企业参与"一带一路"国际产能合作战略研究》	陈衍泰
278	《网络空间全球治理体系的建构》	崔保国
279	《汉语国际教育视野下的中国文化教材与数据库建设研究》	于小植
280	《新型政商关系研究》	陈寿灿
281	《完善社会救助制度研究》	慈勤英
282	《太行山和吕梁山抗战文献整理与研究》	岳谦厚
283	《清代稀见科举文献研究》	陈维昭
284	《协同创新的理论、机制与政策研究》	朱桂龙
……		